suhrkamp taschenbuch
wissenschaft 1079

Der erste thematische Schritt dieser Studie über die Entwicklungsdynamik der modernen Kultur arbeitet die Eigenart der okzidentalen Kultur im Vergleich zum Orient heraus. Der zweite Schritt untersucht die Entwicklung des Spannungsverhältnisses zwischen religiöser Ethik und Welt vom antiken Judentum bis zum asketischen Protestantismus und mündet dann in eine Diskussion der Folgen, die sich aus der Säkularisierung für die behandelte Thematik ergeben. Im Verlauf dieser Betrachtung wird nachgezeichnet, wie sich der kulturelle Code der Moderne aus der Interpenetration von Kultur (Sinn, Ethik) und Gesellschaft (Welt) herausgebildet hat. Der dritte Schritt wendet sich der Entwicklung und Aktualisierung, d. h. der Institutionalisierung dieses Codes in denjenigen Gesellschaften zu, aus denen die folgenreichsten Anstöße für die moderne Kultur hervorgegangen sind: in England, den Vereinigten Staaten von Amerika, Frankreich und Deutschland.
Die Untersuchung der genannten Länder konzentriert sich auf die entscheidenden Epochen der Gestaltung der Kultur, um dann die weitere Entwicklung nur noch in groben Zügen zu skizzieren. In England interessiert vor allem das 17. Jahrhundert und das hier gestaltete Verhältnis von Aristokratie und Bürgertum, Anglikanismus und Protestantismus, aber auch die Inklusion der Arbeiterklasse im 19. und 20. Jahrhundert. In den Vereinigten Staaten kommt es nach der Gründung der Kolonien im 17. Jahrhundert vor allem auf die Zeit des Unabhängigkeitskrieges und der Unionsgründung im letzten Drittel des 18. Jahrhunderts an, aber auch auf wesentliche Entwicklungen seit der Wende zum 20. Jahrhundert. In Frankreich ist es die Zeit der Aufklärung im 18. Jahrhundert, die der Kultur und ihrer weiteren Entwicklung ihren Stempel aufdrückt. In Deutschland fallen ein Jahrhundert später die wichtigsten Entscheidungen für die Gestaltung der Kultur. Die Untersuchung schließt mit dem theoretischen Modell einer voluntaristischen Ordnung, die als Potential in der Kultur der Moderne enthalten ist, aber von jeder Gesellschaft auf ihre eigene Art und notwendigerweise unvollständig konkretisiert wird.
Von Richard Münch, Professor für Sozialwissenschaft an der Heinrich-Heine-Universität Düsseldorf, sind im Suhrkamp Verlag außerdem erschienen: *Theorie des Handelns. Zur Rekonstruktion der Beiträge von Talcott Parsons, Emilie Durkheim und Max Weber*, 1982 und 1988 (stw 704); *Die Struktur der Moderne. Grundmuster und differentielle Gestaltung des institutionellen Aufbaus der modernen Gesellschaften*, 1984 und 1992 (stw 978); *Dialektik der Kommunikationsgesellschaft*, 1990 (stw 880).

Richard Münch

Die Kultur der Moderne

Band 1
Ihre Grundlagen
und ihre Entwicklung
in England und Amerika

Suhrkamp

Die Deutsche Bibliothek – CIP-Einheitsaufnahme
Münch, Richard:
Die Kultur der Moderne / Richard Münch. –
Frankfurt am Main :
Suhrkamp.
Bd. 1. Ihre Grundlagen und ihre Entwicklung
in England und Amerika. –
1. Aufl. – 1993
(Suhrkamp-Taschenbuch Wissenschaft ; 1079)
ISBN 3-518-28679-X
NE: GT

suhrkamp taschenbuch wissenschaft 1079
Erste Auflage 1993

Satz und Druck: Wagner GmbH, Nördlingen
Printed in Germany
Umschlag nach Entwürfen von
Willy Fleckhaus und Rolf Staudt

1 2 3 4 5 6 – 98 97 96 95 94 93

Inhalt

Die Kultur der Moderne

Band 1
Ihre Grundlagen und ihre Entwicklung in England und Amerika

Die Kultur der Moderne

Band 2
Ihre Entwicklung
in Frankreich und Deutschland

Vorwort

Die Moderne unterscheidet sich von allen traditionalen Gesellschaften durch die ungeheure Dynamik ihrer Entwicklung. Man hat versucht, diese Dynamik vor allem als einen Prozeß der unaufhaltsamen Rationalisierung zu erfassen. In dieser Perspektive bekommt man allerdings nur eine Seite eines doppelseitigen Entwicklungsprozesses zu Gesicht: die Entwicklungs*logik* der okzidentalen Kultur. Was in dieser Sichtweise aus dem Blickfeld gerät, ist die Entwicklungsdynamik, die aus der Interpenetration von Kultur (Sinn) und Gesellschaft (Welt) resultiert. In dieser Studie möchte ich die Entwicklungsdynamik der modernen Kultur in den Mittelpunkt der Betrachtung rücken. Nach der Einführung der theoretischen Perspektive der Untersuchung soll der erste Schritt die Eigenart der okzidentalen Kultur im Vergleich zum Orient herausarbeiten. Das erfordert einen Vergleich der großen Weltreligionen im Hinblick auf die Spannung zwischen religiöser Ethik (Kultur) und Welt (Gesellschaft). Der zweite Schritt untersucht die Entwicklung dieses Spannungsverhältnisses vom antiken Judentum bis zum asketischen Protestantismus, um dann die Folgen der Säkularisierung der Kultur für die behandelte Thematik zu diskutieren. Im Verlaufe dieser Betrachtung wird aufgezeigt, wie sich ein kultureller Code des Rationalismus, Aktivismus, Individualismus und Universalismus aus der Interpenetration von Kultur (Sinn) und Gesellschaft (Welt) herausbildet. Der dritte Schritt der gesamten Untersuchung wendet sich der Entwicklung und Aktualisierung, d. h. der Institutionalisierung dieses Codes in denjenigen Gesellschaften zu, aus denen die folgenreichsten Anstöße für die moderne Kultur hervorgegangen sind: in England und in den Vereinigten Staaten von Amerika, die im ersten Band behandelt werden, in Deutschland und Frankreich, die im zweiten Band untersucht werden. Die drei erstgenannten und in dieser Reihenfolge auch behandelten Länder haben jeweils eigene Varianten des Verhältnisses zwischen Protestantismus und Gesellschaft entwickelt, in Frankreich steht die Beziehung zwischen Katholizismus und Gesellschaft im Blickpunkt des Interesses. Den Abschluß des ersten

Bandes bildet das theoretische Modell einer voluntaristischen Ordnung, die als Potential in der Kultur der Moderne enthalten ist, aber von jeder Gesellschaft auf ihre eigene Art und notwendigerweise unvollständig konkretisiert wird.

Kollegen, Mitarbeiter, Studenten, Freunde, vor allem aber meine Frau Sigrun, haben mich durch Fragen, Kritik, Anregungen und Ermutigungen in vielfältiger Weise bei der Arbeit an dieser Untersuchung unterstützt. Jürgen Aretz, Heike Bekker, Jürgen Eiben, Elisabeth Krekel und Karin Rhau haben an der Erstellung des Manuskripts, an bibliographischen Arbeiten und der Anfertigung der Register mitgearbeitet. Ihnen allen möchte ich dafür herzlich danken.

Düsseldorf im Mai 1986 Richard Münch

Einleitung: Entwicklungslogik und Entwicklungsdynamik der Moderne

Die Kultur des modernen Okzidents, wie sie uns heute in ihrer allgemeinen Eigenart und ihren spezifischen Varianten in einzelnen Gesellschaften begegnet, ist das Ergebnis einer sozio-kulturellen Evolution, die im allgemeinen so lange andauert wie die Menschheitsgeschichte. Die Wurzel ihres besonderen Charakters, der sie von den orientalischen Kulturen unterscheidet, ist aber in der Religion des antiken Judentums zu sehen. Die Entwicklung und Ausbreitung des in der Jahwe-Religion enthaltenen kulturellen Codes war das Werk des Christentums.[1] Je weiter wir in der Zeit voranschreiten, um so mehr gewinnen auch andere kulturelle Einflüsse an Bedeutung, im Mittelalter die Wiederentdeckung der Philosophie des Hellenismus, in der Neuzeit die Aufklärung. Nachdem sich die Kultur des Westens über Jahrhunderte in der Welt ausgebreitet hat, lassen sich heute Anzeichen für eine gewisse Ermüdung der westlichen Dynamik und für ein gesteigertes Interesse an den orientalischen Kulturen wahrnehmen.

Die sozio-kulturelle Evolution ist ein an sich – so lange es Menschen gibt – nie endender Entwicklungsprozeß. Was wir heute als Kultur der Moderne betrachten, ist ihr gegenwärtiger Zustand. Ihre Zukunft wird natürlich durch das in der Vergangenheit angesammelte Erbgut bestimmt, aber auch durch neue Einflüsse. Es mag sein – aber darüber läßt sich nur spekulieren, daß in Zukunft mehr Elemente aus den orientalischen Kulturen Eingang in die Kultur des modernen Westens finden. Von einer Ablösung der Moderne durch die Postmoderne zu sprechen, wie das auf fast allen Gebieten – von der Wirtschaft, über die Wissenschaft bis zur Kunst und noch weit mehr Bereichen – geschieht, ist allerdings

1 M. Weber, *Gesammelte Aufsätze zur Religionssoziologie*, Bd. I, Tübingen: Mohr Siebeck, (1920) 1972; *Gesammelte Aufsätze zur Religionssoziologie*, Bd. II, Tübingen: Mohr Siebeck, (1920) 1972; *Gesammelte Aufsätze zur Religionssoziologie*, Bd. III, Tübingen: Mohr Siebeck, (1920) 1971; vgl. W. Schluchter, *Die Entwicklung des okzidentalen Rationalismus*, Tübingen: Mohr Siebeck, 1979; J. Habermas, *Theorie des kommunikativen Handelns*, 2 Bde., Frankfurt: Suhrkamp, 1981.

völlig unangemessen. Dieser etwas voreiligen Verabschiedung der Moderne liegt eine unangebrachte Verengung des Begriffs der Moderne zugrunde. Die Moderne hat sich in der Neuzeit als eine permanente Zurückweisung aller Tradition, aller Verfestigung von Strukturen des Denkens und Handelns durchgesetzt, nicht auf allen Gebieten und in allen Gesellschaften gleichzeitig, aber je weiter man in der Geschichte voranschreitet, auf immer breiterer Front.

Die Dynamik der Entwicklung ist also das grundlegende Merkmal der modernen Kultur. Wenn wir diese Eigenart der modernen Kultur ins Auge fassen, dann steht ihre Identifizierung mit den konkret existierenden gesellschaftlichen Strukturen einer bestimmten Epoche im Widerspruch zu ihrem wirklichen Gehalt. Der Kapitalismus des 19. Jahrhunderts, der Funktionalismus der Bauhaus-Architektur oder die abstrakte Malerei sind nicht die Moderne schlechthin. Wer das nicht erkennt, muß natürlich in der Überraschung, daß sich diese Erscheinungen verändert haben, einen neuen Begriff für die neuen Realitäten suchen. Weil man nicht richtig weiß, was der besondere Charakter des Neuen ist, weicht man auf den Begriff der Postmoderne aus. Was folgt dann aber auf die Postmoderne? Die Post-Postmoderne, danach die Post-Post-Postmoderne? Das ergibt nicht viel Sinn. Ist die Postmoderne eine Negation der Moderne, eine Epoche mit einem neuen Prinzip? Wenn sie das sein soll, dann ist nur die Rückkehr zur Tradition als kulturellem Prinzip möglich, also der Stillstand der Gesellschaft. Als Gegenbewegung zur Moderne wäre dies allerdings nichts Neues. Die Entwicklung der Moderne war stets begleitet von einer Opposition, die eine Rückkehr zum Althergebrachten, ein Anhalten des gesellschaftlichen Wandels gepredigt und damit gewiß auch einen nicht unwichtigen Gegenpol gegen eine außer Kontrolle geratende Entwicklungsdynamik gebildet hat. In bezug auf die moderne Kultur kann dies aber immer nur eine oppositionelle Haltung sein. Sie zum herrschenden Prinzip der »Postmoderne« zu erheben, hieße zum Stillstand der Tradition zurückzukehren. Jeder Wandel, und wenn es nur ein neues Aufnehmen älterer Gedanken und Stilrichtungen ist, wird aber durch den Begriff der Moderne selbst abgedeckt, nur nicht der Stillstand als solcher. Es wäre gerade ein Widerspruch zum Prinzip der Moderne, wenn unsere heutigen gesellschaftlichen Strukturen denen des 19. Jahrhunderts völlig gleichen würden; die Tatsache ihres Wandels ist gerade ein Beweis ihrer Lebendigkeit. Diesen Wandel als einen Übergang von der Moderne zur Postmoderne zu bezeichnen, beweist nur, wie wenig Gedanken man sich über den Sinn des Begriffs der Moderne macht. Ich will hier den Begriff in der allgemeinen Bedeutung des Prinzips des Wandels im Gegensatz zur Tradition als dem Prinzip der Beharrung verwenden. In diesem allgemeinen Sinn gehört unsere heutige Kultur ebenso zur Moderne wie diejenige des 19. oder 18. Jahrhunderts. Der Begriff der Postmoderne hat in dieser Perspektive keinen Sinn. Was er zum Ausdruck bringen will, steckt entweder im Begriff der Moderne selbst oder in seinem stets präsenten Gegenbegriff der Tradition. Die heutigen Gesellschaften beruhen nicht mehr auf einer Kombination dieser gegensätzlichen Prinzipien als ihre Vorgänger.

Die Moderne, das ist nicht der Kapitalismus des 19. Jahrhunderts, nicht der Industrialismus, nicht der Bauhaus-Funktionalismus. All diese Erscheinungen waren Kinder der Moderne, die heute schon längst zu Greisen geworden oder gestorben sind und durch andere Generationen verdrängt und abgelöst wurden. So kann man von einem Wandel der Produktionsformen und -techniken in der Wirtschaft, der Stilrichtungen in Architektur und Kunst, des Lebensstils der Individuen sprechen, aber nicht von einer Ablösung der Moderne durch eine »Postmoderne«. Die Moderne ist immer das Neue. Die Progressiven von gestern sind die Konservativen von heute. Im 19. Jahrhundert war der Liberalismus die progressive Kraft der gesellschaftlichen Entwicklung, im 20. Jahrhundert ist er in dieser Rolle vom Sozialismus abgelöst worden und selbst in das konservative Lager übergewechselt. Heute mehren sich die Anzeichen dafür, daß der Sozialismus konservativ wird und die Rolle der Progression an neue Bewegungen abgeben muß. Es ist das Wechselspiel von Tradition und Modernität, das die Entwicklung der westlichen Gesellschaften seit der Neuzeit kennzeichnet.

Allerdings ist die Allgegenwart des Wandels nicht das einzige Charakteristikum der modernen Kultur. Das würde den Wandel völlig offen und beliebig gestalten. So offen und beliebig ist dieser Wandel jedoch nicht. Jeder Wandel muß von einem bestimmten Bestand an Institutionen ausgehen, also an die Tradition anknüpfen. Das schränkt oft die realisierbaren Alternativen ein, weil nicht alles auf einmal geändert werden kann. Nicht einmal die französische Revolution von 1789 und die russische Oktoberrevolution haben das geschafft. All dies sind allerdings institutionelle Begrenzungen des Entscheidungsspielraums. Zum Erbgut der modernen Kultur gehören jedoch nicht nur die jeweils bestehenden gesellschaftlichen Institutionen, sondern auch allgemeine Ideen, die in ihrem Gehalt weit über diese hinausgreifen. Dabei ist es ein grundlegendes Merkmal dieser Ideen, daß sie nicht auf die reine Kontemplation beschränkt bleiben, sondern über das bloße Denken hinausschreiten und zur Verwirklichung in den gesellschaftlichen Institutionen drängen. Darin ist neben der Rolle von Märkten für neue Erfahrungen und Ideen und von sozialen Bewegungen und kollektiven Entscheidungsprozessen ein ganz wesentlicher Teil der Dynamik der Moderne begründet. Dieser Drang zur Verwirklichung von Ideen setzt schon mit der Sinnkonstruktion ein, die der Entwicklung der Moderne zugrunde liegt und ihre älteste Wurzel in der jüdisch-christlichen Religion hat. Max Weber hat diese Sinnkonstruktion als innerweltliche Askese bezeichnet und von außerweltlicher Askese sowie inner- und außerweltlicher Mystik unterschieden. Unter diesen Einstellungen zur Welt, Sinnkonstruktionen des menschlichen Handelns in der Welt, zeichnet sich die innerweltliche Askese durch den größten Druck der Umsetzung von Sinn in konkretes Handeln aus. Dasselbe gilt für kognitive Ideen, die zu technisch-praktischer Verwirklichung streben, expressive Formen, die in persönliche Identität und Lebenskunst übertragen werden wollen, und normative Ideen, die ihre Konkretisierung in institutionellen Regelungen des Handelns suchen. Nirgendwo besteht eine ähnlich hohe Spannung zwischen Sinn und Welt und nirgendwo hat diese Spannung zu einer ähnlich engen beiderseitigen Verflechtung geführt. Um diese Verflechtung von Sinn und Welt genauer bestimmen und in einzelne Dimensionen zerlegen zu können, muß ich an dieser Stelle den theoretischen Bezugsrahmen einführen, mit dem ich im weiteren Verlauf dieser Untersuchung die Evolution und die unterschiedliche gesellschaftliche Institutionalisierung der Kultur der Moderne rekonstruieren möchte.[2]

2 Siehe dazu R. Münch, *Theorie des Handelns. Zur Rekonstruktion der Beiträge von Talcott Parsons, Emile Durkheim und Max Weber*, Frankfurt: Suhrkamp, 1982; *Basale Soziologie: Soziologie der Politik*, Opladen: Westdeutscher Verlag, 1982; *Die Struktur der Moderne. Grundmuster und differentielle Gestaltung des institutionellen Aufbaus der modernen Gesellschaften*, Frank-

Ich beginne mit der Prämisse, daß jede wissenschaftliche Betrachtung über einen Bezugsrahmen verfügen muß, mit dem sie die Welt ordnen und die Interdependenz ihrer Gegenstände erfassen kann. Die Welt ist zunächst eine Mannigfaltigkeit von Ereignissen. Eine erste Ordnung dieser Ereignisse gewinnen wir dadurch, daß wir sie in zwei Mengen, Umwelt- und Systemereignisse einteilen, zwischen deren Elementen wir eine Beziehung herstellen. Die Menge der Umweltereignisse A kann nach der Zahl ihrer Elemente mehr oder weniger komplex sein, die Menge der Systemereignisse B aufgrund ihrer Zahl, die von den Ereignissen A offengelassen wird, mehr oder weniger kontingent. Es sind vier extreme Beziehungen möglich:

– Menge A besteht aus einer Vielzahl von Elementen, denen jeweils eine Vielzahl von Elementen der Menge B zugeordnet ist: hohe Komplexität von A, hohe Kontingenz von B.
– Menge A besteht aus einer Vielzahl von Elementen, denen allen nur ein und dasselbe und einzige Element der Menge B zugeordnet ist: hohe Komplexität von A und niedrige Kontingenz von B.
– Menge A besteht aus einem einzigen Element, dem das einzige Element der Menge B zugeordnet ist: niedrige Komplexität von A und niedrige Kontingenz von B.
– Menge A besteht aus einem einzigen Element, dem eine Vielzahl von Elementen der Menge B zugeordnet ist: niedrige Komplexität von A, hohe Kontingenz von B.

Die wissenschaftliche Betrachtung des menschlichen Handelns läßt sich als eine Spezifikation dieses allgemeinen Ordnungsschemas auffassen. Dabei gehe ich davon aus, daß menschliches Handeln an Sinn orientiert ist und sinnhaft interpretiert werden kann. Sinn und Handeln können jedoch analytisch getrennt und unabhängig voneinander variiert werden. Sinn wird im Handeln konkretisiert während konkretes Handeln durch seinen Sinn abstrahiert und dadurch vergleichbar und kommunizierbar wird. Sinn wird durch Symbole ausgedrückt, in der Regel durch die Sprache, die sich verstehen und deuten läßt. Symbole sind Sinnkonstruktionen, Normen, Expressionen oder Kognitionen. Sie legen das Handeln mehr oder weniger präzise fest, lassen also eine geringere oder größere Zahl von Interpretationen und Konkretisierungen

furt: Suhrkamp, 1984; J. C. Alexander, *Theoretical Logic in Sociology*, 4 Bde., Berkeley und Los Angeles: University of California Press, 1982/1983.

im Handeln zu. Die allgemeine Idee der Wahrheit gewährt dem Wissenschaftler eine größere Auswahl zwischen alternativen Methoden der Wahrheitssuche als die Korrespondenztheorie der Wahrheit oder gar eine positivistische oder hermeneutische Methodologie der Prüfung von Hypothesen. Die Kontingenz des Handelns ist im ersten Fall größer als im zweiten und im zweiten größer als im dritten. Umgekehrt kann im Handeln zwischen einer kleineren oder größeren Anzahl von alternativen und untereinander mehr oder weniger interdependenten Symbolen gewählt werden. Der Wissenschaftler ist nur der Wahrheitssuche verpflichtet, die im Konfliktfall stets über anderen Werten steht, der Positivist oder Hermeneutiker nur der Wahrheitssuche mittels positivistischer bzw. hermeneutischer Prüfungsverfahren. Dazu gibt es keine Alternativen. Als eine Persönlichkeit, die nicht in der Rolle des Wissenschaftlers oder Positivisten bzw. Hermeneutikers aufgeht, bietet sich dem einzelnen jedoch ein viel breiteres Spektrum an gleichrangigen Werten neben der Wahrheitssuche und an Methoden innerhalb ihrer, zwischen denen er im konkreten Fall entscheiden muß. Für die Persönlichkeit ist die Komplexität der Symbolwelt größer als für den Wissenschaftler im allgemeinen, für den sie wiederum größer ist als für den Positivisten oder Hermeneutiker. Die Symbolwelt kann sich als mehr oder weniger komplex, das Handeln als mehr oder weniger kontingent darstellen. Beide sind unabhängig voneinander variierbar. Eine Reduktion der symbolischen Komplexität hat nicht zwangsläufig eine verminderte Kontingenz des Handelns zur Folge und umgekehrt. Es kommt auf die Reduktionsformen an. Wenn wir die Vielzahl wissenschaftlicher Methoden unter den Oberbegriff der Wahrheitssuche subsumieren, dann haben wir die Zahl möglicher Interpretationen dieses Begriffs und möglicher Handlungen des Wissenschaftlers in keiner Weise verringert. Wird der abhängig arbeitende Wissenschaftler durch Entscheidung des Forschungsleiters in einem Forschungsprojekt zur Anwendung einer bestimmten Methode gezwungen, dann ist dadurch die Wählbarkeit von Alternativen des Handelns auf eine einzige eingeschränkt, also die Kontingenz des Handelns reduziert, aber an der symbolischen Präsenz alternativer Methoden im Bewußtsein des Wissenschaftlers und im kulturellen System der Wissenschaft ändert das nichts. Die symbolische Komplexität und die Kontingenz des Handelns bilden zwei unabhängige Achsen eines Koordinatensystems, das einen Raum aufspannt, innerhalb dessen sich das konkrete, symbolisch gesteuerte und faktisch ausgeführte Handeln bewegt. Das Handeln verläuft zwischen vier Extrempunkten und vier entsprechenden Feldern, die durch die Kreuztabellierung von symbolischer Komplexität und Kontingenz des Handelns bestimmt werden. Auf diese Weise gelangen wir zu einem Bezugsrahmen, innerhalb dessen sich eine beliebige Geordnetheit des Handelns rekonstruieren läßt:

– Hohe Symbolkomplexität und hohe Handlungskontingenz öffnet den Spielraum des Handelns und definiert dessen Adaptivität, die Anpassung (A) an wechselnde Situationen.

– Hohe Symbolkomplexität und niedrige Handlungskontingenz spezifiziert den Spielraum des Handelns und definiert dessen Gerichtetheit, die Zielverwirklichung (G) bei konfligierenden Alternativen.

– Niedrige Symbolkomplexität und niedrige Handlungskontingenz schließt den Spielraum des Handelns und definiert dessen Strukturiertheit, die Integration (I) des Handelns in Bezug auf Normen.

– Niedrige Symbolkomplexität und hohe Handlungskontingenz generalisiert den Spielraum des Handelns und definiert dessen Identität, die Bewahrung latenter Strukturen (L) unter wechselnden Bedingungen.

Wir können mit diesem Bezugsrahmen das System des Handelns in seinen Struktureigenschaften und seinem spezifischen Medium von den Systemen seiner Umwelt mit ihren spezifischen Struktureigenschaften und Medien unterscheiden und in weiteren Schritten das Handeln weiter in Subsysteme mit entsprechenden Struktureigenschaften und Medien unterteilen. Drei Systemebenen lassen sich dabei zunächst formulieren: die Conditio humana, das System des Handelns und das soziale System. Ich nenne in stets derselben Reihenfolge das jeweilige System, sein Grundelement, sein spezifisches Medium der Koordination von Prozessen, Handeln und Interaktionen, seine Funktion im Hinblick auf die Kombination von Systemkomplexität und Handlungskontingenz, Kategorien und Standards, an denen die Funktionserfüllung zu bemessen ist (Diagramm 1):

Die Conditio humana setzt sich aus den folgenden Systemen zusammen:

A. Physiko-chemisches System (physiko-chemische Prozesse,

Diagramm 1: Die Conditio humana

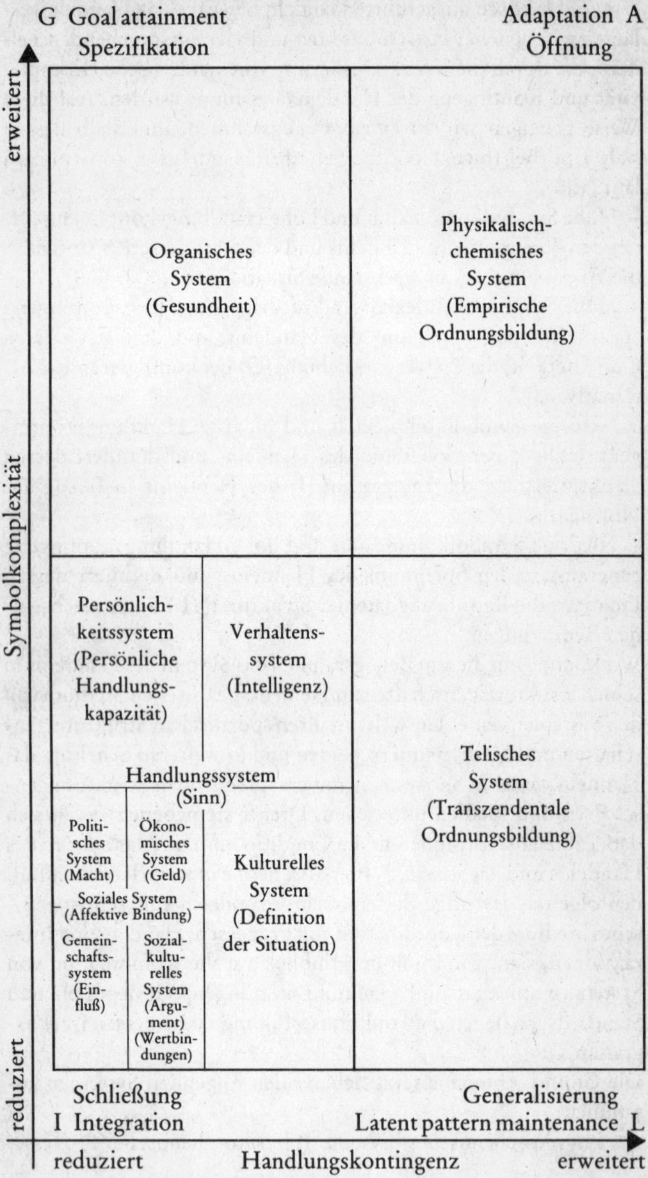

empirische Ordnungsbildung, Öffnung und Anpassung bei hoher Komplexität und hoher Kontingenz von Umwelt- und Systemereignissen, Kausalität, Adäquatheit kausaler Erklärungen)
G. Organisches System (organische Prozesse, Gesundheit, Spezifikation und Zielverwirklichung bei hoher Komplexität von Umweltereignissen und niedriger Kontingenz von Systemereignissen, Teleonomie, Diagnose)
I. Handlungssystem (Handeln, Sinn, Schließung und Integration bei niedriger Komplexität und niedriger Kontingenz von Umwelt- und Systemereignissen, Generativität, Sinn)
L. Telisches System (transzendentale Bedingungen der Welt, transzendentale Ordnungsbildung, Generalisierung und Bewahrung latenter Strukturen bei niedriger Komplexität von Umweltereignissen und hoher Kontingenz von Systemereignissen, Transzendentalität, transzendentale Argumentation)
Das System des Handelns besteht aus den folgenden Subsystemen mit ihren jeweils eigenen Subsystemen:
A. Verhaltenssystem: Reiz-Reaktions-Lernen (A), Verhaltensselektion durch Zielorientierung (G), BelohnungsBestrafungs-Lernen (I), Stimulusgeneralisierung (L) (Lernprozesse, Intelligenz, Öffnung und Anpassung bei hoher Symbolkomplexität und hoher Handlungskontingenz, kognitive Gültigkeit und Signifikanz, kognitive Rationalität)
G. Persönlichkeitssystem: Es (A), Ich (G), Überich (I), Ich-Identität (L) (Dispositionen, persönliche Handlungskapazität, Spezifikation und Zielverwirklichung bei hoher Symbolkomplexität und niedriger Handlungskontingenz, Internalisierung von relevantem Sinn, Zweckrationalität)
I. Soziales System: Ökonomisches System (A), politisches System (G), Gemeinschaftssystem (I), sozial-kulturelles System (L) (soziales Handeln, affektive Bindung, Schließung und Integration bei niedriger Symbolkomplexität und niedriger Handlungskontingenz, Institutionalisierung von Sinn, sinnhafte Einheit der Identitäten sozialer Akteure)
L. Kulturelles System: Kognition (A), Expression (G), Norm (I), Sinnkonstruktion (L) (Symbole, Definition der Situation, Generalisierung und Bewahrung latenter Strukturen bei niedriger Symbolkomplexität und hoher Handlungskontingenz, konstitutive Sinngründe, Sinnhaftigkeit des Handelns in einem kulturellen Bezugsrahmen)

Das soziale System kann in die folgenden Subsysteme mit ihren jeweils eigenen Subsystemen zerlegt werden:
A. Ökonomisches System: Markt (A), Unternehmung (G), ökonomische Ordnung (I), ökonomische Rationalität (L) (Tausch, Geld, Allokation von knappen Ressourcen und Präferenzen, Öffnung und Anpassung bei hoher Symbolkomplexität und hoher Handlungskontingenz, Nützlichkeit, Solvenz)
G. Politisches System: Politischer Austausch (A), Verwaltung (G), Recht (I), Verfassung (L) (Herrschaft, politische Macht, kollektiv verbindliche Entscheidung, Spezifikation und Zielverwirklichung bei hoher Symbolkomplexität und niedriger Handlungskontingenz, politische Effektivität, Befolgung von Entscheidungen)
I. Gemeinschaftssystem: Interessengemeinschaft (A), Zweckgemeinschaft (G), solidarische Gemeinschaft (I), Kulturgemeinschaft (L) (Gemeinschaftshandeln, Commitment, (Einfluß), Solidaritätserhaltung, Schließung und Integration bei niedriger Symbolkomplexität und niedriger Handlungskontingenz, Solidarität, sozialer Konsens)
L. Sozial-kulturelles System: Wissenschaft (A), Profession (G), Konsensbildung (I), intellektueller Diskurs (L) (Diskurs, Argument, sozial verbindliche Symbolkonstruktion, Generalisierung und Bewahrung latenter Strukturen bei niedriger Symbolkomplexität und hoher Handlungskontingenz, Integrität von Symbolmustern, Konsistenz von Symbolmustern)
Ich kann die drei Systemebenen des hier verwendeten theoretischen Bezugsrahmens nur in der größtmöglichen Knappheit einführen. Alle weitergehenden Interessen müssen an andere Stellen verwiesen werden. Hier geht es nun darum, das gestellte Problem einer Analyse der Beziehung zwischen Sinn und Welt sowie der Evolution und gesellschaftlichen Institutionalisierung der modernen Kultur mit dem skizzierten Bezugsrahmen anzugehen. Zunächst interpretiere ich das Verhältnis zwischen Sinn und Welt auf den drei dargestellten Systemebenen als eine Beziehung des Systems der Bewahrung latenter Strukturen zu den drei anderen Systemen, die dessen Umwelt bilden. Sinn wird auf den jeweiligen Systemebenen durch das System der latenten Strukturen konstituiert, die Welt durch die drei restlichen Subsysteme einer Systemebene. Was als Sinn und was als Welt betrachtet wird, ist dann eine Sache der Systemebene. Auf der Ebene des Handlungssystems

gehören Diskurse über Sinn z.B. zur Welt, auf der Ebene des Sozialsystems zum Sinn, genauer: zur Sinnproduktion. Das Verhältnis von Sinn und Welt erscheint dann in abgestufter Reihenfolge als eine Beziehung von transzendentalen Bedingungen der Welt zu Handeln, organischen und physikalischen Prozessen, von kulturellen Sinnkonstruktionen zu Normen, Expressionen und Kognitionen, von kulturellen Symbolen zu sozialem Handeln, persönlichen Dispositionen und Lernprozessen, von intellektuellen Diskursen zu Konsensbildung, zu Interpretation und Anwendung der Kultur auf praktische Probleme durch Professionen und zu Wissenschaft, von sozial-kulturellen Diskursen zu Gemeinschaftshandeln, politischem und ökonomischem Handeln. Das Verhältnis zwischen Sinn und Welt wird in diesem Verfahren in unterschiedliche Dimensionen auf verschiedenen Ebenen zerlegt.

Nach der Differenzierung des kulturellen Systems können wir die Betrachtung von Sinn (L) und Welt durch die Untersuchung von Ethik (I) und Welt, Expression (G) und Welt sowie Wissenschaft (A) und Welt ergänzen. Sinn und Ethik verbinden sich in der religiösen Ethik. Ihr Verhältnis zur Welt wird hier im ersten Teil der Studie zur Evolution und gesellschaftlichen Institutionalisierung der modernen Kultur im Mittelpunkt stehen, in dem die jüdisch-christliche Religion im kulturellen Vergleich und in ihrer Entwicklung vom antiken Judentum bis zum asketischen Protestantismus untersucht wird. Die religiöse Ethik wird deshalb in den Vordergrund gestellt, weil die Herausbildung des Wertmusters, der normativen Komponente der modernen Kultur primärer Gegenstand der Betrachtung sein soll. Die mit der Aufklärung einsetzende Säkularisierung erzwingt im weiteren Verlauf der Studie eine Erweiterung zu einer allgemeinen Betrachtung des Verhältnisses zwischen Kultur und Welt, aber auch hier mit einem Schwerpunkt auf der normativen Komponente. Neben der Religion rückt dabei vor allem die Philosophie und Gesellschaftstheorie in den Blickpunkt des Interesses. Die Betrachtung der Evolution und Institutionalisierung der modernen Kultur in England, den Vereinigten Staaten, Frankreich und Deutschland wird davon geleitet sein.

Ein weiterer Schritt der Präzisierung ergibt sich aus der Definition unterschiedlicher Arten von Beziehungen zwischen Kultur und Welt, die selbst wieder nach der Logik des theoretischen Bezugsrahmens differenziert werden können:

A. Die Anpassung der Kultur an die Welt bedeutet eine beliebige

Variation von Symbolen nach dem Wandel von Situationen in der Welt. Eine kontemplative Form dieser Weltanpassung ist die Indifferenz zur Welt unter gleichzeitigem Handeln in ihr. Max Weber nannte diese Haltung zur Welt innerweltliche Mystik.

G. Der Konflikt zwischen Kultur und Welt beruht auf dem Versuch der Durchsetzung eines bestimmten Sinns gegen die Widerstände der Welt und gegen eine Vielzahl von alternativen Zielen. In Max Webers Begriffen handelt es sich hier um eine innerweltliche Askese. Der eifernde Sinnsucher neigt in dieser Haltung zur Rebellion gegen die Ordnungen der Welt, wenn ihm die Mittel der Durchsetzung von Sinn in der Welt fehlen.

I. Die Verwirklichung der Kultur in einer abgeschlossenen exemplarischen und idealen Welt bringt diese Welt in Übereinstimmung mit einem genau definierten Sinn. Außerweltliche Askese ist Max Webers Begriff für diese Haltung zur Welt. Die Beherrschung der Welt durch die Kultur impliziert die Übertragung des exemplarischen Modells auf die ganze Welt.

L. Die Versöhnung von Kultur und Welt subsumiert eine Vielzahl möglicher Zustände der Welt unter ein einheitliches Prinzip und hat die Konformität zu den Ordnungen der Welt zur Folge. Die Weltflucht in Verbindung mit Weltentfremdung erstrebt die Erlangung einer vollkommenen sinnhaften Einheit ganz unabhängig von den Zuständen der Welt. Die Weltentfremdung ist die Suche nach Einheit, die man in der Teilnahme am Handeln in der Welt nicht mehr erlangen kann. Das ist in Max Webers Begriffen die außerweltliche Mystik.

Eine Beziehung zwischen Kultur und Welt, die in der Mitte der skizzierten reinen Typen liegt, wird durch ihre Interpenetration konstituiert. In diesem Fall formt die kulturelle Sinnkonstruktion über Vermittlungssysteme die Weltsysteme an deren Randzonen und umgekehrt. Die Spannung zwischen beiden Seiten wird in qualitativ neue Struktureigenschaften von Sinnkonstruktion und Weltsystemen umgesetzt. Man kann diese Beziehung zwischen Kultur und Welt ausgehend von der innerweltlichen Askese erfassen. Es geht hier um eine Durchsetzung von Sinn in der Welt, die zugleich auch durch Elemente der Anpassung an die Welt, der Versöhnung von Kultur und Welt und der Übertragung exemplarischer Modelle auf die Welt bestimmt wird. In gewisser Weise hat Max Weber die empirische Ausfüllung der innerweltlichen Askese im asketischen Protestantismus in dieser Weise begriffen, wobei

man natürlich auf den verschiedenen Entwicklungsstufen und in den verschiedenen Varianten Tendenzen nach der einen oder anderen Seite der Extremtypen erkennen kann.
Die Interpenetration von Kultur und Welt ist der treibende Motor der Entwicklungsdynamik der okzidentalen Gesellschaften. Kultur und Welt sind offene Systeme, die sich gegenseitig vorantreiben. Die kulturellen Ideen greifen stets über die bestehende Welt hinaus und setzen diese einem Druck der Veränderung in der von ihnen aufgezeigten Richtung aus. Die Welt unterwirft die kulturellen Ideen der Dynamik von neuen Erfahrungen, Lernprozessen, Interessen, situativem Wandel, der Vielfalt konfligierender Zielsetzungen, divergierender Interpretationen der Kultur und partikularer Lebenswelten. Je mehr die Kultur die Welt in sich aufsaugt, um so schneller wandelt sie sich selbst; je mehr ihre Ideen in die Welt hineingetragen werden, um so tiefgehender und weitreichender verändert sich die Welt. Diese Dynamik unterscheidet die okzidentalen Gesellschaften von allen orientalischen, in denen keine ähnliche Interpenetration von Kultur und Welt zustande gekommen ist. Es herrschen dort viel mehr Weltanpassung, Versöhnung und Weltflucht vor. Allerdings sind im Okzident diese Beziehungen zwischen Kultur und Welt nicht völlig unbekannt geblieben, auch die exemplarische Verwirklichung der Kultur und der Konflikt zwischen Kultur und Welt ohne systematisches gegenseitiges Vorantreiben haben eine Rolle gespielt, wie wir noch sehen werden. Es läßt sich aber im kulturellen Vergleich feststellen, daß nirgendwo die Interpenetration von Kultur und Welt ein ähnliches Ausmaß erlangt hat wie im Okzident. Sie soll deshalb im Mittelpunkt dieser Untersuchung stehen.
Auf der abstraktesten Ebene von Sinnkonstruktionen wird die Interpenetration von Kultur und Welt durch eine allgemeine sinnhafte Haltung zur Welt repräsentiert, die Kultur und Welt systematisch aufeinander bezieht und beide ständig dem gegenseitigen Druck der Veränderung unterstellt. In dieser Haltung zur Welt liegt die Dynamik der Moderne begründet. Die Verflechtung mit der Welt prägt die Kultur. Sie besitzt keinen rein kontemplativen Charakter, sondern nimmt Elemente der Welt in sich auf, um sie kulturell zu bearbeiten. Wo die Kultur nicht mit der Welt verflochten ist, bleibt sie der rein kontemplativen Sinnsuche und der Formulierung abstrakter Ideen verhaftet. Wo sie

sich der Welt anpaßt, wird sie von deren Utilitarismus, Pragmatik und Partikularismus aufgefressen.

Wie die Kultur durch Interpenetration formt und geformt wird, möchte ich in den einzelnen Dimensionen des eingeführten theoretischen Bezugsrahmens deutlich machen (Diagramm 2). Ich gehe dabei vom kulturellen Symbolismus auf der Ebene des allgemeinen Handlungssystems aus. Dieser kulturelle Symbolismus unterliegt zunächst einer inneren Logik der Rationalisierung. Das bedeutet für Sinnkonstruktionen die Erlangung höherer Grade der inneren Konsistenz, für Normen das Erreichen von universeller Gültigkeit, für Expressionen die Herstellung von Identität angesichts einer Mannigfaltigkeit subjektiver Empfindungen und für Kognitionen die Annäherung an die Wahrheit. Darin ist die Entwicklungslogik der Kultur vorgezeichnet. Ihre Interpenetration mit den Systemen in ihrer Umwelt ergibt ihre faktische Entwicklungsdynamik. Der Bezug zu den transzendentalen Bedingungen der Sinnhaftigkeit der Welt unterwirft die Kultur einem Druck der Sinngebung durch Abstraktion von Ideen. Die Verflechtung mit dem sozialen Handeln bildet die normative Komponente, die Verflechtung mit persönlichen Dispositionen die expressive, die Verflechtung mit Lernprozessen die kognitive; zugleich werden soziale Interaktionen zu kommunikativem Handeln, persönliche Dispositionen zu persönlicher Identität und Lernprozesse zu kognitiven Generalisierungen gestaltet.

Begeben wir uns auf die Ebene der sozialen Kultur, dann wird zunächst durch den Bezug von Diskursen auf die Logik des kulturellen Symbolismus der *Rationalismus* der kulturellen Diskussion bestimmt. Rationalismus heißt, daß jedes Handeln auf gültige kulturelle Konstrukte zurückgeführt werden muß, auf wahre Kognitionen, identitätsverbürgende Expressionen, richtige Normen und konsistente Sinnkonstruktionen. Die Interpenetration des kulturellen Diskurses mit dem Gemeinschaftshandeln gibt den kulturellen Normen einen verbindlichen Charakter, den gemeinschaftlichen Normen einen generellen Bezugsrahmen. Hier entwickelt sich der kulturelle *Universalismus*. Damit ist die Idee gemeint, daß alle Menschen gleiche Rechte und Pflichten haben, die allgemeine Geltung besitzen, von gleich zu gleich miteinander verkehren und gleiche Solidarität üben. Die Interpenetration von kulturellem Diskurs und kollektiver Zwecksetzung in der Gestaltung der Welt verleiht den kulturellen Symbolen einen technisch-

Diagramm 2: Kultur und Welt

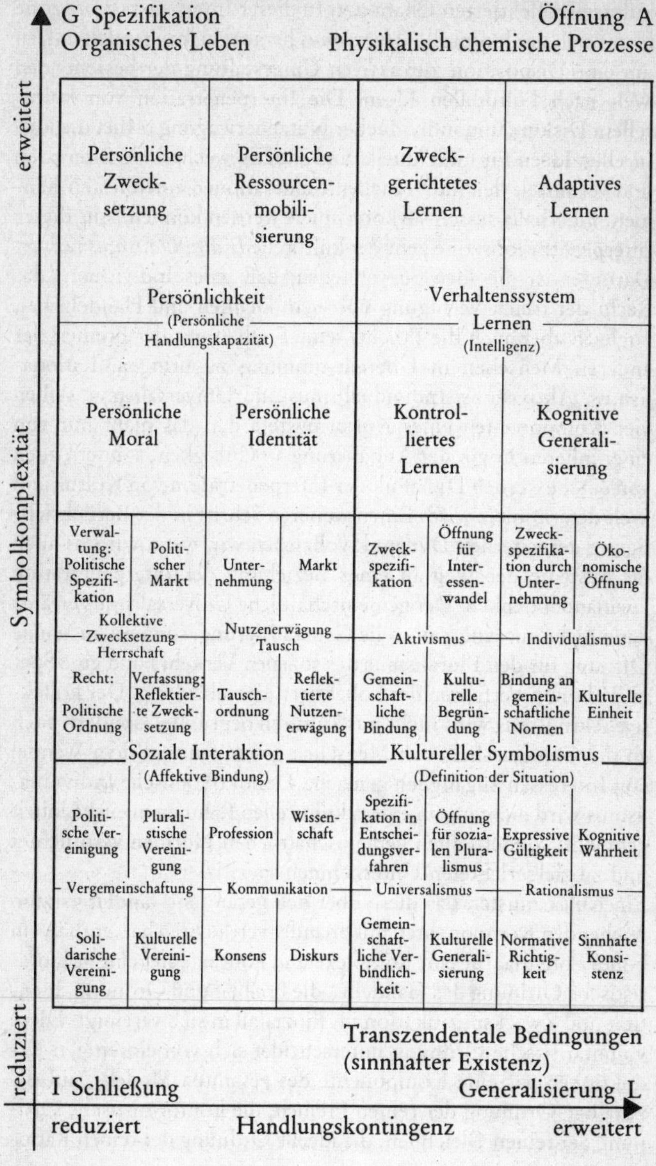

praktischen, den Rezepten der kollektiven Zwecksetzung einen kulturell reflektierten Charakter. In dieser Interpenetrationszone formt sich der kulturelle *Aktivismus* heraus. Dabei handelt es sich um eine Disposition zur aktiven Umgestaltung der bestehenden Welt nach kulturellen Ideen. Die Interpenetration von kulturellem Diskurs und individueller Nutzenerwägung öffnet die kulturellen Ideen für individuelle und situativ wechselnde Interessen und vermittelt den individuellen Kalkulationen einen festen Rahmen, innerhalb dessen sie koordiniert werden können. Aus dieser Interpenetrationszone geht der kulturelle *Individualismus* hervor. Darunter ist die Idee zu verstehen, daß jedes Individuum das Recht der freien Verfügung über sein Denken und Handeln hat, zugleich aber auch die Pflicht, seine Freiheit mit der Freiheit der anderen Menschen in Übereinstimmung zu bringen. Rationalismus, Aktivismus, Individualismus und Universalismus stellen vier Komponenten eines Kulturmusters dar, das nicht nur von einer inneren Logik der Annäherung an Gültigkeit, sondern auch von einer externen Dynamik der Interpenetration von Kultur und Welt determiniert wird. Einen weiteren Schritt in der Berücksichtigung der externen Dynamik vollziehen wir, wenn wir uns auch die Systeme der Welt in einer Beziehung der Interpenetration zueinander denken. Der gemeinschaftliche Universalismus erfährt dann nicht nur eine kulturelle Generalisierung, sondern auch eine Öffnung für den Pluralismus des sozialen Verkehrs und eine Spezifikation in Verfahren der kollektiven Entscheidung. Der kollektive Aktivismus wird nicht nur kulturell begründet, sondern auch an die Gemeinschaft von Menschen gebunden und dem Wandel von Interessen zugänglich gemacht. Der ökonomische Individualismus wird nicht nur in einem kulturellen Rahmen in eine Einheit gebracht, sondern auch gemeinschaftlichen Normen verpflichtet und zu zielgerichteten Unternehmen spezifiziert.

Ein Kulturmuster, das diese über den gesamten Handlungsraum reichenden Komponenten miteinander verflochten hat, enthält ein hohes Potential für eine komplexe und kontingente, eine voluntaristische Ordnung des Handelns, die Freiheit und Ordnung, Identität und Zweckspezifikation im Einzelfall in sich vereinigt. Diese voluntaristische Ordnung unterscheidet sich von einseitigen Reduktionen auf eine Komponente des gesamten Modells, auf die zufällige Ordnung der reinen Freiheit, die konformistische Ordnung der reinen Gleichheit, die ideelle Ordnung der reinen Rationalität und die Zwangsordnung des reinen Aktivismus. Eine Gesellschaft, die sich in dieser Richtung entwickelt, erlangt höhere Niveaus der Funktionserfüllung ihrer Subsysteme in allen Handlungsfeldern des Handlungsraums bei gleichzeitiger Wahrung ihrer wechselseitigen Integration. Das sozial-kulturelle System nähert sich der Generalisierung symbolischer Muster bei gleichzeitiger Bindung an Normen, praktischer Konkretisierung und Öffnung für den Wandel der Erfahrung. Das Gemeinschaftssystem erreicht eine vollständige Inklusion partikularer Gruppen in eine gesellschaftliche Gemeinschaft bei gleichzeitiger Entwicklung einer gemeinsamen Kultur, Wahrung des gemeinschaftlichen Pluralismus und rechtlicher Regulierung von Konflikten. Dem politischen System gelingt die präzisere Spezifikation kollektiver Entscheidungen bei gleichzeitiger Bindung an ein gemeinsames Recht, Einbettung in den kulturellen Bezugsrahmen und Öffnung für den Wandel von Interessen. Das ökonomische System gelangt zu höheren Niveaus der Anpassung an eine komplexe, sich wandelnde Umwelt bei gleichzeitiger kultureller Formung, normativer Bindung und kollektiver Zwecksetzung. Auf diese Weise steigert die Gesellschaft ihre Differenzierung unter Wahrung ihrer Integration. Die Interpenetration der Subsysteme verbindet Differenzierung und Integration.

In welcher Weise und wie weit sich die Gesellschaft in der Tat diesem Modell einer komplexen und kontingenten Ordnung annähert, hängt von der Art und dem Ausmaß ab, in dem sich die Interpenetration der Entwicklungslogik der Kultur mit den Strukturen der Welt verwirklicht. Diesen Zusammenhang möchte ich mit einer evolutionären Interpretation des eingeführten theoretischen Bezugsrahmens erschließen.[3] In dieser evolutionären Deutung begreife ich die menschlichen Gesellschaften als eine Spezies, deren Gemeinsamkeit darin besteht, daß sie alle durch Kultur geformt werden. Die Gesellschaften, die in einer engen kulturellen Verbindung und in einem kulturellen Reproduktionszusammenhang stehen, stellen eine Population dar. Hier werden die Gesellschaften des Okzidents als eine solche Population, als eine kultu-

3 Vgl. R. Münch, *Theorie des Handelns*, op. cit., S. 167-72; B. Giesen, *Makrosoziologie*, Hamburg: Hoffmann und Campe, 1980; M. Schmid, *Theorie sozialen Wandels*, Opladen: Westdeutscher Verlag, 1982, S. 176-207; K. Eder, *Geschichte als Lernprozeß. Zur Pathogenese politischer Modernität in Deutschland*, Frankfurt: Suhrkamp, 1985, S. 19-63.

relle Gemeinschaft behandelt. Das in den vorhergehenden Ausführungen konstruierte Kulturmuster fasse ich als einen genetischen bzw. kulturellen Code auf, dessen Komponenten als latente Struktur mehr oder weniger deutlich in der jüdisch-christlichen Religion und in ihrer Säkularisierung zur modernen Kultur enthalten sind. Dieser kulturelle Code der okzidentalen Gesellschaften unterliegt zunächst einer inneren Logik der Rationalisierung. Soweit sich die Interpretationen des Codes allein an Kriterien der Gültigkeit orientieren und auf argumentativer Begründung beruhen, wird sich die Kultur der sinnhaften Konsistenz, normativen Richtigkeit, expressiven Identitätsverbürgung und kognitiven Wahrheit nähern. Von dieser Logik werden die Interpretationen des Kulturmusters geleitet. Es ist die Logik der Reproduktion des genetischen Codes. Tradierung, Sozialisation und Diffusion sind die sozialen Komponenten der Reproduktion der Kultur. Gefüttert wird die Logik der Reproduktion durch neue Ideen, neue Ideenkombinationen oder durch die Aktivierung latenter Ideen, die dann dem Prozeß der Gültigkeitsannäherung unterworfen werden. Die Interpretationen des Kulturmusters bilden Genotypen, die wiederum durch Anwendung auf konkrete Fälle und Gegenstände zu Phänotypen spezifiziert werden. So ist z. B. die Idee der freien Meinungsbildung ein Genotypus, der durch Interpretation aus der allgemeinen Idee der Freiheit gewonnen wird. Sie wird zu einem Phänotypus konkretisiert, indem z. B. Normen zur Sicherung von Pressefreiheit und Redefreiheit formuliert werden. Dieser Phänotypus der Presse- und Redefreiheit ist nun dem Prozeß der Selektion durch die Umwelt ausgesetzt. Hier greift die externe Dynamik ein. Die Umwelt, das sind die Subsysteme der Welt außerhalb des kulturellen Systems. In ihnen wird über den Überlebenserfolg des Phänotypus entschieden. Wenn ich von der Institutionalisierung der modernen Kultur in einzelnen Gesellschaften spreche, dann meine ich den Prozeß der Selektion von phänotypischen Kulturspezifikationen durch die gesellschaftlichen Strukturen.

Zur Umwelt eines kulturellen Phänotypus gehören zunächst auf der allgemeinen Handlungsebene die Lernprozesse durch Erfahrungsbildung, persönliche Dispositionen und soziale Interaktionen. Verfolgen wir den Selektionsweg im sozialen System weiter, dann müssen wir zuerst mit den sozial-kulturellen Diskursen beginnen. Die Struktur intellektueller Diskussionen wirkt als die abstrakteste Selektionsinstanz. Sie kann den einsamen Denker, den Disput, die Problemlösung, den Common sense oder eine Mischung davon bevorzugen. Dementsprechend wird die Selektion von Phänotypen als Kulturspezifikationen in unterschiedliche Richtungen gelenkt. Die Strukturen des intellektuellen Marktes, der intellektuellen Autorität und der intellektuellen Gemeinschaft sind die nächsten Selektionsinstanzen, gefolgt von den Strukturen der Wissenschaft, der Profession und der Konsensbildung. Die Nutzenerwägungen des ökonomischen Marktes, kollektive Entscheidungsverfahren und Gemeinschaftsstrukturen, insbesondere Gemeinschaften als Träger von Kulturspezifikationen bilden die äußeren Systeme der Selektion von kulturellen Phänotypen.

Nehmen wir als Beispiel die Meinungsfreiheit, um den Weg von kulturellen Phänotypen durch das System von Selektionsfaktoren exemplarisch zu verfolgen. Eine zum abstrakten Denken disponierte Persönlichkeit wie Kant interpretiert sie eher als Hinausheben des Denkens aus den partikularen Interessen auf die Ebene der Vernunft. Kant hat aufgrund seiner herausragenden Stellung in der deutschen Geistesgeschichte auch einen nachhaltigen Einfluß auf die Deutung von freier Meinungsbildung in Deutschland ausgeübt. Ein größeres Gewicht von Erfahrungsbildung in Lernprozessen würde zu einem schnelleren Wandel von Ideen zur Meinungsfreiheit führen. Einsame Denker deuten die freie Meinungsbildung als Reinigungsprozeß von partikularen Interessen, wettstreitende Intellektuelle als Konkurrenz von partikularen Meinungen. Die Entfernung der Intellektuellen von der Gemeinschaft begünstigt abstrakte Konzepte der freien Meinungsbildung, ihre Identifikation mit der Gemeinschaft die Herrschaft des Common sense. Ihr Bezug zur Praxis läßt sie die Idee der freien Meinungsbildung mehr oder weniger in praktisch relevante Vorschläge umsetzen. Je mehr der intellektuelle Markt entfaltet ist, um so leichter haben es neue Ideen, Beachtung zu finden, um so schwerer ist es für sie, auf Dauer Geltung zu haben. In der Konsensbildung müssen Kulturspezifikationen Geltung erlangen, sich z. B. eher als allgemein begründbar oder eher als kompromißfähig erweisen. Der Typus des professionellen Interpreten formt die Kulturspezifikationen nach seinen Denkbedürfnissen, die z. B. eher abstrakt oder eher praktisch geartet sein können. Die Wissenschaft kann mehr oder weniger schnell Informationen über die

Wirkungen bestimmter Formen der freien Meinungsbildung verbreiten und deshalb den Wandel ihrer Deutung beeinflussen. Gemeinschaften als Träger von Kulturspezifikationen können mehr oder weniger partikular oder universell sein: sie können eine herrschende Stellung innehaben oder auch nur eine mehr oder weniger unterdrückte Randposition einnehmen; aus ihrer Tradition heraus bestimmen sie die Verbindlichkeit einer Deutung der freien Meinungsbildung. Kollektive Entscheidungsverfahren konkretisieren die freie Meinungsbildung in Gesetzen, in Presse- und Rundfunkgesetzen, die z. B. mehr Wettbewerb oder mehr objektive Berichterstattung autorisierter Instanzen sichern. Ökonomische Erwägungen machen das Interesse an der freien Meinungsbildung abhängig vom situativen Wandel der Interessenlage.

Phänotypische Spezifikationen der Kultur werden auf dem vielfältigen Weg durch diese Systeme selegiert, die dem kulturellen Code neue Elemente zuführen; diese Elemente entscheiden auf lange Sicht über die Zusammensetzung des Codes, und sorgen entweder eher für die langfristige Erhaltung der latenten Struktur oder eher für einen schnelleren Wandel. Generalisierende Strukturen sichern die Kontinuität abstrakter Ideen. Spezifizierende Strukturen erlauben die Durchsetzung von Kulturspezifikationen in der Praxis nach konkreten Zwecksetzungen. Sie können einen radikalen Wandel des kulturellen Codes bedingen. Politische Revolutionen können tiefgreifende kulturelle Wandlungen hervorrufen. Öffnende Strukturen erhöhen die Geschwindigkeit des Wandels in kleinen Schritten. Schließende Strukturen sperren sich gegen jede Veränderung. Eine grobe Charakterisierung der Gesellschaften, deren Konkretisierungen der okzidentalen Kultur hier untersucht werden, läßt in einer gewissen Überspitzung die folgende Einteilung zu: In England hat die Herrschaft schließender Strukturen den Wandel der Kultur gebremst, aber auch eine gewisse Gegensteuerung durch öffnende, weniger durch generalisierende und spezifizierende Strukturen erfahren. In den Vereinigten Staaten hat die Dynamik von Märkten auf allen Ebenen eine atemberaubende Geschwindigkeit des Wandels erzeugt, allerdings nicht ohne eine gewisse Gegensteuerung durch schließende, generalisierende und spezifizierende Strukturen. In Frankreich hat die Durchsetzungskraft spezifizierender Strukturen den tiefgreifendsten Wandel verursacht, allerdings mit einem oft ebenso radikalen Gegengewicht generalisierender, öffnender und schließender Strukturen. In Deutschland hat die Bedeutung generalisierender Strukturen eine besondere Kontinuität des Denkens zustande gebracht, bei gleichzeitiger Durchsetzung von tiefgreifenden Entscheidungen durch die spezifizierenden Strukturen des Staates und bei geringerer Ausprägung öffnender und schließender Strukturen.

Wie stark der Einfluß der generalisierenden Entwicklungslogik auf der einen Seite oder der öffnenden, spezifizierenden und schließenden Strukturen und Prozesse auf der anderen Seite ausgeprägt ist, muß über solche allgemeinen Charakterisierungen hinaus im einzelnen demonstriert werden. Dabei ist zu klären, in welchem Verhältnis Kultur und Welt zueinander stehen: Anpassung/Indifferenz, Konflikt/Rebellion, exemplarische Verwirklichung/Beherrschung, Versöhnung/Weltflucht oder schließlich Interpenetration. In dieser Perspektive soll in den folgenden Abschnitten dieser Untersuchung das dargestellte theoretische Modell auf die Evolution und unterschiedliche gesellschaftliche Institutionalisierung des kulturellen Codes der Moderne angewendet werden. In einem ersten Schritt wird die Eigenart der okzidentalen Kultur im Vergleich zur Kultur des Orients charakterisiert. Der zweite Schritt untersucht die Entwicklung der okzidentalen Kultur von den Anfängen des antiken Judentums bis zum asketischen Protestantismus. Der dritte Schritt wendet sich dann der unterschiedlichen Konkretisierung und Entwicklung der Kultur des Okzidents in vier Gesellschaften zu: in England, den Vereinigten Staaten von Amerika, Frankreich und Deutschland. Dabei verfahre ich so, daß ich die Gestaltung des kulturellen Codes aus seiner Entwicklungslogik und seiner Entwicklungsdynamik auf den einzelnen Stufen der Entwicklung und in den einzelnen Gesellschaften erkläre. In der Regel gehe ich von allgemeinen Interpretationen des kulturellen Codes aus und verfolge dann die Selektion von spezifischen Deutungen des Codes, indem ich den Einfluß bestimmter selektiver Faktoren betrachte, z.B. die Typen von Intellektuellen als Interpreten der Kultur und Gemeinschaften als Kulturträger. Soweit es gelingt, werden die typischen Strukturen der sozialen Interaktion und die typischen Formen der Kommunikation in ihrem selektiven Einfluß auf die Herausbildung bestimmter Varianten des allgemeinen Kulturmusters beschrieben. So wird z.B. gezeigt, in welcher Weise in England die wissenschaftliche

Gemeinschaft und die Abhandlung und Untersuchung (Treatise und Enquiry), in Amerika das Meeting und das Paper, in Frankreich der Salon und der Essay und in Deutschland das Universitätsseminar und das Werk einen jeweils eigenen, in den einzelnen Ländern mehr oder weniger vorherrschenden Typus der Rationalität gestaltet haben. In dieser Hinsicht verfolge ich einen interaktionistischen Ansatz, der die Gestalt der Interaktion als selektiven Faktor für eine bestimmte Form der Rationalität begreift. Dabei kann natürlich oft nur auf einzelne besonders herausragende Selektionsfaktoren aus dem ganzen Arsenal möglicher Faktoren eingegangen werden.

Es versteht sich von selbst, daß hier die Rationalisierung nur *ein* Aspekt der Entwicklung der okzidentalen Kultur sein kann. Die Entwicklungsdynamik ist der Gegenpol zur Logik der Rationalisierung. Im Konzept der Interpenetration stoßen Entwicklungslogik und Entwicklungsdynamik aufeinander. Der Rationalismus repräsentiert auch nur eine Dimension des kulturellen Codes der Moderne. Der Aktivismus, der Individualismus und der Universalismus bilden ebenso konstitutive und gleichrangige Säulen der modernen Kultur. Der Rationalismus in seiner wissenschaftlichen, expressiven und normativen Konkretisierung, der Aktivismus, der Individualismus und der Universalismus sind als kulturelle Ergebnisse der Interpenetration von Kultur und Welt in unterschiedlichen Dimensionen zu verstehen. Ich werde ihre entwicklungslogische Generalisierung und ihre entwicklungsdynamische selektive Deutung zunächst in groben Zügen von der Wurzel in der Religion des antiken Judentums bis zum asketischen Protestantismus verfolgen, um dann ihre Charakterzüge in den einzelnen Gesellschaften genauer zu zeichnen. Nur in einem solchen weiteren Bezugsrahmen läßt sich die Entwicklung der Moderne begreifbar machen.

Bei der Untersuchung der Kultur der Moderne gehe ich entwicklungsgeschichtlich vor. Ich untersuche die Herausbildung der modernen westlichen Kultur in den Entwicklungsschritten, von denen ich annehme, daß sie einen entscheidenden Einfluß auf ihre Gestaltung ausgeübt haben. Zunächst einmal betrachte ich im Anschluß an Max Webers vergleichende religionssoziologische Studien die entscheidenden Epochen der Entwicklung der modernen westlichen Kultur vom antiken Judentum bis zur Säkularisierung in der Neuzeit im interkulturellen Vergleich: der asketische

Protestantismus im Vergleich zu den orientalischen Religionen, dann das antike Judentum, die Predigt Jesu, die Paulinische Mission und das Frühchristentum, die alte Kirche, die Gregorianische Kirchenreform, die mittelalterliche Kirche, die Scholastik und die mittelalterliche Stadt, die deutsche Reformation, der Calvinismus und die neuzeitliche Säkularisierung.

Nach diesem entwicklungsgeschichtlichen Überblick wende ich mich denjenigen gesellschaftlichen Kulturen zu, die wohl die nachhaltigsten Beiträge zur Entwicklung der Kultur des modernen Westens geleistet haben: England und Amerika, die in diesem Band betrachtet werden, Frankreich und Deutschland, die im nächsten Band untersucht werden. Ich untersuche, wie die besonderen gesellschaftlichen Verhältnisse und die kulturellen Denkweisen in diesen Gesellschaften zur Ausprägung jeweils eigener Versionen der modernen Kultur geführt haben. Dabei betrachte ich diese Entwicklung hauptsächlich in den für das jeweilige Land entscheidenden Epochen: In England ist es zunächst die bürgerliche Revolution im 17. Jahrhundert, dann aber auch die Industrialisierung in der Wende vom 18. zum 19. Jahrhundert und die gesellschaftliche Einbeziehung der Arbeiterklasse im 19. und 20. Jahrhundert. In Amerika interessiert zuerst die Gründung der Kolonien zu Beginn des 17. Jahrhunderts, dann die Revolution gegen das Mutterland zu Ende des 18. Jahrhunderts, der Bürgerkrieg und die Industrialisierung im 19. Jahrhundert und die Entwicklung der Freiheits- und Gleichheitsrechte im 20. Jahrhundert. Auf diesen Entwicklungsepochen liegt das Augenmerk dieser Untersuchung, schwerpunktmäßig auf den entscheidenden Phasen in der Aufklärungszeit, da es sich hier um eine Studie zur Entwicklung der *Kultur* der Moderne handelt. Die vorausgehenden und nachfolgenden Entwicklungen werden so weit skizziert wie es zu einem Verständnis des Gesamtzusammenhangs erforderlich ist.

Ich gehe hier soweit wie möglich exemplarisch vor, um an Beispielen die Eigenart besonderer Formen des Aktivismus, des Rationalismus, des Individualismus und des Universalismus herauszuarbeiten. Ich greife dabei Exemplare der einzelnen Kulturen heraus, die nach meiner Ansicht einen nachhaltigen Einfluß auf ihre Gestaltung ausgeübt haben. So werden Edward Coke, John Locke, David Hume und John Stuart Mill bei der Betrachtung Englands im Vordergrund stehen. Die Untersuchung Amerikas stellt John Winthrop, Benjamin Franklin, James Madison und Andrew Carnegie in den Mittelpunkt.

Ich erzähle hier keine Geschichte einzelner Gesellschaften. Meine Absicht ist eine andere: ein zusammenhängendes und nach einzelnen Gesellschaften differenziertes Verständnis der Kultur der Moderne zu gewinnen.

I. Religiöse Ethik und Welt

Eine Spannung zwischen religiöser Ethik und Welt tritt erst dort auf, wo es überhaupt eine Differenzierung zwischen einer religiös-übernatürlichen und einer säkular-natürlichen Sphäre gibt. In irgendeinem Ausmaß ist eine solche Differenzierung in allen menschlichen Gesellschaften anzutreffen, aber nicht in allen in gleicher Weise.[1] Sie ist eine Folge einer anthropologischen Konstante des Menschen, nämlich des Bedürfnisses, Erklärungen dafür zu finden, daß sich der Verlauf der Welt und des Lebens nicht immer nach den Erwartungen des Menschen richtet.[2] Auf primitiver Stufe, d. h. auf einer Stufe, auf der sich das Nachdenken über diese Dinge noch wenig verselbständigt hat und keine kontinuierliche, von Intellektuellen getragene Denktradition existiert, ist die Magie die entsprechende Erscheinungsform für das Bedürfnis, das Unerwartbare und Unkontrollierbare zu erklären.[3] Hinter den sichtbaren Dingen werden unsichtbare Kräfte vermutet, die man durch bestimmte magische Handlungen im eigenen Interesse zu beeinflussen versucht. Der Spezialist für diese Techniken ist der Magier. Die Welt der unsichtbaren Kräfte stellt an den einzelnen keine *ethischen* Anforderungen, sondern nur Anforderungen der möglichst geschickten Handhabung der magischen Tech-

1 In Robert N. Bellahs Modell religiöser Evolution ist die vollständige Ausprägung dieses Dualismus erst eine Eigenschaft der »historischen Religionen«. Vgl. R. N. Bellah, »Religious Evolution«, in: *Beyond Belief. Essays on Religion in a Post-Traditional World*, New York: Harper & Row, 1970, S. 20-50, ebd., S. 32-6; M. Weber, *Wirtschaft und Gesellschaft*, Tübingen: Mohr Siebeck, (1922) 1976, S. 245-59, 348-50; T. Parsons, »Introduction to Max Weber's *The Sociology of Religion*«, in: *Sociological Theory and Modern Society*, New York: Free Press, 1967, S. 5-78, ebd., S. 43-8; E. Durkheim, *Die elementaren Formen des religiösen Lebens*, Frankfurt: Suhrkamp, 1981; T. Parsons, »Durkheim on Religion Revisited: Another Look at *The Elementary Forms of Religious Life*«, in: *Action Theory and the Human Condition*, New York: Free Press, 1978, S. 213-32.

2 Vgl. F. H. Tenbruck, »Das Werk Max Webers«, in: *Kölner Zeitschrift für Soziologie und Sozialpsychologie* 27, 1975, S. 663-702, ebd., S. 686-7.

3 M. Weber, *Wirtschaft und Gesellschaft*, op. cit., S. 245-59; *Religionssoziologie* I, op. cit., S. 242-4; E. Durkheim, *Die elementaren Formen des religiösen Lebens*, op. cit.; R. N. Bellah, »Religious Evolution«, op. cit., S. 25-32.

niken. Und sie setzt dem einzelnen auch keine Ziele, vielmehr läßt sie sich durch gekonnte Magie in den Dienst beliebiger Interessen und Wünsche zwingen. Wo man Reglementierungen des Handelns durch Tabu begegnet, bedeutet dies keine kategorisch-ethische Verpflichtung, sondern eine hypothetisch-technische Regelung, die durchweg praktisch-utilitarischen Zwecksetzungen dient, z. B. einer besseren Ernte, dem Jagdglück und dgl. Soweit sich magische Elemente in einer Religion erhalten haben, wird aufgrund dieser Eigenlogik der Magie die ethische Formungskraft der Religion eingeschränkt. Das gilt in erheblichem Maße für China, wo die Massenreligiosität immer magische Religiosität blieb.[4] In abgeschwächter Form trifft dies aber auch für den Katholizismus mit seiner Vielzahl von Heiligen zu, die man benutzen kann, um Gott gnädig zu stimmen (Diagramm 3).

Wo es keine konsequente Differenzierung einer religiösübernatürlichen Sphäre von der säkular-natürlichen Sphäre gibt und wo die Magie das religiöse Handeln bestimmt, besteht ein Übergewicht der praktisch-utilitarischen Bedürfnisse des Handelns über deren ethische Formung. Es wird im Prinzip gar kein Gegensatz zwischen einer ethischen Ordnung und dem praktisch-utilitarischen Handeln wahrgenommen, da die ethische Ordnung im praktisch-utilitarischen Handeln aufgeht.[5] Das paradigmatische Beispiel dieser *Anpassung* der Ethik an die Welt ist der *Konfuzianismus*, dem die bestehende Welt als die beste aller möglichen erscheint. Den Kern dieser Haltung bildet das Prinzip der *Schicklichkeit* für die Lebensführung des Chinesen, das nicht die Verpflichtung auf ethische Normen verlangt, sondern utilitarisches Handeln erlaubt, soweit dabei das Gesicht gewahrt wird. Weltanpassung wird hier zum *Opportunismus* gesteigert.[6] Im Unterschied zur primitiven Stufe der Religion, auf der eine diffuse Einheit von Welt und Hinterwelt vorherrscht, deren Beziehung zueinander durch die Magie hergestellt wird, ist hier schon eine Beziehung der Über- und Unterordnung zwischen einer himmlischen und der irdischen Sphäre anzutreffen. Aber die himmlische Sphäre ist ein bloßes Abbild der irdischen Ordnung. Zwischen beiden tritt keine wirkliche Spannung auf. Die Himmelskörper werden z. B. in ihren Beziehungen untereinander nach dem

4 M. Weber, *Religionssoziologie* I, op. cit., S. 466-85, 512-6, 519-20.
5 M. Weber, *Wirtschaft und Gesellschaft*, op. cit., S. 245, 258-9.
6 M. Weber, *Religionssoziologie* I, op. cit., S. 441-52, 514-24.

Diagramm 3: Die Magie

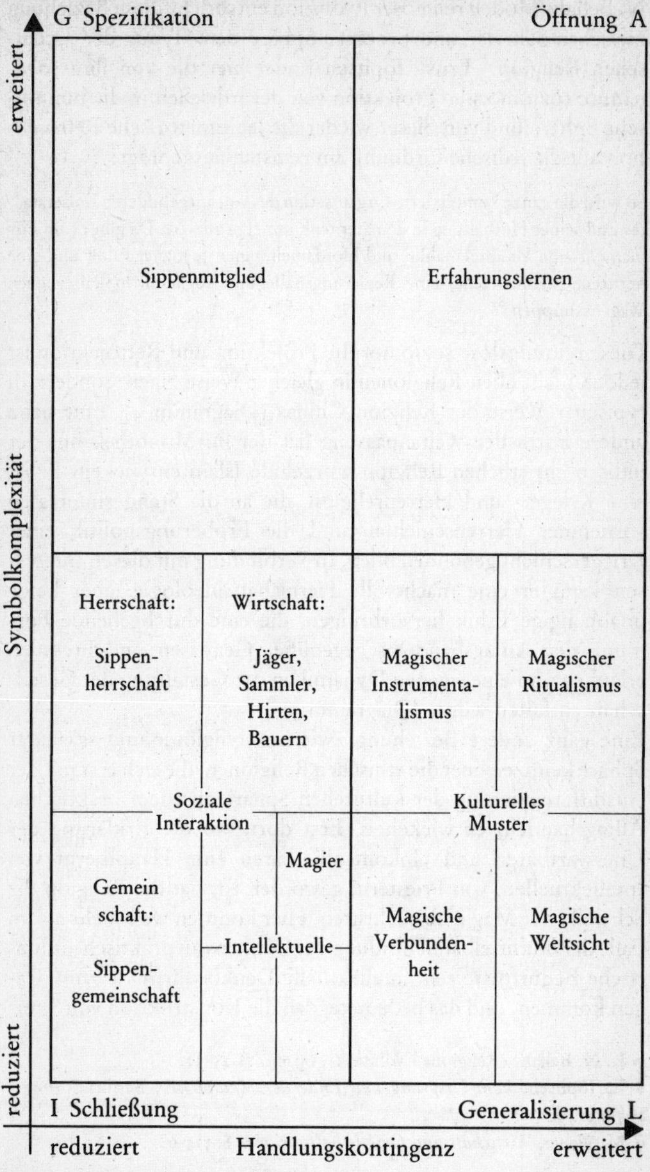

Modell des chinesischen Beamtenstaates gedeutet. Nach Robert N. Bellahs Modell religiöser Evolution entspricht diese Beziehung zwischen sakraler und profaner Sphäre dem Typus der archaischen Religion.[7] Ernst Topitsch findet hier die von ihm sogenannte soziomorphe Projektion von der irdischen in die himmlische Sphäre und von dieser wieder die legitimatorische Retrojektion auf die irdische Ordnung am reinsten ausgeprägt:

So wird die ganze komplizierte Organisation des voll ausgebildeten Kaiserstaates und seiner Hofhaltung in den Sternenhimmel projiziert. Da gibt es am Firmament eine Hauptgemahlin und Hofdamen, einen Justizverwalter und eine berittene Schutzwache, eine Regierungshalle und sogar einen kaiserlichen Wagenschuppen.[8]

Diese reibungslose soziomorphe Projektion und Retrojektion ist jedoch nicht allen Religionen in gleicher Weise eigen, sondern in typischer Weise der Religion Chinas (Diagramm 4). Eine ganz andere Form der Weltanpassung hat der im Monotheismus der jüdisch-christlichen Religion wurzelnde Islam entwickelt. Er ist eine Krieger- und Herrenreligion, die an die Standesinteressen vornehmer Herrenschichten und die Eroberungspolitik einer Kriegerschicht gebunden blieb. In Verbindung mit diesen Interessen kann er eine machtvolle Herrschaftsideologie, aber keine unabhängige Ethik hervorbringen, die eine durchgehende Formung des Alltagshandelns gegenüber Genossen und Fremden erlauben und eine eigenen Dynamik in der Gestaltung der Gesellschaft entfalten würde (Diagramm 5).[9]

Eine ganz andere Beziehung zwischen religiöser und säkularer Sphäre kennzeichnet die ethischen Religionen, die sich erst mit der Ausdifferenzierung der kulturellen Sphäre aus dem praktischen Alltagshandeln entwickelten. Erst dort, wo die Erklärung des Unerwartbaren und Unkontrollierbaren zum Hauptberuf von Intellektuellen, von Priestern, geworden ist, hat die Religion die Schwelle der Magie überschritten. Hier konnten weit mehr als im Falle der unmittelbaren Bindung des Denkens an praktisch-utilitarische Bedürfnisse rein intellektuelle Denkbedürfnisse zum Tragen kommen, und das bedeutete, daß die Konstruktion von Sinn-

7 R. N. Bellah, »Religious Evolution«, op. cit., S. 25-32.

8 E. Topitsch, *Vom Ursprung und Ende der Metaphysik*, Berlin: Springer, 1958, S. 59.

9 M. Weber, *Wirtschaft und Gesellschaft*, op. cit., S. 375-6.

Diagramm 4: Der Konfuzianismus

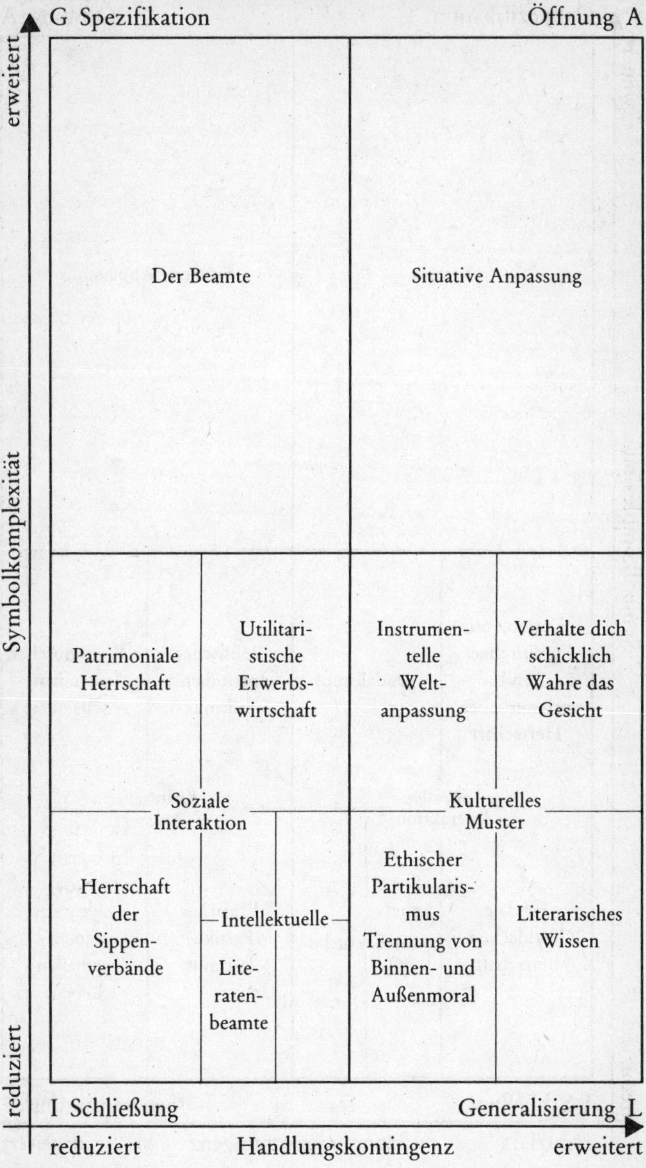

Diagramm 5: Der Islam

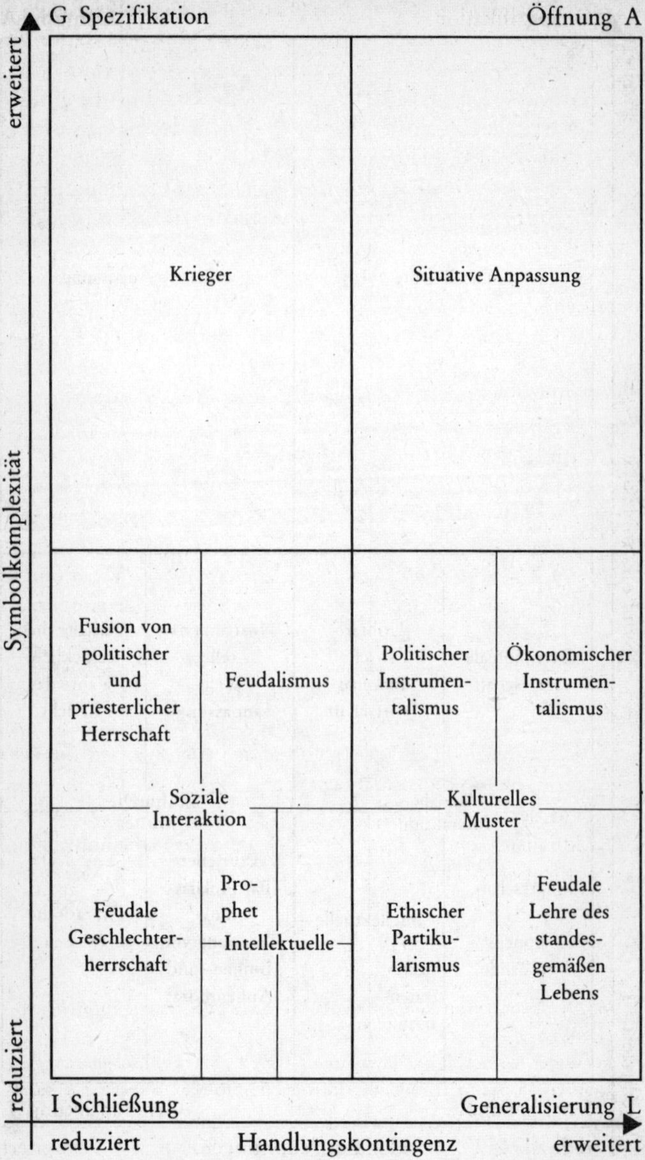

zusammenhängen, logische Konsistenz und Abstraktion als intellektuelle Standards die Religion prägen konnten. Die Religion konnte in diesem Sinne Gegenstand der intellektuellen Rationalisierung werden. Nicht das in praktischen Lebenszusammenhängen verankerte *Interesse*, das es durch Magie zu fördern gilt, ist nun der Kern des religiösen Denkens, sondern das im Intellektualismus verwurzelte Bedürfnis nach Erfahrung und Konstruktion von *Sinn*.[10] Die ursprünglich durchaus praktisch-utilitarischen Heilsbedürfnisse werden dadurch zu einem reinen Streben nach Sinn als dem eigentlich religiösen Heilsstreben sublimiert, während die Befriedigung der konkreten Bedürfnisse mehr und mehr unter die Zuständigkeit irdischer Instanzen fällt. Das gilt natürlich um so mehr, je stärker der intellektuelle Einfluß auf die Religion wirksam ist; diese Tendenz wird wiederum um so mehr abgeschwächt und in die Richtung der Rücksichtnahme auf konkrete Erlösungsbedürfnisse gedrängt, je mehr die Partizipation der Laien am religiösen Handeln zunimmt.

Die erste Konsequenz der Intellektualisierung der Religion ist eine schärfere Differenzierung zwischen der säkular-natürlichen und der religiös-übernatürlichen Sphäre.[11] Je konsequenter die Konstruktion von Sinnzusammenhängen befolgt wird, um so schärfer müssen die Diskrepanzen zwischen dem konstruierten sinnhaften Kosmos und der mangelnden Sinnhaftigkeit des tatsächlichen Geschehens in der Welt zutage treten. Sinnhaftigkeit ist dann nur noch durch Postulierung einer Sphäre aufrechtzuerhalten, deren Vollkommenheit von den Unvollkommenheiten der alltäglichen Welt unberührt bleibt, einer überweltlichen göttlichen Sphäre. Dies ist eine erste Voraussetzung der Lösung des sogenannten Problems der Theodizee, das sich um so schärfer stellt, je weiter intellektualisiert eine Religion ist.[12] Es ist die Erscheinungsform des anthropologisch tiefsitzenden Bedürfnisses des Menschen nach Erklärung des Unerwartbaren und Unkontrollierbaren auf

10 Ebd., S. 259-68, 349; M. Weber, *Religionssoziologie* I, op. cit., S. 251-4, 570-1.

11 Vgl. T. Parsons, »Introduction to Max Weber's *The Sociology of Religion*«, op. cit., S. 45, 48-9.

12 M. Weber, *Wirtschaft und Gesellschaft*, op. cit., S. 314-9; *Religionssoziologie* I, op. cit., S. 242-7; T. Parsons, »Introduction to Max Weber's *The Sociology of Religion*«, op. cit., S. 60-2; P. L. Berger, *The Sacred Canopy*, Garden City, N. Y.: Doubleday, 1969, S. 53-80.

der Entwicklungsstufe einer intellektualisierten Religion, und es läßt sich in der Frage formulieren, wie man die anscheinende Sinnlosigkeit des Geschehens in der Welt mit der Idee einer sinnhaften göttlichen Ordnung vereinbaren könne.

Eine weitere Voraussetzung der Lösung dieses Problems der Theodizee ist nach der Differenzierung der vollkommenen göttlichen Sphäre von der unvollkommenen Welt die Beantwortung der Frage, wie letzten Endes auch die Beziehung zwischen beiden Sphären einen Sinnzusammenhang bilden kann. Hierfür gibt es im Prinzip zwei entgegengesetzte Lösungen. Einmal die *weltimmanente* Lösung, die in einer Vereinigung von göttlich-vollkommener Sphäre und irdischer Sphäre besteht; zum anderen die *welttranszendente* Lösung, welche die Zerstörung der bestehenden und die Schaffung einer neuen Welt verlangt.[13] Für beide Lösungen existieren historische Fälle.

Eine weltimmanente Lösung des Problems der Theodizee ist die im *Hinduismus* von den vedantischen Brahmanen entwickelte Lehre von Vergeltung und Wiedergeburt, die eine Vereinigung von göttlich-vollkommener und irdischer Ordnung durch eine extreme Ausdehnung der Zeitspanne impliziert, innerhalb derer sich der Sinn des Handelns und der Welt konstituiert. Ganz gleich, wie das Handeln und seine unmittelbaren Konsequenzen heute ausfallen, es unterliegt auf jeden Fall der Vergeltung in einem späteren Leben durch Geburt in einer niedrigeren oder höheren Kaste. Der ewige Kreislauf von Tod und Wiedergeburt sorgt auf Dauer gesehen für einen Sinn in der bestehenden Welt. Daß gute Absicht mit bösen Folgen und umgekehrt böse Absicht mit guten Folgen des Handelns verbunden sein können – ein Problem für jede Theodizee –, löst sich in dieser zeitlich unbegrenzten Perspektive als nichtige Frage auf, weil auf Dauer gesehen diese Verkehrung immer aufgehoben wird. Die hinduistische Lehre von Vergeltung und Wiedergeburt ist in diesem Sinne nach den Worten Webers die logisch konsequenteste weltimmanente Lösung des Theodizeeproblems. Sie hat eine extrem konservative Wirkung in bezug auf die bestehende Ordnung, die ein bloßer Ausschnitt der vollkommenen ewigen Ordnung ist, an der es insofern nichts zu ändern gibt. Und der einzelne kann immer die Hoffnung

13 Vgl. zu dieser Interpretation T. Parsons, »Introduction to Max Weber's *The Sociology of Religion*«, op. cit., S. 60-2.

auf eine bessere Wiedergeburt haben, dies aber nur durch die Unterordnung unter die Pflichten der Kaste, der er angehört (Diagramm 6).[14]

Die *Lehre des Zarathustra* ist eine welttranszendente Lösung des Theodizeeproblems, die den Dualismus zwischen der »reinen« göttlichen Sphäre und der »unreinen«, von finsteren Mächten beherrschten Sphäre auf die Spitze treibt.[15] Die Welt wird von beiden Mächten beherrscht, die je ihr eigenes Reich besitzen, ohne daß die Hoffnung auf eine Allmacht und einen letztendlichen Sieg der »reinen« göttlichen Macht über die unreinen finsteren Mächte in der Welt eine Chance hätte. Innerhalb der Welt ist deshalb eine sinnhafte Ordnung unmöglich. Sinn findet sich nur außerhalb der Welt, wo das göttlich Reine in seiner Macht nicht durch die finsteren Mächte des Unreinen beschränkt wird.

Eine welttranszendente Lösung des Theodizeeproblems mit entgegengesetzter Wirkung, nämlich der Konstitution von Sinn in der Welt hat der *Calvinismus* in der Prädestinationslehre geschaffen.[16] Die Gotteskonzeption der jüdisch-christlichen Religion läßt schon gar keine dem Hinduismus ähnliche Vereinigung von göttlicher und irdischer Sphäre zu und auch keine Vorstellung einer Begrenzung der Macht Gottes über die Welt durch die Macht des Bösen, wie die zarathustrische Lehre. Hier muß man den Sinnzusammenhang in die Beziehung zwischen einem allmächtigen Gott und einer urvollkommenen Welt hineinbringen, und dies ist im Vorstellungshorizont einer solchen persönlichen Gotteskonzeption nicht durch ein ewiges Wirken von Gesetzen, sondern nur durch das aktive Eingreifen Gottes in das Weltgeschehen und durch eine besondere Tat möglich, durch die eine neue Welt geschaffen wird. Dies ist die schon durch die jüdisch-christliche Gottesvorstellung festgelegte Bahn, innerhalb derer wiederum nach den Worten Webers die Prädestinationslehre Calvins die konsequenteste Theodizee bildet. Sie ist radikal und konsequent, weil sie jeden Weg der Beeinflussung der Entscheidungen Gottes durch den Menschen verbietet. Gottes Ratschluß, wer zu den zu

14 M. Weber, *Wirtschaft und Gesellschaft*, op. cit., S. 318-9; *Religionssoziologie* II, op. cit., S. 117-22, 170-88.

15 M. Weber, *Wirtschaft und Gesellschaft*, op. cit., S. 318; *Religionssoziologie* I, op. cit., S. 572.

16 M. Weber, *Wirtschaft und Gesellschaft*, op. cit., S. 317, 346-8; *Religionssoziologie* I, op. cit., S. 89-118.

Diagramm 6: Der Hinduismus

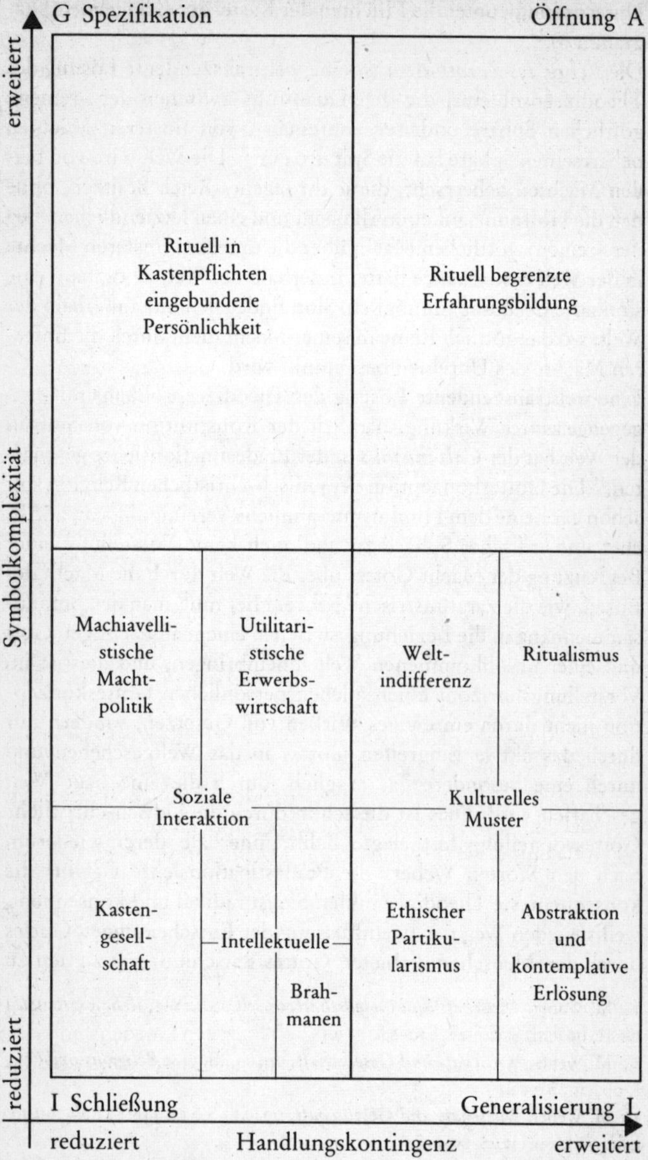

ewigem Leben in einer neuen vollkommenen Ordnung Auserwählten gehört und seine Gnade erlangt, ist von Ewigkeit her bestimmt, unveränderbar und unerforschlich. Diese Lehre bietet magischen und anderen Beeinflussungen Gottes ebensowenig Platz wie die hinduistische Lehre von Vergeltung und Wiedergeburt einer Veränderung des Schicksals durch derartige Techniken. Dies verschafft in beiden Fällen der göttlichen Ordnung absolute Geltung und insofern der Welt letzten Endes ihre Sinnhaftigkeit, jedoch mit dem gravierenden Unterschied, daß im Falle des Hinduismus eine Identität von göttlicher und irdischer Ordnung vorliegt, die auf einer Zersplitterung in zahllose Sonderethiken von Kasten und Unterkasten beruht, während es sich im Falle des Calvinismus um die absolute Geltung der ethischen Gebote Gottes handelt, die einen universalistischen Anspruch der Geltung für alle Menschen und alle Sphären des Lebens erheben und die nicht identisch sind mit den Eigengesetzlichkeiten der Lebenskreise und Lebenssphären, sondern ihre Formung nach den ethischen Geboten Gottes fordern:

Die puritanische – wie jede »rationale« – Askese arbeitete daran, den Menschen zu befähigen, seine »konstanten Motive«, insbesondere diejenigen, welche sie selbst ihm »einübte«, gegenüber den »Affekten« zu behaupten und zur Geltung zu bringen: daran also, ihn zu einer »Persönlichkeit« in *diesem*, formalpsychologischen Sinne des Worts zu erziehen (...) Eine penetrante Christianisierung des ganzen Daseins war die Konsequenz dieser *Methodik* der ethischen Lebensführung (...)[17]

Der Calvinismus beseitigt mit seiner Lehre alle Möglichkeiten der Vermittlung zwischen Gott und Mensch durch Instanzen, die ihn beeinflussen können, wie es vor allem noch im Katholizismus mit der Vielzahl von Heiligen möglich ist. In der Geltung der ethischen Gebote Gottes gibt es keine Abschwächung nach Lebenssphären und Lebensumständen. Ihnen muß fortwährend, ohne Möglichkeit der Aufrechnung guter und schlechter Taten und ohne Gnadenverwaltung durch eine Kirche, Gehorsam geleistet werden.[18] Dabei verstärkt die praktische Konsequenz der Prädestinationslehre diese Wirkung der Lehre auf die ethische Formung des Alltagshandelns. Die Ungewißheit über den Gnadenstand läßt den einzelnen Gläubigen nicht in Ruhe, sich des Gnadenstandes

17 M. Weber, *Religionssoziologie* II, op. cit., S. 124.
18 M. Weber, *Religionssoziologie* I, op. cit., S. 94-5, 114-5.

zu versichern, und dies ist nur an der lückenlosen ethischen Reinheit des Alltagshandelns zu ersehen. Obwohl für Calvin weder eine Beeinflußbarkeit Gottes noch ein Wissen über den Gnadenstand möglich ist, hat sich die Lehre unter dem Druck der Heilsbedürfnisse der Laien in der praktischen Seelsorge dieser Deutung zugewandt.[19] Die Konsequenz ist auf jeden Fall eine bis dahin unerreichte universalistische ethische Formung des Alltagshandelns über alle Lebenskreise und Lebenssphären hinweg (Diagramm 7).

Wie man erkennen kann, entsprechen den beiden grundsätzlichen Varianten der Lösung des Theodizeeproblems auch zwei verschiedene Formen der Beziehung zwischen Ethik und Welt. Die weltimmanente Lösung führt zur *Versöhnung* von Ethik und Welt. Beispiele für diese Lösung bieten die verschiedenen Varianten einer »organischen Sozialethik«, so zum Beispiel die hinduistische Soziallehre und auch die mittelalterliche katholische Soziallehre, wie sie von Thomas von Aquin formuliert wurde.[20] Die Eigengesetzlichkeiten von Lebenskreisen und Lebenssphären sind in der ewigen Ordnung aufgehoben, ohne selbst durch eine durchgehende Ethik geformt werden zu können. Hier kann keine universalistische normative Ordnung entstehen. Die Gesellschaft zerfällt vielmehr in viele Teilordnungen, die von den utilitarischen Bedürfnissen in den einzelnen Lebenskreisen und Lebenssphären geprägt sind. Dagegen hat die welttranszendente Lösung die *ethische Durchdringung* der Welt nach ethischen Geboten über alle Lebenskreise und Lebenssphären hinweg zur Folge, durch die deren Eigengesetzlichkeiten begrenzt werden. Je mehr sich die Ethik dabei den praktischen Sphären des Alltagshandelns nähert, um so mehr werden diese auch den Stoff ethischer Gebote bilden und auf diese Weise ihrerseits den Charakter der Ethik gestalten. Das heißt, daß Ethik und Welt sich *gegenseitig durchdringen*.

Wenden wir die Typologie Webers an, dann entsprechen der Versöhnung und der ethischen Durchdringung jeweils die *innerweltlichen*, d. h. auf Verwirklichung in der gegebenen Welt bezogenen Varianten zweier verschiedener Heilswege, der *Mystik* und der

19 Ebd., S. 102-12, vgl. insbesondere S. 111-2, Anmerkung 4.

20 Vgl. M. Weber, *Wirtschaft und Gesellschaft*, op. cit., S. 360-2; *Religionssoziologie* I, op. cit., S. 551-2; *Religionssoziologie* II, op. cit., S. 117-22, 142-6, 200; E. Troeltsch, *Die Soziallehren der christlichen Kirchen und Gruppen*, Tübingen: Mohr Siebeck, (1912) 1922, S. 252-358.

Diagramm 7: Die jüdisch-christliche Religion

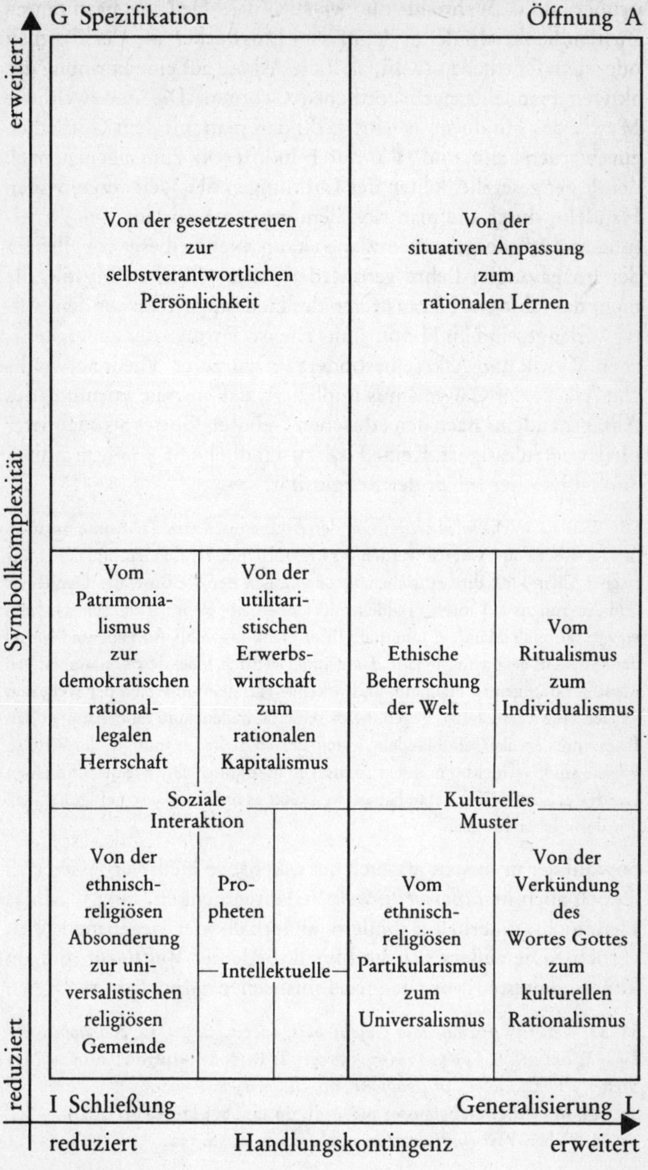

Askese,[21] die wiederum den beiden Formen der Theodizee zugeordnet sind. Während die Mystik das Heil in bestimmten Zuständlichkeiten der Seele, in dem Einswerden mit der Gottheit oder dem Göttlichen sucht, zielt die Askese auf eine Formung des aktiven Handelns nach göttlichen Geboten. Die innerweltliche Mystik des Hinduismus lehrt z. B., daß man mit dem Göttlichen eins werden kann, und zwar durch Indifferenz zum eigenen, nach den Eigengesetzlichkeiten der Ordnungen der Welt verlaufenden Handeln, durch die man sich dem ewigen Kreislauf von Vergeltung und Wiedergeburt entziehen kann. Neben dieser vor allem in der Bhagavadgita-Lehre vertretenen innerweltlichen Mystik, die nicht das faktische Heraustreten des Heilssuchenden aus dem Alltag verlangt, sind im Hinduismus ebenso Formen der außerweltlichen Mystik und Askese besonders verwurzelt.[22] Die innerweltliche Askese des Calvinismus impliziert, daß nur die Formung des Alltagshandelns nach den ethischen Geboten Gottes als adäquater Heilsweg zulässig ist. Keine Heilszuständlichkeit, sondern aktives Tun ist hier der Inhalt der Religiosität:

Die Welt als solche wird weder von der Askese noch von der Kontemplation bejaht. Aber vom Asketen werden ihr kreatürlicher, ethisch irrationaler empirischer Charakter, ihre ethischen Versuchungen der Weltlust, des Genießens und Ausruhens auf ihren Freuden und Gaben, abgelehnt. Dagegen wird das eigene rationale Handeln innerhalb ihrer Ordnungen als Aufgabe und Mittel der Gnadenbewährung bejaht. Dem innerweltlich lebenden kontemplativen Mystiker dagegen ist Handeln, und vollends Handeln innerhalb der Welt, rein an sich eine Versuchung, gegen die er seinen Gnadenstand zu behaupten hat. Er minimisiert also sein Handeln, indem er sich in die Ordnungen der Welt, so wie sie sind, »schickt«, in ihnen sozusagen inkognito lebt, wie die »Stillen im Lande« es zu aller Zeit getan haben, weil Gott es nun einmal so gefügt hat, daß wir darin leben müssen.[23]

Sowohl der mystische als auch der asketische Heilsweg lassen sich jedoch auch in *außerweltlichen* Varianten denken. Hier wird das Heil nicht innerhalb, sondern außerhalb der gegebenen Welt gesucht. Die außerweltliche Mystik bedeutet *Weltflucht*, die am konsequentesten von den buddhistischen Mönchen vollzogen

21 M. Weber, *Wirtschaft und Gesellschaft*, op. cit., S. 321-34; *Religionssoziologie* I, op. cit., S. 249-51, 261-7, 538-42; T. Parsons, »Introduction to Max Weber's *The Sociology of Religion*«, op. cit., S. 63-8.

22 Vgl. M. Weber, *Religionssoziologie* II, op. cit., S. 147-62, 191-202.

23 M. Weber, *Wirtschaft und Gesellschaft*, op. cit., S. 332.

wurde (Diagramm 8).[24] Die außerweltliche Askese drängt zu einer radikalen *Differenzierung* einer den religiösen Geboten gemäßen Lebensführung außerhalb der Alltagswelt von dem Handeln im Alltag, wie sie z. B. von den katholischen Mönchsorden durchgeführt wird.[25] Beide religiösen Heilswege führen zu einer scharfen Differenzierung von religiöser Virtuosen- und Laienethik und verhindern dadurch eine weiterreichende ethische Formung des Handelns in der Welt. Das Entstehen einer ethischen Ordnung konnte von ihnen nicht ausgehen.

Wir können insofern den *Opportunismus* als Anpassung der Ethik an die Welt, die *Versöhnung* von religiöser Ethik und Welt, die *Weltflucht*, die *Differenzierung* von Ethik und Welt, ihre *gegenseitige Durchdringung* und die *einseitige Durchdringung* der Welt durch die Ethik als Typen der Beziehung zwischen religiöser Ethik und Welt betrachten, die insgesamt von der Unterwerfung der Ethik unter die Welt bis zur umgekehrten Beherrschung der Welt durch die Ethik reichen. Nach dem allgemeinen Modell der Beziehung zwischen steuernden und dynamisierenden Subsystemen des Handelns ist die Anpassung der Ethik an die Welt durch Opportunismus ein Fall der Anpassung eines steuernden an dynamisierende Subsysteme; Versöhnung, Weltflucht und Differenzierung sind Varianten der gegenseitigen Isolierung steuernder und dynamisierender Subsysteme; die einseitige ethische Durchdringung der Welt ist ein Fall der Einschnürung dynamisierender Subsysteme durch ein steuerndes Subsystem; die gegenseitige Durchdringung von religiöser Ethik und Welt ist ein Fall der Interpenetration steuernder und dynamisierender Subsysteme (Diagramm 9).[26]

Der *Opportunismus* hat die vollkommene *Offenheit* der idealen Ordnung gegenüber der bestehenden Ordnung zur Folge, so daß beide tendenziell identisch werden, dem Handeln dadurch aber der ethische Antrieb fehlt. Das typische Beispiel hierfür ist der ethische Opportunismus des Konfuzianismus, der die Ethik dem Prinzip des utilitarischen Handelns angleicht und die *Schicklichkeit* – d. h. die zur Wahrung des Gesichtes und der eigenen Interessen notwendige Rücksichtnahme auf Gepflogenheiten – zur

24 M. Weber, *Religionssoziologie* II, op. cit., S. 230-50.

25 M. Weber, *Religionssoziologie* I, op. cit., S. 118-20; E. Troeltsch, *Die Soziallehren der christlichen Kirchen und Gruppen*, op. cit., S. 226-38.

26 Vgl. R. Münch, *Theorie des Handelns*, op. cit., S. 565-7.

Diagramm 8: Der Buddhismus

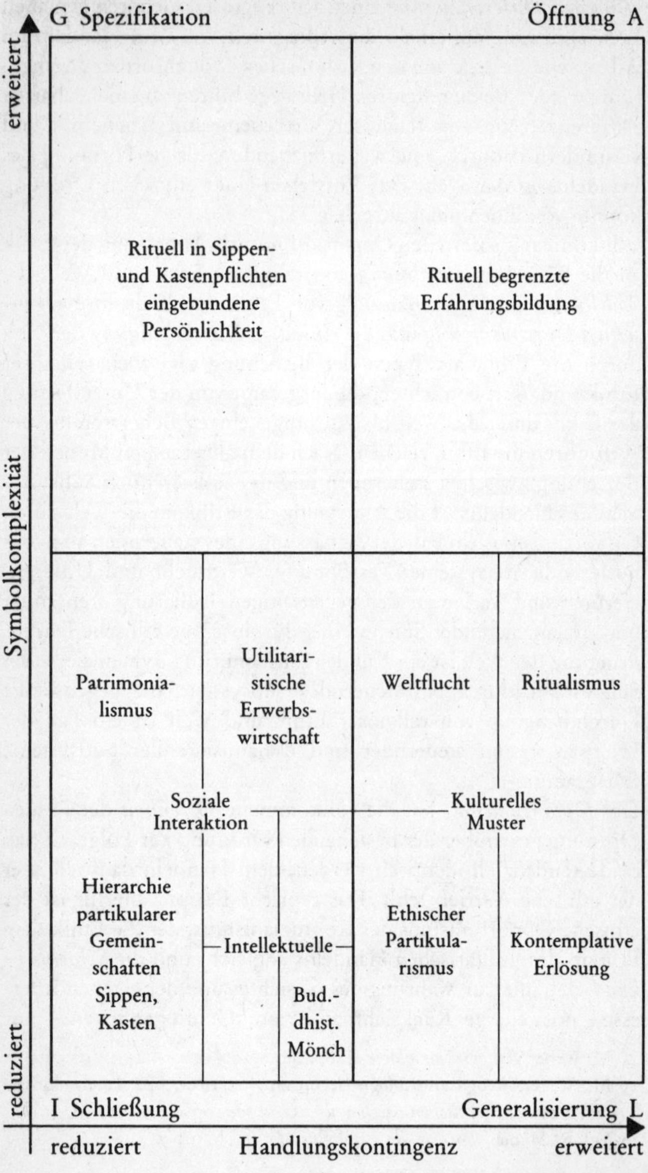

Diagramm 9: Religiöse Ethik und Welt

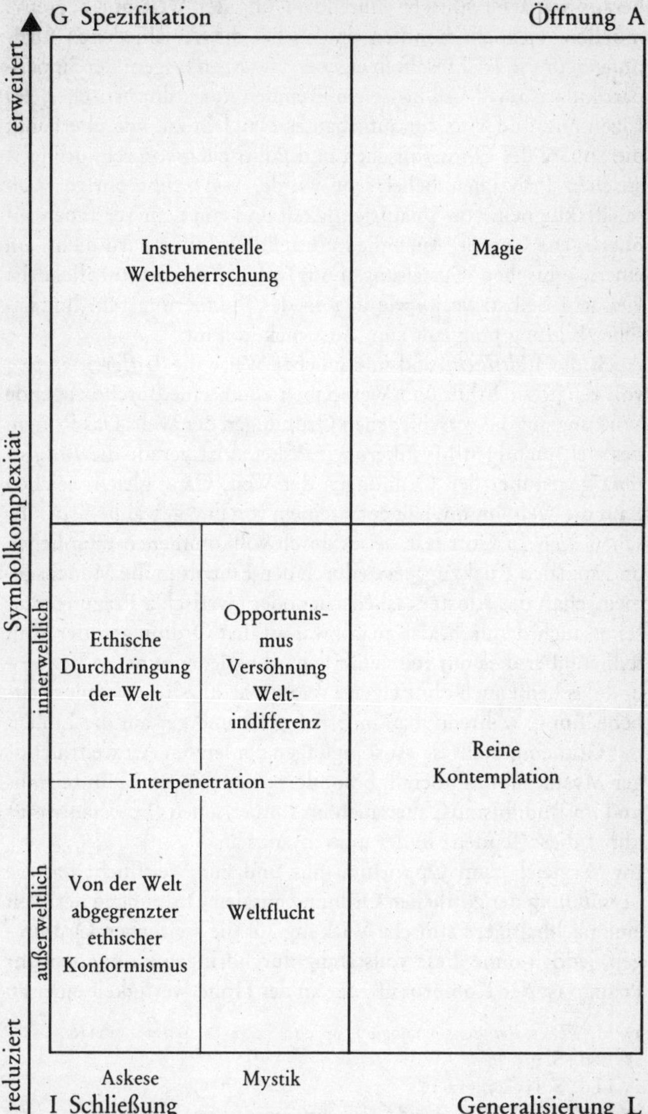

Grundnorm des Handelns erhoben hat.[27] Aus dieser Einstellung heraus war eine ethische Durchdringung der Welt nur begrenzt möglich, vielmehr konnten umgekehrt die verschiedenen Ordnungen um so leichter ihren eigenen Gesetzen folgen: der Sippenpartikularismus[28] ließ zwischen Fremden nur utilitaristisches, auf Eigennutz und Vorsicht aufgebautes Handeln zu, wie überhaupt die Sphäre des Ökonomischen und Politischen von rein utilitaristischen Prinzipien beherrscht wurde, von schlitzohriger Geschäftsklugheit, von Unaufrichtigkeit und von dem Vertrauen auf überlegene Gewalt. Auch die kulturelle Ordnung wird nicht von einem ethischen Gestaltungsmotiv erfaßt; die Kulturpflege ist vielmehr Selbstzweck, wie dies in der Prämierung rein literarischer Bildung prägnant zum Ausdruck kommt.[29]

Auch die *Weltflucht* und in ähnlicher Weise die *Differenzierung* von religiöser Ethik und Welt haben kaum eine durchdringende Wirkung auf die verschiedenen Ordnungen der Welt. Das Prinzip des weltflüchtigen Mystikers wie Asketen ist gerade die *Indifferenz* gegenüber den Ordnungen der Welt. Ganz gleich welchen Lauf die Welt nimmt, hält er an seinem von ihm gewählten spezifischen Weg zu Gott fest, sei es durch vollkommenen räumlichen und sozialen Rückzug, sei es durch den Eintritt in die Mönchsgemeinschaft des Klosters asketischer oder mystischer Prägung oder sei es auch dadurch, daß man zwar an den Ordnungen der Welt teilhat, aber dies nur rein äußerlich, ohne jeden inneren Bezug – und das heißt auch ohne eigene Verantwortung für das innerweltliche Tun –, während man innerlich ganz und gar auf die Einheit mit Gott eingestellt ist. Ausprägungen der letzten Art weltflüchtiger Mystik gibt es überall, besonders ausgeprägt im Hinduismus und im Buddhismus, aber auch im Lutherischen Protestantismus klingt diese Tendenz in der unio mystica an.[30]

Im Vergleich zum Opportunismus und zur Weltflucht hat die *Versöhnung* der göttlichen Ordnung mit den Ordnungen der Welt eine nachhaltigere ethische Wirkung auf die weltlichen Ordnungen, jedoch ohne diese vollständig durchdringen zu können. Ihr Prinzip ist der Kompromiß, der an der Höherwertigkeit einer an

27 M. Weber, *Religionssoziologie* I, op. cit., S. 444-51, 489-99, 512-36.

28 Ebd., S. 375-89.

29 Ebd., S. 435-49, 512-36.

30 M. Weber, *Wirtschaft und Gesellschaft*, op. cit., S. 333; *Religionssoziologie* I, op. cit., S. 106-7.

der religiösen Ethik orientierten Lebensführung festhält, ohne jedoch von allen ständischen und beruflichen Schichten in gleicher Weise die Erfüllung dieser ethischen Normen zu verlangen, die dafür allerdings auch moralisch unterschiedlich geschätzt werden. Die Versöhnung zwischen der göttlichen und den weltlichen Ordnungen läßt insofern den einzelnen weltlichen Ordnungen ihre eigenen Gesetze, indem sie durch Generalisierung die göttliche und die weltliche Ordnung in hierarchischer Abstufung zu einer universellen Ordnung zusammenfügt.

Opportunismus, Versöhnung, Weltflucht und Differenzierung sind Einstellungen zur Welt, die alle keine durchgehende Gestaltung der Welt nach ethischen Prinzipien erlauben und insofern die verschiedenen sozialen Sphären weit mehr ihren »Eigengesetzlichkeiten« überlassen als eine auf aktive Durchdringung eingestellte Betrachtung der Welt. Sie sind kennzeichnend für die asiatischen Religionen des Buddhismus, Hinduismus, Konfuzianismus und Taoismus und in abgeschwächter Form auch noch für die scholastische Ethik des europäischen Mittelalters. Sie alle können weder den Gegensatz zwischen Intellektuellenreligiosität und Volksreligiosität überwinden noch eine durchgehende ethische Ordnung des ökonomischen Verkehrs und des Machthandelns hervorbringen:

Aber weder die buddhistische noch die taoistische noch die hinduistische Frömmigkeit enthalten Antriebe zur rationalen Lebensmethodik. Die letztere insbesondere ist, wie schon früher ausgeführt, nach ihren Voraussetzungen die stärkste traditionalistische Macht, welche es überhaupt geben kann, weil sie die konsequenteste religiöse Begründung der »organischen« Gesellschaftsauffassung und die schlechthin bedingungslose Rechtfertigung der gegebenen, aus Schuld und Verdienst in einem früheren Dasein der Beteiligten, kraft mechanisch proportionaler Vergeltung folgenden Verteilung von Macht und Glück ist. Alle diese asiatischen volkstümlichen Religiositäten gaben dem »Erwerbstrieb« des Krämers ebenso wie dem »Nahrungs«-Interesse des Handwerkers und dem Traditionalismus des Bauern Raum und ließen daneben die philosophische Spekulation und ständisch konventionelle Lebensorientierung der privilegierten Schichten ihre eigenen Wege gehen, welche in Japan feudale, in China patrimonial-bürokratische und daher stark utilitarische, in Indien teils ritterliche, teils patrimoniale, teils intellektualistische Züge behielten. Keine von ihnen konnte irgendwelche Motive und Anweisungen zu einer *rationalen* ethischen Formung einer kreatürlichen »Welt« gemäß einem göttlichen Gebot enthalten. Denn für alle war diese Welt vielmehr etwas fest Gegebenes, die beste aller möglichen Welten, und für den höchsten Typus des Frommen: den

Weisen, stand nur die Wahl frei: entweder sich dem »Tao«, dem Ausdruck der unpersönlichen Ordnung dieser Welt, als dem einzig spezifisch Göttlichen, anzupassen, oder gerade umgekehrt aus ihrer unerbittlichen Kausalverkettung sich selbst durch eigene Tat in das einzig Ewige: den traumlosen Schlaf des Nirvâna, zu erlösen.[31]

Die Gesellschaft ist hier geprägt durch ein Auseinanderklaffen der Intellektuellenkultur, die sehr hoch rationalisiert sein kann – wie in Indien –, und der Massenkultur sowie der praktisch-ökonomischen und -politischen Sphären des Handelns. Es ist insofern gerade eine relativ starke soziale Differenzierung und auch Rationalisierung einzelner Sphären ohne Integration durch eine die einzelnen Sphären überspannende, allgemein verbindliche normative Kultur, die in Webers eigenen Worten die nicht-westlichen traditionalen Gesellschaften, insbesondere Indien, kennzeichnet:

Die soziale Welt klafft auseinander in die Schicht der Wissenden und Gebildeten und in die bildungslosen plebejischen Massen. Den Vornehmen blieben die sachlichen inneren Ordnungen der realen Welt, der Natur wie der Kunst, der Ethik wie der Ökonomik, verborgen, weil sie ihnen jeden Interesses bar schienen. Ihre Lebensführung orientierte sich, im Streben nach einem Außeralltäglichen, an dem Beispiel ihrer durchweg dem Schwerpunkt nach *exemplarischen* Propheten oder Weisen. Den Plebejern aber erschien keine ethische, ihren Alltag rational formende, Sendungsprophetie.[32]

Am Beispiel Indiens stellt Weber den Charakter einer solchen in einzelne Sphären differenzierten und rationalisierten Gesellschaft ohne eine verbindliche und gemeinsame normative Kultur ganz

31 M. Weber, *Wirtschaft und Gesellschaft*, op. cit., S. 378; *Religionssoziologie* II, op. cit., S. 363-78. Siehe z. B. S. 371: »Gewiß gab es den Gegensatz des Göttlichen und der ›Welt‹, welcher im Abendlande geschichtlich die Konstituierung derjenigen einheitlichen Systematisierung der Lebensführung bedingte, die üblicherweise als ›ethische Persönlichkeit‹ bezeichnet wird. Allein in Asien war der Gegensatz nirgends ein solcher des ethischen Gottes gegen eine Macht der ›Sünde‹, des radikal Bösen, welche durch aktives Handelns im Leben zu überwinden wäre.« S. 372: »Es fehlte gerade das für die Oekonomik des Occidents Entscheidende: die Brechung und rationale Versachlichung dieses Triebcharakters des Erwerbsstrebens und seine Eingliederung in ein System rationaler innerweltlicher Ethik des Handelns, wie es die ›innerweltliche Askese‹ des Protestantismus im Abendland, wenige innerlich verwandte Vorläufer fortsetzend, vollbracht hat.«

32 Ebd., S. 378.

deutlich heraus. Es ist eine Gesellschaft, die in sehr viele verschiedene Teilordnungen gespalten ist:

Es gab keine universell gültige, sondern durchaus nur eine ständisch besonderte private und Sozialethik (...) Es konnte – im Prinzip – ein Berufs-Dharma für Prostituierte, Räuber und Diebe ganz ebenso geben wie für Brahmanen und Könige.[33]

Eine nachhaltigere ethische Gestaltung der Welt erlaubt nur die aktive Durchdringung der Welt durch die religiöse Ethik, aber nicht im Sinne einer einseitigen Unterwerfung der Welt unter die religiöse Ethik. Eine einseitige Unterwerfung der Welt unter die Ethik ist auf der Entwicklungsstufe von Gesellschaften, die eigengesetzliche Handlungssphären ausdifferenziert haben, überhaupt nicht mehr möglich. Ihr Versuch müßte zwangsläufig den unauflöslichen Kampf zwischen Ethik und Welt ohne ethische Formung der Welt oder ihre radikale Differenzierung zur Folge haben. Dagegen bedeutet ihre *gegenseitige* Durchdringung, daß die verschiedenen Handlungssphären den Stoff bilden, der durch die religiöse Ethik *geformt* wird und zwar in einer Weise, durch welche die praktischen Handlungssphären »ethisiert« und die religiöse Ethik »praktisch relevant« gemacht wird. Hier ist es nicht der Kompromiß und die Subsumierung sehr vieler an sich ethisch verwerflicher Handlungen unter eine generelle Ordnung, sondern die ein-eindeutige Zuordnung von ethischen Normen und praktischem Handeln in den verschiedensten Lebensbereichen des Alltags. Ethische Qualifikation ist nicht außerhalb der Welt, sondern im alltäglichen Handeln und unter jeder Bedingung zu beweisen. Erst diese Einstellung ermöglichte eine durchgehende und universelle Reglementierung des Alltagshandelns nach ethischen Normen und die Institutionalisierung einer universalistischen ethischen Ordnung. In diesem Sinne unterscheidet auch Robert Bellah den Dualismus der frühmodernen Religion des Calvinismus vom Dualismus der historischen Religionen dadurch, daß erst hier eine umfassende Institutionalisierung der religiösen Ethik in den Sphären des Alltagshandelns auftrete:

Auf der frühmodernen Stufe ist zum ersten Mal der Druck zu sozialem Wandel in der Richtung der weitergehenden Verwirklichung religiöser Werte wirklich als Teil der Gesellschaftsstruktur selbst institutionalisiert.[34] (Übers. v. Verf.)

33 Ebd., S. 142.
34 Vgl. R. N. Bellah, »Religious Evolution«, op. cit., S. 39.

Ich möchte nun einen ersten Schritt von der Entwicklungslogik zur Entwicklungsdynamik unternehmen und konkrete Selektionsfaktoren bestimmen, welche die evolutionäre Entwicklung in der Beziehung zwischen religiöser Ethik und Welt in die Richtung der gegenseitigen Durchdringung lenken, in Abgrenzung zur Anpassung der Ethik an die Welt, zur Versöhnung zwischen beiden und zur Weltflucht. Dabei können wir an Webers eigene Ausführungen in seiner systematischen Religionssoziologie anknüpfen. Welche unter den genannten Richtungen die Beziehung zwischen religiöser Ethik und Welt eingeschlagen hat, hing von einer Reihe von Faktoren ab, die den Grad der *intellektuellen Rationalisierung* betrafen, die gesellschaftliche Stellung der *Trägerschichten*, die Art der *Verkündung* der religiösen Lehre und die Art der *religiösen Vergemeinschaftung.*

Wo die *intellektuelle Rationalisierung* weniger weit vorangeschritten war und – soweit sie erfolgte – von einer politisch herrschenden Intellektuellenschicht getragen wurde, weil es keine von der politischen Stellung unabhängige Priesterschaft gab, wie im Beamtenstaat Chinas, bestand keine Spannung zwischen religiöser Ethik und Welt. Die Ethik war vielmehr geprägt durch die Standesinteressen und Standesideale der zugleich politisch, ökonomisch und intellektuell herrschenden Literatenbeamtenschicht. Sie hatte insofern einen konservativen Charakter, gepaart mit utilitaristischer Offenheit.[35]

Wo die intellektuell rationalisierte ethische Religion von vornehmen und *priviligierten*, aber politisch nicht herrschenden *Intellektuellenschichten* getragen wurde, wie der Hinduismus von den Brahmanen, welche die politische Herrschaft den Kschatriyas überlassen mußten, konnte die religiöse Ethik keine verändernde und formende Kraft in bezug auf die bestehenden eigengesetzlichen Sonderordnungen entfalten; sie tendierte statt dessen zur Versöhnung mit der bestehenden Sozialordnung im Sinne einer organischen Sozialethik und zur kontemplativen Mystik. Die indifferente Einfügung in die Ordnungen der Welt oder die intellektuelle Sinnsuche außerhalb der Ordnungen der Welt waren hier die bevorzugten Heilswege.[36]

35 M. Weber, *Religionssoziologie* I, op. cit., S. 430-58, 489-99; *Wirtschaft und Gesellschaft*, op. cit., S. 290-1.

36 Ebd., S. 304-8; M. Weber, *Religionssoziologie* II, op. cit., S. 134-250, 363-78. Vgl. hierzu und zum folgenden *Religionssoziologie* I, op. cit., S. 251-7.

Dagegen schufen die *nicht-privilegierten Intellektuellenschichten* – wie z.B. die jüdischen Rabbiner, die frühen Christen und die Puritaner – eine Basis, durch welche die Ethik in eine weit schärfere Spannung zu den bestehenden Ordnungen der Welt geraten konnte. Insgesamt sind *städtische Schichten in nicht privilegierter Position* die typischen Trägerschichten einer religiösen Ethik, die in ein schärferes Spannungsverhältnis zu den bestehenden Ordnungen treten kann.[37] Dagegen fördern ländliche und militärische Schichten, politische Führungsschichten, Beamtenschichten und privilegierte Intellektuellenschichten eher eine Anpassung der Ethik an die Welt oder eine Versöhnung von religiöser Ethik und Welt.[38]

Die ethische Formung des Alltagshandelns, die nirgendwo ähnlich entwickelt wurde wie in der jüdisch-christlichen Religion, ist weit weniger eine Folge ihrer intellektuellen Rationalisierung durch Priesterintellektuelle als eine Folge der Art ihrer *Verkündung*. Die großen Verkünder der Lehre waren nicht bloße *Mystagogen*, die eine religiöse Variante des Demagogen darstellen und in vorwiegend utilitaristischer Absicht Massenanhängerschaft suchen, sie waren vielmehr *Propheten*, die aus ethischer Verpflichtung vor die Massen traten. Hierbei handelte es sich wiederum nicht um Propheten, die – wie Buddha – *exemplarisch* einen Heilsweg beschritten, sondern – wie paradigmatisch die vorexilischen jüdischen Propheten – eine Verkündung und ethische Forderungen in das Alltagsleben hineintrugen. Nicht exemplarische, sondern *ethische Propheten* mit den Eigenschaften charismatischer Führer erhöhen die ethische Formungskraft der Religion.[39]

Eine über verschiedene Lebenskreise und -sphären hinausreichende einheitliche ethische Formung des Handelns ist nur möglich, wo sich die *religiöse Gemeinde* von anderen bestehenden Kollektiven differenziert und dadurch *universalistischen* Charakter gewinnt.[40] So war z.B. die Bindung des Islams an ein politisches Kollektiv und die Verbindung von politischer und priesterlich-intellektueller Führung ein Hemmnis für die universalistische Geltung der ethischen Gebote des Korans.[41] Dasselbe gilt auch für

37 M. Weber, *Wirtschaft und Gesellschaft*, op. cit., S. 287-8, 308-14.

38 Ebd., S. 285-6, 288-91, 304-8.

39 Ebd., S. 268-75; M. Weber, *Religionssoziologie* III, op. cit., S. 314-50.

40 M. Weber, *Wirtschaft und Gesellschaft*, op. cit., S. 275-6, 746-7.

41 Ebd., S. 375-6, 475-6.

die Bindung der jüdischen Religion an das ethnische Kollektiv, die sich im Exil verschärfte und zu einer extremen Differenzierung von Binnen- und Außenmoral führte.[42] Einen streng universalistischen Charakter erreicht nur die religiöse Ethik des Christentums. Die religiöse Gemeinde wurde scharf von politischen, ethnischen und familialen Gemeinschaften getrennt. Die religiöse Ethik konnte dadurch über die Grenzen dieser Kollektive hinaus universalistische Geltung beanspruchen.[43] Weber macht ganz deutlich, daß eine wesentliche Leistung des Christentums die Überwindung des sonst nirgendwo durchbrochenen Sippenpartikularismus durch einen religiös-ethischen und gemeinschaftlichen Universalismus war. Diese Entwicklung paßt in den Bezugsrahmen der Herausbildung einer universell gültigen normativen Kultur, aber nicht in denjenigen eines eigendynamischen Rationalisierungsprozesses. Sie bedeutet Affekt-Generalisierung als Grundlage universeller Gemeinschaftsbildung.[44]

Eine wesentliche Bedingung für das Hineintragen der Ethik in die Welt unter gleichzeitiger Orientierung an dem Stoff der einzelnen Lebensbereiche und für die Institutionalisierung der Ethik und ihre Internalisierung bildete die Ablösung der kirchlichpriesterlichen Sakramentsverwaltung durch die Wortverkündigung und die Ablösung der äußeren Kontrolle und Gnadenverwaltung der katholischen *Anstaltskirche* in den *freien religiösen Gemeinschaften* der puritanischen *Sekten* und *Denominationen* mit ihrer weit größeren Lebendigkeit des Gemeindelebens.[45]

Die Wirksamkeit der religiösen Ethik wird weiterhin verstärkt

42 M. Weber, *Religionssoziologie* III, op. cit., S. 351-76; *Wirtschaft und Gesellschaft*, op. cit., S. 369-70.

43 Vgl. T. Parsons, »Christianity«, in: *Action Theory and the Human Condition*, New York: Free Press, 1978, S. 173-212, ebd., S. 181-5. Siehe schon E. Troeltsch, *Die Soziallehren der christlichen Kirchen und Gruppen*, op. cit., S. 54-83.

44 T. Parsons und G.M. Platt, *The American University*, New York: Free Press, S. 83-6; T. Parsons, »Some Problems of General Theory in Sociology«, in: *Social Systems and the Evolution of Action Theory*, New York: Free Press, 1977, S. 229-69; »A Paradigm of the Human Condition«, in: *Action Theory and the Human Condition*», op.cit., S.352-433; R. Münch, *Theorie des Handelns*, op. cit., S. 602-23.

45 M. Weber, *Religionssoziologie* I, op. cit., S. 211-2, 225-8; E. Troeltsch, *Die Soziallehren der christlichen Kirchen und Gruppen*, op. cit., S. 358-83. Vgl. zur »Öffnung« der Sekten und weiteren Inklusion in einer pluralistischen Gemein-

durch die Aufhebung der *Differenzierung von Virtuosen- und Laienethik* und deren *Vereinheitlichung*. Darüber hinaus implizierten die *Denominationen* eine Öffnung der abschließenden Tendenz der *Sekten* und dadurch eine größere Reichweite der religiösen Ethik. Sie ermöglichten die Institutionalisierung des religiösen Pluralismus bei gleichzeitiger Geltung einer gemeinsamen, religiös verankerten Ethik. Diese Tendenz nimmt in dem Grade zu, in dem die Denominationen ihre ursprüngliche *soziale Exklusivität* aufgeben und zu einer größeren *sozialen Inklusivität* gelangen. Die universelle Geltung einer religiös verankerten Ethik wird noch weiter vorangetrieben durch die Auflösung *religiöser Exklusivität* und durch die Ausbreitung der *religiösen Inklusion* durch die ökumenische Bewegung. In dieselbe Richtung wirkt die Trennung der religiösen Ethik von *partikularen gesellschaftlichen Gruppen*, insbesondere vom Bürgertum, und die *Einbeziehung* aller gesellschaftlichen Gruppen und Schichten. Die kulturelle Säkularisierung darf schließlich nicht zu einer *Separierung* von religiöser Ethik und anderen gesellschaftlichen Sphären führen. Intellektuelle Sinngebung und universelle Vergemeinschaftung auf der Basis von affektueller Verbundenheit, repräsentativen Ritualen und gemeinschaftlichen Symbolen müssen miteinander *verknüpft* bleiben. Nur auf diese Weise kann eine säkularisierte normative Kultur als zivile Religion sowohl Sinn stiften und generalisiert sein als auch über Intellektuellenzirkel und partikulare Gruppen hinaus allgemein verbindliche Geltung erreichen.

Wir können uns diese Faktoren, welche die Beziehung zwischen religiöser Ethik und Welt von der primitiven Einheit, der Anpassung, der Versöhnung und der Weltflucht weg zur zunehmenden gegenseitigen Durchdringung drängen, in einem Entscheidungsbaum angeordnet vorstellen. Dieser Entscheidungsbaum zeigt uns, an wievielen Stellen und auf wievielen Stufen durch besondere Faktorenkonstellationen bestimmt wird, in welche Richtung die Beziehung zwischen religiöser Ethik und Welt geleitet wird, und in welchem Ausmaß überhaupt die Interpenetration von religiöser Ethik und Welt verwirklicht wird. Die sozio-kulturelle Evolution ist in diesem Sinne kein notwendig ablaufender, sondern ein höchst voraussetzungsvoller Prozeß, der in die unter-

schaft in den amerikanischen Denominationen T. Parsons, »Christianity«, op. cit., S. 199-209.

schiedlichsten Richtungen verlaufen kann. Für die westliche Moderne ist es jedoch ein Prozeß, der in die Richtung der Interpenetration von Ethik und Welt weist und für dessen Voraussetzungen wir uns aus unserer Wertverpflichtung auf die Idee der Moderne heraus auch in besonderer Weise interessieren.

II. Vom antiken Judentum zur modernen säkularisierten Kultur

Einführung

Die intellektuelle Rationalisierung der religiösen Ethik konnte allein nicht die nur dem modernen Okzident eigene gegenseitige Durchdringung von religiöser Ethik und Welt hervorbringen. Im Gegenteil, wie Max Weber nachdrücklich betont, führt die intellektuelle Rationalisierung zur Verselbständigung der Sinnsuche und zur kontemplativen Mystik als allein möglichem Heilsweg und niemals zur innerweltlichen Askese, wie das von der indischen Intellektuellenreligiosität paradigmatisch demonstriert wird. Eine größere intellektuelle Rationalisierung ist dementsprechend auch nicht das Kennzeichen, das die westliche Religiosität von der orientalischen unterscheidet. Weber versichert,

> daß es auf dem Gebiet des Denkens über den »Sinn« der Welt und des Lebens durchaus nichts gibt, was nicht, in irgend*einer* Form, in Asien schon gedacht worden wäre.[1]

Die dem Okzident eigene gegenseitige Durchdringung von religiöser Ethik und Welt ist über die intellektuelle Rationalisierung hinaus erst geschaffen worden durch die Verankerung der religiösen Ethik in nicht-privilegierten städtischen Schichten, ihre Verkündung durch ethische Propheten, durch die Universalisierung der religiösen Gemeindebildung, die Integration von Priestern und Gemeinden, die Ablösung der kirchlichen Sakramentsverwaltung durch die reine Wortverkündung, die Organisierung in freien religiösen Gemeinschaften, die Vereinheitlichung von Virtuosen- und Laienethik, die soziale und religiöse Öffnung der religiösen Gemeinschaften und die gesellschaftliche Integration der Intellektuellenkultur insgesamt. Das Zusammenwirken dieser Faktoren hat eine ethische Ordnung entstehen lassen, die jenseits von Weltanpassung, Versöhnung, Weltflucht, Differenzierung und einseitiger ethischer Durchdringung der Welt auf der *gegenseitigen* Durchdringung von religiöser Ethik und Welt beruht. Das Gegengewicht gegen eine einseitige ethische Durchdringung der Welt ist

1 M. Weber, *Religionssoziologie* II, op. cit., S. 365.

vor allem die Orientierung der Verkündung an den praktischen Problemen des Alltags, wie dies vor allem durch die Laienpartizipation, den Charakter der Prophetie, die Seelsorge und die Gemeindereligiosität begünstigt wurde. Schon Ernst Troeltsch hat seiner im Jahre 1912 erschienenen Studie über *Die Soziallehren der christlichen Kirchen und Gruppen* diese Perspektive der *Interpenetration* ausdrücklich zugrunde gelegt, wie er selbst formuliert:

> Die Aufgabe der Untersuchung wird daher sein zu zeigen, wie unter den neuen Verhältnissen der soziologische Ausbau des christlichen Systems selbst sich vollzog, wie hierbei die das Altertum charakterisierende Fremdheit von Kirche und Welt sich verlor und einer gegenseitigen inneren Durchdringung Platz machte und aus alledem das Ideal einer internationalen allumfassenden kirchlichen Kultur entsprang.[2]

Diese von Troeltsch bewußt angelegte Perspektive prägt seine Bearbeitung des Themas durch das ganze Werk hindurch.[3] Es ist eine grundsätzlich andere Perspektive als diejenige der Betrachtung der okzidentalen Entwicklung als ein Rationalisierungsprozeß, die in der Weber-Interpretation weithin verbreitet ist, weil Weber in seiner Vorbemerkung von einem

> spezifisch gearteten »Rationalismus« der okzidentalen Kultur[4]

spricht, den es zu erklären gelte. Meint Weber hier einen Rationalisierungsprozeß im Sinne der sich steigernden Entfaltung von Eigengesetzlichkeiten voneinander differenzierter sozialer Sphären? Wo dies bei Weber anklingt, wie vor allem in der Zwischenbetrachtung,[5] kann dies nur als Konstruktion analytisch abgegrenzter Eigengesetzlichkeiten sinnvoll interpretiert werden, wobei man allerdings teilweise gegen Webers Tendenz deutlicher zwischen der Ebene analytischer Konstruktionen und der Ebene ihrer empirischen Anwendung unterscheiden muß. Weber geht es um die prinzipiell *möglichen* Spannungen zwischen der religiösen Ethik und den verschiedenen weltlichen Ordnungen, jedoch nicht um die Beziehungen der letzteren untereinander. Davon zu tren-

2 E. Troeltsch, *Die Soziallehren der christlichen Kirchen und Gruppen*, op. cit., S. 184.
3 Vgl. ebd., S. 14, 152.
4 M. Weber, *Religionssoziologie* I, op. cit., S. 11.
5 Ebd., S. 536-73.

nen ist die empirische Konkretisierung der Spannung und Spannungsreduktion.[6] Die inhaltlichen Kennzeichnungen des spezifischen Rationalismus der okzidentalen Kultur durch Weber verweisen gerade auf die besondere, durchaus spannungsreiche Integration von religiöser Ethik und Welt im asketischen Protestantismus sowie überhaupt auf eine anderswo fehlende Integration

6 Weber geht es um die prinzipiell *möglichen* Spannungen zwischen der religiösen Ethik und den verschiedenen weltlichen Ordnungen, also um die Beziehung zwischen dem letztlich grundlegenden steuernden Subsystem der »Conditio humana« und den dynamischen Subsystemen, jedoch nicht um deren Beziehung untereinander. Das *tatsächliche* Verhältnis zwischen religiöser Ethik und Welt wird von Weber ausdrücklich als eine Frage für sich bezeichnet. Dabei wird auch in diesem Zusammenhang deutlich, daß Weber die innerweltliche Askese als eine besondere, nur dem Okzident eigene Formung der weltlichen Ordnungen durch die religiöse Ethik betrachtet. Vgl. M. Weber, *Religionssoziologie* I, op. cit., S. 536: »Das konstruierte Schema hat natürlich nur den Zweck, ein idealtypisches *Orientierungsmittel* zu sein, nicht aber eine eigene Philosophie zu lehren. Seine gedanklich konstruierten Typen von Konflikten der ›Lebensordnungen‹ besagen lediglich: an diesen Stellen sind diese innerweltlichen Konflikte *möglich* und ›adäquat‹, – nicht aber etwa: es gibt keinerlei Standpunkt, von dem sie als ›aufgehoben‹ gelten könnten.« Vgl. auch *Wirtschaft und Gesellschaft*, op. cit., S. 353: »In der Welt der Tatsachen hat dabei die religiöse Ethik, infolge der unvermeidlichen Kompromisse, verschiedene Schicksale gehabt.« Ebd., S. 354: »Die Schaffung einer kapitalistischen Ethik leistete – durchaus nicht der Absicht nach – erst die innerweltliche Askese des Protestantismus, welche gerade den frömmsten und ethisch rigorosesten Elementen den Weg in das Geschäftsleben (öffnete) und (ihnen) vor allem den Erfolg im Geschäftsleben als Frucht rationaler Lebensführung zuwendete.« Vgl. auch *Religionssoziologie* I, op. cit., S. 542, wo von der Spannung des religiös-ethischen Universalismus zum Sippenpartikularismus gesprochen wird, ohne deren Lösung durch die tendenzielle Durchsetzung des Universalismus die modernen Sozialordnungen gar nicht denkbar sind. Dasselbe gilt aber auch für die anderen Sphären der modernen Gesellschaften. Ihre Eigenart besteht gerade in der Formung durch eine in der christlichen Ethik verwurzelte relativ einheitliche normative Kultur, die »christliche Einheitskultur«, wie Troeltsch formulierte. Vgl. weiter ebd., S. 571; *Wirtschaft und Gesellschaft*, op. cit., S. 349-50. Webers »Zwischenbetrachtung« und den entsprechenden Paragraphen in der systematischen Religionssoziologie als empirische These der zunehmenden Differenzierung von Sphären nach ihren Eigengesetzlichkeiten zu lesen, wie dies Wolfgang Schluchter versucht, halte ich angesichts dieser deutlichen Äußerungen Webers für sehr gewagt. Vgl. W. Schluchter, *Die Entwicklung des okzidentalen Rationalismus*, op. cit., S. 110.

gegensätzlicher Komponenten in den modernen Institutionen.[7] In den Aufzeichnungen zu Webers kurz vor seinem Tod an der Universität München gehaltenen Vorlesung über Wirtschaftsgeschichte wird ausdrücklich von der gegenseitigen Durchdringung von Vergemeinschaftung und wirtschaftlicher Kalkulation gesprochen, die im Okzident die alte Differenzierung von gemeinschaftlicher Binnen- und ökonomischer Außenmoral abgelöst und eine größere Vereinheitlichung der normativen Grundsätze in den Sphären der Vergemeinschaftung und des ökonomischen Handelns erzeugt habe.[8]

Wie weit Weber mit der von Troeltsch formulierten Perspektive übereinstimmte, kommt in seinen zustimmenden Bemerkungen zu Troeltschs Studie und in der Tatsache zum Ausdruck, daß er der Ansicht war, die Studie habe schon die Entwicklung der christlichen Religion von den Anfängen ausgehend in einer von ihm ursprünglich selbst beabsichtigten Weise aufgezeigt.[9] Darüber hinaus gibt es aber auch grundlegende Übereinstimmungen zwischen Troeltschs *Soziallehren* und Webers Protestantismusstudie, seinem Sektenaufsatz und vor allem auch seiner nach Troeltschs Studie geschriebenen Religionssoziologie als Teil von *Wirtschaft und Gesellschaft*.

Übereinstimmung zwischen Troeltsch und Weber besteht auch in der Auffassung, daß die okzidentale Entwicklung dadurch gekennzeichnet sei, daß durch das Hinzutreten jeweils neuer Faktoren, die Beziehung zwischen religiöser Ethik und Welt von der Segmentierung im Frühchristentum über die Versöhnung im mittelalterlichen Katholizismus zur gegenseitigen Durchdringung im Calvinismus vorangeschritten sei und zu ihrer Zeit wieder zur Segmentierung und auch zum Konflikt neige.[10] Hierbei handelt es sich allerdings um Projektionen aus einer bestimmten historischen und gesellschaftlichen Lage heraus und nicht um Extrapolationen eines anscheinend zwangsläufigen Rationalisierungsprozesses und

7 M. Weber, *Religionssoziologie* I, op. cit., insbesondere S. 1-16, 111-23, 207-36, 521-36. Vgl. E. Troeltsch, *Die Soziallehren der christlichen Kirchen und Gruppen*, op. cit., S. 949-64.

8 M. Weber, *Wirtschaftsgeschichte. Aus den nachgelassenen Vorlesungen*, hg. von S. Hellmann und M. Palyi, München: Duncker & Humblot, 1924, S. 303-4.

9 M. Weber, *Religionssoziologie* I, op. cit., S. 206 Anmerkung.

10 E. Troeltsch, *Die Soziallehren der christlichen Kirchen und Gruppen*, op. cit., S. 15, 716-7, 974; M. Weber, *Religionssoziologie* I, op. cit., S. 203-4.

schon gar nicht um theoretisch abgeleitete Prognosen. Zu einer Extrapolationsthese der Rationalisierung kann man gelangen, wenn man der religiösen Ethik lediglich die Funktion zuschreibt, über das Motiv der »Weltbeherrschung« eine Eigengesetzlichkeit der unaufhaltsamen Rationalisierung sich differenzierender und zueinander in unversöhnlichen Gegensatz tretender sozialer Sphären in Gang gesetzt zu haben.[11] Dies ist jedoch eine rein logische Konstruktion, die in der Anwendung zur Erklärung der tatsächlichen Entwicklung methodologisch zweifelhaft ist. Die Entwicklungsdynamik gerät in der Perspektive einer reinen Entwicklungslogik aus dem Blickfeld. Unter »Weltbeherrschung« im calvinistischen Sinne ist eindeutig die ethische Kontrolle der inneren Triebstruktur des Menschen und der äußeren weltlichen Ordnungen zu verstehen, wie Weber selbst ausdrücklich formuliert:

Eine echte Prophetie schafft eine systematische Orientierung der Lebensführung an *einem* Wertmaßstab von innen heraus, der gegenüber die »Welt« als das nach der Norm ethisch zu formende Material gilt.[12]

Dieses Motiv der ethischen Formung der Welt ist vor allem im Alten Testament verwurzelt. Ihm will ich mich nun zunächst anhand von Webers Studie über das antike Judentum zuwenden.

1. Die ethische Durchdringung der Welt: Das antike Judentum

Das Bündnis der israelitischen Eidgenossenschaft mit dem ihr bis dahin fremden Gott Jahwe hat eine religiöse Ethik hervorgebracht, die über ihr Eingehen durch Mohammed in den Islam und

11 Zu dieser Interpretation gelangt W. Schluchter, »Die Paradoxie der Rationalisierung. Zum Verhältnis von ›Ethik‹ und ›Welt‹ bei Max Weber«, in : *Zeitschrift für Soziologie* 5, 1976, S. 256-84; *Die Entwicklung des okzidentalen Rationalismus*, op. cit., S. 210-1, 220, 225-6, 229, 242, 249-51, 254-5. Dabei reinigt Schluchter das Motiv der Weltbeherrschung von dessen *ethischer* Bedeutung. Er neigt dazu, dieses Motiv in einem rein technisch-adaptiven Sinne der *zweckrationalen* Kontrolle der Umwelt zu interpretieren, um einen Sinnzusammenhang zur rein adaptiven Rationalisierung und Differenzierung von gesellschaftlichen Sphären konstruieren zu können. Vgl. auch F. H. Tenbruck, »Das Werk Max Webers«, op. cit.

12 M. Weber, *Religionssoziologie I*, op. cit., S. 521.

ihre Übernahme in das Alte Testament des Christentums zur Wurzel der noch heute in Vorderasien und im Okzident geltenden Ethik geworden ist:

Diese Ethik liegt in weitgehendem Maße noch der heutigen europäischen und vorderasiatischen religiösen Ethik zugrunde.[13]

Das in ihr enthaltene Potential der gegenseitigen Durchdringung von Ethik und Welt ist jedoch nur im Okzident weiterentwickelt worden. Eine einheitliche und durchgehende ethische Formung des Handelns in der Welt und vor allem auch in den verschiedenen Sphären der Welt, eine allen sozialen Verkehrskreisen gemeinsame und verbindliche Moralordnung hat von allen Erlösungsreligionen nur die jüdisch-christliche Religion geschaffen. Die Wurzeln dieser Eigenart gehen zurück bis auf ihr Entstehen im Bündnis der israelitischen Eidgenossenschaft mit Jahwe, auf die Prägung der Ethik durch die levitischen Thoralehrer und vor allem auf die gewaltige Wirkung der vorexilischen israelitischen Propheten. Das hier entstandene Potential einer universalistischen Ethik mit der Kraft der Durchdringung der Welt ist durch die Übernahme der israelitischen religiösen Ethik in das Alte Testament des Christentums zur Keimzelle der nur dem Okzident eigenen ethischen Durchdringung der Welt geworden. Entscheidende Bedeutung hatte aber auch die Aussonderung aller derjenigen Elemente der religiösen Ethik, die schließlich die kastenartige rituelle Abschließung der Juden als Pariavolk bewirkten, schon durch die Paulinische Mission. Nur so konnte die Ethik universalistische Wirkungen entfalten und allgemeine Verbindlichkeit erlangen:

Ohne die Übernahme des Alten Testaments als heiligen Buches hätte es auf dem Boden des Hellenismus zwar pneumatische Sekten und Mysteriengemeinschaften mit dem Kult des Kyrios Christos gegeben, aber nimmermehr eine christliche Kirche und eine christliche Alltagsethik. Denn dafür fehlte dann jede Grundlage. Ohne die Emanzipation von den rituellen, die kastenartige Absonderung der Juden begründenden Vorschriften der Thora aber wäre die christliche Gemeinde ganz ebenso wie etwa die Essener und Therapeuten eine kleine Sekte des jüdischen Pariavolks geblieben.[14]

13 M. Weber, *Religionssoziologie* III, op. cit., S. 6.
14 M. Weber, *Religionssoziologie* III, op. cit., S. 7; vgl. weiter S. 350. Zur Interpretation vgl. R. Bendix, *Max Weber. An Intellectual Portrait*, Garden City, N. Y.: Doubleday (Anchor), 1962, S. 200-56; T. Parsons, *Societies. Evolutionary and Comparative Perspectives*, op. cit., S. 96-102; P. L. Berger, *The*

Die Kraft zur Durchdringung der Welt verdankt die im Alten Testament in das Christentum übernommene religiöse Ethik schon der Eigenart der mit ihren Entstehungsbedingungen zusammenhängenden Gotteskonzeption, dem Bündnis der israelitischen Eidgenossenschaft mit Jahwe, der ein Gott des Handelns, der Geschichte, der Naturkatastrophen, der Verheißung und der gerechten Vergeltung ist, der mit seinen Entschlüssen in das politische Geschehen eingreift und in dieser Eigenschaft weit entfernt ist von den asiatischen Gottheiten der ewigen Ordnung.[15] Diese Eigenschaft Jahwes war natürlich geprägt durch die allgemeine

Sacred Canopy, op. cit., S. 113-25. Bendix betont die Kraft der Formung des Alltagshandelns durch die religiöse Ethik, die in der Religion des antiken Judentums angelegt ist. Parsons hebt die Vorstellung eines transzendenten, über der »Welt« stehenden Gesetzgebers, das Entstehen einer übergreifenden durch ihn erlassenen moralischen Ordnung und die Idee einer heiligen Gemeinschaft als evolutionäres Vermächtnis des antiken Judentums hervor. Dagegen stellt Berger die völlige Entmagisierung und Entmythologisierung der Beziehungen zu Jahwe heraus und sieht darin ein Potential eines universellen Rationalisierungs- und Entzauberungsprozesses enthalten, das nach der Remythologisierung im Katholizismus erst wieder vom Calvinismus aufgegriffen wurde und nun in der Moderne letztlich eine Eigendynamik der Rationalisierung der gesellschaftlichen Sphären entfaltet, die sich der ethischen Kontrolle gerade entzieht und widersetzt. In Bergers Rekonstruktion kommt m. E. das Potential der ethischen Formung der »Welt« nach *universellen* Prinzipien zu kurz, weshalb auch seine Extrapolation des Rationalisierungsprozesses in die Moderne eine analytische Konstruktion unzulässig konkretisiert. Zum geschichtlichen Kontext vgl. W. F. Albright, *From the Stone Age to Christianity*, Garden City, N. Y.: Doubleday (Anchor), 2. Auflage, 1957. Zum kulturellen Kontext vgl. H. Frankfort, *Kingship and the Gods*, Chicago: University of Chicago Press, 1948; S. Moscati, *Ancient Semitic Civilizations*, New York: Putnam, 1957; E. Voegelin, *Israel and Revelation*, New Orleans: Louisiana State University Press, 1956. Zur Interpretation des Alten Testaments vgl. G. von Rad, *Theologie des alten Testaments*, Bd. 1 und 2, München: Kaiser, 1957 und 1960.

15 M. Weber, *Religionssoziologie* III, op. cit., S. 126-49, 231, 239, 242, 326-9. Siehe auch *Religionssoziologie* I, op. cit., S. 298-313; *Religionssoziologie* II, op. cit., S. 170-88; *Wirtschaft und Gesellschaft*, op. cit., S. 261-8. Vgl. zu den verschiedenen Gottesvorstellungen H. Frankfort, *Kingship and the Gods*, op. cit.; E. Topitsch, *Vom Ursprung und Ende der Metaphysik*, op.cit., S. 33-95; »Vom göttlichen Wesen. Zur Kritik der Geistmetaphysik«, in: *Gottwerdung und Revolution. Beiträge zur Weltanschauungsanalyse und Ideologiekritik*, Pullach bei München: Verlag Dokumentation, 1973, S. 39-134.

politische Situation Palästinas. Es herrschte ein fast permanenter Kriegszustand. Jahwe ist der Kriegsgott, der dem Feind Unheil bringt und seinem Volk die Herrschaft verheißt. Erlösung konnte in dieser permanenten Kriegssituation nie die individuelle Heilsgewinnung durch Kontemplation bedeuten, wie z. B. für den hinduistischen Brahmanen, sondern immer nur die Erlösung von akuten politischen Notlagen:

Und Jahwe? Er war und blieb ein Gott der *Erlösung* und *Verheißung*. Aber das Wichtigste war: sowohl Erlösung und Verheißung betrafen *aktuelle politische*, nicht innerliche, Dinge. Erlösung von der Knechtschaft der Ägypter, *nicht* von einer brüchigen, sinnlosen Welt, Verheißung der Herrschaft über Kanaan, das man erobern wollte, und ein glückliches Dasein dort, *nicht* Verheißung transzendenter Güter, bot der Gott.[16]

Als Kriegsgott war Jahwe jedoch kein bloßer Funktionsgott wie z. B. *Indra* in Indien,[17] der neben sich andere Götter und andere Kulte geduldet hätte, obwohl sich die Jahwereligion zunächst gegen konkurrierende Götter und Kulte – so vor allem gegen den *Baalkult* – durchsetzen mußte.[18] Dies war eine wesentliche Bedingung der durchgehenden ethischen Formung des Handelns über alle sozialen Verkehrskreise hinweg. Sicher ist die absolute Herrschaft Jahwes und damit die Durchsetzung des Monotheismus einmal durch die permanente Kriegssituation begünstigt worden und zum anderen durch die bindende Kraft des durch berith – durch eidlichen Vertragsschluß – begründeten und durch Moses vermittelten Bundes zwischen Jahwe und der israelitischen Eidgenossenschaft.[19] »Du sollst keine Götter neben mir haben« verlangt

16 M. Weber, *Religionssoziologie* III, op. cit., S. 136.
17 Ebd., S. 138.
18 Ebd., S. 149-73.
19 Ebd., S. 81-99, 126-49. Zwischen 1240 und 1230 v. Chr. erfolgt die Auswanderung aus Ägypten und die Niederlassung in Palästina unter Führung Moses. Israel bildete eine Konföderation von Stämmen. Die Existenz eines zentralisierten Königtums war nur von kurzer Dauer. Um 1020 bis 1000 v. Chr. von Saul begründet, von dessen Schwiegersohn David von 1000 bis 961 gefestigt und von dessen Sohn Salomon von 961 bis 922 weiter zentralisiert, zerfiel nach Salomons Tod das Königtum in das nördliche Reich Israel und das südliche Reich Juda. Um diese Zeit beginnt das Wirken der vorexilischen Propheten, die sich vor allem gegen den Abfall vom Jahweglauben und gegen das Aufleben fremder Kulte wenden. 721 v. Chr. wird Samaria durch die Assyrer zerstört. Das bedeutet das Ende des Reiches Israel. Viele Israeliten werden

Jahwe von seinem Volk; und Jahwe selbst verpflichtet sich zum Bündnis allein mit dem Volk Israel und zum Schutz gegen seine Feinde. Ein Verstoß gegen die Pflichten aus diesem Bündnis durch die Israeliten weckte den Zorn Jahwes und mußte bei seiner Allgewalt schwer gesühnt werden. Der Glaube an die Allmächtigkeit Jahwes ist immer wieder durch heilbringende, aber auch durch unheilbringende Ereignisse – Naturwunder, Naturkatastrophen, Zerstörungen, Niederlagen und Siege im Krieg – gefestigt worden, die nach entsprechenden Weissagungen eintrafen oder nach ihrem Eintreffen als sinnhaft verständliche Vergeltungen Jahwes gedeutet wurden. Mit solchen einschneidenden Maßnahmen strafte Jahwe entweder die Feinde Israels oder sein eigenes Volk für die Nichteinhaltung seiner Gebote. Besondere Bedeutung in der Festigung der Alleinherrschaft Jahwes hatte das Naturereignis im Schilfmeer, in dessen hereinbrechenden Fluten das gesamte ägyptische Heer unterging, das die Israeliten verfolgte, die ihrerseits bei Ebbe das Meer unversehrt überschreiten und sich in Sicherheit bringen konnten.[20]

Der kriegerischen Situation entsprechend, konnte Jahwe kein Gott der ewigen Ordnung sein, weil diese gar nicht existierte. Er war ein mächtiger, zu Zornesausbrüchen fähiger Kriegsherr. Als Bundesgott des Volkes Israel mußte er seine Herrschaft durch Taten, durch Eingreifen in den Verlauf der Geschichte zum Ausdruck bringen. Seine Herrschaft konnte sich nicht in ewig gültigen Gesetzen äußern, sie bedurfte vielmehr der Befehle und Gebote, die nach der politisch-militärischen Lage auch geändert werden konnten. Und das entsprechende heilsbringende Verhalten der Israeliten konnte nicht das Einfügen in eine bestehende Ordnung oder die Entfernung von der Welt sein, sondern es erforderte den absoluten *Gehorsam* gegenüber den Geboten Gottes. Jedes Nachlassen in der Einhaltung der Gebote Gottes zog den Zorn Gottes auf sich, der dies nicht dulden konnte und schwer bestrafte. Der

nach Mesopotamien in die assyrische Gefangenschaft gebracht. 587 v. Chr. wird Jerusalem durch den neubabylonischen König Nebukadnezar zerstört. Damit endet das Reich Juda. Große Bevölkerungsteile werden verschleppt und in die babylonische Gefangenschaft gebracht. 538 v. Chr. beginnt die Rückkehr der Israeliten nach der Eroberung Babyloniens durch den Perserkönig Kyros. Fortan stehen sie nacheinander unter der Fremdherrschaft der Perser, Seleukiden und Römer.

20 Ebd., S. 127, 133, 136-40.

Zwang zum Gehorsam gegenüber den Geboten Gottes ergab sich schon aus der militärisch-politischen Bedeutung des Bündnisses mit Jahwe. Gehorsamsverweigerung mußte immer auch militärisch-politische Gefährdung zur Folge haben. Vor allem aber die Tatsache, daß Jahwe seinen Bund mit der israelitischen Eidgenossenschaft als Gemeinschaft schloß und nicht mit einzelnen, verstärkte den Zwang zum Gehorsam gegenüber seinen Geboten. Die Israeliten waren gegenüber Gott eine *solidarhaftende* Gemeinschaft. Jeder Verstoß eines ihrer Mitglieder gegen die Gebote Gottes brachte stets auch die Heilschancen der Gemeinschaft in Gefahr, die infolgedessen mit größtmöglicher Strenge über die Einhaltung der Gebote Gottes in ihren Reihen wachen mußte.[21]

Diese Doppelseitigkeit des Bündnisses, einmal als Schwurgemeinschaft der israelitischen Stämme untereinander und zum anderen der durch berith geschlossene Bund mit Gott, bildete den Kern für den universalistischen Charakter der religiösen Ethik. Nur durch die Gründung der Eidgenossenschaft konnte es eine für alle Israeliten gleich verbindliche Ethik geben, und durch den Bund dieser Schwurgemeinschaft mit Gott erhielt diese Ethik ihre absolute Verbindlichkeit gegenüber jeder potentiell konkurrierenden ethischen oder nicht-ethisch utilitaristischen Orientierung des Handelns.

Die Vorstellung Jahwes als alleinherrschender und allmächtiger Bundesgott als charakteristische Eigenart des religiösen Glaubens war es auch, die alle vorhandenen, aus konkurrierenden Kulten stammenden magischen Tendenzen verdrängte. Jahwe als rational handelnder Gott konnte man nicht durch magische Zauberei zwingen und auch nicht durch Opferkulte in seinen Entschlüssen beeinflussen. Die Beziehung zwischen Jahwe und seinem Volk beruhte auf beiderseitig freiem Entschluß, und sie vollzog sich nicht durch irgendwelche unbekannten Kräfte, sondern durch das *Wort* Gottes, der seine Befehle und Gebote erteilte.[22] Dadurch war dem Israeliten klar vorgezeichnet, was er zu tun hatte, um sich die Gnade Gottes zu bewahren: er hatte nur seinen gesprochenen Geboten zu gehorchen. Für eine magische Beeinflussung Gottes fand sich hier kein Platz, und es war auch nicht möglich, durch magische Zauberei über die Umwelt Macht zu gewinnen:

21 Ebd., S. 147, 179, 231, 289, 326-8, 331-2.
22 Ebd., S. 179, 193, 241, 305, 312.

Wenn Jahwe zürnte und der Nation oder dem einzelnen nicht half, so mußte daran eine *Verletzung der berith* mit ihm die Schuld tragen. Hier mußte also die Fragestellung sowohl der amtlichen Instanzen wie der einzelnen einsetzen: *welches seiner Gebote* war übertreten worden? Darauf konnten irrationale Divinationsmittel keine Antwort geben, sondern nur die Kenntnis der Gebote selbst und die Gewissenserforschung. So drängte der in den genuin jahwistischen Kreisen lebendige Gedanke der »berith« alle Erforschung göttlichen Willens in die Bahn einer mindestens relativ *rationalen* Fragestellung und rationaler Mittel ihrer Beantwortung.[23]

Diese in rationale Bahnen lenkende Art der Beziehung der Israeliten zu ihrem Gott war auch eine apriorische Bedingung für die Art des Wirkens von Priestern.[24] Überhaupt war jegliche Art der Kulthandlung, wie auch der Opferkult, verpönt, so daß eine unterschwellige Gegnerschaft gegen ein durch die privilegierte Wahrnehmung von Kulthandlungen abgegrenztes Priestertum immer bestehen blieb. Einen allgemein anerkannten Priesterstand hat es auch in der Frühzeit nicht gegeben. Gott sprach selbst zu seinem Volk, das deshalb der Priester im Prinzip nicht bedurfte. Wenn Priester eine Rolle spielen konnten, dann nicht als Träger magischen Zaubers und magischer Kulthandlungen, sondern nur als Träger des *Wissens* von Gottes Geboten und als *Lehrer* des Gottes Geboten gerechten Handelns. Dies war auch genau die Art, in welcher der über lange Zeit vorherrschende Priesterstand der Leviten seine Aufgaben wahrnahm. Ihre Qualifikation als Priester erwarben die Leviten durch Schulung in den Geboten Gottes und in ihrer Auslegung und Anwendung auf konkrete Fälle, und ihre Tätigkeit übten sie in der *praktischen* Seelsorge gegenüber einzelnen Ratsuchenden aus. Genausowenig wie sie unter diesen Bedingungen eine Neigung zum magischen Zauber entfalten konnten, war es auch nicht möglich, daß rein intellektuelle Heilsbedürfnisse ihr Handeln bestimmten. Sie waren zwar eine Intellektuellenschicht und Träger rationalen Wissens wie die hinduistischen Brahmanen, aber dennoch in einer ganz anderen Weise. Die rein intellektuelle Frage nach dem Sinn der Welt und des Lebens, wie bei den intellektuell-religiös verselbständigten Brahmanen, konnte bei ihnen gar nicht aufkommen. Ihr Intellektualismus wurde durch den Charakter der Jahwereligion und durch ihre vor-

23 Ebd., S. 179.

24 Siehe ebd., S. 173-200, 233-43, 254-66. Zur Funktion des Priesters allgemein vgl. M. Weber, *Wirtschaft und Gesellschaft*, op. cit., S. 259-61, 275-85.

wiegende Aufgabenstellung in der praktischen Seelsorge in ganz andere Bahnen gelenkt: in die Bahnen der Systematisierung der religiösen Ethik zu Lehrzwecken und der Ausarbeitung der Kasuistik zu Zwecken ihrer Anwendung auf das praktische Handeln in konkreten Fällen; die Adressaten der Lehre waren nicht intellektuelle Virtuosen, sondern der Durchschnitt der Bevölkerung. Die levitische Lehre war infolgedessen keine Intellektuellenphilosophie, sondern Volksbelehrung mit durchgehend praktischem Einschlag. Die Systematisierung und Abstraktion der Lehre hielt sich unter diesen Bedingungen in Grenzen. Obwohl die von den Leviten geschaffene Thoralehre in dieser Hinsicht über vergleichbare Rechtssammlungen der Zeit in Mesopotamien und Ägypten hinausgeht, kann sie ihre Herkunft aus Sammlungen von praktischen Verhaltensregeln und ihre Prägung durch die private Seelsorge im Alltag nicht verleugnen. Die typische Art von Rationalismus, die hier entstehen konnte, war die rationale Kasuistik, die auch in der Thoralehre weit entwickelt wurde. Das Entscheidende an dieser Lehre war insofern nicht ihre intellektuelle Rationalisierung allein nach den Gesetzen des logisch richtigen Denkens zu einer philosophischen Theodizee, die als solche gar nicht aufkeimen konnte, sondern ihre Fähigkeit, das Handeln nach den Geboten eines absoluten, Gehorsam verlangenden Gottes ethisch zu gestalten, d. h., das Handeln aller Israeliten in allen Lebensbeziehungen und in allen Sphären des Handelns in gleichem Maße einer ethischen Ordnung zu unterwerfen. Die Seelsorge der Leviten war aber auch diejenige Institution, welche die religiöse Ethik den praktischen Problemen und Bedürfnissen ihrer Klienten im Alltag öffnete, ohne dadurch zu einer bloßen Legitimationsinstanz der Interessen einer bestimmten Schicht zu werden. Diese Interessen konnten immer nur den Stoff der Ethik liefern, der jedoch, sobald er durch eine ethische Ordnung geformt wurde, nicht mehr derselbe war, sondern den Anforderungen ethischer Gebote folgeleisten mußte.

Das Ergebnis der Thoralehre waren die ethischen *Dekaloge*, unter ihnen vor allem das Deuteronomium, das ein Kompendium der levitischen Lehre sein sollte.[25] Sie waren nicht von Anfang an in der überlieferten Form vorhanden, wie z. B. in der Legende der mosaischen Gebotstafeln, die in der Bundeslade aufbewahrt wor-

25 Vgl. M. Weber, *Religionssoziologie* III, op. cit., S. 259-80.

den sein sollen, wie angenommen wird. Vielmehr sind sie erst nach und nach in der levitischen Priesterpraxis geschaffen worden und hier erst von konkurrierenden Kulten gereinigt und zu einer den Grundsätzen der Jahwereligion entsprechenden Ethik zusammengefügt worden. Ihr Ursprung ist die Praxis der levitischen Seelsorge, und in ihrer praktischen Seite sind sie deutlich von den in dieser Seelsorge zu bearbeitenden Problemen bestimmt, von den Problemen Unterdrückter, Armer, Schwacher, Notleidender und Kranker, woraus sich zu einem guten Teil die Bedeutung karitativer Gebote erklärt. Sie sind zwar mitbeeinflußt von karitativen Elementen des ägyptischen Patrimonialstaates, aber sie entsprechen nicht dem Muster der patrimonialbürokratischen wohlfahrtsstaatlichen ägyptischen Karitas, sondern dem Muster der Nothilfe und Nachbarschaftshilfe der Vergemeinschaftung der freien Bauern- und Hirtensippen Israels.[26]

Die Art der Gestaltung der Beziehung der Israeliten zu Gott durch berith und der dadurch mitbestimmte Charakter der levitischen Priester und ihrer Thoralehre waren es, die diese Interpenetration von religiöser Ethik und Welt als einzigartig unter allen bis dahin bestehenden Religionen hervorbrachte und die man weder als Folge rein intellektueller Rationalisierung und Theologisierung begreifbar machen kann noch als Folge der reinen Einwirkung materieller ökonomischer oder politischer Interessen der Klienten der praktischen Seelsorge. Der rein intellektuellen Rationalisierung widerstrebte die Konzeption eines Gehorsam gegenüber seinen Geboten verlangenden Gottes und auch die Orientierung an der praktischen Seelsorge. Für einen rein materiellen Einfluß war die Autorität Jahwes und die Unabhängigkeit der Leviten aufgrund ihrer Qualifikation in der rationalen Kasuistik und Auslegung der Gebote Gottes, die in der Thoralehre systematisiert wurden, zu groß.

Die nachhaltigere und durchgehendere ethische Durchdringung der Welt war jedoch nicht das Werk der levitischen Priester, sondern das Werk der vorexilischen Propheten.[27] Sie standen in Konkurrenz zu den Priestern, deren Tätigkeit sie aufgrund der Eigenart der Beziehung der Israeliten zu Jahwe verurteilen mußten.[28]

26 Ebd., S. 207.
27 Ebd., S. 281-350; M. Weber, *Wirtschaft und Gesellschaft*, op. cit., S. 268-75.
28 M. Weber, *Religionssoziologie* III, op. cit., S. 296-9.

Soweit die priesterliche Tätigkeit in eigens dafür vorgesehenen Kultstätten -wie in den Tempeln – ausgeübt wurde, mußte sie auch einen kultischen Einschlag bekommen, der den Geboten Jahwes widersprach. Nicht Kulthandlungen und kultische Opfer, sondern Gehorsam und allenfalls Sühneopfer erwartete Jahwe. Diese Eigenart der Jahwereligion wurde von den Propheten in besonders reiner Form vertreten, wodurch sie die entscheidenden Träger der ethischen Durchdringung der Welt wurden. Der Charakter der Jahwereligion war es auch, durch den sie überhaupt die ihnen zugekommene Bedeutung erlangen konnten. Als Gott der Verheißungen, der mit dem Gesamtvolk Israel einen Bund eingegangen ist, und als Gott des mächtigen Eingreifens in den Verlauf der Geschichte hatte Jahwe in der prekären politischen Lage, in der sich sein Volk ständig befand, immer Anlaß zu besonderen Plänen und Maßnahmen. Die Ergründung und Verkündung dieser Pläne und Maßnahmen Jahwes mit ihrer schicksalhaften Bedeutung für das gesamte Volk kam in der stets akuten Gefahrensituation natürlich mächtigen Bedürfnissen der Masse der Bevölkerung entgegen. Weissagung war insofern die naheliegendste Ausdrucksweise, in der sich die Beziehung Jahwes zu seinem Volk äußerte.

Wie mächtig solche Weissagungen wirkten, hing von der Aktualität der Gefahr und der Notlage und von der Glaubhaftigkeit des Charismas des Propheten ab. Es gab natürlich weit mehr Prophetie, als schließlich in der Überlieferung erhalten blieb. Auf Dauer konnte sich nur die charismatisch glaubhafteste Prophetie durchsetzen. Und dies konnte nur die *freie* Prophetie sein, die nicht auf Bestellung oder im Dienste des Königs verkündet wurde, sondern eben allein aufgrund des Zwangs, der sich dem Propheten auferlegte, weil Gott selbst aus ihm sprach. Dieser unabhängigen Prophetie konnten sich auch bei allem interessenbedingten Kontrollbestreben die Könige nur in den Zeiten des gefestigten Königtums entziehen.[29] Die politische Lage Israels und der Charakter Jahwes als Gott des Handelns machte die Propheten zu politischen Demagogen. Ihr Adressat war nicht der einzelne Fromme und Notleidende und schon gar nicht der vornehme intellektuelle Heilssuchende, sondern die notleidende Volksgemeinschaft, und der Ort ihrer Verkündungen war weder der Tempel noch die private Seelsorge – wie bei den levitischen Priestern – und auf keinen Fall eine

29 Ebd., S. 282-96.

Bildungsstätte vornehmer Intellektueller, sondern der öffentliche Platz in der Stadt:

Die Gassen von Jerusalem und der Hain des Akademos waren sehr verschiedene Verkündigungsstätten.[30]

Die Propheten waren jedoch auf gar keinen Fall *reine*, realpolitisch handelnde Demagogen, denen es nur um die Unterstützung der Massen zu rein machtpolitischen Zwecken ging. Solche Zielsetzungen hatten sie überhaupt nicht. Was sie dem Volk mitteilten, waren auch nicht Versprechungen – wie sie realpolitisch handelnde Demagogen benutzen, um die Massen zu ködern –, sondern immer wieder furchtbare Unheilsdrohungen als Strafe Gottes für die ungenügende Beachtung seiner Gebote und Befehle. Aus ihnen sprach nicht der Realpolitiker, sie hatten vielmehr eine Sendung Gottes zu erfüllen, die ihnen von Jahwe ohne eigenes Zutun oktroyiert wurde. Wenn sich Gott in ihnen äußerte, dann bedeutete das auch nicht ein mystisches und glückliches Erfülltsein oder ein Ineinswerden mit dem Göttlichen, sondern oft – wie vor allem von Jeremia bezeugt – qualvolle Nötigung; angesichts der Härte der Entschlüsse und der furchtbaren Verkündigungen Jahwes hat der Prophet ein schweres Amt zu erfüllen.[31] Zwar ist die Erfahrung Gottes stets mit ekstatischen Zuständen verbunden, aber nie sind es diese Erscheinungen allein, welche die Legitimität der Prophetie begründen, und vor allem teilt der Prophet diese ekstatischen Anfälle nicht mit der Öffentlichkeit. Sie überfallen ihn unberufen, und es ist keine Magierekstatik, die ihn überkommt; es ist vielmehr die *Stimme Gottes,* die sich ihm dabei mitteilt und die es mit rationalen Deutungsmitteln zu ergründen gilt. Erst nachdem ihm diese Deutung gelungen ist, tritt deshalb der Prophet Jahwes an die Öffentlichkeit, und er tut dies zu keinen anderen Zwecken als zu dem Zweck, Werkzeug Gottes zu sein, um die Erfüllung seiner Anforderungen an sein Volk zu bewirken. Die Legitimitätsgrundlage seines Wirkens ist die Glaubhaftigkeit, daß die Stimme Gottes zu ihm gesprochen hat, die er nur an das Volk übermittelt:

Nur das Hören der *leibhaftigen Stimme* Jahwes, des unsichtbaren Gottes gab dem Propheten selbst die Gewähr, daß er sein Werkzeug sei. Deshalb wird

30 Ebd., S. 335.
31 Ebd., S. 327-8.

darauf der ungeheure Nachdruck gelegt. Darauf, nicht auf die Art seiner heiligen Zuständlichkeiten, beruft er sich.[32]

Dieser Charakter der Prophetie, der sie erst zu der ethisch formenden Kraft machen konnte, die sie geworden ist und die ihre Wirkung über ihre Erhaltung im Alten Testament bis in das Christentum hinein entfaltet hat, war ein Produkt der besonderen Eigenart des auf berith begründeten Bündnisses Israels mit Jahwe. Dieses Bündnis war eine *apriorische* Bedingung für die Form, in der sich die Prophetie nur äußern konnte. Der Prophet wird von seinem Gott zur Verkündung seines Wollens gezwungen:

Gezwungen durch die Art des Glaubens, in den er hineingebannt war und der, als unerschütterliches Apriori vor allen ihren Erlebnissen stehend, die *Auslese* derjenigen Zuständlichkeiten bestimmte, welche als echt prophetische gelten durften. Die beispiellose Wucht sowohl wie die feste innere Schranke dieser Prophetie fanden darin ihre Begründung. Die Propheten konnten infolge jenes Apriori nicht »Mystiker« sein. Ihr Gott war – bis auf Deuterojesaja – durchaus menschlich *verständlich* und mußte es sein. Denn: er war ein Herrscher, von dem man zu wissen begehrte, wie seine Gnade zu erlangen sei.[33]

Auch dem Inhalt der prophetischen Lehre wurde durch die Art ihrer Beziehung zu Jahwe und durch die Art der Beziehung Jahwes zu seinem Volk ein fester Rahmen gegeben. Immer waren es aktuelle politische Situationen und Ereignisse, in die Jahwe eingreifen mußte und die Anlaß gaben, um Jahwes Willen zu ergründen, wie das Volk in diesen Situationen zu handeln hatte. Für philosophische Fragen nach einer besten Staatsordnung fand sich hier kein Platz und schon gar nicht für Fragen nach dem Sinn der Welt und des Lebens und für entsprechende Antworten durch eine philosophische Theodizee – mit der einzigen Ausnahme des nachexilischen Deuterojesaja.[34] Derartige religiöse Problemstellungen und Lösungen sind immer das Ergebnis rein intellektueller Rationalisierung, die allein von den Gesetzen der Konstruktion logisch konsistenter Sinnzusammenhänge bestimmt wird, und sie können aufgrund dieser Eigenschaft allein aus sich heraus nie eine der ethischen Prophetie vergleichbare Wirkung auf das Alltagshandeln ausüben. Das Heilsstreben konnte in diesem Rahmen nie die Form individueller Erlösung aus dem Leiden des Daseins oder aus der

32 Ebd., S. 308.
33 Ebd., S. 328.
34 Ebd., S. 289, 328-32, 384-92.

Sinnlosigkeit der Welt durch mystische Kontemplation und individuelle Heilszustände annehmen. Erlösung bedeutete die Befreiung des Volkes Israel und seine Herrschaft über die anderen Völker. Erlösung gab es nur im Kollektiv, und sie war nicht durch kontemplative Heilstechniken erreichbar, sondern nur durch die strikte Einhaltung der Gebote Gottes. Meilenweit ist die ethische Prophetie von den Eigenschaften einer reinen Intellektuellenreligion entfernt:

Nirgends und niemals wird von den Propheten oder (soviel wir wissen) ihrem Publikum die Frage nach einem »Sinn« der Welt und insbesondere des Lebens, nach einem rechtfertigenden Grunde seiner brüchigen, leid- und schuldbehafteten Vergänglichkeit und seiner Widersprüche auch nur aufgeworfen, wie sie in Indien aller heiligen Erkenntnis den entscheidenden Antrieb gab. Und was damit zusammenhängt: nie und nirgends ist es das Bedürfnis nach Rettung, Erlösung, Vollendung der eigenen Seele aus und gegenüber dieser unvollkommenen Welt, was den Propheten oder sein Publikum zum Gott treibt. Niemals vollends fühlt sich der Prophet durch sein Erlebnis vergottet, mit dem Göttlichen vereinigt, entrückt der Qual und Sinnlosigkeit des Daseins, wie dies dem indischen Erlösten widerfährt und für ihn den eigentlichen Sinn religiösen Erlebens darstellt. Niemals weiß er sich dem Leiden oder auch nur der Knechtschaft unter der Sünde entronnen. Nirgends ist Raum für eine unio mystica oder gar für die innere seelische Meeresstille des buddhistischen Arhat. All dergleichen gab es nicht und vollends eine metaphysische Gnosis und Weltdeutung kam gar nicht in Betracht. Denn das Wesen Jahwes enthielt nichts Übersinnliches in der Bedeutung von etwas jenseits von Verstehen und Begreifen Liegendem. Seine Motive waren menschlichem Verständnis nicht entrückt. Im Gegenteil war gerade das Verstehen der Entschlüsse Jahwes aus berechtigten Motiven die Aufgabe des Propheten ebenso wie die des Thoralehrers.[35]

Der Prophet Jahwes lehrt Gehorsamspflicht gegenüber den ethischen Geboten seines Gottes, er ist in diesem Sinn ethischer Prophet, nicht exemplarischer Prophet, wie z.B. idealtypisch Buddha, der dem Heilsbedürftigen den Weg zum Heil vorlebt. Die Bedeutung, die den Propheten in der Durchsetzung einer ethischen Ordnung des Alltagshandelns zukommt, liegt jedoch nicht in der Schaffung ihres Inhalts. Sie halten sich ausnahmslos an die von den levitischen Priestern geschaffene Thoralehre. Auch die Systematisierung und die Ausarbeitung einer ethischen Kasuistik ist das Werk der Leviten. Der entscheidende Anteil der Propheten an der israelitischen Ethik war ihre gesinnungsethische Radikali-

35 Ebd., S. 328-9.

sierung und ihre mächtige Wirkung auf das Alltagshandeln, die Absolutheit ihrer Geltung, die alle Lebensbereiche und Schichten durchdringt.[36] Ihre Unabhängigkeit von Klienteninteressen und die absolute Glaubhaftigkeit ihres eben nur aus der selbstlosen Verkündung der Worte Gottes hervorgehenden Charismas, die Leidenschaftlichkeit ihrer Predigt und die Tatsache, daß sie sich nicht an einzelne Heilssuchende und an einzelne Gemeinden richteten, waren die Grundlage dieser ethischen Wirkung der Propheten:

Die systematische ethische Kasuistik wird bei den Thoralehrern, die Führung und Paroleausgabe bei der gesinnungsethischen Sublimierung und Zusammenraffung aber bei den prophetischen Eingebungen gelegen haben (...) Vor allem aber: ohne das gewaltige Prestige dieser in allem Volk bekannten und gefürchteten Demagogen wäre die Autorität der, von jeder rein volkstümlichen ebenso wie von einer rein kultpriesterlichen Auffassung der Beziehung Israels zu seinem Gott gleich fernen, Konzeption Jahwes als des Jerusalem zerstörenden und wieder aufbauenden Weltgottes schwerlich jemals durchgedrungen. Es ist völlig undenkbar, daß ohne die erschütternden Erfahrungen einer Bestätigung der in aller Öffentlichkeit gesprochenen, noch nach hundert Jahren im Gedächtnis haftenden (Jer. 26, 28) prophetischen Unheilsworte der Glaube des Volkes durch die furchtbaren politischen Schicksale nicht nur nicht zerbrochen, sondern in einer einzigartigen und ganz unerhörten historischen Paradoxie gerade erst definitiv gefestigt worden wäre. Der ganze innere Aufbau des »Alten Testaments« ist ohne Orientierung an den Orakeln der Propheten undenkbar, und indem dieses heilige Buch der Juden auch ein solches der Christen wurde und die ganze Deutung der Sendung des Nazareners vor allem durch die alten Verheißungen an Israel bestimmt wurde, reicht der Schatten dieser Riesengestalten durch die Jahrtausende bis in die Gegenwart hinein.[37]

Sieht man mit den Augen Webers in der religiösen Ethik des Alten Testaments eine Hauptwurzel der ethischen Ordnung der modernen Gesellschaften, dann ist es – wie sich aus der bisherigen Darstellung deutlich ergibt – nicht das Niveau der intellektuellen Rationalisierung und noch weniger die Lösung des Sinnproblems durch eine intellektuell konsequente Theodizee, denen sie diese Bedeutung verdankt. In dieser Hinsicht ist die israelitische Jahwereligion weit weniger entwickelt als die Theodizee der hinduistischen Brahmanen. Das Entscheidende an der Ethik des Alten Testaments ist vielmehr das Potential der durchgehenden und

36 Ebd., S. 348-50.
37 Ebd., S. 349-50.

absolut verpflichtenden Formung des Alltagshandelns über alle sozialen Verkehrskreise hinweg und das universalistische Potential, das in ihr steckt.[38] Ihre Gebote gelten für alle in gleichem

38 Selbst Rationalisierung im Sinne der völligen Beseitigung von Magie und Mythologie in der Beziehung zwischen Mensch und Gott hatte vor allem die Konsequenz, daß der Mensch und die Welt der universellen ethischen Gesetzgebung *eines* Gottes und nicht verschiedener Funktionsgötter unterworfen wurde und daß man den ethischen Geboten – fern jeder magischen Einwirkungsmöglichkeit auf den Willen Gottes – absolut zu gehorchen hatte. Entmagisierung und Entmythologisierung erhöhen in diesem Sinne gerade die ethische Formbarkeit des Handelns. Ich sehe keinen anderen Sinn von Entmagisierung und Entmythologisierung in Webers Studie über das antike Judentum. Auf keinen Fall kann man in Webers Aussagen in dieser Studie irgendeine Bestätigung für die rein intellektualistische Deutung von Entmagisierung und Entmythologisierung finden. Weber hebt in aller Deutlichkeit die universelle ethische Durchdringung als grundlegende Struktur der Jahwereligion hervor. Die neueren Weber-Interpretationen sehen dagegen im entmagisierten und entmythologisierten Charakter der Jahwereligion die Wurzel eines eigendynamischen reinen Intellektualisierungsprozesses, der letztlich aufgrund der prinzipiellen Hinterfragbarkeit jedes ethischen Prinzips und aufgrund der völligen Auflösung jeder Glaubensreligion durch die Kriterien des wissenschaftlichen Wissens zur totalen Absonderung der Welt von der religiösen Ethik führt, so daß die Welt nun jeder ethischen Steuerung unzugänglich ist. Diese These wird z. B. vertreten von P. L. Berger, *The Sacred Canopy*, op. cit.; F. H. Tenbruck, »Das Werk Max Webers«, op. cit; W. Schluchter, »Die Paradoxie der Rationalisierung«, op. cit.; *Die Entwicklung des okzidentalen Rationalismus*, op. cit. Diese Interpretationen werden von den Aussagen Webers in der Studie zum antiken Judentum in keiner Weise bestätigt. Dabei muß man überdies sehen, daß es sich um Aussagen des reifen Weber handelt. Die Studie über das antike Judentum ist die von Weber zuletzt verfaßte religionssoziologische Studie und zum ersten Mal im Jahre 1918 erschienen, etwa zur gleichen Zeit, zu welcher Weber in München neben dem Vortrag über »Politik als Beruf« den Vortrag über »Wissenschaft als Beruf« hielt, aus dem vor allem die These der Auflösung einer einheitlichen Ethik und eines Kampfes unversöhnlicher Wertordnungen in der modernen Gesellschaft als Folge der Entzauberung der Welt durch die intellektuelle Rationalisierung abgeleitet wird. Vgl. M. Weber, »Wissenschaft als Beruf«, in: *Gesammelte Aufsätze zur Wissenschaftslehre*, Tübingen: Mohr Siebeck, 4. Auflg., 1973, S. 593-613, insbesondere S. 610-1. In »Wissenschaft als Beruf« betont Weber jedoch ausdrücklich, daß die intellektuelle Rationalisierung der Religion ein Werk der *Theologie* sei, die dem antiken Judentum in einer dem okzidentalen Christentum vergleichbaren Form gerade gefehlt habe. Die intellektuelle Rationalisierung der christlichen Theologie wird vielmehr erst der Verknüpfung mit dem hellenischen Geist zugeschrieben. Von Auflö-

Maße. Dieser Charakter der israelitischen religiösen Ethik ist es, der sie von den vergleichbaren Religionen grundsätzlich unterscheidet. Er ist nicht das Werk reiner Intellektueller, aber auch nicht das Werk nur seelsorgerischer Praxis, sondern das Werk von ethischen Propheten. Am Anfang der modernen ethischen Ordnung stehen insofern nicht Priester, sondern Propheten. Sicher war für den Inhalt und die rationale Kasuistik der Ethik die Prägung durch die Leviten grundlegend, die schon auf der Interpenetration von intellektuellen Rationalitätsstandards mit praktischen

sung des religiösen Glaubens und einer einheitlichen Ethik wird außerdem explizit nur aus der Sichtweise der Wissenschaft gesprochen. Weber betont, daß *auf dem Boden der modernen Wissenschaft* keine einheitliche ethische Lebensordnung entstehen kann, woraus überhaupt noch nicht folgt, dies sei in der modernen Gesellschaft grundsätzlich unmöglich. Wäre dies der Fall, wäre die moderne Gesellschaft auf Dauer überhaupt nicht existenzfähig. Jede ethische Ordnung erfordert die Begrenzung des intellektuellen Hinterfragens, »das Opfer des Intellekts«, wie es Weber formuliert hat. Das heißt aber umgekehrt auch, daß wir nicht notwendigerweise gezwungen sind, jede Ethik dem reinen Intellekt zu opfern. Wenn Weber die Befürchtung formuliert, die Entwicklung der modernen Gesellschaften könnte zu einer Entfaltung von Eigengesetzlichkeiten der Sphären der Welt (Bürokratie und Kapitalismus) ohne ethische Steuerung führen, betont er zugleich, daß dies im Widerspruch zur Geschichte des okzidentalen Kulturmenschentums steht und gerade eben nicht umstandslos und ohne die Weckung von Gegenkräften aus diesem hervorgehen kann. Diese Gegenkräfte können sich gerade auf das Potential zu einer einheitlichen universellen ethischen Ordnung und zur einheitlichen ethischen Formung des Handelns über die verschiedenen gesellschaftlichen Gruppen und Sphären hinweg stützen, das als genetischer Code nach allen Aussagen Webers gerade und nur dem Okzident eigen ist. Und das gilt auch für unsere heutigen modernen Gesellschaften. Einheitliche Menschenrechte als gemeinsame moralische Ordnung haben nur sie hervorgebracht. Wir betrachten diese als selbstverständlich und verbindlich. Webers Frage nach der Begrenzung der Bürokratisierung zur Bewahrung unserer individuellen Handlungsautonomie gilt uns als selbstverständlich. Sie kann sich jenseits jeder intellektuellen Hinterfragbarkeit auf einen gemeinsamen verbindlichen Wert stützen. Und die Reichweite gemeinsamer ethischer Prinzipien in die verschiedensten gesellschaftlichen Sphären hinein hat seitdem bis heute eindeutig nicht abgenommen, sondern zugenommen. Für die Anlage dieses Potentials in einem genetischen Code, der durch die Jahwereligion des antiken Judentums geschaffen wurde, gibt es im Bezugsrahmen der »Entzauberungstheorie« jedoch überhaupt keinen Platz.

Bedürfnissen der Klienten der Seelsorge beruhten. Die Wucht der ethischen Durchdringung der Sphären des Handelns und der Universalisierung der Ethik ist jedoch durch die Propheten bedingt.

Der im antiken Judentum geschaffene und vom Christentum bis zum asketischen Protestantismus weiterentwickelte Code enthält ein besonderes Potential der Interpenetration von religiöser Ethik und Welt, insgesamt von Kultur und Welt. Dieses Potential ist in den einzelnen Entwicklungsschritten variiert, erweitert und selektiv aktualisiert worden. In den einzelnen Dimensionen der Interpenetration von religiöser Ethik und Welt wird der kulturelle Code durch die folgenden Komponenten konstituiert: durch den Rationalismus, den Aktivismus, den Individualismus und den Universalismus. Die Konzeption einer von Magie völlig freien Beziehung zu einem Gott, der durch das Wort herrscht, prägt den religiösen *Rationalismus*. Die Vorstellung Gottes als allmächtiger Herrscher, dessen Gebote der Mensch als Werkzeug in die Tat umzusetzen hat, und die ethische Prophetie strukturieren in der Interpenetrationszone von religiöser Ethik und Zwecksetzung den religiösen *Aktivismus*. Die individuelle Verantwortung vor Gott und die Formung der Interessenartikulation in der Thoralehre gestalten in der Interpenetrationszone von religiöser Ethik und ökonomischer Nutzenerwägung den religiösen *Individualismus*. Das Bündnis Jahwes mit dem Volk Israel, die einheitliche Gesetzgebung eines einzigen über alle Menschen herrschenden Gottes und die Gleichheit aller Menschen vor Gott begründen in der Interpenetrationszone von religiöser Ethik und Gemeinschaftshandeln den religiösen *Universalismus* und die Bildung religiös-moralischer Gemeinschaften im Unterschied zum individuellen Heilsstreben.

Für das Judentum hat die Verbindlichkeit der Ethik in der Exilszeit jedoch wesentlich die rituelle Abgrenzung begründet, die sich durch die Bildung geschlossener konfessioneller Gemeinden und durch die Arbeit der Priester zunehmend verstärkte. Die Folge dieser Entwicklung war die extreme Differenzierung von Binnen- und Außenmoral. Alle ethischen Vorschriften galten nur gegenüber dem Glaubensbruder. Außerhalb der konfessionellen Gemeinde bewegte sich der Jude demgemäß stets in normfreiem Terrain. Eine ethische Formung z.B. des ökonomischen Handelns, das immer den Geschäftsverkehr mit Glaubensfremden einschließt, war infolgedessen unmöglich.[39] Sie ist zusammen mit der durchgehenden ethischen Formung auch des politischen Handelns und anderer differenzierter Sphären des Handelns erst ein Produkt des modernen Okzidents, an dessen Anfang jedoch die im Alten Testament in das Christentum hinüberwirkende israelitische Ethik steht. Die Entfaltung ihres Potentials mußte auf neue Bedingungen der gegenseitigen Durchdringung von Ethik und Welt warten (Diagramm 10).

Die im antiken Judentum entstandene religiöse Ethik bildete ein Potential für eine universell gültige normative Kultur mit der Fähigkeit der Durchdringung aller gesellschaftlichen Sphären. Fruchtbar gemacht wurde dieses Potential erst durch das Christentum, das jedoch selbst erst nach und nach diese Eigenschaft entfaltete.[40] Es lassen sich dabei mehrere Stadien der Entwicklung unterscheiden, in denen jeweils ein neues Niveau der Universalisierung der religiösen Ethik und der gegenseitigen Durchdringung von religiöser Ethik und Welt erreicht wurde: die Predigt Jesu mit ihrer Verbindung von individueller Hingebung an Gott und Liebesuniversalismus, die Mission des Apostels Paulus mit ihrer Überwindung des Sektierertums, der Frühkatholizismus mit der Etablierung des Christentums als Staatsreligion, die mittelalterliche Universalkirche mit ihrer Vereinheitlichung der europäischen Kultur, die Reformation, insbesondere der Calvinismus, mit ihrer Verstärkung der ethischen Formung des Alltagshandelns auf schon vorhandener universalistischer Basis, und schließlich die Moderne mit der Diffusion und Verzweigung der im angelsächsischen Raum entwickelten modernen normativen Kultur unter den spezifischen Bedingungen der einzelnen Gesellschaften, die mehr zur Interpenetration oder mehr zur Differenzierung, mehr zum Traditionalismus oder mehr zum Modernismus drängen. Diese einzelnen Stationen der Entwicklung der modernen normativen Kultur sind nicht als zwangsläufig aufeinanderfolgende Entwicklungsstadien zu verstehen, sondern als jeweils eigene Epochen, die den jeweils vorliegenden Charakter der religiösen Ethik selektiv unter Hinzufügung neuer Erfindungen bestimmen. Dabei können alte Elemente transferiert, aber auch wieder abgestoßen werden.

39 M. Weber, *Religionssoziologie* III, op. cit., S. 357-60; *Wirtschaft und Gesellschaft*, op. cit., S. 369-70.

40 M. Weber, *Religionssoziologie* III, op. cit., S. 6-7; *Wirtschaft und Gesellschaft*, op. cit., S. 367-74, 378-81.

Diagramm 10: Das antike Judentum

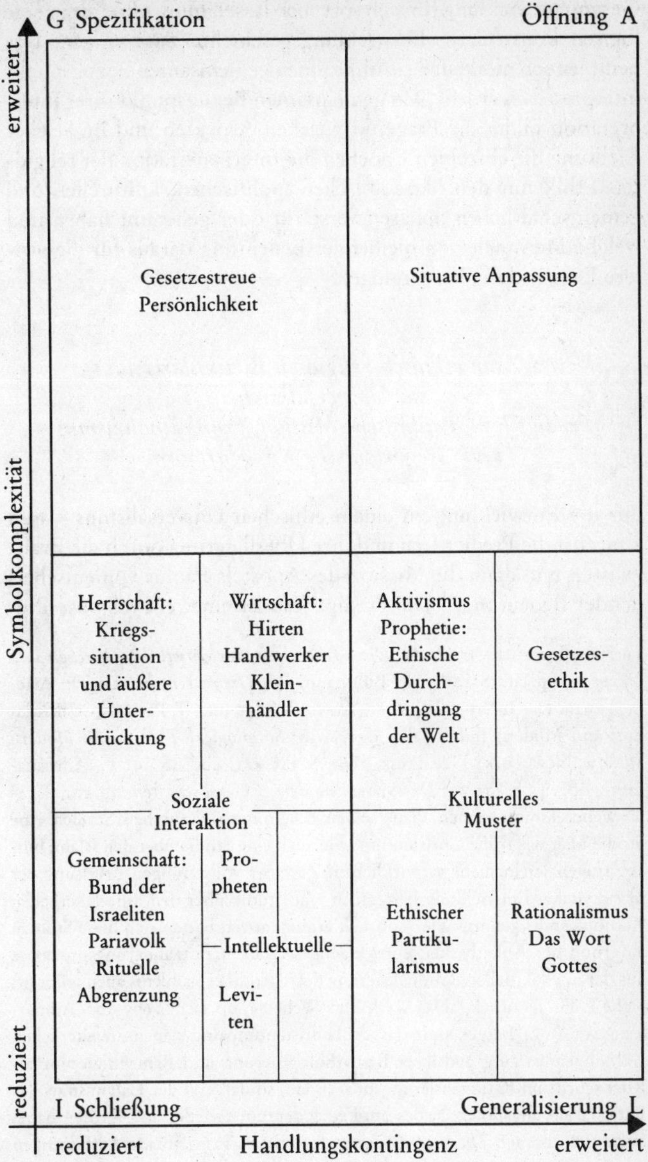

Das bedeutet, daß man die Beiträge dieser einzelnen Stationen zur Gesamtentwicklung für sich sprechen lassen muß, ohne sie in eine logisch konstruierte Entwicklungsgeschichte zu zwingen. Das heißt jedoch nicht, daß sie ohne einen gemeinsamen Bezugspunkt interpretiert werden. Den gemeinsamen Bezugspunkt ihrer Interpretation bildet die Frage, in welchen Aspekten und in welcher Richtung die einzelnen Epochen die Interpenetration der religiösen Ethik mit den ökonomischen, politischen, kulturellen und gemeinschaftlichen Sphären verstärkt oder gehemmt haben und welche Merkmale von bleibender Bedeutung daraus für die weitere Entwicklung hervorgingen.

2. Vom ethnisch-religiösen Partikularismus zur Universalkirche: Predigt Jesu, Paulinische Mission, Frühkatholizismus und Gregorianische Kirchenreform

Für die Entwicklung zu einem ethischen Universalismus waren zunächst die Predigt Jesu und ihre Überlieferung durch die Evangelisten und dann die Mission des Apostels Paulus von entscheidender Bedeutung.[41] Die Predigt Jesu ist eine rein religiöse Pre-

41 Siehe hierzu E. Troeltsch, *Die Soziallehren der christlichen Kirchen und Gruppen*, op. cit., S. 16-83; R. Bultmann, *Das Urchristentum*, Zürich: Artemis, 1949. Der Interpretation von Troeltsch folgt auch T. Parsons, »Christianity and Modern Industrial Society«, in: *Sociological Theory and Modern Society*, New York: Free Press, 1967, S. 385-421, ebd., S. 391-5; »Christianity«, op. cit., S. 173-81; *Das System moderner Gesellschaften*, op. cit., S. 44-9. Weber konnte seinen Plan, seinen religionssoziologischen Studien eine Studie über das frühe Christentum, wie auch eine Studie über den Islam, hinzuzufügen, nicht mehr verwirklichen. Zu einer vollständigen Erfassung der okzidentalen Entwicklung hätte auch eine Studie über den mittelalterlichen Katholizismus gehört. Wie Tenbruck argumentiert, hätten sich diese Studien aufgrund der Ableitbarkeit eines eigengesetzlichen Entzauberungsprozesses aus der intellektuellen Rationalisierung des Theodizeeproblems auch erübrigt. Siehe F. H. Tenbruck, »Das Werk Max Webers«, op. cit., S. 699-700, Anmerkung 47. P. L. Berger stuft das Frühchristentum und den mittelalterlichen Katholizismus aufgrund ihrer Remythologisierung und Remagifizierung als Rückschritt im Rationalisierungsprozeß ein, so daß erst der Calvinismus das Rationalisierungspotential des antiken Judentums wieder aufgegriffen habe. Siehe P. L. Berger, *The Sacred Canopy*, op. cit., S. 121-2. Beide Auffassungen

digt, die von der Erwartung des Gottesreiches geprägt ist und die der religiös reinen Gesinnung absolute Priorität für jedes Handeln gegenüber jedem anderen Menschen gibt. Der einzelne muß durchdrungen sein von der Gottesliebe und sich der Beziehung zu Gott vollkommen hingeben. Die Selbstheiligung in der Gottesgemeinschaft ist die Pflicht jedes einzelnen. Und für Gott selbst ist die Seele jedes einzelnen Individuums von Bedeutung. Diese Vorstellung der Beziehung des einzelnen zu Gott beinhaltet insofern einen radikalen *Individualismus.* Das einzelne Individuum erhält in seiner Heiligung einen Wert an sich und jeder einzelne ist für sein Tun selbst verantwortlich. *Individualismus* und *Selbstverantwortung* sind zwei ineinander verwobene Grundprinzipien der religiösen Formung des Handelns. Dieser Individualismus steht jedoch nicht im Gegensatz zur Vergemeinschaftung des Menschen. Im Gegenteil, aus der unbegrenzten Liebe zu Gott und der unbegrenzten Liebe Gottes zu jedem einzelnen Menschen ergibt sich zwingend die universelle Liebe zu allen anderen Menschen als gemeinsamen Teilhabern an der Liebe Gottes.[42]

Das Christentum durchbrach mit dieser zentralen Konzeption der Beziehung Gottes zu den Menschen die Fesseln des ethnischen Partikularismus des Judentums und wurde dadurch zur treibenden Kraft *universalistischer Vergemeinschaftung* im Okzident. Es

sind nur richtig, solange man in der jüdisch-christlichen Religion nur die intellektuelle Rationalität als genetischen Code angelegt sieht. Daß man damit jedoch das Potential der Universalisierung der Vergemeinschaftung und der ethischen Formung der gesellschaftlichen Sphären ausblendet, wurde schon gezeigt. Gerade in bezug auf die Universalisierung leisten das Frühchristentum und der mittelalterliche Katholizismus entscheidende Beiträge. Und durch die Verbindung mit dem hellenischen und römischen Rationalismus treiben Frühkatholizismus und mittelalterlicher Katholizismus auch den Prozeß der Generalisierung und Systematisierung von Theologie und religiöser Ethik in bis dahin nirgendwo erreichtem Maße voran. Der genetische Code der modernen Gesellschaften wird von ihnen vor allem in die Richtung der Universalisierung, aber auch in bisher nicht erreichtem Maße in die Richtung von Rationalität und von ethischer Formung der Welt gedrängt. An diesen Stationen kann eine Studie zur Evolution der modernen Gesellschaften nicht vorbeigehen. Wir können uns dabei auf die Studien von Ernst Troeltsch stützen, die von Weber ausdrücklich als in seinem Sinne durchgeführt bewertet wurden. Vgl. M. Weber, *Religionssoziologie* I, op. cit., S. 18, 206.

42 E. Troeltsch, *Die Soziallehren der christlichen Kirchen und Gruppen*, op. cit., S. 34-45.

war eine fundamentale *Gleichheit* der Menschen vor Gott, einerseits in der gleichen Teilhabe an seiner Liebe und Gnade und andererseits in der Behaftetheit mit der Sünde, durch welche jeder der Genosse eines jeden sein konnte. Es war aber auch gerade die abstrakte, nur auf die Gottesliebe bezogene Fassung des Gleichheitsgedankens, durch die er *unangesehen aller konkreten Ungleichheiten* die Basis einer universellen menschlichen Gemeinschaft werden konnte. Die Vereinbarkeit der religiösen Gleichheit mit konkreter Ungleichheit war gerade die Voraussetzung für die integrative Kraft des Christentums, andererseits bildete sie auch den Angriffspunkt für Ausschöpfungen des Gleichheitsgedankens, die auf Realisierung konkreter Gleichheit hinzielten. Von der Predigt Jesu geht insofern eine starkte Tendenz zur Individualisierung der Verantwortlichkeit und zur Universalisierung der Vergemeinschaftung aus. Zu den ökonomischen und politischen Mächten hat sie jedoch keine Beziehung. Staat und Wirtschaft bleiben ihr fremd. Gewalt als Grundelement des politischen Handelns steht zur universellen Brüderlichkeitsethik und zum universellen Liebeskommunismus ebenso in schroffem Gegensatz wie das eigennützige Erwerbshandeln. Die Konsequenz dieser Einstellung mußte insofern eher Rückzug und Harren auf das Gottesreich sein als aktive Gestaltung dieser Lebenssphären (Diagramm 11).[43]

Für die Entwicklung des Christentums von einer sektiererischen Bewegung im Judentum Palästinas zu einer Religionsgemeinschaft mit universeller Bedeutung und Ausdehnung entscheidend war die vom Apostel Paulus ausgehende Mission. In der Konsequenz des Liebesuniversalismus des Evangeliums wurde die religiöse Gemeinde von der ethnischen, aber auch von der staatlichen Zugehörigkeit getrennt. Nur dadurch konnte das Christentum eine über die ganze Welt verbreitete universelle Gemeinschaft hervorbringen. Während im Judentum religiöse und ethnische Gemeinschaft untrennbar verbunden blieben, bildet das Christentum eine religiöse Gemeinschaft, die unabhängig ist von allen anderen Gemeinschaftszugehörigkeiten des Individuums:

43 Ebd., S. 45-52. Vgl. M. Weber, *Wirtschaft und Gesellschaft*, op. cit., S. 351, 357, 379-81; M. Weber, »Politik als Beruf«, in: *Gesammelte Politische Schriften*, Tübingen: Mohr Siebeck, 3. Auflg., 1971, S. 505-60, ebd., S. 550-1.

Diagramm 11: Die Predigt Jesu

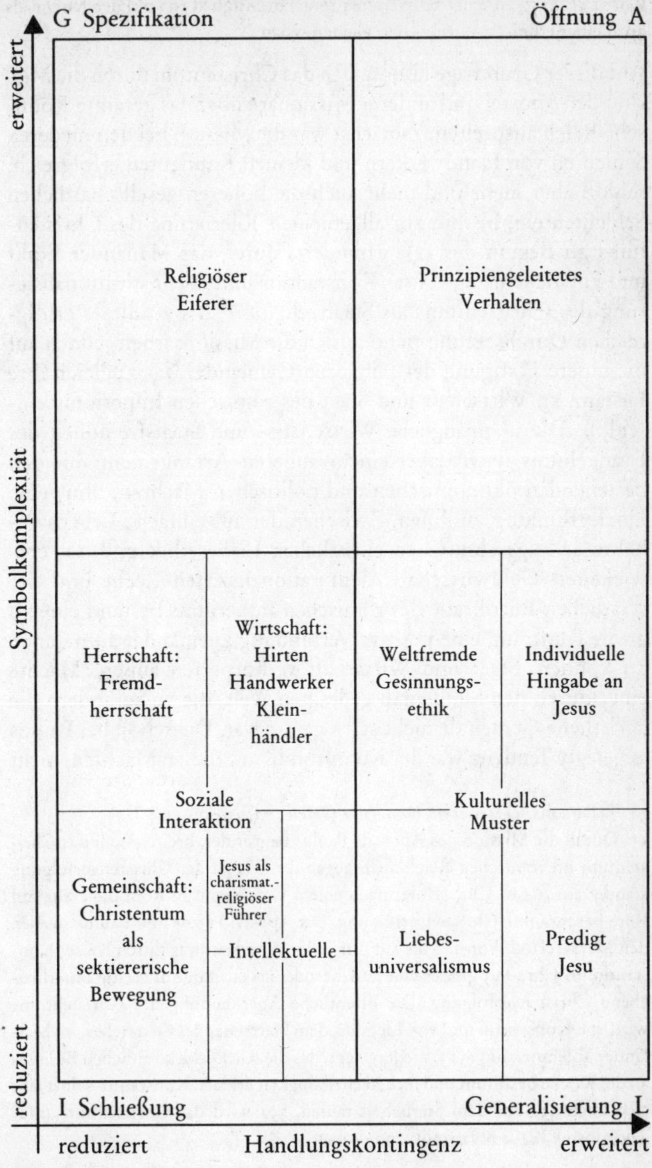

Doch konnte man auf der Ebene der gesellschaftlichen Beteiligung *sowohl* Christ *als auch* Athener oder Römer sein, ein Mitglied sowohl der Kirche als auch einer ethnisch-territorialen Gemeinschaft.[44]

Auf dieser Grundlage konnte sich das Christentum durch die Mission der Apostel und anderer Missionare über das gesamte Römische Reich ausbreiten. Zunächst war die Mission bei den niederen Schichten von Handwerkern und kleinen Kaufleuten erfolgreich, schloß aber mehr und mehr auch die höheren gesellschaftlichen Schichten ein, bis hin zur allgemeinen Tolerierung des Christentums zu Beginn des 4. Jahrhunderts durch das Mailänder Edikt und zur Bekehrung Kaiser Konstantins und der Institutionalisierung des Christentums als Staatsreligion.[45] Bis zu dieser erfolgreichen Durchsetzung richtete sich die Missionsarbeit jedoch auf die innere Festigung der religiösen Gemeinde, was zugleich ihre Distanz zu Wirtschaft und Staat des römischen Imperiums einschloß. Die ursprüngliche Wirtschafts- und Staatsfremdheit des Evangeliums wich dabei einem äußeren Arrangement mit den bestehenden ökonomischen und politischen Mächten, ohne eine innere Bindung zu ihnen. Zwischen der auf einfache Lebensverhältnisse zugeschnittenen christlichen Liebesethik und der entwickelten Geldwirtschaft, dem rationalisierten Recht und der staatlichen Bürokratie des römischen Imperiums bestand eine zu große Kluft, um eine positive Verbindung zueinander aufnehmen zu können. Staat und Wirtschaft verkörperten äußere Mächte einer durch den Sündenfall geprägten Welt, die zu verändern die christliche Gemeinde nicht stark genug war. Die schon bei Paulus angelegte Tendenz war der Kompromiß mit diesen Mächten, nicht

44 T. Parsons, *Das System moderner Gesellschaften*, op. cit., S. 45.

45 Durch die Mission des Apostels Paulus begründet, breitete sich das Christentum im römischen Reich auch gegen die Wellen der Christenverfolgung ständig aus. 64 n. Chr. erfolgt nach einem Großbrand in Rom die erste, auf Rom beschränkte Christenverfolgung. Die Apostel Petrus und Paulus sterben den Märtyrertod. Von 250 bis zur offiziellen Anerkennung durch Kaiser Konstantin im Jahre 313 gibt es eine andauernde, jeweils nur kurzzeitig unterbrochene Christenverfolgung. Die öffentliche Anerkennung des Christentums wird von Konstantin und von Licinius, dem Herrscher des Ostreiches, im Mailänder Toleranzedikt (313) niedergelegt, das die Rückgabe kirchlichen Besitzes an die Kirche bestimmt und ihre Rechtsfähigkeit erklärt. Konstantin selbst läßt sich noch 337 auf dem Sterbebett taufen. 391 wird das Christentum unter Theodosius I. zur Staatsreligion erhoben.

ihre aktive Gestaltung. Und dieser konservative Grundzug ist im Prinzip dem Katholizismus bis heute eigen geblieben. Er legte die Konzentration der christlichen Ethik auf die Familie nahe, die deshalb auch die erste und bis heute vorrangige Institution darstellt, die durch die christliche Ethik geformt wurde (Diagramm 12).[46]

Ist die antike Kirche zu den politischen und ökonomischen Ordnungen auf Distanz geblieben, so ist sie jedoch mit einer anderen außerreligiösen Macht eine für die moderne europäische Kultur folgenreiche innere Verbindung eingegangen: mit der intellektualistischen hellenistischen Geisteskultur. Durch sie ist der Weg für die intellektuelle Rationalisierung der christlichen Lehre zur Theologie geöffnet und die Basis für die Generalisierung der christlichen Lehre mit universeller Reichweite gelegt worden. Von Paulus eingeleitet, wurden dabei drei verschiedene Kräfte miteinander vereinigt: Durch die teilweise Übernahme des Alten Testaments wurde der ethische Rigorismus bewahrt und mit dem Liebesuniversalismus des Evangeliums verbunden, die wiederum beide mit der Generalisierungskraft des hellenistischen Intellektualismus verknüpft wurden. Alle drei Elemente – der ethische Rigorismus, die universalistische Vergemeinschaftung und die intellektuelle Generalisierung – schufen ein Entwicklungspotential, das den Grundstein für die besondere Kraft des Christentums zur ethischen Formung des Handelns, zur universellen Gemeinschaftsbildung und zur Integration von speziellen Kulturen in die christliche Kultur mit der Konsequenz der Herausbildung einer gemeinsamen okzidentalen Kultur legte.[47]

Die Verknüpfung der christlichen Lehre mit dem hellenistischen Intellektualismus wurde systematisch von den Kirchenlehrern, insbesondere von Origenes (184-254) und von Augustinus (354-430), vorangetrieben. Die zur gleichen Zeit stattfindende Inklusion der höheren Schichten in die religiöse Gemeinschaft und die zumindest äußere Verbindung mit der staatlichen Ordnung erzwangen dann zusammen mit der Intellektualisierung der christlichen Lehre neue Formulierungen des Verhältnisses der christlichen Ethik zu den weltlichen Ordnungen von Staat und

46 E. Troeltsch, *Die Soziallehren der christlichen Kirchen und Gruppen*, op. cit., S. 69-72, 93-5, 106-9, 113-39.

47 Ebd., S. 144-74. Vgl. W. Jaeger, *Early Christianity and Greek Paideia*, Cambridge: Harvard University Press, 1961; T. Parsons, »Christianity«, op. cit., S. 176-81.

Diagramm 12: Die Mission des Paulus

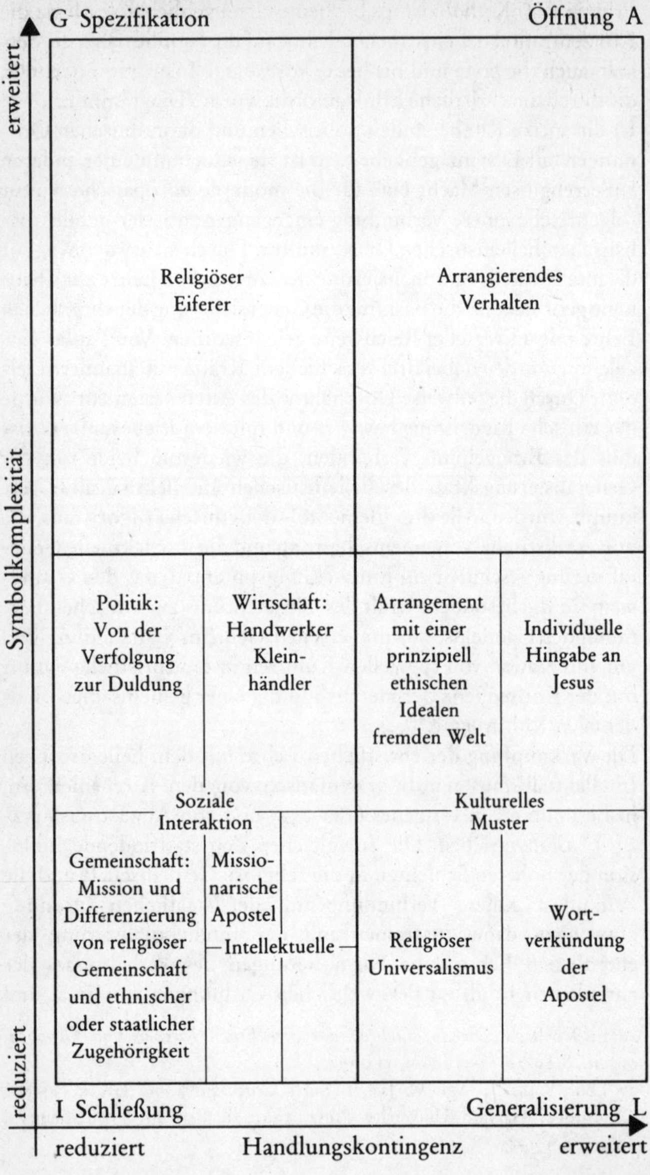

Wirtschaft. Ihre Beziehung zueinander konnte nicht mehr einfach umgangen werden. Sie bildete nun ein Zentrum der theologischen Lehren. Dabei spielte die Einbeziehung der Naturrechtsidee aus der hellenistischen, insbesondere aus der stoischen Philosophie eine besondere Rolle. Es gibt im Prinzip zwei gegensätzliche Lösungen des Problems. Entweder wird das Naturrecht der staatlichen Ordnung angenähert und gestaltet eine vom Sündenfall gezeichnete, nur relativ den religiösen Maßstäben entsprechende Ordnung, die infolge der Unvollkommenheit der Menschen auch teilweise der gewaltsamen Durchsetzung bedarf, aber sie ist in dieser Relativität eben eine durchaus legitimierte Ordnung. Oder das Naturrecht ist mit der ursprünglichen göttlichen Ordnung identisch und dann ein Stachel im Fleische der irdischen staatlichen Ordnung, die der aktiven Gestaltung nach religiösen Maßstäben bedarf. Die erste Lösung drängt zum Kompromiß der religiösen Ethik mit der Welt, während die letztere zur Durchdringung der irdischen Ordnungen durch die religiöse Ethik führt. Zwischen diesen beiden Extremtypen finden sich natürlich Zwischenformen. Dabei kann man in der weiteren Entwicklung des Christentums vom Frühkatholizismus über den mittelalterlichen Katholizismus bis zum Calvinismus eine zunehmende Verschiebung von der ersten zur zweiten Lösung beobachten.

Die Lehren der Kirchenväter des alten Christentums implizierten eindeutig den Kompromiß mit der staatlichen Gewalt. Die ursprüngliche Abgrenzung der Religionsgemeinschaft des Christentums vom Staat wurde jedoch abgelöst durch ihr Bündnis, nachdem das Christentum zur Staatsreligion erhoben worden war. Dieses Bündnis von Kirche und Staat gestattete jedoch weniger die durchgehende religiös-ethische Formung der politischen und ökonomischen Ordnungen als die Integration ihrer faktischen Gegebenheit in die theologische Lehre. Sie sind Ordnungen des relativ, im Zustande der Sündhaftigkeit der Welt gültigen Naturrechts. Dieser Kompromiß ändert jedoch nichts an dem Gegensatz zwischen der religiösen Ethik und der staatlichen Ordnung:

So darf man in der alten Kirche nur nach der prinzipiellen Zurechtlegung des Verhältnisses von Kirche und Reich Gottes einerseits und Staat und Welten andererseits als von zwei innerlich wesensgetrennten und durch diese

Wesensgetrenntheit an einer gegenseitigen Durchdringung gehinderten Größe suchen.[48]

Obwohl die Kirche des Altertums die ökonomischen und politischen Ordnungen des römischen Imperiums nicht formen konnte, weil diese sich unabhängig von der Kirche schon viel zu lang entwickelt hatten, stärkte jedoch das Bündnis der Kirche mit dem Staat organisatorische Errungenschaften der Kirche, die über den Paulinismus hinausgehen: das eigentümliche Priestertum als ein *Amt* bürokratischen Charakters – das Episkopat –, die gesamte Organisation der Kirche als bürokratische Anstalt und die Herausbildung eines eigenen Rechts der Kirche – des kanonischen Rechts – mit einer entsprechenden rationalen juristischen Praxis.[49] Das episkopale Priestertum bewirkte die Heraushebung der Priester, in denen sich Gott selbst äußert, als eine eigene Schicht und die Institutionalisierung des Priester*amtes* als ein von Personen unabhängiger organisatorischer Grundpfeiler der Kirche. In der Verantwortung der beamteten Priester liegt die Bewahrung und Fortbildung der christlichen Lehre. Die christliche Lehre wurde dadurch intellektualisiert und systematisiert sowie in systematischer Weise auf die Probleme des Alltags bezogen, bis hin zur rechtlich-systematischen Gestaltung und zur rechtlichen Kasuistik im kanonischen Recht. Das episkopale Priestertum bewerkstelligte insofern einerseits aufgrund seiner intellektuellen Denkbedürfnisse eine außerordentliche Vereinheitlichung und Systematisierung der christlichen Lehre, andererseits aufgrund der Anforderungen der priesterlichen Praxis aber auch die Gestaltung einer Kasuistik, die wiederum in Verbindung mit dem intellektuellen Rationalismus sich zur rationalen juristischen Kasuistik entwickelte.

Die Herausbildung dieser Eigenschaften der kirchlichen Organisation und der christlichen Lehre wurde durch die offizielle Anerkennung als Staatsreligion durch Kaiser Konstantin gestärkt. Zum einen waren sie mit der staatlichen Bürokratie und mit der formalen Rationalität des römischen Rechts wahlverwandt, zum anderen stützte die staatliche Gewalt die Durchsetzungkraft der Kir-

48 E. Troeltsch, *Die Soziallehren der christlichen Kirchen und Gruppen*, op. cit., S. 152.

49 Ebd., S. 83-92, 175-8. Vgl. M. Weber, *Wirtschaft und Gesellschaft*, op. cit., S. 480-1, 692-5; T. Parsons, »Christianity«, op. cit., S. 181-3.

che. Wie Ernst Troeltsch betont, schuf diese Art der »Theokratie« jedoch keineswegs die Durchdringung der ökonomischen und politischen Ordnungen durch die christliche Ethik, sie ermöglichte lediglich die organisatorische Festigung der Kirche selbst:

> Diese Verchristlichung des Kaisertums lief dann darauf hinaus, daß die Kirche durch den Staat sich selbst Einheit und Festigkeit verschaffte, sich vor allem auf ihrem eigenen Gebiet mit Benutzung seiner Gewaltmittel zum Herrn machte, das soziale Leben selbst aber dem Kaiser überließ. Durch die Theokratie hat sie Einheit des Dogmas und Einheit des Kirchenrechts erst erlangt, die ohne Konstantin nie gekommen wäre und von der Gewalt des Staates, nicht von der immanenten Logik der dogmatischen Lehre erzwungen worden ist. Durch seine Gewalt hat sie ihr Verfassungsnetz aufgebaut, ihr Vermögen erworben und ihre den Staat ergänzende und korrigierende Gerichtsbarkeit gewonnen. Sie sorgt damit unmittelbar nur für sich, das übrige soziale Leben hat sie dem Kaiser und dem Gesetz überlassen. Eine einheitliche christliche Kultur hat sie unter der Nachwirkung der alten Weltfremdheit und unter dem Druck des Parallelismus der beiden selbständigen Sozialgebilde, des universalen Imperiums und der universalen Kirche, im Altertum nie gewonnen, nie gewinnen wollen und nie gewinnen können.[50]

Das Bündnis mit dem Staat hat der Kirche jedoch diejenige organisatorische Lebensfähigkeit gegeben, durch welche sie den Untergang des römischen Imperiums überdauern konnte und nach der Trennung der Westkirche von der Ostkirche vor allem im Westen größte Bedeutung als Brückenstruktur bis zum Wiedererwachen staatlichen Lebens im Westen und dann bei der Herausbildung der mittelalterlichen Gesellschaft erlangte.[51] Auf diese Weise konnte sie die Entwicklung der neuen Gesellschaft wesentlich mehr prägen als sie das zur Zeit der Herausbildung der Kirche schon vollentwikkelte römische Imperium gestalten konnte. Auch der agrarische und naturalwirtschaftliche Charakter sowie die grundlegende Strukturierung der sozialen Beziehungen nach dem persönlichen Dienstleistungs- und Vertrauensverhältnis im Sinne des Lehensfeudalismus entsprachen weit mehr dem im Frühchristentum angelegten traditionalistischen Charakter der christlichen Ethik mit ihrer Betonung von Vormundschaft, Pietät und Brüderlichkeit (Diagramm 13).

50 E. Troeltsch, *Die Soziallehren der christlichen Kirchen und Gruppen*, op. cit., S. 172.

51 Ebd., S. 187-95; T. Parsons, *Das System moderner Gesellschaften*, op. cit., S. 48-9.

Diagramm 13: Die alte Kirche

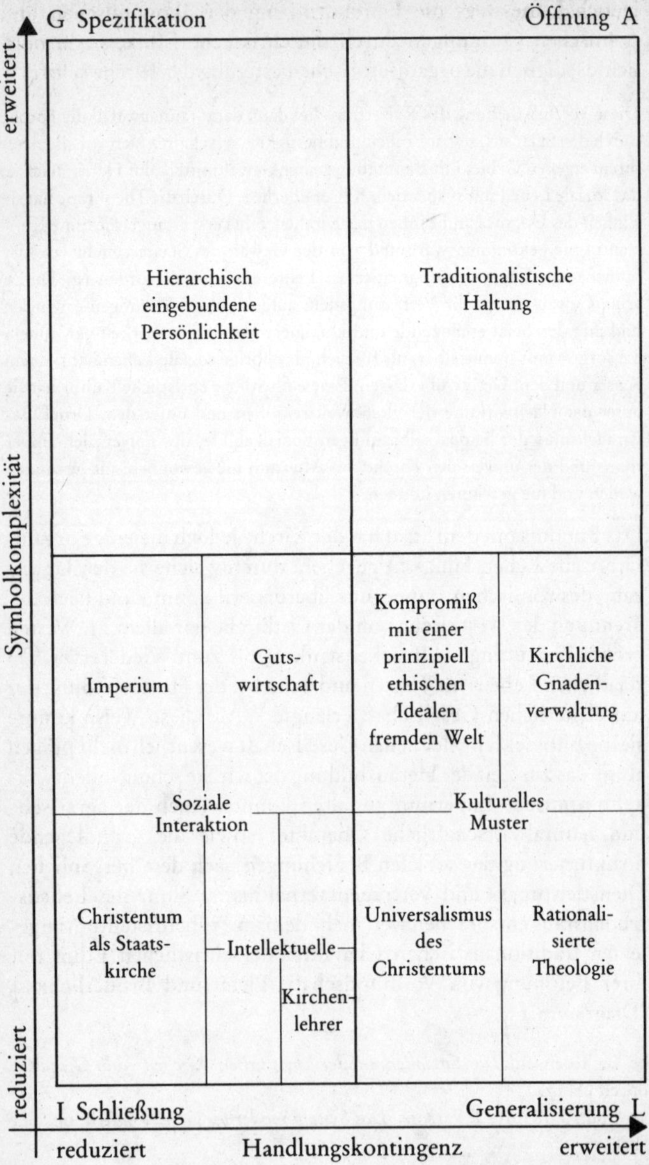

Für die organisatorische Stärke der Kirche und für die Verbindlichkeit und Einheitlichkeit ihrer Lehre über alle Landesgrenzen hinweg als Grundlage einer gemeinsamen europäischen Kultur war die Kirchenreform Papst Gregors VII. (1073-1085) entscheidend. Sie begründete das oberste Priester-, Lehr- und Hirtenamt des Papstes und verordnete der Kirche eine starke Zentralisierung, durch welche die seit dem Untergang des römischen Imperiums eingetretene Trennung in Landeskirchen wiederum aufgehoben wurde.[52] So sind im 11. Jahrhundert die Weichen für die Universalkirche gestellt worden, die aufgrund ihrer organisatorischen Einheitlichkeit die im Vergleich zu ihr gespalteneren und schwächeren politischen und ökonomischen Ordnungen mehr formen konnte als die alte Kirche die Ordnungen des römischen Imperiums. Gestärkt wurde diese Stellung durch die Freiheit der Kirche gegenüber dem Staat, die sich aus der von Gregor VII. begründeten Herrschaft des Papstes in der Kirche ergab. Diese Trennung der Kirche vom Staat bedeutete die Freiheit der Kirche von staatlicher Unterwerfung, aber nicht umgekehrt die Loslösung des Staates von der Kirche. Vielmehr implizierte sie die größere Unabhängigkeit und Macht der Kirche, die sie um so mehr auch zu einer die staatliche Ordnung gestaltenden Kraft machte:

(...) Diese Trennung der Kirche vom Staat (ist) nicht auch umgekehrt eine Trennung des Staates von der Kirche. Es bleibt vielmehr die ganze feudale Entwicklung des Kirchengutes, es bleibt die organische Anteilnahme am Staats- und Rechtsleben, nur jetzt nicht mehr im Dienste eines theokratischen Royalismus, sondern im Dienste einer hierarchischen Theokratie und einer kirchlich geleiteten Kultur.[53]

Obwohl dadurch die Entwicklung der universalistischen europäischen Kultur entscheidend in die Wege geleitet wurde, erhielt diese jedoch durch die Wahlverwandtschaft der aus dem frühen Christentum bewahrten christlichen Ethik mit der ständischen Ordnung des Lehensfeudalismus bei dessen Betonung der Pietätsbeziehungen eine traditionalistische Wendung. Die neuen ökonomischen, politischen und kulturellen Entwicklungen, wie sie in den aufblühenden mittelalterlichen Städten einsetzten, ließen des-

52 E. Troeltsch, *Die Soziallehren der christlichen Kirchen und Gruppen*, op. cit., S. 206-26.

53 Ebd., S. 221-2.

halb den Gegensatz der religiösen Ethik zur Welt neu aufbrechen, und sie verlangten neue Lösungen (Diagramm 14).

3. Von der traditionalistischen zur modernen Kultur: Mittelalterliche Stadt und Scholastik

Die Überwindung der Kluft zwischen dem Verkehrskreis des Marktes und der ethischen Lebensgemeinschaft ist ein Spezifikum des Okzidents. Nur hier ist es zur umfassenden Ausbildung einer Marktethik gekommen, zu der es außerhalb des Okzidents immer nur Ansätze gab, wo sich ein einigermaßen *geschlossener* Kreis von Geschäftspartnern fand. Zu verstehen ist diese spezifische Entwicklung des Okzidents nur vor dem Hintergrund der universalisierenden Wirkung der mittelalterlichen Stadt und der christlichen Religionsgemeinschaft.[54] Beides sind freie und autonome Vergemeinschaftungen mit *Gemeindecharakter,* die keine Sippen-, Standes- oder Kastengrenzen kennen, und zu beiden sucht man außerhalb des Okzidents vergleichbare Pendants vergeblich. Überhaupt war es die enge Verbindung dieser beiden Formen der freiwilligen Vergemeinschaftung, durch die ihr universalisierender Charakter zu dem wohl entscheidendsten Potential für die Institutionalisierung der universalistischen sozialen Ordnung des Okzidents wurde. Die christliche Religiosität war städtische Religiosität; sie traf in dem von Sippengebundenheiten freien Gemeindecharakter der Stadt den idealen Nährboden an, und sie verstärkte ihrerseits die städtische Gemeindebildung.[55] Die orientalische Stadt war dagegen keine Gemeinde, sondern Verwaltungssitz der Patrimonialherrschaft. Ein autonomer Herrschaftsverband konnte sie schon wegen der fehlenden eigenen militärischen Macht nicht werden. Die Stadt war kein auf Selbstequipierung beruhender autonomer Wehrverband. Ihre Macht reichte nie aus, um sich

54 Siehe hierzu die entsprechenden Abschnitte über die mittelalterliche Stadt in Webers Studie zur Stadt: M. Weber, *Wirtschaft und Gesellschaft*, op. cit., S. 727-814. Vgl. auch E. Troeltsch, *Die Soziallehren der christlichen Kirchen und Gruppen*, op. cit., S. 288-352; H. Pirenne, *Sozial- und Wirtschaftsgeschichte Europas im Mittelalter*, München: Francke, 2. Auflg., 1971, S. 43-60.

55 M. Weber, *Wirtschaft und Gesellschaft*, op. cit., S. 287-8. Weber verweist hier auf die Studie von Adolf Harnack über die Ausbreitung des frühen Christentums: A. Harnack, *Die Mission und Ausbreitung des Christentums in den ersten drei Jahrhunderten*, Leipzig: Hinrichs, 1902.

Diagramm 14: Die Gregorianisch reformierte Kirche

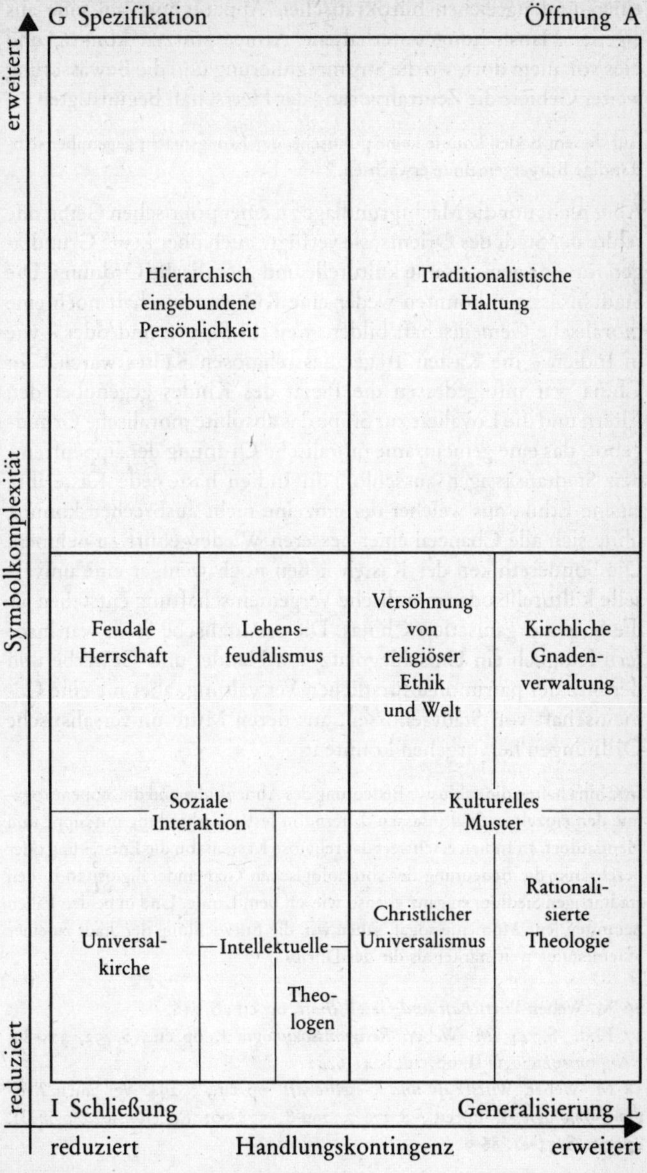

gegenüber der Patrimonialherrschaft zu behaupten, die sich auf einen umfangreichen bürokratischen Apparat und auf eine aus eigener Haushaltung unterhaltene Armee stützen konnte, und dies vor allem dort, wo die Stromregulierung und die Bewässerung weiter Gebiete die Zentralisierung der Herrschaft begünstigten:

Auf diesem Boden konnte keine politische, der Königsmacht gegenüber selbständige Bürgergemeinde erwachsen.[56]

Aber nicht nur die Machtgrundlage zu einer politischen Gemeinde fehlte der Stadt des Orients, sie verfügte auch über keine Grundlagen für eine gemeinsame kulturelle und moralische Ordnung. Die Stadtansässigen konnten weder eine Kultgemeinschaft noch eine moralische Gemeinschaft bilden, weil die Sippen und/oder – wie in Indien – die Kasten Träger des religiösen Kultes waren.[57] In China war infolgedessen die Pietät des Kindes gegenüber den Eltern und die Loyalität zur Sippe das absolute moralische Grundgebot, das eine gemeinsame moralische Ordnung der sippenfremden Stadtansässigen ausschloß. In Indien hatte jede Kaste ihre eigene Ethik, aus welcher der einzelne nicht ausbrechen konnte, ohne sich alle Chancen einer besseren Wiedergeburt zu nehmen. Die Sonderethiken der Kasten ließen noch weniger eine universelle kulturelle oder moralische Vergemeinschaftung entstehen als die Sippenorganisation Chinas. Die orientalische Stadt war insofern lediglich ein Umschlagplatz von Handel und Gewerbe und der Sitz der patrimonialfürstlichen Verwaltung, aber nie eine Gemeinschaft von Stadtgenossen, aus deren Mitte universalistische Ordnungen hervorgehen konnten:

In China halten die exklusive Bedeutung des Ahnenkults und die Sippenexogamie den einzelnen Stadtinsassen dauernd in fester Verbindung mit Sippe und Heimatdorf. In Indien erschwert das religiöse Kastentabu die Entstehung oder beschränkt die Bedeutung der soteriologischen Gemeindereligiosität, in den stadtartigen Siedlungen ganz ebenso wie auf dem Lande. Und in beiden Fällen hemmten jene Momente sogar, sahen wir, die Entwicklung der Stadt zu einer »Gemeinde« weit stärker als die des Dorfes.[58]

56 M. Weber, *Wirtschaft und Gesellschaft*, op. cit., S. 756.

57 Ebd., S. 744; M. Weber, *Religionssoziologie* I, op. cit., S. 292, 375-89; *Religionssoziologie* II, op. cit., S. 41-6, 51-7.

58 M. Weber, *Wirtschaft und Gesellschaft*, op. cit., S. 294. Vgl. auch *Religionssoziologie* I, op. cit., S. 276-7, 290-8, 378-90; *Religionssoziologie* II, op. cit., S. 35-41, 86-9.

Ganz andere Voraussetzungen waren dagegen der mittelalterlichen Stadt gegeben. Sie war gleichzeitig Marktgemeinschaft, politische Gemeinschaft, moralische Gemeinschaft und Kultgemeinschaft. Das Besondere an ihr waren insofern die kongruente Universalisierung in ökonomischer, politischer, moralischer und kultureller Hinsicht und die Appropriation der entsprechenden Monopole an die Gemeinschaft der Stadtgenossen. Grundlegende Bedeutung für die gemeinschaftsbildende Fähigkeit der mittelalterlichen Stadt hatte das Fehlen einer der orientalischen Sippen- oder Kastengebundenheit vergleichbaren partikularistischen Gebundenheit der Stadtbewohner.[59] Waren die südeuropäischen Städte am Anfang noch Konföderationen von Geschlechtern, wurden sie doch mit der wachsenden ökonomischen Macht aufstrebender geldbesitzender Bürger – Handwerker, Kaufleute –, ähnlich der Entwicklung der antiken Geschlechterstadt zur Plebejerstadt und wie die nordeuropäischen Städte schon von Anfang an, mehr und mehr zu Zusammenschlüssen *einzelner* Bürger:

Der Bürger trat wenigstens bei Neuschöpfungen als Einzelner in die Bürgerschaft ein. Als Einzelner schwur er den Bürgereid. Die persönliche Zugehörigkeit zum örtlichen Verband der Stadt, und nicht die Sippe oder der Stamm, garantierte ihm die persönliche Rechtsstellung als Bürger.[60]

Ökonomische, politische, kulturelle und moralische Chancen waren von der Stadtgemeinschaft monopolisiert, so daß jeder zum Eintritt in die Gemeinschaft *gezwungen* war, der an diesen Chancen teilhaben wollte. Das gemeinsame Recht der Bürger hat zwar ständischen Charakter, es ist das Recht des *Bürgerstandes*, und d.h. der rechtlich Grund- und/oder Geldbesitzenden, während die ökonomisch Abhängigen als Schutzbefohlene dem Hausrecht ihres Hausherrn unterstehen; aber im Vergleich zur rein *persönlichen* Rechtsbeziehung des Grundherrn zu seinen Vasallen, Hörigen oder Sklaven ist es ein wesentlich universalistischeres Recht. Das Stadtbürgerrecht bindet alle Stadtbürger an die gleichen Rechtsnormen.[61]

Als selbständiger politischer Verband mit eigenem Recht durchbrach die mittelalterliche Stadtgemeinschaft die eventuell bestehenden Bindungen ihrer zugezogenen Stadtinsassen an frühere

59 M. Weber, *Wirtschaft und Gesellschaft*, op. cit., S. 744.

60 Ebd., S. 747.

61 Ebd., S. 742-8.

Herren. Die Stadtbewohner hatten ein gemeinsames Interesse der Erweiterung von Marktchancen und insofern auch an dem Zuzug neuer Stadtbürger, zumindest solange der Nahrungsspielraum genügend groß blieb. Die Wahrung eines berechenbaren Geschäftsbetriebes war jedoch nur möglich, wenn der Geschäftspartner in seinem Handeln frei war und nicht von seinem früheren Herrn mit hohen Abgaben belegt oder ganz zurückgerufen werden konnte. Die Stadtbürger hatten insofern ein gemeinsames Interesse, sich gegen derartige Übergriffe auf ihren Geschäftsbetrieb durch Dritte zu schützen:

Bei reichlichem Erwerbsspielraum bestand in der Frühzeit dieser Städte ein gemeinsames Interesse ihrer Insassen an der Ausnutzung desselben zwecks Erweiterung der Absatz- und Erwerbschancen jedes Einzelnen durch Erleichterung des Zuzugs von außen und deshalb auch ein solidarisches Interesse daran, daß nicht jeder soeben in der Stadt wohlhabend gewordene Hörige von seinem Herrn – wie es von seiten schlesischer Adliger noch im 18., von russischen noch im 19. Jahrhundert mehrfach geschehen ist – etwa zu Hausknechts- oder Stalldiensten requiriert wurde, sei es auch nur, um sein Loskaufgeld von ihm zu erpressen. Die Stadtbürgerschaft usurpierte daher – und dies war die eine große, der Sache nach *revolutionäre* Neuerung der mittelalterlich-okzidentalen gegenüber allen anderen Städten – die Durchbrechung des Herrenrechts. In den mittel- und nordeuropäischen Städten entstand der bekannte Grundsatz: »Stadtluft macht frei«, – d. h. nach einer verschieden großen, stets aber relativ kurzen Frist verlor der Herr eines Sklaven oder Hörigen das Recht, ihn als Gewaltunterworfenen in Anspruch zu nehmen.[62]

Ihren Ursprung hatte die Stadtgemeinschaft in den sogenannten Eidverbrüderungen (conjurationes), die sich seit dem 11. Jahrhundert – ausgehend von den italienischen Städten – ausbreiteten und überall am Anfang der politisch selbständigen Stadt standen.[63] Durch die Eidverbrüderung schlossen sich die wehrhaften und besitzenden Stadtansässigen auf Zeit und mit der Notwendigkeit der regelmäßigen Erneuerung zusammen, um sich mehr und mehr von der Herrschaft der Stadtherren zu befreien. Gleichzeitig hatte die Eidverbrüderung jedoch den Zweck, die Teilnahme an den ökonomischen Chancen zu schließen und durch die Vergemeinschaftung des Gewaltmonopols nach innen die friedliche Streitschlichtung unter den Stadtgenossen zu sichern und nach außen den Spielraum ökonomischer Chancen zu erweitern. Durch den

62 Ebd., S. 742.
63 Ebd., S. 748-57.

Beitritt zur Schwurgemeinschaft wurde der Stadtbürger auf die gemeinsame Ordnung verpflichtet, und nur innerhalb dieser Ordnung konnte er an den entsprechenden Chancen teilhaben:

Das positive Ziel der Eidverbrüderung aber war zunächst die Verbindung der ortsangesessenen *Grundbesitzer* zu Schutz und Trutz, zu friedlicher Streitschlichtung untereinander und zur Sicherung einer den Interessen der Stadtinsassen entsprechenden Rechtspflege, ferner aber die *Monopolisierung der ökonomischen Chancen,* welche die Stadt ihren Insassen darbot: nur der Eidgenosse wurde zur Teilnahme am Handel der Stadtbürger, in Genua z. B. zur Teilnahme an der Kapitalanlage in Form der Kommenda im Überseehandel, zugelassen; sodann die Fixierung der Pflichten gegenüber den Stadtherrn: feste Pauschalsummen oder hohe Zinsen statt willkürlicher Besteuerung; und endlich die militärischen Organisationen zum Zweck der Erweiterung des politischen und ökonomischen Machtgebiets der Kommune nach außen.[64]

Aus den zeitlich befristeten Eidverbrüderungen entstanden nach und nach politisch selbständige Dauerverbände mit eigenem Gewaltmonopol, eigener Gerichtsbarkeit, eigenem gemeinsamen Recht, eigener Steuergewalt über die Bürger und eigenem Marktrecht, bis die Städte ab dem 16. Jahrhundert wieder mehr und mehr diese Rechte auf dem Kontinent an die aufsteigende absolute Territorialherrschaft und in England – wo allerdings die Stadtautonomie nie das gleiche Ausmaß erreichte wie auf dem Kontinent – an das nationale Parlament abtreten mußten.[65]
Erwerben konnten die mittelalterlichen Städte die Autonomie gegenüber den Patrimonialherrschaften nur aufgrund der besonderen Wehrverfassung, die infolge der unzureichenden Verkehrserschließung und der geringen Möglichkeiten der zentralen Unterhaltung eines Heeres auf der Selbstequipierung beruhte. Die Patrimonialherrschaft war insofern von der Dienstwilligkeit der einzelnen Wehrverbände abhängig, und diese konnten sich auch bei genügender Stärke von der Patrimonialherrschaft befreien und einen autonomen politischen Verband gründen. Nur dadurch war es den Städten möglich, sich durch eigene militärische Organisation gegen die Stadtherren zu behaupten, und nur dadurch waren sie fähig, durch die eigene Vergemeinschaftung des Gewaltmonopols die Geltung eines gemeinsamen Rechts für die Stadtgenossen durchzusetzen.

64 Ebd., S. 751.
65 Ebd., S. 752, 788-96.

Durch die autonome Rechtssatzung und die eigene Gerichtsbarkeit verfügte die Stadtgemeinde über das Monopol der Chancen zur rechtlich gesicherten Durchsetzung von Interessen. Im Unterschied jedoch zur antiken Stadt, die vorwiegend ein politischer Verband der wehrfähigen Vollbürger war und sich auch nach außen auf politische Machterweiterung ausrichtete, war es in der mittelalterlichen Stadt die Monopolisierung der ökonomischen Chancen, die den Kern der städtischen Vergemeinschaftung bildete, und nach außen zielte die Stadt auch mehr auf ökonomische als auf politische Machterweiterung ab. Die politische Machterweiterung stand allenfalls den Küstenstädten offen, den binnenländischen Städten blieb sie verschlossen.[66] Aber die Stadt war deshalb nicht nur der Ort der Geschäftsabwicklung und auch nicht allein eine Vergemeinschaftung der Geschäftsinteressenten, die das Monopol der ökonomischen Chancen innehatte, sie war eben auch – je autonomer sie politisch wurde – eine Vergemeinschaftung von Rechtsgenossen, die ein gemeinsames Recht besaß.

Aber nicht nur das Recht war den Stadtbürgern gemeinsam, sondern auch der religiöse Kult und die Moral. Was die mittelalterliche Stadtgemeinde neben ihrer politischen Selbständigkeit von der orientalischen Stadt ebenfalls wesentlich unterscheidet, ist die Tatsache, daß die Stadtbewohner auch Kultgenossen und moralische Genossen waren. Die Stadtgemeinde hatte nicht nur das Monopol über die ökonomischen und politischen Chancen, sondern sie hatte auch das Monopol der Zulassung zum religiösen Kult und das Monopol der Zuteilung von moralischer Achtung und Mißachtung, die in der orientalischen Stadt nie die Grenzen der Sippen- oder Kastengemeinschaften überschreiten konnten. Erleichtert wurde diese Entwicklung im Okzident durch die Schwächung der Sippenverbände schon in der Zeit der großen Völkerwanderung. Auch die bewegte politische und ökonomische Entwicklung sowie die Kolonialgründungen wirkten in diese Richtung. Es ergab sich dadurch an sich schon ein Zwang zur Bildung von Dauerverbänden zwischen Sippenfremden, durch welche die Sippengebundenheit des Handelns geschwächt wurde.[67] Aber diese Bedingungen waren allein nicht so entscheidend wie die Wirkung der christlichen religiösen Vergemeinschaftung. Für die christliche Religionsgemein-

66 Ebd., S. 805.

67 Ebd., S. 745.

schaft sind alle Gläubigen Brüder – und tendenziell auch der Nicht-Gläubige – ganz unabhängig von ihrer sonstigen gemeinschaftlichen Bindung. Die Gemeinschaft der Christen steht auf jeden Fall über jeder anderen Gemeinschaft, sie ist ihnen gegenüber stets vorrangig:

Und das Christentum, welches nun die Religion dieser in allen ihren Traditionen tief erschütterten Völker wurde und wohl gerade infolge der Schwäche oder des Fehlens der magischen und tabuistischen Schranken bei ihnen dazu werden konnte, entwertete und zerbrach alle solche Sippenbande in ihrer religiösen Bedeutsamkeit endgültig.[68]

Mitglied der Christengemeinschaft war man nicht als Angehöriger einer Familie und Sippe, sondern als einzelner Gläubiger, der auch als einzelner für sein Tun gegenüber Gott und der Glaubensgemeinschaft verantwortlich war. Die christliche Religionsgemeinschaft war in diesem Sinne eine entscheidende Institution des Okzidents, durch die der Sippen- und Standespartikularismus zugunsten einer universalistischen Moralordnung durchbrochen wurde. Für den Christen gelten die gleichen moralischen Gebote im Verhalten gegenüber dem Blutsbruder wie gegenüber dem Sippenfremden. Für ihn gibt es keine Unterscheidung zwischen Binnen- und Außenmoral, wie noch besonders charakteristisch für den Juden, dem gegenüber dem Stammesfremden all das erlaubt war, was ihm gegenüber dem Stammesbruder strengstens verboten blieb.[69] Dem Juden war jede moralische Vergemeinschaftung mit dem Nichtjuden aufgrund seiner rituellen Gebote unmöglich. Dagegen war die christliche Kirche die entscheidende Institution, durch die der universalistische Charakter der antiken Kultur vom Niedergang Roms über die »dunkle Zeit« vom 5. bis zum 10. Jahrhundert hinübergerettet wurde. Wiewohl die mittelalterliche Stadt ihre politische Selbständigkeit auch gegen die kirchenfürstliche Stadtherrschaft erkämpfte, war die christliche Vergemeinschaftung dennoch eine entscheidende Basis dafür, daß die Stadt nicht nur ein ökonomischer und politischer Verband war, sondern auch ein religiöser Kultverband und eine moralische Gemeinschaft. Die Stadt war Kirchengemeinde mit eigenem religiösen Kult. Nur die Teilnahme am Abendmahl machte den einzelnen zum voll anerkannten Stadtbürger:

68 Ebd., S. 746.
69 Ebd., S. 367-74.

Auch die mittelalterliche Stadt war ein Kultverband. Die Stadtkirche, der Stadtheilige, die Teilnahme der Bürger am Abendmahl, die offiziellen kirchlichen Feiern der Stadt verstanden sich von selbst. Aber das Christentum hatte der *Sippe* jede rituelle Bedeutung genommen. Die Christengemeinde war ihrem innersten Wesen nach ein konfessioneller Verband der gläubigen Einzelnen, nicht ein ritueller Verband von Sippen. Daher blieben die Juden von Anfang an außerhalb des Bürgerverbandes (...) Kirchengemeindliche Vollwertigkeit statt der, wie in der Antike, rituell vollwertigen Sippe war Voraussetzung der Qualifikation zum Bürger.[70]

Der einzelne Stadtbürger war insofern nicht nur zur Realisierung ökonomischer Chancen auf die städtische Marktgemeinschaft und zur rechtlichen Absicherung seiner Chancen auf die städtische Rechtsgemeinschaft angewiesen; auch religiöse Bedürfnisse konnte er nur innerhalb der Kultgemeinschaft befriedigen, und soziale Achtung konnte er nur innerhalb der moralischen Gemeinschaft der Stadtbürger und nur deren Normen entsprechend erwerben. Die Stadt war insofern eine Stätte eines hochverdichteten sozialen Verkehrskreises, innerhalb dessen die Stadtgemeinde als ganze – und nicht einzelne oder Gruppen – mit Erfolg tendenziell die ökonomischen, politischen, kulturellen und moralischen Chancen monopolisierte. Diese kongruente Monopolisierung der verschiedenen Chancen innerhalb eines verdichteten Verkehrskreises durch die den Verkehrskreis umschließende Gemeinschaft war eine entscheidende Bedingung für die gegenseitige Durchdringung der sonst eigenen Gesetzen folgenden ökonomischen, politischen, kulturellen und moralischen Ordnungen.
Außerhalb des Okzidents blieben diese Ordnungen oft scharf voneinander getrennt; es gab keine Brücke von der moralischen Ordnung der religiösen Brüderlichkeitsethik zur ökonomischen oder politischen Ordnung, weshalb diese auch oft Sphären der rücksichtslosen Ausnutzung der Schwächen des anderen im Tauschverkehr und Machtverkehr waren. Es herrschte eine extreme Trennung von Binnen- und Außenmoral:

Wie Krieg und Seeraub, so war auch der freie, nicht normgebundene Handel in den Beziehungen zum Stammfremden, Ungenossen, unbehindert; es gestattete die »Außenmoral« hier, was im Verhältnis »unter Brüdern« verpönt war.[71]

70 Ebd., S. 747.
71 M. Weber, *Religionssoziologie* I, op. cit., S. 43; vgl. weiter S. 518, 528, 530-1; *Religionssoziologie* II, op. cit., S. 145-6.

Dagegen ermöglichte die gegenseitige Durchdringung der verschiedenen Ordnungen im Okzident das Entstehen einer kohärenten universalistischen sozialen Ordnung. Die mittelalterliche Stadt, wo sich diese gegenseitige Durchdringung der verschiedenen Ordnungen verdichtete, wurde dadurch zu einem Kristallisationskern der modernen sozialen Ordnung. Die gegenseitige Durchdringung der verschiedenen Ordnungen bot in der ökonomisch aufblühenden Stadt vor allem die Möglichkeit der *Öffnung* des moralischen Kosmos und der *Öffnung* der gemeinsamen Rechtsordnung für die Bedürfnisse eines geordneten Geschäftsverkehrs, sie schloß aber auch die umgekehrte Zugänglichkeit der ökonomischen Sphäre für moralische Normen ein. Die gegenseitige Durchdringung der verschiedenen sozialen Ordnungen erzeugte jedoch auch ganz erhebliche Spannungen zwischen der traditionalistischen Ethik der offiziellen kirchlichen Moraltheorie und den Herausforderungen der neuen in der Stadt entstehenden ökonomischen und politischen Ordnungen und auch der neuen, aus der Erneuerung der antiken Philosophie und Wissenschaft hervorgehenden universalistischen Kultur. Die offizielle kirchliche Moraltheorie war im Kern eine traditionalistische Ethik, wie sie allen patrimonialherrschaftlich organisierten Gesellschaften eigen war.[72]

Den Kern dieser traditionalistischen Ethik verkörpert die hausherrschaftliche *Pietätspflicht* des Kindes gegenüber den Eltern, die auch auf die Herrschaftsordnung außerhalb des Hauses übertragen wird und die moralische Grundlage der Patrimonialherrschaft darstellt.[73] Gegenüber dem Nachbarn und Sippengenossen außerhalb der Hausgemeinschaft gilt das Gebot der *Brüderlichkeitsethik*.[74] Deren Grundlage ist die Ethik der Nachbarschaftshilfe,

72 Vgl. M. Weber, *Religionssoziologie* I, op. cit., S. 43-62; *Wirtschaft und Gesellschaft*, op. cit., S. 580-91, 705-19; E. Troeltsch, *Die Soziallehren der christlichen Kirchen und Gruppen*, op. cit., S. 286-358; R. Bendix, *Nation-Building and Citizenship. Studies of our Changing Social Order*, New York: Wiley, 1964, S. 33-54; B. Nelson, *The Idea of Usury. From Tribal Brotherhood to Universal Otherhood*, Chicago: University of Chicago Press, (1949) 1969, S. 3-28.

73 M. Weber, *Wirtschaft und Gesellschaft*, op. cit., S. 580-3, 709, 715; *Religionssoziologie* I, op. cit., S. 445-7, 522-3.

74 M. Weber, *Wirtschaft und Gesellschaft*, op. cit., S. 350-1, 355, 357, 362, 380, 710-1.

die von dem einzelnen die unentgeltliche materielle oder auch finanzielle Hilfe für den in Not und Knappheiten geratenen Nachbarn, Sippengenossen und Stammesbruder verlangt und jedes Ausnutzen der Notlage des Genossen strengstens verbietet. Der Geltungsbereich dieser Brüderlichkeitsethik ist jedoch scharf begrenzt auf den geschlossenen Kreis der Nachbarn, Sippen- und Stammesgenossen, während gegenüber dem Nicht-Nachbarn, dem Sippen- und Stammesfremden utilitaristisches Handeln geradezu ein Gebot der Klugheit ist, um sich vor der List und Gewalt des Fremden zu schützen. Für den Verkehr mit dem Fremden existiert deshalb auch keine gesicherte Sanktionierung von Schadenzufügungen, die sich auf gemeinsam eingerichtete Instanzen der Rechtssicherung stützen könnte.[75] Es herrscht in diesem Sinne *ethischer Partikularismus* vor.

Innerhalb der Gemeinschaften ist dagegen die Sanktionierung von Verstößen gegen gemeinsame Verhaltensregeln um so schärfer. Das gilt vor allem für die präzisen Vorschriften mit strafrechtlichem Charakter, die für ein bestimmes Delikt sogleich eine entsprechende Strafe festlegen. Die Sanktionierung ist die verdiente Strafe für das begangene Unrecht,[76] und sie ist um so schärfer, je geschlossener der Kreis der Gemeinschaftsmitglieder ist und je größere Bedeutung und Präzision die verletzten Regeln im »Kollektivbewußtsein« der Gemeinschaftsmitglieder haben.[77] Die Bestrafung verlangt nicht einfach Wiedergutmachung, sondern *Sühne.* Sie ist in Durkheims Begriffen *repressiv* und kennzeichnend für die *mechanische Solidarität* geschlossener Gemeinschaften. Den Gegenbegriff hierzu bildet die *restitutive* Sanktionierung, welche die *organische Solidarität* offener Gemeinschaften mit ausgedehntem sozialem Verkehr über die Grenzen von Sondergemeinschaften hinaus charakterisiert.[78] Die latente Funktion der repressiven Sanktion ist die Stärkung des Kollektivbewußtseins, während die restitutive Sanktion die Wiedereinsetzung der Betroffenen in ihre ursprünglichen Rechte, die Wiederherstellung des vor der Verletzung bestehenden Rechtszustandes beinhaltet.

75 Ebd., S. 401-5; M. Weber, *Religionssoziologie* I, op. cit., S. 292, 375-89.
76 M. Weber, *Wirtschaft und Gesellschaft*, op. cit., S. 350.
77 E. Durkheim, *Über die Teilung der sozialen Arbeit*, Frankfurt: Suhrkamp, 1977, S. 120.
78 Ebd., S. 104-51, 169-87.

Dieser regulative Kern der traditionalistischen Ethik wird erweitert durch die absolute *Vormundschaft* des Älteren über den Jüngeren, des Herrn über den Untergebenen, der Kirche über den Gläubigen,[79] durch die vor allem in der Masse der Bevölkerung – außerhalb des allein auf Intellektuelle begrenzten Rationalismus – lebendige *magische Gebundenheit des Denkens*[80] und durch die *traditionalistische Lebensführung*, die kaum Systematik in der Einteilung von Ressourcen und Zeit kennt, die gewissermaßen von der Hand in den Mund lebt und Arbeit allenfalls als ein notwendiges Mittel zur Befriedigung eines standesgemäßen Bedarfs an Gütern, aber nie als einen Wert an sich begreift.[81] Der *intellektuelle Rationalismus* ist beschränkt auf die Intellektuellenschichten. Er ist nicht mit den anderen ethischen Komponenten integriert.[82] Eine weitere grundlegende Komponente des Traditionalismus ist schließlich die *Hinnahme der bestehenden Ordnungen* als unveränderlich und gottgewollt und der rein situative Aktivismus.[83]

Die genannten Elemente der traditionalistischen Ethik setzen sich zu einem geschlossenen System zusammen, in dem jedes Element eine spezifische Funktion erfüllt. Die *Schließung* der Grenzen des moralisch Richtigen ergibt sich durch den regulativen Kern; die *Öffnung* für die Unwägbarkeiten des Weltlaufs geschieht durch das magische Denken und insgesamt durch die praktisch-utilitarische und unsystematische traditionalistische Lebensführung, die weniger die Umwelt unter Kontrolle hat und eher den unerwarteten Ereignissen der Umwelt – Naturereignisse, politische Ereignisse, Fehde – ausgeliefert ist; die *Generalisierung* des Denkens und Glaubens ist durch die Vormundschaft geregelt; und die *Spezifikation* einer Ordnung resultiert aus der Hinnahme des Gegebenen als gottgewollt (Diagramm 15).

Die gegenseitige Durchdringung der ökonomischen, politischen, kulturellen und moralischen Ordnungen in der mittelalterlichen Stadt mußte natürlich aufgrund ihrer gänzlich anderen sozialen

79 M. Weber, *Wirtschaft und Gesellschaft*, op. cit., S. 691-5, 701-3.

80 Ebd., S. 245-50, 257-9, 446-7; M. Weber, *Religionssoziologie* I, op. cit., S. 476-85, 512-6, 519-20.

81 Ebd., S. 87; M. Weber, *Religionssoziologie* I, op. cit., S. 44-8, 386-9; *Religionssoziologie* II, op. cit., S. 109-16.

82 M. Weber, *Wirtschaft und Gesellschaft*, op. cit., S. 304-14.

83 Ebd., S. 580-91, 688-95; M. Weber, *Religionssoziologie* I, op. cit., S. 269-70.

Diagramm 15: Die traditionalistische Kultur

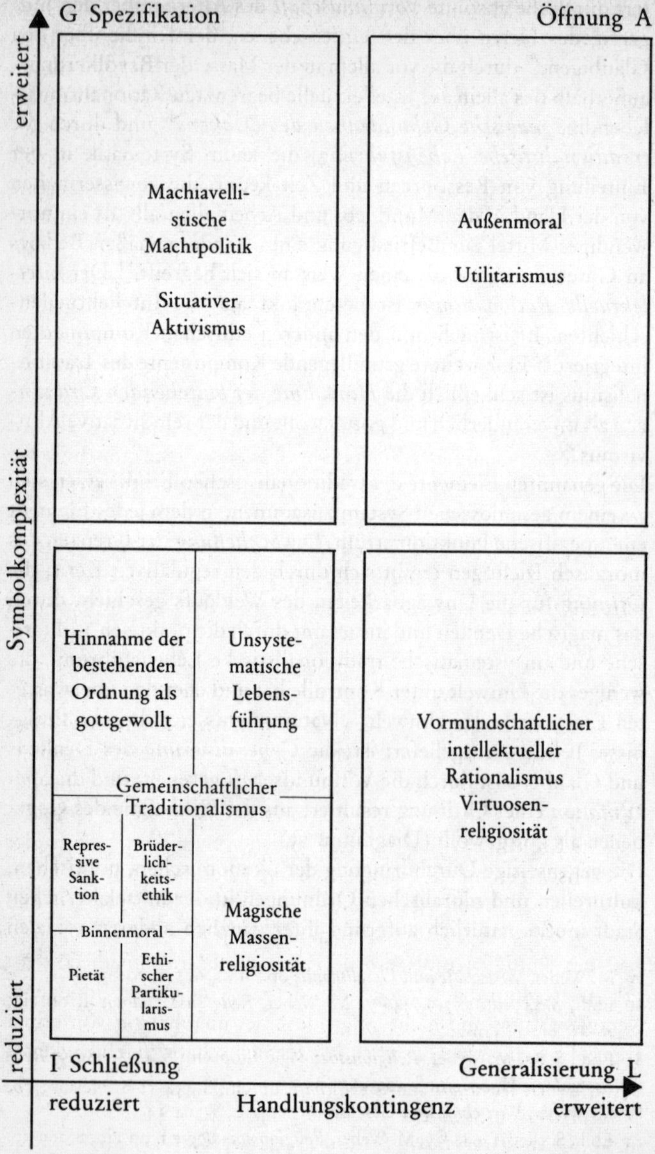

Organisation auch starke Spannungen zwischen dieser traditionalistischen Ethik der Moralordnung und den ökonomischen, politischen und kulturellen Ordnungen erzeugen. Die traditionalistische Ethik der Kirche stand in scharfem Gegensatz zu diesen Ordnungen, und die Kirche konnte diese Spannungen nur durch immer wieder neue Ausnahmeregelungen der offiziellen Moraldoktrin bewältigen, wodurch sie allerdings immer unglaubwürdiger wurde.[84] In der mittelalterlichen Stadt waren ein ganz anderes Leben und mit der Zeit ein ganz anderer Menschentypus entstanden: der moderne Stadtbürger. Dieser Stadtbürger war – schon aufgrund der begrenzten politischen Machtchancen der Stadt – in erster Linie »homo oeconomicus«,[85] der auf die aktive Wahrnehmung von Erwerbschancen ausgerichtet war. Das Erwerbsleben der mittelalterlichen Stadt verlor – je dichter und geschlossener die Verkehrskreise wurden – vollständig den Charakter des Gelegenheitserwerbs und wurde kontinuierlicher Geschäftsbetrieb mit einem festen Kundenkreis, der infolgedessen eine zunehmende Rechenhaftigkeit und Zuverlässigkeit des Geschäftsgebarens erforderte, wenn man unter den Marktgenossen sein Ansehen als würdiger Geschäftspartner wahren wollte. Der Geschäftsbetrieb wurde mehr und mehr zum rationalen Betrieb mit rationaler Kapitalrechnung und genauer Trennung von Betriebsvermögen und Privatvermögen.

Aus der Kontinuität des Geschäftsbetriebes ging auch mehr und mehr ein entsprechendes rationales Recht hervor, das in zunehmendem Maße die Geordnetheit des freien Geschäftsverkehrs garantierte. Erleichtert wurde diese rational-rechtliche Geordnetheit natürlich durch die Tatsache, daß die Geschäftspartner als Stadtbürger Rechtsgenossen waren, und nicht zuletzt dadurch, daß die Rechtsgestaltung in den Händen von empirisch und/oder theoretisch geschulten Fachjuristen lag. Aber nicht nur der rationale Geschäftsbetrieb bestimmte die sozialen Beziehungen und den Lebensstil des Stadtbürgers, auch die politische Selbständigkeit der Stadtgemeinde, die sie gegen die Patrimonialherrschaft erkämpfte, und die Tatsache, daß der einzelne Bürger in eigener Verantwortung und nicht aufgrund einer unabhängig von seiner freien Entscheidung bestehenden Gemeinschaftszugehörigkeit –

84 M. Weber, *Wirtschaft und Gesellschaft*, op. cit., S. 354-5; B. Nelson, *The Idea of Usury*, op. cit., 3-28.

85 M. Weber, *Wirtschaft und Gesellschaft*, op. cit., S. 805.

wie z.B. in der Sippe – Mitglied der Stadtgemeinschaft wurde, prägte den Charakter und die Lebensideale dieses Menschentyps.[86]

Und nicht nur der selbstverantwortliche Aktivismus innerhalb eines geordneten und berechenbaren Geschäftsbetriebes und die Selbständigkeit des politischen Handelns sind die entscheidenden Lebensformen, die in Spannung zur traditionalistischen Ethik stehen, auch die auf dem Boden des aufblühenden sozialen Lebens mit verdichteter und weitgespannter Kommunikation eintretende *kulturelle* Aktivierung erzeugt Gegensätze zur traditionalistischen Ethik. Durch die wachsende kulturelle Aktivierung wird die universalisierende Wirkung des kulturellen Erbes der Antike freigesetzt. Sie beginnt mit der italienischen Renaissance und bringt mit dem Humanismus eine geistige Strömung hervor, die sich nicht mehr auf die kirchliche Autorität verpflichten läßt und die Kirche zur Öffnung für den neuen Geist zwingt. Diese kulturelle Erneuerung entfaltet sich zunächst vor allem in der bildenden Kunst, erfaßt dann aber auch mehr und mehr alle Bereiche des Denkens, und sie breitet sich von Italien ausgehend zunehmend auch im nordeuropäischen Raum aus, vor allem dort, wo die auflebenden Städte der neuen kulturellen Belebung den adäquaten Nährboden geben können.[87]

Die kulturelle Erneuerung entstand zunächst neben den etablierten kulturellen Institutionen, neben der kirchlichen Theologie und neben den von der Kirche beherrschten Universitäten; sie bildete jedoch eine Herausforderung, die auch die kirchliche Theologie und die Universitäten vor neue Aufgaben stellte und in der scholastischen Philosophie die erste große Synthese des neuen Denkens hervorbrachte. Als entscheidender Grundzug des neuen Denkens setzt sich mehr und mehr die Individualisierung und Universalisierung des Vernunftgebrauchs durch. Das Denken tritt in zunehmende Spannung zu den vormundschaftlichen Glaubenssätzen der Kirche. Dialog und Dialektik werden zu verbindlichen

86 Ebd., S. 748-57, 788-92.

87 Siehe hierzu G. de Santillana, »The Role of Art in the Scientific Renaissance«, in: M. Clagett (Hg.), *Critical Problems in the History of Science*, Madison: University of Wisconsin Press, 1959, S. 33-65; D. Knowles, *The Evolution of Medieval Thought*, London: Longmans, 1962; T. Helton (Hg.), *The Renaissance. A Reconsideration of the Theories and Interpretations of the Age*, Madison: University of Wisconsin Press, 1961.

Methoden der Beweisführung. Vor ihnen zählt nicht der Glaube, sondern allein das in jedem Dialog beweisbare und damit universell gültige Wissen. Das moralisch Richtige gilt nicht allein innerhalb des Kreises pratikularistischer Gemeinschaften, sondern für die menschliche Gesellschaft insgesamt.

Eine entscheidende Wende in der christlichen Theologie wird von Abaelard (1079-1142) vollzogen. In Abaelards Auseinandersetzung mit Bernhard von Clairvaux (1091-1153) kommt die Zeitwende des Denkens in besonders prägnanter Form zum Ausdruck.[88] Schon bei Bernhard ist der Glaube individualisiert, aber jedem Menschen gleich zugänglich, sofern er sich nur am Vorbild Christi orientiert. Das Wissen, das aus diesem Glauben hervorgeht, ist jedem auf diesem Glaubensweg zugänglich. Obwohl schon deutlich individualisiert und universalisiert, ist es für Bernhard noch der Glaube, der zum Wissen führt. Bei Abaelard erhält diese Dialektik der Individualisierung und Universalisierung eine qualitative Steigerung. Im Zentrum seines Denkens stehen das individuelle Gewissen, der Zweifel und die Prüfung, aus denen sich der Glaube erst einstellen kann. Selbstverantwortung und Gewissensprüfung sind die zentralen Komponenten des neuen Denkens, das nicht mehr vom Glauben zum Wissen, sondern umgekehrt vom Wissen zum Glauben gelangt:

> Abaelard mußte *wissen*, was er glaubte. Er mußte wissen, wer an der Schuld an der Kreuzigung Christi teilhatte; wie man vom Wesen und den Personen der Dreifaltigkeit sprechen sollte; wie man den Glauben interpretieren mußte, um ihn gegen Angriffe aus jeder Richtung zu feien; wie sich moralische Verpflichtung und Argumentation am sichersten begründen ließen. In der unermüdlichen Verfolgung dieser Fragen wurde Abaelard zum führenden Baumeister von Strukturen des rationalen Bewußtseins. Abaelard arbeitete eine Logik der Gesinnung aus. Ohne ihn ist ein Verständnis der Trennung von Subjekt und Objekt, wie wir sie hier begreifen, nicht möglich. Diese Trennung bildet die logische Crux der Grundlagen der westlichen Welt.[89]

Zusammen mit den dynamisierenden Wirkungen der neuen ökonomischen und politischen Ordnungen der mittelalterlichen Stadt geriet diese kulturelle Entwicklung in einen zunehmend schärferen Gegensatz zur nach wie vor von der Kirche offiziell vertrete-

88 Diese These vertritt B. Nelson, *Der Ursprung der Moderne*, Frankfurt: Suhrkamp, 1976, S. 140-64.

89 Ebd., S. 160-1.

nen traditionalistischen Ethik. Und dieser Gegensatz drängte nicht – wie unter der Bedingung der partikularistischen Sippen- und/oder Kasten-Organisation des Orients – zu einer schärferen Trennung der unversöhnlichen Sphären, sondern zu ihrer gegenseitigen Durchdringung, und das eröffnete langfristig die Chance zum Entstehen einer veränderten ethischen Ordnung. Die gegenseitige Durchdringung implizierte jedoch, daß die neue ethische Ordnung nicht einfach einen »Reflex« der ökonomischen Ordnung darstellte, sondern umgekehrt, daß auch die ökonomische Ordnung – natürlich unter veränderten Bedingungen – der Steuerung durch eine gemeinsame moralische Ordnung zugänglich wurde. Aber nicht nur die neue ökonomische Ordnung dynamisierte die moralische Ordnung; wie wir gesehen haben, lenkten auch die Eigenarten der politischen Ordnung und der kulturellen Aktivierung in die Richtung moralischer Erneuerung. Diese Bedingungen der ökonomischen, politischen und kulturellen Aktivierung und ihrer gegenseitigen Durchdringung waren es, die auf der Grundlage der universalistischen Vergemeinschaftung des Christentums und der mittelalterlichen Stadt den Wandel von der traditionalistischen Ethik zu einer modernen universalistischen ethischen Ordnung ermöglichten. Und diese Ethik mußte aufgrund der besonderen Eigenheiten der ökonomischen, politischen und kulturellen Entwicklung durch die Grundeigenschaft der Verbindung und gegenseitigen Durchdringung von Universalismus, Individualismus, Rationalismus und Aktivismus geprägt sein.

Die Pietät des Kindes gegenüber den Eltern, des Vasallen gegenüber dem Herrn, des Schülers gegenüber dem Lehrer, des Gläubigen gegenüber der Kirche büßt nicht von heute auf morgen ihre Bedeutung als ethisches Prinzip ein, aber die Wurzeln ihrer Verdrängung haben den notwendigen Nährboden gefunden, um langfristig mehr und mehr von einem *institutionalisierten Individualismus* und von dem modernen ethischen Prinzip der *individuellen Selbstverantwortung* und *Selbstdisziplin* abgelöst zu werden.[90] Die Differenzierung zwischen Bruder und Nicht-Bruder verliert ihre ursprüngliche Schärfe, um einer Angleichung der Beziehun-

90 Vgl. H. Lüthy, »Variationen über ein Thema von Max Weber«, in: C. Seyfarth und W. M. Sprondel (Hg.), *Seminar: Religion und gesellschaftliche Entwicklung. Studien zur Protestantismus-Kapitalismus-These Max Webers*, Frankfurt: Suhrkamp, 1973, S. 99-122, ebd., S. 120-2.

gen Platz zu machen, die auf eine *Versachlichung* der Beziehungen gegenüber dem Bruder und dem Nicht-Bruder hinausläuft. Die Beziehungen nehmen in zunehmendem Maße kontraktmäßigen Charakter auch innerhalb der kleinen Gemeinschaften, wie z.B. innerhalb der Hausgemeinschaft, an:

In den großen kapitalistischen Hausgemeinschaften der mittelalterlichen Städte (z.B. Florenz) hat schon jeder Einzelne sein »Konto«. Er hat ein Taschengeld (danari borsinghi) zur freien Verfügung. Für bestimmte Ausgaben (z.B. Logierbesuch, den der Einzelne einlädt) sind Maxima vorgeschrieben. Im übrigen wird mit ihm abgerechnet, wie in jedem modernen Handelsgeschäft unter den Teilhabern. Er hat Kapitalanteile »innerhalb« der Gemeinschaft und Vermögen (»fuori del corpo della compagnia«), welches er zwar in ihren Händen läßt und welches sie ihm verzinst, das aber nicht als Kapital gerechnet wird und daher nicht am Gewinn teilnimmt. An die Stelle der »geborenen« Teilnahme am Gemeinschaftshandeln des Hauses mit seinen Vorteilen und Pflichten ist also eine rationale Vergesellschaftung getreten. Der Einzelne wird in die Hausgemeinschaft zwar »hineingeboren«, aber er ist als Kind schon potentieller »Kommis« und »Kompagnon« des rational geordneten Erwerbsgeschäfts, welches durch die Gemeinschaft getragen wird.[91]

Diese Versachlichung und kontraktförmige Gestaltung der sozialen Beziehungen innerhalb und außerhalb der Hausgemeinschaften läßt natürlich der Entfaltung der uneingeschränkten Brüderlichkeitsethik nur noch wenig Raum, schränkt aber auch umgekehrt den Spielraum des normfreien utilitaristischen Handelns ein. An ihre Stelle tritt die Regel der *Equity* – der Redlichkeit, Rechtmäßigkeit und Billigkeit –, die jedem seinen fairen Anteil an den Früchten redlicher Arbeit zuspricht, die Zinsnahme im Falle von Vorausleistungen erlaubt, soweit der andere nicht in einer Notlage ausgenutzt wird. Es wird scharf zwischen der geforderten »Barmherzigkeit« – »charity« – gegenüber dem unverschuldet Hilfebedürftigen und den berechtigten Zwangsmaßnahmen gegenüber dem selbstverschuldet – durch Faulheit und Disziplinlosigkeit – Notleidenden unterschieden.[92]

Die moderne Regel der *Equity* unterwirft insofern das Handeln

91 M. Weber, *Wirtschaft und Gesellschaft*, op. cit., S. 227.

92 Vgl. R. H. Tawney, *Religion and the Rise of Capitalism. A Historical Study*, London: Murray, (1926) 1964, S. 175-93; B. Nelson, *The Idea of Usury*, op. cit., S. 77-9; H. Lüthy, »Variationen über ein Thema von Max Weber«, op. cit., S. 120.

sowohl gegenüber dem Bruder wie gegenüber dem Fremden den gleichen sachlichen Regeln der Rechtmäßigkeit, Redlichkeit und Billigkeit. Sie macht dadurch überhaupt erst den sozialen Verkehr – insbesondere den wirtschaftlichen Verkehr – der ethischen Regulierung zugänglich. Dies geschieht allerdings auf Kosten der Versachlichung auch der Beziehungen gegenüber den Genossen, die der gleichen Regel unterstellt werden. Die alte Brüderlichkeitsethik wird reduziert auf die Barmherzigkeit in Fällen außerordentlicher und unverschuldeter Not, während die durch eigene Schuld in Not Geratenen durch Zwangsmaßnahmen – wie die Einweisung in ein Arbeitshaus – auf den rechten Weg gebracht werden müssen. Die Sicherung der Einhaltung der Regeln des sozialen Verkehrs nimmt dem zunehmend kontraktförmigen Charakter der sozialen Beziehungen und der vorherrschenden organischen Solidarität entsprechend mehr und mehr die Form der restitutiven Sanktionierung an. Normverletzungen sind nicht Verbrechen gegen das Kollektiv, sondern Verletzungen der subjektiven Rechte einzelner; die Funktion der Sanktionierung ist deshalb deren Wiederherstellung:

> Was die Strafe unterscheidet, ist, daß sie keinen Sühnecharakter hat, sondern sich auf eine einfache *Wiederherstellung* beschränkt. Ein Leiden, das dem Vergehen proportional wäre, wird dem, der das Recht verletzt oder verkannt hat, nicht aufgezwungen. Er wird einfach verurteilt, sich ihm zu unterwerfen. Wenn schon eine vollendete Tatsache geschaffen wurde, stellt sie der Richter wieder her, so wie sie hätte sein sollen. Er spricht Recht, er verhängt keine Strafe. Der Schadenersatz hat keinen Strafcharakter. Er ist nur ein Mittel, auf das Vergangene zurückzukommen, um es möglichst unter seiner normalen Form wiederherzustellen.[93]

Auch die Hinnahme der bestehenden Ordnungen als die gottgewollten ist in einer Welt der ökonomischen, politischen und kulturellen Aktivierung nicht mehr ohne weiteres selbstverständlich. Und anstelle eines rein situativen, unsystematischen Aktivismus setzt in dieser Welt das Prinzip des *innerweltlichen Aktivismus* im Sinne der *rationalen Gestaltung* der Welt nach ethischen Maßstäben seinen Siegeszug an.

Die Vormundschaft als Prinzip der Überlieferung des Denkens muß durch die steigende Bedeutung des universell gültigen Wissens gegenüber dem partikularistischen Glauben mehr und mehr

93 E. Durkheim, *Über die Teilung der sozialen Arbeit*, op. cit., S. 152.

dem freien *Vernunftgebrauch* Platz machen. Und während der Rationalismus des orientalischen philosophischen und wissenschaftlichen Denkens nie vollständig die Alltagswelt durchdringen konnte und das magische Denken deshalb als primäre Orientierungsweise in weiten Bevölkerungskreisen lebendig blieb, begünstigte die zunehmende Bedeutung des rechtlich geordneten und kontinuierlichen Geschäftsbetriebes unter den bürgerlichen Schichten, im Gegensatz zur Abhängigkeit des Bauern von den wesentlich weniger kontrollierbaren Naturkräften, eine rationalere Einstellung zur Welt, in der die *methodisch-rationale Lebensführung* zur Kontrolle des eigenen Handelns und der Umwelt sowie die *methodisch-rationale Erfahrung* mehr und mehr die unsystematische traditionalistische Lebensführung und das magische Denken als Orientierungsweisen gegenüber der Außenwelt verdrängen.[94] In die gleiche Richtung wirkt die größere gegenseitige Durchdringung der verschiedenen Ordnungen, die einen nachhaltigeren Einfluß des philosophischen und wissenschaftlichen Denkens und seiner eigenlogischen Tendenz zum Rationalismus im Alltag bedingt.

Nicht über Nacht und auch nicht in einer glatten Entwicklungslinie, sondern in Kämpfen und mit Rückschlägen formiert sich auf dem Boden der universalisierenden Wirkung der christlichen Religionsgemeinschaft und der mittelalterlichen Stadt in Umrissen das Grundmuster der modernen individualistischen, universalistischen, rationalistischen und aktivistischen Ethik, die auf lange Sicht gesehen die traditionalistische Ethik immer weiter und aus immer mehr Lebensbereichen verbannt. Den Kern dieser Ethik bilden der institutionalisierte Individualismus mit dem Universalismus, der Regel der »Equity« und der restitutiven Sanktionierung. Sie *schließen* die Grenzen des moralisch richtigen Handelns; die methodisch-rationale Lebensführung und die methodisch-rationale Erfahrung *öffnen* das Denken gegenüber den Vorgängen in der Welt, indem sie die Umwelt zu kontrollieren erlauben; durch den freien Vernunftgebrauch wird das *Generalisierungspotential* des Denkens gesteigert; die *Spezifikation* des Handelns auf konkrete Ziele hin wird durch den innerweltlichen Aktivismus und die Selbstverantwortung bestimmt (Diagramm 16).

94 M. Weber, *Wirtschaft und Gesellschaft*, op. cit., S. 292-6.

Diagramm 16: Die moderne Kultur

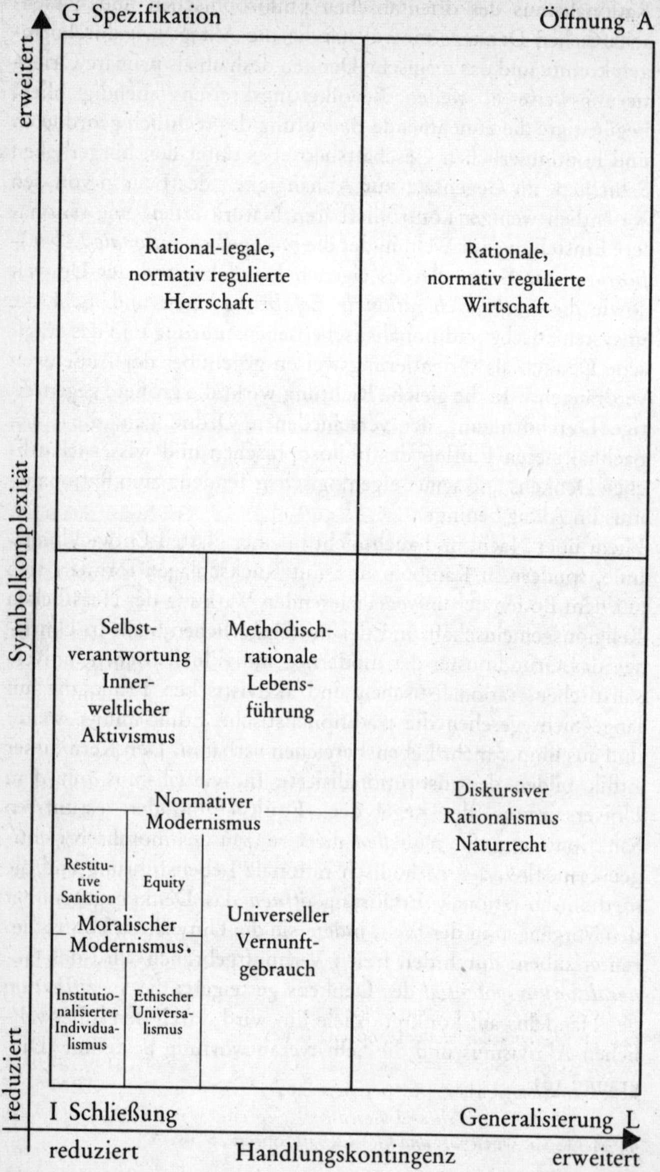

Ansätze zu einer ethischen Orientierung, die eines oder mehrere Elemente einer solchen modernen Ethik betont, hat es auch außerhalb des Okzidents gegeben, aber sie blieben dort stets auf bestimmte Schichten beschränkt und dann immer nur auf bestimmte Aspekte gemäß den besonderen Lebensumständen der Schichten. Die verschiedenen Elemente wurden nicht zu einem kohärenten ethischen Muster vereinigt, das universelle gesellschaftliche Geltung hätte beanspruchen können. Geschäftlicher Aktivismus hat sich auch in Indien, China und im islamischen Reich entfaltet, aber eben nur als Lebensorientierung spezifischer Kaufmannsschichten, die damit aber überhaupt nicht den Idealen der grundbesitzenden Schichten und literarisch Gebildeten entsprachen und aufgrund dessen auch wenig geachtet waren.[95] Auch rational-empirisches Wissen wurde außerhalb des Okzidents entwickelt, aber immer nur begrenzt auf technische Kenntnisse in spezifischen Lebensbereichen und auch oft innerhalb der Grenzen ritueller Gebote; die rational-empirische Methodik konnte deshalb nie zur allgemein vorherrschenden Einstellung werden und das magische Denken völlig ersetzen.[96] Der Individualismus blieb als Lebenseinstellung höchstens auserwählten religiösen Virtuosen außerhalb der irdischen Ordnungen – wie dem buddhistischen Mönch auf dem Weg individueller Heilsgewinnung – vorbehalten.[97] Innerhalb der Ordnungen der Welt war die Pietätspflicht das verbindliche Gebot. Ebenso war der freie Vernunftgebrauch ein Privileg auserwählter Intellektueller und nie ein allgemeingültiges Prinzip, das die Anerkennung von Vormundschaften der moralischen und politischen Autoritäten hätte in Frage stellen können. Die entscheidende Bedingung für die langfristige Durchsetzung der modernen individualistischen, universalistischen, aktivistischen und rational-empirischen Einstellung zur Welt ist insofern überhaupt nicht die Tatsache, daß es einzelne Ansätze hierzu gab – weil diese überall vorzufinden waren –, sondern die eigentümliche, nur im Okzident auftretende gegenseitige Durchdringung der einzelnen Ordnungen mit ihren eigengesetzlichen

95 Ebd., S. 354; M. Weber, *Religionssoziologie* I, op. cit., S. 56-60, 448-9, 524, 532; *Religionssoziologie* II, op. cit., S. 111-2.

96 M. Weber, *Religionssoziologie* I, op. cit., S. 439-41, 476-85, 512-6, 519-20; *Religionssoziologie* II, op. cit., S. 109-16, 162-7.

97 M. Weber, *Wirtschaft und Gesellschaft*, op. cit., S. 273, 377, 663-94, 698; *Religionssoziologie* II, op cit., S. 226-7.

primären Orientierungen, aus der eine aus verschiedenen Quellen gespeiste neue Lebensorientierung entstehen und sich allgemeiner behaupten konnte.

Nirgendwo konnten etwa die Verdichtung des ökonomischen Verkehrs und das Vorhandensein eines entsprechenden »kaufmännischen Rationalismus« aus sich heraus eine rationalistische, aktivistische, individualistische und universalistische normative Ordnung als eine in der Gesellschaft durchgängig verbindliche Ordnung hervorbringen.[98] Solange die ökonomischen, politischen, kulturellen und moralischen Ordnungen gegeneinander exklusiv blieben, konnte eine solche Ordnung nicht aufkeimen. Nur dort, wo Chancen der gegenseitigen Durchdringung dieser Sphären vorlagen, konnte sich eine individualistische und universalistische, rationalistische und aktivistische Ordnung durchsetzen, und dies war nur im Okzident der Fall. Die entsprechenden Voraussetzungen sind dafür wesentlich durch die kongruenten Wirkungen des Christentums und der mittelalterlichen Stadt in die Richtung einer universalistischen Vergemeinschaftung geschaffen worden, durch die ökonomische, politische und kulturelle Lebensorientierungen mit moralischen Orientierungen zu einer gemeinsamen normativen Ordnung zusammengefügt werden konnten. Hier sind – natürlich immer nur vergleichsweise ausgeprägter und tendenziell – die Verkehrskreise über die Grenzen von Sippen, Kasten und Ständen hinaus erweitert und verdichtet, die Monopole des Interessenaustauschs, der Macht, des Wissens und Glaubens und der Achtungszuteilung auf universalistischer Basis vergemeinschaftet, Bedingungen für eine gemeinsame Sprache, gemeinsame Ordnung, gemeinsame Sanktionsbereitschaft und für die gegenseitige Abstimmung von Erwartungen und Handlungen gegeben sowie schließlich durch die größere Verflechtung der Familien innerhalb des gesamten Verkehrskreises Bedingungen für eine leichtere Lösung des Sozialisationsdilemmas, das Individuum an die moralische Autorität der Gruppe zu binden und dennoch die Universalisierung seiner Normbindung über die Grenzen der Primärgruppen hinaus zu ermöglichen. Diese einer gemeinsamen ethischen Ordnung günstigen Bedingungen waren nicht absolut und vollständig im mittelalterlichen Okzident ausge-

98 M. Weber, *Wirtschaft und Gesellschaft*, op. cit., S. 292-3, 378-9; *Religionssoziologie* I, op. cit., S. 530; *Religionssoziologie* II, op. cit., S. 111-2; *Religionssoziologie* III, op. cit., S. 357-60.

prägt, aber eben in vergleichsweise stärkerem Ausmaß als außerhalb des Okzidents und insofern für die Chancen der Entwicklung einer neuen normativen Ordnung entscheidend. Sie konnten allerdings diese Ordnung nicht von heute auf morgen aufbauen, sondern nur in Ansätzen und Umrissen, aber eben als grundlegendes Potential der weiteren Entwicklung.

Obwohl sich eine solche individualistische und universalistische, rationalistische und aktivistische Ethik als Grundmuster der modernen moralischen Ordnung in der mittelalterlichen Stadt in Umrissen bemerkbar macht, ist die mittelalterliche Gesellschaft noch weit von einer verbindlichen Institutionalisierung dieser Ethik und von einer verbindlichen Spezifikation für die verschiedenen Lebensbereiche entfernt. Vor allem die Spannungen zwischen der traditionalistischen Ethik der kirchlichen Moraltheorie und den in den ökonomischen, politischen und kulturellen Sphären aufscheinenden Individualisierungen, Universalisierungen, Rationalisierungen und Aktivierungen sind tief und untergraben die moralische Autorität der Kirche.[99] Diese Spannungen sind auch der Anlaß für Häresie und Sektenbildungen, die eine moralische Erneuerung suchen und gegen die Verbindung von Klerus und Adel eine aktive Teilnahme der aufstrebenden neuen Schichten am religiösen Leben anstreben:

> Der weitere Fortgang der Häresie hängt mit dem Emporsteigen *neuer Klassen* und *Schichten*, der Entfesselung der Aktivität in den Unterschichten und den Städten zusammen. Daher ist auch zunächst ihr Boden in Südfrankreich, der Lombardei und Italien, wo die Städtebildung mächtig einsetzt. Italien erlebt so seine große Periode religiösen und philosophischen Aufschwungs, die eingekeilt ist zwischen den Perioden religiöser Lauheit. In ihr spielen, dann vom allgemeinen Interesse belebt, kirchliche und sektenhafte Motive gegeneinander und erheben sich in diesen Gegensätzen Waldenser und Franziskaner, Bonaventura und Dante. Erst jetzt geht die christliche Bewegung von den Höhen der Aristokratie, der Grundherrschaft, der Könige und Herren herunter auf den Grund des Volkes und wird der in den Städten zusammenströmende Überschuß der ländlichen Bevölkerung aktiviert zu eigener Teilnahme an religiösen und kirchlichen Dingen.[100]

99 Vgl. hierzu M. Weber, *Wirtschaft und Gesellschaft*, op. cit., S. 354-5, 705-17; E. Troeltsch, *Die Soziallehren der christlichen Kirchen und Gruppen*, op. cit., S. 358-426.

100 Ebd., S. 386-7.

Die Spannungen zwischen der christlichen Ethik und den ökonomischen, politischen und weltlichen Ordnungen, wie sie sich vor allem in der mittelalterlichen Stadt entwickelten, zwangen auch die kirchliche Theologie zu Vermittlungsversuchen. Diese Versuche liefen zunächst in die Richtung der Kompromißbildung. Man kann die mittelalterliche Scholastik als einen durch die verschärften Spannungen herausgeforderten Versuch der Bewahrung der Einheit von göttlicher und weltlicher Ordnung begreifen.

Nur vor diesem Hintergrund ist die synthetische Leistung eines Thomas von Aquin (1225-1274) zu verstehen, der mit seiner Theologie eine Brücke zwischen den moralischen Idealen der göttlichen Ordnung und den Realitäten der sich entwickelnden ökonomischen, politischen und kulturellen Sphären herzustellen versuchte.[101] Dabei schließt er selbst an die Wiederaufnahme der antiken Philosophie, insbesondere an Aristoteles und an die Naturrechtslehre der Stoa an. Zwischen der Welt des nur schwer nach moralischen Kategorien zu beurteilenden ökonomischen und politischen Verkehrs und der moralisch vollkommenen göttlichen Ordnung besteht für ihn keine unüberbrückbare Kluft, sie sind vielmehr Teile einer einheitlichen, hierarchisch aufgebauten Ordnung. Die Sphäre des ökonomischen und politischen Verkehrs steht unter der von Menschen gemachten Ordnung der *lex positiva*, über dieser befindet sich die Ordnung der *lex naturalis*, während die Ordnung der *lex divina* den obersten Rang in der Hierarchie einnimmt. Die hierarchisch untere Ordnung ist dabei als eine Spezifikation der jeweils darüberliegenden Ordnung zu denken.

Aber nicht nur der Konflikt der religiösen Ethik mit der wenig temperierten Interessenauseinandersetzung des ökonomischen und politischen Handelns, auch der Konflikt zwischen der nach Wissen drängenden kulturellen Entwicklung und der auf dem Glauben beruhenden moralisch-religiösen Ordnung verlangt eine neue Lösung. Thomas findet eine solche Lösung in der Unterscheidung von Glauben und Wissen nach ihrem Ursprung. Der Glaube entspringt dem *lumen supranaturale*, das Wissen dem *lumen naturale*. Auch hier ist das Bestreben Thomas', eine Einheit zwischen den beiden so verschiedenen Erkenntnissphären herzustellen. Die dem *lumen naturale* entstammende Erkenntnis liefert

101 Ebd., S. 252-85.

die sinnliche Anschaulichkeit, die jedoch ohne die übergeordnete steuernde Kraft der aus dem *lumen supranaturale* hervorgehenden Erkenntnis nur unvollständig, nämlich ohne Ordnung und Sinn, bliebe.

Die Spannungen zwischen der religiösen Ethik und den ökonomischen, politischen und kulturellen Ordnungen der Welt konnten jedoch durch die Stufenlehre des Thomas von Aquin nicht beseitigt werden. Ihr Grundmotiv war immer noch mehr die traditionalistische *Versöhnung der unvollkommenen Ordnungen der Welt* mit der *vollkommenen göttlichen Ordnung* als die aktive Durchdringung der Welt im Sinne einer radikalen Durchsetzung der moralischen Gebote in allen Lebensbereichen. Das Mittel der Versöhnung war für Thomas die ständische Abstufung ethischer Qualifikationen im Sinne einer *organischen Sozialethik.*[102] Nicht jeder hatte die gleichen ethischen Qualifikationen innerhalb der universellen Ordnung zu beweisen; die ethischen Anforderungen an die einzelnen waren vielmehr abgestuft nach der beruflichen Stellung, die sie einnahmen. Das bedeutete natürlich auch eine entsprechenden Differenzierung der Achtung und die moralische Geringschätzung derjenigen Schichten, deren berufliche Tätigkeit sich am wenigsten den christlichen Geboten fügte. Ein der religiösen Ethik gemäßes Leben konnte man eigentlich nur außerhalb der weltlichen Ordnungen, im Kloster, führen:

Indem aber die absoluten Ideale vereinigt werden mit der Anerkennung relativer, zu ihnen hinführender Ideale, werden sie doch schließlich auch selbst relativiert und ihrer Ausschließlichkeit beraubt. Sie gehen in verschiedenartige Verbindungen mit den weltlichen Idealen ein und werden damit selbst prinzipiell verweltlicht, in den Fluß des Werdens hineingezogen und in bloße Annäherungswerte an das Absolute verwandelt. Seine reine Durchführung muß einem besonderen Stande überwiesen werden, dem Asketenstande, der es stellvertretend für die anderen verwirklicht und seine Wirkungskraft aufrecht erhält, so daß es von ihm aus immer wieder in die bloß relativen Verwirklichungen kräftigend hineinstrahlt. Das Absolute bleibt gewahrt nur in dem Begriff des eigentlichen letzten Ideals und in dem Vorhandensein des kirchlichen Gnadeninstitutes selbst, das als objektive Inkarnation der übernatürlichen Wunderkräfte jederzeit deren Gegenwart und Wirkung sicher stellt, unabhängig von dem Maße subjektiver Verwirklichung des übernatürlichen Ideals in den einzelnen Gläubigen. Sie ist dauernde Gegenwart des Absoluten

102 Ebd., S. 268-80, 311-3; M. Weber, *Wirtschaft und Gesellschaft*, op. cit., S. 360-1.

und dispensiert daher die Einzelnen von der subjektiven Verwirklichung des Absoluten, kann bei ihnen mit Annäherungen zufrieden sein, die die Läuterung im Purgatorium vollenden wird.[103]

Bei der Bedeutung, die der Brüderlichkeitsethik in der christlichen Sozialethik zukam, war vor allem der *Wucher* ethisch bedenklich; die entsprechende moralische Mißachtung traf vor allem die Kaufmannsschichten und damit aber auch mächtige Schichten der mittelalterlichen Stadt, die keinen geringen Anteil an der Kirchengemeinde hatten. Für den Versöhnungscharakter der scholastischen Sozialethik und die fehlende ethische Durchdringung des ökonomischen Lebens charakteristisch ist jedoch der aus dieser Spannung entstehende Brauch des kollektiven Ablaßkaufs durch die Gilden in Form großzügiger Almosen und Stiftungen:

Die großen Händlergilden jedoch schützten sich gegen die Einrede der usuraria pravitas teils durch Ausschluß aus der Gilde, Boykott und schwarze Listen (wie etwa gegen den Differenzeinwand unserer Börsengesetzgebungen), die Mitglieder aber für ihr persönliches Seelenheil durch von der Zunft beschaffte Generalablässe (so in der Arte di Calimala) und massenhafte testamentarische Gewissensgelder oder Stiftungen. Der tiefe Zwiespalt zwischen den geschäftlichen Unvermeidlichkeiten und dem christlichen Lebensideal wurde indessen oft sehr tief gefühlt und hielt jedenfalls gerade die frömmsten und ethisch rationalsten Elemente dem Geschäftsleben fern, wirkte vor allem immer wieder in der Richtung einer ethischen Deklassierung und Hemmung des rationalen Geschäftsgeistes.[104]

Die besondere Spannung zwischen der christlichen Ethik und dem ökonomischen Erwerbsleben, die in der moralischen Verurteilung des Zinses und im *Wucherverbot* zum Ausdruck kommt, ist einmal durch den universalistischen Grundzug des Christentums und zum anderen durch die starke Entfaltung des ökonomischen Verkehrs in der mittelalterlichen Stadt verschärft worden. Die universalistische Verbrüderung der Christengemeinde ließ schon früh die ursprüngliche – z. B. im Judentum besonders ausgeprägte – Differenzierung von Binnen- und Außenmoral nicht mehr zu, und dies galt insbesondere auch für die Zinsnahme. Die ethische Verurteilung des Wuchers ist allen ethischen Religionen eigen, die

103 E. Troeltsch, *Die Soziallehren der christlichen Kirchen und Gruppen*, op. cit., S. 275-6.

104 M. Weber, *Wirtschaft und Gesellschaft*, op. cit., S. 354; vgl. auch ebd., S. 711; *Religionssoziologie I*, op. cit., S. 56-60.

nicht auf Opportunismus eingestellt sind; sie entstammt der Nachbarschaftsethik, nach der die Nachbarn zur unentgeltlichen Aushilfe verpflichtet sind. Dieses Gebot der unentgeltlichen Bittleihe gilt um so weitreichender, je weiter der Kreis der Gemeinschaftsmitglieder ausgedehnt wird. Das trifft zunächst auf die Beziehungen der Sippengenossen und der Stammesbrüder untereinander zu. Unter allen Religionen ist diese Geltungsgrenze des Wucherverbots nur vom Christentum überschritten worden. Es beansprucht zunächst für alle *Glaubensbrüder* Geltung, schließlich aber uneingeschränkt für die Beziehungen zu jedem Menschen.[105]

In der Moraltheologie erhalten dementsprechend auch die Begriffe »Liebe« und »Freundschaft« zentrale Bedeutung und dies nicht in partikularistischer Form, sondern mit dem universellen Anspruch, daß jeder Mensch gegenüber jedem anderen zu Liebe und Freundschaft verpflichtet ist. Die universelle Verpflichtung zu Liebe und Freundschaft wird aus dem Vorbild Christi begründet, der jedem Menschen Freund ist und der das Gebot predigt: »Liebe deinen Nächsten wie dich selbst«.[106] Die Universalisierung des Liebesgebots verlangte auch eine Ausweitung des Wucherverbots über die Grenzen der Blutsgemeinschaft hinaus. Im alten Judentum sind die Gemeinschaftsgrenzen Stammesgrenzen. Vom Stammesbruder Zinsen zu nehmen ist ethisch verpönt, nicht aber die Zinsnahme von Fremden, weil eben auch nur für den sozialen Verkehr mit dem Stammesbruder gemeinsame Normen existieren, während der Verkehr mit dem Fremden normfrei ist. Im Christentum setzt sich dagegen die Erweiterung des Wucherverbots auf jegliche soziale Beziehungen durch, auch auf den sozialen Verkehr mit Fremden. Die Moraltheologie macht jeden Menschen zum Bruder, so daß auch alle sozialen Beziehungen unter die gleiche Kategorie moralischer Normen fallen.[107]

Freilich paßte diese universelle Brüderlichkeitsethik der Moral-

105 M. Weber, *Wirtschaft und Gesellschaft*, op. cit., S. 352.

106 B. Nelson, *Der Ursprung der Moderne*, op. cit., S. 148-55.

107 An diesem Gegenstand entwickelt Benjamin Nelson seine Studie zum Entstehen einer universellen ethischen Ordnung im Okzident, die nicht durch den Gegensatz zwischen einer absoluten, jede Zinsnahme ausschließenden Brüderlichkeitsethik und einem unbegrenzten Erwerbstrieb gegenüber dem Fremden gekennzeichnet ist, sondern durch die Verbindung von Ethik und ausgedehntem Geschäftsverkehr, durch welche die Ethik versachlicht und das

theologie immer schlechter zur Realität des ausgedehnten Geschäftsverkehrs, in dem die Zinsnahme zum normal Erwartbaren wurde und keineswegs auf die jüdischen Geldverleiher beschränkt blieb, denen diese Rolle allerdings schon aufgrund des Ausschlusses von den »ehrbaren« Berufen und aufgrund ihrer partikularistischen Ethik in besonderem Maße zufiel. Die Deutung des Wucherverbots wurde deshalb zu einem zentralen Streitpunkt der theologischen Debatten durch das ganze Mittelalter hindurch.[108] Es mußten die zulässigen Ausnahmen bestimmt werden. Der große und internationale Geschäftsverkehr, an dem die Kirche selbst wesentlichen Anteil hatte, wurde als Sphäre der ökonomischen Rationalität aus dem Anwendungsbereich des Wucherverbots ausgenommen. Verboten als Wucher blieb die Zinsnahme bei persönlicher Bittleihe und insbesondere die Zinsnahme von Armen und Schwachen.

Durch die Ausdehnung des ökonomischen und politischen Verkehrs nehmen wucherische Zinsnahme und Gewalt jedoch einen sich ständig vergrößernden Raum in den sozialen Beziehungen ein. Sie sprechen den moralischen Geboten universeller Brüderlichkeit Hohn. Das Wucherverbot als moralische Norm der universellen Brüderlichkeit wie überhaupt die moralische Kraft der Kirche werden immer mehr unterhöhlt; und dies ganz besonders auch dadurch, daß die Kirche selbst zur größten Finanzmacht wurde und wucherische Finanzgeschäfte betrieb.

Diese grundlegende Spannung zwischen religiöser Ethik und ökonomischer Realität konnte innerhalb der scholastischen Moraltheorie immer nur durch die ständige Ausweitung von Ausnahmeregelungen der kirchlichen Sozialethik gemindert, aber nie bewältigt werden. Der universalistische moralische Anspruch des Christentums und die ökonomische Ordnung traten in einen immer schärferen Gegensatz zueinander; sie waren Ausdruck einer tiefgehenden moralischen Krise der mittelalterlichen Gesellschaft. Die »Versöhnungslehre« der mittelalterlichen Kirche konnte diese moralische Krise nicht lösen, da sie in ihrer Einstellung zur Welt deren durchgehende ethische Durchdringung gar nicht zuließ (Diagramm 17):

ökonomische Handeln gegenüber jedem beliebigen »anderen« ethisch geregelt wird. Siehe B. Nelson, *The Idea of Usury*, op. cit.

108 Ebd., S. 3-28.

Diagramm 17: Mittelalterliche Stadt und Scholastik

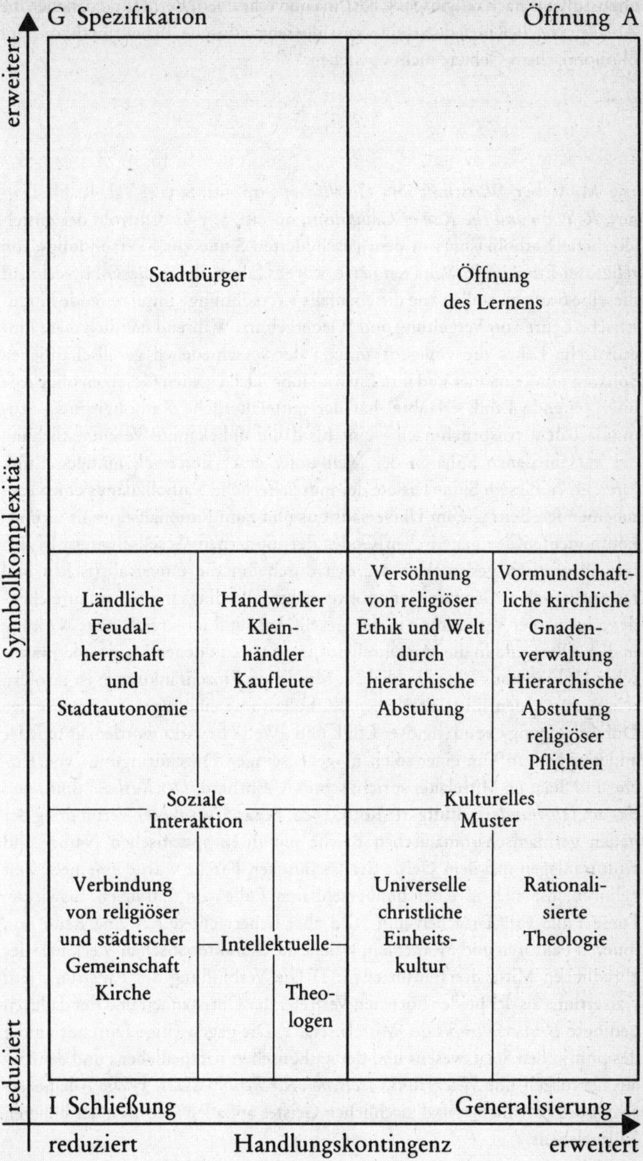

Die Auskunft der mittelalterlichen Anstaltskirche: die Pflichten ständisch abzustufen je nach religiösem Charisma und ethischem Beruf, und daneben die Ablaßpraxis ließen jedoch eine geschlossene ethische Lebensmethodik auf ökonomischem Gebiete nicht entstehen.[109]

109 M. Weber, *Wirtschaft und Gesellschaft*, op. cit., S. 354. Vgl. R. H. Tawney, *Religion and the Rise of Capitalism*, op. cit., S. 3-62. Obwohl der mittelalterliche Katholizismus in dem geschilderten Sinne zur »Versöhnung« von religiöser Ethik und »Welt« tendierte, wäre es falsch, ihn in dieser Hinsicht auf dieselbe Stufe zu stellen wie die ebenfalls »Versöhnung« implizierende hinduistische Lehre von Vergeltung und Wiedergeburt. Während nämlich diese hinduistische Lehre die völlige Trennung der verschiedenen gesellschaftlichen Sphären untereinander und ihre Entwicklung nach eigenen Gesetzen ohne jede übergreifende Ethik erlaubte, hat der mittelalterliche Katholizismus – zumindest dem Anspruch nach – eine bis dahin unbekannte Vereinheitlichung der verschiedenen Sphären der Welt unter einer *universell* gültigen Ethik erreicht. In diesem Sinne leistete der mittelalterliche Katholizismus einen entscheidenden Beitrag zum Universalismus und zum Rationalismus als Grundkomponenten des genetischen Codes der modernen Gesellschaften. Evolutionstheoretisch gesprochen, wurden durch ihn die universalistischen und rationalistischen Gene im Genpool vermehrt, allerdings mit nur unzureichender allgemeiner Verbreitung in der Gesellschaft und unzureichender Wirkung in den Alltag und in die Massenreligiosität hinein, in denen Magie und praktischer Utilitarismus lebendig blieben. Mit diesen Einschränkungen ist insofern schon durch den mittelalterlichen Katholizismus eine weitere »gegenseitige Durchdringung« von religiöser Ethik und »Welt« bewirkt worden als in jeder anderen Kultur. Von einer solchen »gegenseitigen Durchdringung« von Kirche und Staat im Mittelalter spricht schon A. Ehrhard, *Der Katholizismus und das 20. Jahrhundert*, Stuttgart: Roth, 1902, S. 24: »Aus dieser Verbindung der neuen germanisch-romanischen Reiche mit ihren spezifischen Natur- und Kulturanlagen mit dem Geiste der lateinischen Kirche wurde eine neue Zeit geboren, die sich in einer unübersehbaren Fülle von Tatsachen auswirkte. Diese Fülle von Tatsachen nun wird aber beherrscht durch eine Reihe von inneren Faktoren und Momenten, welche die charakteristischen Merkmale des christlichen Mittelalters ausmachen: 1) Die Verbindung des Papsttums und Kaisertums als der beiden höchsten Vertreter der Christenheit und der dadurch bedingte *Universalismus* des Mittelalters. 2) Die gegenseitige Durchdringung des politischen Staatswesens und des katholischen Kirchenlebens und der daraus hervorgehende *Synergismus zwischen Kirche und Staat*. 3) Die Alleinherrschaft des christlichen und kirchlichen Geistes auf allen Gebieten des höheren Kulturlebens.«

4. *Die gegenseitige Durchdringung von religiöser Ethik und Welt: Der asketische Protestantismus*

Die moralische Krise der mittelalterlichen Gesellschaft ist die wesentliche Ursache für die Reformation, die als eine Bewegung zur moralischen Erneuerung der Gesellschaft zu verstehen ist. Von den deutschen Reformatoren wird dementsprechend auch zunächst wieder die Universalisierung des Wucherverbots verlangt, und es werden die unmoralischen Praktiken des »Zinskaufs« verdammt.[110] Das ist vor allem dort der Fall, wo die Priester – zumeist Wanderprediger wie Thomas Münzer – auf der Seite der Bauern stehen, die zunehmend unter ihrer Verschuldung zu leiden haben.[111]

Die Wirren der Bauernkriege und die nachfolgende Zeit zeigen jedoch, daß sich die einflußreichsten deutschen Reformatoren – Luther, Melanchthon, Zwingli, Butzer – von jedem Radikalismus abwenden und auch bestimmte Formen der Zinsnahme als vereinbar mit den christlichen Geboten betrachten, so die Abgaben der Bauern an die Fürsten für den ihnen gewährten Schutz oder die Zinsnahme im Geschäftsverkehr. Die deutsche Reformation stärkte insbesondere die patrimonialfürstliche politische Ordnung und war infolgedessen auch dem aufstrebenden fürstlichen Absolutismus willkommen, um sich von der römischen Kirche unabhängig zu machen.[112]

Die deutsche Reformation hatte noch durchweg traditionalistischen Charakter.[113] Für Luther waren das Einfügen in die gottgewollte Ordnung und die Anerkennung der vormundschaftlichen Autoritäten die grundlegenden ethischen Prinzipien. Ganz unabhängig von dieser traditionalistischen Einstellung zur Welt voll-

110 B. Nelson, *The Idea of Usury*, op. cit., S. 29-72.

111 Vgl. E. Bloch, *Thomas Münzer als Theologe der Revolution*, Frankfurt: Suhrkamp, (1921) 1963.

112 E. Troeltsch, *Die Soziallehren der christlichen Kirchen und Gruppen*, op. cit., S. 521-3, 560-70, 603-5; H. Plessner, *Die verspätete Nation*, Stuttgart: Kohlhammer, 1959, S. 58-64.

113 M. Weber, *Religionssoziologie* I, op. cit., S. 72-9; E. Troeltsch, *Die Soziallehren der christlichen Kirchen und Gruppen*, op. cit., S. 600-5; R. H. Tawney, *Religion and the Rise of Capitalism*, op. cit., S. 79-102; B. Nelson, *The Idea of Usury*, op. cit., S. 29-56.

zieht jedoch Luther den entscheidenden Wandel von der *außerweltlichen* zur *innerweltlichen* Askese. Nicht mehr die mönchische Zurückgezogenheit aus der Welt ist das Ideal der christlichen Lebensführung, neben dem alles alltägliche Handeln als unendlich weit von einem religiös-ethischen Maßstäben entsprechenden Leben entfernt und damit im Prinzip als ethisch nicht reglementierbar erscheint. Christliche Lebensführung muß sich vielmehr gerade im Alltag durch ein konsequentes Leben nach Gottes Geboten beweisen. Die Flucht ins Kloster ist für Luther Ausdruck egoistischer Heilssuche, während es eine Pflicht der Nächstenliebe ist, in der innerweltlichen Berufsarbeit dem Nächsten zu dienen.[114] Entscheidend kommt diese ethische Prämierung der innerweltlichen gegenüber der außerweltlichen Askese in Luthers Umdeutung der ursprünglich heterogenen Begriffe »Tätigkeit« und »Berufung zu Gott« in seiner Bibelübersetzung zu »Beruf« zum Ausdruck, wodurch die weltliche Tätigkeit und die Berufung zu Gott ineins gesetzt wurden und sich fortan das Gott wohlgefällige Leben nur in der innerweltlichen Berufstätigkeit erweisen konnte.[115]

Freilich bedeutete für Luther die innerweltliche Pflichterfüllung die Hinnahme der gottgewollten Ordnung, die Bindung an den gegebenen Beruf und die Anerkennung der vorgesetzten Autoritäten. Das Gott gefällige Leben äußerte sich auch nicht in einem besonderen Aktivismus, sondern in der »unio mystica«, in einem gefühlsmäßigen Erfülltsein von Gott und der Erwartung der Erlösung, das dem Gläubigen das Sicheinfügen in die gegebenen Ordnungen erleichterte. Er war »Gefäß« Gottes, nicht »Werkzeug« und insofern nicht zum aktiven Eingreifen in die Lebensordnungen verpflichtet.[116] Von den Grundelementen der im mittelalterlichen Stadtbürgertum angelegten modernen Ethik war es höchstens die individuelle Verantwortung vor Gott, die in der Lutherischen Ethik eine Rolle spielte, aber auch sie ist deutlich abgeschwächt durch die Pflicht der Unterordnung unter die gegebenen Autoritäten, der Anerkennung von Vormundschaften, der Hinnahme der gottgewollten Ordnung und schließlich auch durch

114 M. Weber, *Religionssoziologie* I, op. cit., S. 71.

115 Ebd., S. 65-9, Anmerkung 2.

116 Wie Weber betont, ist der Begriff der unio mystica erst in spätlutherischer Zeit (bei Praetorius, Nicolai, Meisner) voll entwickelt worden, Vgl. ebd., S. 77-9, 106-11; *Wirtschaft und Gesellschaft*, op. cit., S. 344-5.

die Betonung des *gefühlsmäßigen* Glaubens im Gegensatz zu einem *rationalen* Glauben.[117] Die Bedeutung der deutschen Reformation lag deshalb überhaupt nicht darin, daß sie den individualistischen, vernunftorientierten, methodisch-rationalen und aktivistischen Elementen der im mittelalterlichen Stadtbürgertum angelegten Lebensführung gegenüber der traditionalistischen Ethik der Scholastik religiöse Verbindlichkeit gab; im Gegenteil, sie ist in dieser Hinsicht eher als eine Renaissance des Traditionalismus zu deuten, und sie ist in diesem Sinne sogar eine Stütze für den sich ausbreitenden fürstlichen Absolutismus, durch den die Städte mehr und mehr in ihrer Autonomie eingeschränkt werden.
Dieser traditionalistische Grundzug der Lutherischen Kirche ist in ihrer Verbindung mit dem Absolutismus eine wesentliche Wurzel jener ethischen Grundeinstellung, die in Deutschland den Individualismus nie in ähnlicher Weise Fuß fassen ließ wie im Einflußbereich des Calvinismus. Das moderne Kulturmuster blieb hier stets durchsetzt von Elementen der Anerkennung von Vormundschaften, der Unterordnung unter die staatliche Autorität und der Hinnahme gegebener Ordnungen.[118] Das fehlende Selbstbewußtsein des deutschen Bürgertums und das Ausbleiben einer bürgerlichen Revolution haben ebenso ihre Wurzeln in jenem nie vollständig überwundenen Traditionalismus wie die Selbstverständlichkeit, mit der wir auch heute die Lösung der verschiedensten Probleme zuallererst vom Staat erwarten. Noch in der Anspruchsüberlastung des heutigen Staates äußert sich jener Autoritätsglaube, der sich Problemlösungen immer nur in der Verantwortung der Obrigkeit, also des staatlichen Zwangsverbandes, und viel weniger in der Verantwortung der Individuen und freiwilligen Vereinigungen vorstellen kann.
Der Lutherische Traditionalismus und seine organisatorische Verankerung in der evangelischen Staatskirche waren auch wesentliche Wurzeln jenes Mißtrauens gegenüber den Werten der Aufklärung, das die feste Verankerung individueller Freiheit und politischer Demokratie in Deutschland verhindert hat.[119] Die selbstver-

117 M. Weber, *Religionssoziologie* I, op. cit., S. 125-8.

118 Vgl. E. Troeltsch, *Die Soziallehren der christlichen Kirchen und Gruppen*, op. cit., S. 603-5; T. Parsons, »Democracy and Social Structure in Pre-Nazi Germany«, in: *Politics and Social Structure*, New York: Free Press, 1969, S. 65-81; H. Plessner, *Die verspätete Nation*, op. cit., S. 65-71.

119 Vgl. hierzu R. Dahrendorf, *Gesellschaft und Demokratie in Deutschland*,

antwortliche Pflichterfüllung blieb auf die Berufspflichten und die Familie beschränkt, über die hinaus der Lutherische Protestant sich jedoch der Vormundschaft der bürokratisch organisierten Staatskirche und der Autorität des Staates unterzuordnen hatte. Beides – der Traditionalismus und der Anstaltscharakter von Kirche und Staat – ließen im Unterschied zu den freien religiösen Gemeinschaften des Puritanismus eine Tradition gemeinschaftlicher Verantwortung der Individuen kaum aufkommen.
Solange das Bündnis der evangelischen Kirche mit dem Staat auf die kleinen Territorialstaaten beschränkt blieb, konnte bürgerlicher Individualismus zunächst immerhin an Boden gewinnen, wie er z.B. während der fehlgeschlagenen Revolution von 1848 in Baden zum Ausdruck kam. Die zunehmende Vormachtstellung Preußens bereitete jedoch auch diesen Ansätzen zu einem bürgerlichen Individualismus ein Ende. Auf diesem Boden konnte die selbstverantwortliche und mitverantwortliche Teilnahme am öffentlichen Leben nur sehr schwer zur festen Institution werden:

Es fehlte dem Lande eine erzieherische Mitte zwischen Haus und Staat, zwischen Familie und Öffentlichkeit, in welcher der einzelne auch gesellschaftlich genügenden Anreiz fand sich hervorzutun und gleichzeitig davor bewahrt war, diese seine Wirksamkeit als flache Vereinsmeierei zu empfinden. Ob es der Lutherischen Frömmigkeit aus ihrer augustinisch-mönchischen Herkunft heraus nicht möglich gewesen ist, eine Entwicklung zum Freikirchentum zu nehmen, darf man ernstlich bezweifeln. Jedenfalls ist sie gerade dadurch, daß sie eine andere Richtung nahm und im Bündnis mit politischen Faktoren von Anfang an blieb, in ihrer Weltferne und Weltfremdheit, in ihrer den Politiker gewähren lassenden Gleichgültigkeit gegen die Welt bestärkt worden, bestärkt im Zurückgezogensein auf die eigene Innerlichkeit und das Leben in Haus und Familie, das ihr höher gilt als alle Formen öffentlichen Tuns.[120]

Von der deutschen Reformation führte kein Weg zur modernen individualistisch-universalistischen und rationalistisch-aktivistischen Ethik. Was jedoch von ihr in die Wege geleitet wurde, war die ethische Aufwertung der innerweltlichen Pflichterfüllung in Beruf und Familie. Sie ist in diesem Sinne ein erster Schritt weg

München: Deutscher Taschenbuch Verlag, 1971, S. 25-39, 381-98; S. Verba, »Germany: The Remaking of Political Culture«, in: L. W. Pye and S. Verba, *Political Culture and Political Development*, Princeton, N. J.: Princeton University Press, 1965, S. 130-70.

120 H. Plessner, *Die verspätete Nation*, op. cit., S. 60-1.

von der scholastischen *Versöhnung* zwischen göttlicher und weltlicher Ordnung hin zur *aktiven Durchdringung* der weltlichen Ordnung. Die Spannung zwischen der religiösen Ethik und den weltlichen Ordnungen, die im Okzident durch die universalisierenden Eigenschaften der *christlichen Gemeinde* und der *Stadtgemeinde* sowie durch die Ausdehnung des Erwerbslebens unvergleichbar scharf ausgeprägt war, hatte vor der Reformation einen Höhepunkt erreicht. Die Reformation war eine Bewegung der religiösen Erneuerung, d. h. der konsequenten Anwendung der religiösen Ethik auf das innerweltliche Leben, und insofern ein Weg der Lösung jener Spannung durch die ethische Durchdringung der Welt, dies aber zunächst in der deutschen Reformation durch die Stärkung des Traditionalismus (Diagramm 18).
Eine ganz andere Richtung der von der Reformation einmal eingeleiteten ethischen Durchdringung der Welt wurde durch Calvin und nach ihm durch den Calvinismus und die von ihm beeinflußten oder mit ihm verwandten puritanischen religiösen Vergemeinschaftungen vor allem in den Niederlanden, in England und in den USA eingeschlagen. Ihre Leistung war eine aktive ethische Durchdringung der ökonomischen, politischen und kulturellen Ordnungen, die erstens wesentlich weiter ging als diejenige der deutschen Reformation und zweitens eine wesentlich größere Nähe zu den Lebensordnungen bürgerlicher Schichten besaß. Nicht mehr die von Gott erfüllte lutherische Innerlichkeit ist ihr Prinzip, sondern der aktive Eingriff in die ökonomischen, politischen und kulturellen Ordnungen nach ethischen Prinzipien. Der Calvinist ist nicht »Gefäß«, sondern »Werkzeug« Gottes. Sein Glaube äußert sich nicht im innerlichen Erfülltsein von Gott, sondern in der methodisch rationalen Gestaltung seines Lebens und der Welt zum Ruhme Gottes. Innerweltliche Askese und innerweltlicher Aktivismus sind für ihn ethische Pflicht, während jede passive Hinnahme wertwidriger Zustände ein Verstoß gegen den Auftrag Gottes ist.[121]
Methodisch-rationale Lebensgestaltung ist die ethische Maxime, und sie entspricht natürlich in hohem Maße den Lebensidealen, dem Arbeitsethos des bürgerlichen Geschäftsmannes, der durch

121 M. Weber, *Religionssoziologie* I, op. cit., S. 108-11, 117-28; *Wirtschaft und Gesellschaft*, op. cit., S. 329-37, 347, 373; E. Troeltsch, *Die Soziallehren der christlichen Kirchen und Gruppen*, op. cit., S. 643-66.

Diagramm 18: Der Lutherische Protestantismus

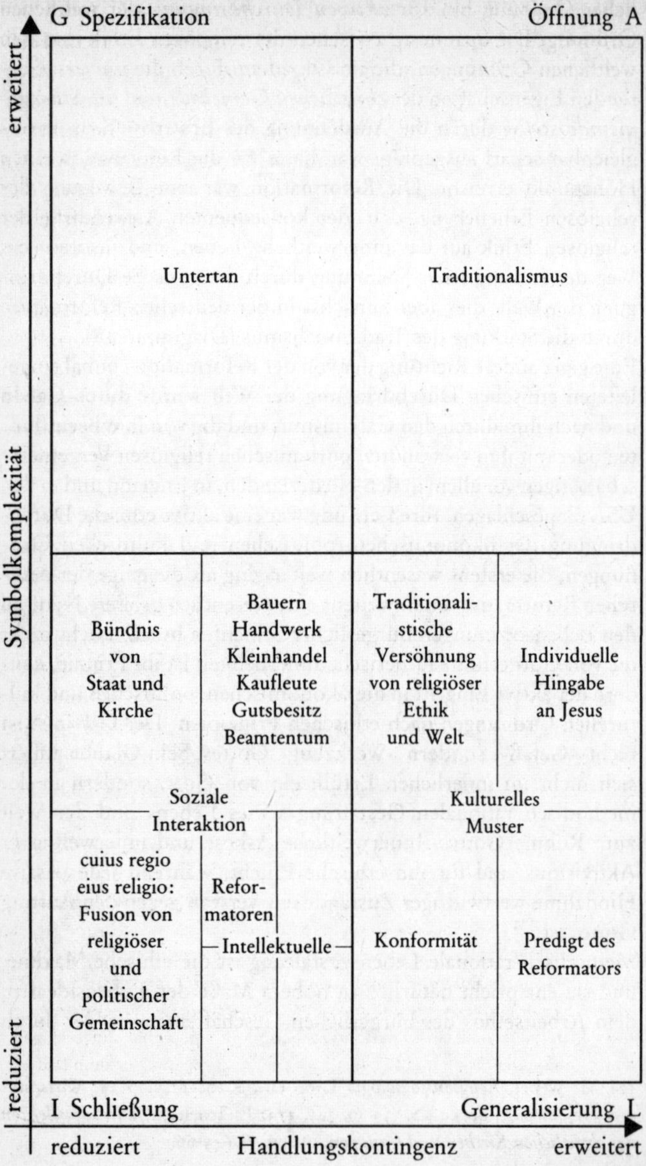

konsequente Arbeitsdisziplin und rationale Gestaltung der Arbeit, rationale Buchführung über Einnahmen und Ausgaben und rationale Betriebstechnik den ökonomischen Erwerb und den gestaltenden Eingriff in die Lebensordnungen, um sie nach zweckrationalen Kriterien beherrschen zu können, zum Inhalt seines Daseins macht. Aber es sind eben nicht so sehr die utilitaristischen Motive des gewinnsüchtigen Geschäftsmannes, welche die methodisch-rationale Lebensführung als spezifische Form des innerweltlichen Aktivismus zur verbindlichen gesellschaftlichen Norm machen, denn dieser schwankende Boden hat immer nur Gelegenheits-, Abenteurer- und Spekulantenkapitalismus entstehen lassen, also gerade nicht die durch Selbstdisziplin, Geschäftsethik, rationale Arbeits- und Betriebstechnik geprägte Form des modernen okzidentalen Kapitalismus. Es ist vielmehr erst die Durchdringung des natürlichen Aktivismus der bürgerlichen Schichten durch die religiöse Ethik, durch welche dieser Aktivismus erst zur methodisch-rationalen Lebensführung ethisch *geformt* werden konnte.[122]

Arbeit bekommt innerhalb dieser Ethik eine Bedeutung, die sie niemals zuvor innehatte. Überall war Arbeit für die ständisch privilegierten Schichten Ausdruck der Würdelosigkeit und nur ein notwendiges Übel, das die im Hause dienende Hausdienerschaft und außerhalb des Hauses die ständisch würdelosen, zu standesgemäßem Leben unfähigen Bauern, Handwerker und Gewerbetreibenden auf sich nehmen mußten. Die ständische Qualifikation verlangte gerade die Freiheit von Arbeitszwang, durch die erst die entsprechende Muße zur ständischen Lebensführung – durch politische Betätigung, ritterliche Unabhängigkeit oder auch litera-

122 Der »natürliche« Rationalismus und Aktivismus der gewerblichen bürgerlichen Schichten bot zwar das Material, das durch den Calvinismus geformt wurde, aber nirgendwo haben diese allein aus sich heraus – wie Weber betont – eine *normative* Ordnung des ökonomischen Handelns wie den modernen Kapitalismus geschaffen. Es ist insofern ebenso unzureichend die Existenz einer Ethik auf die Interessen und Lebensideale ihrer »Trägerschichten« zu reduzieren, wie es unzureichend wäre, die Ethik völlig ohne Berücksichtigung dieses Materials zu erklären. Verbindlichkeit kann eine Ethik nur erlangen, wenn sie diese Interessen und Lebensideale moralisch begrenzen kann und die Partikularität einzelner Trägerschichten transzendiert. Vgl. M. Weber, *Religionssoziologie* I, op. cit., S. 4-11, 30-62, 527-36; *Wirtschaft und Gesellschaft*, op. cit., S. 292-5, 378-9.

rische Bildung – gegeben war. Für die ständisch minderprivilegierten und für die außerständischen Schichten war Arbeit immer nur notwendiges Mittel zur Sicherung des Lebensunterhaltes, nie ein Wert an sich, was schon deshalb gar nicht möglich war, weil die ständisch-traditionalistische Wertordnung Arbeit verachtete.[123] Diese ethische Verachtung der Arbeit hatte natürlich auch die entsprechenden Konsequenzen in der Arbeitsdisziplin. Arbeit war immer nur notwendiges Mittel, um eine bestimmte, der jeweiligen ständischen Schicht angemessene Lebensführung zu ermöglichen, nie ein Wert an sich. Sie wurde deshalb auch immer nur in dem Ausmaß verrichtet, das der entsprechende Bedarf zur ständisch angemessenen Lebensführung erforderte.[124] Für die ständisch privilegierten Schichten war dies eine entsprechende Nutzung ihrer Güter. Knappheiten wurden seltener durch rationalere Arbeitstechnik und wesentlich selbstverständlicher durch Ausdehnung und durch Intensivierung der Grundherrschaft zu überwinden versucht. Für die ständisch minderprivilegierten Schichten war die normale Einstellung zur Arbeit jenes Leben von der Hand in den Mund, das die Puritaner in ihrer Einstellung bestärkte, daß Lohnerhöhungen die Arbeiter nicht zum vermehrten Einsatz ihrer Arbeitskraft veranlassen würden, sondern gerade umgekehrt zur Verminderung des Arbeitseinsatzes.[125]

Einen ganz anderen Stellenwert erhält die Arbeit durch die calvinistisch-puritanische Ethik.[126] Hier ist sie nicht mehr notwendiges Mittel für standesgemäße Lebensführung, sondern der Kern der ethischen Lebensführung überhaupt. Nur in der rastlosen Arbeit äußert sich die Gott wohlgefällige Lebensführung. Jeder Müßiggang ist gleichbedeutend mit triebhaftem Lebensgenuß und ethisch verwerflich. Allein durch rastlose Berufsarbeit kann der einzelne sein eigenes Leben methodisch-rational ordnen, kann er sich selbst disziplinieren und seine triebhaften Gefühlsimpulse

123 Vgl. M. Weber, *Religionssoziologie* I, op. cit., S. 70-1, 77-8; 448-58, 532-4; *Religionssoziologie* II, op. cit., S. 149-55, 345; *Wirtschaft und Gesellschaft*, op. cit., S. 326-37.

124 M. Weber, *Religionssoziologie* I, op. cit., S. 48.

125 M. Weber, *Religionssoziologie* I, op. cit., S. 43-8, 199; *Wirtschaft und Gesellschaft*, op. cit., S. 86-8; vgl. K. Marx, *Das Kapital*, Bd. I, in: *Marx-Engels Werke*, Bd. 23, Berlin: Dietz, 1970, S. 290-3.

126 M. Weber, *Religionssoziologie* I, op. cit., S. 32-7, 49-62, 98-102, 105-28, 165-204.

unter Kontrolle halten, und nur dadurch kann er zur aktiven Gestaltung der Welt zu einem rational geordneten Kosmos zum Ruhme Gottes beitragen. Rastlose Berufsarbeit wird dadurch natürlich zur einzig legitimen Quelle des Reichtums, der ansonsten jedoch eine Quelle der Versuchung ist, sich dem Lebensgenuß hinzugeben, dem der Puritaner gerade durch seine hohe Arbeitsverpflichtung widerstehen muß. Arbeitsloses Einkommen wie dasjenige des Grundrentners muß innerhalb dieser Wertordnung ebenso verachtet werden wie die parasitäre Lebensfristung des arbeitslosen Armen und Bettlers. Arbeit als einzig legitime Quelle von Einkommen ist fortan der Kern der bürgerlichen Leistungsgesellschaft, aber auch natürlich ein Wert, der in der kulturellen Diskussion weiter ausgeschöpft werden und sich dann auch gegen jedes Einkommen und jedes Eigentum wenden konnte, das nicht *allein* auf eigener Arbeit beruhte, sondern auf der Nutzung der Arbeitskraft anderer, wie im kapitalistischen Betrieb. Die Marxsche Arbeitswertlehre ist nichts anderes gewesen als *eine* unter anderen interpretatorischen Ausschöpfungen dieser puritanisch-bürgerlichen Idee der Arbeit als einzig legitimer Quelle des Einkommens und der daran anschließenden bürgerlichen Arbeitswerttheorie, wie sie noch von Ricardo vertreten worden war, an den Marx anknüpft.[127]

Die Welt, die durch Calvin und die Calvinisten *nach ethischen*

127 Die klassische Rechtfertigung von Arbeit als einzig legitimer Quelle von Eigentum wurde von John Locke (1632-1704) entwickelt. Siehe J. Locke, *Zwei Abhandlungen über die Regierung*, hg. und eingeleitet von W. Euchner, Frankfurt: Europäische Verlagsanstalt, (1690) 1967, S. 217-33, vgl. S. 219: »Das Gras, das mein Pferd gefressen, der Torf, den mein Knecht gestochen, und das Erz, das ich an irgendeiner Stelle gegraben, wo ich mit anderen gemeinsam ein Recht dazu habe, werden ohne die Anweisung und Zustimmung von irgend jemandem mein *Eigentum*. Es war meine *Arbeit*, die sie dem gemeinsamen Zustand, in dem sie sich befanden, enthoben hat und die mein *Eigentum* an ihnen *bestimmt* hat.« Die Verknüpfung dieses normativen Postulats mit dem Anspruch auf Erklärung des Wertes (Tauschwertes) von Waren beginnt bei W. Petty (1623-1687), *The Economic Writings of Sir William Petty*, hg. von C. H. Hull, Cambridge 1899. Ihren Höhepunkt findet diese Lehre bei D. Ricardo, *Grundsätze der Volkswirtschaft und Besteuerung*, hg. von H. Waentig, Jena: Fischer, 1905, sowie schließlich bei K. Marx, *Das Kapital*, Bd. I, op. cit. Für Marx ist die Ware Arbeitskraft die Quelle des Mehrwerts und dieser der Maßstab der Ausbeutung der Arbeitskraft. Vgl. P. M. Sweezy, *Theorie der kapitalistischen Entwicklung*, Frankfurt: Suhrkamp, 1970, S. 21-92.

Prinzipien gestaltet werden mußte, war eine Welt, in der das ökonomische Erwerbsleben nicht, wie für die mittelalterliche Scholastik, eine unvermeidliche, aber ethisch nicht regulierbare Realität war, sondern der Inhalt des Lebens, das nach sittlichen Maßstäben geführt werden mußte:

Da es die Umwelt der industriellen und kommerziellen Klassen ist, die zu allererst die Gedanken von Calvin und seinen Anhängern beschäftigt, müssen sie sich auf deren praktische Notwendigkeiten einstellen. Das heißt nicht, daß sie den Anspruch der Religion aufgeben, um das ökonomische Leben zu moralisieren, sondern daß das Leben, das sie zu moralisieren trachten, ein solches ist, in dem die Hauptmerkmale einer kommerziellen Zivilisation als gegeben betrachtet werden, und daß es die Anwendung auf solche Bedingungen ist, auf die ihre Lehre zugeschnitten ist. Der frühe Calvinismus hat – wie wir sehen werden – seine eigene Regel, und zwar eine rigorose Regel, für die Ausführung ökonomischer Angelegenheiten. Aber er verdächtigt nicht länger die ganze Welt ökonomischer Motive als eine dem Leben des Geistes fremde Welt oder mißtraut nicht länger dem Kapitalisten als einer Person, die auf Kosten des Mißerfolgs ihres Nachbarn reich geworden ist, oder betrachtet nicht länger Armut als in sich verdienstvoll; und es ist wahrscheinlich die erste systematisch ausgebaute religiöse Lehre, von der gesagt werden kann, daß sie die ökonomischen Tugenden als solche erkennt und gutheißt. Sein Feind ist nicht die Anhäufung des Reichtums, sondern dessen Mißbrauch zum Wohlleben und zum Zurschaustellen. Sein Ideal ist eine Gesellschaft, die den Wohlstand mit dem sachlichen Ernst von Menschen sucht, die mit Bewußtsein zugleich ihren eigenen Charakter durch beharrliche Arbeit disziplinieren und sich einem für Gott akzeptablen Dienst verschreiben.[128] (Übersetzung vom Verfasser)

Der Calvinismus war eine Bewegung vorwiegend bürgerlicher und hier insbesondere kleinbürgerlicher Schichten, wandernder Händler und Handwerker, die den neuen Glauben verbreiteten. Für Calvin – den juristisch geschulten Stadtbürger Genfs – und für seine Nachfolger war im Gegensatz zur bäuerlichen Lebenssicht Luthers der ökonomische Erwerb etwas Selbstverständliches und deshalb auch ethisch regulierbar:

Im Unterschied zu Luther, der das ökonomische Leben mit den Augen eines Bauern und Mystikers sah, näherten sie sich diesem als Männer des Geschäfts, dazu disponiert, weder die patriarchalischen Werte der bäuerlichen Gemeinschaft zu idealisieren noch die bloße Tatsache der kapitalistischen Unternehmung in Handel und Finanzen mit Mißtrauen zu betrachten. Wie das Frühchristentum und der moderne Sozialismus war der Calvinismus eine städtische

128 R. H. Tawney, *Religion and the Rise of Capitalism*, op. cit., S. 105.

Bewegung; wie diese wurde er in seinen frühen Tagen von auswandernden Händlern und Arbeitern von Land zu Land getragen; und seine Hochburg hatte er in genau jenen sozialen Gruppen, denen die Behandlung ökonomischer Interessen als ein Aspekt menschlicher Tätigkeiten von recht geringer Bedeutung als irrelevant oder künstlich erschienen sein mußte. Wie es von Vertretern eines Glaubens erwartet werden mußte, die ihr Hauptquartier in Genf hatten und später ihre einflußreichsten Anhänger in großen Geschäftszentren, wie Antwerpen mit seinem industriellen Hinterland, London und Amsterdam, richteten seine Führer ihre Lehre, gewiß nicht ausschließlich, aber doch vorrangig, an die mit Handel und Industrie beschäftigten Klassen, welche die modernsten und progressivsten Elemente im Leben des Zeitalters bildeten.[129] (Übersetzung vom Verfasser)

Wie Tawney formuliert, ist es die deutlichere Verbundenheit des Calvinismus und des Puritanismus mit den freien bürgerlichen Schichten, wodurch sich das ökonomische Erwerbsleben von der Sphäre des generell sittlich Verwerflichen zu einer Sphäre wandeln konnte, innerhalb derer gerade nach den religiös-ethischen Geboten gelebt werden mußte. Das bedeutet jedoch längst nicht, daß die religiöse Ethik zum bloßen Legitimationsinstrument der ökonomischen Erwerbsinteressen degeneriert wäre.[130] Im Gegenteil,

129 Ebd., S. 104.

130 Zu dieser Webers Auffassung völlig entgegengesetzten Deutung gelangt auch Tawney schließlich. Vor allem die Bewegung des Puritanismus gipfelt für Tawney letztlich in der völligen Koinzidenz von religiöser Ethik und ökonomischen Klugheitstugenden. Ich folge Tawney hier insofern nur auf halbem Wege. Die unmittelbare Konsequenz der Verknüpfung des Puritanismus mit den Lebensumständen und Idealen gewerblich-bürgerlicher Schichten war das Entstehen einer Ordnung des ökonomischen Handelns, die es zuvor nicht gegeben hat, und nicht die Auflösung von Ordnung überhaupt zugunsten der freien Entfaltung des Selbstinteresses. Natürlich wurde die Art der Ordnung nicht mehr durch die reine Brüderlichkeitsethik bestimmt, dennoch war es eine Ordnung. Die Bewegung des Liberalismus des 18. und 19. Jahrhunderts hat diese Ordnung weiter in die Richtung des ökonomischen Individualismus gedrängt, hat sie jedoch ebenfalls nicht völlig beseitigt und bildete auch längst nicht die letzte Entwicklungsstufe dieser neuen Ordnung. Die Entwicklung nach der Hochblüte des Liberalismus ist gerade durch eine Entökonomisierung und Entbürgerlichung der durch den Puritanismus zum Durchbruch gebrachten modernen normativen Kultur geprägt. Diese These gilt im Vergleich der Epochen, für wie unzureichend wir heute auch die Steuerung der ökonomischen und anderen gesellschaftlichen Sphären durch die normative Kultur noch halten mögen. In dieser Hinsicht ist die Entwicklung heute fortgeschrittener als jemals zuvor, aber sicherlich längst nicht abgeschlossen. Siehe

die scholastische Versöhnungslehre mit ihren vielen Ausnahmeregelungen des Wucherverbots und ihrer prinzipiellen Indifferenz gegenüber dem von zufälligen »causa naturalis« bestimmten ökonomischen Handeln sowie ihren vielfältig angebotenen Chancen der Ablaßgewährung konnte der von ethischen Hemmungen freien Entfaltung des Erwerbstriebes einen größeren Spielraum geben[131] als der ethisch strengere Calvinismus, und dies eben gerade deswegen, weil das Erwerbsleben für den Calvinismus keine sittlich indifferente, sondern eine ethisch zu durchdringende Sphäre bildete.[132]

Die scholastische Versöhnungslehre war insofern wegen ihrer Anpassung an die Gegebenheiten des Erwerbslebens weit mehr ein »Reflex« der ökonomischen Realität als der Calvinismus und Puritanismus, die – weit entfernt von der Duldung des ungehemmten Erwerbstriebes – gerade dessen ethische Mäßigung beabsichtigten. Der Zins wurde von Calvin und seinen Nachfolgern nicht generell ethisch verpönt, um ihn – wie die scholastische Theologie – nachträglich unter dem Zwang der Verhältnisse durch die verschiedensten Ausnahmeregelungen praktisch völlig ungeregelt zu lassen, er wurde vielmehr generell als rechtmäßig betrachtet, aber der »Rule of equity« unterworfen und überall dort verboten, wo er die Ausnutzung der Notlage anderer bedeutete. In dieser Hinsicht war der asketische Protestantismus in der ethischen Regulierung des Erwerbslebens weit strenger als die mittelalterliche Kirche. Er schloß vor allem den Zins bei Notdarlehen als ethisch verwerflich aus, der gerade von der Kirche in den *montes pietatis*[133] praktiziert wurde:

Die Schaffung einer kapitalistischen Ethik leistete – durchaus nicht der Absicht nach – erst die innerweltliche Askese des Protestantismus, welche gerade den

R. H. Tawney, *Religion and the Rise of Capitalism*, op. cit., insbesondere S. 227-53. Vgl. die kritischen Bemerkungen zu Tawney bei D. Little, *Religion, Order, and Law. A Study in PreRevolutionary England*, Oxford: Basil Blackwell, 1969, S. 234-5.

131 M. Weber, *Religionssoziologie* I, op. cit., S. 56-60, 113-4, 118-9; *Wirtschaft und Gesellschaft*, op. cit., S. 354, 710-2; R. H. Tawney, *Religion and the Rise of Capitalism*, op. cit., S. 36-55; B. Nelson, *The Idea of Usury*, op. cit., S. 3-28.

132 M. Weber, *Religionssoziologie* I, op. cit., S. 105-6, 118-20, 178-81, 198, 201-2; B. Nelson, *The Idea of Usury*, op. cit., S. 73-108.

133 Siehe hierzu B. Nelson, *The Idea of Usury*, op. cit., S. 19-22.

frömmsten und ethisch rigorosesten Elementen den Weg in das Geschäftsleben öffnete und ihnen vor allem den Erfolg im Geschäftsleben als Frucht rationaler Lebensführung zuwendete. Das Zinsverbot selbst wurde vom Protestantismus, speziell vom asketischen Protestantismus, auf Fälle konkreter Lieblosigkeit beschränkt. Der Zins wurde jetzt gerade da, wo ihn die Kirche selbst in den montes pietatis faktisch geduldet hatte: bei Kredit an die Armen, als liebloser Wucher perhorresziert.[134]

Das »justum pretium« war nun nicht mehr – wie der mittelalterlichen Theologie zufolge – ein Preis, der das Existenzminimum für das standesgemäße Leben der Markttauschpartner sicherte, also ein nach Personen durchaus wechselnder, weil ständisch differenzierter Preis, sondern nur noch der allein aus der freien Konkurrenz, also ohne monopolförmige Beeinflussung resultierende und damit auch für alle Tauschinteressenten gleich geltende Marktpreis.[135] Schon für den juristisch geschulten Theologen Calvin und noch mehr für die bürgerlich-puritanischen Schichten waren die Regeln des rechtlich geordneten Geschäftsverkehrs diejenigen Regeln, in denen die religiöse Ethik in den alltäglichen Sozialbeziehungen zum Ausdruck kam. Rechtmäßigkeit, Redlichkeit, Billigkeit und proportionale Gerechtigkeit nach eigener Leistung – das »Law of equity« – sind die ethischen Grundprinzipien des Geschäftsverkehrs. Vom einzelnen Menschen verlangen sie selbstverantwortliches Handeln und Selbstdisziplin, vor allem die Kontrolle seiner Wünsche und Leidenschaften. Diese Selbstverantwortlichkeit des individuellen Handelns ist jedoch nicht einfach eine rechtliche Notwendigkeit, die sich aus den Bedürfnissen des Geschäftsverkehrs entwickelt. Selbstverantwortliches Handeln ist für den Puritaner nicht einfach ein von den Normen der Gemeinschaft freies Handeln, sondern die persönliche Selbstdisziplinierung des Handelns nach ethischen Normen ohne zusätzliche äußere Kontrolle.[136] Und dies war selbst eine ethische Forderung, die sich aus der unmittelbaren Verantwortlichkeit des einzelnen gegenüber Gott, ohne die Zwischenschaltung einer von der Anstaltskirche bürokratisch verwalteten Gnadenspende, ergab. Der einzelne stand mit jedem Han-

134 M. Weber, *Wirtschaft und Gesellschaft*, op. cit., S. 354-5; vgl. B. Nelson, *The Idea of Usury*, op. cit., S. 77-9.

135 M. Weber, *Wirtschaft und Gesellschaft*, op. cit., S. 500-1, 710-2.

136 M. Weber, *Religionssoziologie* I, op. cit., S. 111, 116-8, 123, 180; E. Troeltsch, *Die Soziallehren der christlichen Kirchen und Gruppen*, op. cit., S. 625-66, 704-22, 955-8.

deln und vor allem auch mit seiner Gesinnung immer selbst vor Gott und war deshalb wesentlich intensiver als der mittelalterliche und lutherische Gläubige innerlich gezwungen, in seinem Handeln und seiner Gesinnung den ethischen Geboten Gottes zu gehorchen. Dadurch waren überhaupt erst die Grundlagen für selbstverantwortliches und zugleich durch internalisierte ethische Normen diszipliniertes Handeln geschaffen.[137] Erst dadurch wird es überhaupt möglich, daß die sozialen Beziehungen einerseits durch Normen geregelt sind und dennoch in zunehmendem Maße kontraktförmigen, individuell aushandelbaren Charakter annehmen und die äußere gesellschaftliche Sanktionierung von Abweichungen weniger auf *Sühne* und wesentlich mehr auf *Wiederherstellung* eines alten Rechtszustandes eingestellt ist.

Die sozialen Beziehungen werden versachlicht; sie sind nicht persönlich und gefühlsmäßig, sondern unpersönlich und formalrechtlich geregelt. Die *kühle Sachlichkeit* des rechtlich geordneten Geschäftsverkehrs ist das Modell jeder sozialen Beziehung. Diese Unpersönlichkeit der Beziehungen zu den anderen ist jedoch nicht einfach aus zweckrationalen Motiven des Geschäftsverkehrs geboren. Sie gilt nämlich ebenso verbindlich für die Beziehungen zur eigenen Familie und zum Glaubensbruder wie für die Beziehung zum Geschäftspartner und auch gegenüber dem Armen, Notleidenden und Hilfebedürftigen. Diese generelle Verbindlichkeit konnte die Sachlichkeit der Sozialbeziehungen nur erlangen, weil sie auch ethisch gefordert war. Und dies war vor allem durch die absolute Priorität der Liebe zu Gott vor der Liebe zum Menschen und durch die Verwerflichkeit jeder Kreaturvergötterung gegeben. Beide Gebote werden gestützt durch die absolute Minderwertigkeit der gegenwärtigen Welt und der Menschen in ihr, die man nicht lieben kann, sondern nur zum Ruhme Gottes zu einem nach ethischen Prinzipien rational geordneten Kosmos gestalten kann. Der gesellschaftliche Nutzen dieser nach reiner Sachlichkeit vollzogenen Gestaltung der Welt zu einem rationalen Kosmos versteht sich durch Gottes Offenbarung von selbst. Die sachlich-unpersönliche Berufsarbeit erfolgt zum Ruhme Gottes und durch seine Offenbarung letzten Endes für die Menschheit insgesamt.[138]

Das Arbeitsethos, die kühle Sachlichkeit und das Motiv der rationa-

137 M. Weber, *Religionssoziologie* I, op. cit., S. 88-102; E. Troeltsch, *Die Soziallehren der christlichen Kirchen und Gruppen*, op. cit., S. 615-24.

138 M. Weber, *Religionssoziologie* I, op. cit., S. 93-101.

len Gestaltung der Welt waren es, die den Calvinismus konsequent mit der mittelalterlichen Almosenpflege als willkommene Chance der Reichen, sich das Seelenheil zu erkaufen, aufräumen ließen. Die Sozialhilfe ist frei von jeder gefühlsmäßigen Einstellung zu rein sachlichen Zwecken einzurichten, sie fordert die Verpflichtung des Christen zur aktiven Gestaltung der Welt zu einem rational geordneten Kosmos heraus und bedarf deshalb der systematischen Organisation. Weniger die Brüderlichkeitspflicht als die Pflicht zur Ordnung ist die Grundlage der calvinistischen Sozialethik. Vor allem gilt es aber scharf zu trennen zwischen unverschuldeter Hilfsbedürftigkeit und dem Parasitentum des arbeitsscheuen Gesindels, das man zur Arbeit zwingen muß. Die Einrichtungen der Sozialhilfe werden den unterschiedlichen Aufgaben entsprechend systematisch in Armenhäusern, Waisenhäusern und Arbeitshäusern organisiert. Sie haben in erster Linie eine erzieherische Funktion zu erfüllen; durch besondere Strenge sollen ihre Insassen zur Selbsterhaltung durch Arbeit erzogen werden:

Vor allem vernichtete aber ganz allgemein der Calvinismus die überkommenen Formen der Karitas. Das planlose Almosen war das erste, was er beseitigte (...) Der Calvinismus machte dem allen ein Ende. Vor allem der freundlichen Beurteilung der Bettler. Für ihn hat der unerforschliche Gott seine guten Gründe, wenn er die Glücksgüter ungleich verteilt, und bewährt sich der Mensch ausschließlich in der Berufsarbeit. Der Bettel wird direkt als eine Verletzung der Nächstenliebe gegen den Angebettelten bezeichnet, und vor allem gehen alle puritanischen Prediger von der Auffassung aus, daß Arbeitslosigkeit Arbeitsfähiger ein- für allemal selbstverschuldet sei. Für Arbeitsunfähige aber, für Krüppel und Waisen, ist die Karitas rational zu organisieren zu Gottes Ehre, nach Art etwa der noch jetzt in einer eigentümlich auffallenden, an Narrentrachten erinnernden Kleidung, möglichst ostensibel durch die Straße Amsterdams zum Gottesdienst geführten Waisenhausinsassen. Die Armenpflege wird unter den Gesichtspunkt der Abschreckung von Arbeitsscheuen gestellt, wofür etwa die englische puritanische Armenpflege im Gegensatz zu den von H. Levy sehr gut geschilderten anglikanischen Sozialprinzipien den Typus abgibt. Jedenfalls wird Karitas selbst nun ein rationaler ›Betrieb‹, und ihre religiöse Bedeutung ist damit entweder ausgeschaltet oder direkt in ihr Gegenteil verkehrt. So die konsequente asketisch-rationale Religiosität.[139]

139 M. Weber, *Wirtschaft und Gesellschaft*, op. cit., S. 355; vgl. R. H. Tawney, *Religion and the Rise of Capitalism*, op. cit., S. 114-5, 180-90, 253-5, 260-73.

Die kühle Sachlichkeit der calvinistisch-puritanischen Ethik bestimmte auch das puritanische Denken. Jede Neigung zum Aberglauben ist verpönt, weshalb auch der Gottesdienst von allen magischen Elementen, bis hin zur Schmucklosigkeit des Gotteshauses und bis hin zur Bedeutungslosigkeit des Kirchengesangs, gereinigt wird.[140] Die einzige Autorität ist Gott; ansonsten herrscht die kalte Vernunft und Selbstverantwortlichkeit des einzelnen Christen, der einsam, mit Gott allein, seine Probleme lösen muß und sich nicht in die vormundschaftliche Betreuung eines Beichtvaters begeben kann. Die methodisch-rationale Lebensführung und rationale Gestaltung der Welt sind ebenfalls jedem magischen Denken feindlich und verlangen statt dessen eine methodisch-empirische Betrachtung der Welt. Nicht die kontemplativ-mystische Spekulation ist der Charakter dieser Art von Vernunft, sondern die Vernunft, die in der Natur, wie sie sich uns darbietet, eine rationale Ordnung zu erkennen bestrebt ist. Ihr Beweismittel ist nicht allein die logische Methode – wie für den mittelalterlichen Rationalismus –, sondern vor allem die empirische Überprüfung. Vernunft und Erfahrung zusammen sind die beiden Grundelemente des puritanischen Denkens:

> Es bedeutet vielmehr Vernünftigkeit, Konformität zu Vernunft und Erfahrung; es ist eine Kombination von Rationalismus und Empirismus, wie es aus puritanischen Schriften deutlich hervortritt. Diese Haltung des Empiriko-Rationalismus ist – wie gezeigt werden wird – von Bedeutung für die Beziehung zwischen Protestantismus und Wissenschaft.[141]
>
> (Übersetzung vom Verfasser)

Die Macht, mit der sich die moderne rationale und empirische Wissenschaft im Gefolge des mittelalterlichen Rationalismus und Universalismus im 17. Jahrhundert in England durchsetzt, beruht jedoch keinesfalls allein auf dem Gespür für die technische Nützlichkeit der neuen empirischen Wissenschaft;[142] Ansätze zu einer empirischen Kunstlehre sind auch anderswo anzutreffen; ihnen fehlt dann meistens der Rückbezug zum theoretischen Denken.

140 M. Weber, *Religionssoziologie* I, op. cit., S. 94-5, 114-6, 122.

141 R. K. Merton, *Science, Technology and Society in Seventeenth Century England*, New York: Howard Fertig, (1938) 1970, S. 67, Anmerkung 37.

142 Siehe hierzu neben Mertons Studie J. Ben-David, *The Scientist's Role in Society. A Comparative Study*, Englewood Cliffs, N. J.: Prentice Hall, 1971, S. 75-87.

Entscheidend für die ethische Verbindlichkeit der neuen Forschungsmethode war die Tatsache, daß man in der Natur den göttlichen Weltplan suchte. Für den Calvinismus und die von ihm beeinflußten und mit ihm verwandten Kirchen und Sekten war Gott absolut verborgen. Hier gab es keinen Weg mehr über mystische Kontemplation und spekulative Philosophie zu Gott, sondern allein noch die Möglichkeit und die Pflicht, seinen Plan in der Ordnung der Natur mit der Methode der empirischen Naturwissenschaften zu entdecken, wie dies Weber in seiner berühmten Rede über »Wissenschaft als Beruf« an einer Stelle mit Bezug auf den englischen Biologen Swammerdam (1637-1680) betont hat:

Wenn Sie sich an den Ausspruch Swammerdams erinnern: »Ich bringe Ihnen hier den Nachweis der Vorsehung Gottes in der Anatomie einer Laus«, so sehen Sie, was die (indirekte) protestantisch und puritanisch beeinflußte wissenschaftliche Arbeit damals sich als ihre eigene Aufgabe dachte: den Weg zu Gott. Den fand man damals nicht mehr bei den Philosophen und ihren Begriffen und Deduktionen: – daß Gott auf diesem Weg nicht zu finden sei, auf dem ihn das Mittelalter gesucht hatte, das wußte die ganze pietistische Theologie der damaligen Zeit, Spener vor allem. Gott ist verborgen, seine Wege sind nicht unsere Wege, seine Gedanken nicht unsere Gedanken. In den exakten Naturwissenschaften aber, wo man seine Werke physisch greifen konnte, da hofft man, seinen Absichten mit der Welt auf die Spur zu kommen.[143]

Die absolute Verborgenheit Gottes ist es vor allem, die in Verbindung mit der Pflicht zur Gestaltung der Welt zu einem rational geordneten Kosmos die Erkenntnistätigkeit aus religiös-ethischen Motiven in diese Richtung drängt und wodurch das in den bürgerlichen Schichten des 17. Jahrhunderts – wie Merton in seiner Dissertation (1937 (1970)) interpretiert – durchaus verbreitete utilitaristische Ideal einer praktisch nutzbaren Wissenschaft religiös-ethisch durchdrungen und auch auf die – ganz unpragmatische – Erkenntnis einer Ordnung der Natur hingelenkt wird.[144] Bekräf-

143 M. Weber, »Wissenschaft als Beruf«, op. cit., S. 597.

144 R. K. Merton, *Science, Technology and Society in Seventeenth Century England*, op. cit., S. 55-136. Vgl. hierzu F. H. Tenbruck, »Max Weber and the Sociology of Science: A Case Reopened«, in: *Zeitschrift für Soziologie* 3, 1974, S. 312-20; »Der Fortschritt der Wissenschaft als Trivialisierungsprozeß«, in: N. Stehr und R. König (Hg.), *Wissenschaftssoziologie*, Sonderheft 18 der *Kölner Zeitschrift für Soziologie und Sozialpsychologie*, Köln und Opladen: Westdeutscher Verlag, 1975, S. 19-47, vgl. S. 95-6, Anmerkung 13. Tenbruck verweist auf die Tatsache, daß das von Merton betonte Motiv der Erkenntnis zum

tigt wird diese enge Verbindung des Puritanismus mit der modernen empirischen Wissenschaft des englischen 17. Jahrhunderts durch die hervorragende Rolle puritanischer Wissenschaftler in der berühmten Royal Society, in der Philosophen, Naturforscher, Techniker und interessierte Laien die neue Art der Forschung diskutierten,[145] aber auch durch die Tatsache, daß die großen Naturwissenschaftler dieser Zeit, wie Sir Isaac Newton und Robert Boyle, selbst davon überzeugt waren, in ihrer Forschung Gottes Offenbarung offenzulegen.[146]

Die enorme Bedeutung, welche die Selbstverantwortung und die Selbstkontrolle durch den Puritanismus erlangte, mußte insbesondere auch auf die Art der Familienbindung und auf die Art der Kindererziehung wirken. In der Tat ist die zunehmende Korrektheit des Geschäftsgebarens, die spezifische Geschäftsethik des Puritaners nur eine Seite des allgemeinen Disziplinierungsprozesses, der durch den Calvinismus in Gang gesetzt wurde. Er ist ebenso auch in der Familie und in der Erziehung zu beobachten. Nirgendwo sonst ist die eheliche Treue strenger gehandhabt worden als im Puritanismus, so daß »puritanisch« auch gleichbedeu-

Ruhme Gottes schon im mittelalterlichen Denken wirksam ist und Merton die utilitaristische Komponente der wissenschaftlichen Bewegung des 17. Jahrhunderts in England überbetone. Tenbruck sieht dagegen in der Prädestinationslehre und in dem durch die Glaubensspaltung verstärkten Gewißheitsbedürfnis die entscheidende Grundlage für das Motiv der Erkenntnis einer Ordnung in der Natur als grundlegendes Merkmal der modernen Wissenschaft. Mit dieser einseitigen Betonung des Ordnungsmotivs übersieht man jedoch, daß weder der Pragmatismus noch das Ordnungsmotiv allein die besondere Eigenart der modernen Wissenschaft erklären können, sondern erst die gerade durch den Puritanismus verstärkte gegenseitige Durchdringung des Motivs der Erkenntnis einer Ordnung in der Natur mit den praktischen Interessen, mit Empirie und Technik. Während das Ordnungsmotiv auch schon die rein rationalistische Erkenntnis des mittelalterlichen Denkens kennzeichnet, ist dessen Verknüpfung mit Empirie und Technik erst ein Produkt der wissenschaftlichen Gemeinschaften der italienischen Renaissance und dann – mit wesentlich breiterer Wirkung – der wissenschaftlichen Gemeinschaften des englischen 17. Jahrhunderts.

145 R. K. Merton, *Science, Technology and Society in Seventeenth Century England*, op. cit., S. 112-5.

146 Vgl. A. Koyré, *Newtonian Studies*, Chicago: University of Chicago Press, 1968; F. H. Tenbruck, »Der Fortschritt der Wissenschaft als Trivialisierungsprozeß«, op. cit., S. 26-8.

tend mit bürgerlicher Prüderie werden konnte, die sich so grundlegend von der sittlichen Laschheit, Galanterie und amouröse Abenteuer liebenden Haltung des in Fragen der Etikette führenden europäischen Adels des 17. und 18. Jahrhunderts, des französischen Hofadels, unterscheidet.[147]

Auch die systematische Organisation der Erziehung über die Klosterschulen hinaus und ihre Orientierung an der Vorbereitung auf die Bewährung innerhalb der weltlichen Ordnungen und nicht außerhalb ihrer beginnt mit dem asketischen Protestantismus. Hier ist die Quelle der zunehmenden Ausbreitung und Ausdehnung der Schulbildung, deren Bedeutung für die Befähigung zu selbstverantwortlichem und dennoch an Normen orientiertem Handeln man nicht hoch genug veranschlagen kann. Den ersten großen Aufschwung erlebte die moderne Schulbildung in England im 17. Jahrhundert. Die nachziehenden absolutistischen Staaten Frankreichs und vor allem Preußens überholten England durch gezielte staatliche Schulpolitik im 18. und 19. Jahrhundert, während jedoch die Ausbreitung der Schul- und Hochschulausbildung wieder auf der puritanischen Basis freier Vereinigungen in den USA im 20. Jahrhundert mit Abstand am weitesten gediehen ist.[148]

Soweit ist zu sehen, daß durch den Calvinismus und die von ihm beeinflußten puritanischen und verwandten Kirchen und Sekten jene Grundkomponenten der modernen individualistischen, universalistischen, rationalistischen und aktivistischen Lebensform ethisch geformt worden sind, die sich bei den aufsteigenden bürgerlichen Schichten der mittelalterlichen Stadt in Umrissen herausbildeten, aber im Mittelalter in scharfem Gegensatz zur traditionalistischen Ethik der Kirche standen, deren Lösung dieser Spannung in der Versöhnung und damit aber auch in ethischer Laschheit bestand. Dagegen ist es dem Calvinismus gelungen, die ökonomischen, politischen und kulturellen Sphären, in denen sich

147 M. Weber, *Religionssoziologie* I, op.cit., S. 169-71; *Wirtschaft und Gesellschaft*, op.cit., S. 364; E. Troeltsch, *Die Soziallehren der christlichen Kirchen und Gruppen*, op.cit., S. 732, 951-2.

148 Vgl. zu Deutschland (Preußen), England, Frankreich und Rußland, P. Flora, *Modernisierungsforschung. Zur empirischen Analyse der gesellschaftlichen Entwicklung*, Opladen: Westdeutscher Verlag, 1974, S. 146-63; zu den USA vgl. D. Bell, *The Coming of Post-Industrial Society*, New York: Basic Books, 1973, S. 212-65.

die neue Lebensform entwickelte, ethisch zu durchdringen und dadurch die neue Lebensweise auch ethisch zu regulieren. Die spezifische Leistung des Calvinismus ist insofern nicht die Kapitulation der religiösen Ethik vor der Welt – dies war die Konsequenz der Scholastik und bleibt bis heute dem Katholizismus als Grundzug verhaftet – sondern die Gestaltung der *realen* Lebensordnungen durch die religiöse Ethik. Was durch den Calvinismus hervorgebracht wurde, ist die moderne individualistisch-universalistische, rationalistisch-aktivistische normative Kultur, die fortan das Grundmuster der modernen Gesellschaften bildete.

Indem wir analytisch diesen Aspekt der gesellschaftlich verbindlichen Institutionalisierung eines normativen Grundmusters aus der konkreten Vielfalt der historischen Realität heraustrennen, erfassen wir präziser den spezifischen Aspekt in Webers Studie zum Zusammenhang zwischen dem asketischen Protestantismus und dem *modernen* Kapitalismus, der von vielen Kritikern nicht genügend beachtet wurde. Weber will nicht das Entstehen des Kapitalismus in seiner Gesamtheit erklären, sondern den Aspekt des Entstehens der spezifischen *normativen Ordnung* des modernen Kapitalismus, und nur dafür schreibt er dem asketischen Protestantismus eine entscheidende Bedeutung zu. Die normative Ordnung des modernen Kapitalismus ist schon eine Spezifikation des generellen normativen Grundmusters, das durch den asketischen Protestantismus zwar nicht geschaffen, aber ethisch geformt und gesellschaftlich verbindlich definiert wurde, das wir als individualistisch-universalistische und rationalistisch-aktivistische Ethik bezeichnen können. Sie ist die generelle Matrix der modernen Gesellschaften, von der die normative Ordnung des modernen Kapitalismus nur eine unter anderen Spezifikationen darstellt. Andere Spezifikationen sind z. B. die moderne empirische Wissenschaft, die modernen Professionen und die modernen politischen Verfassungen.

Entstehen und sich verbindlich durchsetzen konnte die moderne individualistisch-universalistische und rationalistisch-aktivistische Ordnung erst durch die Interpenetration dynamisierender und steuernder Kräfte. Von den dynamisierenden Kräften prägten den Charakter des normativen Grundmusters vor allem diejenigen des englischen Handels und Gewerbes im Zusammenhang mit der zunehmenden Kommerzialisierung der Landwirtschaft durch die Gentry, aber auch die politische Unabhängigkeit, ja Gegnerschaft des Puritanismus gegen den Absolutismus und nicht zuletzt die Tatsache, daß der Puritanismus in freien religiösen Vereinigungen und nie als Staatskirche und damit bürokratisch organisiert war. Alle drei Faktoren – freie gewerbliche Unternehmung, politische Unabhängigkeit und freie Vereinigung – stärkten vor allem die individualistische Komponente des Grundmusters, die schließlich in Amerika durch die noch weitergehende Ausprägung aller drei Faktoren verstärkt wurde und die im System der freien Assoziationen die demokratische Teilnahme des Bürgers sowie im System der Checks and balances den Individualismus fest verankert hat.[149]

Welches waren aber die Bedingungen, durch welche die moderne Lebensweise ethisch geformt und gesteuert werden konnte? Welche Merkmale des asketischen Protestantismus waren es, die gerade ihm im Vergleich zur mittelalterlichen Kirche und auch im Vergleich zum Lutherischen Protestantismus eine besondere Kraft der ethischen Formung des Handelns gaben? Welche Faktoren dies bewirkt haben, ist schon von Weber deutlich herausgestellt worden. In der Protestantismusstudie ist es vor allem das Dogma der Prädestinationslehre, dem Weber eine besondere Bedeutung aufgrund der von ihm erzeugten nichtintendierten Wirkungen zumißt,[150] während er in seinem Aufsatz über die protestantischen Sekten die spezifische Organisationsform des Puritanismus und der ihm verwandten protestantischen Richtungen in den Vordergrund rückt:[151] die Freiwilligkeit der Mitgliedschaft,

149 Diese Entwicklung ist insofern keine logische Konsequenz der Lehre Calvins alleine. Obwohl Calvins Lehre die Unabhängigkeit der Kirche vom Staat und sogar die Kontrolle des Staates durch die Kirche sowie die Kontrolle von Kirche und Staat durch die Bibel implizierte und auch die Teilnahme des Gläubigen am Gemeindeleben im Vergleich zum Luthertum verstärkte, bedeutete dies in Calvins Genf eine streng hierarchisch geordnete Theokratie, die auch keine freie Wahl der religiösen Gemeinschaft und Sektenbildung zuließ. Freikirchentum, freie religiöse Assoziationen und demokratische Teilnahme des Bürgers sind erst durch die Rezeption des Calvinismus durch die Sekten und Denominationen in England, in den Niederlanden und in Amerika voll entfaltet und wesentlich durch diese bedingt worden. Sie sind erst Merkmale des Neucalvinismus. Siehe hierzu E. Troeltsch, *Die Soziallehren der christlichen Kirchen und Gruppen*, op. cit., S. 733-94.

150 M. Weber, *Religionssoziologie* I, op. cit., S. 89-161; vgl. E. Troeltsch, *Die Soziallehren der christlichen Kirchen und Gruppen*, op. cit., S. 615-21.

151 M. Weber, *Religionssoziologie* I, op. cit., S. 161-163, 207-236; vgl. E.

die Autonomie der lokalen Gemeinde, die Selbstverwaltung, die geringe Differenzierung zwischen Experten und Laien, die Intensität des Gemeinschaftslebens mit starker Einbeziehung des Mitgliedes in die Angelegenheiten der Gemeinde, die solidarische Haftung der Gemeinde gegenüber Gott und die Tatsache, daß die Gemeinde durch Auslese der ethisch Qualifizierten als allein würdigen Gemeindemitgliedern nicht, wie die mittelalterliche Kirche und auch noch die Lutherische Kirche, die einzelne Handlung – und dies mit autoritären Mitteln und durch dafür vorgesehene Ämter – kontrollierte, sondern *ethische Qualitäten als dauerhafte Persönlichkeitseigenschaften* erzeugte.

Der entscheidende Unterschied des Calvinismus und der verwandten puritanischen und anderen Kirchen und Sekten zur mittelalterlichen und zur Lutherischen Staatskirche lag darin, daß er in wesentlich höherem Ausmaß diejenigen Bedingungen erfüllte, die grundlegende Bedeutung haben für die verbindliche gesellschaftliche Institutionalisierung einer normativen Ordnung und für die Internalisierung der ethischen Normen in das Persönlichkeitssystem, die sie zu konstanten Persönlichkeitseigenschaften des Individuums macht. Für Weber ist es unzweifelhaft, daß die dauerhafte verbindliche Durchsetzung einer neuen normativen Ordnung ihre spezifischen Voraussetzungen hat und sich niemals allein auf den schwankenden utilitaristischen Boden der Nützlichkeit dieser Ordnung für jeweilige Interessenten stützen kann. Weber geht es um die soziologische Erklärung des Entstehens und der Durchsetzung einer neuen normativen Ordnung, und er suchte deshalb auch nach den entsprechenden gemeinschaftsbildenden und sozialisatorischen Bedingungen für eine solche Ordnung. Es ist infolgedessen völlig unzureichend, seine Problemstellung in den Prioritätenstreit um die materiellen und ideellen Faktoren einzuzwängen. Sein Erklärungsansatz befindet sich jenseits dieser fruchtlosen Kontroverse und richtet sich wesentlich mehr gegen die rein utilitaristische Erklärung des Entstehens und des Fortbestehens einer normativen Ordnung.[152]

Weber stellt selbst völlig klar heraus, daß er auf die Erklärung des normativen Aspektes des modernen Kapitalismus abzielt und auf keinen anderen Aspekt, wie z.B. dessen ökonomische Prämien

Troeltsch, *Die Soziallehren der christlichen Kirchen und Gruppen*, op. cit., S. 738-848.

152 M. Weber, *Religionssoziologie* I, op. cit., S. 30-62.

für bestimmte Schichten, die technische und kommerzielle Entwicklung, die Rohstoffversorgung, die Verfügbarkeit von Kapital und dgl., und schon gar nicht auf die ohnehin unmögliche Erklärung des Kapitalismus in seiner Gesamtheit. Und Weber ist ebenso klar in seiner Auffassung, daß dieser normativ-stabile Aspekt weder aus schwankenden Interessenkonstellationen, noch aus materiellen oder technischen Gegebenheiten noch aus den Ideen *einzelner* Intellektueller ohne gesellschaftliche Breitenwirkung erklärt werden kann. Eine utilitaristische oder machttheoretische Erklärung des normativen Aspektes des modernen Kapitalismus scheidet für Weber aufgrund theoretischer Erwägungen aus. Daß die Interessen des Bürgertums oder ein irgendwie schon entwickelter kapitalistischer Geschäftsverkehr die Ethik des modernen Kapitalismus aus sich heraus geschaffen hätten, ist eine theoretische Unmöglichkeit, die nicht allein an Webers Fallstudie überprüft werden kann, sondern von beliebigen anderen Fällen bestätigt wird. Wir können einen solchen interessen- oder machttheoretischen Utilitarismus als empirisch falsifiziert betrachten und brauchen deshalb über die unpräzise Frage, ob der Kapitalismus den »Geist des Kapitalismus« und den »Geist des Protestantismus« »verursacht« habe oder umgekehrt, gar nicht weiter am historischen Fall Webers zu diskutierten. Weber hat nicht behauptet, daß der asketische Protestantismus den Kapitalismus hervorgebracht habe, sondern daß der asketische Protestantismus die religiös-sinnhafte, allgemein-normative und affektuell-gemeinschaftliche Grundlage des »Geistes des Kapitalismus« als normativem Aspekt des Kapitalismus gebildet habe. Diesen normativen Aspekt allein auf Interessen- und Machtkonstellationen und/oder materielle Entwicklungen gründen zu wollen, wäre eine utilitaristische Erklärung, die nicht nur durch Webers Beispiel, sondern durch viele andere Fälle der Ordnungsbildung widerlegt wird. Wie Weber zeigt, genügt es aber auch nicht, auf irgendwelche Ideen einzelner Intellektueller mit ähnlichem Charakter wie die Ideen des asketischen Protestantismus in anderen Kulturen und zu früheren Zeiten als der Reformation als angeblich falsifizierende Instanz zu verweisen, weil damit entweder bewiesen sei, daß dieselben Ideen anderswo nicht dieselbe Wirkung entfaltet hätten, oder aber, daß die ideellen Grundlagen des Kapitalismus auch anderswo als nur im asketischen Protestantismus liegen würden. Weber macht völlig deutlich, daß solche Ideen wirkungslos sind, solange sie nur Intellektuellenprodukte bleiben und weder in einer umfassenden Gemeinschaft verankert noch in die ökonomische Praxis integriert sind. Religiöse Sinngebung, rationale Begründung, gemeinschaftliche Verankerung und die Spezifikation allgemeiner ethischer Systeme für das ökonomische Handeln durch die religiös-normative Praxis sind die entscheidenden Variablen, die den normativen Aspekt des modernen Kapitalismus, die radikale Umwälzung einer *normativen* Ordnung, begreifbar machen.

Weber exemplifiziert an seinem historischen Fall in eindringlicher Weise die grundlegende methodologische Regel Durkheims, die Regel, daß man Soziales nur durch Soziales erklären könne, ganz im Gegensatz zur üblichen soziologischen Praxis, die gerade anhand dieser Regel den »Kollektivisten« Durkheim und den »Individualisten« Weber einander diametral entgegensetzt. Normative Ordnungen unterscheiden sich von anderen Aspekten der Realität definitorisch durch eine gewisse zeitliche Kontinuität. Diese zeitliche Kontinuität können wir nicht auf zeitlich schwankende Bedingungen zurückführen, sondern nur auf zeitlich stabilere, von Macht- und Interessenkonstellationen unabhängig wirksame Faktoren. Weber ist hier mit Durkheim in der Ablehnung einer utilitaristischen Sozialtheorie völlig einig und trifft sich mit ihm in der Tat in der Konzeption einer voluntaristischen Handlungstheorie, die eine normative Ordnung deutlich von einer bloß faktischen Ordnung unterscheidet und die Grundlagen des regelhaften Aspekts einer normativen Ordnung letztlich im sozialen Konsens sucht. Allerdings neigt Weber mehr zu einer intellektualistischen Interpretation von Konsens, nämlich als die Übereinstimmung in der rationalen Begründung von Normen, während Durkheim deutlicher als Weber die Wurzel des sozialen Konsensus in der affektuellen Verbundenheit sieht. Für Weber bricht demgemäß die moderne soziale Ordnung wieder zusammen, sobald die intellektuelle Rationalisierung die Glaubensgrundlagen der Religion zerstört hat und jede Norm prinzipiell hinterfragbar gemacht hat. Rationaler Konsensus ist unter diesen Bedingungen unmöglich. Dagegen braucht für Durkheim die intellektuelle Rationalisierung die affektuelle Verbundenheit keinesfalls zu tangieren und kann gerade durch letztere in Grenzen gesetzt werden. Nach Durkheims affektueller Fundierung ist Konsens auch unter Bedingungen intellektueller Rationalisierung noch möglich. Die letzte Grundlage der verbindlichen Geltung von Normen ist für Durkheim nicht ihre rationale Begründbarkeit, sondern die affektuelle Verbundenheit ihrer Träger. In diesem Punkt ist die wesentliche *Divergenz* von Weber und Durkheim zu erkennen.

Normative Ordnungen sind indessen wirkungslos für das Handeln, wenn die steuernden Kräfte keinen Zugang zu den dynamisierenden Kräften des Handelns finden und diese begrenzen können, ihrerseits aber von ihnen geöffnet werden. Das heißt, daß die religiöse Ethik an das ökonomische Handeln und die religiöse Gemeinschaft an ökonomische Interessenvergemeinschaftungen herangebracht werden müssen. Beide Sphären des Handelns müssen durch die soziale Assoziation ihrer typischen Repräsentanten verknüpft werden, so daß sie sich gegenseitig durchdringen können. Nur auf diese Weise kann eine tatsächlich wirksame ökonomische oder eine andere praktische Ordnung entstehen. Sie bilden dann eine Interpenetrationszone von religiöser Ethik und praktischem Handeln, eigenständige Phänomene, die weder in der einen noch in der anderen Sphäre aufgehen. Gerade diese Interpenetration ist ein besonderes Charakteristikum, das die Beziehung des asketischen Protestantismus zum praktischen Handeln von den entsprechenden Beziehungen anderer christlicher und nichtchristlicher Religionen zur Praxis unterscheidet.

Zur Debatte über die Priorität von Kapitalismus und asketischem Protestantismus können wir insofern sagen, daß weder der Kapitalismus den asketischen Protestantismus, noch der asketische Protestantismus den Kapitalismus »verursacht« hat. Solche Beziehungen zwischen konkreten Gesamtheiten sind wissenschaftlich gar nicht erfassbar. Webers These ist vielmehr so zu lesen, daß die *normative Ordnung* des Kapitalismus ein Produkt der Interpenetration der steuernden Kräfte der religiös-ethischen Begründung und der Vergemeinschaftung mit den dynamischen Kräften der ökonomischen Entwicklung und der »natürlichen« Interessen bürgerlicher Schichten darstellt.

Die bürgerlich-kapitalistischen ökonomischen Interessen wirken zwar dynamisierend in die Richtung der Auflösung der traditionalistischen normativen Ordnung, diese Wirkung läßt sich jedoch schon an der vielfältigen, die ethische Regulierungskraft der Kirche aushöhlenden Anpassung der mittelalterlichen Theologie beobachten, ohne daß dadurch eine neue normative Ordnung entstanden wäre; eine solche Ordnung konnte allein aus der dynamisierenden Wirkung der ökonomischen Entwicklung auch gar nicht hervorgehen, weil diese aus sich heraus keine ethische Formung des Handelns schaffen kann. Die ethische Formung des Handelns hat ihre eigenen Voraussetzungen, die deshalb hinzutreten mußten, damit überhaupt eine neue normative Ordnung aufkeimen konnte, und diese Voraussetzungen sind in Formen der kongruenten Monopolisierung der verschiedenen Chancen durch die entsprechende, die relevanten sozialen Verkehrskreise umschließende Gemeinschaft, in der intensivierten Gemeinschaftsbildung und in der Sozialisation der Individuen zu suchen. Die Überlegenheit der Weberschen Erklärung des Entstehens der modernen Kultur zeigt sich gerade darin, daß sie im Vergleich zu anderen Ansätzen die Bedeutung der Herausbildung einer neuen individualistisch-universalistischen, rationalistisch-aktivistischen *normativen Ordnung* und das Gewicht ihrer entsprechenden Voraussetzungen erkennbar macht.

Von grundsätzlicher Bedeutung für die Wirkung der religiösen Ethik auf das individuelle Alltagshandeln war – wie Weber in seiner Protestantismusstudie herausstellt – die Tatsache, daß Calvin konsequent mit der Zwischenschaltung einer von der Kirche verwalteten Anstaltsgnade zwischen Mensch und Gott aufgeräumt hatte. Der einzelne steht allein vor Gott und ist allein ihm und nicht anderen Menschen verantwortlich. Und allein Gott und nicht die Kirche urteilt über seine ethische Qualifikation. Besondere Bedeutung hatte hierbei das Dogma der Prädestinationslehre, nach der es durch Gottes unerforschlichen Ratschluß von jeher schon vorbestimmt ist, ob der einzelne zu den zu ewigem Leben Auserwählten gehört oder nicht. An diesem Ratschluß kann keine von der Kirche vermittelte Anstaltsgnade irgend etwas ändern. Völlige Einsamkeit des einzelnen in seiner Beziehung zu Gott war die Konsequenz dieser Lehre und damit aber auch eine totale Abhängigkeit von der Gnade Gottes, die nicht mehr von der Kirche und in vermenschlichter Form durch einen milden Beichtvater vermittelt werden konnte. Gottes Blick war im Gegensatz zur äußeren Kontrolle der Anstaltskirche überall, und es blieb ihm weder das äußere Handeln verborgen noch die innere Gesinnung. Durchgängige ethische Verantwortung des Handelns und Wollens vor Gott war deshalb das Gebot für den Calvinisten. Die Vereinsamung des Individuums und der entsprechende Individualismus im Calvinismus implizierte einerseits eine Versachlichung der Beziehungen zu den Nächsten. Jede persönliche Hingabe wäre verpönte »Kreaturvergötterung« gewesen. Das bedeutete jedoch keinen normativ ungebundenen, egoistischen Individualismus, sondern die Selbstverantwortung des Individuums; und es implizierte nicht die Entethisierung des Handelns gegenüber dem Nächsten, sondern die universell gültige Bindung an Normen im Handeln gegenüber jedem anderen in gleicher Weise, unabhängig davon, wie nahe oder fern der andere zum einzelnen steht. Die Konsequenz davon ist nicht die Auflösung der Ethik, sondern die Überwindung jedes ethischen *Partikularismus* zugunsten des ethischen Universalismus und insofern auch die innere Verknüpfung von Individualismus und Universalismus. Darüber hinaus muß man noch berücksichtigen, daß auch die Organisationsform der Sekten und Denominationen die Bindung des Individuums an Gemeinschaften verstärkt und einer egoistischen Vereinzelung des Individuums entgegengewirkt hat. Aus der Vereinsamung des Individuums durch die Prädestinationslehre des Calvinismus eine Tendenz zu Gemeinschaftsunfähigkeit, egoistischem, normativ nicht gebundenem Individualismus und zur völligen Entethisierung des Handelns abzuleiten, ist insofern übertrieben und logisch nicht stimmig.[153]

Durch die Beseitigung jeder kirchlich-sakramentalen Heilsverwaltung hat der Calvinismus die schon im antiken Judentum angelegte Zurückdrängung jeder Magie im Vergleich zum Katholizismus wesentlich weiter vorangetrieben. Zwischen einem ethisch gebietenden Gott und dem ihm gegenüber individuell verantwortlichen Menschen konnte es keinen Raum für magische Beeinflussungen des Gottes geben. Diese vollständige, im antiken Judentum wurzelnde Entmagisierung der Beziehung zwischen Mensch und Gott im Calvinismus machte erst eine im Katholizismus längst nicht erreichte durchgehende ethische Formung des Handelns *innerhalb* der Welt möglich. Wenn Weber in diesem Zusammenhang von der dadurch bewirkten »Entzauberung« der Welt spricht, dann hat dieser Begriff also zuvorderst eine ethische Komponente, nämlich die Durchsetzung einer ethischen gegenüber

153 Zu dieser Ableitung neigt W. Schluchter, *Die Entwicklung des okzidentalen Rationalismus*, op. cit., S. 250-1. So weit werden die Konsequenzen dagegen bei Weber nicht gezogen. Siehe M. Weber, *Religionssoziologie* I, op. cit., S. 93-101. Selbstverantwortung und Bindung an Normen als Grundkomponenten des calvinistischen Individualismus betont E. Troeltsch, *Die Soziallehren der christlichen Kirchen und Gruppen*, op. cit., S. 622-4.

einer magischen Beziehung zwischen Gott und Mensch. Die kognitiv-wissenschaftliche Komponente des Begriffs Entzauberung hat dagegen ihre Wurzeln im hellenischen Rationalismus:

Dies: der absolute (im Luthertum noch keineswegs in allen Konsequenzen vollzogene) Fortfall kirchlich-*sakramentalen* Heils, war gegenüber dem Katholizismus das absolut Entscheidende. Jener große religionsgeschichtliche Prozeß der *Entzauberung* der Welt, welcher mit der altjüdischen Prophetie einsetzte und, im Verein mit dem hellenischen wissenschaftlichen Denken, alle *magischen* Mittel der Heilssuche als Aberglaube und Frevel verwarf, fand hier seinen Abschluß.[154]

Über die im alten Christentum einsetzende Vereinigung des hellenischen Rationalismus mit der christlichen Religion ist die Entzauberung sowohl durch eine ethische als auch durch eine kognitiv-wissenschaftliche Komponente geprägt. Dabei betont Weber in bezug auf den Calvinismus deutlich die *ethische* Komponente.[155] Wie weit in der postcalvinistischen Entwicklung sich die kognitiv-wissenschaftliche Komponente verselbständigt hat und ihrerseits Entzauberung im Sinne der Auflösung nicht nur der Magie, sondern auch der Ethik betreibt, ist eine empirische Frage der konkreten Beziehung beider Komponenten zueinander und keine schon aus irgendeiner »Logik« des Entzauberungsprozesses im voraus zu bejahende Frage. Hier muß man nicht notwendigerweise dem Weber aus »Wissenschaft als Beruf« folgen und die Institutionalisierung einer allgemein gültigen Ethik in den modernen Gesellschaften aufgrund ihrer Nichtbegründbarkeit durch die *kognitiven* Wissenschaften grundsätzlich in Frage stellen.[156] Die

154 M. Weber, *Religionssoziologie* I, op. cit., S. 94-5; vgl. weiter S. 114-6, 162-3.

155 Siehe ebd., S. 513: »Die gänzliche *Entzauberung der Welt* war *nur* hier (im Calvinismus, d. V.) in alle Konsequenzen durchgeführt. ..während der Konfuzianismus die Magie in ihrer *positiven* Heilsbedeutung unangetastet ließ, war hier alles Magische *teuflisch* geworden, religiös wertvoll dagegen nur das rational Ethische geblieben: das Handeln nach Gottes Gebot, und auch dies nur aus der gottgeheiligten Gesinnung heraus.«

156 M. Weber, »Wissenschaft als Beruf«, op. cit., S. 607-13. Hier betont Weber die kognitiv-wissenschaftliche Komponente von »Entzauberung«. Ausschließlich diese Komponente sehen als Merkmal von »Entzauberung«: F. H. Tenbruck, »Das Werk Max Webers«, op. cit., S. 690-1, 694-5; W. Schluchter, »Die Paradoxie der Rationalisierung«, op. cit., S. 275-82; *Die Entwicklung des okzidentalen Rationalismus*, op. cit., S. 249-55. In der Frage der Institutio-

Institutionalisierung einer solchen Ethik ist auch weniger eine Frage der kognitiv-wissenschaftlichen Begründung als eine Frage universeller Vergemeinschaftung, innerhalb derer Konsens über nicht hinterfragbare ethische Grundsätze besteht und die den äußeren Bezugsrahmen kognitiv-wissenschaftlichen Hinterfragens von Spezifikationen dieser Grundsätze bildet. Es kommt darauf an, wie weit es gelingt, universelle Vergemeinschaftung und kognitiv-wissenschaftliche Öffnung des moralischen Kosmos durch Interpenetration zu *integrieren* und nicht zu separieren oder das eine dem anderen zu opfern.

Die calvinistische Lehre erzeugte eine totale Abhängigkeit des einzelnen von der Gnade Gottes und eine totale Überwachung des inneren und äußeren Tuns durch Gott; sie schuf dadurch die extremsten Bedingungen für die Internalisierung der religiösen Ethik und für die lückenlose Selbstkontrolle und Selbstdisziplinierung des Handelns. Nicht allein äußerlich korrektes, mit Normen übereinstimmendes Handeln, sondern darüber hinaus eine *ethische Gesinnung* verlangte der Calvinismus im Unterschied zum mittelalterlichen Katholizismus und auch zum Lutherischen Protestantismus. Nicht auf das Handeln als solches kam es nur an, sondern auf die systematische Kontrolle der gesamten äußeren und inneren Lebensführung, auf *Selbstkontrolle* und auf die Ausbildung einer ethisch verantwortungsbewußten *Persönlichkeit*.[157] Eine besondere Wirkung hatte dabei die Prädestinationslehre. Nach dieser Lehre war Gott in seinem Entschluß absolut unerbittlich und niemals konnte durch eine Reihe guter Werke etwas an seinem Entschluß geändert werden. Vor allem die Kompensation schlechter Taten durch gute Werke war völlig ausgeschlossen. Im Gegenteil, jede geringste ethische Verfehlung war ein Zeichen dafür, daß man nicht zu den Auserwählten gehörte. Für Calvin existierten auch keine äußeren Zeichen des Erwähltseins; der außerordentliche psychische Druck, der auf dem einzelnen durch den Prädestinationsglauben lastete, brach jedoch in der Nachfolge

nalisierung einer verbindlichen Moral ist Weber selbst teilweise einer Konkretisierung einer analytischen Konstruktion der kognitiv-wissenschaftlichen Komponente des Handelns erlegen. Das auch von Tenbruck und Schluchter übernommene Argument geht dahin, daß die religiöse Ethik auf nicht prüfbarem bzw. beweisbarem *Glauben* beruhe, für den es in einer Welt, in der nur noch das *prüfbare Wissen* gilt, keinen Platz mehr gebe.

157 M. Weber, *Religionssoziologie* I, op. cit., S. 111, 116-7, 123-8, 162-3.

Calvins die Bahn für die zunehmende Anerkennung irdischer Zeichen für den Stand des Erwähltseins.[158] Dadurch war aber gerade der Druck auf die ethische Lebensführung noch größer geworden, weil es keinen Ausweg in den Fatalismus gab. Keinerlei ethische Laschheit, weder im äußeren Handeln noch in der inneren Einstellung durfte sich der einzelne erlauben, weil sich anderenfalls gerade in seinem Handeln und Wollen nicht das Erwähltsein, sondern die ewige Verdammnis geäußert hätte.[159]
Der einzelne mußte vor Gott ständig seine ethische Qualifikation unter Beweis stellen, und das bedeutete wiederum ein Leben nach den ethischen Normen einer genuin bürgerlichen Gemeinschaft: Selbstdisziplin, formale Rechtlichkeit und Korrektheit, rastlose Berufsarbeit, aktive Gestaltung der Welt zu einem rationalen Kosmos, logisches Denken und methodisch-rationale Erfahrung.[160] Soweit damit auch äußerer Erfolg, z.B. Berufserfolg, Reichtum und ein harmonisches Familienleben, verbunden war, galt dies als eine öffentliche Bestätigung für die ethische Qualifiziertheit des einzelnen, und er war stets Ansporn für die weitere methodisch-rationale Lebensgestaltung, die nun vor allem der Versuchung des Reichtums zu Müßiggang und Lebensgenuß widerstehen mußte.[161] Weber hat diese nichtintendierte Folge der puritanischen Ethik als *eine* wesentliche Voraussetzung für die ethische Prämierung der kapitalistischen Gesinnung – rastlose Arbeit + Sparzwang = Reinvestitionszwang – bezeichnet,[162] aber man verkennt seine eigentliche Problemstellung, wenn man in der dadurch ermöglichten Kapitalanhäufung das wesentliche Bindeglied zur modernen Gesellschaft sieht. Eine haltbarere Rekonstruktion des Weberschen Arguments muß den Blick vielmehr auf das Entstehen der individualistisch-universalistischen, rationalistisch-aktivistischen *Ordnung* richten, die in ihrer weiteren Wirkung auch wesentlich breiter angelegt ist und insgesamt die *normative Matrix*

158 Ebd., S. 102-6.

159 Vgl. ebd., S. 111-2, Anmerkung 4. Weber betont, daß entgegen der rein logisch aus der Prädestinationslehre abzuleitenden Konsequenz eines Fatalismus der *psychologische Druck* den Gläubigen ständig zur Bestätigung des Erwähltseins durch Bewährung zwang.

160 Ebd., S. 105-11, 163-203; E. Troeltsch, *Die Soziallehren der christlichen Kirchen und Gruppen*, op. cit., S. 790-4, 949-58.

161 M. Weber, *Religionssoziologie* I, op. cit., S. 166-7, 183-4, 189-91.

162 Ebd., S. 192-3, 197-9.

der entstehenden modernen Gesellschaften bildet, die jedoch um so mehr bis heute von traditionalistischen Elementen durchsetzt geblieben ist, je später das neue normative Muster von den Ursprungsgesellschaften – England, USA – in andere Gesellschaften diffundierte.[163]

Das Dogma der Prädestinationslehre hatte eine außerordentlich intensive Wirkung in die Richtung einer fast pathologischen Selbstdisziplinierung des Handelns nach ethischen Geboten, die natürlich die ethischen Gebote einer bürgerlichen Welt waren. Nicht die intellektuelle Sinnsuche jenseits der irdischen Ordnungen war die Konsequenz der Prädestinationslehre, sondern gerade die radikale Einschränkung rein intellektualistischen Erlösungsstrebens zugunsten innerweltlicher Askese durch die ethische Bewährung im Alltagsleben:

Der Asket muß, wenn er innerhalb der Welt handeln will, also bei der innerweltlichen Askese, mit einer Art von glücklicher Borniertheit für jede Frage nach einem »Sinn« der Welt geschlagen sein und darum sich nicht kümmern. Es ist daher kein Zufall, daß die innerweltliche Askese sich gerade auf der Basis der absoluten Unerforschlichkeit seiner Motive des jedem menschlichen Maßstab entrückten, calvinistischen Gottes am konsequentesten entwickeln konnte. Der innerweltliche Asket ist daher der gegebene »Berufsmensch«, der nach dem Sinn seiner sachlichen Berufsausübung innerhalb der *Gesamt*welt – für welche ja nicht er, sondern sein Gott die Verantwortung trägt – weder fragt noch zu fragen nötig hat, weil ihm das Bewußtsein genügt, in seinem persönlichen rationalen Handeln in dieser Welt den für ihn in seinem letzten Sinn unerforschlichen Willen Gottes zu vollstrecken.[164]

163 Im Vergleich zu einer isolierten Betrachtung der Weberschen Protestantismusstudie entlasten wir hier einerseits den asketischen Protestantismus in bezug auf die Erklärung des Entstehens der Moderne. Er ist nur *ein* – allerdings ein bedeutender – Stein neben den hier sonst behandelten im Gebäude der Moderne. In bezug auf die Konsequenzen belasten wir allerdings den asketischen Protestantismus, indem wir in ihm einen Schritt zu einem allgemeinen, alle sozialen Sphären und nicht nur die ökonomische Sphäre übergreifenden normativen Grundmuster erkennen. Vgl. in dieser Richtung schon E. Troeltsch, *Die Soziallehren der christlichen Kirchen und Gruppen*, op. cit., S. 949-64. Siehe auch T. Parsons, »Christianity and Modern Industrial Society«, op. cit.; »Christianity«, op. cit.

164 M. Weber, *Wirtschaft und Gesellschaft*, op. cit., S. 332; vgl. auch M. Weber, *Religionssoziologie* I, op. cit., S. 101. Auch an dieser Beziehung, die Weber zwischen der Prädestinationslehre und der innerweltlichen Askese sieht, ist zu erkennen, wie irreführend es ist, wenn man am Calvinismus die

Aber nicht nur die inneren dogmatischen Eigenschaften des Calvinismus begünstigten die Internalisierung der ethischen Gebote, die sie zu *konstanten persönlichen Dispositionen* machte; auch die – durchaus mit dem Dogma zusammenhängende – äußere Organisationsform des Puritanismus und der ihm verwandten religiösen Vereinigungen schuf – wie Weber in seinem späteren Aufsatz (1906, 1920) zu den protestantischen Sekten zeigt – günstige Bedingungen für die kollektive Institutionalisierung und für die persönliche Internalisierung ethischer Normen. Eine wesentliche Bedingung war zunächst die starke Kongruenz von ökonomischer, politischer, kultureller und moralischer Gemeinschaft. Vor allem der radikale Bruch mit der scharfen Differenzierung zwischen religiösen Experten und Laien, mit der bürokratischen Organisation der Anstaltskirche und damit auch mit der Differenzierung von Experten- und Laienethik erzeugte diese Wirkung. Während im mittelalterlichen Katholizismus das Ideal der »Gemeinschaft der Heiligen« nur von den Mönchsorden realisiert wurde, bildet nun die ganze religiöse Gemeinde eine »Gemeinschaft der Heiligen«. Nach Calvins reiner Prädestinationslehre gab es dabei auch keine Möglichkeit, die Erwählten von den Verworfenen zu scheiden. Dieser auch durch das Täufertum geprägte Gemeindebegriff ist durch die Abschwächung der reinen Prädestinationslehre und unter pietistischem Einfluß wieder insoweit verändert worden, als die Erkennbarkeit der Erwählten postuliert wurde. Dennoch wurde an der Inklusion aller Gläubigen in die Gemeinde festgehalten, um auch alle derselben religiös-ethischen Zucht unterstellen zu können.[165]

rein intellektuelle Rationalisierung des Theodizeeproblems für das wesentliche Merkmal hält. Wie Weber betont, ist es gerade die Einschränkung des reinen Intellektualismus, welche die calvinistische Lösung des Theodizeeproblems auszeichnet. In dieser Hinsicht besteht auch eine grundlegende Ähnlichkeit des Calvinismus zur jüdischen Einschränkung rein intellektueller Sinnsuche. Die ebenso ähnliche Beseitigung von Magie ist vor diesem Hintergrund zu verstehen und nicht nur im Sinne einer wissenschaftlichen Entzauberung der Welt.

165 Obwohl es für Calvin nur eine Kirche gab, die keine Sekten neben sich duldete, waren doch das Prinzip der Unabhängigkeit der Kirche vom Staat, das Prinzip der Beseitigung der kirchlichen Sakramentsverwaltung und das Prinzip der Laienbeteiligung der Bildung freier religiöser Gemeinschaften kongruenter als eine Anstaltskirche und konnten deshalb auch in die puritanischen Sekten und Denominationen integriert werden. Siehe M. Weber, *Religionssoziolo-*

Die religiöse Ethik gilt für alle Mitglieder und damit auch für alle Lebensbereiche gleich, und dies war nur durchführbar auf der Basis einer intensiven Einbeziehung aller Gemeinschaftsmitglieder in die sakramentalen Aufgaben. Durch diesen organisatorischen Unterschied des asketischen Protestantismus gegenüber der mittelalterlichen und auch gegenüber der Lutherischen Kirche war eine extensivere und intensivere gegenseitige Durchdringung der verschiedenen Ordnungen möglich. Diese war zwar in der kongruenten universalistischen Vergemeinschaftung der mittelalterlichen Kirchengemeinde und Stadtgemeinde als Potential angelegt, erzeugte dort aber zunächst nur Spannungen, die aufgrund des zunehmenden Anstaltscharakters der Kirche und der zunehmenden Differenzierung von Experten- und Laienethik durch Versöhnung und nicht durch gegenseitige Durchdringung gelöst wurden. Die freikirchliche, die Laienteilnahme intensivierende Organisationsform des asketischen Protestantismus führte dagegen die religiöse Ethik zunächst einmal an das ökonomische Erwerbsleben, aber auch an die politischen und kulturell-wissenschaftlichen Aktivitäten der bürgerlichen Schichten heran, die nun den *Stoff* einer neuen normativen Ordnung boten, der durch den enorm gemeinschaftsbildenden und sozialisatorisch wirksamen Charakter des asketischen Protestantismus *ethisch geformt* werden konnte.

Das intensive Gemeinschaftsleben des in Sekten, Denominationen oder stark dezentralisierten Kirchen mit lokaler Selbstverwaltung organisierten asketischen Protestantismus war entscheidend für seine im Vergleich zur mittelalterlichen und Lutherischen *Anstalts*kirche wesentlich stärkere persönlichkeitsbildende Kraft:

Eine »Kirche« ist eben eine Gnaden*anstalt*, welche religiöse Heilsgüter wie eine Fideikommißstiftung verwaltet und zu welcher die Zugehörigkeit (der Idee nach!) obligatorisch, daher für die Qualitäten des Zugehörigen nichts beweisend, ist; eine »Sekte« dagegen ein voluntaristischer Verband ausschließlich (der Idee nach!) religiös-ethisch Qualifizierter, in den man freiwillig eintritt, wenn man freiwillig kraft religiöser *Bewährung* Aufnahme findet. Ausschluß aus der Sekte wegen ethischer Verstöße bedeutete wirtschaftlich Verlust der Kreditwürdigkeit und soziale Deklassierung.[166]

gie I, op. cit., S. 131-4; E. Troeltsch, *Die Soziallehren der christlichen Kirchen und Gruppen*, op. cit., S. 625-43, 733-94.

166 M. Weber, *Religionssoziologie* I, op. cit., S. 211-22. Vgl. weiter S. 131-4, 153, 162, 221, 262; M. Weber, *Wirtschaft und Gesellschaft*, op. cit., S. 278,

Die bürokratische Organisationsform der mittelalterlichen und Lutherischen Anstaltskirche mit ihrer scharfen Differenzierung in beamtete Experten und Laien und ihrer Zwangsmitgliedschaft konnte das Handeln des Kirchenmitglieds nur äußerlich kontrollieren, nie aber eine *ethische Gesinnung* als konstante Persönlichkeitseigenschaft hervorbringen. Dagegen bewirkte die Laienorganisation durch die intensive Teilnahme der Laien an den Angelegenheiten der Gemeinde und durch die Auslese der Gemeindemitglieder nach ihrer ethischen Qualifikation im asketischen Protestantismus weit mehr die Internalisierung ethischer Standards und damit das Entstehen einer *ethischen Gesinnung* als konstanter Handlungsdisposition:

Die mittelalterliche ebenso wie die lutherische Kirchenzucht lagen 1. in den Händen des geistlichen Amts, 2. wirkten sie, soweit sie überhaupt wirksam wurden, durch autoritäre Mittel und 3. straften oder prämierten sie *einzelne* konkrete Handlungen. Die Kirchenzucht der Puritaner und der Sekten lag 1. mindestens mit, oft ganz und gar in den Händen von Laien, 2. wirkte sie durch das Mittel der Notwendigkeit der *Selbstbehauptung* und 3. züchtete sie *Qualitäten* oder – wenn man will – las sie aus. Dies letzte ist das Wichtigste. Das Sekten- (oder Konventikel-) Mitglied mußte, um in den Kreis der Gemeinschaft einzutreten, *Qualitäten* bestimmter Art haben, deren Besitz (...) für die Entwicklung des rationalen modernen Kapitalismus wichtig war. Und es mußte, um sich in diesem Kreise zu *behaupten*, den Besitz dieser Qualitäten dauernd *bewähren*: sie wurden in ihm konstant und kontinuierlich gezüchtet. Denn wie (...) seine jenseitige Seligkeit, so stand und fiel auch seine diesseitige ganze soziale Existenz damit, daß es sie »bewährte«.[167]

Die Organisationsform des Puritanismus und der ihm verwandten Spielarten des asketischen Protestantismus als freie Vereinigungen mit freier Auslese der Mitglieder, lokaler Autonomie, Aktivierung der Laienteilnahme und Laienkontrolle war insofern eine ganz entscheidende Bedingung für die ethische Formung der neuen ökonomischen, politischen und kulturellen Ordnungen. Sie implizierte einen hohen Vergemeinschaftungsgrad und eine hohe Achtungsabhängigkeit des einzelnen von der Gemeinschaft als entscheidende Bedingungen der verbindlichen kollektiven Institutionalisierung und persönlichen Internalisierung einer normativen Ordnung. Die Sekten und die amerikanischen Denominationen

287, 292-3, 721-6; E. Troeltsch, *Die Soziallehren der christlichen Kirchen und Gruppen*, op. cit., S. 360-77, 733-7, 790-7, 809-12.

167 M. Weber, *Religionssoziologie* I, op. cit., S. 233-4.

konnten diese Bedingungen der Gemeinschaftsbildung natürlich besonders ausgeprägt erfüllen. Größere Vereinigungen – wie der Pietismus – erreichten diesen Vergemeinschaftungsgrad durch die Teilung in kleinere Gruppen.[168]

Die Bedeutung dieser religiösen Gemeinschaften für die Art der Ordnung des Lebens der amerikanischen Siedler wird auch aus der Tatsache deutlich, daß die religiöse Vergemeinschaftung der politischen Vergesellschaftung häufig zeitlich vorausging. Die Kirchengemeinde mit Pfarrer und Lehrer war oft schon in Betrieb genommen, bevor auch an die Gründung einer politischen Bürgergemeinde gedacht wurde. Und in Neuengland besaß während der Kolonialzeit nur der kirchengemeindliche Vollbürger auch das staatliche Vollbürgerrecht.[169]

Die verbindliche ethische Durchdringung der sozialen Beziehungen wurde insofern durch die Art der gemeinschaftsbildenden Organisation des Calvinismus und vor allem der ihm nachfolgenden oder verwandten Kirchen, Sekten und Denominationen ganz erheblich gefördert. Ohne diese intensive Gemeinschaftsbildung hätte das moderne normative Grundmuster gar nicht ähnlich tief und universell gültig in der Gesellschaft verankert werden können. Das intensive Gemeinschaftleben erzeugt für den einzelnen eine hohe *Abhängigkeit und ein Bedürfnis nach Achtung und Zuneigung* durch die Gemeinschaft. Dies ist die Grundlage, auf der innerhalb des sozialen Kreises der Gemeinschaftsmitglieder das Handeln des einzelnen, in die Gemeinschaft hineinwachsenden Mitglieds durch die *differenzierte Zuteilung von Achtung und Zuneigung* bzw. Mißachtung und Abneigung nach ethischen Prinzipien geformt werden kann. Bis heute macht sich diese Abhängigkeit des Amerikaners von der moralischen Achtung durch die religiösen und lokalen Gemeindegenossen in einer besonders ausgeprägten Orientierung am Handeln und Denken der anderen bemerkbar. Zusammen mit der hohen Bewertung des individuellen Erfolgs bewirkt diese Einstellung eine eigentümliche Kongruenz von Konformismus und individueller Aufstiegsorientierung, wie sie in der Einstellung des »keeping up with the Jones« zum Ausdruck kommt.[170]

168 Ebd., S. 226-7; E. Troeltsch, *Die Soziallehren der christlichen Kirchen und Gruppen*, op. cit., S. 728-30.

169 M. Weber, *Religionssoziologie* I, op. cit., S. 217.

170 Siehe hierzu schon A. de Tocqueville, *Über die Demokratie in Amerika*,

Die Bindung des einzelnen an seine religiöse Gemeinschaft hatte jedoch keine Schließung ökonomischer Chancen nach innen und außen zur Folge, wie dies in der Konsequenz der ethischen Kontrolle der mittelalterlichen Zünfte lag. Die Zunft war eine aus Gründen der Sicherung des Absatzspielraums gegründete Vereinigung von Berufsgenossen, also Konkurrenten. Sie wirkte deshalb in die Richtung der Konkurrenzbegrenzung. Die Sekte ist dagegen eine Vereinigung von Glaubensgenossen mit gemeinsamen ethischen Normen. Und diese Normen hatten nicht die traditionalistische Begrenzung der Konkurrenz zum Gegenstand, sondern ihre formal-rechtliche Regelung.[171]

Die Sektenbildung birgt jedoch zwangsläufig auch eine Tendenz zum ethischen Partikularismus in sich, die dem universalistischen Prinzip der modernen Ethik entgegenwirken kann. So gab es durchaus Tendenzen, nur dem Sektenbruder ethisch zu trauen und darauf auch das ökonomische Handeln einzustellen.[172] Diese Tendenz konnte nur überwunden werden durch stärkere Verflechtungen der religiösen Vereinigungen, die ein Gefühl der Zugehörigkeit zu *einer* Christengemeinschaft entstehen ließen. Am ehesten ist diese Anforderung der Universalisierung der modernen ethischen Ordnung durch die Entwicklung der protestantischen Denominationen zu einem System des religiösen Pluralismus in den Vereinigten Staaten erfüllt worden, das, wenn auch nur langsam, so doch langfristig auch die Einbeziehung der katholischen Bevölkerungsgruppen und anderer religiöser Gruppen in die gesellschaftliche Gemeinschaft erleichtert.[173] Die Deno-

München: Deutscher Taschenbuch Verlag, (1835/40) 1976, S. 284-6, 332-47, 625-8, 719-20, 734-9. Anhand von Reiseberichten weist Lipset diese Eigenschaft als gleichbleibendes Grundmerkmal des amerikanischen Charakters nach: S. M. Lipset, *The First New Nation*, New York: Norton, (1963), 1979, S. 101-39.

171 M. Weber, *Religionssoziologie* I, op. cit., S. 235-6.

172 Ebd., S. 232.

173 Zur denominationalen Phase als eigenständiger postcalvinistischer religiöser Entwicklungsstufe mit inklusiver und universalisierter Wirkung und zur Institutionalisierung des religiösen Pluralismus bei gleichzeitiger Ausbildung eines gemeinsamen generalisierten, religiös verankerten, aber auch säkularisierten Moralsystems und zu dessen Verknüpfung mit dem Common Law in den USA vgl. T. Parsons, »Christianity and Modern Industrial Society«, op. cit., S. 412-21; »Christianity«, op. cit., S. 199-209; S. M. Lipset, *The First New Nation*, op. cit., S. 140-69; R. N. Bellah, »Civil Religion in America«, in:

mination schließt weniger als die Sekte ihre Mitglieder außerhalb des Religiösen von den Nicht-Brüdern ab; sie erlaubt eine freiere selbstverantwortliche soziale Vereinigung außerhalb der religiösen Sphäre über die Grenzen der einzelnen Denominationen hinaus, auf der Basis einer gemeinsamen universalistischen Vereinigung in bezug auf die christliche Ethik. Was Tocqueville schon an den amerikanischen Sekten festgestellt hat, gilt noch mehr für ihre Entwicklung zu offenen Denominationen:

Es gibt zahllose Sekten in den Vereinigten Staaten. Alle unterscheiden sich nach ihrem Gottesdienst, alle aber stimmen in ihren Pflichten der Menschen füreinander überein. Jede Sekte betet also Gott auf ihre Weise an, doch alle Sekten predigen im Namen Gottes die gleiche Sittenlehre. Wenn es für den Menschen als Einzelnen von großer Bedeutung ist, daß sein Glaube wahr sei, so verhält es sich für die Gesellschaft nicht so. Die Gesellschaft hat vom Jenseits weder etwas zu fürchten noch etwas zu hoffen; und ihr kommt es nicht so sehr darauf an, daß sich alle Bürger zur wahren Religion bekennen, als darauf, daß sie sich überhaupt zu einer Religion bekennen. Übrigens finden sich alle Sekten in den Vereinigten Staaten in der großen christlichen Einheit, und die Sittenlehre des Christentums ist überall die gleiche.[174]

Man kann in der Denomination diejenige religiöse Vereinigung sehen, die mit der Kirche die Differenzierung der religiösen von der säkularen Sphäre teilt und mit der Sekte die Freiwilligkeit der Mitgliedschaft.[175] Die denominationale Organisation stärkte die Selbstverantwortlichkeit des Individuums und lockerte die Kontrolle durch die Gemeinde auch in dogmatischen Fragen sowie das Entstehen eines Pluralismus gleichberechtigter, sich gegenseitig als Mitglieder der Christengemeinschaft anerkennender religiöser Vereinigungen. Die Konsequenz dieser Entwicklung ist die Institutionalisierung des Individualismus und des Pluralismus auf der Basis einer universalistischen moralischen Vergemeinschaftung, die in den Vereinigten Staaten zu einer festeren Verankerung der individualistisch-universalistischen und rationalistisch-aktivisti-

Beyond Belief, New York: Harper & Row, 1970, S. 168-89; P. E. Hammond, »Religious Pluralism and Durkheim's Integration Thesis«, in: A. W. Eister (Hg.), *Changing Perspectives in the Scientific Study of Religion*, New York: Wiley, 1974, S. 115-42.

174 A. de Tocqueville, *Über die Demokratie in Amerika*, op. cit., S. 336; vgl. insgesamt S. 332-48.

175 T. Parsons, »Christianity and Modern Industrial Society«, op. cit., S. 413.

schen Kultur geführt hat als in Europa, wo vor allem die Glaubensspaltung, aber auch die schärfere Klassenspaltung diese Entwicklung erheblich gehemmt haben.[176] Die Intensität der Teilnahme der Individuen am Gemeinschaftsleben, die durch die Denominationen gefördert wurde, schuf zusammen mit der Bedeutung der Selbstverantwortung des einzelnen Bürgers und der einzelnen Bürgergemeinden im Rahmen der modernen individualistisch-universalistischen und rationalistisch-aktivistischen Ethik jenen Boden, auf dem sich das demokratische Leben Amerikas im Gegensatz zu Europa weniger in den großen bürokratisch organisierten Massenvergellschaftungen mit geringer Beteiligung des einzelnen Bürgers entfaltet, die schon Robert Michels – die bürokratisch organisierte Partei vor Augen – zur Formulierung seines ehernen Gesetzes der Oligarchie veranlaßten.[177] Im Gegensatz dazu kennzeichnet die amerikanische Demokratie die vielfältigere Einbeziehung des einzelnen Bürgers in freiwillige Assoziationen insbesondere auf lokaler Ebene:

> Aber in der Vergangenheit und bis in die Gegenwart hinein war es ein Merkmal gerade der spezifisch amerikanischen *Demokratie*: daß sie *nicht* ein formloser Sandhaufen von Individuen, sondern ein Gewirr streng exklusiver, aber voluntaristischer, *Verbände* war.[178]

176 Zur Öffnung der herrschenden amerikanischen Gruppe der weißen angelsächsischen Protestanten (WASP) und zur Tendenz der *Inklusion* weiterer gesellschaftlicher Gruppen in eine umfassendere gesellschaftliche Gemeinschaft vgl. T. Parsons, »Full Citizenship for the Negro American?«, in: *Sociological Theory and Modern Society*, New York: Free Press, 1967, S. 422-65; *Das System moderner Gesellschaften*, op. cit., S. 111-20; »Some Theoretical Considerations on the Nature and Trends of Change of Ethnicity«, in: *Social Systems and the Evolution of Action Theory*, op. cit., S. 381-404. Zu den Unterschieden der Wertsysteme der USA, Englands, Frankreichs und Deutschlands vgl. S. M. Lipset, *The First New Nation*, op. cit., S. 207-47.

177 R. Michels, *Zur Soziologie des Parteiwesens in der modernen Demokratie*, Stuttgart: Kröner, (1910) 1970.

178 M. Weber, *Religionssoziologie* I, op. cit., S. 215. Zu den freien Assoziationen als Grundstruktur der amerikanischen Gesellschaft vgl. A. de Tocqueville, *Über die Demokratie in Amerika*, op. cit., S. 595-609; S. M. Lipset, *The First New Nation*, op. cit., S. 161-9; E. A. Tiryakian, »Neither Marx nor Durkheim ... Perhaps Weber«, in: *American Journal of Sociology* 81, 1975, S. 1-33, vgl. S. 24-30.

Auch heute ist diese Einbindung des Amerikaners in freie Assoziationen lebendig. Sie äußert sich sowohl in der bis heute im Vergleich zu Europa nach wie vor wesentlich aktiveren Teilnahme des Amerikaners am Gottesdienst und an anderen Aktivitäten seiner Denomination und in der unvergleichlich selbstverständlicheren Bereitschaft, Gruppen zu bilden, um die verschiedensten Probleme zu lösen. Schulangelegenheiten, Angelegenheiten von Nachbarn, Kindergärten, Sozialhilfe usw. sind nicht Aufgaben des Staates, sondern Angelegenheiten, die durch freie Gruppenbildung gelöst werden. Almond und Verba haben z. B. in ihrer empirischen Studie über fünf Nationen Ende der fünfziger Jahre ermittelt, daß in den USA 56% der Befragten durch Bildung einer informellen Gruppe auf ihre lokalen Behörden Einfluß nehmen wollen, während diese freie Gruppenbildung in England 34%, in der Bundesrepublik nur 13%, in Italien nur 7% und in Mexiko 26% der Befragten bevorzugten (Diagramm 19).[179]

5. Rationalisierung und Universalisierung: Die moderne säkularisierte Kultur

Heute hat die Schul- und Hochschulbildung die zentrale Rolle in der Übung zu selbstverantwortlichem und normorientiertem Handeln übernommen. Das aufgrund einer langdauernden und qualifizierenden Schulbildung zur Selbstverantwortung und Selbstdisziplin fähige Individuum ist längst an die Stelle des ehemaligen selbstverantwortlich handelnden bürgerlichen Unternehmers als tragender Repräsentant der modernen Ethik getreten. Die Folge dieser Entwicklung sind Spannungen zwischen der Berufsordnung und der Qualifikation zu selbstverantwortlichem Handeln. Die Organisation der Arbeit ist oft noch mehr auf bürokratische Arbeitsdisziplinierung und weniger auf Selbstverantwortung eingestellt, was besonders häufig zu Konflikten führt, wenn schon stark professionalisierte Berufe in bürokratische Organisationen eingezwängt werden. Es gibt aber auch die umgekehrte Spannung, die darin zum Ausdruck kommt, daß der ständig wachsende Bedarf an Dienstleistungen nur unzureichend erfüllt wird, weil

179 G. Almond und S. Verba, *The Civic Culture. Political Attitudes and Democracy in Five Nations*, Princeton, N. J.: Princeton University Press, 1963, S. 191, Table VII. 4.

Diagramm 19: Der Neuengland-Puritanismus

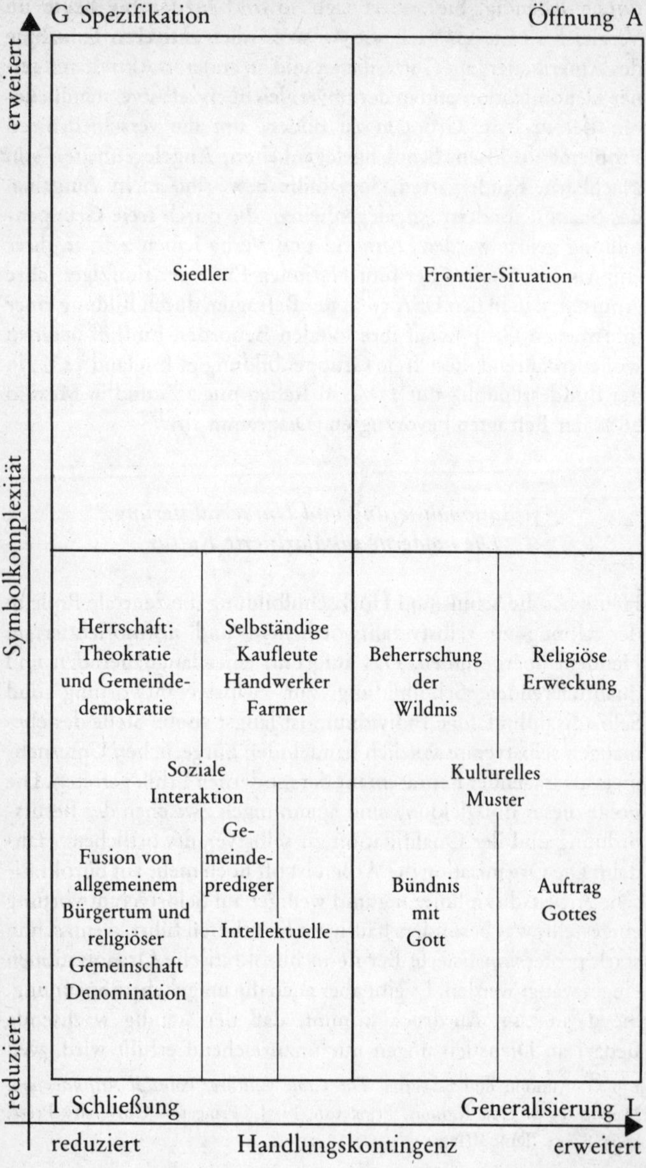

das dazu erforderliche Personal noch nicht genügend zu selbstverantwortlichem Handeln qualifiziert ist und sich zum Teil aus Unsicherheit lieber an bürokratische Regeln hält als selbstverantwortlich auf den individuellen Fall einzugehen. In dieser Hinsicht erscheinen Interpretationen der nachcalvinistischen Entwicklung in ihrer Pauschalität fragwürdig, die im Anschluß an Webers »apokalyptische« Zukunftsvisionen am Ende der Protestantismusstudie in der weiteren Entwicklung ein Zurücktreten der inneren ethischen Formung des Handelns und deren Ersetzung durch die äußeren Zwänge der nun fest etablierten Ordnungen, insbesondere der modernen Wissenschaft, des modernen Kapitalismus und der modernen Bürokratie, insgesamt des modernen Berufssystems, sehen.[180] Diese These ist schon mehrfach und in verschiedenen Varianten vertreten worden. Riesman hat in der amerikanischen Gesellschaft des 20. Jahrhunderts einen Wandel von der ursprünglich puritanischen Innensteuerung zur Außensteuerung des Handelns beobachtet.[181] Dagegen hat Lipset anhand von Reiseberichten aus dem 19. Jahrhundert gezeigt, daß die Orientiertheit an den Peers schon immer einen Grundzug des amerikanischen Charakters bildete, den schon Tocqueville als einen Effekt der Kombination der Gleichheitsnorm mit dem individuellen Erfolgsstreben begriffen hatte.[182] Parsons und White verweisen auf die Inkompatibilität, die zwischen den zunehmenden Anforderungen des Berufssystems an autonome Rollengestaltung und der These der Außensteuerung besteht.[183] Im Anschluß an Webers These der Entzauberung wird häufig die Säkularisierung als ein Prozeß der Auflösung jeglicher konsensueller ethischer Grundlagen der modernen Gesellschaften interpretiert.[184] Diese Interpretationen hypostasieren die kognitiv-intellektualistische Dimen-

180 M. Weber, *Religionssoziologie* I, op. cit., S. 244-6.

181 D. Riesman, *The Lonely Crowd*, New Haven: Yale University Press, 1950.

182 S. M. Lipset, *The First New Nation*, op. cit., S. 101-39; A. de Tocqueville, *Über die Demokratie in Amerika*, op. cit., S. 625-8, 734-41.

183 T. Parsons und W. White, »The Link Between Character and Society«, in: T. Parsons, *Social Structure and Personality*, New York: Free Press, 1964, S. 183-235.

184 P. L. Berger, *The Sacred Canopy*, op. cit.; D. Bell, *The Cultural Contradictions of Capitalism*, New York: Basic Books, 1976; F. H. Tenbruck, »Das Werk Max Webers«, op. cit.; W. Schluchter, »Die Paradoxie der Ratio-

sion der Entwicklung der Moderne und übersehen die Aspekte der Wertgeneralisierung und Inklusion, die erst nach der Hochblüte des Calvinismus weiter vorangetrieben wurden.

An der Entzauberungsthese ist so viel richtig, daß es nicht mehr vorwiegend die religiösen Gemeinschaften und die in diese integrierte Familie sind, durch die das Handeln des einzelnen geformt wird. Das bedeutet aber nicht, daß das Handeln des einzelnen nun nur noch durch die äußeren Gesetzmäßigkeiten eines kapitalistischen und eines bürokratischen Systems gesteuert würde, ohne jede normativ-ethische Gegensteuerung und ohne jede selbstverantwortliche innere Steuerung des Handelns.

Es ist jedoch ein Mißverständnis über die Bedingungen der Institutionalisierung moralischer Prinzipien, im Anschluß an Webers These der Entzauberung der Welt, schon von der Infragestellung des letztlich »irrationalen«, d. h. mit wissenschaftlichen Mitteln nicht beweisbaren Gottes*glaubens* angesichts der Kriterien wissenschaftlichen *Wissens* und von der wissenschaftlichen Unbegründbarkeit von Grundwerten sogleich auf die Auflösung der allgemein verbindlichen gesellschaftlichen Geltung moralischer Prinzipien zu schließen. Diesen Fehler hat Weber – hier deutlich von Nietzsche geprägt – selbst begangen, weshalb er für die modernen Gesellschaften die wenig befriedigende Auskunft gibt, daß letztlich jeder einzelne für sich allein oder in ganz kleinen Gemeinschaften seine persönliche Ethik finden müsse, ohne dafür allgemeine Verbindlichkeit beanspruchen zu können. Im Gegensatz zu Weber unterscheidet Durkheim deutlich die intellektuelle und die gemeinschaftlich-affektive Komponente von Religionen. Das gibt ihm die Möglichkeit zu zeigen, daß die intellektuelle Säkularisierung zwar die Erkenntnisfunktion der Religion verdrängt, aber nicht in gleicher Weise die gemeinschaftlich-affektive Komponente zerstört. Überhaupt ist schon immer nicht die intellektuelle, sondern die affektive Komponente der Religionen die Quelle ihrer normativ-ethischen Wirkung gewesen. Und diese Quelle kann nach Auffassung Durkheims auch nach der intellektuellen Zerstörung der Religion in der modernen Gesellschaft lebendig erhalten werden; sie ist von der intellektuellen Komponente unabhängig. Durkheim war selbst den Idealen der bürgerli-

nalisierung«, op. cit.; *Die Entwicklung des okzidentalen Rationalismus*, op. cit.

chen Revolution von 1789 – Freiheit, Gleichheit und Brüderlichkeit – und der Idee der Menschenrechte verpflichtet; worauf es für ihn ankam, war nicht ihre Stützung auf vollkommene intellektuelle Rationalität, sondern auf die Erzeugung der *Liebe* der Bürger zu diesen Idealen. Und diese Liebe wird nicht durch kognitives, sondern durch affektives Training wachgehalten.

Die Grundlage auch der religiösen *Ethik* ist nicht schon der Glaube an Gott als solcher, sondern der Tatbestand der *Gemeinsamkeit* dieses Glaubens in einem Kollektiv und die Bindung dieses Glaubens selbst an konsensuell geteilte moralische Überzeugungen eines Kollektivs. Die moralischen Prinzipien ergeben sich insofern schon immer nur aus den geteilten Überzeugungen eines Kollektivs und aus deren Verankerung in einer kollektiven Solidarität. Ohne diese Verankerung würde kein religiöser Glaube irgendein ethisches Prinzip enthalten. Die Funktion des religiösen Glaubens ist vielmehr die Verankerung der moralischen Prinzipien einer Gemeinschaft in der allgemeinen menschlichen Sinnproblematik. Ohne gemeinschaftliche Verankerung verselbständigt sich die Religion zur reinen Sinnsuche ohne jede ethische Qualität. Ohne Verankerung in der Sinnproblematik fehlt den moralischen Prinzipien der letzte Sinn.[185] Und auch diese Konsti-

185 Die eine Seite dieses Arguments ist der Gehalt von Durkheims These, daß die Gesellschaft der Ursprung der Religion sei. Gemeint ist, daß die ethische Komponente der Religion erst aus der Existenz einer *moralischen Gemeinschaft* folgt. Die andere Seite des Arguments entspricht Durkheims Auffassung, daß es keine Moral ohne religiösen, sakralen Charakter gebe. Siehe E. Durkheim, *Soziologie und Philosophie*, Frankfurt: Suhrkamp, 1976, S. 99-101, 104-6, 124-9; *Die elementaren Formen des religiösen Lebens*, op. cit. In dieser Interpretation bedeutet Durkheims späte Religionssoziologie keinen Rückfall in einen materialistischen Positivismus, nach dem die jeweilige konkrete Gesellschaft die Religion *kausal* bestimme, den Parsons in seiner Interpretation in *The Structure of Social Action* bei Durkheim als tendenziell gegeben feststellt. Vgl. T. Parsons, *The Structure of Social Action*, New York: Free Press, (1937) 1968, S. 411-41. Nach erneutem Lesen von Durkheims Religionssoziologie gelangt Parsons jedoch zu der Auffassung, daß eine nichtpositivistische Interpretation von Durkheims Religionssoziologie möglich ist. Die Beziehung zwischen dem Heiligen und Profanen betrachtet Parsons in Analogie zur Beziehung zwischen transzendentalen Kategorien und empirischen Anschauungen sowie partikularen Interessen bei Kant. In einer nicht-positivistischen Interpretation bedeutet die These, die Gesellschaft konstituiere die Religion, daß diese nur insoweit einen verpflichtenden Charakter besitzt als sie

tution von Sinn ist nicht notwendig auf einen Gottesglauben angewiesen. So können wir von den modernen Bürgerrechten und Menschenrechten sagen, daß sie in den modernen Gesellschaften in einem universellen Konsens verankert sind und daß die von ihnen normativ vorgezeichnete Richtung der gesellschaftlichen Entwicklung zu zunehmender Vereinigung von individueller Handlungsautonomie und universeller Gleichheit im Rahmen einer universellen normativen Ordnung auch den fundamentalen *Sinn* unseres *gesellschaftlichen* Lebens konstituiert:

Genauso wie Menschen heiligt die Gesellschaft Dinge und besonders Ideen. Wird eine Vorstellung einstimmig von einem Volk geteilt (und zwas aus Gründen, die wir weiter oben geklärt haben), dann darf man daran nicht rühren, d. h. sie verneinen oder bestreiten. Nun ist aber das Verbot der Kritik ein Verbot wie alle anderen und beweist, daß man vor etwas Heiligem steht. Wie groß die Freiheit auch ist, die wir uns heute gegenseitig zugestehen, so würde doch ein Mensch, der den Fortschritt völlig leugnet, der das menschliche Ideal verspottet, dem sich die modernen Gesellschaften verschworen haben, den Eindruck eines Gotteslästerers machen. Es gibt mindestens ein Prinzip, das die Völker, die die freie Kritik üben, über jede Diskussion stellen und für unberührbar, d. h. heilig halten: das Prinzip der freien Kritik selbst.[186]

in einer *moralischen Gemeinschaft* gründet. Wenn Durkheim diese moralische Gemeinschaft als Kirche bezeichnet, dann dürfen wir dies nicht im organisatorischen Sinne als Anstaltskirche im Vergleich zur Sekte verstehen. Haltbar ist Durkheims These nur, wenn wir »Kirche« sehr allgemein als eine moralische Gemeinschaft auffassen, die über gemeinsame Riten und Überzeugungen mit sakralem Charakter verfügt. Vgl. T. Parsons, »Durkheim on Religion Revisited: Another Look at *The Elementary Forms of Religious Life*«, op. cit.

186 E. Durkheim, *Die elementaren Formen des religiösen Lebens*, op. cit., S. 294. Durkheim hat dies in seiner Konzeption des »Kultes des Individuums« und in dem Hinweis auf den sakralen Charakter, den die Persönlichkeit für uns heute besitzt, zum Ausdruck gebracht. Siehe E. Durkheim, *Soziologie und Philosophie*, op. cit., S. 29-101, 112-3, 129. Talcott Parsons hat hierfür den Begriff des »Institutionalisierten Individualismus« als einer auf die Beziehung zwischen Individuum und Gesellschaft bezogenen Spezifikation des »Instrumentalen Aktivismus« eingeführt. Beide bilden nach Parsons' Auffassung generalisierte und universalisierte Formen des im asketischen Protestantismus wurzelnden amerikanischen Wertsystems. Vgl. T. Parsons und W. White, »The Link Between Character and Society«, op. cit., S. 193-8; T. Parsons und G. M. Platt, *The American University*, op. cit., S. 40-5. In dieselbe Richtung mit besonderer Betonung der Verknüpfung von sakralem Charakter und moralischer Gemeinschaft weist auch Robert N. Bellahs Konzeption der

Es ist darüber hinaus ein Grundcharakteristikum der modernen Gesellschaften, daß sie auf der Wertebene im Unterschied zu den sogenannten traditionalen Gesellschaften über ein festliegendes Leitbild der sozialen Entwicklung verfügen, das auf der Ebene der gesellschaftlichen Institutionen zur ständigen Heranführung der abweichenden Realität an das Ideal durch sozialen Wandel zwingt.[187] Sozialer Wandel ist in diesem Sinne in den modernen Gesellschaften nicht einfach ein unbewußtes Ergebnis unkontrollierter dynamischer Faktoren, sondern – zumindest der Intention nach – ein normativ gesteuerter Wandel. Im Unterschied dazu sind die traditionalen Gesellschaften gerade durch das Fehlen eines solchen verbindlichen, die jeweils bestehenden Verhältnisse transzendierenden Leitbildes und durch die viel größere Abhängigkeit ihres Bestands und Wandels von den gerade vorhandenen Machtkonstellationen gekennzeichnet. In der typischen Verknüpfung von Tradition und Willkür ist in traditionalen Gesellschaften entgegen der landläufigen Vorstellung gerade im Prinzip »alles möglich«,[188] während die Zukunft der modernen Gesellschaften eben

»Civil Religion«. Siehe R. N. Bellah, »Civil Religion in America«, op. cit.; »Religion and Polity in America«, in: *Andower Newton Quarterly* 15, 1974, S. 107-23; *The Broken Covenant. American Civil Religion in Time of Trial*, New York: Seabury Press, 1975. Die Praxis des Common Law in den USA interpretiert in diesem Sinne P. E. Hammond, »Religious Pluralism and Durkheim's Integration Thesis«, op. cit. Vgl. auch E. A. Tiryakian, »Neither Marx nor Durkheim ... Perhaps Weber«, op. cit. Tiryakian neigt zu einer engen Interpretation Durkheims, dessen Integrationstheorie er deshalb durch die religiös pluralistische, aber dennoch integrierte amerikanische Gesellschaft nicht bestätigt sieht. Dennoch betont Tiryakian selbst, daß die amerikanische Gesellschaft über ein gemeinsames Moralsystem verfüge, das im asketischen Protestantismus verwurzelt sei, weshalb Tiryakian auch bei Weber die adäquateste Perspektive zur Analyse der amerikanischen Gesellschaft erkennt. Zur Frage der weiteren Entwicklung der »Civil Religion« in den USA vgl. T. Parsons, »Belief, Unbelief, and Disbelief«; »Religion in Postindustrial America: The Problem of Secularization«, beide in: *Action Theory and the Human Condition*, op. cit., S. 233-63, 300-21.

187 Vgl. T. Parsons und W. White, »The Link Between Character and Society«, op. cit., S. 196; T. Parsons und G. M. Platt, *The American University*, op. cit., S. 45.

188 Zur Verknüpfung von Tradition und Willkür als Charakteristikum »traditionaler« Gesellschaften im allgemeinen und in der Anwendung auf die Unsicherheit und Kontingenz sozialer Ordnung in China und Indien vgl. M.

nicht völlig offen, sondern normativ weit deutlicher vorgezeichnet ist.[189]

Die These einer völligen Auflösung der Ethik in der postcalvinistischen gesellschaftlichen Entwicklung steht im Gegensatz zur fundamentalen Bedeutung, welche die Schul- und Hochschulbildung für das Berufssystem erlangt haben. Schul- und Hochschulbildung erfassen immer mehr Berufe im Berufssystem und schließen immer größere Bevölkerungsteile ein. Die Zeitspanne der Sozialisation des einzelnen ist immer weiter ausgedehnt worden. Aus dieser Ausdehnung der Sozialisationsphase im Leben jedes einzelnen kann aber gerade sowohl auf eine Zunahme der normativen Steuerung des Handelns unter gleichzeitiger Vergrößerung ihrer Reichweite, auf die Universalisierung normativer Orientierungen, als auch auf die Zunahme der Fähigkeit zu selbstverantwortlichem autonomem Handeln unter Orientierung an universellen Normen geschlossen werden.[190] Die Erweiterung der Sozialisationsphase bis in den Hochschulbereich hinein für einen wachsenden Bevölkerungsteil hat einerseits eine Steigerung kognitiver Rationalität zur Folge, zum anderen aber auch eine Generalisierung der normativen Kultur und eine Autonomisierung der Persönlichkeit. Die Steigerung kognitiver Rationalität erhöht die Fähigkeit des einzelnen, sein Handeln in bezug auf die ihm zugrundeliegenden Normen und in bezug auf die von ihm tangierten Normen zu reflektieren. Das Herauswachsen aus alten Gruppen und das Hineinwachsen in neue, ausgehend von der Familie, über die Schule, Peer-groups, Studentengruppe, Hochschule bis zur professionellen Gruppe usw., macht den einzelnen unabhängig von konkreten Deutungen der normativen Kultur der Gesellschaft und fördert

Weber, *Wirtschaft und Gesellschaft*, op. cit., S. 130, 416-7, 473, 476, 483, 486-7, 491, 503, 505, 580, 597; *Religionssoziologie* I, op. cit., S. 391-5; *Religionssoziologie* II, op. cit., S. 134-46.

189 Insofern ist es unzutreffend, die modernen Gesellschaften durch eine in normativer Hinsicht angeblich völlig kontingente Zukunft von den »traditionalen« Gesellschaften mit angeblich normativ völlig geschlossener Zukunft zu unterscheiden, wie dies aus Niklas Luhmanns Konzeption zunehmender Kontingenz als Merkmal der gesellschaftlichen Entwicklung folgt. Vgl. N. Luhmann, »Gesellschaft«, in: *Soziologische Aufklärung* Bd. 1, Opladen: Westdeutscher Verlag, 1970, S. 137-53.

190 Vgl. T. Parsons und G. M. Platt, *The American University*, op. cit., S. 163-224.

die Generalisierung seiner normativen Orientierungen sowie die Universalisierung seiner solidarischen Bindungen, die ihm wiederum in bezug auf die konkreten normativen Anforderungen bestimmter sozialer Systeme eine größere Autonomie vermitteln. Er besitzt dadurch die Fähigkeit, die Anforderungen sozialer Rollen in einen größeren Bezugsrahmen solidarischer Bindungen zu integrieren:

Besonders durch das logische Universum – das allgemeine System universal signifikanter Symbole –, das alles Denken als seinen Tätigkeitsbereich voraussetzt und das über die Begrenzungen verschiedener Sprachen und verschiedener rassischer und nationaler Bräuche hinausgeht, werden sich die Mitglieder der jeweiligen gesellschaftlichen Gruppe oder Gemeinschaft über sich selbst hinaus der weiteren und größeren Zusammenhänge der gesellschaftlichen Beziehungen und Wechselwirkungen der menschlichen Gesellschaft oder Zivilisation als Ganzer bewußt, in die sie zusammen mit allen anderen spezifischen menschlichen Gesellschaften oder organisierten gesellschaftlichen Gruppen eingeschaltet sind. Dieser weitere Bereich der allgemeinen Verhaltensweisen jeder menschlichen gesellschaftlichen Gruppe oder Gemeinschaft ist beim primitiven Menschen am wenigsten evident, und am augenscheinlichsten ist er beim hochzivilisierten modernen Menschen. Durch seine rationale Identität oder durch seine Organisation gesellschaftlicher Haltungen gegenüber sich selbst und anderen, welche die Struktur seiner rationalen Identität bildet und nicht nur die Verhaltensweisen der eigenen gesellschaftlichen Gruppe spiegelt, sondern auch die Wirkung dieser Verhaltensweisen über diese hinaus auf das ganze weitgespannte Muster des menschlichen Gruppenverhaltens, dessen Teil sie ist, ist der moderne zivilisierte Mensch nicht nur ein Mitglied einer bestimmten lokalen Gemeinschaft, eines Staates oder einer Nation, sondern einer ganzen Rasse, sogar einer Zivilisation als Ganzer.[191]

Das Vorantreiben dieser Entwicklung – durch die zunehmende Verlängerung der Sozialisationsphase in Schule und Hochschule und ihre Ausdehnung auf immer weitere Bevölkerungskreise und die dadurch bewirkte Internalisierung immer weiterer Welten durch den einzelnen – bewirkt in bezug auf das Berufssystem, daß die Rollenausübung gerade weniger der detaillierten Steuerung durch äußere Kontrolle und durch »naturwüchsig« wirkende ökonomische und/oder bürokratische Gesetzmäßigkeiten unterliegt und mehr als zuvor die selbstverantwortliche Gestaltung in Verknüpfung mit einer über diese Subsysteme hinaus generalisierten

191 G. H. Mead, *Geist, Identität und Gesellschaft*, Frankfurt: Suhrkamp, (1934) 1968, S. 320, Anmerkung 15.

und universalisierten normativen Kultur ermöglicht. Im Vergleich zu den ökonomischen und bürokratischen Gesetzmäßigkeiten haben Selbstverantwortlichkeit und normative Kultur als Faktoren der Verhaltenssteuerung nicht an Bedeutung verloren, sondern an Bedeutung gewonnen.[192]
Berufliche Positionen, die eine Schul- und Hochschulbildung voraussetzen, implizieren mehr Selbstverantwortung als andere berufliche Positionen. Und mit der Zeitspanne der vorausgehenden Sozialisationsphase wächst das Ausmaß, in dem das Handeln in solchen selbstverantwortlicheren Positionen nicht durch äußere Gesetzmäßigkeiten, sondern durch eine mit zunehmender Dauer der Sozialisation reflektiertere und generalisiertere normative Kultur und durch universalisiertere solidarische Bindungen geformt wird. Die Ausdehnung der Sozialisationsphase im menschlichen Leben hat sowohl die Stärkung der normativen Kultur als auch ihre Vereinheitlichung durch Generalisierung zur Folge, ihre Befreiung von der konkreten Deutung bestimmter Sondergemeinschaften und schließlich dadurch die Erweiterung ihrer Reichweite in bezug auf die verschiedenen sozialen Sphären und auch in bezug auf die verschiedenen gesellschaftlichen Gruppierungen. Die Vereinigung von Individualismus und Universalismus, Rationalismus und Aktivismus als Grundwerte des modernen Wertsystems bildet auf der einen Seite mehr als zuvor den gemeinsamen Bezugsrahmen der verschiedensten sozialen Rollen. Und auf der anderen Seite führt die Ausdehnung der Sozialisationsphase in höherem Maße als zuvor zur Herausbildung derjenigen persönlichen Dispositionen, die zusammen mit der Integration der sozialen Rollen in ein generelles Wertsystem eine autonomere Gestaltung der sozialen Rollen durch das Individuum erlauben. Kontrolle der inneren und äußeren Umwelt, Erfolgs- und Leistungsstreben, Selbstdisziplin, universalisierte Gefühlsbindung an andere, planvolles Handeln und Selbstverantwortung werden durch die Erweiterung der Sozialisationsphase in höherem Maße entwickelt.[193] Sie integrieren die Verhaltensdispositionen auf der Ebene des Persönlichkeitssystems wie die generelleren Werte die sozialen Rollen auf der Ebene des sozialen Systems.

192 Vgl. T. Parsons und W. White, *The Link Between Character and Society*, op. cit., S. 205-8.

193 Vgl. T. Parsons und G. M. Platt, *The American University*, op. cit., S. 189-91.

Beide Komponenten zusammen, die Generalisierung der sozialen Rollen durch das Wertsystem und die Generalisierung der Verhaltensdispositionen durch die Reifung der Persönlichkeit, verstärken die Integration von sozialen Rollen und individuellen Dispositionen und erhöhen die Chancen der individuell autonomen Gestaltung sozialer Rollen unter Bewahrung der sozialen Verpflichtetheit des Individuums in einem universalisierten, über jedes partikulare Kollektiv hinausgehenden normativen Bezugsrahmen. Diese Entwicklung ist gerade erst nach der Hochblüte des asketischen Protestantismus und teilweise erst in diesem Jahrhundert durch die Inklusion der Arbeiterklasse und der weiteren relevanten gesellschaftlichen Gruppierungen in die gesellschaftliche Gemeinschaft, welche die normative Kultur trägt, und durch die enorme Ausdehnung des Bildungssystems eingetreten.[194] Sie hat die normative Kultur von ihrer partikularistischen Bindung an die Gemeinschaft des gewerblichen Bürgertums – wie vor allem in den USA – bzw. des Bildungsbürgertums – wie z. B. in Deutschland – tendenziell befreit und dadurch erst ihre Verbindlichkeit und Reichweite in der Gesellschaft gesteigert. Das gilt nicht für alle Gesellschaften in gleichem Ausmaß und für alle Gesellschaften nur tendenziell, aber eben in größerem Ausmaß erst für die modernen Gesellschaften unseres Jahrhunderts aufgrund von Entwicklungen, die erst nach der Hochblüte des asketischen Protestantismus eingetreten sind und die Bedeutung der modernen normativen Kultur nicht geschwächt, sondern gestärkt und erweitert haben (Diagramm 20).

In den Begriffen Edward Shils' ist eine engere Verknüpfung des Zentrums, d. h. des zentralen Wertsystems, mit der Peripherie gesellschaftlicher Subsysteme und gesellschaftlicher Gruppen und Schichten heute noch mehr als zur Hochblüte des Calvinismus ein Charakteristikum der modernen Gesellschaften, das sie von allen vormodernen Gesellschaften, mit einer weit größeren Distanz von

194 Vgl. T. H. Marshall, *Class, Citizenship and Social Development*, Garden City, N. Y.: Doubleday, 1964; R. Bendix, *Nation-Building and Citizenship*, op. cit.; T. Parsons, »Full Citizenship for the Negro-American?«, op. cit.; »Comparative Studies and Evolutionary Change«, op. cit.; »Equality and Inequality in Modern Society, or Social Stratification Revisited«; »Some Theoretical Considerations on the Nature and Trends of Ethnicity«, alle in: *Social Systems and the Evolution of Action Theory*, op. cit., S. 279-320, 321-80, 381-404.

Diagramm 20: Die moderne säkularisierte Kultur

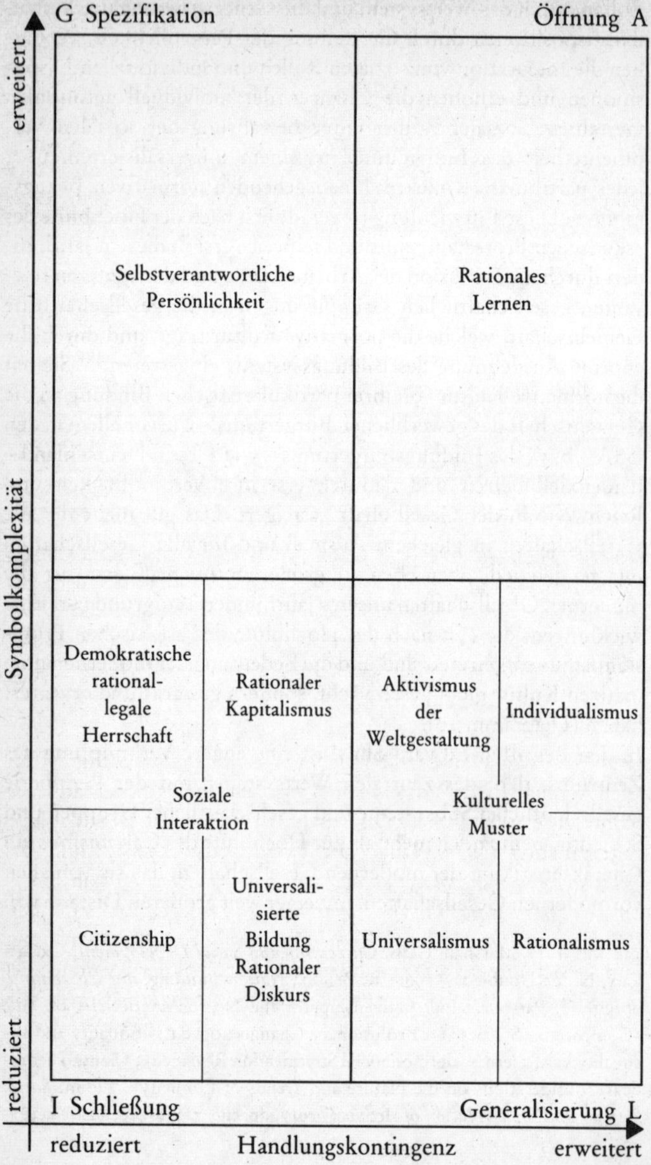

Zentrum und Peripherie unterscheidet. Shils wendet sich ausdrücklich gegen die gängigen Thesen zum Zusammenbruch jeder konsensuellen Ordnung in den modernen Gesellschaften. Nach seiner Auffassung sind solche Sichtweisen ebenso empirisch falsch, wie die Behauptung eines vollkommenen Konsensus in modernen Gesellschaften falsch wäre:

> In vormodernen Gesellschaften war die Masse der Bevölkerung zum größten Teil weit vom unmittelbaren Einfluß des zentralen Wertsystems entfernt. Sie haben ihre eigenen Wertsysteme besessen, die gelegentlich und fragmentarisch mit dem zentralen Wertsystem in Verbindung traten (...)
> Die alten Götter sind gefallen, der religiöse Glaube hat sich in den gebildeten Schichten viel mehr abgeschwächt, und das Mißtrauen gegenüber Autorität wird viel offener artikuliert als es jemals der Fall war. Dennoch ist in den modernen Gesellschaften das zentrale Wertsystem viel tiefer in die Herzen ihrer Mitglieder eingedrungen als das jemals in irgendeiner früheren Gesellschaft gelungen ist. Die Massen haben auf ihren Kontakt mit einem bemerkenswerten Maß der Akzeptanz reagiert.[195] (Übersetzung vom Verfasser)

In derselben Richtung betont Edward Tiryakian in bezug auf die Vereinigten Staaten:

> Dennoch würde ich behaupten: wären alle Fakten verfügbar, dann könnten wir nachweisen, daß in diesem Jahrhundert, mit seiner Verschärfung der sozialen Heterogenität, die moralische Verantwortlichkeit im öffentlichen Leben der Vereinigten Staaten mehr und mehr an Bedeutung gewonnen hat – in solchen Angelegenheiten wie die Regulierung von Korporationen, Rassenbeziehungen, häusliches Leben, Umweltfragen und das Verhalten von Regierungsbeamten.[196] (Übersetzung vom Verfasser)

Die These von der Umstellung der Verhaltenssteuerung in der nachcalvinistischen Entwicklung von der inneren zur äußeren Kontrolle erweist sich als empirisch zweifelhaft. Sie ist eine bloße Extrapolation der Deutung der okzidentalen Entwicklung als einen eigendynamischen Prozeß der Rationalisierung von Sphären, zu dem der asktetische Protestantismus nur den Anstoß gab. Die Herausbildung einer gemeinsamen normativen Ordnung müßte nach dieser Deutung daran scheitern, daß der Kapitalismus die ökonomischen Eigengesetzlichkeiten, die moderne Bürokratie

195 E. Shils, *Center and Periphery*, Chicago: University of Chicago Press, 1975, S. 10-2.

196 E. A. Tiryakian, »Neither Marx nor Durkheim ... Perhaps Weber«, op. cit., S. 13.

die bürokratischen Eigengesetzlichkeiten und die moderne Wissenschaft die »Entzauberung« und damit die »Auflösung« einer feststehenden, religiös verankerten Wertordnung auf die Spitze treiben. Als *analytische* Konstruktionen haben solche Aussagen natürlich ihre Berechtigung; sie zeigen die Konsequenzen auf, die unter der Bedingung zu erwarten sind, daß das Handeln nur durch einen Faktor – ein Regelsystem – bestimmt wird, so z. B. durch reinen Tausch, durch rein bürokratische Kontrolle oder durch rein wissenschaftlichen Diskurs. Als Aussagen über die konkrete gesellschaftliche Entwicklung begehen sie jedoch eine »Fallacy of misplaced concreteness«.[197] Sie mißachten die von den idealisierten Annahmen der analytischen Gesetze abweichenden konkreten Anfangsbedingungen. Diese bedeuten eben nicht die freie Entfaltung der Wirkung dieser Faktoren, sondern die Begrenzung ihrer Wirkung durch Interpenetration. Die konkrete Entwicklung ist nach der Hochblüte des asketischen Protestantismus gerade durch die Stärkung, Vereinheitlichung und Ausdehnung der normativen Kultur und durch die Universalisierung der gesellschaftlichen Gemeinschaft bestimmt worden. Daraus ergab sich natürlich nicht die alleinige Formung des Handelns durch die normative Kultur oder gar durch deren organisatorische Basis – den rationalen Diskurs –, sondern vielmehr die Herausbildung eines Berufssystems, das in in der Vereinigung der ökonomischen und bürokratischen Anforderungen mit ihrer normativen Formung und der selbstverantwortlichen Verhaltenssteuerung des Individuums in seinen sozialen Rollen – insbesondere in der Berufsrolle – besteht. So spannungsreich diese Vereinigung auch sein mag, sie ist auf jeden Fall das nur aus der Interpenetration der genannten Faktoren zu erklärende, entscheidend Neue des modernen professionalisierten Berufssystems im Vergleich zum Berufssystem rein kapitalistischer und rein bürokratischer Prägung. Aus der Perspektive des reinen Intellektualismus mag dies nur ein fauler Kompromiß der universalistischen Moral mit den kapitalistischen und bürokratischen Systemen sein, aus der soziologischen Perspektive ist dies jedoch die einzig mögliche Form der Integration einer komplexen und differenzierten Gesellschaft, eine Form der Integration, die zugleich als Motor einer ungeheuren Entwicklungsdynamik der Gesellschaft dient. Die entscheidende Frage ist deshalb,

197 T. Parsons, *The Structure of Social Action*, op. cit., S. 29, 589, 753.

welche Bedingungen die Interpenetration der Kultur mit den verschiedenen Sphären der Gesellschaft erleichtert und welche sie gehemmt haben. Ihr will ich mich in den folgenden Abschnitten unter Herausarbeitung gewichtiger Unterschiede zwischen den einzelnen Gesellschaften an den Beispielen Englands und der Vereinigten Staaten in diesem Band sowie Frankreichs und Deutschlands im nächsten Band zuwenden.

Zusammenfassung

Die Interpenetration von religiöser Ethik und Welt hat im Okzident eine Dynamik kultureller Entwicklung entfaltet, die nirgendwo sonst erreicht wurde. Diese Dynamik hat einen kulturellen Code gestaltet, der auf vier Grundkomponenten aufgebaut ist: Rationalismus, Aktivismus, Individualismus und Universalismus. Die Entwicklung und Aktualisierung dieses Codes in denjenigen Gesellschaften, die ihn am nachhaltigsten geformt haben, gilt es nun zu untersuchen.

III. England
Tradition und Modernität

Einführung

In England bildete sich schon vor aller gesellschaftlichen Rationalisierung – Industrialisierung, Bürokratisierung, Technisierung, Verwissenschaftlichung – eine die einzelnen gesellschaftlichen Gruppen übergreifende gesellschaftliche Gemeinschaft mit einem gemeinsamen Recht und einer gemeinsamen Moral heraus.[1] Die Wurzeln dieser Tradition reichen zumindest bis zur Magna Charta von 1215 zurück. Schon in der Magna Charta erstritten sich die Barone die Bindung des Königs an ein gemeinsames Recht. Dieses Recht sollte vor allem gegen willkürliche Übergriffe des Königs, seiner Regierung und seiner Verwaltung schützen. In der Folgezeit war für die Entwicklung eines gemeinsamen Rechts aller Engländer die für England charakteristische Annäherung der Lebensweisen des Adels und des aufstrebenden gewerblichen Bürgertums entscheidend. Die Bindung der Regierungsgewalten an ein über Regierung und gesellschaftlichen Gruppeninteressen stehendes gemeinsames Recht wurde im 17. Jahrhundert durchgesetzt. Marksteine dieser Entwicklung waren die Petition of Rights von 1628, die Habeas-Corpus-Akte von 1679 und die Bill of Rights von 1689, die den Schutz des Staatsbürgers vor der Willkür von Regierungsgewalten sicherten. Wenn das über Regierungsgewalt und Partikularinteressen stehende Common Law auch gefährdet war durch das Streben des Königstums nach absoluter Herrschaft, bis es sich im 17. Jahrhundert endgültig behaupten konnte, und wenn es zunächst auch das Recht von Aristokratie und gewerblichem Bürgertum war und die Integration der Arbeiterklasse im 19. Jahrhundert problematisch blieb bis die zunehmende Generalisierung des Common Law und die politische Demokratisierung

1 Ich spreche hier und im folgenden in der Regel von England und weniger vom Vereinigten Königreich oder von Großbritannien, weil die meisten der behandelten kulturellen Eigenheiten englischen Ursprungs sind und/oder vorwiegend im englischen Teil des Vereinigten Königreichs Geltung besitzen. Nur wo es angebracht erscheint, nehme ich eine Ausdehnung von der englischen auf die britische Kultur und Gesellschaft und von England auf das Vereinigte Königreich oder auf Großbritannien vor.

die Etablierung anerkannter Gewerkschaften und der Labour Party als Gruppierungen *innerhalb* einer neuen Gemeinschaft ermöglichten, so kann dennoch gesagt werden, daß die Wurzeln der Modernität Englands weit in das Mittelalter zurückreichen.

Es ist diese Herausbildung einer über Partikulargruppen hinausgreifenden gesellschaftlichen Gemeinschaft, die trotz der industriellen Revolution Englands ersten, erstrangigen und wegweisenden Beitrag zur Moderne darstellt.[2] Dies kann nicht kräftig genug betont werden gegenüber Modernisierungstheorien, die in der Entwicklung der Moderne lediglich einen Prozeß der Rationalisierung und Differenzierung in Gestalt von Industrialisierung, Bürokratisierung, Rechtsformalisierung, Technisierung und Verwissenschaftlichung sehen.[3] Im Gegenteil, folgen wir z. B. Max Webers Rationalisierungsperspektive, wie sie von vielen Interpreten gedeutet wird, dann erscheint das Common Law gar als ein traditionalistisches Relikt im Vergleich zum weit höheren Grad der formalen Rationalisierung des kontinentalen, im Absolutismus und im Rationalismus der Universitätsjuristen verankerten Kodifikationsrechts.[4] Diese »höhere« Rationalität des Kodifikationsrechts äußert sich jedoch lediglich im Grad seiner Abstraktion und Systematisierung, dagegen fehlt ihm die Verankerung in einer übergreifenden gesellschaftlichen oder gar übergesellschaftlichen kulturellen Gemeinschaft und die Anbindung an die Moral einer solchen Gemeinschaft. Nach der Lehre des Rechtspositivismus ist es letztlich willkürlich, d. h. nach politischen Machtkonstellationen gesatztes, deshalb ohne moralische Bindung allein auf Sanktionsgewalt gestütztes Recht. In dieser Hinsicht ist das Kodifikationsrecht ganz »unmodern«. Das Common Law zeichnet sich hingegen dadurch aus, daß es aus der Tradition der Moral einer Gemeinschaft mit tendenziell universalistischem Charakter herauswächst und auf Anwendungsfälle hin im Gerichtsverfahren spezifiziert wird, das wiederum mehr an gemeinsamer Moral als an politischer Machtkonstellation, wie die politische Gesetzge-

2 Siehe dazu T. H. Marshall, *Class, Citizenship and Social Development*, op. cit.

3 N. Luhmann, *Gesellschaftsstruktur und Semantik*, op. cit., Bd. 1 und 2; W. Schluchter, *Die Entwicklung des okzidentalen Rationalismus*, op. cit.; J. Habermas, *Theorie des kommunikativen Handelns*, op. cit., Bd. 1 und 2.

4 M. Weber, *Wirtschaft und Gesellschaft*, op. cit., S. 467, 502, 509-12, 563.

bung, orientiert ist.[5] Sein integratives Potential ist in dieser Hinsicht umfassender. Es verfügt über eine größere Interpenetration mit der Moral und über mehr Fähigkeit zur Inklusion. Während in England insofern die gesellschaftliche Integration aus einer über Regierungsgewalt und Partikulargruppen hinausreichenden Vergemeinschaftung mit gemeinsamer Moral und gemeinsamen Recht resultiert, ist dagegen in der kodifikationsrechtlichen Tradition des Kontinents diese Rolle dem Staat, d. h. eigentlich einer partikularen Instanz zugefallen. Wie schon Marx an Hegels Staatsrecht entlarvte, wurde dadurch eine Partikularinstanz nur ideologisch zum Vertreter des Allgemeinen hochstilisiert.[6] Tatsächlich erfüllen konnte der Staat diese ihm zugedachte Funktion bis heute nur unzureichend, nämlich nicht durch Inklusion und freiwillige Vergemeinschaftung unter gemeinsamem Recht und gemeinsamer Moral, sondern nur durch Oktroyierung genereller Gesetze. Ohne Rückbindung an eine gemeinsame Moral, die nicht nach den Gesetzmäßigkeiten des politischen Kampfes um Mehrheiten gefunden wird, sind Gesetze auch dann selektiv und nicht allgemein verbindlich, wenn sie in Verfahren der Mehrheitsbildung gesatzt wurden. Aufgrund dieser Überbelastung des Staates mit Integrationsaufgaben ist auch die gesellschaftliche Integration in den entsprechenden Ländern bis heute prekär geblieben. Urteile über Modernität allein in der Perspektive der Rationalität greifen, wie man daran erkennen kann, entschieden zu kurz. Das Common Law erscheint auf jeden Fall in einem weiteren Bezugsrahmen als gar nicht so unmodern. Im Gegensatz zum Kodifikationsrecht mit seinem Übergewicht der juristischen Generalisierung und der *politischen* Spezifikation, vereinigt es ganz andere Komponenten in sich, nämlich positives und überpositives Recht, Recht und Moral, inklusive Vergemeinschaftung und Öffnung für situative Interessenkompromisse, Wandel und Traditionsbindung.

Die Existenz einer den Gruppenpartikularismus sprengenden gesellschaftlichen Vergemeinschaftung mit einem gemeinsamen,

5 Zum Charakter des Common Law vgl. T. F. T. Plucknett, *A Concise History of the Common Law*, Boston: Little, Brown, 1956.

6 K. Marx, »Zur Kritik der Hegelschen Rechtsphilosophie. Kritik des Hegelschen Staatsrechts«, in: *Marx-Engels Werke (MEW)*, Bd. 1, Berlin: Dietz, 1956, S. 201-33.

aus ihr selbst erwachsenden, in ihr verankerten und nicht durch politische Instanzen in Entscheidungen gesatzten Recht ist es, welche die soziale Integration für die britischen Liberalen als eine Selbstverständlichkeit aus der Identität der Interessen entstehen läßt, wie bei John Locke, oder aus der Tatsache, daß jeder Mensch über ein natürliches Bedürfnis verfügt, sich am Wohlergehen anderer zu erfreuen, wie bei David Hume, oder aus der Koordination der eigennützigen Interessen zum sozialen Wohle durch den Markttausch, wie bei Adam Smith.[7] Für die britischen Liberalen war soziale Ordnung kein Problem, sie existierte für sie schon. Und sie kamen auch nicht auf die Idee, dem Staat die Integrationsfunktion zuzuschreiben, wie z.B. der deutsche Idealismus seit Hegels Staatslehre.

Das Common Law bildet in England eine Vermittlungsstelle zwischen der Geschlossenheit der Tradition und der Offenheit der freien Interessenabstimmung. Von diesen beiden Komponenten wird die Kultur der englischen Gesellschaft strukturiert: der Aktivismus wird traditionell gebunden, aber auch für Wandel nach Interessenkonstellationen geöffnet, die Rationalität verbindet Common sense mit Erkenntniswandel durch Erfahrung, die Freiheit offene Interessenverfolgung mit der Bindung an die Regeln der fairen Kompromißbildung, die Gleichheit die traditionelle Verfestigung ständischer Differenzierung mit der Gewährung eines fairen Anteils aller Gruppen an der Gesellschaft.[8]

7 J. Locke, *Zwei Abhandlungen über die Regierung*, op. cit., »Zweite Abhandlung«, §§ 95-122; D. Hume, *Enquiries Concerning the Human Understanding and Concerning the Principles of Morals*, hg. von L. A. Selby-Bigge, Oxford: Clarendon Press, (1748/51) 1966, »An Enquiry Concerning the Principles of Morals«, Section V, Appendix I; A. Smith, *The Theory of Moral Sentiments*, New York: Bohn, (1759) 1966, S. 1-20, 122-3, 161-72, 224-42.

8 Einen allgemeinen Überblick über Institutionen, Sozialstruktur und Kultur Englands bieten: A. Sampson, *Wer regiert England? Anatomie einer Führungsschicht*, München: Piper, 1963; R. Rose, »England: The Traditionally Modern Political Culture«, in: L. Pye und S. Verba (Hg.), *Political Culture and Political Development*, Princeton: Princeton University Press, 1965, S. 83-129; I. Fetscher, *Großbritannien. Gesellschaft – Staat – Ideologie*, Frankfurt: Athenäum, 1972; A. H. Halsey, *Change in British Society*, Oxford: Oxford University Press, 1978. Einen statistischen Einblick findet man in A. H. Halsey (Hg.), *Trends in British Society since 1900. A Guide to the Changing Social Structure of Britain*, London: Macmillan, 1972.

1. *Aktivismus: Orthodoxie und Heterodoxie*

Vorbemerkungen

Die Annäherung von Aristokratie und Bürgertum und das Common Law schufen in England die gemeinschaftliche Grundlage für einen traditionalistisch begrenzten Aktivismus. Sie ließen den ökonomisch-pragmatisch orientierten Rationalismus und Aktivismus der bürgerlichen Schichten zu einem allgemein anerkannten gesellschaftlichen Ideal werden, und umgekehrt wurde dieses bürgerliche Ideal durch das aristokratische Gentleman-Ideal in die Bahnen allgemeiner Bildung und gesitteter gesellschaftlicher Umgangsformen gelenkt.[9] Beide Ideale konnten sich gegenseitig durchdringen und auf diese Weise die für England typische Vereinigung von bürgerlichem Rationalismus und Aktivismus und aristokratischer Bildung und Lebenshaltung hervorbringen. Die Entpolitisierung der Krone und ihre Entwicklung zum Symbol der gesellschaftlichen Gemeinschaft und einer gemeinsamen normativen Kultur, die Tradition repräsentativer Zeremonien sowie die alltägliche Heraushebung der Regeln der Kompromißbildung festigen die affektive Grundlage der Bindung an die normative Ordnung.

1.1 Anglikanismus und Puritanismus

In der Gemeinschaftsstruktur Englands lagen Bedingungen vor, die dem normativen Aktivismus des Puritanismus entgegenkamen, ihm eine allgemeine gesellschaftliche Verankerung erlaubten, ihn aber zugleich selbst aus sich heraus formten und in eine bestimmte Richtung drängten. Dabei ist die formende Wirkung der Gemeinschaftsstruktur besonders zu berücksichtigen. Der Puritanismus ist stets in der Position der Heterodoxie, in der Position des Nonkonformismus, gegenüber der Orthodoxie der angli-

9 A. de Tocqueville, *Der alte Staat und die Revolution*, Reinbek bei Hamburg: Rowohlt, (1856) 1969, S. 79; S. Rothblatt, *Tradition and Change in English Liberal Education. An Essay in History and Culture*, London: Faber und Faber, 1976.

kanischen Staatskirche geblieben.[10] Hierin liegen die Abweichungen Englands vom Idealtypus der modernen normativen Kultur begründet, die vor allem in die Richtung der Anerkennung von Autoritäten, der Bewahrung hierarchischer ständischer Differenzierung und der Legitimation der bestehenden Ordnung weisen. Diese Wirkung hatte vor allem die Einheit von Staat und Kirche mit der Institutionalisierung von König oder Königin als Oberhaupt der Kirche, die von Heinrich VIII. mit der Loslösung von Rom (1534) und von Edward VI. (1547-1553) mit der Gründung der anglikanischen Staatskirche eingeführt und von Elisabeth I. (1558-1603) gefestigt wurde. Die anglikanische Staatskirche eignete sich insbesondere Lutherische Lehren an, die in einem Common Prayer Book zusammengefaßt wurden. Sie blieb weitgehend eine bürokratisch organisierte Anstaltskirche, die mehr eine äußerliche Verhaltenskontrolle ausübte, als daß sie öffentliche Teilnahme und Selbstverantwortung der Laien gefördert hätte. Dadurch wird vor allem die Anerkennung von Autoritäten (Deference) und die Bewahrung ständischer Differenzierung als ein verbindlicher Wert vermittelt und gestützt.

Die Fusion von Kirche und Staat mit der königlichen Oberherrschaft über die Kirche mußte natürlich konservative Wirkungen haben und zur Legitimation der jeweils bestehenden Ordnung beitragen, die von der Krone repräsentiert wird. Aufgrund der fehlenden Unabhängigkeit der Kirche kann die religiöse Ethik kein über der bestehenden sozialen Ordnung stehendes normatives Ideal sein, nach dem die unzulängliche irdische Welt verändert und gestaltet werden muß; sie kann kein kritisches Potential in bezug auf die bestehende Ordnung entfalten, vielmehr wird sie zu einem bloßen Legitimationsinstrument dieser Ordnung. Die Beziehung zwischen religiöser Ethik und Welt neigt hier eher zu einer konfuzianischen Weltanpassung als zu einer normativen Formung der Welt. Diese unterschiedlichen Auffassungen der Beziehung zwischen religiöser Ethik und Welt kommen im 16. Jahrhundert deutlich im Streit zwischen Puritanern, wie Thomas Cartwright (1535-1603) und William Perkins (1558-1602), und Anglikanern, wie John Whitgift (1533-1604) und Richard

10 Zur Religion in England vgl. D. Martin, *A Sociology of English Religion*, London: S. C. M. Press, 1967; »England«, in: H. Mol (Hg.), *Western Religion*, Den Haag: Mouton, 1973.

Hooker (1554-1600), zum Ausdruck.[11] Während für die Puritaner Cartwright und Perkins wie für Calvin die Ordnung Gottes von der irdischen Ordnung getrennt ist und über ihr wie auch über ihren Repräsentanten, dem König oder der Königin, steht, sind für die Anglikaner beide Ordnungen identisch und König oder Königin wachen damit über die Einhaltung der göttlichen und irdischen Ordnung in einem. Für die Puritaner gilt es, das irdische Leben nach dem Wort Gottes erst zu verändern und zu gestalten. Dabei kommt es auf die *Interpretation* von Gottes Wort an, was wiederum den Geistlichen und Predigern eine gegenüber politischen Instanzen unabhängige Stellung verleiht. Die verbindliche Kraft ihrer Interpretationen beruht im Unterschied zu politischen Instanzen idealiter auf argumentativer Begründung und auf freiwilliger Zustimmung der Laien aufgrund von Einsicht. Eine darauf gründende Ordnung ist eine normative Ordnung. Gefördert wird diese Tendenz durch die Teilnahme der Laien am kirchlichen Leben. Eine solche letztlich auf argumentativer Begründung und freiwilliger Zustimmung basierende normative Ordnung steht zu den irdischen, immer auch auf Zwang gestützten Ordnungen in einer kritischen Beziehung. Sie bildet ein normatives Ideal, dem die irdischen Ordnungen nie gleichen können und dem sie infolgedessen immer wieder neu angenähert werden müssen. Demgegenüber sind für die Anglikaner König und Königin Repräsentanten der göttlichen und irdischen Ordnungen zugleich, die deshalb tendenziell zusammenfallen. Diese *politische* Oberherrschaft auch über moralische Fragen bedeutet, daß über der bestehenden Ordnung keine ideale normative Ordnung als kritischer Maßstab Geltung beansprucht und die faktische Ordnung vorwiegend auf politischer Sanktionsgewalt und kaum auf argumentativer Begründung fußt. Diese politische Grundlage auch der religiösen Gemeinschaft hat zwar zu einer relativ großen religiösen Einheit geführt, sie hat aber auch die Inklusion der katholischen Iren in die gesellschaftliche Gemeinschaft verhindert und die Inklusion der nonkonformistischen Protestanten erschwert. Probleme der religiösen Inklusion wurden nicht auf der Ebene der religiösen Gemeinschaft durch Pluralismus gelöst, sondern politisch durch gewaltsame Unterdrückung oder durch Exklusion. Während die

11 D. Little, *Religion, Order, and Law. A Study in Pre-Revolutionary England*, op. cit., S. 81-166.

katholischen Iren politisch unterdrückt wurden, sah sich ein Teil der Puritaner zumindest zeitweise zur Auswanderung gezwungen.

Dennoch ist der Puritanismus im 17. Jahrhundert zu einem integralen Bestandteil der englischen Gesellschaft geworden. Er war eine treibende Kraft der für die Zukunft wegweisenden Veränderungen im 17. Jahrhundert.[12] Der Bürgerkrieg von 1642 bis 1649, der Sieg Cromwells über den König und die Hinrichtung Karls I. im Jahre 1649 beendeten den königlichen Absolutismus und begründeten die zentrale Machtstellung des Parlaments. Die Hinrichtung Karls I. wurde von einem Parlament beschlossen, das von Puritanern beherrscht wurde. Die Rückberufung der Stuarts mit Karl II. (1660-1685) und seinem Nachfolger Jakob II. (1685-1688) brachte noch einmal eine Epoche von Versuchen, die königliche Macht und eventuell auch den schottischen Katholizismus als Staatsreligion zu etablieren, die jedoch mit der Glorreichen Revolution (1688) und der Krönung Wilhelms III. von Oranien und seiner Gemahlin Maria (1689) zu König und Königin unter wesentlicher Beteiligung der Puritaner beendet wurde. Die Regierungsgewalt lag nun endgültig beim Parlament und verschob sich hier mehr und mehr vom House of Lords zum House of Commons.[13] Die Krone behielt nur noch eine repräsentative und symbolische Funktion.[14] Gestärkt wurden in dieser Entwicklung auch das Common Law als Grenze der Regierungsgewalt und mit ihm die Freiheitsrechte des Individuums. Das Recht auf freies Eigentum und das Recht, freie Verträge abzuschließen, wurden gegen die königlichen Monopole durchgesetzt und legten die Grundlagen für den ökonomischen Liberalismus. Der im gewerblichen Bürgertum verwurzelte und bis in die Gentry hineinreichende Puritanismus wandelte sich von seinem ursprünglich absolut rigorosen Moralismus mehr zu einer Stütze des ökonomischen Individualismus des selbstverantwortlich handelnden Unternehmers. Die Entwicklung des Common Law, die im frühen 17. Jahrhundert von Edward Coke, der selbst Anglikaner war, geprägt wurde,

12 Vgl. C. Hill, *Intellectual Origins of the English Revolution*, Oxford: Clarendon Press, 1965; *Puritanism and Revolution*, London: Panther Books, 1968.

13 Einen Überblick über die Entwicklung des englischen Parlamentarismus bietet I. Fetscher, *Großbritannien*, op. cit., S. 99-136.

14 Ebd., S. 137-49.

ging mit Coke und im Anschluß an ihn in dieselbe Richtung der Stärkung der individualistischen Komponenten.[15] Dasselbe gilt für die säkulare intellektuelle Entwicklung. Von John Locke über David Hume, Adam Smith und David Ricardo bis Jeremy Bentham und John Stuart Mill reicht die große Tradition des angelsächsischen Liberalismus, dessen Trägerschicht das gewerbliche Bürgertum und die ökonomisch aktive Gentry bilden und dessen sinnhaft-religiöse Verankerung – durchaus mit Spannungen – im Puritanismus liegt.[16]

Der Puritanismus entwickelte eine fest in die gesellschaftlichen Grundinstitutionen eingefügte heterodoxe Position zum Anglikanismus. Seine institutionellen Pfeiler sind die liberale Wirtschaftsordnung und die liberale politische Ordnung. Demgegenüber dienen die autoritativen Züge der politischen Ordnung und die ständische Differenzierung der gesellschaftlichen Gemeinschaft als Pfeiler der anglikanischen Orthodoxie. Die anglikanische Orthodoxie und die puritanische Heterodoxie stehen sich nicht als unversöhnliche Repräsentanten der bestehenden Ordnung und eines völlig konträren gesellschaftlichen Ideals gegenüber. Beide verfügen über so feste Verankerungen in den gesellschaftlichen Institutionen und sind teilweise so ineinander verwoben, daß man manchmal gar nicht mehr genau bestimmen kann, welche von beiden nun eigentlich die orthodoxe und welche die heterodoxe Position einnimmt. Ihr Gewicht ist auf die einzelnen gesellschaftlichen Institutionen unterschiedlich verteilt und schwankt über die Zeit hinweg im Zusammenhang mit politischen Mehrheitsverhältnissen, wobei überhaupt die früh einsetzende, aber sich nur langsam ausdehnende repräsentative Wahldemokratie günstige Bedingungen für die Institutionalisierung des Wechselspiels von Orthodoxie und Heterodoxie mit über die Zeit hinweg wechselnden Etiketten und Parteien schuf.

Der unversöhnlichen Konfrontation der Heterodoxie des Puritanismus und der Orthodoxie des Anglikanismus wirkte eigentlich schon die Tradition des Common Law mit ihrer Garantie von Freiheitsrechten entgegen. Hinzu trat die zunehmende Entpoliti-

15 Das betont vor allem R. Pound, *The Spirit of the Common Law*, Francestown, N. H.: Marshall Jones, 1921. Zur Relativierung dieser These vgl. D. Little, *Religion, Order, and Law*, op. cit., S. 238-9.

16 Zur Entwicklung und gesellschaftlichen Einbettung dieses Denkens vgl. I. Fetscher, *Großbritannien*, op. cit., S. 33-75.

sierung der Krone seit der Glorreichen Revolution von 1688, die ihrerseits die politische Basis der normativen Ordnung zugunsten einer tendenziell universalistischen gemeinschaftlichen Basis zurückgedrängt hat. Außerdem ist der Calvinismus nicht nur auf die Sekten beschränkt geblieben. Er hat auch in der presbyterianisch verfaßten Kirche von Schottland eine Heimstatt gefunden. Anglikaner und Puritaner repräsentieren nicht absolut gegensätzliche Ordnungen, sondern beiderseits als legitim anerkannte orthodoxe und heterodoxe Interpretationen ein und derselben im Common Law und in einer verschiedene soziale Gruppierungen einschließenden gesellschaftlichen Gemeinschaft verwurzelten normativen Kultur. Die Spannweite der Interpretation der normativen Kultur bleibt dadurch auf einen allen Interpreten gemeinsamen Rahmen beschränkt. Eine gewichtige revolutionäre Bewegung außerhalb dieses Rahmens hat es in England nie gegeben. Die gemeinschaftliche Basis der normativen Kultur ist relativ einheitlich, sie ist jedoch aus dem sozial-kulturellen religiösen Kontext heraus einerseits orthodoxen Interpretationen ausgesetzt, die in die Richtung von Autoritätsachtung, ständischer Differenzierung und Legitimation des Bestehenden weisen, und andererseits heterodoxen Interpretationen, die mehr den ökonomisch-pragmatischen Aktivismus und Rationalismus in Verbindung mit dem institutionalisierten Individualismus und normativen Universalismus betonen. Von der Seite der Gemeinschaftsstruktur ist die anglikanische Orthodoxie durch die Lebensweise der Aristokratie, die puritanische Heterodoxie vorwiegend durch die Lebensideale des städtischen gewerblichen Bürgertums geprägt. Ihre Verbindung bewirkt die für England charakteristische Fusion von Tradition und Modernität.

1.2 Konservatismus und Sozialismus

In eine ähnliche Richtung hat sich später das Verhältnis zwischen der sozialistischen Heterodoxie der Arbeiterbewegung und der fusionierten konservativ-liberalen Orthodoxie von Aristokratie und Bürgertum entwickelt, wenn auch dieser Prozeß weit weniger reibungslos und erfolgreich verlaufen ist.[17] Der revolutionäre

17 Vgl. Edward P. Thompson, *The Making of the English Working Class*, Har-

Sozialismus hat in England nie eine ernsthafte Chance besessen, zu einer wirksamen sozialen Bewegung zu werden. Die Geschichte der schrittweisen Institutionalisierung der sozialistischen Opposition der Arbeiterklasse beginnt mit den Kämpfen um das Koalitionsrecht im 19. Jahrhundert, mit der Chartistenbewegung und führt zur Anerkennung der Arbeitervereinigungen, zur Bildung der Gewerkschaften, zur Gründung der Labour-Party und ihrer ersten Vertretung im House of Commons (1918) bis zur ersten Labour-Regierung im Jahre 1945 und damit zur Anerkennung des demokratischen Sozialismus als einer legitimen Variante eines gemeinsamen Wertmusters.[18] Der demokratische Sozialismus bildet in diesem Sinne neben dem puritanischen Aktivismus die zweite legitime heterodoxe Position im Verhältnis zur anglikanisch-aristokratischen Orthodoxie. Auch hier ist ein Kennzeichen die Inklusion der Heterodoxie in ein gemeinsames Grundmuster im Unterschied zu Exklusion und unversöhnlichem Gegensatz, die das Verhältnis von revolutionärem Sozialismus und bürgerlicher Orthodoxie in den kontinentalen Ländern bestimmen. Die Inklusion des demokratischen Sozialismus in das gemeinsame Grundmuster äußert sich auf institutioneller Ebene in der Akzeptierung der Verstaatlichung wichtiger Industriezweige und auch des Gesundheitswesens als rechtmäßige Institutionen, die 1945 durch die Labour-Regierung eingerichtet wurden. Von den Konservativen werden diese Institutionen zumindest insoweit toleriert, als die Verpflichtung auf die politischen Verfahren, durch die sie eingeführt wurden, über jeder anderen politischen Überzeugung steht.

Auch bei der Inklusion der Arbeiterschichten und des demokratischen Sozialismus ist wie bei der Annäherung der bürgerlichen und aristokratischen Schichten eine Fusion der heterodoxen Position mit dem orthodoxen Patrimonialismus insofern bemerkbar, als der Respekt gegenüber Autoritäten und die Anerkennung von Statusdifferenzen auch innerhalb der Arbeiterschichten und ihrer Organisationen verwurzelt ist, wie dies Eric A. Nordlinger im

mondsworth: Penguin Books, 1963; R. Bendix, *Nation-Building and Citizenship*, op. cit., S. 61-74; E. Hopkins, *A Social History of the English Working Classes 1815-1945*, London: Arnold, 1979.

18 E. Stein, *Der Mensch in der pluralistischen Demokratie. Die Freiheitsrechte in Großbritannien*, Frankfurt: Europäische Verlagsanstalt, 1964, S. 29-63, 154-77; I. Fetscher, *Großbritannien*, op. cit., S. 222-36, 251-66.

Titel seines Buches *The Working Class Tories* prägnant zum Ausdruck gebracht hat.[19] George Orwell schreibt:

> Man findet wahrscheinlich auch eine größere Bereitschaft, als sie in den meisten anderen Ländern überlebt hat, Klassenunterschiede als dauerhaft gegeben und sogar die Oberschichten als natürliche Führer zu akzeptieren.[20]
>
> (Übersetzung vom Verfasser)

Auch hier macht sich als Grundzug aller oppositionellen Bewegungen Englands die gelungene Integration in die normative Grundstruktur der gesellschaftlichen Gemeinschaft bemerkbar. Es gibt keine die Grundnormen der Gemeinschaft in Frage stellende Opposition, und in diesem Sinne ist jede Opposition in England »Her Majesty's Loyal Oppositon«, eine »Opposition with a capital O« wie Allan Potter schreibt, die sich von der »Opposition with a minor O« durch ihre institutionelle Anerkennung und ihre Verpflichtung auf die gemeinsamen Werte der gesellschaftlichen Gemeinschaft unterscheidet.[21] Seymour Martin Lipset stellt fest:

> Wie das liberale Bürgertum vor ihnen, haben die britischen Arbeiter sich niemals ernsthaft das Ziel gesetzt, die alten privilegierten Klassen zu beseitigen, weder sozial noch ökonomisch. Nachdem sie in den politischen Klub aufgenommen worden waren, annähernd sobald die britische Arbeiterbewegung ihre eigenen Organisationen gegründet hatte, haben die Führer der Arbeiterklasse die Regeln des parlamentarischen Spiels unterstützt.[22]
>
> (Übersetzung vom Verfasser)

Die Fusion der puritanischen Heterodoxie mit der anglikanischen Orthodoxie und der sozialistischen Heterodoxie mit der bürger-

19 E. A. Nordlinger, *The Working-Class Tories*, London: McGibbon & Kee, 1967; siehe auch F. Parkin, »Working Class Conservatives«, in: *British Journal of Sociology* 18, 1967, S. 278-90.

20 G. Orwell, *The English People*, London: Collins, 1947, S. 29. Das bestätigt auch eine Untersuchung, in der sich gezeigt hat, daß die Briten relativ bescheidene Ansprüche stellen und ihre Position nur im Rahmen ihrer Klasse oder Schicht vergleichen: W. G. Runciman, *Relative Deprivation and Social Inequality in Twentieth-Century England*, Berkeley: University of California Press, 1966.

21 A. Potter, »Great Britain: Opposition with a Capital ›O‹«, in: R. A. Dahl (Hg.), *Political Oppositions in Western Democracies*, New Haven und London: Yale University Press, 1966, S. 3-33.

22 S. M. Lipset, *The First New Nation*, op. cit., S. 217-8.

lich-aristokratischen Orthodoxie hat den puritanisch-bürgerlichen und den sozialistischen Aktivismus in der Gestaltung der Welt den Grenzen des Traditionalismus unterworfen. Typisch für die Traditionalität der englischen Gesellschaft ist die relativ starke soziale Differenzierung mit einer ständischen Verteilung von Sozialprestige und Lebensstilen, die damit verknüpfte besondere Autoritätsachtung (Deference) und der Konservatismus.[23] Ihre legitimatorische Grundlage ist in der anglikanischen Orthodoxie verwurzelt. Gestützt werden diese Komponenten der Traditionalität durch das Bildungssystem und durch die Sozialisation in Familie und Schule. Das Bildungssystem bewirkte bis in die siebziger Jahre dieses Jahrhunderts eine relativ frühzeitig einsetzende scharfe soziale Differenzierung. Die Sozialisation in Familie und Schule läßt Hierarchie und ständische Ungleichheit als natürlich gegeben erscheinen. Sie ist mehr auf Strenge, Unpersönlichkeit, Disziplin und Autoritätsachtung aufgebaut als auf Permissivität, emotionaler Zuneigung und demokratischer Teilnahme.[24] Während in Familien und Schulen der oberen Schichten Strenge, Unpersönlichkeit und Disziplin sowie Vorbereitung auf die Übernahme von Autoritätspositionen nach vorgelebten Vorbildern vorherrschen, bestimmen in den unteren Schichten vor allem autoritative Beziehungen und die Akzeptierung von Autorität das Bild. Eltern und Lehrer sind nicht Partner der Kinder, sondern autoritative Führer in ihrer Erziehung. In der Schule selbst ist die Autorität des Lehrers relativ uneingeschränkt. Eltern und Schüler nehmen weit

23 Schon Walter Bagehot hat den Respekt vor dem Übergeordneten (Deference) als eine typische Haltung der Briten betrachtet: W. Bagehot, *The English Constitution*, London: Fontana, (1867, 1872) 1963, Kap. 8, 9. Vgl. zur Differenzierung und Spezifikation dieser These E. Shils, »Deference«, in: J. A. Jackson (Hg.), *Social Stratification*, London: Cambridge University Press, 1968, S. 104-32; D. Kavanagh, »The Deferential English: A Comparative Critique«, in: *Government and Opposition* VI, 1971, S. 333-60; B. Jessop, *Traditionalism, Conservatism and British Political Culture*, London: Allen & Unwin, 1974, S. 30-48, 124-43; D. C. Moore, *The Politics of Deference*, Hassocks: Harvester, 1976.

24 Vgl. G. J. Renier, *The English: Are They Human?*, New York: Roy Publishers, 1952, S. 229-70; M. L. Farber, »English and Americans: Values in the Socialization Process«, in: *Journal of Psychology* 36, 1953, S. 243-50; A. Briggs, *Victorian People*, Chicago: University of Chicago Press, 1954, S. 150-77; J. Newson und E. Newson, *Patterns of Infant Care*, Harmondsworth: Penguin Books, 1965.

weniger an schulischen Entscheidungen teil als z. B. in den Vereinigten Staaten. Gewiß hat in England wie in allen westeuropäischen Ländern seit den sechziger Jahren eine wachsende Liberalisierung der Erziehung und eine Annäherung an das amerikanische Muster stattgefunden. Diese neueren Trends haben allerdings noch nicht dieselbe Ausbreitung und Selbstverständlichkeit erlangt wie in den Vereinigten Staaten. Außerdem werden sie in ihrem Charakter natürlicherweise durch die britische kulturelle Tradition gegenüber ihrem amerikanischen Verständnis verändert.[25]

Autoritätsachtung ist aufgrund der Legitimation durch die anglikanische Orthodoxie und der Tradierung in Familie und Schule ein Grundzug der Gesellschaft Englands und formt auch noch die demokratischen Institutionen und Entscheidungsverfahren. Wie Edward Shils in einem Vergleich der Vereinigten Staaten mit Großbritannien betont hat, wird in Großbritannien gegenüber der demokratischen Regierung derselbe Respekt vor der Autorität (Deference) wie noch gegenüber einer patrimonialen Herrschaftsinstanz über alle Schichten hinweg als selbstverständlich betrachtet. Und für die Erledigung der Regierungsgeschäfte gelten in gewisser Weise noch die patrimonialen Prinzipien der Verborgenheit und Geheimhaltung. Regierungsgeschäfte vollziehen sich leise hinter den verschlossenen Türen ehrwürdiger Räume und unter annerkannten Autoritäten, nicht in der lauten öffentlichen Diskussion:

> Die Akzeptanz von Hierarchie in der britischen Gesellschaft gestattet der Regierung, ihre Geheimnisse zu bewahren, ohne auf großen Widerspruch und Unmut zu stoßen (...) Die in den Mittel- und Arbeiterschichten vorherrschende Unterwerfung unter Autorität wird von der geringen Mitteilsamkeit der oberen Mittelschicht und der Regierenden ergänzt. Die Geheimnisse der regierenden Schichten Großbritanniens werden innerhalb der Schichten gehalten und sogar innerhalb noch engerer Zirkel. Die herrschende Klasse Großbritanniens ist unerreicht in ihrer Verschlossenheit und Schweigsamkeit.[26]
>
> (Übersetzung vom Verfasser)

Schließlich werden die traditionalistischen Züge der normativen Kultur Englands auch durch die symbolische Funktion der Krone und durch die repräsentativen Zeremonien getragen. Die Krone ist

25 J. Newson und E. Newson, *The Family and its Future*, London: J. A. Churchill, 1970.

26 E. Shils, *The Torment of Secrecy*, Glencoe, Ill.: Free Press, 1956, S. 49.

als ein Symbol der gesellschaftlichen Gemeinschaft und ihrer gemeinsamen Überzeugungen zu verstehen, während die repräsentativen Zeremonien die affektive Bindung an diese am Leben erhalten. Das bedeutet einerseits die Symbolisierung und affektive Verankerung der modernen Komponenten der normativen Kultur, insbesondere der im Common Law verankerten Freiheitsrechte. Wie wir gesehen haben, schließt die normative Kultur andererseits jedoch auch traditionalistische Komponenten mit ein. Und diese traditionalistischen Elemente werden durch die Krone als Symbol und durch die öffentlichen Zeremonien verstärkt. Aufgrund ihrer traditionellen ureigenen Autorität bleibt an dem Respekt gegenüber der Krone stets ein Rest patrimonialer Autoritätsunterwürfigkeit haften, wie weitgehend die Kultur ansonsten auch modernisiert sein mag.

Schlußbemerkungen

In England hat der Puritanismus nicht nahtlos sein Potential in einen gesellschaftlichen Aktivismus umgesetzt. Er hat im Vergleich zur Orthodoxie der anglikanischen Staatskirche eine heterodoxe Postition eingenommen. Die aktive Gestaltung der Welt durch weitergreifende Ideale ist deshalb durch den orthodoxen anglikanischen Traditionalismus begrenzt worden. Puritanische Heterodoxie und anglikanische Orthodoxie stehen jedoch in keinem unversöhnlichen Konflikt zueinander, vielmehr hat sich zwischen ihnen ein institutionalisiertes Wechselspiel zwischen Fortschritt und Beharrung in der wechselnden Rolle von Regierung und Opposition herausgebildet. Auch der demokratische Sozialismus der Arbeiterbewegung hat sich in dieses Spiel eingefügt. Er stellt heute die legitime heterodoxe Position im Verhältnis zur konservativen Orthodoxie dar. Revolutionäre Bewegungen haben nie eine ernsthafte Rolle gespielt. Alle Bewegung über die bestehende Ordnung hinaus zur Erneuerung der Gesellschaft tritt als legitime und loyale Opposition auf. Basis dieser Fusion von Aktivismus und Beharrung ist die Integration der gesellschaftlichen Gruppen zu einer gesellschaftlichen Gemeinschaft, die ihre Wurzeln in der Annäherung von Aristokratie und Bürgertum und im Common Law hat und in der Einbeziehung der Arbeiterklasse eine Fortsetzung erfahren hat (Diagramm 21).

Diagramm 21: Der Aktivismus in England

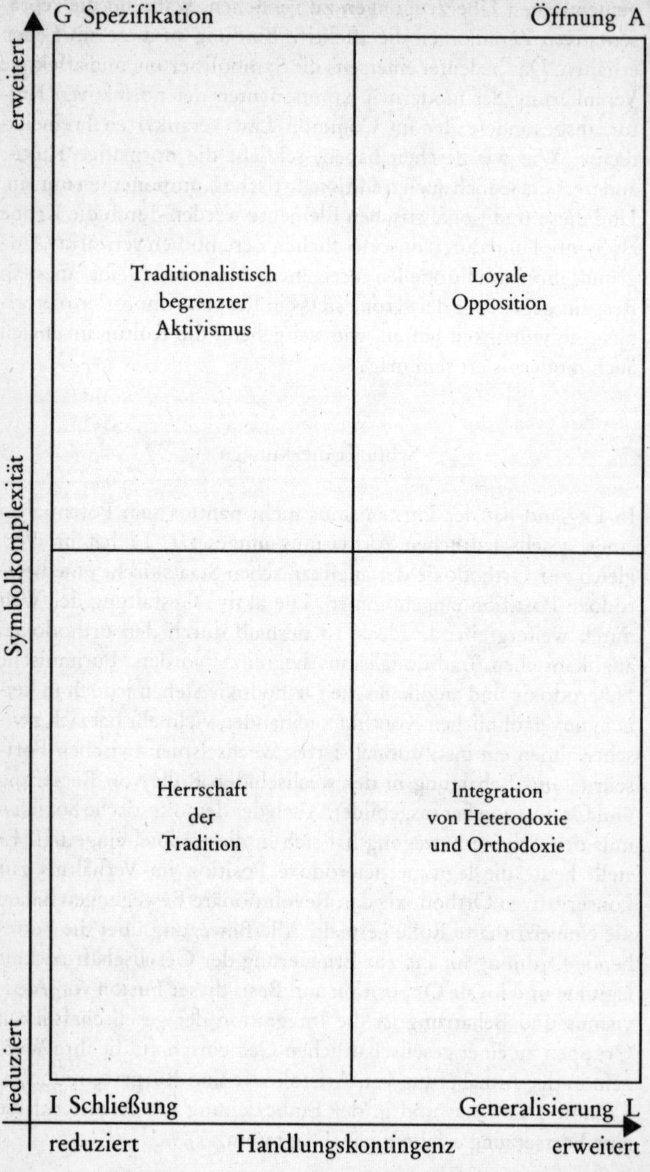

2. *Rationalismus: Common sense*

Vorbemerkungen

Das englische Verständnis der Rationalität ist weit entfernt von philosophischer Abstraktion, Systematik und Deduktion, aber auch von schöpferischer Originalität. Das kommt schon im englischen Begriff »Reason« zum Ausdruck. Er bezeichnet weder eine ideelle und universelle Vernunft noch eine deduktive und scharfsinnig vorgehende noch eine rein technische Rationalität. Reason beruht mehr auf dem Gebrauch der praktischen Erfahrung und auf dem gemeinhin Einsichtigen. Prüfungskriterium ist nicht die logische Beweisbarkeit einer These und ihre Universalisierbarkeit, sondern die gemeinsame Erfahrung innerhalb einer Kommunikationsgemeinschaft. Diese empirisch gewendete Vernunft bestätigt sich in der Übereinstimmung der Teilnehmer eines Diskurses. Es muß die Zustimmung der Gemeinschaft gefunden werden, um die Geltung einer Idee zu bekräftigen. Abstrakte Ideen, die über den Erfahrungshorizont des durchschnittlichen Mitgliedes der gesellschaftlichen Gemeinschaft hinausgehen, und originelle Entwürfe haben hier wenig Chancen, Geltung zu erlangen.[27]

2.1 Die Formulierung des Wissens: Die Untersuchung (Enquiry)

Das adäquate Medium des englischen Begriffs der Vernunft ist die Untersuchung (Enquiry). In dieser Form haben die britischen Philosophen und Wissenschaftler ihre Ideen der Öffentlichkeit vorgelegt. Untersuchungen sind nicht allzu lang, sie sind in einer allgemein verständlichen Sprache formuliert, bilden eine Folge von Einzelbetrachtungen und versuchen ihre Ideen so darzustellen, daß ihnen der Durchschnittsbürger mit seiner Erfahrung zustimmen kann. Daß eine These der gewöhnlichen Erfahrung entspricht und deshalb Geltung haben müsse, ist das meistge-

27 In diesem Sinne läßt sich die im englischen Kontext entwickelte Argumentationstheorie interpretieren: S. Toulmin, *The Uses of Argument*, Cambridge: Cambridge University Press, 1958; *An Examination of the Place of Reason in Ethics*, Cambridge: Cambridge University Press, 1970.

brauchte Argument, um die Zustimmung des Lesers zu gewinnen. Vorausgesetzt wird dabei stets, daß es einen gemeinschaftlichen Konsens gibt. So ist auch die Vertragstheorie von Hobbes und vor allem von Locke als eine empirische Generalisierung aus den gesellschaftlichen Verhältnissen zu deuten und weniger als ein deduktiv umzusetzendes Modell oder eine abstrakte Konstruktion eines Idealzustandes. Bei Hobbes führt der natürlich gegebene Eigennutz die Bürger zum Vertragsschluß und zur Abtretung ihrer Rechte an den Souverän,[28] bei Locke ist es die Identität ihrer Interessen, die sie in den Vertrag einwilligen läßt, eine politische Gemeinschaft mit einem gemeinsamen Recht zu gründen.[29]

Hume hat den genuinen Charakter der englischen Vernunft auf den Begriff gebracht. Nichts als die Gewohnheit ist es, die uns die Geltung unserer allgemeinen Ideen annehmen läßt.[30] Wenn immer wir auf ein Ereignis A ein Ereignis B folgen sehen, dann generalisieren wir diese wiederholte Erfahrung aus purer Gewohnheit zu der allgemeinen Annahme, daß B immer nach A eintrete.

> (...) Nach einer Wiederholung ähnlicher Fälle wird das Denken durch Gewohnheit dazu gebracht, beim Eintreten eines Ereignisses das gewöhnlich darauffolgende zu erwarten und zu glauben, daß es eintreten wird.[31]
>
> (Übersetzung vom Verfasser)

Unsere allgemeine Erkenntnis beruht auf der Zusammensetzung unserer abstrakten Ideen aus sinnlichen Beobachtungen und auf der Induktion von einer Reihe sinnlicher Erfahrungen zu einer generellen Theorie. Wie Hume bemerkt hat, führt uns dieses Verfahren immer nur zu vorläufig bestätigtem Wissen, aber nicht zu einer wirklich universell gültigen Erkenntnis. Nach mehr hat das englische Denken auch nie gestrebt. Der abstrakte Universalismus und Gültigkeitsanspruch der von Kant begründeten deutschen Philosophie und Wissenschaft ist dem Engländer bis heute suspekt

28 T. Hobbes, *Leviathan*, in: *Collected English Works of Thomas Hobbes*, hg. von W. Molesworth, Bd. 3, Aalen: Scientia, (1651) 1966, Kap. 17.

29 J. Locke, *Zwei Abhandlungen über die Regierung*, op. cit., »Zweite Abhandlung«, §§ 95-122.

30 D. Hume, *Enquiries Concerning the Human Understanding and Concerning the Principles of Morals*, op. cit., »An Enquiry Concerning Human Understanding«, S. 60-79.

31 Ebd., S. 75.

geblieben. Der englische Typus der Vernunft hat sich vom abstrakten Denken ferngehalten und ist vor allem durch die Sphären der Praxis geformt worden, durch die Erfahrung, den Common sense und die Pragmatik.

2.2 Die Erweiterung des Wissens: Erfahrung, Diskussion und empirische Wissenschaft

Der englische Typus der Vernunft basiert auf *Erfahrung*, formuliert empirische Hypothesen und generalisiert aus Beobachtungen. Der Erfahrungsbericht ist die typische Vermittlungsweise dieser empirisch gesättigten Vernunft. Es ist eine Vernunft, die sich in der offenen *Diskussion* entfaltet. Die Wahrheit wird nicht dadurch ermittelt, daß man alles Partikulare abstreift und die Ebene der Universalität erreicht, sondern durch den Wettstreit der partikularen Meinungen.

Die *Wissenschaft* ist ganz auf *Erfahrung* aufgebaut. Theorie spielt nur eine bescheidene Rolle. Sie hat sogar eine geringere Bedeutung als in den Vereinigten Staaten. Nach der großen Epoche des 17. Jahrhunderts, die von Newton und Boyle geprägt wurde, ist es der englischen Wissenschaft nicht gelungen, Theorie und empirische Forschung weiterhin in eine ähnlich enge Beziehung zueinander zu bringen.[32] Der Elan der wissenschaftlichen Gemeinschaften, allen voran der Royal Society, konnte nicht auf Dauer gestellt werden. Die wissenschaftlichen Gemeinschaften verfielen zu Amateurvereinigungen von Dilettanten. Die führenden Universitäten, Oxford und Cambridge, konzentrierten sich mehr auf die allgemeine Erziehung der gesellschaftlichen Führungselite als auf

32 Zur Entwicklung der Wissenschaft, der wissenschaftlichen Gemeinschaften und der Universitäten in England vgl. A. Flexner, *Die Universitäten in Amerika, England, Deutschland*, Berlin: Springer, 1932, S. 157-216; R. K. Merton, *Science, Technology and Society in Seventeenth Century England*, op. cit.; D. S. L. Cardwell, *The Organization of Science in England*, London: Heinemann, 1957; J. Mountford, *British Universities*, London: Oxford University Press, 1966; J. Ben-David und A. Zloczower, »Universities and Academic Systems in Modern Societies«, in: *Archieves Européennes de Sociologie* 3, 1962, S. 45-84; ebd., S. 62-70; J. Ben-David, *The Scientist's Role in Society*, op. cit., S. 66-87; A. H. Halsey und M. A. Trow, *The British Academics*, London: Faber und Faber, 1971.

die Entwicklung der Wissenschaften.[33] Erst in den siebziger Jahren des 19. Jahrhunderts öffneten sie sich mit der Einrichtung von Laboratorien zaghaft für eine gezieltere naturwissenschaftliche Forschung. Die verschiedenen Schulen der Londoner Universität und die seit Mitte des 19. Jahrhunderts ausgebauten Universitäten in der Provinz widmeten sich vorwiegend der praktischen Ausbildung in den technischen Fachgebieten.[34] Die Technik bleibt so mehr dem handwerklichen Können verbunden, es fehlt ihr die Einbettung in die theoretischen Wissenschaften. Das Experimentieren wird als ein empirisches Probieren von praktischen Problemlösungen betrachtet, kaum als ein systematisches Testen von allgemeinen Theorien. Methoden werden als Erfahrungsregeln begriffen, die sich gewohnheitsmäßig bewährt haben, nicht als theoretisch begründete Systematik. Auch in den hermeneutischen Disziplinen herrscht die empirische Betrachtungsweise vor. Es ist nie versucht worden, aus ihnen wie in Deutschland eine Geisteswissenschaft zu machen. Sie werden als Liberal Arts deutlich von den Sciences getrennt. Die Kultivierung des Menschen steht ihnen näher als die Erkenntnis einer abstrakten Wahrheit.[35] Charakteristisch für die empirische Orientierung des englischen Denkens ist auch die Art und Weise, in der heute die Philosophie betrieben wird. Der Ordinary language approach interessiert sich nicht für abstrakte Ideen, sondern für die Sprache des Alltags. Auch die Soziologie ist seit ihren Anfängen bis heute, empirische, auf Statistik aufbauende und praktischen Problemen, z.B. der Lage der Arbeiterklasse, zugewandte Soziologie.[36]

Die *wissenschaftliche Gemeinschaft* findet in England in der praktischen Ausrichtung sowie in der Orientierung am Allgemeinver-

33 J. Ben-David und A. Zloczower, »Universities and Academic Systems in Modern Societies«, op. cit., S. 64-5.

34 G. W. Roderick und M. D. Stephens, *Scientific and Technical Education in Nineteenth-Century England*, Newton Abbot: David & Charles, 1972.

35 S. Rothblatt, *Tradition and Change in English Liberal Education*, op. cit.

36 Zu den Ursprüngen und zur Entwicklung der britischen Soziologie vgl. P. Abrams, *The Origins of British Sociology: 1834-1914*, Chicago: University of Chicago Press, 1968; R. A. Kent, *A History of British Empirical Sociology*, London: Gower Press, 1981; P. Abrams, R. Deem, J. Finch und P. Rock (Hg.), *Practice and Progress: British Sociology 1950-1980*, London: Allen & Unwin, 1981; J. Eldridge, *Recent British Sociology*, Atlantic Highlands, N. J.: Humanities Press, 1980.

ständlichen und an der allgemein zugänglichen Erfahrung ihre Identität. Sie hat ihre Wurzeln in den wissenschaftlichen Gesellschaften, die im 17. Jahrhundert gegründet wurden.[37] Das Gemeinsame überwiegt das Trennende zwischen den Wissenschaftlern. Dispute wachsen sich nicht wie in Deutschland zu Fehden zwischen feindlichen Schulen aus. Niemand kommt auf die Idee, die eigene Vorgehensweise zu einem System mit Allgemeingültigkeitsanspruch auszuweiten. Jeder kann prinzipiell mit jedem zusammenarbeiten. Allerdings trägt das traditionelle Prestige der Universitäten in Oxford und Cambridge zu einer entsprechenden vertikalen Differenzierung der wissenschaftlichen Gemeinschaft bei. Die führende Rolle dieser Universitäten erleichtert es auch ihren Lehrern, Schulen zu bilden und durch ihre Schüler im Lande auszubreiten.

Wissenschaftliche Ergebnisse müssen ihre Richtigkeit in der allgemeinen Zustimmung und in der Praxis erweisen. Das schiebt ihrer Fundierung in der zugeschriebenen *Autorität* des Akademikers einen Riegel vor. Die wissenschaftliche Arbeit muß sich auf die allgemein zugängliche Erfahrung gründen, um erfolgreich zu sein. Schon der Zwang, sich in einer allgemeinverständlichen Sprache ausdrücken zu müssen, nimmt der Wissenschaft den Schleier der Undurchdringlichkeit für den Laien. Das sind erhebliche Gegengewichte gegen die Tradition, die den Universitäten in Oxford und Cambridge, ihren Lehrern und Absolventen eine überlegene Autorität zuschreibt. Auch hier liegen, wie überall in England, traditionelle Elemente (zugeschriebene Autorität) und moderne Elemente (Gleichheit) eng beieinander.

Die verschiedenen wissenschaftlichen Auffassungen konkurrieren in einem friedlichen und *fairen Wettbewerb*, der von gemeinsam anerkannten Regeln geleitet wird. Herausragendes Beispiel hierfür ist der Wettstreit zwischen Oxford und Cambridge. Allerdings ist das mehr ein Spiel und nicht ein so unerbittlicher Konkurrenzkampf, wie ihn sich die führenden amerikanischen Universitäten liefern. Außerdem ist der Statusunterschied dieser beiden Universitäten und der Londoner Universität zu den Provinzuniversitäten

37 H. Hartley (Hg.), *The Royal Society. Its Origins and Founders*, London: The Royal Society, 1960; M. Ornstein, *The Role of Scientific Societies in the Seventeenth Century*, Chicago: University of Chicago Press, 1938; D. Stimson, *Scientists and Amateurs. A History of the Royal Society*, New York: Abelard-Schwan, 1948.

traditionell zu sehr verfestigt, als daß hier ein wirklich harter Wettbewerb aufkommen würde.[38]

2.3 Die Institutionalisierung des Wissens: Common sense, Clubs und Kompromiß

Die intellektuelle Vernunft steht in England in einer engen Beziehung zum traditionellen Konsens der gemeinschaftlichen Lebenswelt. Sie vermittelt das traditionell Gegebene, die herrschende Moral und formuliert Lebensregeln aus der Sicht des gewöhnlichen Bürgers. Eine abstrakte philosophische Moral hat hier keinen Platz. Die Moraltheorie lehrt den *Common sense*.[39]

Die *Intellektuellen* bilden keine in sich geschlossene *Gemeinschaft*. Sie sind in vielfältigen alltäglichen Beziehungen mit den praktischen Sphären der Gesellschaft verbunden. Die Kooperation von Intellektuellen und Praktikern ist seit den Gründungen der wissenschaftlichen Gesellschaften und der Entfaltung des Lebens in den Kaffeehäusern und Clubs im 17. und 18. Jahrhundert eine Eigenheit der englischen Kultur.[40] Hier kommen Philosophen, Wissenschaftler, Techniker, Staatsmänner, Kaufleute und andere Berufe zusammen. Darin liegt zum größten Teil die geringe Radikalität des Denkens in Philosophie, Literatur und Kunst und der jeder reinen Abstraktion und jedem extremen Szientismus abholde Pragmatismus des wissenschaftlichen Denkens begründet. Die Intellektuellen führen keine isolierte, jeder Praxis ferne Existenz, wie die in ihre Universitäten, Kaffeehäuser oder literarisch-künstlerischen Zirkel eingeschlossenen Intellektuellen auf dem Kontinent. Was Joseph Ben-David über die englischen Intellektuellen und Wissenschaftler des 17. Jahrhunderts schreibt, gilt auch heute noch:

38 J. Ben-David und A. Zloczower, »Universities and Academic Systems in Modern Societies«, op. cit., S. 67-9.

39 Man betrachte nur D. Hume, *Enquiries Concerning the Human Understanding and Concerning the Principles of Morals*, op. cit., »An Enquiry Concerning the Principles of Morals«.

40 J. Ben-David, *The Scientist's Role in Society*, op. cit., S. 66-87; L. Coser, *Men of Ideas*, New York: Free Press, 1970; E. Shils, *»The Intellectuals and the Powers« and other Essays*, Chicago: University of Chicago Press, 1972; A. Sampson, *Wer regiert England?*, op. cit., S. 83-92.

Es ist nicht überraschend, daß sie aus erster Hand praktische Kenntnis der Politik, Wirtschaft und Gesetzgebung hatten und daß ihre Ansichten selten revolutionär oder utopisch waren. Der Weg, den sie suchten, um die Wissenschaft auf die praktischen Probleme der Gesellschaft anzuwenden, war dem Weg nicht unähnlich, den die großen Erfinder des Zeitalters in der Anwendung der wissenschaftlichen Vorgehensweise auf den Bau von Maschinen und auf die Behandlung von Krankheiten gingen. Sie waren sich klar der Komplexität wie auch der Spezifität der Probleme bewußt, die sie behandelten; und sie versuchten nicht, Empfehlungen für soziale Reformen aus ersten Prinzipien abzuleiten. Selbst ein Mann wie Bentham, der vom Temperament her zum Denken aus der Sicht erster Prinzipien neigte, wurde zu einem großen Ausmaß der praktischen sozialen Erprobung geleitet.[41]

(Übersetzung vom Verfasser)

Für die Kultur bedeutet die Integration der Intellektuellen in die Gesellschaft, daß sie weit weniger in unversöhnliche Ideologien zerrissen ist als die Kultur der großen kontinentalen Gesellschaften. Revolutionäre Ideen haben in Englands Kultur nie einen fruchtbaren Boden gefunden. Auch die heterodoxen Positionen stehen zur kulturellen Orthodoxie nicht in einem unversöhnlichen Gegensatz. Es herrschen Anerkennung der Alternativen als legitime Varianten einer gemeinsamen Kultur und Kompromißbereitschaft vor. Die Bereitschaft zur Kompromißbildung ist dem Engländer heiliger als irgendeine besondere Idee.
Konflikte werden nicht ideologisiert, sondern auf der Ebene von unterschiedlichen Standpunkten und Interessen ausgefochten, zwischen denen stets ein Kompromiß gefunden werden kann. Man versucht Interessen aufeinander abzustimmen, Vorteile auszuhandeln, ohne dem anderen damit grundsätzlich zu schaden. Die beste Lösung ist stets eine solche, die beiden Seiten Vorteile bringt. Konflikte sollen zwischen den Betroffenen selbst ausgetragen und nicht durch eine übergeordnete Instanz gelöst werden. *Konsens* ist etwas, das nicht ein für allemal existiert, sondern immer wieder neu hergestellt werden muß. Hinter allen Gegensätzen steht die Anerkennung gemeinsamer Regeln der Konfliktaustragung, der Regeln des Fair play. Der faire Kompromiß wird gesucht, nicht die gewaltsame Durchsetzung der eigenen Vorstellungen. Das geschieht vor allem in unzähligen Ausschußsitzungen:

41 J. Ben-David, *The Scientist's Role in Society*, op. cit., S. 90.

Bischöfe, Richter, Admiräle und Wissenschaftler, alle sind in Ausschüsse verstrikt, alle brauchen sie die gleichen Eigenschaften: Geduld und Kompromißbereitschaft,[42]

schreibt Anthony Sampson. Die Regeln der Kompromißbildung sind in einer alle Gruppen einschließenden gesellschaftlichen Gemeinschaft verankert. Eine solche Gemeinschaft benötigt Symbole und repräsentative Riten.[43] In England konnte die Krone die symbolische Funktion in zunehmendem Maße erfüllen, weil ihr mehr und mehr politische Funktionen entzogen wurden. Sie wandelte sich von einer politischen Instanz mit Regierungsgewalt zu einem Symbol der gesellschaftlichen Gemeinschaft und ihrer gemeinsamen Überzeugungen ohne eigentliche Regierungsgewalt. Die Symbolisierung der Gemeinschaft der Briten ist in dem ungeteilten Respekt aller gesellschaftlichen Gruppen gegenüber der Krone und gegenüber den entsprechenden »heiligen« Orten sowie »heiligen« Symbolen, wie Nationalflagge und Nationalhymne zu erkennen.[44] Hier hat man eine unmittelbare Konkretisierung der These Durkheims vorliegen, daß »heilige Symbole« nichts anderes als die ihnen zugrunde liegende gesellschaftliche Gemeinschaft repräsentieren.[45] Umgekehrt formuliert heißt das: Wo eine über Gruppenpartikularismen hinausgreifende gesellschaftliche Gemeinschaft mit einer kollektiven Solidarität existiert, findet sie in solchen als »heilig« und unveränderbar empfundenen Symbolen Ausdruck. Anderenfalls gibt es nur Symbole partikularer Gemeinschaften, zwischen denen keine Gemeinsamkeit besteht.

Die Tatsache, daß Krone, Nationalhymne und Nationalflagge die über Partikulargruppen hinausgehende Gemeinschaft der Briten symbolisch sichtbar machen, heißt wiederum, daß sie die gemein-

42 A. Sampson, *Wer regiert England?*, op. cit., S. 259.

43 R. Bocock, *Ritual in Industrial Society. A Sociological Analysis of Ritualism in Modern England*, London: Allen & Unwin, 1974.

44 Aus einer Erhebung Mitte der siebziger Jahre ging z. B. hervor, daß zwar nur 54 % der Briten der Königin eine bedeutsame oder sehr bedeutsame politische Rolle zuschrieben, aber 88 % die Rolle gut oder sehr gut bewerteten: R. Rose und D. Kavanagh, »The Monarchy in Political Culture«, in: *Comparative Politics* 7, 1976, S. 548-76, ebd., S. 552; vgl. auch B. Jessop, *Traditionalism, Conservatism and British Political Culture*, op. cit., S. 89, Tabelle 5. 2.

45 E. Durkheim, *Die elementaren Formen des religiösen Lebens*, op. cit., S. 315-20.

samen Überzeugungen dieser Gemeinschaft verkörpern. Und dies schließt ein, daß sich die Bedeutung der Symbole entsprechend der Entwicklung der gesellschaftlichen Gemeinschaft und der gemeinsamen Überzeugungen ändert. Die Krone symbolisiert demgemäß längst nicht mehr nur das monarchische, patrimonial-traditionalistische Herrschaftsprinzip, sondern das Common Law mit seiner Betonung der Freiheitsrechte des Individuums und der Begrenzung der staatlichen Gewalt durch das Recht. Soweit die Interpretation dieser Rechte zu einer über den ökonomischen Liberalismus des 18. und 19. Jahrhunderts hinausreichenden Ausdehnung auf prinzipiell alle Schichten und Klassen geführt hat, ergab sich auch ein veränderter Symbolgehalt von Krone, Nationalhymne und Nationalflagge.

Jeweils verstärkt wird diese Verknüpfung von Symbolen und gemeinsamen normativen Ideen durch entsprechende Riten im Sinne Durkheims.[46] Hierzu gehören regelmäßige öffentliche Zeremonien, in denen die gemeinsame Verpflichtung auf die normativen Grundideen implizit und explizit zum Ausdruck gebracht wird, wie z.B. bei der feierlichen Vereidigung einer Regierung, der Regierungserklärung einer neuen Regierung, der Eröffnung einer Parlamentsperiode und dgl.[47] In England kann man die dabei sich ausbreitende, natürlich wohltemperierte »effervescence collective« im Vergleich zu anderen Ländern deutlich sehen und fühlen.[48] In der ausländischen Berichterstattung erscheint die besondere Feierlichkeit solcher Handlungen häufig als konservatives und traditionalistisches Relikt. Dabei wird oft die repräsentative Funktion dieser Zeremonien nicht genügend erkannt. Diese Zeremonien sind keine leeren Formalitäten, sie haben vielmehr für den Briten Sinn und Bedeutung, und vor allem ist ihre Bedeutung nicht der Konservatismus als solcher, sondern die gemeinsame Verpflichtung auf die normativen Ideale, die im Common Law verankert sind, auf die Freiheitsrechte und auf die Begrenzung der Regierungsgewalt durch das Recht. Die Tradition, die hier zum Ausdruck kommt, ist insofern kein reiner Traditionalismus, sondern auch die Tradition der Modernität. Und das Gewicht dieser

46 Ebd., S. 405-555; E. Shils, *Center and Periphery*, op. cit., S. 153-63.

47 E. Shils und M. Young, »The Meaning of the Coronation«, in: E. Shils, *Center and Periphery*, Chicago: University of Chicago Press, 1975, S. 135-52.

48 E. Durkheim, *Die elementaren Formen des religiösen Lebens*, op. cit., S. 285-95.

bis zur Magna Charta von 1215 zurückreichenden Tradition und ihrer regelmäßigen Erneuerung in Zeremonien für die feste Institutionalisierung der im Common Law enthaltenen individualistisch-universalistischen Elemente der modernen Kultur kann nicht hoch genug veranschlagt werden. Wir brauchen hier nur Durkheims reifster Ausarbeitung seiner Institutionalisierungstheorie in den *Elementaren Formen des religiösen Lebens* zu folgen. In seinem Spätwerk betont Durkheim die Repräsentativfunktion der Riten in bezug auf die normativen Ideale einer Gemeinschaft und die Funktion der dabei regelmäßig erneuerten doppelten affektiven Verbundenheit der Gemeinschaftsmitglieder untereinander und mit den normativen Idealen für die Institutionalisierung der Kultur in der Gesellschaft.[49] Hier wird keine rationale Begründung der Freiheitsrechte vorgeführt, sondern die *gemeinsame* Liebe zu diesen Rechten lebendig erhalten. Wo eine solche Tradition der Verknüpfung von öffentlichen Zeremonien mit den normativen Idealen einer umfassenden gesellschaftlichen Gemeinschaft fehlt, können noch so viele Festakte und Zeremonien keine vergleichbare Verpflichtung auf *gemeinsame*, gruppenübergreifende Ideale erzeugen. Sie bleiben formale und leere Akte ohne Sinn und Bedeutung und mit ambivalenter Stimmungslage und können sogar gerade zum Anlaß für das Aufeinanderstoßen unversöhnlicher Wertorientierungen verschiedener gesellschaftlicher Gruppen werden. Diese Ambivalenz haftet heute noch vielen politischen Zeremonien und Festakten in der Bundesrepublik in auffälligem Kontrast zu den öffentlichen Zeremonien Englands an.

Freilich bleiben auch die öffentlichen Festtagszeremonien Englands formal und leer soweit die gemeinsamen Normen nicht im Alltag am Leben gehalten werden. Die Bindung an die Regeln des Fair play wird im Alltag insbesondere durch die Praxis des Common Law in der im Gerichtsverfahren typischen Kompromißbildung zwischen gleichberechtigten Streitparteien lebendig erhalten. Das kommt schon in der Rollenverteilung im Gerichtsverfahren zum Ausdruck.[50] Dem Richter wird eindeutig die Rolle des Schiedsrichters zugeteilt, der über die Einhaltung der Spiel-

49 Ebd., S. 285-95, 405-555.

50 Vgl. H. Cecil, *The English Judge*, London: Stevens & Sons, 1970; B. Abel-Smith und R. Stevens, *Lawyers and the Courts. A Sociological Study of the English Legal System 1750-1965*, London: Heinemann, 1970.

regeln wacht, zwischen den konfligierenden Interessen Kompromisse ermöglichen soll und nicht – wie z. B. der deutsche Richter – hauptsächlich die Aufgabe hat, die Wahrheit zu suchen. Auch das Strafverfahren entspricht weit mehr dem Modell der Konfliktaustragung zwischen gegnerischen Anwälten als gleichberechtigten Streitparteien, zwischen denen der Richter in der Rolle des Schiedsrichters zu vermitteln hat, während im deutschen Strafverfahren der Richter und der Staatsanwalt gegenüber dem Verteidiger eine herausgehobene Stellung einnehmen und wie die Repräsentanten der autoritativ verkündeten Wahrheit und des übergeordneten Allgemeininteresses dem untergeordneten Partikularinteresse des Verteidigers gegenübertreten. Das Gerichtsverfahren im Common Law verbürgt weit mehr eine aktive Teilhabe des Bürgers an Prozessen der Kompromißbildung und macht die Kompromißbildung nach gemeinsamen Regeln überhaupt zu einem Modell des alltäglichen Handelns. Dabei wird die Wahrung der gemeinsamen Regeln, die sowohl Regierungsinstanzen als auch Gruppen und einzelne binden, auch immer wieder im Alltagshandeln als Tugend beschworen. Das heißt, das »Heilige«, die Unantastbarkeit der Regeln selbst, wird nicht nur an den Festtagen, sondern im Alltag selbst verstärkt und aus dem Profanen, Veränderlichen herausgehoben. Was durch die genannten Institutionen – die Symbolfunktion der Krone, öffentliche Zeremonien als repräsentative Riten, zeremonielle Verstärkung von gemeinsamen Regeln in der Kompromißbildung im Alltag – wesentlich bewirkt wird, ist die Universalisierung affektiver Bindungen, die dadurch zu einem generalisierten Medium der Wahrung gruppenübergreifender Solidarität werden.

Die generalisierte affektive Gebundenheit der Briten an eine den Partikulargruppen übergeordnete Gemeinschaft ist auch in den gefühlsmäßigen Einstellungen zu den politischen Institutionen zu erkennen. In Almond und Verbas Studie zur »Civic Culture« weisen die Briten nach den Amerikanern die weitaus größte affektive Gebundenheit an ihre politischen Institutionen auf, während diese Einstellung bei Deutschen und Italienern fast überhaupt nicht zu finden ist.[51] Das instrumentelle Handeln in der alltäglichen Kon-

51 G. A. Almond und S. Verba, *The Civic Culture*, op. cit., S. 102, Tabelle 1. 46% äußerten Stolz auf politische Institutionen, in den Vereinigten Staaten 85%, in Deutschland 7%. Ein Überblick über die Entwicklung und über Forschungsergebnisse seit Durchführung der Civic Culture-Studie führt bei aller

fliktaustragung in Arbeitskonflikten, politischen Konflikten und Rechtsstreitigkeiten wird durch die wechselseitige affektive Verbundenheit, die wiederum mit gemeinsamen Überzeugungen im Common Law verknüpft ist, in die Bahnen der friedlichen, pragmatischen und fairen Kompromißbildung nach gemeinsamen Regeln gelenkt. Dem Briten ist die Institution der pragmatischen Kompromißbildung mit ihren Regeln wichtiger als irgendeine besondere Idee oder irgendein besonderes Interesse, für das er streitet:

> Die Briten investieren mit großer Kraft in die prozeduralen Aspekte ihrer Regierungsarbeit und mit sehr geringer Kraft in ihre inhaltlichen Aspekte; sie verhalten sich in bezug auf Regeln wie Ideologen und in bezug auf politische Programme wie Pragmatiker,[52] (Übersetzung vom Verfasser)

schreibt Harry Eckstein. Aufgrund der Fähigkeit zu generalisierter affektiver Gebundenheit über Gruppengrenzen hinweg und an gemeinsame Symbole und Regeln ist es nicht überraschend, daß die Briten neben den Amerikanern im Vergleich zu anderen Nationen ein relativ hohes gegenseitiges soziales Vertrauen kennzeichnet, wie in Almonds und Verbas Civic Culture-Studie z.B. im deutlichen Unterschied zur Bundesrepublik und zu Italien ermittelt wurde. Der Aussage »Den meisten Menschen kann vertraut werden«, stimmten 49 % der Briten und 55 % der Amerikaner zu, aber nur 18 % der Deutschen und 7 % der Italiener.[53] In dieselbe Richtung weist die Bereitschaft, über Parteigrenzen hinweg zu heiraten, die nach den USA (74 %) im Vereinigten Königreich am weitesten ausgeprägt ist (44 %), wiederum deutlich mehr

spezifischen Unzufriedenheit und daraus folgender Spekulation über den Niedergang der Civic Culture nicht zu einer grundsätzlichen Erschütterung der Annahme, daß die Briten im europäischen Vergleich in der *diffusen* Unterstützung des politischen Systems vorne rangieren: D. Kavanagh, »Political Culture in Great Britain: The Decline of the Civic Culture«, in: G. A. Almond und S. Verba (Hg.), *The Civic Culture Revisited*, Boston: Little, Brown, 1980, S. 124-76, ebd., S. 140-1, 152-60.

52 H. Eckstein, *A Theory of Stable Democracy*, Princeton: Center of International Studies, 1961, S. 30-1. Vgl. die Befragung von britischen und italienischen Parlamentsmitgliedern, in der eine weitaus höhere Anerkennung der Parlamentsregeln bei den Briten im Vergleich zu den Italienern ermittelt wurde: R. Putnam, *The Beliefs of Politicians*, New Haven: Yale University Press, 1973.

53 G. A. Almond und S. Verba, *The Civic Culture*, op. cit., S. 267, Tabelle 4.

als in der Bundesrepublik (24 %) und in Italien (14 %).[54] Zur generelleren affektiven Verbundenheit, zur gemeinsamen Anerkennung von Regeln und zum relativ hohen sozialen Vertrauen gehört auch die ebenfalls im Vereinigten Königreich nach den USA ausgeprägteste Bereitschaft zur Kooperation in freiwilligen Assoziationen außerhalb der askriptiven Gruppenmitgliedschaften. Auch darin kommt die Fähigkeit zum Ausdruck, außerhalb partikularer und askriptiver Vergemeinschaftungen gegenseitige Bindungen und Verpflichtungen einzugehen. Die Fähigkeit zu wechselseitiger Verbundenheit ist generalisiert, sie ist unabhängig von unmittelbarer emotionaler Bindung, d. h. neutralisiert; Bindungen können frei gewählt und auf veränderbare Zwecke hin spezifiziert werden.

Der für England typische Vorrang der Kompromißbildung zwischen einzelnen Individuen oder Gruppen vor der staatlichen Regelung von Konflikten hat allerdings auch eine andere Seite. Er begrenzt die politische Effektivität und damit auch nicht selten die wirtschaftliche Effizienz, soweit diese von der staatlichen Gesetzgebung abhängig ist. Die Interessengruppen können hier leicht und häufig in ein Gefangenendilemma geraten, ohne daß ihnen durch die übergeordnete staatliche Gesetzgebung aus dem Dilemma herausgeholfen werden kann.[55] Für die Interessengruppen ist es häufig rationaler, auf der Durchsetzung von Interessen zu beharren, als diese zurückzustellen, weil sie nicht immer davon ausgehen können, daß andere Gruppen ihre Zurückhaltung nicht zu ihrem Schaden ausnutzen werden. Die Belohnung von Ver-

54 Ebd., S. 290, Tabelle 9. Auch Robert R. Alford hat in seiner Studie über die Klassenbasis des Wählerverhaltens festgestellt, daß das vergleichsweise stark von der Klassenzugehörigkeit beeinflußte Wählerverhalten in Großbritannien nicht zwangsläufig eine Klassenpolarisierung der politischen Kultur impliziert: R. R. Alford, *Party and Society. The Anglo-American Democracies*, Westport, Conn.: Greenwood, (1963) 1977, S. 168-71. Untersuchungen aus den sechziger und siebziger Jahren berichten eine Abnahme des Einflusses der Klassenzugehörigkeit auf das Wählerverhalten und eine geringe kulturelle Polarisierung: D. Butler und D. Stokes, *Political Change in Britain: The Evolution of Electoral Choice*, London: Macmillan, 2. Aufl., 1974, S. 32-6, 91-3, 117-8; M. Charlot, »The Ideological Distance Between the Two Major Parties in Britain«, in: *European Journal of Political Research* 3, 1976, S. 178-88; D. Robertson, *A Theory of Party Competition*, London: Wiley, 1976.

55 A. Rapoport und A. M. Chammah, *Prisoner's Dilemma: A Study in Conflict and Cooperation*, Ann Arbor, Mich.: University of Michigan Press, 1965.

zicht ist äußerst unsicher, so daß freiwilliger Verzicht auch kaum geleistet wird. Die Regelung von Konflikten in unmittelbarer Kompromißbildung im Rahmen des Common Law bedingt auch eine ziemlich weitgehende Aufsplitterung von Einzelinteressen. Sie wirkt einer Zusammenfassung von Einzelinteressen in großen Dachverbänden entgegen. Die Herausbildung solcher Dachverbände mit entsprechenden Vertretungskompetenzen wird eher dort begünstigt, wo Konfliktregulierung mehr mittelbar durch den Staat und in der Interaktion zwischen Regierungsinstanzen und Interessengruppen erfolgt. Die Aufsplitterung der Interessengruppen läßt dagegen leichter Situationen eines Gefangenendilemmas entstehen, weil einzelne und Gruppen das Handeln anderer um so weniger voraussehen können. Dieses Dilemma der britischen Interessenpolitik und der mangelnden staatlichen Kompetenz in der Konfliktregelung macht sich besonders in kompromißlos ausgetragenen Arbeitskonflikten bemerkbar, die ohne Rücksicht auf wirtschaftliche Folgen für alle ausgefochten werden.[56]

Der staatlichen Gesetzgebung gelingt es nicht einmal, die Urabstimmung als Voraussetzung von Streiks gesetzlich durchzusetzen. »The men wouldn't wear it«, antwortet ein Gewerkschaftsvertreter lapidar auf eine entsprechende Frage nach der Einführung eines gesetzlichen Zwangs zur Urabstimmung vor Streiks.[57] Die wirtschaftliche Effizienz ist hier ein Opfer der mangelnden politischen Effektivität. Diese mangelnde politische Effektivität und wirtschaftliche Effizienz ist jedoch keine einfache Wirkung der Macht von Interessengruppen. Den Interessengruppen wird ihre Macht nämlich erst durch Bedingungen auf der kulturellen Ebene gegeben; sie ist selbst in dem Vorrang begründet, den die Engländer der Konfliktregelung durch unmittelbare Kompromißbildung vor der Konfliktregelung durch übergeordnete staatliche Gesetzgebung einräumen, koste es was es wolle. Umgekehrt bedeutet dies aber auch eine sichere Verankerung der politischen Institutionen in der Gruppengrenzen überschreitenden gesellschaftlichen Ge-

56 Vgl. S. Beer, *Modern British Politics*, London: Faber und Faber, 1969; W. J. M. Mackenzie, »Models of English Politics«, in: R. Rose (Hg.), *Studies in British Politics*, London: Macmillan, 1976, S. 5-15; R. Blackburn und A. Cockburn (Hg.), *The Incompatibles: Trade Union Militancy and Consensus Politics*, Harmondsworth: Penguin Books, 1967.

57 R. Dahrendorf, »Ein Krieg aller gegen alle?«, in: *Die Zeit*, 16. Febr. 1979, Nr. 8, S. 10.

meinschaft. Auch darin äußert sich die Unabhängigkeit der Stabilität der demokratischen Institutionen Englands von politischer Effektivität und wirtschaftlicher Effizienz. Man kann daran sehen, daß eine stabile Demokratie nicht unbedingt politisch effektiv und wirtschaftlich effizient sein muß.[58] England weist zwar heute besonders große Defizite in politischer Effektivität und wirtschaftlicher Effizienz auf, dennoch verfügt es nach wie vor über eine vergleichsweise größere Legitimität und Anerkennung der demokratischen Institutionen, der Institutionen der Kompromißbildung, als manche gegenwärtig politisch effektivere und wirtschaftlich effizientere Länder. In umgekehrter Richtung schließt nämlich politische Effektivität und wirtschaftliche Effizienz nicht unbedingt die Stabilität demokratischer Institutionen ein. Das gilt vor allem dann, wenn die Akzeptierung der Demokratie durch die sozialen Gruppen von ihrer politischen Effektivität und wirtschaftlichen Effizienz abhängig gemacht wird, wie dies z. B. weit mehr in der Bundesrepublik als in England der Fall ist. Und die Erhöhung der politischen Effektivität durch die Ausdehnung staatlicher Kompetenzen kann gerade selbst auf Kosten demokratischer Teilnahme gehen.

2.4 Die Anwendung des Wissens: Pragmatik, intellektuelle Gentlemen und praktische Profession

Ein weiteres Feld, das den englischen Typus der Vernunft geprägt hat, ist die *Pragmatik*, die praktische Lösung von Problemen. Von einem Intellektuellen erwartet man, daß er praktische Vorschläge zu aktuellen Problemen machen kann. Eine Rede hält sich selten bei rein intellektuellen Problemen auf. Sie will unterhalten und praktische Hinweise zur Lösung von Problemen geben. Der Vortragende führt ein Gespräch mit den Zuhörern, berichtet über die Erfahrungen, die er in seiner Arbeit gewonnen hat, und bezieht sie auf die Erwartungen des Publikums. Die Rede steigt nicht von allgemeingültigen Prämissen zu spezifischen Problemen herab, sie beginnt vielmehr mit empirischen Forschungsergebnissen und sonstigen Beobachtungen, um dann zu einigen vorsichtig formu-

58 Vgl. D. Kavanagh, »Political Culture in Great Britain: The Decline of the Civic Culture«, op. cit., S. 154-5.

lierten und nur ganz begrenzt generalisierten Schlüssen zu gelangen, die dann auf ein gegebenes Problem angewendet werden. Es werden Erfahrungen von einem bekannten Fall auf einen unbekannten übertragen. Es ist immer wieder interessant zu beobachten, wie britische Wissenschaftler selbst Vorträge zur Theorie mit einem Bericht über ihre empirischen Forschungsarbeiten und -ergebnisse einleiten und daraus ganz vorsichtig einige Hinweise zu theoretischen Fragestellungen entnehmen. Dagegen kann man von ihren deutschen Kollegen in der Regel erwarten, daß sie mit allgemeinen theoretischen Prämissen einsetzen, aus denen sie dann verschiedene spezielle Problemlösungen ableiten.

Ein Intellektueller ist ein Spezialist der Entwicklung und Deutung der Kultur.[59] In je reinerer Form er sich dieser Aufgabe widmet, um so mehr entspricht er dem Typus des reinen Intellektuellen. Je mehr er diese Funktion in Verbindung mit der Lösung praktischer Probleme erfüllt, wie z. B. in der Arbeit des Mediziners, des Juristen, des Seelsorgers und auch des Wissenschaftlers, um so mehr weicht er von diesem Typus ab. Seine Orientierung an der Kultur hebt den Intellektuellen stets potentiell über die bestehende Gesellschaft hinaus und führt ihn zur Entfremdung, die er in Indifferenz, Weltflucht oder radikale Gesellschaftskritik umsetzen kann. Die Anpassung an die bestehende Gesellschaft drängt ihn von seiner Verpflichtung auf die weiterreichende Kultur ab. Er trägt dann selbst zu einer traditionalistischen Fusion von Kultur und Gesellschaft bei, verliert dabei aber den Status des reinen Intellektuellen. Nach dieser Definition findet man in England eher den gebildeten Gentleman, der kein reiner Intellektueller ist, auch in den Vereinigten Staaten keine reinen Intellektuellen, nämlich nur praktischen Problemen zugewandte professionelle Experten. Das unterscheidet die gebildeten Schichten Englands und der Vereinigten Staaten von den reinen und radikalen Intellektuellenzirkeln Frankreichs und von den reinen und zeitweise angepaßten, seit der ausgreifenden Industrialisierung aber entfremdeten, indifferenten, weltflüchtigen, manchmal rebellierenden Intellektuellen Deutschlands.

Die gesellschaftliche Stellung des Intellektuellen gründet sich in England auf die allgemeine *Autorität*, die den führenden Eliten

59 Vgl. T. Parsons, »The ›Intellectual‹: A Social Role Category«, in: P. Rieff (Hg.), *On Intellectuals*, Garden City, N. Y.: Doubleday, 1969, S. 3-24.

zugeschrieben wird, und auf die entsprechende respektvolle Haltung der mittleren und unteren Schichten. Allerdings verfügt der Intellektuelle nicht über eine ihm allein zugängige Wahrheit. Es ist auch weniger die Vermittlung von Wahrheit und Sinn, die ihm ein hohes Ansehen verleiht, sondern die Teilhabe an einem kultivierten Lebensstil, den er sich in einer der führenden Public schools und in Oxford oder Cambridge angeeignet hat, der Lebensstil des Gentleman. Er verkündet weder eine persönlich erkannte Wahrheit noch eine radikale und umwälzende Idee, sondern exemplifiziert die vornehme Zivilisation einer kulturellen Elite. Für Radikalität und Esoterik ist da kein Platz. Man muß sich allgemein und relativ einfach verständlich machen können. Dazu gehört auch die natürliche Kooperation mit Leuten aus der Praxis. Es gibt deshalb in England weder reine Intellektuellenzirkel wie in Frankreich noch rein professorale Wahrheitsverkünder wie in Deutschland, sondern nur gebildete Gentlemen, die das überlieferte Wissen und ihre Deutungen der bestehenden Zivilisation in die Praxis des Alltags einbringen und so zur Fortführung dieser Zivilisation beitragen. Die Einbindung in den Common sense durchbricht die Barriere, die ansonsten von der Autorität der Oxbridge-Tradition zwischen den höher gebildeten Schichten und den gewerblichen und technischen Schichten aufgebaut wird. Tradition und Öffnung sind hier gleichzeitig verwirklicht.[60]

Die professionelle Arbeit wird durch die Praxis, nicht durch die Theorie bestimmt. Die Ausbildung der *Professionen* ist praktisch orientiert; das gilt nicht nur für die praktische Berufsausbildung in Fachschulen, sondern auch für die Ausbildung an den Universitä-

60 Beispielhaft war die Royal Society: »Die Tatsache, daß Nichtwissenschaftlern und interessierten Amateuren erlaubt war, als Gleichberechtigte an den Aktivitäten der Gesellschaft teilzunehmen, war ein machtvolles Mittel für die Legitimierung und Institutionalisierung der Wissenschaft. Der Wissenschaftler wurde nicht mehr länger als ein Mann des esoterischen, durcheinanderbringenden, vielleicht bedrohenden Wissens betrachtet, sondern als ein Mann, der sich von dem gewöhnlichen Strome der Gebildeten durch eine größere Spezialisierung seines Wissens unterscheidet. Die neuen Wissenschaftler brüteten nicht über dunklen Abhandlungen in unbegreifbaren Sprachen, sondern verfuhren mit Demonstrationen und Experimenten, die für gebildete Laien verständlich waren.« (Übersetzung vom Verfasser); L. Coser, *Men of Ideas*, op. cit., S. 31, siehe weiter S. 19-81. Siehe auch E. Shils, *»The Intellectuals and the Powers« and other Essays*, op. cit.

ten. Das herausragende Beispiel für dic praktische Orientierung der Professionen ist die Ausbildung der Juristen.[61] Sie wird von den Advokaten kontrolliert und ist eine rein praktische Berufsausbildung. Ein juristisches Universitätsstudium ist nicht erforderlich, um den Anwaltsberuf zu erlernen. Aus dem Kreis der Anwälte werden auch die Richter rekrutiert. Ihre Denkweise wird durch das Präzedenzrecht (Case law) geformt. Sie müssen viel Erfahrung sammeln, um einen aktuellen Fall im Lichte älterer Entscheidungen richtig bearbeiten zu können. Dabei müssen sie ein Gespür für die Ähnlichkeit von Fällen entwickeln. Alles wird im Gerichtsverfahren mündlich verhandelt. Eine Sache muß deshalb überzeugend dargelegt werden, um sie erfolgreich durchzubringen. Es kommt viel mehr auf den Einzelfall und seine Präsentation an als im deutschen Kodifikationsrecht. Allerdings folgen daraus keine so großen und vom Geld abhängigen Unterschiede der Chancen, eine gute Vertretung vor Gericht zu bekommen, wie in den Vereinigten Staaten.

Gegen die Tendenz zu ungleichen Chancen der Rechtsvertetung wirken in England die im Vergleich zu den Vereinigten Staaten restriktiveren Regeln, denen die Anwälte unterworfen sind.[62] Schon die Trennung der Profession in die Barristers, die allein eine Sache vor Gericht vertreten dürfen, und die Solicitors, die den Klienten beraten und seine Sache an einen Barrister weiterleiten, macht das Gerichtsverfahren von Interessenlagen unabhängiger. Der Solicitor ist damit in allererster Linie dem Klienten verpflichtet. Diese Orientierung am Klienteninteresse wird aber dadurch gebrochen, daß vor Gericht der Barrister spricht, der nur mittelbar über den Solicitor mit dem Klienten in Verbindung steht. Mit der Festlegung der Gebühren hat er gar nichts zu tun. Das erledigt

61 Zu Ausbildung, Orientierung und Tätigkeit des englischen Juristen vgl. R. E. Megarry, *Lawyer and Litigant in England*, London: Stevens & Sons, 1962; M. Zander, *Lawyers and the Public Interest. A Study in Restrictive Practices*, London: Weidenfeld and Nicolson, 1968; H. Cecil, *The English Judge*, op. cit.; B. Abel-Smith und R. Stevens, *Lawyers and the Courts. A Sociological Study of the English Legal System 1750-1965*, op. cit.; A.-P. Hecker, *Die Ausbildung des englischen Juristen*, Diss. jur. Marburg, 1973; I. Fetscher, *Großbritannien*, op. cit., S. 178-90.

62 Die restriktiven Regeln und die daraus folgende Minderung der Leistungsfähigkeit der Profession betont M. Zander, *Lawyers and the Public Interest. A Study in Restrictive Practices*, op. cit.

sein Clerk in der Verhandlung mit dem Solicitor, der wiederum seine Gebühren dem Klienten berechnet. Die Gebühren richten sich nach relativ festen Sätzen. Insgesamt ist die Arbeit der englischen Anwälte strengen ethischen Regeln unterstellt, so daß ein geringerer Wettbewerb und auch eine geringere Anpassung an die Klienteninteressen als in den Vereinigten Staaten zu beobachten ist. Die praktische Orientierung nähert allerdings den Solicitor mehr der Perspektive des Klienten als das bei einem im Kodifikationsrecht geschulten deutschen Anwalt zu erwarten ist.

Das duale System der Barristers und Solicitors zieht den Klientenstandpunkt und den Rechtsstandpunkt so weit auseinander, daß vor Gericht nicht – wie es in den Vereinigten Staaten passieren kann – Interessen miteinander streiten, sondern im Zivilverfahren klar und eindeutig Rechte gegeneinander abgewogen werden und im Strafverfahren ebenso klar und eindeutig Schuld oder Unschuld ermittelt wird. Ungleichheiten treten hier weniger aufgrund der ungleichen Qualifikation der Anwälte auf als aufgrund der einheitlichen Zugehörigkeit der Rechtsexperten zu den gehobenen Schichten. Das macht sie für die unteren Schichten weniger zugänglich und vor allem bei Verfahren, in denen die Interessen ihrer Schicht auf dem Spiel stehen, leicht voreingenommen. Das hat in der Vergangenheit oft zu Urteilen im Interesse der herrschenden Schichten geführt, so besonders krass im 19. Jahrhundert in der Kriminalisierung der Arbeiterbewegung. Dieser natürlichen Voreingenommenheit hat allerdings die kulturelle und politische Durchsetzung und Ausschöpfung der Idee der rechtlichen Gleichheit erheblich entgegengewirkt, ohne allerdings je völlig die Nachteile ausräumen zu können, die sich in der Interaktion zwischen gesellschaftlich Ungleichen für den Untenstehenden zwangsläufig ergeben. Gestützt wurde die Tendenz zur materiellen rechtlichen Ungleichheit auch durch die Tatsache, daß das Common Law ein gemeinschaftlich und traditionell verankertes Recht ist, also die faktischen gesellschaftlichen Ungleichheiten eher reflektiert als das generelle Kodifikationsrecht. Die Rechtsexperten richten sich in seiner Auslegung nach der herrschenden Meinung und nicht nach universellen, über eine existierende Gesellschaft hinausgreifenden Prinzipien. Mit der herrschenden Meinung können sich so auch leichter die herrschenden Interessen in der Rechtsprechung verwirklichen.

Die Anwälte gehören einer alten und hochgeschätzten Profession mit einer ehrwürdigen Tradition an, die sich strenge ethische Regeln auferlegt hat. Dabei ist die Selbstregulierung der Barristers ausgeprägter als die der mehr dem Geschäft zugewandten Solicitors. Die Barristers dulden auch weniger Konkurrenz als die Solicitors, was sich schon in der restriktiven Zulassung von Neulingen ausdrückt. So hat die Autorität der Barristers und der aus ihrem Kreis rekrutierten Richter einen traditional verfestigten Charakter, während bei den Solicitors schon mehr Kriterien des praktischen Erfolgs eine Rolle spielen und auch eine deutlichere interne Differenzierung des Prestiges möglich wird. Aber das allgemein hohe Ansehen der Profession beruht nicht einfach auf blindem Gehorsam gegenüber Amtsträgern, sondern auf der Schätzung ihrer Arbeit für die Rechte der Individuen, wenn dabei auch die gleiche Realisierung dieser Rechte nur langsam vorangeschritten ist.

Eine Besonderheit des englischen Berufslebens ist die geringe technische Spezialisierung der Inhaber von Führungspositionen in Wirtschaft und staatlicher Verwaltung. Es wird mehr Wert auf ihre allgemeine Erziehung in einer angesehenen Public school sowie in Oxford oder Cambridge als auf ihre Fachbildung gelegt. Dort erwerben sie in erster Linie Kultur, Führungsbewußtsein und Verantwortungsgefühl, nur in zweiter Linie ein spezialisiertes Fachwissen. Es kommt auf ihre Charakterbildung, ihre Bildung zum Gentleman an, die man lieber den klassischen Fächern anvertraut als den wissenschaftlichen und technischen.[63] Für den Zeitraum zwischen 1957 und 1962 wurde beispielsweise ermittelt, daß nur 4.7% des Civil-Service Personals im Recht spezialisiert waren, während 33.4% englische Geschichte, 24.7% Klassik, 10.5% Ökonomie, 6.9% moderne Sprachen, 5.0% englische Literatur, 0.7% Mathematik und 2.5% Naturwissenschaften und Technik studiert hatten.[64]

63 S. Rothblatt, *Tradition and Change in English Liberal Education*, op. cit.

64 R. Rose, »England: The Traditionally Modern Political Culture«, op. cit., S. 117; vgl. im allgemeinen zur Karriere im höheren Verwaltungsdienst R. K. Kelsall, *Higher Civil Servants in Britain. From 1870 to the Present Day*, London: Routledge & Kegan Paul, 1955; »Recruitment to the Higher Civil Service: How has the Pattern Changed?«, in: P. Stanworth und A. Giddens (Hg.), *Elites and Power in British Society*, Cambridge: Cambridge University Press, 1974, S. 170-84; H. Heclo und A. Wildavsky, *The Private Government of Public Money*, London: Macmillan, 1974.

Der Traditionalismus äußert sich unter anderem darin, daß dem Engländer eine bestimmte Art des Lebensstils und der charakterlichen Bildung nach dem Gentleman-Ideal (und die damit verflochtene Verpflichtung auf eine gemeinsame normative Kultur) wichtiger ist als Fachkompetenz, politische Effektivität und wirtschaftliche Effizienz. Administrative Eigengesetzlichkeiten können sich hier weniger rein entfalten als z. B. in einer öffentlichen Verwaltung, die – wie in Deutschland – nahezu ausschließlich auf der juristischen Fachschulung aufgebaut ist. Der bürokratischen Rationalisierung und der Beherrschung der Welt durch Verrechtlichung und Bürokratisierung sind dadurch engere Grenzen gesetzt. Der technische Rationalismus, der systematische Aktivismus und die Gestaltung der Welt als Komponenten des modernen Wertmusters verselbständigen sich weniger leicht zu einem modernen »Gehäuse der Hörigkeit«[65] und bleiben mehr an die Komponenten der allgemeinen Vernunftverpflichtung, des institutionalisierten Individualismus und der Kompromißbildung in einem universellen normativen Bezugsrahmen rückgebunden. Dasselbe gilt auch für die wirtschaftliche Effizienz. Sie wird durch dieselben Prinzipien der allgemeinen normativen Kultur in Grenzen gehalten. Natürlich liegt darin auch eine Spannung, die sich um so mehr bemerkbar macht, je mehr die Engländer durch die international vergleichende Statistik mit ihrer Dominanz von Zahlen zur wirtschaftlichen Effizienz und zur politischen Effektivität ihre relativ ungünstige Position auf diesen Gebieten vorgerechnet bekommen. Diese Wertorientierungen sind in der modernen Kultur eingeschlossen, wenn sie auch in England in besonderer Weise durch andere Orientierungen begrenzt werden. Und je mehr sich England nach außen öffnet, wie z. B. durch die Mitgliedschaft in der Europäischen Gemeinschaft, um so größeres Gewicht können politische Effektivität und wirtschaftliche Effizienz erlangen und sich von der Einbettung in den spezifisch englischen Lebensstil abkoppeln. Es besteht die Möglichkeit einer Verselbständigung wirtschaftlicher und bürokratischer Rationalität, da sich die Europäische Gemeinschaft vorwiegend in diesen Dimensionen entwickelt hat. Kultur und Gemeinschaft werden in den Einzelstaaten durch diesen Prozeß der ökonomischen und bürokratischen Rationalisierung in den Hintergrund gedrängt, ohne daß sich eine

65 M. Weber, *Politische Schriften*, op. cit., S. 332.

vergleichbare kulturelle und gemeinschaftliche Integration auf überstaatlicher Ebene herausgebildet hätte. Für England impliziert dies einen bislang nicht in diesem Ausmaß verspürten Druck zu wirtschaftlicher und bürokratischer Rationalisierung, der mit der Tradition der englischen Kultur in zunehmenden Konflikt gerät.[66] Für alle Mitgliedsstaaten der Europäischen Gemeinschaft bedeutet das Übergewicht der wirtschaftlichen und bürokratischen Integration eine Gefahr der unaufhaltsamen Verselbständigung ökonomischer und bürokratischer Rationalität ohne jede normative Gegenkontrolle.

Für die Kultur Englands ist im Zusammenhang mit der Begrenzung der wirtschaftlichen und bürokratischen Rationalität insgesamt charakteristisch, daß das Handeln in professionalisierten Berufen nicht ausschließlich durch technische oder wissenschaftliche Kompetenz bestimmt wird, sondern in hohem Maße durch die Orientierung an allgemeinen Grundsätzen der normativen Kultur und der kulturellen Diskussion und durch eine besondere Verpflichtung gegenüber der gesellschaftlichen Gemeinschaft. Technische Rationalität ist in den Professionen nicht verselbständigt, sondern in einen weiteren kulturellen und gemeinschaftlichen Bezugsrahmen eingebettet. Unter den Professionen ragen die Juristen durch ein besonderes Gewicht der praktischen Ausbildung auf Kosten der wissenschaftlichen Rationalität und Abstraktion heraus. In ihrer Art vermittelt sie jedoch nicht nur technische Fertigkeiten, sondern sie führt auch durch praktische Übung in die Ethik der schiedsrichterlichen Konfliktregelung nach dem Common Law ein, während die universitäre Juristenausbildung auf dem Kontinent ethische Fragen in intellektuellen Diskursen weitab von der juristischen Praxis verselbständigt.

Überhaupt ist für England die starke Einbindung intellektueller Diskurse und wissenschaftlicher Rationalität in das praktische Handeln und in die normative Kultur der gesellschaftlichen Gemeinschaft kennzeichnend. Dies ist die andere Seite des weitgehend offenen Zugangs der allgemeinkulturell und wissenschaftlich Gebildeten zu Berufspositionen mit praktischer Verantwortung.

66 Der Konflikt zwischen dem Gentleman-Ideal und den ökonomischen Notwendigkeiten verschärft sich. Siehe hierzu C. Hampden-Turner, *Gentlemen and Tradesmen. The Values of Economic Catastrophe*, London: Routledge & Kegan Paul, 1983.

Der englische Begriff der Rationalität im Sinne von »Reason« hat empirisch-praktischen und allgemeinverständlichen Charakter und wird von Erfahrung, Common sense und Pragmatik geformt. Dieser Typus der Vernunft braucht die offene Diskussion von partikularen Standpunkten. Seine wissenschaftliche Konkretisierung bevorzugt die Erfahrung vor der Theorie. Die Intellektuellen sind in die Gesellschaft integriert, man findet dementsprechend kaum Ideologisierungen von Konflikten, vielmehr erfolgt die Konsensfindung in Formen der Abstimmung von Interessen und der Kompromißbildung nach Regeln des Fair play. Die intellektuelle Autorität stützt sich im allgemeinen auf die Zugehörigkeit zu einer kulturellen Elite, im Einzelfall auf Unterhaltsamkeit, Verständlichkeit und Brauchbarkeit von Beiträgen. Die professionelle Arbeit wird durch die Praxis geformt, durch die Bindung an die herrschende Meinung, die treuhänderische Beziehung zum Klienten und eine teils traditionell zugeschriebene, teils in der praktischen Arbeit zu bestätigende Autorität. Führungspositionen werden häufiger als in anderen Gesellschaften nach Kriterien der Charakterbildung und nicht nach Maßstäben der Fachbildung besetzt (Diagramme 22 und 23).

3. Individualismus: Die Tradition der Freiheitsrechte

Vorbemerkungen

In England hat die Institutionalisierung von Freiheitsrechten eine Tradition, die bis zur Magna Charta von 1215 zurückreicht. Freiheitsrechte sind konkrete, verbriefte Rechte als Schutz gegen Übergriffe politischer Instanzen. Das Verständnis von Freiheit ist unmittelbar in Verbindung mit den rechtlichen Regelungen des Common Law gewachsen. Gemeinrecht und Freiheit sind untrennbar miteinander verbunden. Es findet sich insofern keinerlei radikale Vorstellung von Freiheit außerhalb der Gesellschaft. Freiheit ist immer schon eine rechtlich geregelte, vor allem aber situative Abstimmung von Interessen in der Gesellschaft auf der

Diagramm 22: Formulierung, Institutionalisierung, Anwendung und Erweiterung des Wissens in England

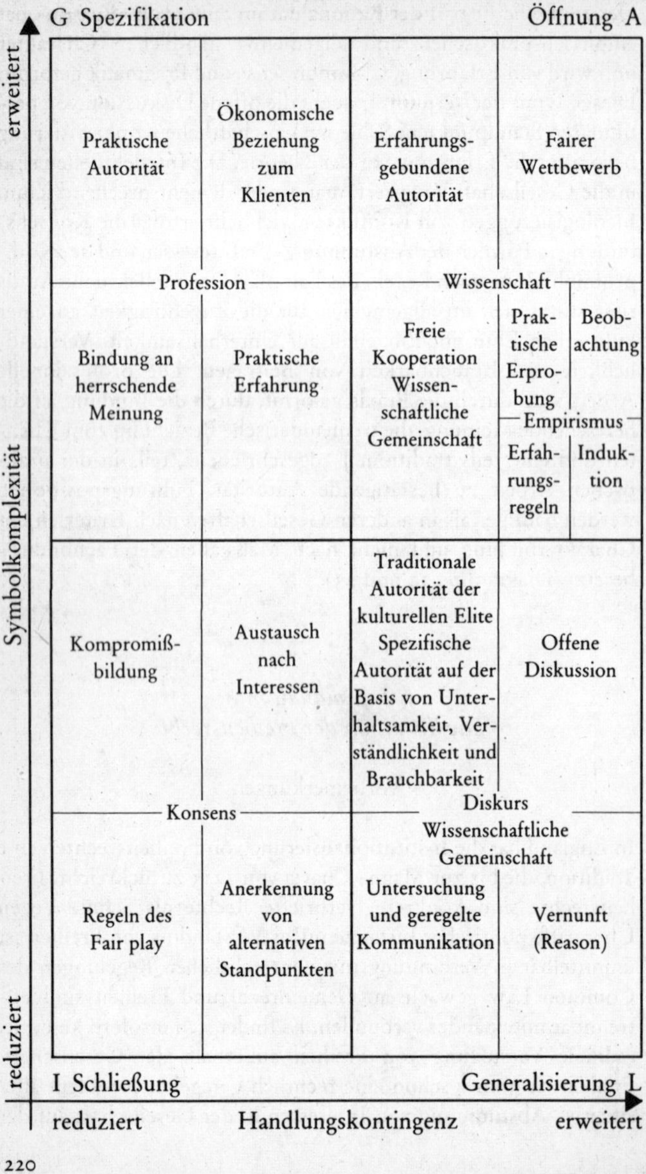

Diagramm 23: Der Rationalismus in England

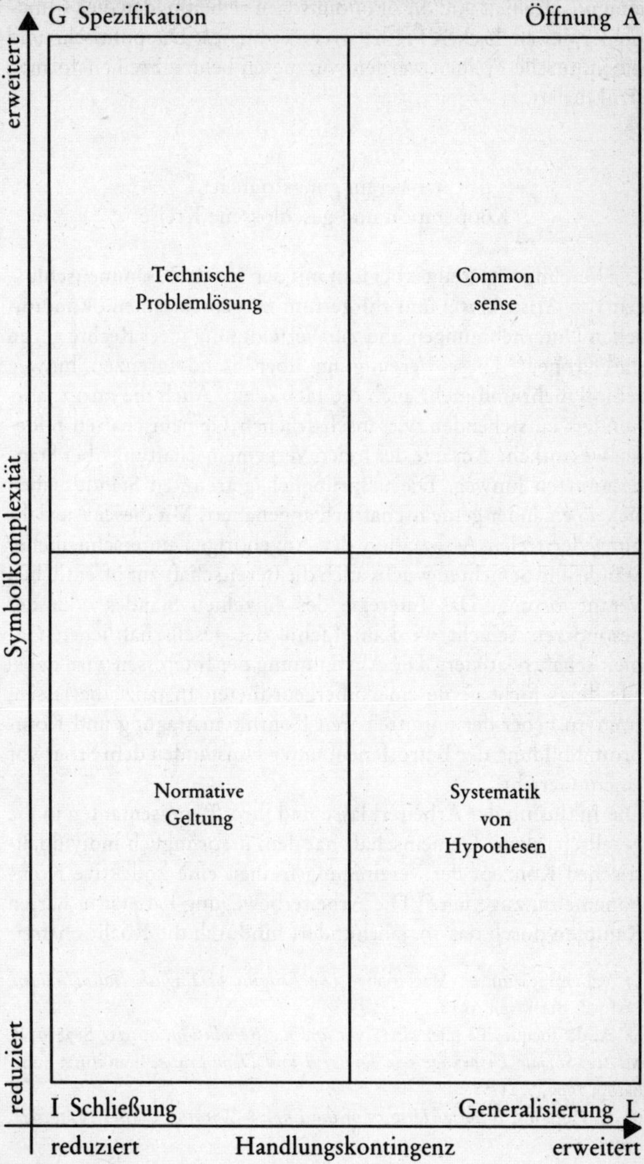

Basis eines stillschweigend vorausgesetzten Konsensus.[67] Die Vereinigungsfreiheit und die ökonomische Freiheit bilden die Grundpfeiler des englischen Freiheitsverständnisses. Die politische und die kulturelle Freiheit werden von diesen beiden Freiheitsformen strukturiert.

3.1 Vereinigungsfreiheit: Kooperation und geschlossene Kreise

Die Vereinigungsfreiheit beginnt mit den freien Zusammenschlüssen von Aristokratie und Bürgertum zu gemeinsamen ökonomischen Unternehmungen und zur Verteidigung ihrer Rechte gegen die Krone.[68] Diese Vereinigung über Standesgrenzen hinweg schloß mehr und mehr auch die Heirat ein. Auch die im 17. Jahrhundert entstehenden wissenschaftlichen Gemeinschaften bildeten wesentliche Ansätze der freien Vergemeinschaftung über Standesgrenzen hinweg. Die ursprünglich getrennten Stände haben sich so einander gemeinschaftlich angenähert. Mit dieser Ausdehnung der freien Assoziation der Angehörigen unterschiedlicher Stände und Schichten wuchs auch die Bereitschaft zur öffentlichen Verantwortung. Das Interesse des einzelnen Standes oder der besonderen Schicht wird im Lichte der gesellschaftlichen Gemeinschaft relativiert. Die Abstimmung der Interessen wird dabei allerdings nicht gerne einer übergeordneten Instanz überlassen, sondern lieber der unmittelbaren Konfliktaustragung und Kompromißbildung der Betroffenen, unter Umständen dem Streit vor einem Gericht.
Die Inklusion der Arbeiterklasse und ihrer Repräsentanten in die gesellschaftliche Gemeinschaft hat dem ursprünglich individualistischen Konzept der Vereinigungsfreiheit eine kollektive Komponente hinzugefügt.[69] Die Arbeiterbewegung hat erst in harten Kämpfen durch das 19. Jahrhundert hindurch die Koalitionsfrei-

67 Vgl. insgesamt A. Macfarlane, *The Origins of English Individualism*, Oxford: Blackwell, 1978.

68 A. de Tocqueville, *Der alte Staat und die Revolution*, op. cit., S. 78-9; B. Moore, *Soziale Ursprünge von Diktatur und Demokratie*, Frankfurt: Suhrkamp, 1969, S. 21-61.

69 E. Hopkins, *A Social History of the English Working Classes 1815-1945*, op. cit.

heit erworben. Auf dieser Basis werden heute Arbeitskonflikte zwischen den Tarifpartnern in eigener Regie ausgefochten. Dabei reicht die Autonomie weiter als z. B. in der Bundesrepublik.
Die Annäherung von Aristokratie und Bürgertum hat mit der Verallgemeinerung des Gentleman-Ideals die freie Vereinigung all derer, die diesem Ideal entsprechen, verwirklicht. Ihr Treffpunkt sind die vornehmen Clubs.[70] Aber dies ist natürlich nicht für alle Schichten in gleicher Weise möglich. Zwischen den besser gestellten Schichten des Bürgertums und der Arbeiterklasse herrscht eine Kluft, die im gesellschaftlichen Verkehr nicht zu überspringen ist. Die Engländer vereinigen sich zwar, aber unterschieden nach Vereinen und Plätzen. Beim Pferderennen in Ascot treffen sich ganz andere Leute als beim Footballmatch im Stadion an Liverpools Anfield Road, beim Kricket ganz andere als bei der Taubenzucht. Im gesellschaftlichen Verkehr wird auf Form geachtet, die Einleitung von Interaktionen gehorcht hierarchischen Prinzipien, in formellen Arbeitsbeziehungen beginnt man nicht so schnell persönliche Gespräche. Eine gewisse Reserviertheit charakterisiert alle sozialen Beziehungen. Frei von diesen formellen Restriktionen bewegt man sich nur im engen Kreis von Freunden, den man in der Regel auch nicht gerne verläßt. Man baut lieber auf das Vertraute, auf die Wohnung mit dem Pub an der Ecke im angestammten Viertel, die Leute, die Schicht, der man sich zugehörig fühlt. Die Arbeiter fordern lieber ihren fairen Anteil am gesellschaftlichen Leben als bessere Aufstiegschancen. Eine dynamische Haltung im sozialen Verkehr ist die Sache einer schmalen Schicht des mittleren und oberen Bürgertums.[71]

3.2 Ökonomische Freiheit: Vom Liberalismus zum Korporatismus

Ganz ähnlich ist die Entwicklung der ökonomischen Freiheit zu sehen. Sie wurzelt in der Erkämpfung der Eigentums-, Vertrags- und Unternehmensfreiheit durch das gewerbliche Bürgertum in

70 Vgl. A. Lejeune, *The Gentlemen's Clubs of London*, London: Macdonald & Janes, 1979.
71 Zu diesem Schluß kommen auch J. Goldthorpe, D. Lockwood, F. Bechhofer und J. Platt, *Der »wohlhabende« Arbeiter in England*, 3 Bde., München: Goldmann, (1968) 1970, ebd. Bd. III, S. 126-65.

Verbindung mit der Gentry, unterstützt durch die Entwicklung des Common Law in der Hand der Advokaten. Die mit dem gewerblichen Bürgertum und der Gentry gemeinschaftlich verbundenen Intellektuellen haben von John Locke über Adam Smith und David Hume bis zu Jeremy Bentham und John Stuart Mill die entsprechende Theorie des ökonomischen Liberalismus geliefert, die in England in einer Reinheit wie nirgendwo sonst vertreten wurde, allen voran Adam Smiths Lobpreisung der selbstregulativen Kräfte des freien Marktes, dessen unsichtbare Hand aus dem privaten Eigennutz das öffentliche Wohl hervorgehen läßt.[72] Allerdings war dieser ökonomische Liberalismus nur deshalb funktionsfähig, weil England im Common Law schon über eine von allen gesellschaftlichen Kräften geteilte ökonomische Ordnung verfügte. Er erreichte im 18. Jahrhundert seinen Höhepunkt. Die Entwicklung des industriellen Kapitalismus im 19. Jahrhundert stellte seine kulturelle Herrschaft schon in Frage, ohne sie faktisch aber aus den Angeln heben zu können.

Der industrielle Kapitalismus konnte durch das existierende Common Law und die Theorie des ökonomischen Liberalismus nicht mehr in gleicher Weise geordnet werden wie der Kapitalismus von Handel und Gewerbe im 18. Jahrhundert. Die Arbeiter hatten als neue Klasse keinen Anteil am ursprünglichen Gesellschaftsvertrag der unabhängigen Eigentümer. Ihre Integration in die ökonomische Ordnung konnte auf dem bislang allein beschrittenen Weg der Auslegung und Entwicklung des Common Law nicht erreicht werden. Im Gegenteil, die Gerichte benutzten das Common Law, um die Arbeitervereinigungen als kriminelle Konspiration zu verfolgen. Das Common Law war nicht mehr das allgemein anerkannte Recht, sondern das Instrument der herrschenden Klasse. Die Kämpfe gegen die Kriminalisierung der Arbeitervereinigungen zogen sich durch das ganze 19. Jahrhundert hindurch; sie reichen von der Aufhebung des Koalitionsverbots im Jahre 1824, über die Entkriminalisierung friedlicher Streikaufforderungen im Jahre 1859 und weitere entkriminalisierende Gesetze in den Jahren 1871 und 1875 bis zum Gesetz von 1906, das die Gewerkschaften und die Arbeitgeberverbände von der Haftung für Schäden aus Streikmaßnahmen bzw. Aussperrungen entband.[73] Die Etablie-

72 A. Smith, *The Wealth of Nations*, New York: Modern Library, (1776) 1937.

73 E. Stein, *Der Mensch in der pluralistischen Demokratie*, op. cit., S. 154-70.

rung der Gewerkschaften und der Labour Party im politischen System haben den Wirtschaftsliberalismus in seine Schranken verwiesen.[74] Die Ausdehnung der staatlichen Kontrolle, die Verstaatlichung von Schlüsselindustrien und der Aufbau eines umfassenden Systems der sozialen Sicherheit haben den liberalen Kapitalismus zu einem industriellen Korporatismus verändert.[75] Diese Entwicklung ist von der Arbeiterbewegung forciert, aber auch von den Konservativen, wenn auch nicht immer ohne Widerstand, so doch zu einem ganz erheblichen Teil getragen worden. Vor dem ersten Weltkrieg schon werden viele Versorgungsbetriebe von den Gemeinden übernommen. Nach dem ersten Weltkrieg folgen weitere Versorgungsbetriebe und der Rundfunk. Nach dem zweiten Weltkrieg ist es die erste Labour-Regierung, die umfangreiche Verstaatlichungen vornimmt: die Bank von England, der Kohlebergbau, die Eisenbahnen, die Elektrizitäts- und Gasversorgung, die Neugründung von British European Airways, vorübergehend der Güterverkehr auf der Straße sowie die Eisen- und Stahlindustrie.[76] Hinzu treten umfangreiche Gesetzesmaßnahmen im Ausbau des Systems der sozialen Sicherheit.[77] Die nachfolgenden konservativen Regierungen haben zwar den kollektivistischen Elan der Labour-Regierung gebremst, sie haben aber nicht die Uhren

74 Der Liberalismus gilt nicht mehr als die selbstverständlich herrschende Idee zur Gestaltung der Gesellschaft. Er muß sich mit den neuen Verhältnissen auseinandersetzen. Ein Beispiel für diesen zur Verteidigung gezwungenen Liberalismus bietet J. M. Robertson, *The Meaning of Liberalism*, London: Kennikat Press, (1925) 1971.

75 Zur daraufbezogenen Diskussion des Verhältnisses zwischen Freiheit und Wohlfahrtsstaat vgl. B. Jordan, *Freedom and the Welfare State*, London: Routledge & Kegan Paul, 1976; zum Korporatismus vgl. N. Harris, *Competition and the Corporate Society*, London: Methuen, 1972; L. R. Carpenter, »Corporatism in Britain«, in: *Journal of Contemporary History* 11, 1976, S. 3-25.

76 W. A. Robson, *Nationalized Industry and Public Ownership*, London: Allen & Unwin, 1960; R. Kelf-Cohen, *Twenty Years of Nationalization*, London: Macmillan, 1969; G. L. Reid und K. Allen, *Nationalized Industries*, Harmondsworth: Penguin Books, 1973.

77 Zur Sicherung der ökonomischen und sozialen Rechte in Gesetzgebung und Rechtsprechung vgl. T. H. Marshall, *Class, Citizenship and Social Development*, op. cit., S. 71-134; E. Stein, *Der Mensch in der pluralistischen Demokratie*, op. cit., S. 125-217; J. R. Hay, *The Development of the British Welfare State 1880-1975*, London: Arnold, 1978.

auf die Zeit des ökonomischen Liberalismus zurückgedreht. Inzwischen ist die korporierte Gesellschaft, die Zusammenarbeit von gesellschaftlichen Gruppen, Industrie und Staat zum gemeinsamen Nenner von Gewerkschaften, Arbeitgebern, Labour und Konservativen geworden, wenn auch gewiß mit entgegengesetzten Akzenten.[78] Selbst die neoliberale Politik einer Margret Thatcher kann heute an diesem System nur begrenzte Veränderungen vornehmen.

3.3 Politische Freiheit: Der Schutz der Gerichte

Die politische Freiheit hat ihre Tradition in dem Schutz des Individuums vor den Übergriffen des Staates, der in der Magna Charta seine älteste Wurzel hat. Sie beruht vor allem auf der Unabhängigkeit der Gerichte, die im 17. Jahrhundert von Edward Coke, dem berühmten Richter, in seiner Auseinandersetzung mit König James I. begründet wurde.[79] Die Unabhängigkeit der Gerichte ist seitdem ein Grundpfeiler des englischen Freiheitsverständnisses. Das hohe Ansehen der Richter trägt keinen geringen Anteil an der allgemeinen Anerkennung der Gerichte als Institutionen der Freiheitssicherung. Unter den verschiedenen Formen der rechtlichen Freiheitssicherung ist zuerst der Schutz der Gerichte vor willkürlicher Inhaftierung zu nennen, der writ of habeas corpus ad subjiciendum. Er geht bis auf die Zeit von Edward I. (1272-1307) zurück und ist in einer jahrhundertelangen Tradition verfeinert worden.[80] Dazu gehört auch, daß bei jeder Inhaftierung erstens eine schnelle Prüfung der Rechtmäßigkeit und zweitens ein ordentliches Gerichtsverfahren möglichst in der ersten der auf die Verhaftung folgenden Sitzungsperioden durchgeführt werden muß. Eine Untersuchungshaft von einem Jahr und in Einzelfällen

78 Zur korporierten Gesellschaft zählt auch die gewachsene Bedeutung der ökonomischen Planung. Siehe zu einem Vergleich der ökonomischen Planung in England mit Frankreich und Deutschland G. Denton, M. Forsyth und M. MacLennan, *Economic Planing and Policies in Britain, France and Germany*, London: Allen & Unwin, 1968.

79 Vgl. D. Little, *Religion, Order, and Law*, op. cit., S. 167-217.

80 E. Stein, *Der Mensch in der pluralistischen Demokratie*, op. cit., S. 221-39; H. Street, *Freedom, the Individual and the Law*, Harmondsworth: Penguin Books, 1973, S. 15-46, 201-37.

noch weit mehr, wie dies in Deutschland häufig der Fall ist, wäre in England nicht möglich. Man sieht hier die Freiheit in einer möglichst kurzen Untersuchungshaft – die außerdem oft gegen Kaution ausgesetzt werden kann – und in einer fairen mündlichen Verhandlung besser aufgehoben als in einer langandauernden, im voraus die objektive Wahrheit ermittelnden Voruntersuchung.
Die zweite freiheitssichernde Aufgabe fällt den Gerichten in der Kontrolle der Exekutive, der staatlichen Verwaltung zu. Gegen Entscheidungen der Verwaltung kann der einzelne im allgemeinen bei einem ordentlichen Gericht Klage erheben; allerdings sind inzwischen für die Kontrolle der Ausführung zahlreicher Gesetze eigene Verwaltungsgerichte eingeführt worden. Ein ordentliches Gericht kann unter verschiedenen Bedingungen eine Verwaltungsentscheidung als ungültig erklären, eine Entscheidung in einer Sache überhaupt untersagen, zur Erfüllung einer öffentlichen Pflicht zwingen, eine Behörde zu einem bestimmten Tun oder Nichttun veranlassen oder ein Feststellungsurteil erlassen. Besondere Bedeutung hat das Recht der Gerichte, nach der sogenannten Ultra-vires-Regel die Grenzen der Verwaltungsbefugnisse nach gegebenen Gesetzen und Prärogativen festzulegen. Jede Überschreitung der Kompetenzen wird durch die Gerichte zurückgewiesen. Es ist die Praxis unabhängiger Gerichte, das hohe Ansehen der Richter und ihre traditionelle Verpflichtung auf die Freiheitssicherung des Individuums gegen den Staat, die in England ohne die Garantie der Rechte durch eine geschriebene Verfassung die individuelle Freiheit gegen die Exekutive sicherer schützt, als dies in manchen Gesellschaften mit verfassungsmäßig verbrieften Rechten geschieht. Den Gerichten fällt ebenso die Aufgabe zu, die Freiheit des Individuums gegen Übergriffe der Legislative zu sichern. Auch hier ist interessant, daß sie diese Funktion ohne die schriftliche Fixierung der Freiheitsrechte in einer Verfassung erfüllen. Die Gerichte tun dies in der Praxis der Auslegung der Gesetze. Dabei gehen sie von einer Reihe von »Vermutungen« aus, die allesamt die Sicherung der Freiheit im Auge haben. Gesetze werden besonders eng interpretiert, wenn sie die Freiheit des einzelnen berühren. Der Eingriff in Eigentumsrechte ohne Entschädigung wird nur zugelassen, wenn der Wortlaut des Gesetzes keine andere Deutung zuläßt. Bei Gesetzen mit Ermessensspielraum wird von den Behörden verlangt, daß sie ihr Ermessen so vornehmen, daß die Rechte von privaten Individuen

keine Beeinträchtigung erfahren. Der Ausschluß des Gerichtsweges wird nur hingenommen, wenn keine Möglichkeiten offenstehen, ein Gesetz anders zu deuten. Insgesamt werden an alle Straf- und Steuergesetze ganz enge Maßstäbe der Interpretation angelegt. Rückwirkend kann ein Gesetz nur gelten, wenn dies im Gesetz selbst formuliert ist. Die Anwendung dieser Vermutungen in der Praxis der Rechtsprechung läßt die Einschränkung der individuellen Freiheit nur durch die ausdrückliche Festlegung in Gesetzen zu; das kann wiederum in der Öffentlichkeit nur sehr schwer gerechtfertigt und durchgesetzt werden.

Die Verpflichtung der Gerichte auf die Freiheitssicherung geht weit; nicht selten haben sie die sinngemäße Anwendung von freiheitsgefährdenden Gesetzen verhindert. Im 19. Jahrhundert hat sich diese Haltung so ausgewirkt, daß die Gerichte im Sinne der noch herrschenden Interpretation der Freiheit nach der Theorie des ökonomischen Liberalismus die Arbeitervereinigungen verfolgt und die Gesetzgebung zur Integration der Arbeiterklasse in die Gesellschaft lange Zeit unterlaufen haben. Heute herrscht eine Deutung des Freiheitsbegriffs vor, in der die soziale Verantwortung viel mehr eingeschlossen ist. Ihr folgt auch die Praxis der Rechtsprechung.[81]

Es ist weiterhin eine Aufgabe der Gerichte, die Demonstrationsfreiheit, die Versammlungsfreiheit sowie die freie Meinungsäußerung und Meinungsbildung zu sichern.[82] Auch das geschieht ohne ausdrückliche Garantie solcher Rechte in einer schriftlich niedergelegten Verfassung durch die möglichst enge Auslegung von Gesetzen, die eine einschränkende Wirkung auf die Freiheit der Demonstration, Versammlung, Meinungsäußerung und -bildung ausüben könnten. Das heißt gerade hier, daß diese Interpretationen von der herrschenden Meinung einer Epoche abhängen, mehr als bei einer abstrakten Formulierung der Rechte in einer Verfassung. Dementsprechend haben die Gerichte etwa im 19. Jahrhundert Demonstrationen, Versammlungen und Meinungsäußerungen der Arbeitervereinigungen als Aufrufe zur kriminellen Konspiration gewertet, die heute einen Teil der herrschenden Meinung darstellen. Eine besondere Rolle spielen Beschränkungen der Meinungsäußerung durch mögliche Beleidigungsklagen,

81 E. Stein, *Der Mensch in der pluralistischen Demokratie*, op. cit., S. 157-61.
82 Ebd., S. 64-103; H. Street, *Freedom, the Individual and the Law*, op. cit., S. 47-200.

die oft sehr streng gehandhabt werden, so daß die Zeitungen ihre Texte von eigenen Rechtsexperten prüfen lassen müssen, um möglichen Klagen vorzubeugen.
Die starke Konzentration der Presse und das geteilte Fernsehmonopol von BBC und ITA schränken die Möglichkeiten ein, Meinungen frei zu veröffentlichen, die auf breite Wirkung abzielen. Die Freiheit der Meinungsbildung wird vor allem durch die Öffentlichkeit der Parlamentsverhandlungen gesichert, die seit 1771 besteht, nachdem sich der Bürgermeister der City von London, Brass Crosby, mit zwei Ratsherren einer Anordnung des Parlaments widersetzt hatte, Personen zu verhaften, die Parlamentsberichte gedruckt hatten. Crosby wurde zwar zunächst in den Tower geworfen, dann aber auf den Druck der öffentlichen Meinung hin wieder freigelassen. Besonders wichtig für die freie Meinungsbildung durch Öffentlichkeit der Parlamentsverhandlungen sind die Fragestunden, in denen die Regierungsmitglieder über die Vorgänge in ihren Verwaltungsabteilungen Auskunft geben müssen. Hier hat das englische Parlament vorbildliche Leistungen erbracht. Diese Arbeit des Parlaments wird durch Untersuchungsausschüsse intensiviert, deren Rolle inzwischen wegen der Arbeitsüberlastung des Parlaments aber mehr und mehr von Kommittees der Regierung und der Königin übernommen wird. Allerdings hat sich in England auch eine eigentümliche Praxis der Geheimhaltung erhalten. Über die Verhandlungen des Kabinetts erfährt niemand etwas. In anderen Ländern wäre das undenkbar. Dies ist – wie so vieles – ein Stück monarchischer Tradition unter modernen Bedingungen. Dazu gehört auch, daß die Verwaltungsbehörden die Öffentlichkeit nach eigenem Ermessen informieren können.[83]
Die Freiheit der Teilnahme an den politischen Entscheidungen ist im 17. Jahrhundert von der Aristokratie und dem Bürgertum gemeinsam gegen die Krone erkämpft und in der Parlamentssouveränität auf Dauer etabliert worden. Seitdem war die Erweiterung der politischen Teilnahme eine Frage der Ausdehnung der entsprechenden Rechte auf weitere gesellschaftliche Schichten.[84] Diese Frage stellte sich erst mit der Entwicklung der Arbeiterklasse im 19. Jahrhundert. Es dauerte bis 1948 bis in verschiedenen

83 E. Shils, *The Torment of Secrecy*, op. cit., S. 47-57.
84 E. Stein, *Der Mensch in der pluralistischen Demokratie*, op. cit., S. 17-63.

Stufen alle Beschränkungen der Allgemeinheit, Freiheit und Gleichheit des Wahlrechts bei der Besetzung des Unterhauses abgebaut waren, die man an Vermögen und Geschlecht geknüpft hatte. Die Souveränität des nationalen Parlaments hat hier zu einem demokratischen Zentralismus geführt, der die Teilnahme zu einer Sache der Repräsentation des Individuums durch die großen Parteien und Verbände macht. Die Mehrheitswahl schließt kleine Parteien aus dem Parlament aus, zugleich verstärkt sie den Entscheidungscharakter der Wahl. Der einzelne Wähler hat hier kaum die Freiheit, selbst an Entscheidungsprozessen auf niedrigen, lokalen Ebenen teilzunehmen. Dafür hat er die Freiheit, zwischen nationalen Alternativen zu wählen. Auch auf dem Gebiet der politischen Teilnahme ist der Individualismus des 18. Jahrhunderts durch die kollektive Repräsentation ganzer Klassen und Schichten im Parlament zurückgedrängt worden. Im Vergleich zu den Vereinigten Staaten hat die Differenzierung der Gesellschaft in gemeinschaftlich abgegrenzte Klassen und Schichten eine viel größere Auffälligkeit, die eine individualistische Auffassung der politischen Teilnahme als nicht mehr realisierbar erscheinen läßt und eine kollektivistische Deutung nahelegt.[85]

3.4 Kulturelle Freiheit: Der konforme Individualismus

Der Begriff der kulturellen Freiheit ist in England zunächst in Verbindung mit dem Kampf des Puritanismus gegen die anglikanische Vormundschaft zu sehen. Die Puritaner setzen die freie religiöse Gemeinschaft und die Selbstdisziplin des Individuums gegen die äußere Kontrolle der Kirche. Diese Forderung der äußeren Freiheit ist untrennbar verknüpft mit der inneren Freiheit der religiösen Selbstdisziplin. Der Puritaner will nach Prinzipien handeln, nicht nach traditionellen Lehren der Kirche.[86] Allerdings ist aus diesem Konzept der Selbstdisziplin nie eine ähnliche Idee der abstrakten inneren Freiheit wie im Lutherischen Protestantismus entwickelt worden. Alles blieb praktisch gewendet und vor allem

85 Als Merkmal der britischen Politik herausgestellt hat dies vor allem R. R. Alford, *Party and Society*, op. cit., S. 123-71; zur Relativierung vgl. R. Rose, »Class and Party Divisions: Britain as a Test Case«, in: *Sociology* II, 1968, S. 129-62.

86 D. Little, *Religion, Order, and Law*, op. cit., S. 81-31.

verknüpft mit den Bedürfnissen des gewerblichen Bürgertums. Die Säkularisierung dieser Auffassung der Freiheit schlug dann auch nicht die Richtung eines abstrakten Idealismus ein, sondern diejenige des ökonomischen Liberalismus, der auf den kulturellen Begriff der Freiheit ausstrahlte. John Stuart Mill etwa, beschäftigt sich bei der Frage der kulturellen Freiheit gar nicht mit dem Problem der inneren Willensfreiheit und wendet sich gleich der Freiheit des Denkens von äußeren Kontrollen zu. Dabei verbindet er diese Freiheit mit derjenigen der Diskussion. Die kulturelle Freiheit begreift er in erster Linie als eine Freiheit des Denkens und der öffentlichen Diskussion. Diese Freiheit darf vor allem deshalb durch keine Autorität eingeschränkt werden, weil alles Denken fehlbar ist und von einer Autorität Meinungen als absolut gültig inthronisiert werden, die falsch sein können. Das Falsche kann nur bei offener Diskussion ausgeschieden werden.[87] Die offene Diskussion ist hier das Zentrum der kulturellen Freiheit, für Kant ist es die innere Freiheit des vernünftigen Menschen.[88] In der deutschen Tradition nähern wir uns durch Abstreifen des Partikularen dem Allgemeingültigen und finden im universellen moralischen Gesetz die Bedingung der inneren Freiheit. Nach dem liberalen englischen Verständnis schreiten wir in unserem kulturellen Wissen durch die Diskussion der partikularen Meinungen fort, indem wir Schritt für Schritt unsere Fehler erkennen.

In der offenen Diskussion lernen wir, unsere Interessen wie auch unsere persönlichen moralischen Überzeugungen mit anderen abzustimmen. Dabei können natürlich nur vorläufige Kompromisse und keine absolut gültigen Moralgesetze herauskommen. Eine eigene Identität und Individualität gewinnen wir nicht durch die Einnahme universeller Standpunkte, sondern durch die Originalität partikularer Positionen, die sich von allen anderen unterscheidet. Wir können sie vertreten, weil die offene Diskussion das zuläßt und die Kompromißbildung dennoch für eine Integration der Originalitäten sorgt. Das Allgemeinste an dieser kulturellen Freiheit ist der jedem Individuum zugestandene freie Gebrauch seiner Vernunft. Damit ist aber keine universelle Vernunft gemeint, sondern die Fähigkeit des praktischen Denkens im Sinne

87 J. S. Mill, *On Liberty*, London: Watts, (1859) 1929, S. 18-66.

88 I. Kant, *Kritik der praktischen Vernunft (1788)*, in: *Werke in sechs Bänden*, hg. von W. Weischedel, Bd. IV, Frankfurt: Insel Verlag, 1956.

von »Reason«.[89] Diese Fähigkeit wird von jedem in höchst persönlicher Weise ausgeübt und trifft sich mit derselben Fähigkeit der anderen nur in der praktischen Konsensfindung, die durchaus eine Nähe zur Kompromißbildung besitzt. Konsens wird nicht als Entdeckung des Allgemeingültigen gebildet, sondern als eine gegenseitige Annäherung von Standpunkten und als Herausfinden eines gemeinsamen Nenners.

Dieses individualistische Konzept der kulturellen Diskussion und Konsensfindung ist – wie auch die anderen Dimensionen der Freiheit – im Verlaufe der Integration der Arbeiterklasse in die Gesellschaft und der Herausbildung weiterer Differenzierungen von gesellschaftlichen Schichten und Gruppen durch eine kollektivistische Auffassung eingeschränkt worden. Nach dieser Idee verlangt die kulturelle Freiheit die kollektive Repräsentation der verschiedenen Klassen, Schichten und Gruppen in der kulturellen Diskussion der Gesellschaft, in Presse, Rundfunk, Fernsehen, Schulen und Universitäten.

Die allgemeine Idee der kulturellen Freiheit erfährt im englischen Verständnis ihre Verwirklichung nicht im Hineinwachsen des Individuums in eine über die Gesellschaft hinausweisende und eventuell gegen sie mobilisierbare Kultur, sondern in der Kultivierung seines Lebensstils durch die Aneignung der Zivilisation.[90] Das Individuum gewinnt hier die Freiheit von der Naturkausalität der Triebe nicht durch das Aufgehen des Individuellen im universellen Menschentum, sondern durch die Konformität mit einem herrschenden Lebensstil, der im Ideal des Gentleman zum Ausdruck kommt. Der universelle Mensch steht jenseits von jeder Gesellschaft und verwirklicht sich selbst auch nur außerhalb der Gesellschaft. Der Gentleman ist Mitglied einer Gesellschaft und findet seine Selbstverwirklichung in einem gesellschaftlich vorgezeichneten Lebensstil, zu dem allerdings gehört, seine eigene Meinung zu haben und sie in die Kompromißbildung mit anderen einzubringen. Die Befreiung von der Naturkausalität durch Aneignung der Kultur geschieht also in der Gesellschaft. Das Resultat ist eine Fusion von Konformität und Freiheit als Elemente von Tradition und Modernität, ein *konformer Individualismus*.

89 Vgl. S. Toulmin, *The Uses of Argument*, op. cit.; *An Examination of the Place of Reason in Ethics*, op. cit.

90 S. Rothblatt, *Tradition and Change in English Liberal Education*, op. cit., S. 17-31.

Die Idee der Freiheit ist in England durch drei Entwicklungsstufen geformt worden: zuerst durch den Kampf des Puritanismus gegen die Herrschaft der anglikanischen Kirche und durch den Kampf von Aristokratie und Bürgertum gegen die Krone im 17. Jahrhundert, dann durch den ökonomischen Liberalismus von Gentry und Bürgertum im 18. und 19. Jahrhundert, schließlich durch den Korporatismus, der mit entgegengesetzten Akzenten von den Arbeitervereinigungen und den Konservativen im 20. Jahrhundert entwickelt wurde. Davon sind auch die einzelnen Komponenten des Freiheitsbegriffs bestimmt worden. Die Vereinigungsfreiheit stützt sich zunächst auf die geschäftliche, politische und verwandtschaftliche Assoziation von Aristokratie und Bürgertum, auf ihre gemeinschaftliche Annäherung, auf die Relativierung partikularer Interessen im Lichte der gesellschaftlichen Gemeinschaft und auf die freie Konfliktaustragung. Im Verlaufe der Integration der Arbeiterklasse in die Gesellschaft durch die Entwicklung der Koalitionsfreiheit tritt hier eine kollektive Komponente von Vereinigung und Konfliktaustragung hinzu. Die ökonomische Freiheit wurzelt in Eigentums-, Vertrags- und Unternehmensfreiheit, in der Theorie des Liberalismus, aber auch in der Ordnungsstiftung des Common Law. Dieser ökonomische Liberalismus des 18. und 19. Jahrhunderts wandelt sich zum Korporatismus des 20. Jahrhunderts. Die politische Freiheit hat ihren Ausgangspunkt im Schutz des Individuums vor den Übergriffen des Staates. Eine wesentliche Aufgabe in der Sicherung der individuellen Freiheit fällt dabei den unabhängigen Gerichten zu, die das Individuum gegen die Exekutive und gegen die Legislative schützen sollen. Auch die Wahrung der Freiheit der Meinungsäußerung und Meinungsbildung liegt in ihren Händen. Die Freiheit der politischen Teilnahme hat sich im Zuge der Ausdehnung des Wahlrechts von der individuellen Partizipation zur kollektiven Repräsentation entwickelt. Die kulturelle Freiheit beruht vor allem auf der freien Diskussion partikularer Standpunkte. In ihr kann der Gebrauch der Vernunft, die Originalität individueller Positionen frei eingebracht und ein Kompromiß zwischen den individuellen Meinungen gebildet werden. Freiheit von der Naturkausalität der Triebe erlangt das Individuum durch die Aneignung der Zivilisation des Gentlemans,

d. h. eines herrschenden Lebensstils. Das Ergebnis ist ein konformer Individualismus (Diagramm 24).

4. *Universalismus: Der faire Anteil*

Vorbemerkungen

Das Verständnis der Gleichheit ist in England eng mit dem Begriff der Fairneß verflochten. »Gleichheit« heißt, daß jedem einzelnen und jeder gesellschaftlichen Gruppe ein fairer Anteil an Gemeinschaft, Wirtschaft, Politik und Kultur zusteht.

4.1 Gemeinschaftliche Gleichheit: Gentlemen und ständische Differenzierung

Fragen wir nach den historischen Konstellationen, die in England die Herausbildung einer gesellschaftlichen Gemeinschaft mit einem gemeinsamen Recht begünstigten, so waren dafür vor allem die Annäherung der Lebensweise von Aristokratie und gewerblichem Bürgertum und ihre Kooperation in gemeinsamen ökonomischen und auch politischen Unternehmungen gegen die Königsmacht von großer Bedeutung.[91] Über die Kommerzialisierung der Landwirtschaft hinaus beteiligte sich insbesondere der niedere Adel, die Gentry, auch an Handelsunternehmungen und Manufakturbetrieben.[92] Das in England geltende Erstgeburtsrecht übte natürlich auf die nicht erbberechtigten Adeligen einen Zwang zu solchen ökonomischen Orientierungen aus, sofern sie einen angemessenen Lebensstandard halten wollten. Daß sich diese ökonomische Orientierung tatsächlich durchgesetzt hat, ist jedoch

91 B. Moore, *Soziale Ursprünge von Diktatur und Demokratie*, op. cit., S. 21-61.

92 Vgl. R. H. Tawney, *The Agrarian Problem in the Sixteenth Century*, London: Longmans Green, 1912; »The Rise of the Gentry« (1941), in: L. Stone (Hg.), *Social Change and Revolution in England*, London: Longmans, 1965, S. 6-18; G. E. Mingay, *The Gentry*, London: Longmans, 1976; J. Scott, *The Upper Classes. Property and Privilege in Britain*, London: Macmillan, 1982, S. 12-33.

Diagramm 24: Der Individualismus in England

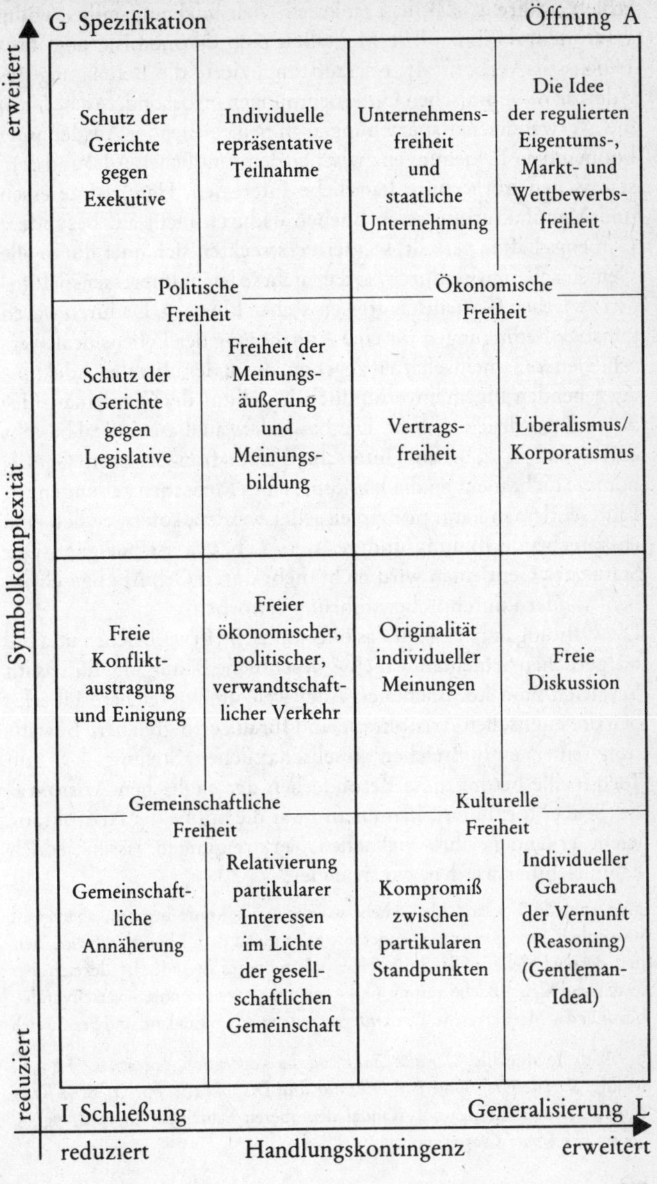

gerade die Eigenheit des niederen Adels Englands, die ihn am Leben erhielt, während z.B. in Frankreich viele adelige Familien völlig verarmten, da ihnen ihre Mentalität eine Ökonomisierung ihres Lebensstils verbot.[93] In England implizierte die Beteiligung des Adels an ökonomischen Unternehmungen insbesondere eine bis in die Verwandtschaftsbeziehungen hineinreichende Ausdehnung kooperativer Beziehungen zwischen dem ländlichen Adel und dem städtischen Bürgertum. Ländliche Interessen, Handelsinteressen und Manufakturinteressen blieben dadurch nicht auf besondere Gemeinschaften verteilt, sondern erstreckten sich quer durch alle Gemeinschaften hindurch, so daß nicht so leicht Interessenspaltungen zwischen Gemeinschaften entstehen konnten. Dadurch waren günstige Bedingungen für eine Annäherung der Lebensideale verschiedener Gemeinschaften gegeben, die in der über den Adel hinausgehenden allgemeinverbindlichen Stellung des Gentleman-Ideals zum Ausdruck kommt. Das besondere an diesem Ideal besteht darin, daß es z.B. im Unterschied zum französischen Gentilhomme nicht mehr an die Herkunft eines Menschen gebunden ist. Ein Gentleman kann prinzipiell jeder werden, sofern er sich eine entsprechende Bildung und gesittete Lebensweise aneignet. Der Status des Gentleman wird nicht mehr durch Geburt zugeschrieben, sondern durch Lebensführung erworben.

Die Öffnung in bezug auf das ökonomische Erwerbsleben und die bürgerlichen Schichten war eine wesentliche Bedingung für das im Vergleich zum kontinentalen Adel weit umfangreichere Überleben der englischen Aristokratie und für die erfolgreichere Bewahrung einer einflußreichen gesellschaftlichen Stellung.[94] Schon Tocqueville betont diese Besonderheit der englischen Aristokratie. Wie er formuliert, kann man zwar die Spitze der Aristokratie leicht erkennen, ihre vielfachen Verzweigungen lassen jedoch kaum sichtbar werden, wo sie endet:

Man kann in England klar sehen, wo die Aristokratie beginnt, aber es ist unmöglich, zu sagen, wo sie endet. Sie könnte mit dem Rhein verglichen werden, dessen Quelle auf der Spitze eines hohen Berges zu finden ist, der sich aber in tausend kleine Bäche zerteilt und – wie man sagen könnte – verschwindet, bevor er das Meer erreicht. Der Unterschied zwischen England und Frankreich

93 A. de Tocqueville, *Der alte Staat und die Revolution*, op. cit., S. 77-89; B. Moore, *Soziale Ursprünge von Diktatur und Demokratie*, op. cit., S. 62-87.

94 Zu Selbsterhaltung und Wandel der oberen Schichten Englands vgl. J. Scott, *The Upper Classes*, op. cit.

zeigt sich in dieser Weise in der Untersuchung eines einzigen Wortes in der jeweiligen Sprache. »Gentleman« und »Gentilhomme« haben offensichtlich dieselbe Herkunft, aber »Gentleman« wird in England auf jeden wohlerzogenen und gebildeten Mann angewendet – welcher Geburt er auch sei –, während sich in Frankreich »Gentilhomme« nur auf den von Geburt Adeligen bezieht.[95] (Übersetzung vom Verfasser)

Die wesentlichste Konsequenz der über die Grenzen von Ständen, Schichten und Gruppen hinausgehenden kooperativen und verwandtschaftlichen Beziehungen war das Entstehen von Solidaritätsbanden über Gruppengrenzen hinweg und dadurch die Herausbildung einer gesellschaftlichen Gemeinschaft. Während die Inklusion der bürgerlichen Schichten in die gesellschaftliche Gemeinschaft im 17. und 18. Jahrhundert zu einer Verschmelzung der traditionalistischen aristokratischen mit der modernen bürgerlichen Kultur führte, ist die Inklusion der Arbeiterklasse im 19. und noch im 20. Jahrhundert weniger aufgrund einer gegenseitigen Annäherung auf kultureller Ebene erfolgt, sondern vorwiegend durch politischen Kampf erstritten worden.[96] Die Durchsetzung der bürgerlichen Freiheitsrechte im 17. und 18. Jahrhundert hat die Institutionen der Gesellschaft konsequenter durchdrungen und den patrimonialen Traditionalismus zurückgedrängt als die Durchsetzung der politischen und der sozialen Rechte im 19. und 20. Jahrhundert. Die Demokratisierung der Regierung ist vermischt geblieben mit der Respektierung von Autoritäten. Auch die Ausdehnung der sozialen Rechte hat mehr den Charakter wohlfahrtsstaatlicher Versorgung von oben angenommen.[97] Sie bleibt verknüpft mit der Wahrung ständischer Differenzierung.

Die bis in die siebziger Jahre hinein herrschende hierarchische Gliederung des englischen Bildungssystems hat die Hauptrolle in der Aufrechterhaltung der ständischen Schichtung der Gesellschaft gespielt.[98] Wer eine Public school besucht, aus der sich fast

95 A. de Tocqueville, *Journeys to England and Ireland*, New Haven, Conn.: Yale University Press, 1958, S. 67.

96 H. M. Pelling, *A History of British Trade Unionism*, Harmondsworth: Penguin Books, 1963; R. Bendix, *Nation-Building and Citizenship*, op. cit., S. 61-74; E. P. Thompson, *The Making of the English Working Class*, op. cit.; E. Hopkins, *A Social History of the English Working Classes 1815-1945*, op. cit.

97 J. R. Hay, *The Development of the British Welfare State 1880-1975*, op. cit.

98 A. Sampson, *Wer regiert England?*, op. cit., S. 196-232; R. Rose, »Eng-

ausschließlich die gesellschaftliche Elite rekrutiert, entscheidet sich schon im Alter von 8 bis 13 Jahren.[99] Nur ca. 3 % einer Alterskohorte kommt in den Genuß dieses Privilegs, und es besteht eine sehr hohe Selbstrekrutierung aus den Familien, in denen vor allem schon Väter und Großväter eine Erziehung in einer Public school erhalten haben. Der weitere Weg zu Elitepositionen verläuft von der Public school, die man im Alter von 18 Jahren verläßt, zu den Universitäten Oxford oder Cambridge. Die gesellschaftliche Elite verfügt auf diese Weise über eine besondere Gemeinsamkeit und Homogenität der Ausbildung. Sie ist schon im Kindesalter auf wenige Schulen konzentriert, miteinander verbunden und ist sich ihres besonderen Status bewußt. Die Ausbildung selbst ist schon auf die Anforderungen in Elitepositionen ausgerichtet; sie betont die Allgemeinbildung und die charakterliche Erziehung zur Selbstdisziplin und zur Übernahme von Verantwortung in Führungspositionen. Auffallend ist die Strenge und die Betonung von Autorität in der Erziehung. Neben Führungsverantwortlichkeit wird dabei weit mehr Konservatismus als Innovationsbereitschaft herausgebildet. Offener in der Rekrutierung aus verschiedenen sozialen Schichten und Gruppierungen als die Public schools waren schon immer die staatlich unterhaltenen Grammar schools, an denen Mitte der sechziger Jahre etwa ein Viertel einer Alterskohorte bis hin zur Hochschulreife ausgebildet wurde. Auch sie selegierten jedoch schon relativ früh im Alter von 11 Jahren durch Aufnahmeprüfungen. Aus der Grammar school rekrutierte sich bislang die obere Mittelschicht von Angestellten und Beamten in Wirtschaft und öffentlichem Dienst. Über sie ist der Aufstieg aus der unteren Mittelschicht kleiner Angestellter und Beamter und aus der Arbeiterklasse, wenn auch nur in relativ begrenztem Umfang, möglich gewesen. Die Grammar school führte nicht zwangsläufig zum Universitätsstudium, wie zum Beispiel das deutsche Gymnasium; nur ein kleiner Teil der Grammar school-Absolventen hat anschließend das Studium an einer Universität aufgenommen. Der größte Teil ist unmittelbar zur Ausbildung in einen Beruf überge-

land: The Traditionally Modern Political Culture«, op. cit., S. 107-9; E. Midwinter, *Schools in Society. The Evolution of English Education*, London: Batsford, 1980.

99 Zur Rolle der Public schools vgl. I. Weinberg, *The English Public Schools*, New York: Atherton Press, 1967; T. J. H. Bishop und R. Wilkinson, *Winchester and the Public School Elite*, London: Faber und Faber, 1968.

gangen. Auch die Grammar schools vermitteln vorwiegend konservative Wertorientierungen, die jedoch von den Universitätsübergängern weniger internalisiert werden als von den Berufsübergängern. Bis in die siebziger Jahre hinein besuchte der weitaus überwiegende Teil der Bevölkerung, nämlich zwei Drittel, die Elementary school und anschließend die Secondary modern school bis zum Alter von 15 Jahren, um dann in das Berufsleben einzutreten. Im Jahre 1972 wurde das Schulentlassungsalter auf 16 Jahre erhöht. Der Education Act der Labour-Regierung im Jahre 1976 leitete mit der Einführung der Gesamtschule (Comprehensive school) – von der es zwar vereinzelte Exemplare gegeben hatte – eine zunehmende Vereinheitlichung der Sekundarschulen ein. Im Jahre 1979 gingen 83.4% aller Schüler in eine Gesamtschule. So ist die bis in die siebziger Jahre bestehende Verteilung des sozialen Status im Alter von 11 Jahren heute weitgehend abgemildert worden, wenn auch die wenigen Schüler einer Grammar school und noch viel mehr diejenigen einer privaten Public school gewiß noch immer über die besseren Zukunftschancen verfügen.
Bis in die heutige Zeit hat das bisherige hierarchisch gegliederte Schulsystem eine hohe Selbstrekrutierung der einzelnen Statusgruppen begünstigt. Die Herkunft hat über die Zukunft der Menschen entschieden.[100] Sozialer Aufstieg erfolgte unter diesen Umständen weniger unter Bedingungen der offenen Konkurrenz, wie z.B. weit mehr im integrierten Schulsystem der USA, sondern durch persönliche Förderung von oben, angefangen mit der gezielten Förderung durch einen Lehrer bis zur persönlichen Förderung durch Inhaber von Elitepositionen. In allen Fällen war es bislang nicht offene Konkurrenz, sondern persönliche Förderung

100 Zur sozialen Ungleichheit und sozialen Mobilität in England vgl. R. H. Tawney, *Equality*, London: Unwin, (1931, 1938, 1952) 1972; D. Glass (Hg.), *Social Mobility in Britain*, London: Routledge & Kegan Paul, 1954; F. Field, *Unequal Britain. A Report on the Cycle of Inequality*, London: Arrow Books, 1974; P. Stanworth und A. Giddens (Hg.), *Elites and Power in British Society*, op. cit.; D. J. Treiman und K. Terell, »The Process of Status Attainment in the United States of Great Britain«, in: *American Journal of Sociology* 81, 1975, S. 563-83; J. Westergaard und H. Resler, *Class in a Capitalist Society. A Study of Contemporary Britain*, London: Heinemann, 1975; J. Reid, *Social Class Differences in Britain. A Sourcebook*, London: Open Books, 1978; J. Goldthorpe, *Social Mobility and Class Structure in Modern Britain*, Oxford: Clarendon Press, 1980.

und auch eine besondere Betreuung, durch die sozialer Aufstieg gelang. Ralph Turner hat diese von ihm in England als typisch beobachtete soziale Mobilität als »sponsored mobility« von der in den USA eher institutionalisierten »Contest mobility« unterschieden. Dies ist die soziale Mobiltiät einer durchaus noch traditionalen und ständisch differenzierten modernen Gesellschaft.[101]
Es darf angenommen werden, daß sich die ständische Differenzierung der Gesellschaft Englands aufgrund ihrer tiefen kulturellen Wurzeln auch nach den Veränderungen des Schulsystems in den siebziger Jahren nur sehr langsam verändern wird. Die universalistische Idee der Gleichheit bleibt in England deutlich eingeschränkt auf die universelle Garantie von Freiheitsrechten, insbesondere im Sinne der Begrenzung der Regierungsgewalten und im Sinne der rechtlichen Gleichheit. Individuelles Erfolgsstreben bleibt begrenzt auf die Bahnen, die dem einzelnen schon durch die Herkunft weitgehend vorgezeichnet sind. Die Verbindung der Ideen der universellen Gleichheit und des individuellen Erfolgsstrebens zur Idee der Chancengleichheit ist weit weniger eng als vor allem in den USA. Die Ungleichheit von Chancen zur Realisierung individuellen Erfolgs hat viel längere Zeit noch als nicht unbedingt illegitim gegolten. Sie widerspricht nicht den traditionalistischen Werten der anglikanischen Orthodoxie. Selbst von den unteren Schichten wird diese Ungleichheit in vergleichsweise großem Ausmaß als kaum veränderbar hingenommen.[102] Das soll nicht heißen, daß es in England überhaupt keinen kulturellen Druck in die Richtung der Realisierung von mehr Chancengleichheit gibt; charakteristisch für England ist jedoch, daß die orthodoxe Wertstruktur und das lange herrschende, hierarchisch gegliederte Bildungssystem diese aus den modernen Elementen des Wertmustes resultierende Spannung bis in die Mentalität der benachteiligten Schichten hinein bislang erheblich in Grenzen gehalten haben. So fällt beispielsweise auf, daß der überwiegende Teil der Arbeiter zwar der Auffassung ist, nur wenig politisch Ein-

101 R. H. Turner, »Modes of Social Ascent Through Education: Sponsored and Contest Mobility and the School System«, in: *American Sociological Review* 25, 1960, S. 855-67.

102 Das zeigt die Studie von W. G. Runciman, *Relative Deprivation and Social Justice*, op. cit.; in dieselbe Richtung weisen J. Goldthorpe, D. Lockwood, F. Bechhofer und J. Platt, *Der »wohlhabende« Arbeiter in England*, op. cit., Bd. III, S. 129.

fluß nehmen zu können, aber zugleich zu einem großen Teil diesen Tatbestand als rechtmäßig akzeptiert.[103] Durch das bis in die siebziger Jahre bestehende hierarchisch gegliederte Bildungssystem hat schon im Kindesalter eine räumliche und soziale Abgrenzung unterschiedlicher Statusgruppen stattgefunden, die hierarchische Differenzierung der gesellschaftlichen Gemeinschaft in Gruppen mit ständischem Charakter, die sich durch Sozialprestige, Lebensstil und Sprache unterscheiden, hat sich dadurch besonders wirksam erhalten und tradiert. Zwischen der Kultur und dem Lebensstil der aristokratisch-bürgerlichen Elite und der Massenkultur und dem Lebensstil der Arbeiterschichten besteht eine tiefe Kluft. Das Publikum und die Aktiven in Theater, Kunst, Literatur, Pferdesport, Kricket und Tennis auf der einen Seite und das Publikum und die Aktiven beim Brieftaubenwettbewerb, Windhundrennen und Fußballmatch auf der anderen Seite trennen Welten.[104] In kaum einem anderen Land ist die Trennung von Elite- und Massenkultur und ihre Verteilung auf die sozialen Schichten so augenscheinlich. Das gilt auch für die Kongruenz von Sprach- und Schichtdifferenzierung:

> In keinem anderen Land ist es in derselben Weise möglich, den sozialen Status einer Person im selben Augenblick zu erkennen, zu dem sie den Mund öffnet,[105] (Übersetzung vom Verfasser)

schreibt C. A. R. Crosland. Angesichts der scharfen ständischen Schichtung bleibt Gleichheit beschränkt auf die Gewährung formaler Teilnahmerechte bei gleichzeitiger Legitimität und/oder Hinnahme ungleicher Chancen der Wahrnehmung von Teilnahmerechten. Die Inklusion der unteren Schichten erfolgt weniger durch ihre Anhebung auf das Niveau vollständiger Teilnahme, sondern mehr durch die Gewährung von Führung, Betreuung und Versorgung durch Regierungsinstanzen, Parteien, insbesondere durch die Labour Party, und die Gewerkschaften.

Die Erkämpfung der politischen Teilnahmerechte und der sozialen Rechte durch die Arbeiterbewegung hat ihrerseits mit Parteien und Gewerkschaften Massenorganisationen hervorgebracht, in

103 E. A. Nordlinger, *The Working-Class Tories*, op. cit., S. 13-45, 63-110.

104 Zum Verkehrskreis und zur Geselligkeit der Arbeiter vgl. J. Goldthorpe, D. Lockwood, F. Bechhofer und J. Platt, *Der »wohlhabende« Arbeiter in England*, op. cit., Bd. III, S. 94-125.

105 C. A. R. Crosland, *The Future of Socialism*, London: Cape, 1956, S. 178.

denen ein ähnliches Verhältnis von Elite und Masse vorherrscht wie in der sozialen Gesamtstruktur.[106] Die Inklusion dieser Organisationen und über sie auch die Inklusion der Arbeiterklasse in die gesellschaftliche Gemeinschaft ist jedoch im Vergleich zu kontinentalen Ländern insofern erfolgreicher verlaufen, als ihnen einerseits mehr und mehr der Status der Vertretung legitimer Rechte und Interessen innerhalb gemeinsamer Grundüberzeugungen zuerkannt worden ist und sich andererseits die Arbeiterbewegung von einer anfänglichen Gefahr des Systems zu einer zunehmend institutionalisierten Opposition ohne jedes revolutionäre, systemsprengende Potential entwickelt hat.[107]

Die Idee der Gleichheit wurzelt also in England in der Vergemeinschaftung von Aristokratie und Bürgertum. Sie meint zunächst einmal gemeinschaftliche Gleichheit. Das bedeutet eine Ausdehnung des sozialen Verkehrs über Standesgrenzen hinweg, eine Annäherung des Lebensstils und der Weltanschauung, ausgedrückt im Ideal des Gentleman, eine Angleichung des Prestiges, den Abbau von ständischen Privilegien und die Herausbildung einer gesellschaftlichen Gemeinschaft. Diese gemeinschaftliche Gleichheit hat aber einen prinzipiellen Charakter.

Es gibt *prinzipiell* keine gemeinschaftlichen Schranken, dennoch weist die Gesellschaft eine deutliche ständische Differenzierung auf. Was diese Differenzierung kennzeichnet, ist jedoch die Tatsache, daß die Grenzen zwischen den Klassen, Ständen und Schichten nicht scharf gezogen sind, sondern sich verwischen. Man weiß nicht genau, wo eine Schicht in der gemeinschaftlichen Hierarchie aufhört und eine andere beginnt.[108] Das trifft allerdings weniger auf die Grenze zwischen Bürgertum und Arbeiterklasse zu als auf diejenige zwischen oberem Bürgertum und Aristokratie. Es ist keine gemeinschaftliche Gleichheit im amerikanischen Sinn, die uns hier begegnet, sondern eine Gleichheit, die allen, heute auch der Arbeiterklasse, die Zugehörigkeit zu einer gesellschaftlichen Gemeinschaft bestätigt, aber dennoch nicht jeden auf dieselbe Stufe stellt. Es ist eine Gleichheit, die jedem einzelnen, in der kol-

106 Zur Führungsstruktur der Labour Party vgl. R. T. McKenzie, *Politische Parteien in England. Die Machtverteilung in der Konservativen und in der Labourpartei*, Köln und Opladen: Westdeutscher Verlag, (1955) 1961, S. 201-55.

107 A. Potter, »Great Britain: Opposition with a Capital ›O‹«, op. cit.

108 A. de Tocqueville, *Journeys to England and Ireland*, op. cit., S. 67.

lektivistischen Variante: jeder Gruppe, den fairen Anteil an der gesellschaftlichen Solidarität gewährt.

4.2 Ökonomische Gleichheit: Der Anteil am Wohlstand

Ganz ähnlich ist auch der englische Begriff der ökonomischen Gleichheit zu verstehen. Jeder gesellschaftlichen Klasse und Schicht wird ihr fairer Anteil am gesellschaftlichen Wohlstand zuerkannt, und jede Klasse und Schicht beansprucht auch nicht viel mehr als diesen Anteil. Man findet weder die kurzsichtige Verteidigung angestammter Privilegien auf der Rechten, noch breit angelegte Angriffe auf die ökonomische Ordnung der Gesellschaft als solche auf der Linken. Es dominieren reformistische Zugeständnisse der Konservativen auf der einen Seite und reformistische Forderungen der Arbeiterbewegung auf der anderen. Radikale Positionen haben auf beiden Seiten keine bedeutende Rolle gespielt. Diese reformistische Haltung der Konservativen und der progressiven Kräfte hat im Laufe der gesellschaftlichen Entwicklung den Anteil der unteren Schichten am gesellschaftlichen Reichtum durch die Lohnpolitik und die Sozialpolitik erhöht, ihnen einen bescheidenen Wohlstand gegeben. Vor allem die Sozial- und Krankenversicherungsgesetzgebung der ersten Labour-Regierung in den Jahren 1945 und 1946 hat in England in der sozialen Sicherheit das Gleichheitsprinzip wie in keinem anderen westlichen Industrieland verwirklicht. Dazu zählen vor allem die gleiche Bemessung der Renten bei gleichen Beiträgen, die 1959 allerdings in begrenztem Umfang wieder gestaffelt wurden, und die kostenfreie Gesundheitsfürsorge für alle Staatsbürger, Bewohner und Besucher Englands.[109] Trotz dieser Gleichheit in der sozialen Sicherung kennzeichnet im übrigen eine auffällige Differenzierung von Besitz, Einkommen und Lebensstandard die englische Gesellschaft, die allerdings niemals dieselbe schreiende Form annimmt wie etwa in Frankreich.[110] Einer solchen Verschär-

109 E. Stein, *Der Mensch in der pluralistischen Demokratie*, op. cit., S. 181-217; J. R. Hay, *The Development of the British Welfare State 1880-1975*, op. cit.

110 Siehe die Zusammenstellung entsprechender Daten zur Klassendifferenzierung und Ungleichheit in Großbritannien: J. Reid, *Social Class Differences in Britain*, op. cit.

fung der Ungleichheit wirkt die Integration der Labour Party und der Gewerkschaften als feste Bestandteile des politischen Systems entgegen.[111]

Die ursprünglich scharfe Differenzierung in wenige Reiche und viele Arme hat sich zu einer viel feineren Abstufung mit einer zunehmend breiteren Mittelklasse gewandelt, ohne daß allerdings in der Mitte eine amerikanischen Verhältnissen ähnliche Breite erreicht worden wäre. Zwischen dem Arbeiter und dem mittleren Angestellten und Beamten liegt im allgemeinen – wenn man hochqualifizierte Facharbeiter ausnimmt – noch eine größere Distanz.[112] Vor allem aber sind noch viel mehr traditionelle Schranken der Chancengleichheit wirksam. Lange Zeit hat das hierarchisch aufgebaute Bildungssystem die gesellschaftliche Ungleichheit verfestigt. Überhaupt führt das Konzept der Chancengleichheit ein bescheidenes Dasein. Die Arbeiterbewegung will weniger Chancengleichheit im Wettbewerb um unterschiedlich entlohnte Positionen als den gerechten (fairen) Anteil am gesellschaftlichen Wohlstand. Die Konservativen gestehen den Arbeitern lieber diesen Anteil zu, als daß sie ihre Schulen und beruflichen Positionen den Kindern aus den unteren Schichten öffnen würden. Natürlich besteht bei der Festlegung des »fairen Anteils« keine Harmonie, um diesen wird vielmehr mit hohen Forderungen und niedrigen Angeboten gestritten. Beide Seiten wissen jedoch, daß nur ein Kompromiß und keine einseitige Durchsetzung ihrer Positionen möglich ist. Die englische Arbeiterbewegung steht in diesen Fragen der Radikalität ihrer Schwestern in anderen westlichen Industrieländern in nichts nach. Was sie jedoch auszeichnet, ist ihr Prinzip des »fairen Anteils« und ihre selbstverständliche Einstellung auf den Kompromiß, und wenn auch noch so hart und noch so lange für die eigenen Forderungen gekämpft wird. Man will keine andere ökonomische Ordnung, sondern nur den anerkannten Platz in der Gesellschaft und den »fairen Anteil« am gesellschaftlichen Wohlstand.[113]

111 Vgl. A. Sampson, *Wer regiert England?*, op. cit., S. 113-30, 519-31.

112 Zu diesem Ergebnis und zu einer entsprechenden Skepsis in bezug auf die These der Verbürgerlichung der Arbeiter kommen in ihrer Studie: J. Goldthorpe, D. Lockwood, F. Bechhofer und J. Platt, *Der »wohlhabende« Arbeiter in England*, op. cit., Bd. III, S. 166-205.

113 Vgl. W. G. Runciman, *Relative Deprivation and Social Justice*, op. cit.

Fairneß ist auch das allgemeine Prinzip des englischen Begriffs der politischen Gleichheit. Es impliziert zuerst den fairen Anteil am politischen Entscheidungsprozeß, der durch die politischen Teilnahmerechte zu gewähren ist.[114] Die Ausdehnung des Wahlrechts auf immer breitere gesellschaftliche Schichten ist diesem allgemein anerkannten Prinzip gefolgt, was natürlich nicht ausschloß, daß darum harte Auseinandersetzungen geführt werden mußten. Dabei ging die Deutung des fairen Anteils vorwiegend in die Richtung der Repräsentation der gesellschaftlichen Klassen und Schichten durch die Verbände und Parteien im politischen Prozeß. Die Etablierung der Labour Party als entscheidender Faktor im politischen System, die erste Labour-Regierung nach dem zweiten Weltkrieg und die verbindliche Durchsetzung ihrer Reformprogramme, so z.B. die Nationalisierung wesentlicher Teile der Industrie, die neue Sozialversicherung und die kostenlose Gesundheitsfürsorge, bildeten Meilensteine der Gewährung eines fairen Anteils der Arbeiterklasse am politischen Entscheidungsprozeß.[115]

In der Ausführung der politischen Entscheidungen ist es die faire Behandlung durch die Verwaltung, die das Prinzip der Fairneß konkretisiert.[116] Hier kommt es weniger auf die inhaltlich korrekte Ableitung einer Entscheidung aus allgemeinen Gesetzen als auf die faire Behandlung eines Falles nach der im Common Law geübten Praxis an. Das gilt noch mehr für die Rechtsprechung. Das faire Gerichtsverfahren sichert hier die Gleichheit, weniger die logische Subsumtion eines Urteils unter allgemeine Gesetze. Im Gerichtsverfahren sollen alle Parteien und alle Gesichtspunkte Gehör finden. Der Richter ist nur ein Schiedsrichter zwischen den streitenden Parteien, auch im Strafprozeß. Die mündliche Verhandlung hat mehr Bedeutung als die Voruntersuchung und die

114 E. Stein, *Der Mensch in der pluralistischen Demokratie*, op. cit., S .17-63.

115 Die dennoch beträchtliche Ungleichheit der Machtverteilung ist ein beherrschendes Thema der britischen Soziologie: W. L. Guttsman, *The British Political Elite*, London: McGibbon & Kee, 1963; P. Stanworth und A. Giddens (Hg.), *Elites and Power in British Society*, op. cit.; J. Westergaard und H. Resler, *Class in a Capitalist Society*, op. cit., S. 141-277; J. Urry und J. Wakeford (Hg.), *Power in Britain*, London: Heinemann, 1973.

116 E. Stein, *Der Mensch in der pluralistischen Demokratie*, op. cit., S. 230-5.

schriftliche Begründung des Urteils, die sogar gänzlich fehlen kann. Fairneß in der Verhandlung, nicht logische Korrektheit der Urteilsbegründung steht hier im Vordergrund.[117]

Nicht viel anders wird die Gleichheit in der politischen Diskussion aufgefaßt. Faire Berichterstattung und faire Berücksichtigung der verschiedenen Interessen und Standpunkte in den Medien, in Presse, Rundfunk und Fernsehen, sind die wichtigsten Kriterien. Das kann in der Repräsentation der Parteistandpunkte durch eigene Zeitungen oder in ihrer angemessenen Vertretung innerhalb eines Organs erfolgen, so in der öffentlichen Rundfunk- und Fernsehanstalt, der BBC, und der 1954 eingerichteten zweiten Fernsehgesellschaft, der ITA. Die starke Pressekonzentration und das geteilte Monopol der Rundfunk- und Fernsehanstalten erschweren die selbständige Vertretung der unterschiedlichen Standpunkte und Interessen. Die faire Berichterstattung kann sich deshalb nur wenig aus dem freien Wettbewerb ergeben, sie ist mehr auf die gleiche Berücksichtigung divergierender Positionen innerhalb eines Organs angewiesen.[118] Das unterscheidet die englische Version der Fairneß von der allein auf Wettbewerb ausgerichteten amerikanischen; von der deutschen Auffassung der Gleichheit grenzt sie sich hier dadurch ab, daß nicht in einem allgemeinen, und damit objektiven Standpunkt die Lösung des Problems gesucht wird, sondern in der Repräsentation verschiedener partikularer Positionen. Das ist natürlich nur die Idee, nach der die oft abweichende Realität beurteilt wird.

4.4 Kulturelle Gleichheit: Der Anteil an der Kultur

Der Kern des englischen Begriffs der kulturellen Gleichheit ist im Konzept des Common sense zu sehen. Die gemeinsame Erfahrung, nicht der theoretische Diskurs und nicht die abstrakte Idee bildet die Basis der kulturellen Gleichheit. Wo die Franzosen in allen Menschen die gleiche Vernunft erkennen, finden die Englän-

117 H. Cecil, *The English Judge*, op. cit.; A. Sampson, *Wer regiert England?*, op. cit., S. 174-8.

118 E. Stein, *Der Mensch in der pluralistischen Demokratie*, op. cit., S. 82-103; A. Sampson, *Wer regiert England?*, op. cit., S. 131-52; I. Fetscher, *Großbritannien*, op. cit., S. 237-50; J. Westergaard und H. Resler, *Class in a Capitalist Society*, op. cit., S. 261-75.

der die gleiche Erfahrung. Die allgemeinen Ideen können noch so verschieden sein, ihre Wahrheit muß sich an der allen in gleicher Weise zugänglichen Erfahrung erweisen. Im deutschen Denken muß die abstrakte Idee zwangsläufig von allen geteilt werden, die Erfahrung ist ungleich. Im englischen Denken ist es genau umgekehrt: die Erfahrung ist gleich, die allgemeinen Ideen sind verschieden. Die Basis für diese Erfahrungsgleichheit ist die Kooperation der verschiedenen Schichten in der experimentellen Wissenschaft, wie sie in den wissenschaftlichen Gemeinschaften ihren Anfang genommen hat. Ganz ähnlich hat die geschäftliche Zusammenarbeit von Aristokratie und Bürgertum das Fundament für die gleiche Geltung des Common Law gelegt, das die normative Komponente der kulturellen Gleichheit repräsentiert. Das Common Law kennt keine Privilegien einzelner Stände und Schichten, sondern nur ein gleiches Recht für alle. Die Gleichheit wird hier jedoch nicht durch Abstraktion und Systematik gewährleistet, sondern durch Fairneß im Rechtsverfahren.

Das Abstrakteste an der kulturellen Gleichheit ist der Common reason, der etwas anderes darstellt als die kontinentale Rationalität. Es ist eine erfahrungsgetränkte Vernunft, die jedem Durchschnittsbürger gleich zugänglich ist, also eine praktisch anwendbare Vernunft. Sie stützt sich auf gleiche Erfahrung und gemeinsame Regeln der Argumentation. Die Regeln haben weniger logischen, syntaktischen und semantischen Charakter. Sie beziehen sich mehr auf die Pragmatik des Diskurses, also auf den fairen Anteil, den jeder an der Diskussion haben soll. Nicht die logische, deshalb auch monologische Argumentation ist das Fundament der gleichen Vernunft, sondern das dialogische »Reasoning«.[119] Die praktische Umsetzung dieses Konzepts der gleichen Vernunft soll in der Erziehung geschehen. Hier wird weniger abstraktes Theoretisieren und systematische Wissenschaft vermittelt als Common pragmatics, eine gemeinsame Pragmatik des Handelns, ein Lebensstil im Sinne des Gentleman-Ideals, sowie eine Praxis der technischen Bewältigung von Problemen. Die lange herrschende hierarchische Abstufung des Bildungssystems macht hier allerdings deutlich, daß es sich bei dieser kulturellen Gleichheit zunächst nur um eine Annäherung von Erfahrung, Recht, Ver-

119 Paradigmatisch formuliert diesen Sinn des Vernunftgebrauchs S. Toulmin, *The Uses of Argument*, op. cit.; *An Examination of the Place of Reason in Ethics*, op. cit.

nunft und Praxis der führenden gesellschaftlichen Schichten gehandelt hat. Alle weitere Verwirklichung dieses Prinzips ist eine Frage des fairen Anteils der gesellschaftlichen Schichten und ihrer Sichtweisen am kulturellen Diskurs.

Schlußbemerkungen

Die Idee der Gleichheit wurzelt in England im Konzept der Fairneß. Die Basis der gemeinschaftlichen Gleichheit ist die frühe Annäherung von Aristokratie und Bürgertum. Sie wurde erweitert durch die Inklusion der Arbeiterklasse in die gesellschaftliche Gemeinschaft. Dabei geht es jedoch nur um die Gewährung eines fairen Anteils an der gesellschaftlichen Solidarität. Gleichzeitig wird die Gesellschaft nämlich durch eine in ihren Übergängen fließend gestaltete ständische Schichtung gekennzeichnet. Die ökonomische Gleichheit wird als fairer Anteil eines jeden am gesellschaftlichen Wohlstand begriffen. Darin stimmen die Konservativen und die Arbeiterbewegung überein. Lohnpolitik und Sozialpolitik sind daran orientiert. Sie zielen nicht auf vollkommene Gleichheit, sondern auf Verbesserungen des Lebensstandards der unteren Schichten im Sinne ihres fairen Anteils am gesellschaftlichen Reichtum. Eine wesentliche Ursache der traditionalen Verfestigung ökonomischer Ungleichheit ist das hierarchisch gegliederte Bildungssystem. Politische Gleichheit verlangt den fairen Anteil der gesellschaftlichen Schichten an politischen Entscheidungen, faire Gerichtsverfahren, faire Behandlung durch die Verwaltung und faire Berichterstattung von Presse, Rundfunk und Fernsehen. Die kulturelle Gleichheit konkretisiert sich in den Konzepten des Common sense, des Common Law, des Common reason und der Common pragmatics (Diagramm 25).

Zusammenfassung

Die Fusion von Tradition und Modernität bestimmt die Kultur der englischen Gesellschaft. Sie hat ihren Ursprung in der Annäherung von Aristokratie und Bürgertum. Ihre erste Spannung hat sie in der Opposition von orthodoxem Anglikanismus und heterodoxem Puritanismus erlebt. Diese Spannung hat sich zu einem

Diagramm 25: Der Universalismus in England

G Spezifikation | Öffnung A

Faire Behandlung durch Verwaltung	Fairer Anteil an Gesetzgebung	Wohlfahrt	Ausgleichende Lohnpolitik
Politische Gleichheit Fairer Anteil an politischen Entscheidungen		Ökonomische Gleichheit Fairer Anteil am gesellschaftlichen Wohlstand	
Faire Gerichtsverfahren	Faire Berichterstattung	Traditionale Verfestigung von ökonomischen Anteilen	Faire Verteilung des gesellschaftlichen Reichtums
Gesellschaftliche Gemeinschaft und fließende ständische Differenzierung des Prestiges	Gemeinsamkeit im sozialen Verkehr und fließende ständische Differenzierung des sozialen Verkehrs	Gemeinsame Praxis (Common pragmatics)	Gemeinsame Erfahrung (Common sense)
Gemeinschaftliche Gleichheit Fairer Anteil an gesellschaftlicher Solidarität		Kulturelle Gleichheit Fairer Anteil am kulturellen Diskurs	
Gemeinsame Solidarität und fließende ständische Differenzierung von Klassen und Schichten	Gemeinsames Gentlemanideal und fließende ständische Differenzierung von Sprache und Lebensstil	Gemeinsame Moral und Gemeinsames Recht (Common Morals and Law)	Gemeinsame Vernunft (Common Reason)

I Schließung | Generalisierung L

Symbolkomplexität: reduziert – erweitert

Handlungskontingenz: reduziert – erweitert

institutionalisierten Wechselspiel von Tradition und Modernität entwickelt. Eine neue Variante wurde in dieses Spiel durch die Arbeiterbewegung eingebracht. Sie stellt die soziale Demokratie der liberal-konservativen Tradition entgegen. Auch diese Spannung hat sich zu einem institutionalisierten, sich wandelnden Wechselverhältnis von Regierung und Opposition entfaltet.

Die Fusion von Tradition und Modernität hat in England die Institutionalisierung der einzelnen Komponenten der modernen Kultur strukturiert. Die Achse von Gleichheit und Freiheit hat die Führung vor Aktivismus und Rationalität inne. Der Aktivismus wird durch traditionalistische Begrenzungen, die Inklusion der Stände, Klassen und Schichten in eine gesellschaftliche Gemeinschaft, die Integration von kultureller Orthodoxie und Heterodoxie sowie durch die Anerkennung und loyale Haltung von Oppositionsbewegungen geformt.

Der Begriff der Rationalität findet seinen Ausdruck im »Reason«, einer durch Erfahrung gesättigten, im Common sense verankerten und in der Praxis verwerteten Vernunft. Die Wissenschaft verfährt empirisch, das Herz der Konsensfindung ist der faire Kompromiß, die Professionen sind praktisch ausgerichtet.

Der Begriff der Freiheit enthält in seinem Kern den ökonomischen Liberalismus, der sich aber längst zu einem industriellen Korporatismus gewandelt hat. Dazu gehört aber ebenso die Vereinigungsfreiheit mit ihrer Wurzel in den gemeinsamen Unternehmungen von Aristokratie und Bürgertum. Dennoch setzen die ständische Differenzierung und der Traditionalismus der Vereinigungsfreiheit relativ enge Grenzen. Jeder Lebenskreis hat seine eigenen Plätze, Vereine und Sportarten. Die politische Freiheit wurzelt in der Unabhängigkeit der Gerichte und in dem Schutz, den sie gegen Exekutive und Legislative gewähren. Sie sichern auch die Meinungsfreiheit. Die politische Teilnahme hat sich von einer individualistischen Auffassung zu einer kollektiven Repräsentation verändert. Die kulturelle Freiheit beruht einerseits auf der freien Konsensfindung zwischen partikularen Standpunkten, andererseits auf dem Ideal des Gentleman. Das Resultat ist eine Verbindung von Individualität und Konformität, ein konformer Individualismus.

Die Gleichheit hat ihre Wurzel in der Annäherung von Aristokratie und Bürgertum und ist durch die Integration der Arbeiterklasse in die Gesellschaft erweitert worden. Sie wird als fairer Anteil der

Klassen, Stände und Schichten an gemeinschaftlicher Solidarität, ökonomischem Wohlstand, politischen Entscheidungen und kulturellen Diskussionen gedeutet. Gleichzeitig ist die Differenzierung der Gesellschaft in unterschiedliche Lebensstile und Lebensstandards besonders ausgeprägt und auch nicht grundsätzlich in Frage gestellt. Die benachteiligten Schichten streben weder nach vollkommener Gleichheit noch nach Chancengleichheit. Der Arbeiter will Arbeiter bleiben, er will nur seinen fairen Anteil an den Produkten der Gesellschaft. Tradition und Modernität geben sich im Konzept der Fairneß die Hand (Diagramme 26a und 26b).

Diagramm 26a: England: Das Handlungssystem

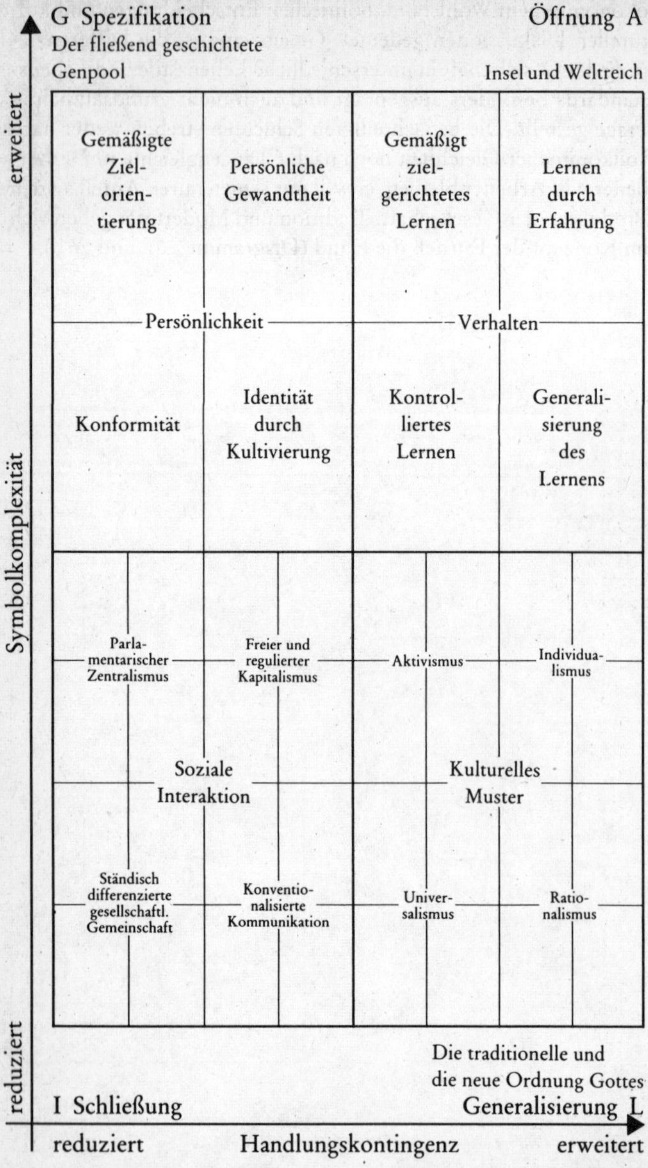

Diagramm 26b: England: Das soziale System

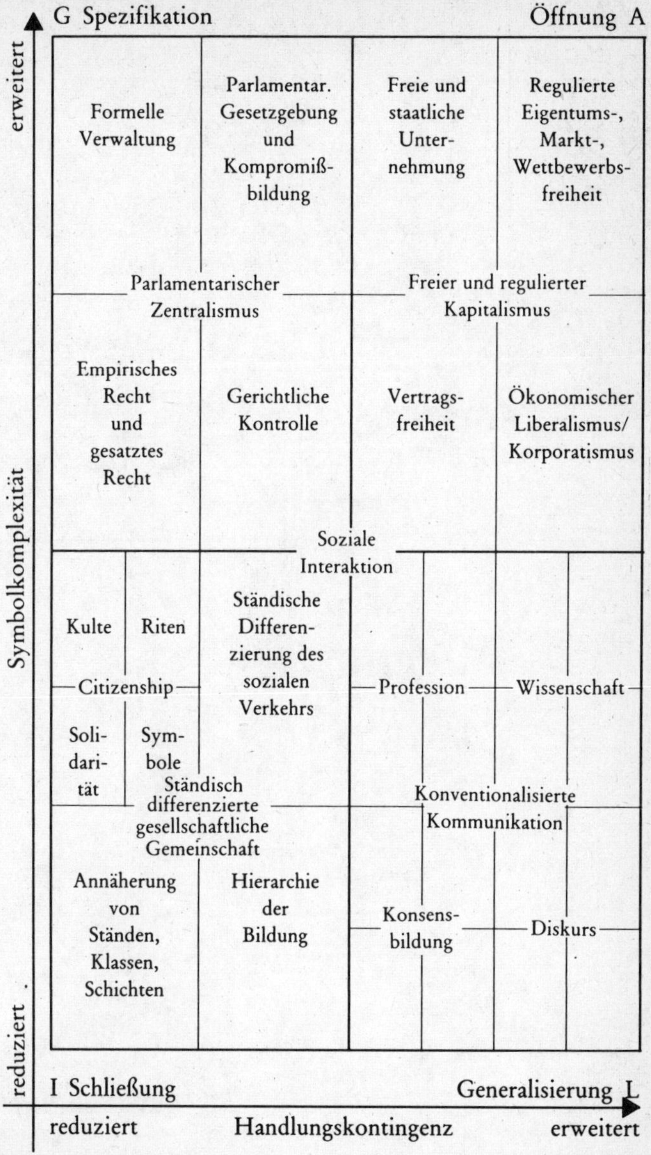

IV. Amerika
Partikularismus und Universalismus

Einführung

Auf jeder amerikanischen Dollarnote und auf jeder Münze steht: »In God we trust«. Außerdem tragen sie das Porträt eines der großen Männer der Geschichte der amerikanischen Demokratie.[1] Religion, Gemeinschaft, Politik und Ökonomie verschmelzen hier zu einer Einheit. Man findet darin die grundlegende Eigenart der amerikanischen Kultur und ihren Unterschied zur europäischen bildhaft veranschaulicht. Diese Eigenart hat eine lange Geschichte. Schon die ersten Koloniegründungen verbinden religiöse Sendung, ökonomische Unternehmung, politische Expansion und Gemeindebildung auf das Engste miteinander.[2]

Was sich in Europa wie Gott und Teufel bekämpft, das wird in den Vereinigten Staaten in verblüffend selbstverständlicher Weise vereinigt. Max Weber hat in seiner deutschen Perspektive den unversöhnlichen Gegensatz der religiösen Ethik zu den versachlichten Sphären der Welt konstatiert. In Amerika hat sich die Religion in allen Sphären der Gesellschaft ausgebreitet und ist ihrerseits von allen diesen Sphären erfaßt worden. Mythos und Realität durchdringen sich gegenseitig.[3] Daraus hervorgegangen ist eine Gesellschaft unvergleichlicher und dennoch anscheinend problemlos vereinigter Widersprüche, eine Gesellschaft, in welcher der Kapitalismus, der politische Machtkampf, die Wissenschaft, die Vergemeinschaftung und die Religion alle bis ins Extremste gesteigert worden sind. Aber nicht nur dies, sie wirken auch wechselseitig in einem Maße aufeinander ein, das nirgendwo sonst erreicht worden ist. Es ist deshalb in einer ganz bestimmten Weise wahr, wenn man sagt, die Vereinigten Staaten seien zugleich eine ungewöhnlich ökonomische, politisch geformte, gemeinschaftlich strukturierte,

1 Wenn ich im folgenden der Einfachheit halber von »Amerika« spreche, dann meine ich die 13 ehemaligen britischen Kolonien und/oder die daraus hervorgegangenen Vereinigten Staaten von Amerika.

2 S. E. Ahlstrom, *A Religious History of the American People*, New Haven: Yale University Press, 1973, S. 99-119.

3 J. O. Robertson, *American Myth, American Reality*, New York: Hill & Wang, 1980.

religiös bestimmte, individualistische und konformistische Gesellschaft.

Man begegnet hier sowohl diesen Extremen als auch unzähligen Abstufungen und Vermischungen zwischen ihnen, so daß das Leben gerade nicht in gegeneinander isolierte Sphären eingebannt ist, sondern eine in vielen Schattierungen auftretende Mixtur darstellt. Man weiß oft nicht, wo das Kalkulieren aufhört und die Ethik beginnt und umgekehrt. Auch individuelle Entfaltung und soziale Konformität gehen Hand in Hand. Ebenso lassen sich kaum klare Grenzen zwischen Geschäft, Freundschaft, Politik und Sinngebung erkennen. Der Pfarrer bewegt sich mit gleicher Wendigkeit und Sicherheit auf allen diesen Feldern wie der Politiker, der Journalist, der Arzt, der Rechtsanwalt und der Geschäftsmann.

Auf den Europäer wirkt diese Behendigkeit des Verhaltens und diese Flexibilität der Lebensweise oft verwirrend. Er sieht schnell das ökonomische Motiv hinter der Rede des erfolgreichen Predigers. Um die ethischen Hintergründe des Geschäftslebens, der journalistischen Berichterstattung, der Politik und der Wissenschaft zu entdecken, braucht er viel länger, wenn er überhaupt noch dazu bereit ist. Wahrscheinlich wird er es nur tun, wenn er vorher Tocquevilles Reisebericht über die Demokratie in Amerika gelesen hat.[4] Ob er im heutigen amerikanischen Leben noch die Beschreibung Tocquevilles wiedererkennt, ist aber ebenso fraglich. Auf jeden Fall ist es keine leichte Aufgabe für ihn. Sicher kann man Tocquevilles Reisebericht nicht nahtlos auf die heutigen Verhältnisse übertragen. Aber es wäre ebenso falsch, ihn nur noch negativ als ein Bild der Vergangenheit einer völlig veränderten Gegenwart entgegenzuhalten. Das Verhältnis ist komplizierter. In veränderter Form leben viele Eigenheiten, die Tocqueville geschildert hat, in der heutigen Gesellschaft fort.[5] Es kommt deshalb dar-

4 A. de Tocqueville, *Über die Demokratie in Amerika*, op. cit.

5 Das ist auch das Ergebnis der Sammlung von neueren Untersuchungen, die Richard P. und Doris I. Taub auf Tocquevilles Thesen bezogen haben: R. P. Taub und D. I. Taub (Hg.), *American Society in Tocquevilles Time and Today*, Chicago: Rand McNally, 1974; zu einem ähnlichen Schluß kommt nach einer neuerlichen Reise auf Tocquevilles Fährten R. Reeves, *Eine nordamerikanische Reise*, Frankfurt: Ullstein, 1984. Siehe auch S. M. Lipset, *The First New Nation*, op. cit., S. 101-39; J. Henry, *Culture against Man*, New York: Random House (Vintage), 1965.

auf an, von Tocqueville ausgehend, den Weg der Entwicklung der modernen Kultur in Amerika nachzuzeichnen. Das soll hier im einzelnen geschehen.

Schließen wir an Tocqueville an, dann muß man mit den ersten puritanischen Pilgern beginnen, ihrem heiligen Vertrag mit Gott, ihrem Auftrag, eine neue Gesellschaft nach den ethischen Geboten Gottes zu errichten, den sie als seine Sendboten in der irdischen Wildnis zu erfüllen haben und in stets wiederkehrenden Erneuerungsbewegungen lebendig erhalten wollen.[6] Dieses Sendungsbewußtsein ist bis heute in säkularisierter Form eine Grundhaltung der Amerikaner. Dabei vermischt sich der universalistische Anspruch oft mit partikularistischen Begrenzungen. Der Aktivismus, als eine grundlegende Einstellung zur Welt, wird dadurch in besonderer Weise geprägt. Das Verständnis von Rationalität ist in diesem amerikanischen Kontext vor allem durch praktische Anforderungen geformt worden. Freiheit ist immer mit der ursprünglichen Situation rückgebunden geblieben, daß alle Einwanderer Menschen waren und sind, die ihr Leben selbst in die Hand genommen haben und in eigener Verantwortung ihr Glück machen wollen. Der Begriff der Gleichheit hat immer nur als Chancengleichheit eine Rolle gespielt, niemals als irgendeine Art von Sozialismus.

1. Aktivismus: Aufbruch in die Wildnis

Vorbemerkungen

Wenn man ein Verständnis des amerikanischen Aktivismus gewinnen will, dann muß man sich die Permanenz des Pionierdaseins verdeutlichen. Die Pilgerväter traten auf dem neuen Kontinent in eine Wildnis, die sie instrumentell zu beherrschen lernen mußten, die sie aber auch normativ nach den Geboten Gottes gestalten wollten. Ihr heiliger Vertrag mit Gott und untereinander machte dies zu einem verbindlichen Auftrag, regelmäßig auftretende Erneuerungsbewegungen ließen die Dynamik dieses Aufbruchs in die Wildnis nie abreißen. Diese ursprüngliche Pionier-

6 A. de Tocqueville, *Über die Demokratie in Amerika*, op. cit., S. 32-50.

situation formt bis heute ungebrochen den amerikanischen Aktivismus. Die Welt ist eine Wildnis, die immer wieder neue Herausforderungen für den Menschen bietet.

1.1 Der heilige Vertrag

In keinem anderen Land hat der Puritanismus als Träger der modernen normativen Kultur eine ähnliche Bedeutung erlangt wie in den Vereinigten Staaten. Das gilt zunächst für ihren Ursprung in den Kolonien Neuenglands. Ihre Gründung wurde durch die Ideen der aus England ausgewanderten puritanischen Pilgerväter geprägt, wie schon Tocqueville als für die Gesellschaft der Vereinigten Staaten weichenstellend hervorgehoben hat:

In den englischen Kolonien des Nordens, die meist unter dem Namen der Staaten von Neuengland bekannt sind, formten sich die zwei oder drei Hauptgedanken, die heute die Grundlage der Gesellschaftstheorie der Vereinigten Staaten bilden.

Die Grundsätze Neuenglands verbreiteten sich zuerst in den Nachbarstaaten; dann griffen sie Schritt für Schritt auf die entfernteren über, und endlich *durchdrangen* sie, wenn ich so sagen darf, den ganzen Bundesstaat. Heute wirkt ihr Einfluß über diese Grenzen hinaus auf die ganze amerikanische Welt. Die Kultur Neuenglands war ähnlich jenen Höhenfeuern, die zuerst Wärme um sich verbreiten und deren Leuchten dann an den fernsten Punkten des Horizonts aufglänzt (...)

Die anderen Kolonien waren von Abenteurern ohne Angehörige gegründet worden; die Auswanderer Neuenglands brachten bewundernswerte Voraussetzungen für Ordnung und Sittlichkeit mit sich; sie zogen in Begleitung ihrer Frauen und Kinder in die Wildnis. Was sie aber von allen übrigen hauptsächlich unterschied, war das eigentliche Ziel ihres Unternehmens. Nicht die Not hatte sie gezwungen, ihr Vaterland zu verlassen; sie gaben dort eine angesehene soziale Stellung auf; sie opferten ein gesichertes Einkommen; zudem zogen sie nicht nach der neuen Welt, um ihre Lage zu verbessern oder ihren Reichtum zu mehren; sie entsagten den Annehmlichkeiten der Heimat nur, um einem rein geistigen Verlangen zu gehorchen; sie suchten, indem sie sich den unvermeidlichen Nöten der Fremde aussetzten, *einer Idee* zum Siege zu verhelfen.

Die Auswanderer, oder wie sie sich selbst treffend nannten, die Pilger (pilgrims) gehörten der Sekte Englands an, die man wegen der Strenge ihrer Grundsätze als Puritaner bezeichnete. Das Puritanertum war nicht bloß eine religiöse Überzeugung; in verschiedener Hinsicht war es mit den unbedingtesten demokratischen und republikanischen Lehren verbunden. Die Puritaner, die durch die Regierung ihres Mutterlandes verfolgt und deren strenge Grundsätze täglich verletzt wurden durch das Benehmen der Gesellschaft, in der sie lebten, suchten eine wilde und verlassene Gegend, um dort nach ihrer Weise zu leben und in Freiheit Gott anzubeten.[7]

Am Anfang der Geschichte der Vereinigten Staaten steht ein Bündnis der Pilger als einer einheitlichen Gemeinschaft mit Gott, ein heiliger Vertrag (covenant), der sie verpflichtet, auf dem von ihnen besiedelten Boden eine neue, den ethischen Geboten Gottes entsprechende Gesellschaftsordnung aufzubauen.[8] In seinen Studien zur Entwicklung einer zivilen Religion in den Vereinigten Staaten als höchster Entwicklungsstufe der Religion hat Robert Bellah die Bedeutung dieses heiligen Vertrags für die Steuerung der gesellschaftlichen Entwicklung durch religiös-ethische Ideale unterstrichen.[9] Bellah dokumentiert, daß dieser heilige Vertrag der Pilger untereinander und der Gemeinschaft der Pilger mit Gott beispielhaft von John Winthrop in seiner berühmten, im Jahre 1630 an Bord eines Auswandererschiffes gehaltenen Predigt zum Ausdruck gebracht worden ist. Zu Beginn seiner Rede erinnert Winthrop an den heiligen Vertrag und an die darin eingegangene Verpflichtung zur Gestaltung einer neuen Ordnung nach Gottes Geboten:

7 Ebd., S. 37-8.

8 Siehe zu den Anfängen und zur weiteren Entwicklung vor allem P. Miller, *Errand into the Wilderness*, Cambridge, Mass.: Harvard University Press, 1956; *The New England Mind. The Seventeenth Century*, Cambridge, Mass.: Harvard University Press, 1954, S. 365-491; *The New England Mind. From Colony to Province*, Cambridge, Mass.: Harvard University Press, 1953; S. E. Ahlstrom, *A Religious History of the American People*, op. cit.; G. C. Bedell, L. Sandon, Jr., und C. T. Wellborn, *Religion in America*, New York: Macmillan, 1975.

9 R. N. Bellah, »Civil Religion in America«, op. cit.; »Religion and Polity in America«, op. cit.; *The Broken Covenant*, op. cit.; R. N. Bellah und P. E. Hammond, *Varieties of Civil Religion*, San Francisco: Harper & Row, 1980; P. E. Hammond, »Religious Pluralism and Durkheim's Integration Thesis«, op. cit.; C. Conrad, *God's New Israel: Religious Interpretations of American Destiny*, New York: Prentice Hall, 1971; R. E. Richey und D. G. Jones (Hg.), *American Civil Religion*, New York: Harper & Row, 1974; G. C. Bedell, L. Sandon, Jr. und C. T. Wellborn, *Religion in America*, op. cit., S. 14-67; G. Gehrig, »American Civil Religion: An Assessment«, in: *Society for the Scientific Study of Religion Monograph Series*, Nr. 3, 1979; siehe auch schon H. R. Niebuhr, *The Kingdom of God in America*, New York: Harper & Row, 1937.

So steht die Sache zwischen Gott und uns. Wir sind mit ihm für dieses Werk in einen Vertrag eingetreten, wir haben einen Auftrag übernommen, der Herr hat es uns überlassen, unsere eigenen Artikel aufzusetzen, wir haben gelobt, diese Unternehmungen durchzuführen für diese und diese Zwecke, wir haben ihn aufgrund dessen um Gnade und Segnung gebeten: Nun, wenn es dem Herrn gefällt, uns zu erhören, und er uns in Frieden zu dem von uns gewünschten Orte bringt, dann hat er diesen Vertrag ratifiziert und unseren Auftrag besiegelt (und) wird eine strickte Ausführung der in ihm enthaltenen Artikel erwarten; aber wenn wir die Einhaltung dieser Artikel vernachlässigen, welche die Ziele sind, die wir vorgeschlagen haben, und wenn wir mit Gott brechen und dieser gegenwärtigen Welt verfallen und unseren fleischlichen Begierden nachgehen, um große Dinge für uns selbst und unsere Nachkommen zu suchen, dann wird der Herr in Zorn gegen uns ausbrechen und sich an solch einem meineidigen Volk rächen und uns den Preis des Bruches eines solchen Vertrags wissen lassen.[10] (Übersetzung vom Verfasser)

Man hört hier deutlich die Sprache der vorexilischen Propheten aus dem Alten Testament, die sich ebenfalls an das gesamte Volk wandten, das Vertragsbündnis mit Gott beschworen, die Ausführung seines Auftrags verlangten und seine furchtbare Rache für Ungehorsam ankündigten. Auffallend ist auch die Anknüpfung an die alttestamentarische Vorstellung des Bündnisses zwischen der Eidgenossenschaft Israels und Jahwe. Wie Jahwe die Israeliten aus der Gefangenschaft in Ägypten über das rote Meer in das gelobte Land Kanaan geführt hat, so hat Gott nun die Puritaner aus England über die See nach Amerika mit dem Auftrag geleitet, dort das Gottesreich zu errichten.

1.2 Der Auftrag Gottes

Mehrere der Kolonien Neuenglands wurden durch einen schriftlichen Vertrag der Siedler untereinander gegründet, in dem sie sich vor Gott gegenseitig verpflichten, zum Ruhme Gottes und als Werkzeug Gottes eine politische Ordnung zu schaffen. Schon die ersten Auswanderer schlossen, unmittelbar nachdem sie an der

10 J. Winthrop, *Winthrop Papers*, Vol. II, (The Massachusetts Historical Society, 1931), New York: Russel & Russel, 1968, S. 282-95, ebd., S. 294. Siehe R. N. Bellah, *The Broken Covenant*, op. cit., S. 14-5, der die Rede Winthrops zitiert und zum Ausgangspunkt seiner Studie über die zivile Religion in Amerika nimmt.

Küste Neuenglands an Land gegangen waren, einen solchen Vertrag, den berühmten Mayflower-Compact:

Im Namen Gottes, Amen. Wir, deren Namen unterzeichnet sind (...), die zum Ruhme Gottes, für die Ausbreitung des christlichen Glaubens und zur Ehre unseres Königs und unseres Vaterlandes eine Reise zur Gründung der ersten Kolonie in den nördlichen Teilen Virginias unternommen haben, setzen durch gegenseitige und feierliche Übereinkunft und vor Gott in der hier vorliegenden Urkunde fest, daß wir uns gegenseitig vertraglich in einer zivilen politischen Körperschaft verbinden, um uns eine Ordnung zu geben, uns zu erhalten und an der Verwirklichung unserer Ziele zu arbeiten; und Kraft dieses Vertrages vereinbaren wir, gerechte und gleiche Gesetze, Verordnungen, Erlasse, Verfassungen und Ämter so einzurichten und zu gestalten, daß sie so weit wie möglich zum allgemeinen Guten der Kolonie beitragen; und wir versprechen, uns diesen Einrichtungen unterzuordnen und ihnen zu gehorchen (...)[11] (Übersetzung vom Verfasser)

Tocqueville zitiert diesen Vertrag als nachhaltigen Ausdruck für das Bündnis der Pilger untereinander und mit Gott und für ihr religiöses Sendungsbewußtsein.[12]

Die Besonderheiten der Gründung der Kolonien Neuenglands – der heilige Vertrag der Puritaner untereinander und mit Gott, der Auftrag eine neue Gesellschaft nach seinen ethischen Geboten aufzubauen – haben in entscheidender Weise Weichen für die Grundstruktur der normativen Kultur gestellt, durch die sich dann die Vereinigten Staaten als erste neue Gesellschaft von den europäischen Gesellschaften unterscheiden. Sie fördern eine besondere Beziehung zwischen religiöser Ethik und Welt, die paradigmatisch schon im Alten Testament, insbesondere durch die vorexilischen Propheten formuliert wurde und die mit den Begriffen der Rationalisierung, Differenzierung und Entzauberung überhaupt nicht erfaßt werden kann. Der ursprüngliche, aus England herübergebrachte Intellektualismus der puritanischen Theologen Massachusetts war an sich schon im Sinne einer »natürlichen Vernunft« durchaus mit dem Common sense verbunden. Hier war ebensowenig Platz für die rein theologische Rationalisierung und für rein intellektuelle Sinnbedürfnisse wie bei den vorexilischen Propheten. Nicht der Sinn des Lebens an sich und die rein ratio-

11 Der Mayflower Compact findet sich dokumentiert in: W. T. Davis (Hg.), *Bradford's History of Plymouth Plantation, 1606-1646*, New York: Charles Scribner's Sons, 1923, S. 107.

12 A. de Tocqueville, *Über die Demokratie in Amerika*, op. cit., S. 41.

nale Theodizee beschäftigten die puritanischen Pilger, sondern die praktischen Folgerungen aus der Theodizee und das Handeln nach den Geboten und nach dem Auftrag Gottes. Für völlig verselbständigte Sinn- und Rationalisierungsbedürfnisse gab es weder in ihrer aktuellen Lage der Besiedelung eines neuen Landes und des Aufbaus einer neuen Ordnung noch aufgrund der Struktur der puritanischen Sekten irgendeinen Anlaß. Die religiöse Lehre wurde nicht von reinen Theologen allein – wie in der katholischen und auch in der Lutherischen Kirche – bestimmt, sondern zu einem wesentlichen Teil von Predigern und angesehenen Laien, die in den Aufbau der neuen Gesellschaft unmittelbar involviert waren. Dabei ist für das Entstehen der politischen Gebilde, der Gemeinden und der Kolonien kennzeichnend, daß sie aus der religiösen Gemeinschaft hervorgehen. Die praktische und auch gefühlsmäßige Seite der Religion erfährt durch den Evangelikalismus der Erneuerungsbewegungen im Verlaufe der Entwicklung noch ein zunehmendes Gewicht. Die ganze Entwicklung wird von der Opposition zwischen der Vernunfttheologie mit Verbindung zum Common sense und dem praktisch-gefühlsmäßig gewendeten Evangelikalismus bestimmt.[13]

An der Wiege der ersten »neuen Nation«[14] steht nicht die Differenzierung der Politik von der Religion, wie es die Theorie sozialer Differenzierung lehrt, sondern gerade eine besonders enge Verflechtung von Religion und politischer Ordnung, allen voran John Winthrops Massachusetts-Theokratie. Diese Beherrschung der Politik durch die Religion ist sicher schon in der Entwicklung der liberalen Kolonien unter Führung Thomas Hookers in Connecticut, Roger Williams' in Rhode Island und William Penns in Pennsylvania zurückgedrängt worden.[15] Aber dennoch ist die Religion unabhängig von den denominationalen Besonderheiten in verallgemeinerter Form ein Bezugspunkt der sinnhaften und

13 P. Miller, *The New England Mind. The Seventeenth Century*, op. cit., S. 64-206; *The New England Mind. From Colony to Province*, op. cit., S. 19-146; *Errand into the Wilderness*, op. cit., S. 48-98, 153-203; A. Heimert, *Religion and the American Mind. From the Great Awakening to the Revolution*, Cambridge, Mass.: Harvard University Press, 1966; R. Hofstadter, *Anti-intellectualism in American Life*, New York: Alfred A. Knopf, 1963, S. 55-141.

14 S. M. Lipset, *The First New Nation*, op. cit.

15 P. Miller, *Errand into the Wilderness*, op. cit., S. 16-47, 141-52; S. E. Ahlstrom, *A Religious History of the American People*, op. cit., S. 121-259.

moralischen Grundlagen des politischen Gemeinwesens geblieben. Und neben allen Einflüssen der säkularen europäischen Aufklärung hat die Geburt der amerikanischen Nation in der Revolution gegen England auch eine religiöse Sinngebung erfahren. Die Revolution wird von millenaristischen Träumen begleitet.[16] Es ist jedoch eine Differenzierung der zivilen Religion des ganzen Gemeinwesens von den besonderen Religionen einzelner Vereinigungen eingetreten. Diese Entwicklung ist durch die Garantie der Religionsfreiheit und der Trennung von Kirche und Staat in der ersten Ergänzung zur Verfassung der Vereinigten Staaten institutionell abgesichert worden.[17] Die verfassungsmäßig garantierte Religionsfreiheit hat nicht die politische Ordnung von dem Zwang der Rechtfertigung gegenüber letztlich religiös verankerten und im Puritanismus verwurzelten normativen Idealen befreit. Sie hat vielmehr einerseits den Bezugsrahmen der Rechtfertigung über partikulare Religionsgemeinschaften hinaus generalisiert und andererseits die Gleichberechtigung aller speziellen Religionsgemeinschaften und die Freiwilligkeit der Mitgliedschaft in Religionsgemeinschaften durchgesetzt. Im Gegensatz dazu implizierten die europäischen Staatskirchen de jure nach dem Prinzip »cuius regio eius religio« und/oder weitgehend de facto eine Zwangsmitgliedschaft aufgrund der Staatsangehörigkeit und/oder Geburt, eine politische Ungleichheit zwischen den Religionsgemeinschaften und eine partikulare Fusion des Staates mit der Kirche, wobei die Religion kein kritisches Potential bildete, sondern zum Legitimationsinstrument der bestehenden Ordnung wurde.

16 Das zeigt eine neuere, von Ruth Bloch durchgeführte Studie: R. Bloch, *Visionary Republic. Millenial Themes in American Thought, 1756-1800*, Cambridge: Cambridge University Press, 1985.

17 A. de Tocqueville, *Über die Demokratie in Amerika*, op. cit., S. 341-8; W. Herberg, *Protestant, Catholic, Jew. An Essay in American Religious Sociology*, Garden City, N. Y.: Doubleday, (1955) 1960; G. C. Bedell, L. Sandon, Jr. und C. T. Wellborn, *Religion in America*, op. cit., S. 68-130; C. H. Pritchett, *The American Constitution*, New York: McGraw Hill, 1959, S. 470-86; G. Gunther und N. T. Dowling, *Cases and Materials on Individual Rights in Constitutional Law*, Mineola, N. Y.: The Foundation Press, 1970, S. 766-815; E. A. Smith, *Religious Liberty in the United States: The Development of Church – State Thought Since the Revolutionary Era*, Philadelphia: Fortress Press, 1972; R. Robertson, »Considerations From Within the American Context on the Significance of Church-State Tension«, in: *Sociological Analysis* 42, 1981, S. 193-208.

Die Demokratisierung der politischen Ordnungen hat dann in England zu einer relativ stabilen Symbiose von Traditionalismus und Modernität geführt, in Frankreich jedoch zu einem bis heute ungelösten Konflikt zwischen dem religiösen Traditionalismus und der säkularen Modernität. Ähnliche Konflikte bestehen auch in Deutschland und in Italien. Die Anstaltskirchen sind bis heute – mit nur wenig erfolgreichen internen modernen Gegenbewegungen – auf Autoritätsrespekt, ständischer Differenzierung und Konservatismus aufgebaut und vermitteln diese Wertorientierungen an die Gläubigen. Sie sind Repräsentanten des Traditionalismus in einer modernen Welt. Das gilt für die katholische Kirche mehr als für die protestantischen Kirchen, in denen die Intellektualisierung der Theologie ein modernes kritisches Potential geschaffen hat. Die Differenzierung von Politik und Religion bedeutet hier tendenziell das Auseinanderfallen der Gesellschaft in konfligierende, prinzipiell nicht integrierbare Wertsphären. Das kennzeichnende Merkmal der Beziehung zwischen Religion und politischer Ordnung in den Vereinigten Staaten ist nicht die reine Differenzierung und die Befreiung der Politik von »religiöser Bevormundung«, sondern gerade im Gegenteil die Tatsache, daß ein in der Religion, d. h. in den letzten Sinngrundlagen der menschlichen Existenz verwurzeltes, jedoch aufgrund von Religionsfreiheit und Religionspluralismus generalisiertes normatives Ideal zu einem allgemein verbindlichen Ziel geworden ist, dem die jeweils unvollkommene bestehende soziale Ordnung unablässig durch aktives Handeln angenähert werden muß.
Hat nun diese – wie wir sehen – den Ursprung der Vereinigten Staaten charakterisierende Beziehung zwischen religiöser Ethik und praktischem Handeln (Welt) heute überhaupt noch eine Bedeutung für deren Gesellschaftstruktur? Wenn wir der Theorie gesellschaftlicher Rationalisierung und Differenzierung folgen würden, dann müßte an die Stelle der ethischen Formung des praktischen Handelns längst die Verselbständigung einzelner Wertsphären des Handelns getreten sein: die Ökonomisierung, Bürokratisierung, formalrechtliche Rationalisierung und Verwissenschaftlichung als Selbstzweck in je voneinander scharf abgegrenzten gesellschaftlichen Subsystemen. Diese Rationalisierung von Subsystemen nach deren eigenen Gesetzen ist nach dieser Auffassung durch den Puritanismus lediglich in Gang gesetzt worden und treibt sich inzwischen längst eigendynamisch selbst

voran. Nach den Worten Max Webers haben sich diese Subsysteme so weit entfaltet, daß sie nicht mehr der religiös-ethischen Stütze bedürfen, sondern den ihren Gesetzmäßigkeiten angepaßten Menschentyp durch Auslese selbst erzeugen. Wer den Gesetzen des Marktes, der Bürokratie, des formalen Rechts und der Wissenschaft nicht angepaßt ist, sich nicht rational-strategisch auf sie einstellen kann, ist ökonomisch, politisch, rechtlich oder wissenschaftlich erfolglos.[18]

Weber hat schon in der Ethik Benjamin Franklins im Vergleich zur religiösen Lehre des englischen puritanischen Geistlichen Richard Baxter eine gewisse Tendenz zum Utilitarismus gesehen, betont jedoch auch, daß Franklin dem reinen Utilitarismus immer noch deutliche ethische Grenzen setzt, was schon in seiner Ablehnung des Hedonismus zum Ausdruck komme.[19] Franklins Ethik ist aufgrund ihrer allgemeinen Verbreitung durch Schulbücher nach Webers Auffassung repräsentativ für die postcalvinistische Ethik des 18. Jahrhunderts in den Vereinigten Staaten.[20] Der in ihr enthaltene »Geist des Kapitalismus« ist eine ökonomische Spezifikation und Verselbständigung des »Geistes des Puritanismus«. Weber nimmt jedoch darüber hinaus an, daß sich in der Folgezeit die religiösen und ethischen Komponenten des »Geistes des Kapitalismus« vollständig verflüchtigt hätten und einem reinen Utilitarismus und Ökonomismus hätten weichen müssen. In diese Richtung weist auch seine im Aufsatz über die protestantischen Sekten in Nordamerika anklingende Bemerkung, die Sektenmitgliedschaft sei teilweise zum Vehikel des ökonomischen Erfolgs gemacht worden. Diese bei Weber in vergleichsweise kurzen Andeutungen aufscheinende Auffassung über den Wandel vom Puritanismus zum Utilitarismus und Ökonomismus in den Vereinigten Staaten trifft heute nicht auf ungeteilte Zustimmung unter den Interpreten des Weberschen Werks und der gesellschaftlichen Struktur und Entwicklung der Vereinigten Staaten:

18 M. Weber, *Religionssoziologie* I, op. cit., S. 203-4; W. Schluchter, »Die Paradoxie der Rationalisierung«, op. cit.; J. Habermas, *Theorie des kommunikativen Handelns*, op. cit., Bd. 1, S. 299-366.

19 M. Weber, *Religionssoziologie* I, op. cit., S. 31-6.

20 B. Franklin, *Sein Leben von ihm selbst erzählt*, Berlin: Henssel Verlag, 1946 (*The Autobiography. Selections from his Writings*, hg. von H. S. Commager, New York: Random House, 1944).

So sind wir verpflichtet, Webers Vermutung zurückzuweisen, daß wir Phänomene vor uns haben, die ihre vorrangige Bedeutung als Agenturen der Kreditbestätigung haben, wenn immer und wo immer wir auf religiös bezogene freie Vereinigungen oder sektenähnliche Gruppen stoßen,[21]

(Übersetzung vom Verfasser)

schreibt Benjamin Nelson in einem Essay über den Stand der Forschung zu Webers Protestantismusstudie. Nelson spricht der protestantischen Ethik auch für die heutige Gesellschaftsstruktur der Vereinigten Staaten noch eine zentrale Rolle zu. Sie ist nach seiner Auffassung inzwischen so in die verschiedenen Institutionen verflochten, daß sie als solche oft gar nicht mehr wahrgenommen wird, obwohl sie überall ihre Handschrift hinterlassen hat:

In unserem Land scheint der Protestantismus weniger in scharf abgegrenzten Institutionen Gestalt anzunehmen als sich selbst an jedem Punkt im sozialen und kulturellen Lebensprozeß in einer verdunsteten Form auszudrücken. Eher verbirgt sich der Protestantismus als eine Lebensform in den Aktivitäten der Geschäftsorganisation, in den Tagungsräumen von Ausschüssen, im Austausch, im Stadtrat, in der Parlamentssitzung – kurz: in all den konventionalisierten Strukturen, die nun selbstverständlich gegebene Verfahrensweisen in der Welt der Erziehung, des Geschäfts und des Rechts sind.[22]

(Übersetzung vom Verfasser)

Die Religion ist in Amerika aber auch noch in vielfältigerer Weise tatsächlich im Alltagsleben sichtbar. Die obligatorische Bibel im Hotelzimmer, das »In God we trust« auf jeder Dollarnote und auf jeder Münze und der Fernsehgottesdienst mit wortgewandten Predigern sind nur die äußerlichen Zeichen. Der durchschnittliche Amerikaner ist fester in das religiöse Leben eingebunden als der Europäer. Religiöses und säkulares Leben waren eben nie als Gegensatz empfunden worden. Aus Erhebungen zwischen Ende

21 B. Nelson, »Weber's Protestant Ethic: Its Origins, Wanderings, and Forseeable Futures«, in: C. Y. Glock und P. E. Hammond (Hg.), *Beyond the Classics: Essays in the Scientific Study of Religion*, New York: Harper & Row, 1973, S. 71-130, ebd., S. 97-8.

22 B. Nelson, »Weber's Protestant Ethic«, op. cit., S. 98-9; vgl. auch S. M. Lipset, *The First New Nation*, op. cit., S. 139-69; P. L. Berger, *Kirche ohne Auftrag. Am Beispiel Amerikas*, Stuttgart: Kreuz-Verlag, 1962, S. 5-108; P. E. Hammond, »Pluralism and Law in the Formation of American Civil Religion«, in: R. N. Bellah und P. E. Hammond, *Varieties of Civil Religion*, op. cit., S. 138-63; W. A. Glebsch, *From Sacred to Profane America: The Role of Religion in American History*, New York: Harper & Row, 1968.

der sechziger und Mitte der siebziger Jahre geht hervor, daß zu dieser Zeit etwa 40% der Amerikaner mindestens einmal wöchentlich zum Gottesdienst gingen und 98 % an Gott glaubten, Zahlen die weitaus höher liegen als in den entwickelten Industriegesellschaften Europas.[23]

Es erscheint auch problematisch, wie Max Weber die Ethik Benjamin Franklins als Anfang eines mit ihm einsetzenden Wandels des Puritanismus zum reinen Utilitarismus und Ökonomismus zu deuten. Wie Victor Lidz in einem Essay zum Problem der Säkularisierung betont, ist die Ethik Franklins eine säkularisierte, aber keine utilitaristische Ethik.[24] Wie Franklins praktische Tätigkeit hat seine Moralphilosophie auch die Grenzen der bloßen Geschäftsethik überschritten. Sie ist geprägt von gegensätzlichen Komponenten: von seiner puritanischen Erziehung, von der Philosophie der Aufklärung und von seiner praktischen Tätigkeit im Geschäftsleben und in öffentlichen Ämtern mit treuhänderischen Aufgaben für die gesellschaftliche Gemeinschaft. Selbstdisziplin, selbstverantwortliche Teilnahme am Gemeinschaftsleben und Verantwortlichkeit sind die Grundpfeiler seiner Ethik. Als säkulare Ethik muß sie eine größere Balance verschiedener Handlungsorientierungen enthalten als eine rein religiöse Ethik. Dennoch ist ihr Kennzeichen, daß sie ein normativ-verbindliches System darstellt, das der reinen Entfaltung von Utilitarismus, Ökonomismus, technischem Rationalismus und Bürokratismus Grenzen setzt. Von der rein religiösen Ethik unterscheidet sich die säkulare Ethik durch die größere Entfernung von der reinen Sinndimension des Handelns und durch eine größere Zuwendung zu praktischen Anforderungen, ohne diesen untergeordnet zu werden, durch eine größere rationale Systematisierung und durch die Universalisierung ihrer gemeinschaftlichen Verankerung über die Grenzen partikularer Religionsgemeinschaften hinaus. Die säkulare Ethik ist in diesem Sinne ein Produkt der gegenseitigen Durchdringung der religiösen Ethik mit dem praktischen Handeln.

Eine weiterreichende Durchdringung der unterschiedlichen Insti-

23 Diese Daten berichten G. C. Bedell, L. Sandon, Jr. und C. T. Wellborn, *Religion in America*, op. cit., S. 2.

24 V. M. Lidz, »Secularization, Ethical Life, and Religion in Modern Societies«, in: H. M. Johnson (Hg.), *Religious Change and Continuity*, San Francisco: Jossey Bass, 1979, S. 191-217, (*Sociological Inquiry* 49, 1979, Nr. 2-3).

tutionen der Gesellschaft durch eine solche allgemein verbindliche, im Puritanismus verwurzelte, aber über ihn hinaus generalisierte Moral als in den Gesellschaften Europas ist auch heute ein besonderes Kennzeichen der amerikanischen Gesellschaft. Diesen Tatbestand hat Edward A. Tiryakian deutlich hervorgehoben:

> (...) Während der ganzen historischen Erfahrung der Vereinigten Staaten hat sich das moralische System aufgrund des Fehlens einer spezifischen religiösen institutionellen Fundierung in einem signifikant größeren Ausmaß in verschiedenen Sektoren der Gesellschaft verbreitet als in anderen Gesellschaften; deshalb sind die Vereinigten Staaten eine der am wenigsten anomischen modernen Gesellschaften. Aspekte der sozialen Wirklichkeit und Sphären des sozialen Handelns außerhalb des gewöhnlich als religiöses Leben Gedachten sind in den Vereinigten Staaten der moralischen Verantwortlichkeit unterworfen – Sphären des Handelns, zu denen die Sexualität, das ökonomische und das politische Handeln und sogar die internationalen Beziehungen gehören.[25]
>
> (Übersetzung vom Verfasser)

Die Bedeutung einer gemeinsamen, religiös verwurzelten normativen Kultur für die Steuerung der gesellschaftlichen Entwicklung als ein normatives Ideal, das immer über die konkrete Gesellschaft hinausweist, und als besondere Eigenheit der Vereinigten Staaten von ihrem Ursprung in der Predigt John Winthrops bis zu den Inauguraladressen und Reden John F. Kennedys und Lyndon B. Johnsons hat auch Robert Bellah in seinen Studien zur »zivilen Religion« als säkularisierter und universalisierter Religion der Vereinigten Staaten unterstrichen. Wenn auch Bellah die konkrete gesellschaftliche Entwicklung der Vereinigten Staaten in der unmittelbaren Gegenwart in gefährlicher Abweichung vom normativen Ideal sieht, so läßt er jedoch keinen Zweifel an der Lebendigkeit der Tradition dieses normativen Ideals.[26]
Wie wir soweit erkennen, hat auch heute noch in säkularisierter Gestalt der von John Winthrop beschworene heilige Vertrag der Puritaner untereinander und mit Gott und ihr heiliger Auftrag, eine Gesellschaft nach ethischen Grundsätzen zu gestalten, die immer über die jeweils bestehende Gesellschaft hinausreichen, eine zentrale Bedeutung für den Charakter der normativen Kultur

25 E. A. Tiryakian, »Neither Marx, nor Durkheim ... Perhaps Weber«, op. cit., S. 13.
26 R. N. Bellah, »Civil Religion in America«, op. cit.; *The Broken Covenant*, op. cit.; vgl. auch die Beiträge in E. A. Smith (Hg.), *The Religion of the Republic*, Philadelphia: Fortress Press, 1971.

der Vereinigten Staaten, für ihre gemeinschaftliche Verankerung und für ihre Beziehung zu den praktischen Sphären des Handelns. Ihre inhaltliche Eigenart und ihren Bezug zu den verschiedenen gesellschaftlichen Sphären zu erschließen ist deshalb unerläßlich für ein adäquates Verständnis der amerikanischen Gesellschaft.
Wenn wir die normative Kultur der Vereinigten Staaten, wie sie aus dem heiligen Vertrag der Puritaner mit Gott entstanden ist und in der weiteren Entwicklung säkularisiert wurde, in ihren wesentlichen inhaltlichen Grundzügen erfassen wollen, dann fällt vor allem der im Vergleich zu den Gesellschaften Europas höhere Grad der Integration der Grundkomponenten des modernen Wertmusters auf. Rationalismus, Aktivismus, Individualismus und Universalismus durchdringen sich gegenseitig und bilden ein relativ einheitliches Wertmuster, in dem der Verselbständigung der einzelnen Komponenten deutliche Grenzen gesetzt sind. Zu erklären ist dies aus einer vergleichsweise höheren Interpenetration der einzelnen Pole des Handlungssystems. Auf der Ebene des sozialen Systems bedeutet dies die Interpenetration von Intellektuellenkultur, Politik, Vergemeinschaftung und Ökonomie.
Die Säkularisierung des ursprünglichen puritanischen Sittenkodex ist durch die rationalisierende Wirkung der Aufklärung und des amerikanischen Pragmatismus, durch die öffnenden Effekte des kulturellen und assoziativen Pluralismus und des ausgeweiteten ökonomischen Verkehrs und durch den spezifizierenden Einfluß der Rechtsprechung und der Bildung zur Selbstverantwortung vorangetrieben worden. Die Grundkomponenten der modernen normativen Kultur, Aktivismus, Rationalismus, individuelle Freiheit und universelle Gleichheit, haben auf diesem Wege eine typisch amerikanische Ausprägung erfahren.

1.3 Die Sendboten Gottes in der Wildnis

Der amerikanische Aktivismus ist in seinem Ursprung nicht durch Verselbständigung, sondern durch die Interpenetration mit den natürlichen Gegebenheiten, der sinnhaft-religiösen Orientierung und der Vergemeinschaftung gekennzeichnet. Die Auswanderer waren natürlich durch eine besondere Bereitschaft zur aktiven Realisierung von Zielsetzungen geprägt, anderenfalls hätten sie nicht ihre Heimat verlassen, um in einer neuen Welt ein ganz neues

Leben aufzubauen. In dieser Hinsicht kann man annehmen, daß die Auswanderer schon eine Auslese von Menschen mit einem besonderen Willen zur aktiven Lebensgestaltung und Zweckverfolgung bildeten.[27] Hinzu treten die natürlichen Bedingungen, die sie in der neuen Welt antrafen: die Wildnis (wilderness). Die Kultivierung und Beherrschung der Wildnis ist ein Grundthema der amerikanischen Kultur, seitdem die ersten Siedler ihren Fuß auf den neuen Kontinent gesetzt haben.[28] Es beherrschte zuerst die Anfänge der Besiedelung der Ostküste und dann den großen Zug nach Westen bis schließlich der ganze Kontinent unter die Kontrolle der Zivilisation gebracht worden war.[29] Dabei schloß die Zivilisierung der Wildnis nicht nur die Beherrschung der Natur ein, sondern auch, je weiter es nach Westen ging, die Vertreibung der Indianer, ihre Unterdrückung und die Zerstörung ihrer Kultur. Die Beherrschung der Wildnis als durchgehendes Motiv des individuellen und kollektiven Handelns ist jedoch keine einfache Konsequenz des Aktivismus der Auswanderer und der natürlichen Bedingungen, die sie vorfanden, sondern in besonderer Weise bestimmt durch die puritanischen Glaubensgrundsätze: durch ihren heiligen Vertrag mit Gott und durch ihren heiligen Auftrag, eine »unheilige«, unvollkommene Welt als Werkzeug Gottes und zu seinem Ruhme zu gestalten. Die bestehende Welt ist für den Puritaner durch und durch Wildnis, eine in Sünde gefallene Welt, die zu beherrschen und zu verändern er beauftragt ist. Das gilt sowohl für die äußere Natur, die natürliche Wildnis, als auch für die innere Natur des Menschen, seine Triebstruktur, als auch für die soziale Natur, für die gesellschaftliche Wildnis.

Beherrschung und Veränderung sind jedoch nicht rein technisch zu verstehen, sondern als eine planvolle Gestaltung der Welt nach

27 A. de Tocqueville, *Über die Demokratie in Amerika*, op. cit., S. 32-53; R. Berthoff, *An Unsettled People: Social Order and Disorder in American History*, New York: Harper & Row, 1971, S. 3-20.

28 P. Miller, *Errand into the Wilderness*, op. cit., S. 1-15; R. Nash, *Wilderness and the American Mind*, op. cit.; J. O. Robertson, *American Myth, American Reality*, op. cit., S. 25-124; P. N. Caroll, *Puritanism and the Wilderness*, New York: Columbia University Press, 1969.

29 T. D. Clark, *Frontier America*, New York: Charles Scribner's Sons, 1959; R. A. Billington, *America's Frontier Heritage*, Albuquerque: University of New Mexico Press, (1963) 1974.

übergeordneten normativen Idealen. Für die Puritaner sind es die ethischen Gebote Gottes. Ihr Motiv ist nicht einfach instrumentelle »Weltbeherrschung« ohne verbindliche ethische Maßstäbe, nicht »Zweckrationalität« oder »instrumentelle Vernunft« ohne »Wertrationalität« oder »praktische Vernunft«. Beide Orientierungen des Handelns sind vielmehr vereinigt zu einer planmäßigen Bearbeitung der natürlichen, menschlichen und gesellschaftlichen Wildnis nach ethischen Maßstäben.

Wir sind mit ihm in einen Vertrag eingetreten, wir haben einen Auftrag übernommen,[30] (Übersetzung vom Verfasser)

heißt es in John Winthrops Predigt. Und die Ideale, nach denen die Wildnis überwunden werden soll, stellen einen Anspruch auf universelle Gültigkeit. Sie sollen beispielhaft für alle Welt sein. Wie eine Stadt auf dem Hügel, auf die alle Welt schaut, soll die neue Gesellschaft sein, predigt John Winthrop:

(...) denn wir müssen in Betracht ziehen, daß wir wie eine Stadt auf einem Hügel sein werden; die Augen aller Menschen sind auf uns gerichtet (...)[31]
(Übersetzung vom Verfasser)

Dieser Anspruch auf beispielhafte universelle Gültigkeit der gesellschaftlichen Institutionen ist für die gesellschaftliche Entwicklung der Vereinigten Staaten von grundlegender Bedeutung. Die gesellschaftlichen Institutionen sind nicht einfach gewohnheitsmäßig vorhanden, sondern Gegenstand rationaler Bearbeitung und Veränderung nach Grundsätzen, die immer über das konkret Bestehende hinausweisen. Und Bearbeitung und Veränderung stehen immer unter dem Vorzeichen eines universellen Sendungsbewußtseins; sie müssen letztlich universell begründbar sein. Der amerikanische Aktivismus ist zutiefst geprägt durch ein Sendungsbewußtsein mit universellem Anspruch.

Ohne Zweifel kann dieses Sendungsbewußtsein auch leicht mißbraucht werden. Zunächst kann es zur Legitimation eines nahezu grenzenlosen Fortschrittsoptimismus und zur Rechtfertigung aller beliebigen Entwicklungen als Fortschritt in der Beherrschung von Natur und Gesellschaft benutzt werden. Ökonomisches Wachstum konnte lange Zeit ohne jede Qualifikation zum Synonym für

30 J. Winthrop, *Winthrop Papers*, Vol. II, op. cit., S. 294.
31 Ebd., S. 295.

Fortschritt werden.[32] Allerdings wäre es falsch, die Gegenbewegungen gegen die Auswucherungen der Entwicklungen von Wirtschaft und Technologie und die Bestrebungen zu ihrer Kontrolle zu übersehen. Sie leiten sich von denselben großen Ideen ab und unterscheiden sich von ihren europäischen Verwandten durch dasselbe Vertrauen in die eigenen Fähigkeiten, die Welt nach den großen Ideen zu gestalten, die auch den orthodoxen Fortschrittsoptimismus kennzeichnen.[33] Das Vertrauen in den Fortschritt in Amerika einigt orthodoxe und oppositionelle Bewegungen.[34]

Eine zweite Tendenz zum Mißbrauch des universellen Sendungsbewußtseins der Amerikaner zeigt sich in der Haltung zu fremden Gruppen und Kulturen. Das Sendungsbewußtsein erlaubt dann die Beherrschung und Unterdrückung von Gruppen, Völkern und Kulturen, die aus einem ziemlich partikularen Interessenstandpunkt heraus als »Wildnis« definiert werden. Die Unterdrückung der Indianer und die Diskriminierung der Schwarzen konnten dadurch ebenso eine moralische Legitimation erhalten wie internationale Unterstützungen von Militärregimes, die nicht nur gegen den Kommunismus kämpfen, sondern auch das eigene Volk unterdrücken, wie z. B. in Vietnam, in Mittel- und Südamerika, und auch internationale ökonomische Engagements, in denen die ökonomischen Interessen großer Konzerne die moralische Mission der Vereinigten Staaten weit in den Hintergrund drängen.[35]

Von diesem durchaus vorhandenen legitimatorischen Gebrauch des moralischen Sendungsbewußtseins der Vereinigten Staaten ist jedoch das normativ-kritische Potential zu unterscheiden, das in der Idee des moralischen Auftrags enthalten ist und das die Entwicklung der normativen Kultur der Vereinigten Staaten auch tatsächlich wesentlich bestimmt hat. In ihrer vollen Entfaltung ver-

32 R. N. Bellah, *The Broken Covenant*, op. cit., S. 113-38; J. O. Robertson, *American Myth, American Reality*, op. cit., S. 171-86.

33 D. DeLeon, *The American as Anarchist. Reflections on Indigenous Radicalism*, Baltimore: Johns Hopkins University Press, 1978.

34 Siehe dazu die Sammlung von Stellungnahmen in R. C. Bannister, *American Values in Transition*, New York: Harcourt, Brace, Janovich, 1972, S. 241-88.

35 A. T. Vaughan, *New England Frontier: Puritans and Indians 1620-1675*, Boston: Little, Brown, 1965; W. Hudson, *Nationalism and Religion in America*, New York: Harper & Row, 1970; E. A. Tiryakian, »Puritan America in the Modern World: Mission Impossible?«, in: *Sociological Analysis* 43, 1983, S. 351-67.

langt die Idee des moralischen Auftrags und der beispielhaften Realisierung universell gültiger normativer Ideale, daß die konkreten Institutionen ständig der Kritik durch die normativen Ideale ausgesetzt werden müssen und die Veränderung von Institutionen nach der Leitlinie der normativen Ideale eine allgemein akzeptierte Zielsetzung des Handelns, insbesondere des politischen Handelns darstellt. Das Commitment des Amerikaners gilt in diesem Sinne nicht den bestehenden Institutionen, sondern den über sie hinausgreifenden normativen Idealen. Und weil die Ideale universelle Gültigkeit beanspruchen, besteht auch ein entsprechender kultureller Druck, Institutionen und politisches Handeln auf allgemeine moralische Begründbarkeit hin zu prüfen. Das heißt nicht, daß die Institutionen und das Handeln als solche schon moralische Qualität aufweisen, sondern vielmehr, daß die Beurteilung und Kritik von Institutionen und Handeln nach moralischen Maßstäben in der kulturellen Tradition verankert ist, grundsätzlich als legitim betrachtet wird und auch tatsächlich eine wesentliche Rolle in der Entwicklung der amerikanischen Gesellschaft spielt.[36]

1.4 Die Dynamik der Erneuerung

Bewegungen der moralischen Erneuerung hat es in Wellen seit der ersten Besiedelung des neuen Kontinents durch die Puritaner immer wieder gegeben. Sie sind in ihrer Breitenwirkung und ihrer Durchdringung der Gesellschaft ein besonderes Merkmal der amerikanischen Geschichte.[37] Eine erste große Bewegung zur

36 Ein wesentliches Indiz dafür ist die Entwicklung der Rechtsprechung des obersten Gerichtshofs der Vereinigten Staaten. Vgl. P. Eidelberg, *The Philosophy of the American Constitution*, New York: Free Press, 1968, S. 202-46; R. G. McClosky, *The American Supreme Court*, Chicago: University of Chicago Press, 1960; R. Funston, *A Vital National Seminar. The Supreme Court in American Political Life*, Palo Alto: Mayfield, 1978; M. Shapiro und D. S. Hobbs, *American Constitutional Law. Cases and Analyses*, Cambridge, Mass.: Winthrop Publishers, 1978.

37 H. R. Niebuhr, *The Kingdom of God in America*, op. cit.; P. Miller, *Errand into the Wilderness*, op. cit., S. 153-66, 184-203; S. E. Ahlstrom, *A Religious History of the American People*, op. cit., S. 261-509; G. C. Bedell, L. Sandon, Jr. und C. T. Wellborn, *Religion in America*, op. cit., S. 131-87; A. Heimert, *Religion and the American Mind*, op. cit; I. I. Zaretsky und M. P. Leone (Hg.), *Religious Movements in Contemporary America*, Princeton,

moralischen Erneuerung ist die sich in den vierziger Jahren des 18. Jahrhunderts ausbreitende Bewegung der Großen Erweckung (Great Awakening), die von religiösen Führern wie Jonathan Edwards vorangetrieben wird. Sie zielt auf die moralische Reinigung des Individums durch Bekehrung und Wiedergeburt und auf die Inklusion aller Mitglieder der Gesellschaft – nicht nur der auserwählten Geheiligten – in den heiligen Bund mit Gott. Eine zweite große Welle der Großen Erweckung folgt zu Beginn des 19. Jahrhunderts und richtet sich nun auch zunehmend auf die moralische Erneuerung von Institutionen, insbesondere der kommunalen Institutionen, aber nicht allein dieser, sondern auch auf die moralische Erneuerung der Nation insgesamt. Während bis ins 18. Jahrhundert ganze religiöse Gemeinschaften von England nach Amerika verpflanzt wurden und es auf die Inklusion neuer Mitglieder ankam, geht es seit Beginn des 19. Jahrhunderts um die protestantische Durchdringung der Kommunen, die im Zuge der Eroberung des Westens neu entstehen. Robert Bellah zitiert den *Christian Spectator*, in dem es 1829 heißt:

Sie (die religiöse Erneuerung, d. V.) kann das Gesicht von Gemeinden und Nationen erneuern.[38] (Übersetzung vom Verfasser)

Die in Wellen auch in der folgenden Zeit über das Land gehenden Bewegungen zur moralischen Erneuerung wollen nicht nur auf eine isolierte Sphäre religiöser Praxis beschränkt bleiben, sondern sie wollen den ganzen Menschen, das ganze öffentliche Leben erfassen. Bellah belegt das mit einem weiteren Zitat aus dem *Christian Spectator*:

»Was hat die Religion mit dem Staat zu tun?«, mag man fragen. In der Gestalt kirchlicher Allianzen nichts; aber in ihrer Arbeit als kontrollierende, reinigende Kraft im Gewissen der Menschen – so antworten wir – hat sie alles zu tun; sie ist die letzte Hoffnung der Republiken.[39] (Übersetzung vom Verfasser)

N. J.: Princeton University Press, 1974; W. G. McLoughlin, *Revivals, Awakenings, and Reform. An Essay on Religion and Social Change in America 1607-1977*, Chicago: University of Chicago Press, 1978.

38 R. N. Bellah, *The Broken Covenant*, op. cit., S. 47; siehe ebenso P. Miller, *The Life of the Mind in America*, New York: Harcourt, Brace and World, 1965, S. 11.

39 R. N. Bellah, *The Broken Covenant*, op. cit., S. 48; P. Miller, *The Life of the Mind in America*, op. cit., S. 71.

Der Bürgerkrieg von 1861 bis 1865 ist in seiner tieferen Bedeutung ebenfalls als ein Kampf des Nordens gegen die Sklaverei in den Südstaaten um die moralische Erneuerung zu verstehen, ohne daß man dabei die politischen und ökonomischen Dimensionen leugnen muß. Ökonomisch ging es gegen die Plantagenwirtschaft des Südens, politisch um die Einheit der Nation, aber der tiefere Sinn des Krieges, war die moralische Erneuerung der Nation.[40] Religiös-moralische Angriffe gegen die Sklaverei durch gewichtige religiöse Führer – wie William Lloyd Garrison und Theodore Weld – gehen dem Bürgerkrieg voraus und begleiten ihn.[41] Abraham Lincoln begründet 1858 in einer großen Debatte mit Stephen A. Douglas die gleichen Rechte der Schwarzen:

Ich behaupte, daß (...) es keinen Grund auf der Welt gibt, aus dem der Neger nicht den Anspruch auf all die Rechte hat, die in der Unabhängigkeitserklärung aufgezählt sind – das Recht auf Leben, Freiheit und die Suche nach dem Glück. Ich behaupte, er hat ebenso den Anspruch auf diese wie der weiße Mann.[42]

(Übersetzung vom Verfasser)

In der großen Gettysburg-Rede am 19. November 1863 sagt er, angesichts der Toten sei es die Aufgabe der Lebenden, dafür zu sorgen,

daß diese Nation, unter Gott, eine neue Geburt der Freiheit haben wird.[43]

(Übersetzung vom Verfasser)

40 B. Moore, *Soziale Ursprünge von Diktatur und Demokratie*, op. cit., S. 140-90; P. J. Parish, *The American Civil War*, London: Methuen, 1975, S. 81-99, 625-52; R. N. Bellah, *The Broken Covenant: American Civil Religion in Time of Trial*, op. cit., S. 49-55.

41 R. N. Bellah, *The Broken Covenant*, op. cit., S. 50-2; D. L. Dumond, *The Antislavery Origins of the Civil War in the United States*, An Arbor: University of Michigan Press, 1959; L. Filler, *The Crusade Against Slavery, 1830-1860*, New York: Harper & Row, 1960.

42 R. W. Johannsen (Hg.), *The Lincoln-Douglas Debates of 1858*, New York: Oxford University Press, 1965, S. 52-3; siehe auch S. Sigelschiffer, *The American Conscience. The Drama of the Lincoln-Douglas Debates*, New York: Horizon, 1973; J. S. Wright, *Lincoln and the Politics of Slavery*, Reno, Nev.: University of Nevada Press, 1970.

43 A. Lincoln, »Address Delivered at the Dedication of the Cemetery at Gettysburg«, in: *The Collected Works of Abraham Lincoln*, hg. von R. P. Basler, New Brunswick, N. J.: Rutgers University Press, 1953, Bd. VII, S. 22-3, ebd., S. 23.

Nach dem moralischen Neubeginn der Nation in der zweiten Hälfte des 19. Jahrhunderts kann man in diesem Jahrhundert in zunehmend säkularisierter Form die Politik des New Deal in den dreißiger Jahren, die Bürgerrechtsbewegung in den sechziger Jahren und in den siebziger Jahren die Anti-Kriegsbewegung gegen den Vietnamkrieg, den Krieg gegen die Armut (War on poverty) und zuletzt die schonungslose Aufdeckung des Watergate-Skandals als Bewegungen der moralischen Erneuerung interpretieren.

Es gibt allerdings auch die andere Seite dieser moralischen Bewegungen, die partikularistische Seite, die von der Absolutsetzung konkreter Gebote und Verbote auf dem Niveau von Institutionen ausgeht und deren allgemeine Geltung ohne allgemeine Begründbarkeit durchzusetzen versucht. Noch extremer ist der moralische Partikularismus rechtsradikaler Bewegungen. Fundamentalistische und populistische Bewegungen charakterisieren diese Seite des amerikanischen Lebens. Dazu gehören die Anti-Mason Bewegung, die Native Americans und die Know Nothings vor dem Bürgerkrieg, der erste Ku Klux Klan und die American Protective Association nach dem Bürgerkrieg, der protestantische Fundamentalismus und der zweite Ku Klux Klan der zwanziger Jahre, die nativistischen Organisationen und die Coughlin Bewegung der dreißiger Jahre, die von Senator Joseph McCarthy initiierte Kommunistenverfolgung in den fünfziger Jahren, die 1958 gegründete John Birch Society, der bis heute aktive Ku Klux Klan, die von George Wallace, Gouverneur von Alabama, angeführte rechte Bewegung der sechziger und siebziger Jahre.[44] Auch die konservative Reaktion auf die expansive liberale Politik der sechziger und siebziger Jahre, die sich in den achtziger Jahren mit der Präsidentschaft Ronald Reagans durchgesetzt hat, erhält einen Teil ihrer Unterstützung aus den fundamentalistischen und populistischen Bewegungen. Diese partikularistische Seite des amerikanischen Moralismus ist jedoch im Verlaufe der amerikanischen Geschichte stets von den unversalistischen moralischen Bewegungen bekämpft und zurückgedrängt worden, die sich auf die in den Verfassungs-

44 D. Bell (Hg.), *The Radical Right*, Garden City, N. Y.: Doubleday, 1964; S. M. Lipset und E. Raab, *The Politics of Unreason. Right-Wing Extremism in America, 1790-1970*, London: Heinemann, 1971; I. L. Horowitz, *Ideology and Utopia in the United States 1956-1976*, New York: Oxford University Press, 1977, S. 180-93.

ergänzungen niedergelegten Werthaltungen, auf den Individualismus und den Universalismus stützen. Alle Bewegungen, die sich die Verwirklichung der Bürgerrechte zum Ziel gesetzt haben, zählen zu dieser universalistischen Variante der Dynamik des amerikanischen Lebens.[45]

Das Besondere an den moralischen Bewegungen mit universalistischem Anspruch ist die Tatsache, daß sie in der historischen Situation, in der sie einsetzen, zwar aus einer heterodoxen Position heraus gegen die gerade bestehende Realität der Gesellschaft und ihrer Institutionen und in diesem Sinne gegen eine Orthodoxie kämpfen, sich aber auf die Legitimität einer in der Gesellschaft völlig unbezweifelten, allgemein anerkannten kulturellen Tradition berufen können. Um so leichter ist es deshalb auch möglich, daß solche Erneuerungsbewegungen mindestens zeitweise zu kulturell führenden Mehrheitsbewegungen werden, angeführt von einflußreichen und charismatischen Führern, die aus moralischer Stärke Überzeugungskraft gewinnen. Der in dieser Hinsicht größte kulturelle Heroe war Abraham Lincoln mit seiner moralischen Mission für die Einheit der Nation und für die gleiche Gewährung der freiheitlichen Grundsätze der Verfassung. Franklin D. Roosevelt leitete die Politik des New Deal ein und John F. Kennedy wurde zu einer Identifikationsfigur der Bürgerrechtsbewegung, obwohl die entscheidenden Neuerungen erst von Lyndon B. Johnson eingebracht wurden.[46] Das besondere Merkmal dieser moralischen Erneuerungsbewegungen in den Vereinigten Staaten besteht darin, daß sie keinen von außerhalb, aus Intellektuellenzirkeln, der Gesellschaft konträr entgegengesetzten Prinzipien folgen,

45 J. Q. Wilson, *American Government. Institutions and Policies*, Lexington Mass.: D. C. Heath, 1980, S. 466-539; R. H. Horowitz (Hg.), *The Moral Foundations of the American Republic*, Charlottesville: University of Virginia Press, 1977; H. J. Abraham, *Freedom and the Court: Civil Rights and Liberties in the United States*, 3. Aufl., New York: Oxford University Press, 1977.

46 C. Sanburg, *Abraham Lincoln*, 4 Bde., New York: Harcourt, Brace, 1939; R. N. Current, *Speaking of Abraham Lincoln*, Urbana and Chicago: University of Illinois Press, 1983; S. Sigelschiffer, *The American Conscience. The Drama of the Lincoln-Douglas Debates*, op. cit.; S. B. Oates, *With Malice Toward None. The Life of Abraham Lincoln*, New York: Harper & Row, 1977; W. E. Leuchtenburg, *Franklin D. Roosevelt and the New Deal*, New York: Harper & Row, 1963; T. C. Sorenson, *Kennedy*, New York: Harper & Row, 1965.

sondern aus der legitimen und allgemein anerkannten, die Gesellschaft durchdringenden kulturellen Tradition schöpfen können und innerhalb dieser Orthodoxie selbst für eine Erneuerung der schon immer anerkannten Werte und moralischen Grundsätze gegen den gesellschaftlichen Verfall eintreten. Sie starten zwar jeweils aus einer heterodoxen Position heraus, aber aus einer heterodoxen Position, die schon immer in die umfassende Orthodoxie eingeschlossen ist und nur immer wieder neu belebt werden muß. Und die Erneuerungsbewegungen können die Institutionen soweit durchdringen, daß sie Mehrheiten mobilisieren und Regierungspositionen bis zum Präsidentenamt einnehmen können und Präsidenten sich an ihre Spitze setzen. So können wir z. B. deutlich die Sprache der moralischen Erneuerung im Zusammenhang mit der Bürgerrechtsbewegung in folgenden Worten Lyndon B. Johnsons hören, die er am 15. März 1965 an den Kongreß zur Unterstützung einer Wahlrechtsnovelle richtete:

> Selten sind wir auf eine solche Herausforderung gestoßen, nicht in bezug auf unser Wachstum oder unseren Reichtum oder unsere Wohlfahrt oder unsere Sicherheit, sondern vielmehr in bezug auf die Werte und Ziele und den Sinn unserer geliebten Nation.
> Die Sache der Bürgerrechte für amerikanische Neger ist eine solche Sache. Und sollten wir jeden Feind besiegen, und sollten wir unseren Wohlstand verdoppeln und die Sterne erobern und immer noch dieser Sache nicht gerecht werden, dann werden wir als Menschen und als Nation versagt haben.[47]
>
> (Übersetzung vom Verfasser)

Opposition gegen etablierte Institutionen ist in den Vereinigten Staaten stets eine legitime Opposition aus der kulturellen Tradition heraus und häufig eine moralisch begründete, sich auf den universelleren Bezugsrahmen der allgemein anerkannten, über die jeweils bestehenden Institutionen hinausweisenden Werte stützende Opposition. »Make the system work for yourself«, »laß das System für dich arbeiten«, ist das Motto aller oppositionellen Bewegungen Amerikas. Dies unterscheidet die amerikanische Opposition von den radikalen Wertoppositionen in den Ländern des europäischen Kontinents, die sich häufig nicht auf gemeinsam anerkannte Werte berufen können, sondern den gesellschaftlichen Institutionen konträr entgegengesetzte, außerhalb des gesell-

47 United States, *Congressional Record*, House, 15. März 1965, S. 4924. Siehe R. N. Bellah, »Civil Religion in America«, op. cit., S. 168-89.

schaftlichen Konsensus liegende Wertorientierungen vertreten. Eine revolutionäre Opposition existierte in der Geschichte der Vereinigten Staaten noch nicht einmal in ernstzunehmenden Ansätzen. Die kommunistische Partei konnte nie nennenswerte politische Erfolge erzielen. Ein weiteres Kennzeichen von Opposition in den Vereinigten Staaten ist die Tatsache, daß sie nicht in bestimmten, abgegrenzten Gruppen lokalisiert werden kann, sondern in Wellenbewegungen quer durch alle Gruppen hindurchdringt.[48] Es ist deshalb meistens gar nicht genau zu lokalisieren, wo die Grenzen zwischen Regierung und Opposition verlaufen. Moralische Oppositionen sind Bewegungen, die für eine moralische Erneuerung unter Berufung auf die traditionellen Werte plädieren bis sie entweder an Einfluß verlieren oder bis sie soweit das Establishment erfaßt haben, daß ihre erneuernde Kraft erlahmt und nach einer neuen Opposition verlangt. Ihnen allen gemeinsam ist der Kampf gegen die »Wildnis« im Auftrag der religiös-moralischen Tradition.

Schlußbemerkungen

Das Motiv der aktiven Beherrschung der Welt ist tief im amerikanischen Denken verwurzelt. Es beruht auf der engen Verbindung des Erfülltsein von dem Auftrag Gottes, die Welt nach seinen Geboten zu gestalten, mit der Erfahrung der Wildnis in Amerika. Wildnis bedeutete im Verlaufe der amerikanischen Geschichte verschiedenes: die natürliche Wildnis der Wälder Neuenglands, die »wilden« Indianer, aber heute auch Armut, Ungleichheit, Umweltzerstörung und anomische Verhältnisse in den Städten. Lyndon B. Johnsons Krieg gegen die Armut ist in diesem Kontext als ein Auftrag zu verstehen, die Wildnis der Armut zu beseitigen. Der göttliche Auftrag, die Wildnis zu beherrschen, ist das Grundmotiv, das am Anfang der amerikanischen Geschichte steht. Eine Gesellschaft, die als Vorbild für alle dienen kann, sollte errichtet werden. Dieser Aktivismus impliziert keine rein zweckrationale Beherrschung der Welt, sondern eine Gestaltung der Welt nach nor-

48 R. A. Dahl, »The American Oppositions: Affirmation and Denial«, in: R. A. Dahl (Hg.), *Political Oppositions in Western Democracies*, New Haven: Yale University Press, 1966, S. 34-69; J. Q. Wilson, *American Government*, op. cit., S. 132-229.

mativen Idealen. Diese normativen Ideale sind im Verlaufe der Entwicklung natürlich nicht auf den puritanischen Sittenkodex beschränkt geblieben, sondern Prozessen der Säkularisierung unterworfen worden. Eine verbindliche Formulierung haben sie in der Unabhängigkeitserklärung und Verfassung erfahren. Die Kontrolle der gesellschaftlichen Praxis durch die Rechtsprechung der Gerichte im Lichte der Verfassungsgrundsätze übt einen ständigen normativen Druck auf die Gestaltung der Gesellschaft aus. Eine weitere Komponente des amerikanischen Aktivismus wurzelt im Konzept des Covenant, des heiligen Vertrages der Puritaner mit Gott und untereinander; aus dieser Wurzel schöpfen die normativen Ideale und die aktive Gestaltung der Welt ihre verbindliche Kraft. Allerdings steckt hier auch eine Gefahr des moralischen Partikularismus, nämlich eine Absolutsetzung der gegebenen Institutionen und der Ideologie der weißen, angelsächsischen und puritanischen Gemeinschaft, die den Gedanken der von Gott erwählten Gemeinschaft in die Beherrschung der Andersdenkenden, Andersgläubigen und Anderslebenden umsetzt.

Eine dynamische Komponente erhält der amerikanische Aktivismus schließlich durch die Vielfalt von sozialen und politischen Bewegungen, die auf privater Initiative und freiem Zusammenschluß gründen. Sie zielen auf die ständige Reformierung der gegenwärtigen Verhältnisse im Lichte der großen amerikanischen Ideen, können aber auch dem moralischen Partikularismus verfallen, wenn sie die herrschenden Institutionen mit den allgemeinen Ideen verwechseln.

Die normativ gesteuerte Beherrschung der irdischen Wildnis ist eine Aufgabe, der das Individuum verpflichtet ist. Vom einzelnen Individuum wird der selbstverantwortliche Beitrag zur Beherrschung der Wildnis erwartet. Diese individualistische Deutung des Aktivismus unterscheidet sich grundsätzlich von der staatlichen Variante der aktiven Beherrschung der Welt, die in Frankreich und Deutschland die gesellschaftliche Entwicklung beherrscht hat. In diesem individualistischen Aktivismus wurzeln die extremsten Auswüchse des korporierten Kapitalismus wie auch die größten gesellschaftlichen Leistungen, die durch private Initiative und freien Zusammenschluß hervorgebracht wurden (Diagramm 27).

Diagramm 27: Der Aktivismus in den USA

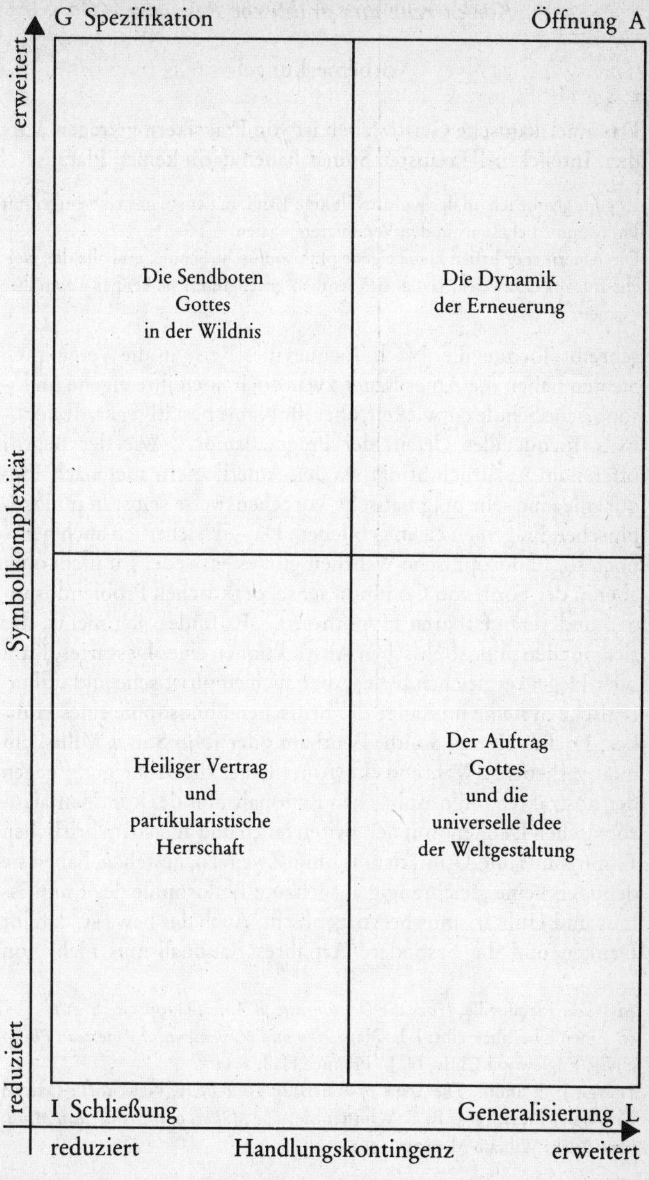

2. *Rationalismus: Konkurrenz und praktische Relevanz*

Vorbemerkungen

Das amerikanische Geistesleben ist von Praktikern getragen worden. Intellektuelle reinsten Sinnes haben darin keinen Platz:

> Es gibt, glaube ich, in der Kulturwelt kein Land, in dem man sich weniger mit Philosophie befaßt als in den Vereinigten Staaten.
> Die Amerikaner haben keine eigene philosophische Schule, und alle die, welche Europa entzweien, lassen sie ziemlich gleichgültig; sie kennen kaum ihre Namen,[49]

schreibt Tocqueville. Nach Tocquevilles Reise in die Vereinigten Staaten haben die Amerikaner zwar doch noch ihre eigene philosophische Schule entwickelt, aber ihr Name bestätigt gerade nochmals Tocquevilles Urteil: der Pragmatismus.[50] Wie der Begriff offen zum Ausdruck bringt, ist den Amerikanern auch nach Tocqueville eine sehr pragmatische Vorgehensweise selbst in philosophischen Fragen zu eigen geblieben. Das gilt sicherlich auch heute noch so. Philosophische Wahrheit gibt es entweder gar nicht oder aber in der Form von Common sense, praktischen Problemlösungen und veränderbaren Hypothesen.[51] Es findet sich nichts, das sich mit den philosophischen Abstraktionen eines Descartes, Kant oder Hegel vergleichen ließe. Aber auch empiristische und utilitaristische Systeme im Range der britischen Philosophie eines Hobbes, Locke, Hume, Smith, Bentham oder John Stuart Mill sucht man vergebens. Während die Amerikaner die Abneigung gegen den abstrakten philosophischen Rationalismus des kontinentaleuropäischen Denkens mit den Briten teilen und auch dem britischen Empirismus und Utilitarismus ohne Zweifel nahestehen, haben sie dennoch keine gleichrangig ausgebaute Philosophie des Empirismus und Utilitarismus hervorgebracht. Auch das beweist, daß ihr Denken und die besondere Art ihres Rationalismus nicht von

49 A. de Tocqueville, *Über die Demokratie in Amerika*, op. cit., S. 487.

50 Einen Überblick gibt: J. L. Blau, *Men and Movements in American Philosophy*, Englewood Cliffs, N. J.: Prentice Hall, 1952.

51 Vgl. J. E. Smith, *The Spirit of American Philosophy*, New York: Oxford University Press, 1963; R. C. Whittemore, *The Makers of the American Mind*, New York: William Morrow, 1964.

Intellektuellen gemacht worden ist. Der Empirismus und Utilitarismus sind immerhin philosophische Systeme, die auf erheblichen Abstraktions- und Systematisierungsleistungen beruhen und auch in philosophischen Abhandlungen mit entsprechender denkerischer Strenge ausgearbeitet wurden. Sie sind das Werk von Intellektuellen, die sich von ihren französischen und deutschen Kollegen zwar durch eine weitergehende Integration in eine allgemeine bürgerlich-aristokratische Gemeinschaft und in die ökonomische und politische Praxis unterscheiden, aber dennoch ihr Geschäft mehr in der Interpretation der Praxis als im aktiven Handeln sehen. Die Fusion von aristokratischer und bürgerlicher Kultur sicherte ihnen die notwendige Stellung als eine intellektuelle Elite. Nichts davon in den Vereinigten Staaten. Wenn man an amerikanische Geistesgeschichte des 17. und 18. Jahrhunderts denkt, dann meint man z.B. John Winthrop, Thomas Hooker und Roger Williams, Increase Mather, Cotton Mather und Jonathan Edwards, Benjamin Franklin, Thomas Paine, Thomas Jefferson, Alexander Hamilton und James Madison. Die ersten drei waren der Reihenfolge nach die Gründer von Massachusetts, Connecticut und Rhode Island. Winthrop war Absolvent des Trinity College von Cambridge und Rechtsanwalt, Hooker und Williams waren Pastoren, alle drei Puritaner. Increase und Cotton Mather spielten als Pastoren eine führende Rolle in der Formung des Puritanismus, Jonathan Edwards hatte als Pastor eine Hauptrolle in der ersten Großen Erweckung inne. Franklin, Paine, Jefferson, Hamilton und Madison waren schriftstellernde politische Praktiker, die der amerikanischen Revolution ihren geistigen Ausdruck verliehen. In ihren Schriften formulierten sie die amerikanische Denkungsart.[52]

Dem praktischen Ursprung entspricht auch die Form, in der sich das amerikanische Denken ganz besonders dokumentiert: nicht in philosophischen Traktaten, sondern in öffentlich vorgetragenen Predigten, in Reden, in Inauguralreden verehrter Präsidenten, in Zeitschriften- und Zeitungsartikeln und Pamphleten. Eine weitere Besonderheit sind praktische Lebenshilfen. Man findet sie zuerst in den Kompendien der Puritaner, dann in den Aufzeichnungen

52 P. Miller, *The New England Mind. The Seventeenth Century*, op. cit.; *The New England Mind. From Colony to Province*, op. cit.; *The Life of the Mind in America*, op. cit.; R. B. Perry, *Amerikanische Ideale (Puritanismus und Demokratie)*, 2 Bde., Nürnberg: Hanser, 1947, ebd., Bd. 1, S. 138-207.

angesehener Bürger, von Benjamin Franklin über Andrew Carnegie bis Henry Ford. Klassische Beispiele sind die Predigt John Winthrops bei der Landung an der Massachusetts Bay, Abraham Lincolns Rede in Gettysburg bei der Einweihung des nationalen Friedhofs für die Gefallenen der Kämpfe bei Gettysburg im Bürgerkrieg, die Federalist Papers als Artikel, die für die Annahme der Verfassung argumentieren, und Benjamin Franklins säkulare praktische Lebensregeln. Natürlich kann man nicht behaupten, daß sich die Geistesgeschichte der Vereinigten Staaten nur in Predigten, Reden, Zeitschriften- und Zeitungsartikeln, Pamphleten und praktischen Lebensregeln äußert und in Europa diese Art von Sprache und Schrift nicht existiert. Es kommt hier auf ihre Stellung in der Geistesgeschichte an. Diese ist ungleich gewichtiger. Während in den Vereinigten Staaten diese Dokumente erstrangig behandelt und überliefert werden, spielen sie in der europäischen Geistesgeschichte eine bescheidene Rolle. Die europäische Geistesgeschichte wird von großen Werken beherrscht. Da ist kein erstrangiger Platz für kleine Reden und Artikel. Sie dienen allenfalls als zusätzliche Interpretationshilfen. In den Vereinigten Staaten ist es eher umgekehrt. Soweit es überhaupt größere Werke gibt, beleuchten sie die im Brennpunkt stehenden aktuellen Situationsdeutungen aus dem Hintergrund.

2.1 Die Formulierung des Wissens: Das Paper

Predigt, Rede, Artikel und Lebensregeln prägen auf ihre Weise die Form, welche die Rationalität in den Vereinigten Staaten annimmt, und zwar jede Sprechweise auf ihre Art. Ihnen allen fremd ist die rationale Abstraktion und Systematik; es fehlt ihnen der Aufbau eines umfassenden Denkgebäudes. Der Begriff »Denkgebäude« wäre schon völlig unangemessen zur Charakterisierung der amerikanischen Rationalität. Was zählt, sind nicht umfassende Denksysteme, sondern interessante Gedanken, vor allem aber die praktische Relevanz von Gedanken. Es überrascht nicht, daß der Pragmatismus als genuin amerikanische Philosophie ganz unphilosophisch das Prinzip »Lernen durch praktisches Tun« predigt.[53]

53 Die klassische Formulierung: W. James, *Pragmatism: A New Name for*

Umfassende und abstrakte Denksysteme brauchen ihre Zeit. Ihr angemessenes Medium ist das große Werk, geschrieben in Jahren aufopferungsvoller Studierzimmerarbeit ohne die Ablenkung durch die praktischen Forderungen der Öffentlichkeit. In einer Gesellschaft, in der sich der Intellektuelle auf dem Marktplatz behaupten muß, wie das auf die amerikanische Gesellschaft zutrifft, ist der Autor längst als erfolglos abgestempelt und vergessen, bevor er sein umfassendes Denksystem entwickelt hat. Der amerikanische Wissenschaftler ist beispielsweise gewohnt, beim Zusammentreffen mit Kollegen gefragt zu werden, was er *in der letzten Zeit* geschrieben habe. Diese Alltagssitte ist ein Ausdruck dafür, daß hier keine großen Systeme und ewigen Wahrheiten gesucht werden. Es herrscht der Augenblick. Man muß hier und heute und zu diesem und jenem ganz spezifischen Problem eine Lösung anbieten können. Das Papier und der Zeitschriftenartikel sind die angemessenen Medien dafür. Für die Ewigkeit schreiben die Deutschen, nicht die Amerikaner. Für sie gilt die »Forderung des Tages«.[54] Für das große Werk, das die ewige Wahrheit enthält, lebt der einsame Denker, der ins Stottern gerät, wenn er dem Postboten erklären soll, woran er denn an seinem Schreibtisch arbeite. Die Diskussion, die er führt, umspannt Jahrtausende. Sie findet nicht in der wissenschaftlichen Tagung an einem bestimmten Ort und zu einer bestimmten Zeit mit bestimmten Kollegen statt. Sie ist räumlich und zeitlich ungebunden; sie ist immer präsent: beim Kaffee, in der Straßenbahn, im Seminar, beim Mittagessen, im Studierzimmer, beim Abendessen, beim Gespräch mit Frau, Kindern und Freunden, beim Einschlafen. Vor allem ist diese Diskussion stumm. Die Diskussionspartner sind Platon, Aristoteles, Augustinus, Thomas von Aquin, Descartes, Hobbes, Locke, Hume, Kant, Hegel, Husserl. Neigungen zum einsamen Denker dieser Art werden in Amerika schon durch die Familie und die Kollegen gebremst, die ihre Aufmerksamkeit verlangen. Man hat

Some Old Ways of Thinking, New York: Longmans, Green and Co., 1907; C. S. Peirce, *Collected Papers*, hg. von C. Hartshorne und P. Weiss, Cambridge, Mass.: Belknap, 1974; J. Dewey, *The Essential Writings*, hg. von D. Sidorsky, New York: Harper & Row, 1977; G. H. Mead, *Selected Writings*, hg. von A. J. Reck, Indianapolis: Bobbs Merrill, 1964.

54 In diesem Sinn entsprechen die Amerikaner Max Webers Plädoyer für praktisches verantwortliches Handeln anstelle der Pflege der reinen Gesinnung: M. Weber, *Wissenschaftslehre*, op. cit., S. 613.

auf die Argumente dieses einen Kollegen zu reagieren, mit dem man gerade zu Mittag ißt. Ob ein Argument schon von Hegel gegen Kant vorgebracht wurde, interessiert nicht. Es kommt darauf an, ob das Argument hier und jetzt zur Zufriedenheit des Gesprächspartners als stichhaltig begründet werden kann.
Autorität zählt nicht, nur das bessere Argument. Es gibt keine Intellektuellen, die im Besitz der Wahrheit sind und dementsprechend eine Eliteposition beanspruchen können. Wer das Wort ergreift, kann dies nicht aus einer zugeschriebenen Autoritätsposition heraus tun und mit der Hinnahme offenbarter Wahrheit durch ein ehrfürchtiges Laienpublikum rechnen. Kompetenz ist immer nur sehr spezialisiert und wird nicht zu einem durchgehend höheren Status verallgemeinert. Außerdem muß Kompetenz immer wieder neu bewiesen werden. Es genügt nicht der einmalige Erwerb durch ein Studium und die Bescheinigung durch ein Diplom.[55] Prüfstein ist nicht allein die intellektuelle Gemeinde, sondern der Klient mit seinen spezifischen Problemen. Und überall herrscht Wettbewerb. Der Kompetente muß seine Fähigkeiten gegenüber harter Konkurrenz demonstrieren.
Jeder besondere Träger von Rationalität hat seine spezifischen Verpflichtungen, sein eigenes Ethos. Der Denker ist der ewigen Wahrheit verpflichtet und nur der ewigen Wahrheit, nur den Kriterien reiner Rationalität. Diese sind abstrakt und raum-zeitlich ungebunden. Von diesem Weg zur Wahrheit läßt er sich weder durch Interessen noch durch die Anforderungen spezifischer Probleme von Klienten noch durch den Konformitätsdruck einer Gemeinschaft abbringen. Interessen, Klienten und gemeinschaftlicher Konformität muß widerstanden werden. Das Wahre ist unabhängig von ihnen, oft gegen sie zu suchen. Von gewöhnlichen Menschen nicht verstanden zu werden, ist geradezu eine Ehre. Das beruht oft auf Wechselseitigkeit. Große Philosophen werden oft geehrt, ohne daß ihr Werk richtig begriffen wird. Unverständlichkeit ist ein Zeichen für Tiefe. Nicht so in Amerika. Wer sich nicht jedermann verständlich machen kann, der hat auch nichts zu sagen. Es genügt nicht, wenn nur wenige Eingeweihte in das Innere eines Werkes eindringen. Es muß allgemein verständlich

55 Professionelle Experten müssen in regelmäßigen Abständen ihre Fortbildung nachweisen. Das »lebenslange Lernen« erhält eine immer größere Bedeutung: R. E. Peterson et al., *Lifelong Learning in America*, San Francisco: Jossey Bass, 1979.

sein, weil man eine breite Aufnahme finden muß, um erfolgreich zu sein.[56]

Es wäre allerdings eine krasse Fehldeutung, wenn man aus dem praktischen Charakter des amerikanischen Denkens ableiten würde, daß allgemeine Ideen in Amerika keine Rolle spielten. Nichts wäre irreführender als eine solche Ableitung. Alles, was in dieser Richtung gesagt werden kann, bedeutet nur, daß allgemeinen Ideen nur als praktisch relevanten Ideen Beachtung geschenkt wird und daß abstrakte Ideen weniger in Amerika erfunden als aus Europa importiert und praktisch angewandt wurden. Schon die ersten Pilgerväter beginnen mit der großen Idee, das neue Jerusalem, auf das einmal alle Welt als Vorbild schauen solle, in Amerika zu errichten. Sie haben sich aber nicht so sehr mit der gedanklichen Verfeinerung dieser Idee beschäftigt – wie die europäischen Theologen, deren Lehren sie übernahmen –, vielmehr mit ihrer praktischen Ausführung.[57] John Winthrop mit seiner Massachusetts-Theokratie, Thomas Hooker in Connecticut und Roger Williams in Rhode Island mit ihren mehr demokratischen, aber nicht weniger streng puritanischen Verfassungen haben an der Idee des Gottesreiches auf Erden gearbeitet. Jonathan Edwards als bekanntester Prediger der ersten Großen Erweckung war die bloße Lehre einer Idee im Vergleich zur praktischen Realisierung ebenfalls zu wenig.[58] Während die Lehre des Covenant der Menschen mit Gott von den englischen Theologen ausgearbeitet worden ist, haben die Puritaner Neuenglands diese Idee praktiziert. Die Ideen der Aufklärung wurden in Europa von großen Denkern geboren und in großen Werken dargelegt. In Amerika sind sie in der Unabhängigkeitserklärung und in der Verfassung in die Tat umgesetzt wor-

56 Dafür sorgt schon die allgemeine anti-intellektualistische Haltung in Amerika, die Richard Hofstadter in ihrer Entwicklung und ihren verschiedenen Varianten beschrieben hat: R. Hofstadter, *Anti-intellectualism in American Life*, op. cit.; siehe auch S. M. Lipset, *Political Man. The Social Bases of Politics*, Garden City, N. Y.: Doubleday, 1963, S. 332-71.

57 P. Miller, *The New England Mind. The Seventeenth Century*, op. cit.; *Errand into the Wilderness*, op. cit.; S. E. Ahlstrom, *A Religious History of the American People*, op. cit., S. 121-259.

58 P. Miller, *Jonathan Edwards*, New York: William Sloan Associates, 1949; *Errand into the Wilderness*, op. cit., S. 153-83; A. Heimert, *Religion and the American Mind*, op. cit., S. 27-236; S. E. Ahlstrom, *A Religious History of the American People*, op. cit., S. 295-313.

den. Amerika hat kein großes Werk zur Aufklärungsphilosophie beigesteuert, aber unendlich mehr für die gesellschaftliche Realisierung der großen Ideen der Aufklärung getan. Thomas Jefferson, Alexander Hamilton und James Madison waren praktische Verfechter der Aufklärungsphilosophie ersten Ranges. Sie haben kein philosophisches Werk hinterlassen, aber die ideelle Grundstruktur der Gesellschaft gemeißelt, die in der Deklarierung ihrer Grundrechte einen Ewigkeitsanspruch erhebt und inzwischen annähernd zweihundert Jahre nicht nur überdauert, sondern einen treibenden Motor der gesellschaftlichen Entwicklung gebildet hat.[59]

Die in der Verfassung verankerten Freiheits- und Gleichheitsrechte sind bis heute keine bloßen Ideen, sondern reale Kräfte der gesellschaftlichen Veränderung. Diese Ideen werden in den Gerichten, letztlich im obersten Bundesgericht interpretiert. Die Gerichte sind deshalb zu den zentralen Institutionen geworden, in denen die amerikanische Gesellschaftsphilosophie gemacht wird. Und sie wird dort in einer sehr praktischen Weise betrieben. In Einzelfällen legen sie dar, welche gesetzliche Praxis den Ideen der Verfassung widerspricht. Diese Einzelfallentscheidungen ziehen dann einen ganzen Rattenschwanz von Konsequenzen nach sich. Einschneidende gesellschaftliche Veränderungen ergeben sich aus der Entscheidung über eine Klage einzelner Personen. Die spektakulärsten Fälle waren die Bürgerrechtsentscheidungen des obersten Bundesgerichts unter Earl Warren in den fünfziger und sechziger Jahren. Über große Ideen wird hier nicht im Seminar nachgedacht; sie werden vielmehr in der Praxis interpretiert und angewandt. Das oberste Bundesgericht ist zugleich ein vitales nationales Seminar, das Aufklärungsunterricht vermittelt, und ein Unternehmen, das Ideen in die Praxis umsetzt.[60] Allgemeine Ideen formen insofern den innersten Kern der amerikanischen Ge-

59 M. Curti, *Amerikanisches Geistesleben. Von den Anfängen bis zur Gegenwart*, Stuttgart: Klett, 1947, S. 19-282; R. B. Perry, *Amerikanische Ideale*, op. cit., Bd. 1, S. 138-207; P. Eidelberg, *The Philosophy of the American Constitution*, op. cit.; R. G. Adams, *Political Ideas of the American Revolution*, New York: Barnes & Noble, 1958; J. C. Murray, *We Hold These Truths*, Garden City, N. Y.: Doubleday, 1964; B. Bailyn, *The Ideological Origins of the American Revolution*, Cambridge, Mass.: Harvard University Press, 1967.
60 R. Funston, *A Vital National Seminar. The Supreme Court in American Political Life*, op. cit.

sellschaft aber stets nicht als philosophische Gebäude, sondern als praktisch angewandte Ideen. Sie nehmen auf diese Weise Einfluß auf die praktische Gestaltung der Rationalität in öffentlicher Rede, intellektueller Autorität und professioneller Arbeit, in Common sense, kultureller Gemeinschaft und Konsensfindung, in Hypothese, intellektuellem Wettbewerb und Wissenschaft.

2.2 Die Anwendung des Wissens

Die Anwendung des Wissens im praktischen Handeln wird in Amerika durch eine ausgebreitete Kultur der Rede vor einer öffentlichen Versammlung und durch ein Konzept der Sachautorität bestimmt, die sich immer wieder neu durch aktuelle Relevanz bewähren muß. Die weitere Spezifikation des Wissens in der professionellen Arbeit unterliegt vor allem den Bedingungen des Wettbewerbs.

2. 2.1 Öffentliche Rede und aktuelle Relevanz

Was ist das Gemeinsame der verschiedenen Formen der *Rede*? Sie sind zunächst einmal öffentliche Darlegungen. Der Redner tritt öffentlich für eine Sache ein. Das bindet ihn an sein Wort. Was heute öffentlich ausgesprochen wird, kann nicht ohne weiteres morgen wieder zurückgenommen werden. Es wird eine persönliche Verantwortung für das Gesagte eingegangen. Der Redner wird beim Wort genommen. Das heißt, man erwartet von ihm, daß er meint, was er sagt. Wo Anzeichen der Unglaubwürdigkeit erkennbar werden, hat ein Redner schnell seinen Einfluß verloren. Man traut ihm nicht mehr. Zu einer Sache das Wort zu ergreifen, ist mehr als nur ewige Wahrheiten zu verkünden. Eine Sache ist aktuell und hat konkrete Bedeutung. Allgemeine Bekenntnisse zur Wahrheit, Gerechtigkeit, Freiheit, Gleichheit oder Redlichkeit genügen nicht. Man muß für oder gegen einen Schulbau, eine Schulreform, eine Satzungsänderung, einen Streik, Alkoholausschank, Maßnahmen gegen Drogenmißbrauch Stellung beziehen. Dabei ist die Stellungnahme zu einem spezifischen Problem auf allgemeinere Grundsätze zurückzuführen. Der Redner übernimmt eine treuhänderische kulturelle Verantwortung. Er wendet kulturelles Wissen – expressive Systeme, Werte, Normen und Sinndeutungen – auf konkrete Probleme an. Es wird von ihm ein Beitrag zur Lösung konkreter Probleme verlangt. Das gilt selbst für religiöse Sinndeutungen. Nicht allgemeine Sinnkonstruktionen wünscht die Gemeinde, sondern die Deutung ganz konkreter Ereignisse: der Brand des Gemeindehauses, eine Regenperiode, ein Streitfall, der Tod eines Gemeindemitglieds. Der Redner muß sich unmittelbar verständlich machen, hier und heute und den gerade anwesenden Zuhörern. Er kann nicht hoffen, daß eines Tages sein Beitrag einmal die ihm zukommende Würdigung erfahren wird, wenn nur einige Spezialisten in seinen inneren Sinn eindringen.

Die Rede muß vor allem in der gebotenen Kürze eine Problemlösung anbieten. Für Ausschweifungen und lange grundsätzliche Ausführungen ist keine Zeit. Der Redner muß relativ schnell zum Punkt kommen. Sein Beitrag wird am Kriterium der *Relevanz* bemessen: Wird ein Bezug zu den Problemen der Zuhörer hergestellt und wird eine Lösung dieser Probleme in einer den Zuhörern einleuchtenden Form herbeigeführt? Was der Redner hierfür benötigt, ist Kompetenz. Das heißt, er muß die Fähigkeit besitzen, aus dem Fundus der Kultur das Richtige zur Lösung eines Problems auswählen und auf spezifische Probleme zuspitzen zu können. Der Redner muß in der Kultur zuhause sein, aber auch die Probleme seiner Zuhörer aus erster Hand kennen. Diesen spezifischen Problemen der Zuhörer ist der Redner in erster Linie verpflichtet. Die primäre Norm seines Ethos ist die treuhänderische Entscheidungsverantwortlichkeit für die Zuhörer. Das bedeutet weniger ein situatives Eingehen auf Interessen als die Verknüpfung seines kulturellen Wissens mit der Kenntnis der Problemlage des Klienten zu einer bestimmten Problemlösung, was die kulturelle Definition des Problems einschließt. Demgegenüber sind die Anpassung an situativ wechselnde Interessen, die Konformität zur Gemeinschaft und die reine Rationalität sekundäre Normen, ohne natürlich ganz in den Hintergrund zu treten. Nach der herrschenden Meinung zu reden, jedem Interesse nachzugeben oder nur intellektuelle Rationalitätskriterien ohne praktischen Bezug zu erfüllen, sind nicht die ethischen Prinzipien der Rede. Zwischen ihnen muß das richtige Gleichgewicht unter Führung der treuhänderischen Verantwortlichkeit für die kulturell geleitete Lösung spezifischer Probleme gefunden werden.

Die einzelnen Formen der Rede unterscheiden sich nach dem Rang, den die zuletzt genannten Verpflichtungen innehaben. In der politischen Rede ist die treuhänderische Entscheidungsverantwortlichkeit zur Dominanz über die anderen Komponenten gesteigert. Der Politiker muß in seiner Rede mit Leidenschaft für eine kollektive Entscheidung kämpfen. Ein größeres Gewicht der rein kulturellen Komponente kennzeichnet dagegen die Predigt. Der Prediger ist primär an Sinndeutung orientiert. Seine Aufgabe ist es, die Problemsicht der Zuhörer auf die Ebene allgemeingültiger kultureller Sinndeutungen zu heben. Die Rede im Kreise einer Gemeinschaft (Gemeinde, Verein) soll den Überzeugungen dieser Gemeinschaft zum Ausdruck verhelfen. Der Redner setzt das gemeinschaftlich Gefühlte in gemeinsam akzeptierte Sprache um. Das Referat ist situationsbezogen und dem Wettbewerb anderer Referate ausgesetzt. Das Eingehen auf situativ wechselnde Interessen ist hier gefordert. Situationsbezogene Interessen, und dem Wettbewerb unterworfen, ist auch das Plädoyer im Gerichtsverfahren.

Alle Formen der Rede sind in Amerika besonders verbreitet. Das liegt an dem relativ großen Raum, den das öffentliche Leben in Amerika einnimmt. Dabei heißt »öffentliches Leben« in erster Linie »Teilnahme an lokalen Angelegenheiten«. Diese Teilnahme erstreckt sich auf die Beteiligung am religiösen Gemeindeleben, am politischen Gemeindeleben, an freien Assoziationen und an Gerichtsverfahren. Es ist unbestritten, daß alle vier Formen des öffentlichen Lebens nirgendwo eine so große Rolle spielen wie in den Vereinigten Staaten. Diese Tradition des öffentlichen Lebens geht zurück bis auf die Gründung der Neuenglandkolonien. Und sie ist bis heute erhalten geblieben.[61] Auch heute noch bestehen eklatante Unterschiede in der Teilnahme am öffentlichen Leben zwischen den USA und allen anderen westlichen Gesellschaften.[62]

61 Siehe C. M. Webster, *Town Meeting Country*, New York: Duell, Sloan & Pearce, 1945.

62 A. de Tocqueville, *Über die Demokratie in Amerika*, op. cit., S. 63-110, 270-3, 595-613; R. P. Taub und D. I. Taub (Hg.), *American Society in Tocqueville's Time and Today*, op. cit., S. 59-138; G. A. Almond und S. Verba, *The Civic Culture. Political Attitudes and Democracy in Five Nations*, op. cit., S. 161-374; S. Verba und N. H. Nie, *Participation in America. Political Democracy and Social Equality*, New York: Harper & Row, 1972; R. A. Dahl und E. R. Tufte, *Size and Democracy*, Stanford: University Press, 1973.

Die Religion wird nicht von Priesterbeamten in einer bürokratischen Anstaltskirche verwaltet. Religion ist eine Sache der Gemeinschaftsbildung und ein wesentlicher Bestandteil des Gemeinschaftslebens. Sie beruht mehr und mehr auf freiwilligem Zusammenschluß und lebt in Amerika tatsächlich von der Teilnahme der Gemeindemitglieder. Vor allem ist sie lokal weit autonomer organisiert als in Europa.[63] Die Einbeziehung der Gemeindemitglieder stärkt die praktische und gefühlsmäßige Komponente der Religion gegen die reine Intellektualität der Theologie. Während die Priester der Massachusetts-Theokratie zu Beginn der Kolonialzeit noch eher Intellektuelle waren, haben die Bewegungen der Evangelisation die intellektuelle Theokratie mehr und mehr zugunsten des religiösen Gefühls zurückgedrängt. Die Große Erweckung im 18. Jahrhundert, die Revivalismus-Bewegung im 19. Jahrhundert, die erfolgreiche Ausbreitung der Methodisten und der Baptisten sind exemplarisch für diese Entwicklung.[64]

Die lokale Autonomie ist ein Grundpfeiler der demokratischen Ordnung der Vereinigten Staaten und der Einbeziehung des Bürgers in öffentliche Angelegenheiten. Tocqueville hebt hervor:

Seht mit welcher Kunst die amerikanische Gemeinde darauf ausgeht, die Macht gleichsam zu *zersplittern*, um auf diese Weise viele Leute am öffentlichen Leben teilnehmen zu lassen (...) Auf diese Weise ist das Gemeindeleben gewissermaßen ständig gegenwärtig; täglich wird es durch die Erfüllung einer Pflicht oder durch die Ausübung eines Rechts spürbar.[65]

63 A. de Tocqueville, *Über die Demokratie in Amerika*, op. cit., S. 49-50; M. Weber, *Religionssoziologie* I, op. cit., S. 207-36; R. S. Lynd und H. M. Lynd, *Middletown. A Study in American Culture*, New York: Harcourt, Brace, Janovich, 1929 (1956), S. 315-409; H. R. Niebuhr, *The Social Sources of Denominationalism*, New York: Henry Holt & Co., 1929; S. Mead, »Denominationalism: The Shape of Protestantism in America«, in: *Church History* XXIII, Dezember 1954, S. 291-320; A. M. Greeley, *The Denominational Society: A Sociological Approach to Religion in America*, Glenview, Ill.: Scott, Foresman, 1972; R. P. Scherer (Hg.), *American Denominational Organization. A Sociological View*, Pasadena, Cal.: William Carey, 1980.

64 P. Miller, *Errand into the Wilderness*, op. cit.; S. E. Ahlstrom, *A Religious History of the American People*, op. cit., S. 121-509; G. C. Bedell, L. Sandon, Jr. und C. T. Wellborn, *Religion in America*, op. cit., S. 131-87; R. Hofstadter, *Anti-intellectualism in American Life*, op. cit., S. 55-141.

65 A. de Tocqueville, *Über die Demokratie in Amerika*, op. cit., S. 75-6; vgl. C. S. Grant, *Democracy in the Connecticut Frontier Town of Kent*, New York:

Die Vereinigten Staaten sind das Land der freien Assoziationsbildung. Auch das ist ein Grundzug, der von Beginn an die amerikanische Gesellschaft geprägt hat. Die Gesellschaft selbst gründet auf einem freien Zusammenschluß. In dieser Einwanderergesellschaft ist der Status der Mitgliedschaft in der gesellschaftlichen Gemeinschaft wie nirgendwo sonst erworben. Nirgendwo sonst finden sich Menschen so häufig und so schnell zu den verschiedensten Zwecken zusammen. Das hat schon Tocqueville beobachtet:

In den Vereinigten Staaten vereinigt man sich zu Zwecken der öffentlichen Sicherheit, des Handels und Gewerbes, der Sittlichkeit und der Religion. Es gibt nichts, das der menschliche Wille nicht durch freies Handeln der vereinigten Macht einzelner zu erreichen hoffte.[66]

Die Stellung der Gerichte in der Gesellschaftsordnung der Vereinigten Staaten ist ebenfalls einzigartig. Das hängt zum einen damit zusammen, daß viele Angelegenheiten der Vereinbarung von Individuen überlassen bleiben und nicht der staatlichen Verordnung unterliegen, zum anderen damit, daß die Gerichte ein stärkeres Gewicht in der demokratischen Ordnung im Konzept der Checks and balances von Exekutive, Legislative und Judikative als in allen anderen Staaten der Welt besitzen. Das erste Merkmal ist im

Columbia University Press, 1961; R. S. Lynd und H. M. Lynd, *Middletown*, op. cit., S. 413-95; *Middletown in Transition: A Study in Cultural Conflicts*, New York: Harcourt, Brace, (1937) 1963, S. 319-486; T. Caplow, H. H. Bahr, B. A. Chadwick, R. Hill und M. H. Williamson, *Middletown Families: Fifty Years of Change and Continuity*, Minneapolis: University of Minnesota Press, 1982; A. J. Vidich und J. Bensman, *Small Town in Mass Society: Class, Power, and Religion in a Rural Community*, Princeton: Princeton University Press, 1968.

66 A. de Tocqueville, *Über die Demokratie in Amerika*, op. cit., S. 217; vgl. M. Hausknecht, *The Joiners*, New York: Bedminster, 1962; G. A. Almond und S. Verba, *The Civic Culture*, op. cit., S. 180-322; N. Babchuk und A. Booth, »Voluntary Association Membership: A Longitudinal Analysis«, in: *American Sociological Review* 34, 1969, S. 31-45; H. H. Heyman und C. R. Wright, »Trends in Voluntary Association Memberships of American Adults: Replication Based on Secondary Analysis of National Sample Surveys«, in: *American Sociological Review* 36, 1971, S. 191-206; C. E. Smith und A. Freedman, *Voluntary Associations: Perspectives on the Literature*, Cambridge, Mass.: Harvard University Press, 1972; D. H. Smith, »Voluntary Action and Voluntary Groups«, in: *Annual Review of Sociology* 1, 1975, S. 247-70.

Voluntarismus verwurzelt. Das zweite Merkmal ergibt sich aus dem Recht der amerikanischen Gerichte, Fälle nach der Verfassung zu beurteilen und die Verfassungsmäßigkeit von Gesetzen des Kongresses zurückzuweisen. Dieses Recht wurde vom legendären obersten Bundesrichter John Marshall in dem berühmten Fall *Marbury versus Madison* (1803) begründet.[67] Bei Tocqueville heißt es:

(...) Bis heute hat, glaube ich, kein Volk auf Erden der richterlichen Gewalt eine gleiche Form gegeben wie die Amerikaner.[68]

Das gilt auch heute noch in derselben Weise, vielleicht noch mehr. In keinem Land der Welt spielen die Gerichte eine ebenso große Rolle in der Gestaltung der Politik wie in den Vereinigten Staaten, stellt heute zum Beispiel James Q. Wilson fest.[69]

Alle diese Einrichtungen, die das amerikanische Leben bestimmen, fördern die Rede als Medium der öffentlichen Kommunikation. Sie alle sind dezentralisiert und beziehen das einzelne Individuum in das öffentliche Leben ein. Und sie bieten vielfache Anlässe für Reden. Nirgendwo begegnet man einem ähnlich großen Heer von Predigern. Gemeindesaal, Kirche, Fernsehen: Predigten sind überall. An der Versiertheit amerikanischer Prediger, ihre Gemeinde in Bann zu schlagen, kann man den Stellenwert der Predigt im religiösen Leben erkennen. Der harte Wettbewerb auch und gerade im religiösen Leben verleiht dem Prediger nicht das Privileg, die Gemeinde mit abstrakten theologischen Spekulationen langweilen zu dürfen. Seine Predigt muß Gegenwärtigkeit und Relevanz demonstrieren.[70]

Die politische Rede hat klassische Formen in Amerika angenommen. In keinem Land der Welt werden so viele verschiedene Posi-

67 1 Cranch (5 U. S.) 137 (1803).

68 A. de Tocqueville, *Über die Demokratie in Amerika*, op. cit., S. 111; vgl. P. Miller, *The Legal Mind in America*, Garden City, N. Y.: Doubleday, 1962; H. Jacob, *Justice in America. Courts, Lawyers, and the Judicial Process*, Boston: Little, Brown, 1965; W. P. McLauchlan, *American Legal Processes*, New York: Wiley, 1977.

69 J. Q. Wilson, *American Government*, op. cit., S. 376.

70 Vgl. A. de Tocqueville, *Über die Demokratie in Amerika*, op. cit., S. 616; vgl. R. Hofstadter, *Antiintellectualism in American Life*, op. cit., S. 55-141. Beim Besuch eines Gottesdienstes in Santa Monica, Kalifornien, erlebte ich wie der Prediger einen anderen Prediger als einen der »TopTen-Preacher of this country« pries.

tionen durch Wahlverfahren besetzt wie in den Vereinigten Staaten. Wahlkampf ist allgegenwärtig. Das verlangt immer wieder die Rechtfertigung von Entscheidungen und die Übernahme von Verantwortung für diese Entscheidungen. Dementsprechend sind auch politische Reden allgegenwärtig. Es gibt ungefähr 521000 Wahlämter in den Vereinigten Staaten. Jede Woche findet irgendwo eine Wahl statt.[71] Es muß Rede und Antwort gestanden werden für eine Sache, die man zu vertreten hat. Die Häufigkeit, in der Reden zu halten sind, die Masse der Redner und die Tatsache, daß der Abgeordnete den Wählern seine Aktivität demonstrieren muß, indem er bei Auftritten im Parlament möglichst vieles in die Rede hineinpackt, garantieren nicht durchgehend eine hohe Qualität:

In Amerika besitzt der Abgeordnete gewöhnlich Geltung nur durch seine Stellung in der gesetzgebenden Versammlung. Er wird daher unaufhörlich vom Verlangen gestachelt, sich dort Gewicht zu verschaffen, und ihn reizt eine heftige Begierde, jeden Augenblick seine Gedanken der Öffentlichkeit vorzutragen,[72]

meint Tocqueville, um hinzuzufügen, daß dies oft die Qualität beeinträchtigt. Tocqueville sieht aber auch, daß innerhalb einer solchen ausgeprägten Redekultur große Reden ihren Nährboden haben, weil der Redner in demokratischen Versammlungen zum ganzen Volk spricht und damit seine Gedanken am Kriterium allgemeiner Geltung bemessen muß:

Ich kenne nichts Bewundernswerteres und Gewaltigeres als einen großen Redner, der im Schoß einer demokratischen Versammlung bedeutende Angelegenheiten erörtert. Da es da niemals eine Klasse gibt, die ihre Vertreter mit der Unterstützung ihrer Interessen betraut, spricht man stets zum ganzen Volke und im Namen des ganzen Volkes. Das verleiht dem Gedanken Größe und hebt die Sprechweise.[73]

Die qualitativ hochstehende Seite dieser Redekultur wird durch die großen Reden der legendären Präsidenten repräsentiert.[74]
Die vielen Anlässe der Bildung von Assoziationen bieten ein breites Experimentierfeld für die Übung in öffentlicher Rede. Da es

71 J. Q. Wilson, *American Government*, op. cit., S. 166.

72 A. de Tocqueville, *Über die Demokratie in Amerika*, op. cit., S. 574-5.

73 Ebd., S. 577-8.

74 Vgl. U. S. President, *The Presidents. Their Inaugural Addresses*, Chicago: Whitehall, 1968.

sich um keine festgefügten Organisationen mit einer Funktionärshierarchie handelt, hat jeder einzelne die Chance, aktiv einbezogen zu werden und selbst das Wort ergreifen zu können. Das Gerichtsverfahren ist das paradigmatische Feld für den Redewettstreit. Dieser Wettstreit wird durch die Struktur des amerikanischen Gerichtsverfahrens besonders gefördert. Die plädierenden Anwälte sind in erster Linie ihrer Partei verpflichtet. Auch im Strafverfahren vertritt der Staatsanwalt nur die Seite des Staates. Beide Anwälte sind mit den gleichen Rechten ausgestattet. Die Annäherung an die Wahrheit sieht man nicht aus einer übergeordneten Position, z. B. des Staatsanwalts, mit entsprechender höherer Verpflichtung auf die Wahrheit hervorgehen, sondern aus dem Wettstreit zwischen den gegnerischen Positionen.[75] Das Gericht hat vorwiegend die Funktion des Schiedsrichters zwischen den streitenden Parteien. In dieser Struktur wurzelt die Faszination des Redewettstreits zwischen den Anwälten im amerikanischen Gerichtsverfahren, die eine Unzahl populärer Darstellungen in Filmen gefunden hat. Diese filmische Popularisierung ist Ausdruck des herausragenden Stellenwerts des gerichtlichen Redestreits für die amerikanische Kultur. Ein Leser des Time-Magazins schreibt in einem Leserbrief zu einem kürzlich erschienenen Bericht über erfolgreiche Rechtsanwältinnen:

> Alles, was diese Frauen-Rechtsanwälte wollen, ist, ihre Gegner zu schlagen.[76]
> (Übersetzung vom Verfasser)

Der gerichtliche Redestreit bildet den sakralen Kern der Disputation. Seine Form hat einen gewissen sakralen, geschützten Charakter. Eine profanere Form des Redestreits stellt der Wettbewerb von Referaten bei Tagungen dar. Auch diese Form des Disputs ist in den Vereinigten Staaten mehr anzutreffen als anderswo. Ein Beispiel bieten die Jahrestagungen der wissenschaftlichen Vereinigungen. Bei einem Vergleich der amerikanischen und deutschen Soziologentage fällt z. B. auf, daß bei den deutschen Soziologentagen die Referenten meistens von den Sitzungsleitern ernannt werden. In Amerika müssen sich Referenten mit einem eingereichten

75 Damit wird die Aushandlung von Rechtsentscheidungen zu einem wesentlichen Element des Gerichtsverfahrens: K. F. Schumann, *Der Handel mit Gerechtigkeit*, Frankfurt: Suhrkamp, 1977; D. N. Maynard, *Inside Plea Bargaining. The Language of Negotiation*, New York: Plenum, 1984.

76 *Time*, 20. Juni 1983, S. 2.

Papier bei einem Sitzungsleiter bewerben. Das heißt, es findet mehr Wettbewerb statt. Das führt wiederum dazu, daß mehr jüngere Soziologen als schon gestandene Soziologen am Wettbewerb teilnehmen. Auf deutschen Soziologentagen gibt es zwar eine Tendenz in diese Richtung, dennoch wird noch ein großer Teil des Programms von den schon situierten Soziologen beherrscht. Insgesamt bedeutet das: Von den jungen amerikanischen Wissenschaftlern wird mehr verlangt, sich frühzeitig durch öffentliche Auftritte mit Referaten im Wettbewerb zu bewähren, während die deutschen Assistenten nach dem traditionellen Muster länger unter der Obhut ihres Professors (heute oft: Fachbereichs) stehen und auf dessen Einfluß bei der Plazierung im Berufungsverfahren hoffen. Der deutsche Assistent arbeitete bislang in der Stille an der großen Habilitationsschrift, mit der er dann plötzlich an das Licht der Öffentlichkeit trat. In diesem Zeitraum hat der junge amerikanische Soziologe mindestens schon 20 Referate bei verschiedenen Tagungen gehalten. Auch hier zeigt sich: Referate vorzutragen, als wettbewerbsmäßige Rede, ist eine in Amerika besonders geübte Form der kulturellen Arbeit, die dem amerikanischen Muster der Rationalität ihren Stempel aufdrückt. Das bewirkt hier vor allem eine große Dynamik. Es ist offensichtlich, daß dieses System weit mehr auf Veränderung eingestellt ist als das deutsche Habilitationsverfahren. Junge Wissenschaftler werden früher in den Wettbewerb einbezogen. Ergebnisse werden schneller veröffentlicht. Bestehendes wird schneller revidiert. Geübt wird aber auch eines: in kurzer Zeit möglichst präzise ein spezifisches Problem zu lösen.

2.2.2 Der professionelle Wettbewerb

Die *Professionen* und die Organisation professioneller Arbeit prägen die Rationalität durch ihre primäre Funktion der Anwendung des kulturellen Wissens zur Lösung praktischer Probleme. Sie gestalten die Rationalität im Hinblick auf ihre praktische Relevanz. Ihre Struktur trägt mit zur Bestimmung der Eigenart amerikanischer Rationalität bei. Das läßt sich am Beispiel der juristischen Profession zeigen.[77]

77 Vgl. A. P. Blaustein und C. O. Porter, *The American Lawyer. A Summary of the Survey of the Legal Profession*, Chicago: University of Chicago Press, 1954; E. O. Smigel, *The Wallstreet Lawyer*, New York: Free Press, 1964; J. F.

Die Behandlung von Rechtsfällen erfolgt in Amerika in der Austragung von Konflikten zwischen den streitenden Parteien, nicht in der überparteilichen Wahrheitssuche des Gerichts.[78] Während im deutschen Rechtssystem der Richter und im Strafprozeß auch der Staatsanwalt Ermittlungsfunktionen ausüben und die Wahrheit finden sollen, spielt der amerikanische Richter eine Schiedsrichterrolle. Die Streitparteien haben nichts anderes als ihre Interessen wahrzunehmen. Der Verlauf eines Rechtsstreites ist dadurch weit mehr situativem Wandel unterworfen, und zwar in Abhängigkeit von den Fakten, die von den streitenden Parteien auf den Tisch gelegt werden, und natürlich von der argumentativen Kraft der Anwälte. Wer den schwächeren Anwalt beauftragt hat, verfügt auch über die geringeren Chancen in einem Rechtsverfahren. Wie gut ein Anwalt eine Sache vertritt, ist ein selbstverständliches Thema bei der Berichterstattung über Gerichtsverhandlungen.[79] Ein befragtes Mitglied des Geschworenenkollegiums im Verfahren gegen Richard Hauptmann wegen der Entführung und Ermordung des Lindbergh-Babys räumt z.B. 1983, nach nahezu 50 Jahren ein, daß der Anwalt des zum Tode verurteilten Hauptmann im Vergleich zum Vertreter der Anklage viel weniger überzeugend wirkte, was einen wesentlichen Einfluß auf die Entscheidung der Geschworenen ausübte. Heute bestehen nach Bekanntwerden neuer Indizien große Zweifel an der Täterschaft Hauptmanns.

Die Anwälte sollen nicht die Wahrheit aufspüren, sondern die Interessen ihrer Mandanten wahren. Ihr Ziel ist nicht die Wahrheit, sondern der Sieg für ihre Mandanten. Der Anwalt muß in jedem Fall die ihm angetragene Vertretung eines Interesses zurückweisen, wenn sie ihn in Konflikt mit den Interessen eines schon akzeptierten Klienten bringt. Im Unterschied zum deut-

Handler, *The Lawyer and His Community. The Practicing Bar in a Middle-Sized City*, Madison, Wis.: University of Wisconsin Press, 1967; D. Rueschemeyer, *Lawyers and their Society. A Comparative Study of the Legal Profession in Germany and in the United States*, Cambridge, Mass.: Harvard University Press, 1973; J. P. Heinz und E. O. Laumann, *Chicago Lawyers. The Social Structure of the Bar*, New York: Russell Sage, 1982.

78 Vgl. H. Jacob, *Justice in America*, op. cit.; W. P. McLauchlan, *American Legal Processes*, op. cit.

79 Es kommt viel auf das Verhandlungsgeschick der Anwälte an: D. W. Maynard, *Inside Plea Bargaining. The Language of Negotiation*, op. cit.

schen Anwalt soll er dies jedoch nur zum Schutze des Klienteninteresses tun, wobei ihm erlaubt ist, nach Offenlegung der Sache und Zustimmung der Klienten, dennoch beide Interessenten zu betreuen. Dagegen muß der deutsche Anwalt auch bei Zustimmung der Klienten ablehnen, weil er sonst der Regel zuwiderhandeln würde, als offizielles Organ der Rechtspflege eine einmal eingeschlagene Handlungsrichtung einzuhalten.[80] Noch deutlicher wird die Klientenverpflichtung des amerikanischen Anwalts im Recht der Lösung des Vertrags mit dem Klienten, das für ihn wesentlich restriktiver gestaltet ist als für seinen deutschen Kollegen. Er darf eine einmal übernommene Sache nur im äußersten Fall ablegen, wenn sie seine Anwaltsehre verletzen würde. Der deutsche Anwalt kann dagegen jederzeit den Vertrag lösen, wenn er das Vertrauen in den Klienten verloren hat.[81]

In der amerikanischen Rechtsfindung vertraut man der ausgleichenden Wirkung der offenen Austragung des Konflikts zwischen den Rechtsinteressenten mehr als der Überparteilichkeit von Richtern und Anwälten. Man glaubt nicht ohne weiteres, daß beamtete Richter und Staatsanwälte und staatlich in die Pflicht genommene Rechtsanwälte unvoreingenommen handeln. Vor allem deutet man ihre Verpflichtung auf den Staat nicht als Überparteilichkeit, sondern als eine Parteilichkeit für das Staatsinteresse, das ebenso partikular wie jedes andere Interesse ist und vor dem man sich noch mehr schützen muß als vor privaten Interessen, weil es die Macht hat, jedes Einzelinteresse zu unterdrücken. Die Befristung der Amtsperioden und die Besetzung von Richterstellen nach politischen Kräfteverhältnissen und durch Wahlverfahren wird für ein realistischeres Kontrollmittel gehalten als die Ernennung von Richtern zu Lebenszeitbeamten aufgrund einer Karriere im öffentlichen Dienst.[82] Dadurch ist auch die Richterschaft dem Wandel von Rechtsauffassungen in der Bevölkerung zugänglich. Nach dem Modell des Common Law wendet der Richter nicht das gesatzte Recht des Staates von oben herab auf die Rechtsfälle in der Gesellschaft an, vielmehr ist er eher als ein besonders trainiertes Mitglied der Rechtsgemeinschaft zu verste-

80 D. Rueschemeyer, *Lawyers and their Society*, op. cit., S. 125-6.

81 Ebd., S. 126-7.

82 Ebd., S. 69-71; siehe auch D. D. Jackson, *Judges*, New York: Atheneum, 1974; H. W. Chase, *Federal Judges. The Appointing Process*, Minneapolis: University of Minnesota Press, 1972.

hen, das aus ihrer Mitte heraus gewählt worden ist. Er interpretiert das gemeinsame Recht im Streitfall. Seine primäre ethische Orientierung ist deshalb die Vermittlung zwischen den streitenden Parteien, weniger die Durchsetzung des staatlichen Rechts. Seine Verpflichtung gilt nicht dem Staat, der über der Gesellschaft steht, sondern der gesellschaftlichen Gemeinschaft, der die Streitparteien wie er selbst in gleicher Weise angehören. Das macht natürlich den Ausgang von Gerichtsverfahren oft abhängig von Situationen, vom Wandel der öffentlichen Meinung, von der Einstellung des Richters und von der Intelligenz und Überzeugungskraft der Anwälte.

Das Recht ist eine weniger feststehende Sache und in der Rechtsfindung selbst Wandlungen unterworfen. Das Recht wird in der Praxis gemacht. Es wird nicht durch Anwendung allgemeiner Rechtssätze auf konkrete Rechtsfälle gefunden, sondern durch Erfahrung. Das gibt dem Richter und den Anwälten einen recht großen Einfluß auf die Rechtsentwicklung. Der praktische Charakter des Rechts gestaltet wiederum die Rechtsfindung ziemlich kompliziert. Bei der Vielfalt von konkreten anwendbaren Rechtsnormen und der Vielzahl von gleichrangigen Auslegungen in der Vergangenheit braucht der Richter allein schon viel mehr Zeit, um einen Fall zu beurteilen als sein Kollege, der mit dem systematisch aufgebauten und von anerkannten Professoren ausgelegten kontinentaleuropäischen Kodifikationsrecht arbeitet. Allein die Zahl widerstreitender Auslegungen ist größer, weil keine klare Hierarchie der Rechtsquellen existiert.[83]

Aus der konflikthaften Organisation des Rechtsverfahrens folgt eine im Vergleich zum Kodifikationsrecht geringere Hervorhebung der Autorität des Juristen, sowohl des Anwalts als auch des Richters. Als Interessenvertreter ist der Anwalt in keiner Weise aus dem Streit partikularer Interessen herausgehoben. Er ist ein Geschäftsmann, dessen Geschäftsinteresse nur durch die Gegenkraft der Geschäftsinteressen seiner Gegner im Rechtsstreit in Grenzen gehalten wird und nicht durch eine weitergreifende ethische Vorbildlichkeit.[84] Der Richter wird nicht als übergeordneter Wahrer des Staates gesehen, auf den man keinen Einfluß von unten

83 Zur juristischen Argumentationstechnik in der Praxis des amerikanischen Common Law vgl. K. N. Llewellyn, *The Common Law Tradition. Deciding Appeals*, Boston: Little, Brown, 1960.

84 D. Rueschemeyer, *Lawyers and their Society*, op. cit., S. 109-16.

ausüben kann und darf, sondern als ein von der öffentlichen Meinung und von Einstellungen beeinflußbarer Schiedsrichter, der von der Rechtsgemeinschaft selbst gewählt und auch wieder abgewählt wird. Auch eine Reihe weiterer Faktoren bewirken eine geringere Autoritätsstellung des amerikanischen Juristen im Vergleich zu seinem kontinentaleuropäischen Kollegen. Die Diskrepanz zwischen der Dauer seiner schulischen Bildung und derjenigen seiner Klienten ist im Durchschnitt geringer. Dafür sorgt die Breite des amerikanischen Bildungssystems, in dem heute praktisch alle Bildungsfähigen einer Alterskohorte eine zwölfjährige Schulbildung und die Hälfte von ihnen eine weitere zwei- bis dreijährige Collegebildung erhalten. Der amerikanische Jurist besitzt nach Abschluß seiner Ausbildung auch keinen automatisch seinem Berufsstand zugeschriebenen hohen Status. Er muß Prestige und Einfluß durch seine beruflichen Leistungen immer wieder neu erwerben.[85] Die vergleichsweise größere Spezialisierung auf bestimmte Rechtsgebiete macht ihn zu keiner generalisierten gesellschaftlichen Autorität.[86] Er ist ein Spezialist, dessen Wissen nur auf einem relativ engen Gebiet geschätzt und gefragt ist. Die juristische Profession ist z.B. im Vergleich zu Deutschland wesentlich heterogener zusammengesetzt. Sie ist keine homogene Elite mit hoher Selbstrekrutierung und einheitlicher Ausbildung. Die soziale Herkunft ihrer Mitglieder ist wesentlich unterschiedlicher als in Europa, ebenso ihre Ausbildung. Sie ist selbst in ähnlicher Weise nach Einkommen und Prestige geschichtet wie die Gesellschaft insgesamt.[87] Es gibt allerdings ein Zeichen, das für eine größere Autorität des amerikanischen Juristen im Vergleich zu seinem kontinentaleuropäischen Kollegen spricht. Die Namen berühmter Richter und Anwälte sind in Amerika in jedem Haushalt geläufig. Etwas ähnliches findet man in Kontinentaleuropa nicht. Diese Prominenz des amerikanischen Juristen bedeutet allerdings keine amtlich festgeschriebene und mit Macht ausgestattete Autoritätsstellung in einer Hierarchie. Vielmehr ist es eine auf Prestige gründende Autorität, die Einfluß verleiht, aber keine Macht. Sie resultiert aus der großen Bedeutung der Gerichte im amerikanischen Leben, einmal aufgrund des großen Ausmaßes der privaten Regelung von Konflikten, zum anderen aufgrund der

85 Ebd., S. 63-8, 94-108.
86 Ebd., S. 44-8.
87 Ebd., S. 48-59.

besonderen Stellung der Gerichte im politischen System der Checks and balances.
Wie in der amerikanischen Gesellschaft im allgemeinen spielt der Wettbewerb auch in der juristischen Profession eine größere Rolle als in anderen Gesellschaften. Schon die Zahl konkurrierender Anwälte, bezogen auf die Bevölkerung, ist in Amerika sehr hoch. Auf einen Anwalt kommen 475 Einwohner, in England sind es 1800, in Deutschland 2000 und in Frankreich 5000.[88] Offene Werbung und Abwerbung sind zwar wie überall verboten, aber die Handhabung dieses Verbots ist weniger restriktiv als z.B. in Deutschland. Kommerzielle Agenturen führen Listen von Anwälten, die genaue Angaben über spezielle Arbeitsgebiete enthalten und zu kommerziellen Zwecken benutzt werden. Außerdem darf man eine häufigere Übertretung des Werbungs- und Abwerbungsverbots vermuten.[89] Der Wettbewerb um Einkommen und Prestige ist härter. Er beginnt schon mit der Einschreibung an der Rechtsschule. Ob man von der Rechtsschule einer führenden Universität angenommen wird oder nur an einer durchschnittlichen Rechtsschule studiert, vermittelt schon Startvorteile oder -nachteile, die später nur schwer einzubüßen oder aufzuholen sind. Die Differenzierung der Einkommen und parallel dazu die Differenzierung des Prestiges ist ausgeprägter als in Kontinentaleuropa. Diese stärkere Differenzierung ist als ein Ergebnis des offeneren Wettbewerbs zu werten. Wo dagegen eine zunftmäßige Organisation eines Berufsstandes herrscht, ist auch weniger Differenzierung anzutreffen. Ein weiteres Zeichen der Offenheit des Wettbewerbs ist die vergleichsweise große Spannweite und Freiheit des Rechtsanwalts in der Festsetzung der Gebühren.[90] Diese sind im großen Maße Gegenstand der freien Vertragsvereinbarung. Das hat natürlich auch zur Folge, daß die Chance, einen erfolgreichen Anwalt zu engagieren, eine Sache des Geldbeutels ist. Diese ungleiche Verteilung von Chancen der Rechtsvertretung wird durch den staatlich finanzierten Rechtsbeistand für Mittellose nur wenig gemildert, der außerdem weniger entwickelt ist als in Europa.[91] Die Diskrepanz der Leistungen zwischen den staatlich finanzierten und frei gewonnenen Rechtsanwälten ist schon durch

88 J. Q. Wilson, *American Government*, op. cit., S. 401.

89 D. Rueschemeyer, *Lawyers and their Society*, op. cit., S. 137-40.

90 Ebd., S. 131-4.

91 Ebd., S. 134-6.

die entsprechend weit auseinanderfallende Entlohnung groß. Der offenere Wettbewerb im amerikanischen Rechtssystem impliziert, daß der Anwalt mehr auf die Interessen seines Klienten eingehen muß als bei zunftmäßiger Verteilung und Festlegung von Einkommenschancen. Er muß sich seine Sache zu eigen machen. Das heißt aber auch, daß die zahlungskräftigeren Interessen besser vertreten werden.[92]

Die amerikanische juristische Profession ist eine sehr pluralistisch zusammengesetzte Gemeinschaft.[93] In der American Bar Association sind selbständige und in privater Anstellung befindliche Anwälte, Richter und im öffentlichen Dienst stehende Anwälte vereinigt. Im Gegensatz zur deutschen Organisation sind Juristen im öffentlichen Dienst und privat arbeitende Juristen nicht völlig getrennt, sondern einheitlich organisiert. Das steigert die Pluralität der Organisation selbst, wobei allerdings der Beruf des freien Anwalts den Kern bildet, aus dem sich auch Richter und öffentlich bedienstete Anwälte rekrutieren. Die ganze Organisation erhält dadurch natürlich eine individualistische Philosophie.[94] Die Pluralität der Zusammensetzung betrifft vor allem aber die großen Unterschiede in der sozialen Herkunft, in der Ausbildung, im Einkommen, im Prestige und in der Spezialisierung. Die Profession umfaßt keine homogene Elite. Dementsprechend übt sie auch eine geringere Kontrolle über ihre Mitglieder aus als z. B. die staatlich organisierte deutsche Anwaltskammer. Außerdem ist der Anwalt in vielfältiger Weise in das Geschäftsleben involviert. Die Interessen seiner Klienten stehen ihm deshalb oft näher als die Standards der Profession. Die Mitgliedschaft in der Profession ist eine Assoziation neben der vertraglichen Assoziation mit seinen Klienten und anderen frei eingegangenen Assoziationen. Auf diese Weise bildet der Anwalt eine Nahtstelle in der Verknüpfung von gemeinschaftlichen Rechtsnormen, kulturellen Rationalitätsstandards, professioneller Autorität und Klienteninteressen. Er kontrolliert nicht in der übergeordneten Position des Staates die

92 Ebd., S. 109-16, 127-31; L. Mayhew, *Law and Equal Opportunity*, Cambridge, Mass.: Harvard University Press, 1968; L. Mayhew und A. J. Reiss, Jr., »The Social Organization of Legal Contacts«, in: *American Sociological Review* 34, 1969, S. 309-18; J. S. Auerbach, *Unequal Justice: Lawyers and Social Change in Modern America*, New York: Oxford University Press, 1976.

93 D. Rueschemeyer, *Lawyers and their Society*, op. cit., S. 30-62.

94 Ebd., S. 109-16.

gesellschaftlichen Interessen, er vermittelt zwischen unterschiedlichen Interessen.

2.3 Die Institutionalisierung des Wissens

Die Institutionalisierung des Wissens wird in Amerika durch eine verbreitete Tradition der Formulierung von Lebensregeln durch angesehene Bürger geprägt. Was dabei herauskommt, ist im besten Fall Common sense, in den schlechteren Fällen der zur Ideologie konkretisierte herrschende Konsens der Erfolgreichen und Erfolgsuchenden. Die Konsensbildung unterliegt einer vielgestaltigen Dynamik des Wandels der öffentlichen Meinung.

2.3.1 Common sense und herrschender Konsens

Eine für Amerika typische Erscheinungsform der Rationalität sind Lebensregeln für den Alltag. Die Lebensregel wird von einem angesehenen Mitglied der Gemeinschaft für die nachfolgende Generation der Gemeinschaft formuliert. Ihr Kriterium ist nicht die Allgemeingültigkeit im Jahrtausende währenden intellektuellen Disput, sondern die Konformität zu den Überzeugungen einer Gemeinschaft. Sie überträgt die im Alltag unausgesprochenen Selbstverständlichkeiten in geschriebene Sprache. Lebensregeln sind nicht abstrakte philosophische Systeme, sondern eine kaum systematisierte Sammlung von konkreten Normen für das Alltagshandeln. Sie sind ein Ausdruck des Common sense. Welche Widersprüche sich zwischen den Normen auftun, wenn man nach ihrer Verallgemeinerbarkeit fragt, spielt hier keine Rolle. Der gemeinschaftliche Denkhorizont begrenzt von vornherein die Verallgemeinerung der Normen auf ganz spezifische Bedeutungen. Lebensregeln benötigen keine lange Begründung, da sie selbstverständlich sind. Sie werden lapidar aus der Erfahrung heraus und exemplarisch notiert und geben eine bestehende Tradition wieder. Sie sind für das Mitglied der Gemeinschaft unmittelbar verständlich und einleuchtend und erfordern keine besondere Interpretationshilfe.

Der Autor von Lebensregeln ist in die Lebenspraxis der Gemeinschaft eingebunden. Er ist kein Intellektueller, sondern ein Mann der Praxis. Sein Ethos ist die Verpflichtung auf die gemeinsamen Überzeugungen einer Gemeinschaft, denen er zur Sprache verhilft. Intellektuelle Rationalität hat demgegenüber nur eine sekundäre Bedeutung. Sie wird nur so weit gebraucht, wie sie der Formulierung der gemeinsamen Lebensregeln dient. Auch Interessen spielen eine untergeordnete Rolle. Sie fließen so weit ein, wie sie innerhalb der gemeinsamen Normen zulässig und mit diesen im Gemeinschaftshandeln verwoben sind. Wo die individuelle Verfolgung von Interessen als selbstverständlich gilt, wird dies auch in den Lebensregeln zum Ausdruck kommen. Die Formulierung von Lebensregeln ist nicht unmittelbar auf aktuelle und spezifische Probleme bezogen. Der Autor plädiert nicht für eine bestimmte Entscheidung und Problemlösung in einer aktuellen Situation. Welche Entscheidungen der einzelne aus den Lebensregeln herauszieht, bleibt der konkreten Situation überlassen. Der Gegenstand der Lebensregel ist nicht ein Problem hier und heute, sondern das gemeinschaftliche Leben im allgemeinen. Treuhänderische Verantwortlichkeit übernimmt der Autor der Lebensregeln nur sekundär, und zwar als Experte für die Überzeugungen der Gemeinschaft. Welche Regeln er hervorhebt, liegt in seiner Entscheidung, durch die er eine erhebliche eigene Gestaltung der Gemeinschaftsnormen vornehmen kann. Auf diese Weise ist die Formulierung von Lebensregeln kein einseitiger Prozess, sondern ein zweiseitiger, in dem der Autor dem diffusen Stoff der Alltagsregeln durch Auswahl, Betonung und Anordnung eine spezifische Form verleiht. Allerdings ist diese Gestaltbarkeit nicht beliebig. Der Autor benötigt dazu Einfluß, den er nur in der Gemeinschaft gewinnen kann.[95]

Die Übernahme der Lebensregeln durch die Adressaten stützt sich nicht auf das bessere Argument und auf allgemeine Begründbarkeit, sondern auf Einfluß. Der Autor hat diesen Einfluß durch seine Haltung und sein Handeln in der Gemeinschaft erworben. Er hat nach der Erfahrung der Gemeinschaftsmitglieder in exemplarischer Weise die Gemeinschaftsnormen in seinem Handeln verkörpert. Durch besonderen Einsatz für die Belange der Gemeinschaft hat er sich um diese verdient gemacht. Man vertraut

95 T. Parsons, »The Concept of Influence«, in: *Politics and Social Structure*, op. cit., S. 405-38.

in seine Integrität und in seine Fähigkeit, für die Gemeinschaft das Richtige zu tun, und ist deshalb bereit, seinem Rat zu folgen. Eine Voraussetzung für diese Abstützung von Lebensregeln durch Einfluß ist natürlich die Homogenität einer Gemeinschaft. Wo die gesellschaftliche Gemeinschaft in gegensätzliche Gruppen gespalten ist, sucht man Common sense und einheitlich wirksamen Einfluß in der Gesellschaft vergeblich. Nur innerhalb der Gruppen existieren gemeinsame Überzeugungen und Einfluß, die aber wechselseitig in Frage gestellt werden, soweit das Handeln der Menschen die Gruppengrenzen überschreitet. Dem Common sense eignet stets eine gewisse Blindheit für Alternativen, die aus der Tatsache resultiert, daß die Menschen kaum ihre Gemeinschaft verlassen und mit Alternativen demtentsprechend nicht konfrontiert werden. Lebensregeln, die den Common sense ausdrücken, sind konkret, praktisch, eindeutig im Sinn, aber stets auch relativ eng in ihrem Horizont.

Praktische Lebensregeln, die im Common sense gründen, anstelle von theologischen Systemen kennzeichnen schon die Entwicklung des Puritanismus in der Kolonialzeit Amerikas. Die puritanischen Geistlichen der Massachusetts-Theokratie waren noch Intellektuelle. Aber es waren Intellektuelle, die in das Gemeinschaftsleben eingebunden waren. Ihre Theologie wurde durch Calvin und durch die Wandlungen beeinflußt, die Calvins Theologie durch holländische, schottische und englische Theologen erfahren hatte.[96] Die herrschende Lehre wurde die Covenant-Theologie, wie sie z. B. von den englischen Theologen William Perkins, William Ames und John Preston formuliert wurde. Auch die Einflüsse des Arminianismus breiteten sich aus. Die Lehre des Arminius ersetzte Calvins Prädestinationslehre weitgehend durch ein Konzept der menschlichen Freiheit, das dem Menschen die Möglichkeit eröffnete, durch sein Handeln in den Gnadenstand zu gelangen. Die Covenant-Theologie bildete einen Kompromiß. Sie überbrückte die Calvinsche Kluft zwischen dem verborgenen Gott, dessen Ratschluß über Gnade oder Verdammnis niemand erkennen konnte, und dem Menschen durch das Konzept des Covenant, des gegenseitig bindenden Vertrages, den Gott mit dem Menschen schließt und der ihm Gnade verspricht. Nach dieser

96 P. Miller, *Errand into the Wilderness*, op. cit., S. 48-98; *The New England Mind. The Seventeenth Century*, op. cit.

Lehre ist es zwar immer noch allein in Gottes Hand, wem er diesen Vertrag anbietet, aber es liegt am Menschen, auf dieses Angebot einzugehen. Der Mensch muß seine eigene Vertragsbereitschaft und -treue im Vertrauen in Gott und natürlich im Leben nach Gottes Geboten zeigen. Während die englischen Theologen die theoretischen Grundlagen für die Covenant-Lehre gelegt haben, ist die Lehre in Neuengland praktisch umgesetzt worden. Es gab drei Abstufungen des bindenden Vertrages. Der Gnadenvertrag konstituierte die unsichtbare Kirche der von Gott Auserwählten und berufenen Heiligen, der Kirchenvertrag die sichtbare kirchliche Vereinigung der Heiligen; der zivile Vertrag band alle, auch die Nichterwählten als Mitglieder der politischen Gemeinschaft an die kirchliche Moral. Das Entscheidende an der Covenant-Lehre war die Verdrängung der Calvinschen Vorstellung des einsamen Individuums zugunsten der Begründung einer Gemeinschaft zwischen Gott und Mensch und zwischen den Menschen untereinander. Im Text des Kirchen-Covenant von Salem heißt es:

> Wir schließen einen Vertrag mit unserem Herrn und ein jeder mit dem anderen; und wir verpflichten uns selbst in der Gegenwart Gottes, auf allen seinen Wegen gemeinsam zu gehen, so wie es ihm gefällt, sich uns in seinem gesegneten Wort der Wahrheit zu offenbaren.[97] (Übersetzung vom Verfasser)

Nicht die rationale Theologie ist hier die Autorität des religiösen Lebens, sondern die religiöse Gemeinschaft. Was immer in diesem Rahmen als religiöse Weltsicht und Moral Geltung erlangen konnte, mußte primär in der Gemeinschaft verwurzelt sein. Hier war der Boden für praktische moralische Regeln bereitet, nicht der Boden für abstrakte Theorien. Dieser Trend wurde in der weiteren Entwicklung noch verstärkt. Die intellektuelle Theologie wurde durch das zunehmende Gewicht der religiösen Gemeinde und der unmittelbaren religiösen Erfahrung weiter zurückgedrängt. Die Ausbreitung der Methodisten und Baptisten unterstreicht diese Entwicklung. Die Bewegungen der Großen Erweckung im 18. Jahrhundert, des Revivalismus im 19. Jahrhundert und des Fundamentalismus zu Beginn des 20. Jahrhunderts sind ebenfalls ein Ausdruck des anti-intellektualistischen Grundzugs der Religion in Amerika.[98] Was die Religion in Amerika kennzeichnet, sind dem-

97 Zit. in S. Perley, *The History of Salem, Massachusetts*, 3 Bde., Salem, Mass.: Sidney Perley, 1924, ebd., Bd. 1, S. 163.

98 R. Hofstadter, *Anti-intellectualism in American Life*, op. cit., S. 55-141; P.

gemäß nicht theologische Systeme, sondern religiös inspirierte praktische Regeln für das Gemeinschaftshandeln und eine Dominanz der religiösen Gemeinde gegenüber der intellektuellen Theologie.

Das Übergewicht von Gemeinschaftsregeln über die intellektuelle Rationalität ist auch für die säkulare Moral charakteristisch, die sich im 18. Jahrhundert entwickelte. Hier ist das klassische Beispiel die Morallehre Benjamin Franklins. Sie ist der paradigmatische Fall einer Sammlung von Lebensregeln. Ihr repräsentativer Charakter bestätigt sich in ihrer Verwendung als reguläre Schullektüre. Ein Beispiel sind die 13 Tugenden, die er in seiner Autobiographie nennt:

1. *Mäßigkeit.* – Iß nicht bis zum Stumpfsinn, trink nicht bis zur Berauschung.
2. *Schweigen.* – Sprich nur, was anderen oder dir selbst nützen kann; vermeide unbedeutende Unterhaltung.
3. *Ordnung.* – Laß jedes Ding seine Stelle und jeden Teil deines Geschäfts seine Zeit haben.
4. *Entschlossenheit.* – Nimm dir vor, durchzuführen, was du mußt; vollführe unfehlbar, was du dir vornimmst.
5. *Genügsamkeit.* – Mache keine Ausgabe, als um anderen oder dir selbst Gutes zu tun; das heißt vergeude nichts.
6. *Fleiß.* – Verliere keine Zeit; sei immer mit etwas Nützlichem beschäftigt; entsage aller unnützen Tätigkeit.
7. *Aufrichtigkeit.* – Bediene dich keiner schädlichen Täuschung; denke unschuldig und gerecht, und wenn du sprichst, so sprich danach.
8. *Gerechtigkeit.* – Schade niemandem, indem du ihm unrecht tust oder die Wohltaten unterlässest, die deine Pflicht sind.
9. *Mäßigung.* – Vermeide Extreme; hüte dich, Beleidigungen so tief zu empfinden oder so übel aufzunehmen, als sie es nach deinem Dafürhalten verdienen.
10. *Reinlichkeit.* – Dulde keine Unreinlichkeit am Körper, an Kleidern oder in der Wohnung.
11. *Gemütsruhe.* – Beunruhige dich nicht über Kleinigkeiten oder über gewöhnliche oder unvermeidliche Unglücksfälle.

Miller, *Errand into the Wilderness*, op. cit., S. 153-83; S. E. Ahlstrom, *A Religious History of the American People*, op. cit., S. 280-320, 403-28, 842-56, 949-63; L. Gasper, *The Fundamentalist Movement*, Den Haag: Mouton, 1963; W. G. McLoughlin, *Modern Rivivalism: Charles Grandison Finney to Billy Graham*, New York: Ronald Press, 1959; G. M. Marsden, *Fundamentalism and American Culture. The Shaping of Twentieth Century Evangelicalism*, New York: Oxford University Press, 1982; R. C. Liebman und R. Wuthnow, *The New Christian Right. Mobilization and Legitimation*, New York: Aldine, 1983.

12. *Keuschheit.* – Übe geschlechtlichen Umgang selten, nur um der Gesundheit oder der Nachkommenschaft willen, niemals bis zur Stumpfheit, Schwäche oder zur Schädigung deines eigenen oder eines fremden Seelenfriedens oder guten Rufes.
13. *Demut.* – Ahme Jesus und Sokrates nach.[99]

Diese Sammlung von Lebensregeln ist für das amerikanische Denken ebenso repräsentativ wie Kants Moraltheorie für das deutsche. Der Unterschied zwischen beiden sagt vieles über die Gegensätze zwischen beiden Denkarten. In beiden Fällen handelt es sich um eine säkulare Moral. Bei Kant beruht die Säkularisierung jedoch auf intellektueller Abstraktion, Rationalisierung und Systematisierung, bei Franklin auf der Ausdehnung der religiösen Moral auf das praktische alltägliche Handeln. Interessant sind Franklins Bemerkungen zu seinem Moralkatalog. Er hielt die Predigten des Pastors in seiner Kirche in Philadelphia für praktisch nutzlos, weil sie allein auf rein religiöse Pflichten beschränkt waren:

(...) Allein seine Predigten waren (...) uninteressant und unerbaulich, weil dadurch nicht ein einziger sittlicher Grundsatz eingeprägt oder geltend gemacht wurde und sie eher darauf abzielten, uns zu Presbyterianern als zu guten Bürgern zu machen (...) :
1. den Sabbat heilig zu halten; 2. die Heilige Schrift fleißig zu lesen; 3. den Gottesdienst gehörig zu besuchen; 4. am Sakramente teilzunehmen; 5. den Dienern Gottes die schuldige Achtung zu bezeigen. Dies mochten lauter gute Dinge sein; da sie aber nicht diejenige Art von guten Dingen waren, die ich von jenem Text erwartete, so verzweifelte ich, denselben jemals auf Grund eines anderen Textes zu begegnen, war angewidert und besuchte seine Predigten niemals wieder.[100]

Nicht die Enge der kirchlichen Moral trieb Franklin aus der Kirche und motivierte ihn zur Formulierung eines säkularen Moralkodexes, sondern die Unfähigkeit des Pastors, aus der kirchlichen Moral außerkirchliche moralische Regeln abzuleiten. Was ihn bewegte, war die moralische Regelung des außerkirchlichen Lebens, eine zivile Moral »guter Bürger«. Was Franklin dann entwickelt, ist keine rationale Begründung von solchen Prinzipien, sondern ihre schlichte Formulierung aus seiner moralischen Kom-

99 B. Franklin, *Sein Leben von ihm selbst erzählt*, op. cit., S. 99-100 (*The Autobiography*, op. cit., S. 93-5).
100 Ebd., S. 97-8 (92). Dennoch weist die Christ Church in Philadelphia für die Touristen Franklins Platz in der Kirche aus.

petenz als »guter Bürger« heraus. Ausdrücklich zieht er die Aufzählung einer größeren Anzahl von Prinzipien mit konkreter Bedeutung der Reduktion auf eine kleine Anzahl mit allgemeiner und deshalb auch vager Bedeutung vor:

> Ich nahm mir nun vor, behufs größerer Deutlichkeit lieber mehr Namen anzuwenden und weniger Ideen mit jedem zu verknüpfen, als wenige Namen mit vielen Ideen. So faßte ich denn unter dreizehn Namen von Tugenden alles das zusammen, was mir zu jener Zeit als notwendig oder wünschenswert einfiel, und verband mit jedem einen kurzen Lehrsatz, der die volle Ausdehnung ausdrückte, die ich seiner Bedeutung gab.[101]

Franklin berichtet, wie schwierig es war, alle diese Regeln zugleich zu befolgen, und schildert, wie er diese methodisch einzuüben versuchte, indem er jeweils eine Woche lang einer bestimmten Tugend sein besonderes Augenmerk schenkte und auf einer Matrix vermerkte, welche anderen Regeln er dabei gelegentlich verletzte. Diese Methode wurde entsprechend der 13 Tugenden 13 Wochen praktiziert und dann von neuem begonnen. Das ist praktische Lebenshilfe par excellence.[102] Die Gründe ihrer Repräsentativität für das amerikanische Denken muß man in der amerikanischen Gemeinschaftsstruktur suchen. Natürlich ist die Gesellschaft Franklins in ihrer Zusammensetzung schon wesentlich heterogener als die Gesellschaft der ersten Neuenglandkolonien.[103] Farmer, Kaufleute, Kleinunternehmer und Handwerker haben sicherlich nicht völlig identische Interessen. Und es gibt Bessergestellte und Schlechtergestellte. Dennoch muß man auch die amerikanische Gesellschaft zur Zeit Franklins im Vergleich zu den damaligen europäischen Gesellschaften und im Vergleich zur heutigen amerikanischen Gesellschaft als außerordentlich homogen bezeichnen. In der Denkart herrschen kaum Unterschiede zwischen den verschiedenen Gruppen. Bis zum Einsetzen der großen nicht-angelsächsischen und nichtprotestantischen Einwandererströme gegen Ende des 19. Jahrhunderts und abgesehen von der Sklavenfrage, die allerdings erst gegen Mitte des 19. Jahrhunderts virulent wird, ist es eine einheitliche Gesellschaft von weißen, angelsächsischen, puritanischen, selbständigen Bürgern. Es findet

101 Ebd., S. 99 (93).
102 Ebd., S. 101-9 (95-104).
103 A. de Tocqueville, *Über die Demokratie in Amerika*, op. cit., S. 32-62; R. Berthoff, *An Unsettled People*, op. cit., S. 81-124.

sich kein Gegensatz zwischen einer Aristokratie und einem Bürgertum, weil keine Aristokratie, sondern nur Bürgertum existiert. Eine Arbeiterklasse bildet sich erst ab Mitte des 19. Jahrhunderts, die allerdings nie zu einer vergleichbar homogenen Klasse wird wie in Europa. Ein weiterer Faktor ist die schon dargelegte Breite des öffentlichen Lebens in Religion, Politik, Gerichtsleben und voluntaristischen Assoziationen. Der einzelne ist ständig in die Erledigung gemeinsamer, öffentlicher Angelegenheiten einbezogen. So lange dabei keine unversöhnlichen Interessengegensätze aufeinanderstoßen, stärkt dies die Präsenz der gesellschaftlichen Gemeinschaft. Wer an prominenter Stelle in die Erledigung dieser gemeinsamen Angelegenheiten involviert ist, handelt unter diesen Bedingungen weniger als Vertreter eines Interesses, gegen das andere Interessen stehen, sondern als Treuhänder der Gemeinschaft. Sein Handeln erfolgt im Sinne der Gemeinschaft; er hat deshalb auch die Chance, relativ ungeteiltes Ansehen zu gewinnen, das er wiederum in Einfluß ummünzen kann.
Nur vor dem geschilderten Hintergrund ist die Repräsentativität der moralischen Regeln Franklins zu verstehen. Das zeigt aber zugleich auch ihre Grenzen auf. Wenn man die Grenzen der weißen, angelsächsischen, puritanischen und bürgerlichen Gemeinschaft überschreitet, sind sie um so umstrittener und problematischer. Sobald die Gesellschaft aus unterschiedlichen Schichten, ethnischen, rassischen und regionalen Gruppen mit ungleichen Chancen der Teilnahme am öffentlichen Leben und an politischen Entscheidungen und der Teilhabe am ökonomischen Reichtum besteht, stützt eine solche Moral leicht die Selbstgerechtigkeit der Erfolgreichen.[104] Sie wird zu einer bloßen Rechtfertigungsideologie des Erfolgs. Es ist eine Moral, die in der unbegrenzten Handlungsautonomie des Individuums gründet. Jedes Individuum ist ganz allein für Erfolg und Mißerfolg verantwortlich. Es wird vorausgesetzt, daß jedes Individuum frei handeln und den Erfolg erreichen kann. Mißerfolg und Abweichung von den Regeln ist selbstverschuldet. Als reine Gemeinschaftsmoral kann sie die Grenzen dieser Gemeinschaft nicht überschreiten und wird zur bloßen Ideologie einer Gruppe, sobald die Gesellschaft nicht mehr mit dieser Gemeinschaft zusammenfällt, sondern sich aus mehre-

104 Zur Entwicklung im 19. und 20. Jahrhundert vgl. R. Berthoff, *An Unsettled People*, op. cit., S. 127-479.

ren Gruppen zusammensetzt. Das kann man unmittelbar erkennen, wenn man sich hundert Jahre nach Franklins Autobiographie nach ähnlichen Lebensregeln eines angesehenen Bürgers umschaut. Man stößt dann auf Lebensempfehlungen erfolgreicher Self-made men. Andrew Carnegie ist ein herausragendes Beispiel dafür.[105] Als Sohn eines armen schottischen Einwanderers ist er zum großen Eisen- und Stahlindustriellen in Pittsburgh aufgestiegen. Über die bloße Industriekarriere hinaus hat er sich für die Förderung des Weltfriedens eingesetzt und vor allem für die Entwicklung und Ausdehnung der Bildung durch die Unterstützung von öffentlichen Bibliotheken, öffentlicher Schul- und Hochschulausbildung, Forschung und Gelehrtentum. Carnegie war kein engstirniger Industrieller, dennoch kann er nicht mehr wie Franklin für die ganze Gesellschaft sprechen, sondern nur noch für diejenigen, welche die Straße des Erfolgs individuell finden oder zumindest suchen, für die Erfolgreichen und Erfolgsuchenden. Seine Empfehlungen können nicht mehr allgemeine Geltung beanspruchen. Ihr partikularer Charakter ist offensichtlich. Sie sind an den erfolgsuchenden Menschen adressiert. In einer Rede vor Studenten des Pittsburgher Curry Commercial College am 23. Juni 1885 empfiehlt er Ehrlichkeit, Wahrhaftigkeit und Fairneß als Grundtugenden und mahnt vor allem vor drei Untugenden: Alkohol, Spekulation und unkontrolliertes Geldverleihen:

Sie alle wissen, daß es keinen echten, achtenswerten Erfolg im Leben gibt, wenn sie nicht ehrlich, wahrhaftig sind und nicht faire Geschäfte machen. Ich nehme an, daß sie all das sind und bleiben und daß sie bestrebt sind, ein reines, geachtetes Leben zu führen, frei von verderblichen oder fragwürdigen Vereinigungen mit dem einen oder dem anderen Geschlecht. Es gibt ansonsten keine ehrenvolle Zukunft für sie. Anderenfalls werden ihr Lernen und ihre Gewinne nicht nur zunichte gemacht, sondern tragen auch noch zur Verschärfung ihres Versagens und ihrer Schande bei. Ich hoffe, sie werden es mir nicht übelnehmen, wenn ich sie erneut vor drei der schwerwiegendsten Gefahren warne, die ihnen auf ihrem Weg nach oben drohen (...) Ich bitte sie dringend, meiden sie Alkohol, Spekulation und Wechselgeschäfte. Versagen sie hinsichtlich keiner dieser Gefahren, denn Alkohol und Spekulation sind die Scylla und die Cha-

105 Siehe A. Carnegie, *Autobiography of Andrew Carnegie*, Boston und New York: Houghton Mifflin, 1920; J. F. Wall, *Andrew Carnegie*, New York: Oxford University Press, 1970.

rybdis in der See des jungen Mannes Geschäft, und das Wechselgeschäft ist der Fels, auf den er zusteuert.[106] (Übersetzung vom Verfasser)

Man kann nicht sagen, daß Carnegies Lebensregeln nur die Überzeugungen einer kleinen Minderheit wiedergeben. Das wäre weit gefehlt. Sie repräsentieren sicherlich die große Mehrheit, nicht nur die Erfolgreichen, sondern all diejenigen, die an den »amerikanischen Traum« glauben. Aber im Unterschied zu Franklins Lebensregeln ist ihr Geltungsbereich nun weiter eingeschränkt, eben auf eine große Mehrheit. Die Minderheit derjenigen, die nicht oder nicht mehr an den Erfolg glauben, bleibt ausgeschlossen. Carnegies Lebensphilosophie bringt nach wie vor den American way of life zum Ausdruck, aber es ist nun nicht mehr der allgemein geteilte, sondern nur noch der mehrheitlich herrschende Way of life.[107]

Es ließen sich noch viele andere Beispiele von Empfehlungen für den richtigen Weg zum Erfolg nennen, die von erfolgreichen Persönlichkeiten an die nachfolgenden Generationen weitergegeben wurden. Ebenso hat die Beherrschung des amerikanischen Lebens durch die Suche nach dem Erfolg vielfache literarische Darstellung und kritische Durchleuchtung erfahren. Wie die puritanische Ethik die erfolgreiche Berufsarbeit geformt hat, findet man z. B. in Cotton Mathers *A Christian at his Calling* (1701). Benjamin Franklins *The Way to Wealth* (1760) ist zur bekanntesten säkularisierten amerikanischen Erfolgsethik geworden. Im 19. Jahrhundert setzen die erfolgreichen Geschäftsmänner, wie P. T. Barnum mit *The Art of Getting Money* (1869) und Andrew Carnegie mit *The Road to Business Success* (1885), aber auch Priester, wie Russell Conwell mit *Acres of Diamonds* (1880), die Profanisierung der Erfolgsethik fort. Große Popularität haben die Erfolgsgeschichten Horatio Algers erreicht. Zu den großen literarischen Darstellun-

106 A. Carnegie, »The Road to Business Success: A Talk to Young Men«, in: W. Thorp, M. Curti und C. Baker (Hg.), *American Issues*, op. cit., S. 728-31, ebd., S. 728-9, 730. Siehe weiter: A. Carnegie, *The Gospel of Wealth and Other Timely Essays*, New York: Century, 1900.

107 Darauf reagierte die intellektuelle, aber nicht revolutionäre, sondern reformistische Kritik gegen Ende des 19. Jahrhunderts. Vgl. J. B. Gilbert, *Work without Salvation. America's Intellectuals and Industrial Alienation, 1880-1910*, Baltimore: John Hopkins University Press, 1977; siehe auch M. Curti, *Amerikanisches Geistesleben*, op. cit., S. 803-72; R. M. Huber, *The American Idea of Success*, New York: McGraw Hill, 1971.

gen des Erfolgs-Syndroms in Amerika gehören Henry David Thoreaus *Live Without Principle* (1863), Theodore Dreisers *The Titan* (1914), Bruce Bartons *The Man Nobody Knows* (1925), F. Scott Fitzgeralds *The Great Gatsby* (1925), Nathanael Wests *A Cool Million* (1934), John P. Marquards *Point of No Return* (1949) und Arthur Millers *Death of a Salesman* (1949).[108]

Tocqueville hat die Tendenz zur Tyrannei der Mehrheit in der amerikanischen Gesellschaft lebhaft beschrieben:

> Die Mehrheit umspannt in Amerika das Denken mit einem erschreckenden Ring. Innerhalb dessen Begrenzung ist der Schriftsteller frei: aber wehe ihm, wenn er ihn durchbricht. Zwar hat er kein Ketzergericht zu fürchten, aber er ist allen möglichen Verdrießlichkeiten und täglichen Verfolgungen ausgesetzt.[109]

Sobald der herrschende Konsens nicht mehr ein allgemein geteilter, sondern nur noch ein von der Mehrheit für allgemeingeltend gehaltener Konsens ist, erhält die herrschende Lebensphilosophie einen ideologischen Charakter. Ungeachtet der gesellschaftlich bedingten Barrieren zum Erfolg und zum moralischen Lebenswandel, werden nur persönlich verschuldete Hindernisse thematisiert. Die Erfolgreichen verdanken den Erfolg einem disziplinierten Lebenswandel, die Erfolglosen ihren Mißerfolg der mangelnden Selbstdisziplin. So wird die gemeinschaftlich verwurzelte Lebensphilosophie zur selbstgerechten Ideologie der Erfolgreichen, wenn die Basis der Lebensphilosophie nicht mehr eine umfassende gesellschaftliche Gemeinschaft ist, sondern nur noch die herrschende

108 Siehe die Sammlung von R. C. Bannister (Hg.), *American Values in Transition*, op. cit., S. 187-239. Zur Analyse des Erfolgssyndroms anhand der Literatur vgl. J. Wyllie, *The Self-Made Man in America: The Myth of Rags to Riches*, New Brunswick, N. J.: Rutgers University Press, 1954; K. Lynn, *The Dream of Success. A Study of the Modern American Imagination*, Westport, Conn.: Greenwood, (1955) 1972; B. Wright, »Franklin's Legacy to the Gilded Age«, in: *Virginia Quarterly Review* 22, 1946, S. 268-79; J. G. Cawelti, *Apostles of the Self-Made Man*, Chicago: University of Chicago Press, 1965; D. Meyer, *The Positive Thinkers. A Study of the American Quest for Health, Wealth and Personal Power from Mary Baker Eddy to Norman Vincent Peale*, Garden City, N. Y.: Doubleday, 1965; R. Weiss, *The American Myth of Success. From Horatio Alger to Norman Vincent Peale*, New York: Basic Books, 1969; E. Long, *The American Dream and the Popular Novel*, London: Routledge, 1985.

109 A. de Tocqueville, *Über die Demokratie in Amerika*, op. cit., S. 294.

Gemeinschaft der Erfolgreichen und Erfolgsuchenden, während die dauerhaft Erfolglosen ausgeschlossen bleiben. Es herrscht ein moralischer Partikularismus. Hier ist die Wurzel für den tendenziellen moralischen Partikularismus zu verorten, der die herrschende weiße, angelsächsische, puritanische und bürgerliche Gemeinschaft Amerikas kennzeichnet. Das impliziert vor allem mangelndes Verständnis für Andersheit: für andere Lebensregeln überhaupt und für die Unfähigkeit, nicht mit denselben Regeln zurechtzukommen und Erfolg zu haben. Es ist die oft recht engstirnige Negativhaltung gegen das »Unamerikanische«. Opfer dieser Haltung waren und sind vor allem die Indianer und die Schwarzen, die Asiaten und in zunehmendem Maße die einströmenden hispanischen Gruppen, vor allem die »Chicanos«.[110]
Allerdings kann man wiederum nicht sagen, daß die genannten Gruppen aus dem American way of life ausgeschlossen seien. Erhebliche Teile dieser Gruppen nehmen erfolgreich an diesem Leben teil. Heute stellen die jungen Asiaten zum Erstaunen der Angloamerikaner weit überproportional die erfolgreichsten Absolventen von High school, College, Professionsschulen und Graduiertenstudium.[111] Die Suche des Erfolgs ist noch immer ein gemeinsamer Grund, der die verschiedenen Einwanderergruppen in das Land führt. Daß sie ihn nicht alle finden, trennt sie in dieser Gemeinsamkeit so lange nicht, wie sie – vor allem angesichts der schlechten Verhältnisse in ihren Heimatländern – an den Erfolg glauben.

Die dramatischeren Konsequenzen des angloamerikanischen moralischen Partikularismus liegen in der Beziehung nach außen. Die Ideologie des Amerikanismus erschwert ein differenziertes Verständnis der besonderen Probleme einzelner Länder. Vor allem versteht man nicht, daß eine Übertragung des »American way of life« auf andere Länder nicht unbedingt in einer freien und demokratischen Gesellschaft resultiert, sondern oft in der Kombination einer elitären Gesellschaftsstruktur mit ausbeuterischem

110 E. A. Tiryakian, »Puritan America in the Modern World: Mission Impossible?«, op. cit.; P. N. Carroll, *The New England Frontier: Puritans and Indians*, op. cit.; D. B. Davis, *The Fear of Conspiracy: Images of UnAmerican Subversion from the Revolution to the Present*, Ithaca: Cornell University Press, 1971; A. M. Greeley, *Why Can't They Be Like Us? America's White Ethnic Groups*, New York: E. P. Dutton, 1971.

111 E. McGrath, »Confucian Work Ethic«, in: *Time*, 28. März 1983, S. 36.

Kapitalismus und diktatorischen Regimen. Blind gegen diese Perversion der eigenen individualistischen Lebensphilosophie, hält man lieber an diktatorischen Regimen fest, als daß man sich mit »fremden« sozialistischen Bewegungen anfreunden würde. Neben den sicherlich nicht gering zu veranschlagenden sicherheitspolitischen und ökonomischen Interessen, die den außenpolitischen Kurs der USA in Mittel- und Südamerika beeinflussen, darf man diese ideologischen Einflüsse nicht vergessen, die Rechtfertigungen liefern und relativ enge Grenzen der Lernfähigkeit ziehen.[112]

2.3.2 Die Dynamik der Konsensbildung

Die sogenannte moralische Mehrheit hat in Amerika immer wieder als Beharrungszentrum gegen die Kräfte des Wandels gewirkt. In der Politik konnten sich konservative Präsidenten in der Regel auf diese moralische Mehrheit stützen. Ronald Reagan ist das jüngste Beispiel dafür. Die moralische Mehrheit ist konservativ. Sie verlangt eine Begrenzung des staatlichen Eingreifens in den Wirtschaftsablauf, der staatlichen Bildungs-, Wohlfahrts- und Desegregationsprogramme, weniger Hilfe für Minderheiten, strengeres Vorgehen gegen Rauschgiftsucht, Pornographie und Kriminalität sowie eine härtere Außenpolitik gegenüber kommunistischen Ländern.

Es gibt indessen erhebliche Gegenkräfte gegen einen reinen Gemeinschaftspartikularismus und eine reine Mehrheitsherrschaft in der gesellschaftlichen Konsensfindung. Der Liberalismus ist eine mächtige Gegenkraft gegen den mehrheitlichen Konservatismus. Beide Denkströmungen gründen sich kaum auf philosophische Doktrinen, sondern unterscheiden sich allein durch ein gewisses Muster der Einstellung zu konkreten Problemen.[113] Man findet eine Pragmatik, aber keine Philosophie des Konservatismus und des Liberalismus. Dabei haben sich diese Einstellungen im Verlaufe der gesellschaftlichen Entwicklung gewandelt. Während

112 E. A. Tiryakian, »Puritan America in the Modern World: Mission Impossible?«, op. cit.

113 Vgl. V. O. Key, Jr., *Public Opinion and American Democracy*, New York: Alfred Knopf, 1967, S. 207-87; L. Free und H. Cantril, *The Political Beliefs of Americans*, New York: Simon and Schuster, 1968.

der ältere Liberalismus gegen staatliches Eingreifen in das voluntaristische gesellschaftliche Handeln votierte, ist die Befürwortung einer aktiven staatlichen Bildungs- und Sozialpolitik, seit Franklin D. Roosevelt seine Politik des »New Deal« als liberal bezeichnete, ein Kennzeichen des Liberalismus. Die ältere liberale Position ist heute ein Teil des Konservatismus. Man kann sagen, daß heute folgende Merkmale zu einer liberalen Haltung gehören: Befürwortung einer aktiven staatlichen Regulierung der Wirtschaft zur Kontrolle von Inflation und Arbeitslosigkeit und zur Minderung der negativen Konsequenzen des Kapitalismus für die benachteiligten Schichten und für die Umwelt, aktive Bildungspolitik zur Realisierung von Chancengleichheit, aktive Sozialpolitik zur Linderung sozialer Not, Schutz der bürgerlichen Freiheitsrechte von Angeklagten, Schutz der Pressefreiheit und Demonstrationsfreiheit, Bekämpfung von Diskriminierung, Entspannung nach außen gegenüber kommunistischen Staaten, keine Unterstützung rechtsgerichteter Diktaturen in Mittel- und Südamerika.[114] Die konsequente konservative Haltung zeichnet sich in umgekehrter Richtung durch die Gegenposition zu denselben Punkten aus. Beide Positionen werden jedoch keineswegs durchgehend in voller Reinheit vertreten. Sie treten häufig in gemäßigten Formen auf und gleichen sich in einer breiten Mitte an. Diese mittlere Position zeigt sich z.B. in der Befürwortung der liberalen Haltung zu den genannten Punkten, die jedoch bestimmte Grenzen nicht überschreiten soll: staatliche Regulierung der Wirtschaft ohne ihre Leistungsfähigkeit zu unterhöhlen, Bildungs- und Sozialpolitik ohne Untergrabung des individuellen Leistungswillens und ohne staatliche Bevormundung und extreme Bürokratisierung, Pressefreiheit ohne Verletzung von Sicherheitsinteressen des Staates, Rechte des Angeklagten ohne Verlust der Kontrolle über Kriminalität, Beseitigung von Diskriminierung, jedoch ohne umgekehrte Diskriminierung von Leistungwilligen durch ein starres Quotenschema der Verteilung von Studienplätzen und Arbeitsplätzen auf gesellschaftliche Gruppen, Entspannung, aber ohne Gefahr der Ausdehnung kommunistischer Herrschaft, keine Stützung rechts-

114 L. Hartz, *The Liberal Tradition in America*, New York: Harcourt, Brace and World, 1955; W. F. Buckley, Jr., *Up from Liberalism*, New York: Hillman, 1961; R. B. Fowler, *Believing Skeptics. American Political Intellectuals, 1945-1964*, Westport, Conn.: Greenwood, 1978, S. 215-58; I. L. Horowitz, *Ideology and Utopia in the United States 1956-1976*, op. cit., S. 162-79.

gerichteter Diktaturen, aber auch keine tatenlose Hinnahme kommunistischer Diktaturen in Mittel- und Südamerika.[115]

Liberalen und konservativen Haltungen begegnet man nicht nur in angenäherten Formen, sie sind auch nicht diskret auf gesellschaftliche Gruppen und Parteien verteilt. Zwischen Demokraten der Südstaaten und der Nordstaaten bestehen z. B. größere Unterschiede als zwischen Demokraten und Republikanern der Nordstaaten. Zwischen 1957 und 1968 wurden fünf bedeutende Bürgerrechtsgesetze im Kongreß verabschiedet. Alle fünf Gesetze gewannen eine Mehrheit von Demokraten des Nordens und Republikanern, hauptsächlich – aber nicht nur – aus dem Norden und Mittelwesten, gegen eine Opposition der Südstaatendemokraten.[116]

Liberale und konservative Einstellungen treten häufig in Mischformen auf. Eine liberale Einstellung in der Wirtschaftspolitik und in der Bürgerrechtspolitik kann mit einem konservativen Eintreten für Gesetz und Ordnung verbunden sein. Mitglieder der Gewerkschaften und Schwarze neigen zu dieser Kombination. Eine liberale Auffassung in der Wirtschaftspolitik kann mit konservativen Haltungen gegen Bürgerrechtspolitik und für Gesetz und Ordnung verknüpft werden. Anhänger von George Wallace und Südstaatler in Kleinstädten bevorzugen diese Verbindung. An dieser Vielfalt der Abstufung, Mischung und Verteilung auf gesellschaftliche Gruppen läßt sich erkennen, daß schon der gemeinschaftliche Pluralismus der amerikanischen Gesellschaft einer reinen Mehrheitstyrannei in der gesellschaftlichen Konsensfindung entgegenwirkt. Die Mehrheit ist keine homogene Gruppe mit einer einheitlichen Überzeugung.[117]

115 Diesen Haltungen nähert sich der vieldiskutierte Neokonservatismus. Vgl. L. A. Coser und I. Howe (Hg.), *The New Conservatives*, New York: Quadrangle, 1974; G. H. Nash, *The Conservative Intellectual Movement in America*, New York: Basic Books, 1976; P. Steinfels, *The Neoconservatives. The Men Who are Changing America's Politics*, New York: Simon and Schuster, 1979; H. Nakano, »Conservatism as a Political Ideology in Contemporary America«, in: *Kwansei Gakuin University Annual Studies*, Vol. XXX, S. 95-108.

116 J. Q. Wilson, *American Government*, op. cit., S. 526-30.

117 Ebd., S. 98-130; R. A. Dahl, »The American Oppositions: Affirmation and Denial«, op. cit.; *Pluralist Democracy in the United States. Conflict and Consent*, Chicago: Rand McNally, 1967, S. 259-370; V. O. Key, *Public Opi-*

Ein Potential der autoritativen Konsensfindung bietet das Präsidialamt.[118] Ein starker Präsident kann seine Popularität und seine ständige Präsenz in den Massenmedien, vor allem im Fernsehen, nutzen, um die öffentliche Meinung in eine gewünschte Richtung zu lenken.[119] Das Präsidentenamt birgt Möglichkeiten der charismatisch geführten Konsensfindung in sich. Die ersten Präsidenten waren allesamt hochangesehene Führer der Unabhängigkeitsbewegung und der Staatsgründung. Sie haben wesentlich zum Charisma des Präsidentenamtes beigetragen. Allerdings haben sie noch keine besonders aktiv gestaltende Politik gemacht. Trotz des Veto-Rechts des Präsidenten hat bis zu Franklin D. Roosevelt (1933-1945) der Kongreß die Politik durch Gesetzgebung bestimmt. Nur außergewöhnlich starke Präsidenten konnten bis dahin, vor allem in Krisenzeiten, eine aktivere Rolle spielen. Der erste war Andrew Jackson (1829-1837), der sich als Anwalt des Volkes verstand und durch den ersten extensiveren Gebrauch seines Veto-Rechts einen bestimmenden Einfluß auf die Politik ausübte. Abraham Lincoln (1861-1865) gebrauchte die Macht des Präsidenten in bis dahin nicht gekanntem Ausmaß.[120] Theodore Roosevelt (1901-1909) und Woodrow Wilson (1913-1921) waren aufgrund ihrer Popularität starke Präsidenten. Der machtvollste Präsident war jedoch Franklin D. Roosevelt, der mit seiner Wirtschafts-, Bildungs- und Wohlfahrtspolitik zum ersten Mal mit einer geschlossenen Programmatik die öffentliche Meinung und mit ihr im Rücken die Gesetzgebung nachdrücklich bestimmt hat.[121]

Seit Franklin D. Roosevelt wird von jedem Präsidenten eine pro-

nion and American Democracy, op. cit., S. 99-202; L. A. Free und H. Cantril, *The Political Beliefs of Americans*, op. cit., S. 134-56.

118 Vgl. R. E. Neustadt, *Presidential Power. The Politics of Leadership*, New York: Wiley, 1960; R. A. Dahl, *Pluralist Democracy in the United States*, op. cit., S. 78-108; P. Eidelberg, *The Philosophy of the American Constitution*, op. cit., S. 166-201; S. Hess, *Organizing the Presidency*, Washington: Brookings, 1976; J. Q. Wilson, *American Government*, op. cit., S. 302-46.

119 E. E. Cornwell, *Presidential Leadership of Public Opinion*, Bloomington: Indiana University Press, 1965; N. N. Minow et al., *Presidential Television*, New York: Basic Books, 1973.

120 C. Sanburg, *Abraham Lincoln*, op. cit.; R. N. Current, *Speaking of Abraham Lincoln*, op. cit.

121 W. E. Leuchtenburg, *Franklin D. Roosevelt and the New Deal*, op. cit.

grammatisch geschlossene und aktive Gestaltung der Politik erwartet. Eine sehr große Rolle spielt dabei die Lenkung der öffentlichen Meinung durch die Nutzung der Massenmedien. Der Präsident ist täglich in jedem Haushalt durch die Berichterstattung der Massenmedien präsent. Es gibt einen ständig im Weißen Haus anwesenden Stab von Reportern, die den Präsidenten fast auf jedem Schritt und Tritt verfolgen.[122] Wie weit ein Präsident diese Möglichkeiten der charismatischen Formung der öffentlichen Meinung für seine Zwecke einsetzen kann, hängt von seiner persönlichen Ausstrahlung, seinem Geschick und auch Glück ab. Nach Franklin D. Roosevelt konnte nur Lyndon Johnson am Beginn seiner Amtsperiode mit einer Reihe von Bürgerrechts- und Wohlfahrtsprogrammen der Gesetzgebung einen nachhaltigen Stempel aufdrücken. Jeder Präsident muß seine Popularität unmittelbar nach seiner Wahl in aktive Politik umsetzen. Mit der Dauer ihrer Amtstätigkeit haben alle Präsidenten unweigerlich an Popularität verloren, oft in Verbindung mit immer wieder auftretenden kleineren oder größeren politischen Krisen, die umstrittene Maßnahmen erforderten. Das Präsidentenamt ist eine Institution, die bei entsprechender Nutzung durch starke und populäre Präsidenten eine wesentliche *dynamische* Wirkung in der richtungsweisenden Formung der öffentlichen Meinung entfalten kann. Die Beispiele der drei aktivsten Präsidenten in der Gesetzgebung, Andrew Jackson, Franklin D. Roosevelt und Lyndon B. Johnson, weisen darauf hin, daß starke Präsidenten vor allem in der Bildung liberaler Mehrheiten in der öffentlichen Meinung eine wichtige Funktion ausüben.[123]

Ein wesentliches dynamisches Element der öffentlichen Konsensfindung bilden die Massenmedien.[124] Sie erfüllen vor allem die Funktion der Öffnung des gesellschaftlichen Konsensus für den

122 C. Bernstein und B. Woodward, *All the President's Men*, New York: Warner Paperback Library, 1975.

123 J. Q. Wilson, *American Government*, op. cit., S. 327-32.

124 Vgl. die klassische Studie von W. Lippmann, *Public Opinion*, New York: Macmillan, (1922) 1960; siehe weiter D. Cater, *The Fourth Branch of Government*, Boston: Houghton Mifflin, 1959; T. Shibutani, *Improvised News*, Indianapolis: Bobbs Merrill, 1966; L. V. Sigal, *Reporters and Officials: The Organization and Politics of Newsmaking*, Lexington, Mass.: D. C. Heath, 1973; D. Nimmo, *Political Communication and Public Opinion in America*, Santa Monica: Goodyear Publishing Co., 1978, S. 182-222.

Fluß der Information. Die Berichterstattung in den Medien macht bestimmte Probleme, die von einzelnen erfahren und erkannt werden, oft erst zu öffentlich diskutierten Problemen. Die Vielfalt der Medien führt dabei den offenen Wettbewerb in die öffentliche Konsensfindung ein. Wer hier Einfluß auf die öffentliche Meinung gewinnen will, muß ständig Informiertheit und Vertrauenswürdigkeit beweisen. Berichterstatter und Kommentatoren besitzen keine zugeschriebene Vertrauenswürdigkeit. Es ist interessant, daß das Fernsehen in den vergangenen Jahrzehnten die Tagespresse deutlich in der Bedeutung *und* in der Vertrauenswürdigkeit überholt hat. Im Jahre 1959 entnahmen 57 % der Bevölkerung ihre Informationen der Tageszeitung, 51 % dem Fernsehen, 34 % dem Radio und 8 % Nachrichtenmagazinen; 32 % hielten die Tageszeitung am glaubwürdigsten, 29 % das Fernsehen, 12 % das Radio und 10 % die Nachrichtenmagazine. Im Jahre 1978 erhielten dagegen 67 % ihre Informationen durch das Fernsehen, 49 % durch Tageszeitungen, 20 % durch das Radio und 5 % durch Magazine (Mehrfachnennungen waren möglich). Dem Fernsehen vertrauten nun 47 % am meisten, der Tagespresse 23 %, dem Radio 9 % und den Magazinen ebenfalls 9 %.[125] Dieser Wandel der Vertrauenswürdigkeit der Quellen ist zunächst durch den Wandel des Gebrauchs zu erklären. Das Fernsehen wird weit häufiger benutzt. Dabei dürfte allerdings nicht nur die einfachere Zugänglichkeit des Fernsehens eine Rolle spielen, sondern auch die bildliche und mündliche Präsentation, welche die Person des Berichterstatters und Kommentators mehr in den Vordergrund stellt.[126] Mit den Namen der Berichterstatter und Kommentatoren verbinden sich Personen, die man in jedem Haushalt kennt und über die man mit Verwandten, Nachbarn und Bekannten spricht. Ihre Glaubwürdigkeit wird auf diese Weise im sozialen Kontext bestimmt. Die soziale Anerkennung eines Berichterstatters und Kommentators verleiht ihm einen sozial verbindlichen Einfluß, dem sich der einzelne nicht ohne weiteres entziehen kann. Die Richtung dieses Einflusses wird jedoch dadurch offengehalten, daß eine relativ scharfe Konkurrenz in den Medien, insbesondere im Fernsehen, herrscht.

Wie weit die Medien in konkreten Fällen einen nachweisbaren

125 J. Q. Wilson, *American Government*, op. cit., S. 248.

126 Zu einer Darstellung des Fernsehens aus erster Hand: S. Mickelson, *The Electric Mirror*, New York: Dodd, Mead and Co., 1972.

Einfluß auf die öffentliche Meinung nehmen, ist oft umstritten. Auf jeden Fall hängt dieser Einfluß von besonderen Bedingungen ab. Beispielsweise hat man festgestellt, daß die Darstellungen des Vietnamkrieges in den führenden Tageszeitungen und Magazinen zwischen 1964 und 1968 von einer Haltung für den Krieg zu einer Haltung gegen den Krieg umschwenkten und ihre Leser ebenfalls deutlicher als andere in dieser Zeitspanne ihre Einstellung zum Krieg in entsprechender Weise änderten. Ein Gegenbeispiel bietet die Wahl Richard M. Nixons zum Präsidenten im Jahre 1972. Während die Redakteure und Mitarbeiter mit überwältigender Mehrheit den Gegenkandidaten George McGovern wählten, stand die Gesamtbevölkerung mit ebenso großer Mehrheit auf der Seite Nixons.[127] Im letzteren Fall muß man berücksichtigen, daß die Berichterstatter und Kommentatoren aufgrund ihres journalistischen Ethos im allgemeinen nicht offen sichtbar für McGovern und gegen Nixon eingetreten sind. Im Falle des Vietnamkrieges handelte es sich jedoch gerade um die offene Darlegung und Begründung einer Einstellung. Wenn man den Einfluß der Medien auf die öffentliche Meinung ermessen will, dann muß man wohl eher das Beispiel des Vietnamkrieges heranziehen, aber dabei bedenken, daß Einflüsse in eine ganz bestimmte Richtung in der Regel nur bei einheitlicher Meinung in den Medien in bezug auf ganz konkrete Themen wirksam sind, was eben unter der Bedingung der Informations- und Meinungsfreiheit und bei genügender Konkurrenz nicht die Regel ist. Allerdings wäre es völlig falsch, den Medien wegen der geringen Meßbarkeit keinen großen Einfluß zuzuschreiben. Ohne die Berichterstattung in großer Aufmachung in den Medien haben Themen keine Chancen, überhaupt Gegenstand der öffentlichen Konsensbildung zu werden. Einmal in der öffentlichen Diskussion, ist jeder, der Einfluß ausüben will, darauf angewiesen, seine Meinung auch in den Medien repräsentiert zu haben, anderenfalls geht sie unter. Die öffentliche Meinung kann nur durch die Massenmedien geformt werden. Auf jeden Fall ist der Erfolg liberaler Bewegungen, wie Franklin D. Roosevelts New Deal und die Bürgerrechtsbewegung, ohne die entsprechende Darstellung und Darlegung ihrer Informationen und Argumente in den Massenmedien auch nicht denkbar. Die Massenmedien müssen gewonnen werden, um liberale Mehrhei-

127 J. Q. Wilson, *American Government*, op. cit., S. 248, 557.

ten zu schaffen. Das heißt jedoch nicht umgekehrt, daß nicht auch konservative Haltungen durch Darstellungen und Darlegungen in den Massenmedien gestützt werden. Gehäufte Berichte über die Verhältnisse in Gefängnissen wecken positive Einstellungen für die Rechte von Gefängnisinsassen. Berichte über ansteigende Kriminalität verstärken das Eintreten für Gesetz und Ordnung.

Ein nicht zu unterschätzender Einfluß auf die gesellschaftliche Konsensfindung geht von der wachsenden Intellektualisierung des Lebens aus, die sich aus der stetig gewachsenen Ausdehnung der Schul- und Hochschulbildung und aus dem ständig zunehmenden Anteil professionalisierter Berufe an der Zahl der Erwerbstätigen ergibt.[128] Mit der Verlängerung der Schul- und Hochschulbildung ist in der Regel eine tiefere Reflexion von Werthaltungen und damit ihre Generalisierung sowie der Abbau von Vorurteilen und partikularistischen Interessenstandpunkten verbunden.[129] Die Generalisierung von Werten bezieht sich auf die der amerikanischen Gesellschaft zugrunde liegenden Werte, die in der Verfassung niedergelegt sind. Es existiert eine praktisch vollständige Übereinstimmung über die Geltung dieser Werte. Unterschiede bestehen nur in der Frage, wie weit oder eng sie ausgelegt werden sollen und wie breit sie aktiv anzuwenden sind. Die Generalisierung dieser Werte bedeutet ihre weitere Auslegung und Anwendung. Jede Restriktion der bürgerlichen Freiheitsrechte und Gleichheitsrechte widerspricht in dieser Perspektive der Verfassung. Diese breite Auslegung und Anwendung der Freiheits- und

128 Vgl. C. Jencks und D. Riesman, *The Academic Revolution*, Garden City, N. Y.: Doubleday, 1969, S. 61-154; M. Trow, »Reflections on the Transition from Mass to Universal Higher Education«, in: *Daedalus* 99, 1970, S. 1-42; E. Ashby, *Any Person, Any Study: An Essay on Higher Education in the United States*, New York: McGraw Hill, 1971; J. K. Folger, H. S. Astin und A. E. Bayer, *Human Resources and Higher Education: Staff Report of the Commission on Human Resources and Advanced Education*, New York: Russel Sage, 1970; O. Handlin und M. F. Handlin, *The American College and American Culture: Socialization as a Function of Higher Education*, New York: McGraw Hill, 1970; T. Parsons und G. M. Platt, *The American University*, op. cit., S. 163-224.

129 Das zeigt z. B. für Amerika schon die Studie von S. A. Stouffer, *Communism, Conformity & Civil Liberties*, Garden City, N. Y.: Doubleday, 1955; zu einer neuen Studie über Einstellungen zu Freiheitsrechten siehe H. McClosky und A. Brill, *Dimensions of Tolerance. What Americans Believe About Civil Liberties*, New York: Russell Sage, 1983.

Gleichheitsrechte ist zugleich der treibende intellektuelle Motor des liberalen Denkens.

Es ist naheliegend, daß mit der Ausbreitung und Vertiefung der Schul- und Hochschulausbildung das Potential für liberale Haltungen wächst. Diese Annahme wird auch durch empirische Untersuchungen bestätigt. Man hat z.B. ermittelt, daß College-Studenten nach Abschluß des Studiums liberalere Einstellungen hatten als zu Beginn des Studiums und diese Einstellungen auch nach zwanzig Jahren noch beibehalten hatten.[130] Professoren an Colleges und Universitäten haben durchgehend liberalere Auffassungen als der Durchschnitt der Bevölkerung.[131] Am meisten gilt dies für Professoren in den Sozial- und Geisteswissenschaften.[132] Während Bankfachleute, Ärzte, Präsidenten von großen Korporationen und Wall Street Rechtsanwälte früher den Kern der gebildeten Schichten verkörperten und eher konservative Einstellungen hatten, sind heute die weitaus meisten Hochschulgebildeten als Regierungsangestellte, Wissenschaftler, Professoren, Angestellte von freien Vereinigungen und Stiftungen und Mitarbeiter der Massenmedien und der Werbebranche tätig. Letztere stellen eine neue Mittelschicht mit überwiegend liberalen Auffassungen dar.[133] Es ist interessant, wie sich diese junge und neue Mittelschicht selbst innerhalb der Wählerschaft der demokratischen Partei von der alten ohne Collegebildung und in Handarbeitsberufen unterscheidet. Everett Carl Ladd Jr. hat folgende divergierende Einstellungen zwischen Wählern der demokratischen Partei herausgefunden, die einerseits der Schicht der collegegebildeten Kopfarbeiter unter 40 Jahren und andererseits der Schicht der nicht collegegebildeten Handarbeiter über 50 Jahren angehörten: Von der neuen Mittelklasse bzw. von der alten Mittelklasse votierten 59% bzw. 21% für Erleichterungen der Scheidung, 73%

130 R. S. Erikson und N. R. Luttberg, *American Public Opinion: Its Origins, Content, and Impact*, New York: Wiley, 1973, S. 138-40; A. M. Astin, *Four Critical Years: Effects of College on Beliefs, Attitudes, and Knowledge*, San Francisco: Jossey Bass, 1978, S. 36-8.

131 E. C. Ladd, Jr. und S. M. Lipset, *The Divided Academy. Professors and Politics*, New York: McGraw Hill, 1975.

132 Ebd., S. 55-92.

133 Vgl. hierzu die neuere Studie von S. Brint, »New-Class and Cumulative Trend Explanations of the Liberal Political Attitudes of Professionals«, in: *American Journal of Sociology* 90, 1984, S. 30-71.

bzw. 32 % für die Freigabe der Abtreibung, 38 % bzw. 80 % gegen außerehelichen Geschlechtsverkehr, 27 % bzw. 89 % gegen gleichgeschlechtliche Sexualbeziehungen, 85 % bzw. 49 % für mehr Umweltschutz, 5 % bzw. 67 % gegen Heirat zwischen Angehörigen verschiedener Rassen, 13 % bzw. 55 % für schärfere Gesetze gegen Pornographie, 33 % bzw. 78 % für die freie Entscheidung des Vermieters einer Wohnung, auch dann, wenn er an Schwarze nicht vermietet.[134] Die Ausbreitung liberaler Einstellungen in der oberen Mittelschicht zeigt auch eine Betrachtung ihrer Unterstützung der republikanischen und der demokratischen Partei. Von 1940 bis 1976 ist eine völlige Umkehrung des Verhältnisses zwischen beiden Parteien eingetreten. Unterstützte die obere Mittelschicht 1940 noch überwiegend die Republikaner, so gab sie 1976 überwiegend den Demokraten ihre Stimme.[135]

Die neue Mittelschicht neigt weniger aus statuspolitischen Interessen zu liberalen Haltungen als aus Wertüberzeugungen. Das bedeutet, daß zumindest ein hoher Prozentsatz der Angehörigen dieser Schicht unabhängig von situativen Veränderungen, Gewinnen oder Verlusten an liberalen Überzeugungen festhalten wird. Mit der weiteren Ausbreitung der Hochschulbildung ist deshalb auch ein weiterer gesellschaftlicher Trend zum Liberalismus als wesentlichem dynamischen Bestandteil der gesellschaftlichen Konsensfindung zu erwarten. Die Dynamik weist dabei in die Richtung der breiteren Auslegung und Anwendung der in der Verfassung verankerten Freiheits- und Gleichheitsrechte.

2.4 Die Erweiterung des Wissens

Die Erweiterung des Wissens unterliegt in Amerika durch die Dominanz marktförmiger Strukturen einer ungeheuren Dynamik. Das gilt für den kulturellen Markt im allgemeinen und für den Wettbewerb in der Wissenschaft im besonderen.

134 E. C. Ladd, Jr., »The Democrats have Their Own Two-Party-System«, in: *Fortune*, Oktober 1977, S. 212-26, ebd., S. 217; zit. in: J. Q. Wilson, *American Government*, op. cit., S. 120.

135 E. C. Ladd, Jr., »The Unmaking of the Republican Party«, in: *Fortune*, September 1977, S. 91-102, ebd., S. 95; zit in: J. Q. Wilson, *American Government*, op. cit., S. 118; vgl. weiter E. C. Ladd, Jr., *Transformations of the American Party System*, New York: Norton, 2. Aufl., 1978.

Eine wesentliche Erscheinungsform der Rationalität in Amerika, die dem Partikularismus des Common sense entgegenwirkt, ist der Wettbewerb von Informationen und Meinungen. Der Idealtypus ist hier die Disputation, das Streitgespräch und die Auseinandersetzung in Streitschriften. Gerichtlicher Streit, wissenschaftliche Disputation, die Auseinandersetzung in Zeitschriften- und Zeitungsartikeln, in Pamphleten, in Radioberichten und -kommentaren, in Fernsehberichten und -kommentaren sind hier die Medien der Rationalität. Alle diese Beiträge sind relativ kurz und situationsbezogen; und sie stehen im offenen Wettbewerb mit konkurrierenden Auffassungen. Situative Lernfähigkeit ist hier gefragt. Rationalität äußert sich in *veränderbaren Hypothesen*, die am Kriterium der Realitätskorrespondenz und Situationsadäquanz gemessen werden.

Hypothesen müssen sich auf dem Marktplatz der Ideen, Informationen und Meinungen bewähren. Die Wahrheit wird hier nicht in einsamer denkerischer Anstrengung fernab vom Getriebe von Interessen und aktuellen Wahrnehmungen gesucht, sondern im öffentlichen Streit. Nicht die freischwebenden Intellektuellen verbürgen die Wahrheit; es findet ohnehin allenfalls eine Annäherung an die Wahrheit im Sinne von situationsadäquaten Hypothesen statt, und diese ergibt sich aus dem Streit innerhalb der alltäglichen Handlungszusammenhänge. Träger dieser Form von Rationalität als situative Lernfähigkeit sind Anwälte, Wissenschaftler, Essayisten, Journalisten. Sie alle sind in einem weiten Sinn Publizisten. Ihre erste Verpflichtung gilt der augenblicklichen Situation und der richtigen Erfassung eines interessierenden Ausschnittes der Realität. Nicht die ganze Welt in ihrem Aufbau sollen sie erfassen, sondern möglichst präzise und konkret einen bestimmten situativen Realitätsausschnitt. Welche Situationen beleuchtet werden, ist hauptsächlich von variierenden Interessen abhängig. Dabei spielen die Interessenkonstellationen des Publikums eine wesentliche Rolle. Von allen Trägern der Rationalität wenden sich die Publizisten an das größte, am wenigsten spezialisierte Publikum. Auf die Ausgangsform des Ideenstreits, auf die gerichtliche Auseinandersetzung, trifft dies noch am wenigsten zu. Aber auch hier ist zumindest teilweise ein repräsentativer Querschnitt der Öffentlichkeit involviert. Der wissenschaftliche Aufsatz orientiert sich an der wissenschaftlichen Öffentlichkeit und muß zumindest einen Bezug zu aktuellen Diskussionen herstellen, wenn er erfolgreich sein soll. Ein viel breiteres Publikum sprechen der Zeitungsartikel und das Pamphlet an. Sie sind die Medien, die zur Bildung einer Massenkultur führen. Diese Ausbreitung der Massenkultur ist durch Radio und Fernsehen bis zur vollkommenen Einbeziehung der gesamten Bevölkerung einer Gesellschaft bis hin zur Weltbevölkerung gesteigert worden.

Die Adressierung von kulturellen Erzeugnissen an ein Massenpublikum hat natürlich ihre Konsequenzen für den Charakter der damit verbundenen Rationalität.[136] Einfachheit der Darstellung und Allgemeinverständlichkeit sind gefordert. Lange Traktate und spitzfindige Argumentationen haben hier keine Chance. Die Vereinfachung von komplizierten Sachverhalten endet leicht in ihrer Verzerrung. Es muß schnell auf aktuelle Ereignisse reagiert werden. Es herrschen keine gleichbleibenden, ewigen Probleme vor, die von Aristoteles bis zur Gegenwart die Intellektuellen beschäftigen, sondern Konjunkturen von Themen. Diese Konjunkturen werden natürlich von den Journalisten teilweise selbst gemacht, aber nur durch die Selektion bestimmter Themen aus dem Strom der Ereignisse. Wenn aus der Verbindung von Ereignis und journalistischer Selektion eine Hochkonjunktur eines Themas in Gang gekommen ist, dann müssen alle auf den fahrenden Zug aufspringen. Da ergibt sich viel aus der Zufälligkeit der Ereignisse und ihrer gekonnten journalistischen Aufbereitung.[137]

Die Orientierung an einem Massenpublikum bedeutet allerdings noch nicht, daß der Journalist dem Publikum nach dem Munde redet. Das ist schon deshalb nicht unmittelbar notwendig, weil sich das Publikum aus Gruppen mit ganz unterschiedlichen Interessen und Wahrnehmungsweisen zusammensetzt. Oft besteht auch noch gar keine vorgefaßte Auffassung zu einem Thema, so daß sich diese erst aufgrund der Berichterstattung bildet. In anderen Fällen wandelt sich die Auffassung von Teilen des Publikums

136 Dazu schon A. de Tocqueville, *Über die Demokratie in Amerika*, op. cit., S. 206-15, 485-578; zu einer gegenwärtigen Analyse der Massenkommunikation in den Vereinigten Staaten siehe D. Nimmo, *Political Communication and Public Opinion in America*, op. cit.

137 Zur Arbeit des amerikanischen Journalisten vgl. J. Tunstall, *Journalists at Work*, Beverly Hills: Sage Publications, 1971; J. Hohenberg, *The Professional Journalist*, New York: Holt, Rinehart and Winston, 4. Aufl., 1978.

im Gefolge der journalistischen Darstellung eines Themas. Je weiter das Publikum gestreut ist, um so weniger ist der Journalist von den Interessen und Wahrnehmungsweisen seines Publikums abhängig. Dagegen muß der Journalist, der sich an ein ausgewähltes Publikum wendet, schon mehr auf dessen Vorurteile Rücksicht nehmen.

Bei breitgefächertem Publikum gewinnen eher formale Kriterien der Darstellung an Bedeutung. Die Aufmachung der Darstellung spielt eine große Rolle. Die Darstellung muß sich von dem üblichen Strome von Berichten abheben, um Interesse zu wecken. Sie muß interessant aufgemacht sein. Das kann zur reißerischen Aufmachung, zur Sensationshascherei bis hin zu Verzerrungen und Fälschungen verführen und die Seriosität opfern. In wenigen Worten muß das Wesentliche gesagt werden. Das zwingt zur Konzentration, kann aber auch Vereinfachung zur Folge haben. Die Darstellung muß jedermann verständlich sein. Das verhindert die Verselbständigung von intellektuellen Diskussionen, kann aber auch im Wege der Popularisierung von Fachwissen die Erkenntnis verflachen. Vor allem muß Aktualität gewahrt werden. Das gewährleistet die ständige Anbindung des Denkens an den Fluß der Ereignisse, kann aber auch völlige Orientierungslosigkeit und Auslieferung an den situativen Wandel von Interessen und Wahrnehmungen implizieren.

Im Vergleich zur Orientierung an der aktuellen Situation und am Publikum nehmen andere Verpflichtungen für den Berichterstatter und Kommentator einen sekundären Rang ein. Eine zu starke Verpflichtung auf intellektuelle Rationalität würde die Situationsadäquatheit und Publikumswirksamkeit von Berichten und Kommentaren beeinträchtigen. Die Bindung an den Common sense der gesellschaftlichen Gemeinschaft, sei es ein allgemein geteilter oder nur ein herrschender Common sense, schränkt die Offenheit und die Pluralität von Informationen und Meinungen ein. An die Stelle des offenen Wettbewerbs würde die langweilige Konformität treten. Dasselbe gilt für die Kontrolle durch die herrschende Meinung, die von einer politischen Regierung definiert wird und durch Zensur der Medien durchgesetzt wird. Die Unabhängigkeit der Medien von gemeinschaftlicher und politischer Kontrolle ist die Voraussetzung für realitätsadäquate Berichterstattung und für die Pluralität von Meinungen. Diese sind die Bedingungen für kulturelle Lernfähigkeit. Auch die strikte Identifikation von Teilen der Medien mit bestimmten gesellschaftlichen Gruppen vermindert die Realitäts- und Situationsadäquanz sowie die Lernfähigkeit. In diesem Fall herrscht kein offener Wettbewerb um situations- und realitätsadäquate Darstellungen, Deutungen und Meinungen, sondern ihre zunftartige Verteilung nach den Werthaltungen, Interessen und Wahrnehmungsweisen bestimmter gesellschaftlicher Gruppen. Jede Publikation hat ihre vorgegebene Käuferschicht, ohne daß sie sich im Wettbewerb bewähren müßte. Die Medienlandschaft ist eindeutig nach Partei- und Gruppenorientierungen strukturiert. Die Medien sind keine Gegenkraft gegen die Verkrustung gesellschaftlicher Trennungslinien.

Auch die treuhänderische Verantwortlichkeit für kulturelle Problemlösungen wäre als primäre Verpflichtung für die öffnende Funktion der Massenmedien unangemessen. Sie würde die Selektivität von Publikationen so weit treiben, daß die kulturelle Flexibilität der stets mit Scheuklappen verbundenen Rechtfertigung von Entscheidungen geopfert würde. Allerdings heißt all dies wiederum nicht, daß diese Verpflichtungen gar keine Rolle für die aktuelle Deutung von Situationen spielen dürfen. Als sekundäre Verpflichtungen bieten sie die notwendige Gegensteuerung gegen die Abirrungen der Massenpublikationen. Intellektuelle Rationalität verleiht der Publikation Perspektive und einen Blick für tiefere Zusammenhänge und eine gewisse Resistenz gegen bloße Effekthascherei. Common sense bildet die Basis für Verständlichkeit und Regelmäßigkeit im situativen Wandel von Darstellungen. Treuhänderische Verantwortlichkeit steuert die Auswahl aus dem prinzipiell unendlichen Strome der Ereignisse, für die der Publizist persönliche Verantwortung übernehmen muß.

Welchen Stellenwert Massenpublikationen für das amerikanische Denken haben, kann man an dem klassischen Beispiel der Federalist Papers sehen.[138] Die 85 Artikel der Federalist Papers wurden in den Jahren 1787 und 1788 auf Betreiben von Alexander Hamilton von ihm selbst (51), James Madison (26) und John Jay (5) unter dem Pseudonym »Publius« in den Zeitungen von New York City veröffentlicht. Die Absicht war, die Ratifizierung der neuen Verfassung in der Repräsentativversammlung des Staates New York positiv zu beeinflussen. Man streitet sich, ob die Federalist Papers

138 A. Hamilton, J. Madison und J. Jay, *The Federalist Papers*, hg. von C. Rossiter, New York: Mentor, (1787/88) 1961.

tatsächlich einen entscheidenden Einfluß ausgeübt haben, aber man ist sich einig, daß die Federalist Papers klassische und die bis heute wichtigsten Interpretationen der Verfassung der Vereinigten Staaten darstellen. In Entscheidungen des obersten Gerichts ist immer wieder auf die Federalist Papers zurückverwiesen worden. Darüber hinaus gelten die Federalist Papers als das bedeutendste Stück politischer Philosophie in den Vereinigten Staaten. Sie sind Gegenstand von philosophischen Interpretationen und Universitätsseminaren. Das ist das Interessante: Zeitungsartikel, aus aktuellem Anlaß von philosophisch inspirierten politischen Aktivisten geschrieben, stellen das klassische Dokument der amerikanischen politischen Philosophie dar.

Gibt es einen schlagenderen Beweis für die Tatsache, daß das amerikanische Denken, sogar die Philosophie, von Praktikern gestaltet worden ist? Man vergleiche die Federalist Papers mit den Traktaten der europäischen politischen Philosophie eines Montesquieu, Rousseau, Kant und auch Bentham oder John Stuart Mill. Der praktische und situationsbezogene Charakter des amerikanischen Denkens zeigt sich hier in doppelter Weise: erstens in der Tatsache, daß die politische Philosophie im Vergleich zu anderen philosophischen Disziplinen im Zentrum steht, zweitens in ihrem spezifischen Medium, im Zeitungsartikel. Die politische Philosophie ist an sich schon eine auf praktisches Leben angewandte Philosophie. Der Zeitungsartikel ist noch konkreter auf aktuelle Ereignisse bezogen und hat sich in einem öffentlichen Wettstreit zu behaupten, ist also Teil des aktuellen Lebens selbst.

Die Gültigkeit der amerikanischen Philosophie äußert sich nicht in der logischen Konsistenz abstrakter theoretischer Prinzipien, sondern in der Realitätsadäquanz empirischer Hypothesen. Ein hervorragendes Beispiel bietet dafür einer der besten Artikel der Federalist Papers, der von Madison verfaßte Federalist Nummer 10.[139] Madison setzt sich darin mit den Gefahren des Faktionalismus und mit der Gefahr der Beherrschung von Minderheiten durch die Mehrheit in der Demokratie auseinander. Der Artikel enthält zwei klare, begrenzte Fragestellungen: erstens politische Instabilität, zweitens Mehrheitsherrschaft mit Minderheitsunterdrückung. Dafür werden die Ursachen in empirischen Hypothe-

139 J. Madison, »Federalist No. 10«, in: A. Hamilton, J. Madison und J. Jay, *The Federalist Papers*, op. cit., S. 77-84.

sen angegeben. Die Zersplitterung der Gesellschaft in Klassen mit divergierenden Interessen und Meinungen, der Faktionalismus, ist die Ursache von Instabilität. Dieser Faktionalismus ist wiederum eine Folge der Freiheit der Interessenentfaltung und der Meinungsbildung. Das Problem könnte durch die Beseitigung der Ursachen des Faktionalismus gelöst werden: Preisgabe der Freiheit oder jedem Bürger dasselbe Interesse und dieselbe Meinung geben. Madison scheidet diese Lösungen als ungangbar aus. Erstens würde man mit der Preisgabe der Freiheit das Leben selbst auslöschen. Zweitens sind Interessen und Meinungen an die konkreten Lebenssituationen der Menschen gebunden, die niemals für alle gleich sein können, weshalb keine Gleichheit der Interessen und Meinungen ohne Aufoktroyierung von außen vorfindbar ist. Als Weg der Lösung des Problems steht dann nur die Kontrolle der negativen Effekte des Faktionalismus, der politischen Instabilität und der Mehrheitsherrschaft offen. Die reine Demokratie kann dieses Problem nicht bewältigen, weil hier die faktionalen Interessen ungefiltert durch die allgemeine Verantwortlichkeit von Repräsentanten aufeinanderstoßen. In kleinen Demokratien besteht die Gefahr, daß eine stabile faktionale Spaltung in eine Mehrheit und eine Minderheit zu einer diktatorischen Mehrheitsherrschaft und Minderheitsunterdrückung führt. Die Problemlösung sieht Madison in der bundesstaatlichen Republik, genau in zwei Einrichtungen der Republik: in der repräsentativen Regierung und in der angemessenen größeren, aber auch nicht zu großen Zahl der Wähler pro gewählten Repräsentanten. In diesem Fall werden die faktionalen Spaltungen in vielfältiger Weise gebrochen. Die nicht zu große Zahl von Wählern pro Repräsentant gewährleistet eine gewisse Rückbindung des Repräsentanten an die Wähler, die nicht zu kleine Zahl impliziert, daß der Repräsentant zwischen verschiedenen faktionalen Interessen und Meinungen Kompromisse bilden muß. Die Größe des Bundesstaates im Vergleich zum selbständigen Einzelstaat ermöglicht eine größere Vielfalt von faktionalen Interessen und Meinungen, zwischen denen durch die repräsentative Regierungsform Kompromisse geschlossen werden müssen. Dadurch wird eine eindeutige Mehrheitsherrschaft verhindert.

Madisons Federalist Nummer 10 ist ein meisterhaftes Zeugnis für die Argumentation mit empirischen Hypothesen, die einerseits einen Bezug zu übergreifenden politisch-philosophischen Fragen haben und andererseits zur Erklärung eines konkreten Phänomens und zur Lösung eines aktuellen Problems praktisch angewandt werden. Der ganze Artikel ist in dieser Form aufgebaut. Ein charakteristisches Beispiel für die hypothesenartige Argumentationsweise bietet eine Passage zum Zusammenhang zwischen der Größe der Republik und der Wahrscheinlichkeit von Mehrheitsherrschaft:

> Je kleiner die Gesellschaft ist, um so weniger zahlreich werden wahrscheinlich die unterschiedlichen Parteien und Interessen sein, aus denen sie sich zusammensetzt; je weniger zahlreich die unterschiedlichen Parteien und Interessen sind, um so häufiger wird die Mehrheit bei ein und derselben Partei vorzufinden sein; und je kleiner die Zahl der Individuen ist, die eine Mehrheit bilden, und je enger der Kreis ihres Lebens gezogen ist, um so leichter werden sie sich untereinander abstimmen und ihre Unterdrückungspläne ausführen. Erweitert man den Kreis, dann bezieht man eine größere Vielfalt von Parteien und Interessen ein; man macht es weniger wahrscheinlich, daß innerhalb der Gesamtheit eine Mehrheit ein gemeinsames Motiv haben wird, die Rechte der übrigen Bürger zu verletzen; oder wenn ein solches gemeinsames Motiv vorhanden ist, wird es für alle, die es fühlen, schwieriger sein, ihre eigene Stärke zu entdecken und in Einheit miteinander zu handeln.[140] (Übersetzung vom Verfasser)

Die Eigenart der Federalist Papers ist charakteristisch für das amerikanische Denken: Politische Philosophie wird in großem Ausmaß in Gestalt von politischer Publizistik betrieben. Daran hat sich im Grundsätzlichen in den nahezu 200 Jahren amerikanischer Geistesentwicklung seit den Federalist Papers nichts geändert. Die Publizistik übt auch heute noch einen bestimmenden Einfluß auf das Denken aus. Das bedeutet, daß dieses Denken durch Wettbewerb, Aktualität und empirische Hypothesen, nicht durch große Systeme bestimmt wird. Natürlich hat sich seit der Zeit der Federalist Papers eine reinere Philosophie, politische Philosophie und politische Wissenschaft, vor allem seit dem großen Aufschwung der Universitäten zu Beginn des 20. Jahrhunderts entwickelt. Deshalb wäre es eine Übertreibung, wenn man das heutige politische Denken in den Vereinigten Staaten allein von der politischen Publizistik gestaltet sähe. Dennoch ist es im Vergleich zu europäischen Verhältnissen erstaunlich, in welchem Umfang prominente Wissenschaftler in allgemeinen Publikationsorganen Artikel veröffentlichen. Diese wenden sich nicht an Fachwissenschaftler, sondern an eine aufgeklärte Öffentlichkeit. Magazine wie *The New Republic, The Public*

140 Ebd., S. 83.

Interest, Harper's Magazine, Public Opinion, Daedalus, The New York Review oder *Commentary* zählen dazu. Auch die Popularisierung von Wissenschaft im *Scientific American* ist hier charakteristisch. Auch in Magazinen, wie *Time* und *Newsweek*, in Tageszeitungen, nicht nur in den großen – *New York Times, Wall Street Journal, Washington Post* –, in Radio und Fernsehen gehören Analysen und Kommentare von Wissenschaftlern zum Alltag. Sie alle sprechen jedoch nicht als reine Intellektuelle, sondern als Leute mit praktisch relevanten Ideen, als Experten. Sie müssen etwas praktisch Verwertbares mit aktuellem Bezug mitteilen können, andernfalls sind ihre Ideen nicht gefragt.

Einige Beispiele können den praktischen Charakter von Ideen, Deutungen und Analysen verdeutlichen. Seymour Martin Lipset und Everett Carl Ladd Jr. schreiben in *Public Opinion* über die »Anatomy of a Decade«.[141] Sie diskutieren dabei die Spannung zwischen Liberalismus und Individualismus im Amerika der siebziger Jahre. Unter Liberalismus ist hier eine positive Einstellung zur Hilfe für Benachteiligte durch soziale Programme der Regierung zu verstehen, unter Individualismus eine negative Haltung gegen die staatliche Kontrolle des individuellen Handelns. Sie zeigen, daß der Konflikt zwischen diesen beiden Werthaltungen in den siebziger Jahren virulent wurde, sobald die sozialen Programme der föderalen Regierung die staatliche Kontrolle über das Individuum ausgeweitet hatten. Irving Kristol diskutiert in *The Public Interest* »The Crisis of Economic Theory«[142] und unterzieht dabei die ökonomischen Theorien einer Analyse hinsichtlich ihres praktischen Nutzens für die Bewältigung der aktuellen ökonomischen Probleme der Inflation und der Arbeitslosigkeit. Harvey Brooks, Alfred Chandler, Edward E. David Jr., Stephen Graubard, Albert Hirschman, Gerald Holton, David S. Landes, Michael Maccoby, Elting Morison, Robert S. Morison, Walter A. Rosenblith, Raymond Vernon und Joseph Weizenbaum debatieren in *Daedalus* über die sozialen Konsequenzen des durch die Mikroelektronik induzierten technologischen Wandels.[143] John

141 S. M. Lipset und E. C. Ladd, Jr., »Anatomy of a Decade«, in: *Public Opinion* 1980, abgedruckt in: *Dialogue* 50, 1980, 4, S. 2-7.

142 I. Kristol, »The Crisis of Economic Theory«, in: *The Public Interest* 1980, abgedruckt in: *Dialogue* 52, 1981, 2, S. 5-8, 63-9.

143 H. Brooks, »Some Issues of Technology«, in: *Daedalus*, 1980, S. 1-24; »Technology Tomorrow«, in : *Dialagoue* 54, 1981, 4, S.38-48.

K. Galbraith und George Gilder streiten in *Public Opinion* über Nutzen und Schaden staatlicher Regulierung der Ökonomie.[144] Oscar Handlin analysiert in »Opportunity in America: A Historical Look«[145] in *Public Opinion* die historischen Wurzeln des amerikanischen Wertsyndroms von Individualismus und Chancengleichheit sowie ihren Bezug zur aktuellen Situation in Amerika, insbesondere zur Diskussion über Chancengleichheit und Gleichheit des Resultats. Michael Novak und Robert Leckachman disputieren in *Public Opinion* über die Struktur der amerikanischen Ökonomie: demokratischer Kapitalismus oder Kapitalismus der großen Konzerne.[146] Dies ist nur eine beispielhafte Auswahl für den praktischen Bezug des heutigen amerikanischen Denkens.
Alle genannten Wissenschaftler schreiben natürlich auch Fachbücher und veröffentlichen Aufsätze in reinen Fachzeitschriften, aber sie publizieren auch regelmäßig in allgemein zugänglichen Organen und unterliegen dadurch dem Zwang, Interesse zu wekken und Bezüge zwischen allgemeinen Ideen und aktuellen Situationen herzustellen. Vor allem setzen sie sich dem ständigen Wettstreit der Ideen und der Kontrolle an konkreten Situationen aus. Das erfordert die Formulierung von empirisch prüfbaren Hypothesen anstelle von allgemeinen Denksystemen. Sicherlich hat diese Aktualitätsbezogenheit auch Rückwirkungen auf die wissenschaftliche Arbeit derselben Autoren und derjenigen Wissenschaftler, die an die Arbeit dieser Autoren anknüpfen. Wissenschaft wird als Hypothesenbildung und -überprüfung betrieben und auf praktische Anwendung bezogen.
Die Prominenz der angewandten Form der gesellschaftlichen Analyse hat zur Folge, daß es in Amerika wohl mehr Teilnahme von Wissenschaftlern am praktischen Leben gibt, aber keine Intellektuellen im europäischen Sinne. Intellektuelle in Amerika blicken mit Neid auf die Intellektuellen Europas, die ihre klassische intellektuelle Tradition, ihre Klassiker haben und eine quasi ererbte elitäre Stellung in der Gesellschaft einnehmen, übersehen aber, daß dies

144 J. K. Galbraith und G. Gilder, »A Conversation on Economics«, in: *Public Opinion* 1981, abgedruckt in: *Dialogue* 56, 1982, 2, S. 25-31.

145 O. Handlin, »Opportunity in America: A Historical Look«, in: *Public Opinion* 1982, abgedruckt in: *Dialogue* 60, 1983, 2, S. 61-4.

146 B. Wattenberg, »A Conversation with Michael Novak and Robert Lekachman«, in: *Public Opinion* 1982, abgedruckt in: *Dialogue* 60, 1983, 2, S. 65-9.

oft eine Stellung über der Gesellschaft ist und nicht in der Gesellschaft. Die Amerikaner müssen für die alltägliche Teilnahme an der gesellschaftlichen Praxis den Preis des Verlustes des reinen Intellekts bezahlen, und sie sehen sich, sobald sie Intellektuelle sein wollen, mit dem Unverständnis für utopische Ideen und der Feindseligkeit gegenüber dem reinen Intellektualismus konfrontiert.[147]

Gewiß findet man auch in Frankreich, England, Deutschland oder anderen modernen Gesellschaften die Beteiligung von Wissenschaftlern an öffentlichen Diskussionen. Aber vor allem in Frankreich und Deutschland geschieht dies weit mehr in der elitären Position der wissenschaftlichen Autorität, die eine unangreifbare Wahrheit verkündet und die Öffentlichkeit über einen Sachverhalt belehrt. Dagegen sind die amerikanischen Intellektuellen und Wissenschaftler mehr dem Wettbewerb der Informationen und Meinungen unterworfen. Der Streit der Informationen und Meinungen entsakralisiert das Wissen und macht dieses zu einer Sache der praktischen Nützlichkeit. Diese wettbewerbsmäßige Struktur öffentlicher Diskussionen hat zur Folge, daß in Amerika intellektueller Radikalismus ein kümmerliches Außenseiterdasein führt und gemäßigte Positionen vorherrschen. Es existiert keine doktrinäre Ausformulierung ideologischer Positionen.

Politischer Radikalismus größeren Stils ist in den Vereinigten Staaten eher als anti-intellektualistische, rechtsgerichtete protestantische Kleinbürgerbewegung anzutreffen, wie z. B. die John Birch Society, der Ku Klux Klan oder die George Wallace Demokraten.[148] Die Anhänger dieser rechtsradikalen Bewegungen verfügen vergleichsweise über weniger Bildung und weniger Einkommen als nichtradikale Bevölkerungsschichten. Der anti-intellektualistische Grundzug dieser Bewegungen impliziert oft eine gefühlsgeladene, vorurteilsgeprägte Statuspolitik, geboren aus Statusunsicherheit. Verschwörungstheorien hinsichtlich der herrschenden liberalen Kräfte, Rassismus, Antisemitismus, Eintreten für Recht und Ordnung gegen Kriminalität, andererseits aber Ablehnung der staatlichen Eingriffe in vermeintlich private Angelegenheiten in Geschäft

147 R. Hofstadter, *Anti-intellectualism in American Life*, op. cit., S. 3-51, 393-432; S. M. Lipset, *Political Man*, op. cit., S. 332-71, insbesondere S. 367; zu einer neueren Studie über amerikanische Intellektuelle siehe C. Kadushin, *The American Intellectual Elite*, Boston: Little, Brown, 1975.

148 S. M. Lipset und E. Raab, *The Politics of Unreason*, op. cit.

und Schule gehören zu ihrer Denkweise. Typischerweise waren in Amerika rechtsradikale Bewegungen stets erfolgreicher als der Linksradikalismus. Das liegt daran, daß der Rechtsradikalismus vorwiegend eine anti-intellektualistische Kleinbürgerbewegung darstellt. Rechtsradikale Intellektuelle sind eine Ausnahme.

Der europäische Linksradikalismus ist nie eine reine Arbeiterbewegung gewesen, sondern eine stark theoretisch geprägte Intellektuellenbewegung, der es in unterschiedlichen historischen Epochen und in unterschiedlichen Gesellschaften mehr oder weniger gut gelungen ist, sich als Avantgarde an die Spitze der Arbeiterbewegung zu setzen. Die europäischen kommunistischen Parteien, die sich eine hochentwickelte wissenschaftliche Theorie, die Marxsche Theorie, zur Doktrin erhoben haben, entsprechen am meisten diesem Idealbild der intellektuellen Führung der Arbeiterbewegung.

In Amerika gab und gibt es weder eine klar umrissene und in sich einheitliche und vergemeinschaftete Arbeiterklasse noch einen ernstzunehmenden intellektuellen Radikalismus, so daß die Voraussetzungen für einen Linksradikalismus viel weniger erfüllt sind als für den Rechtsradikalismus, der in gewissem Umfang gerade durch den allgemein herrschenden Anti-Intellektualismus begünstigt wird. Somit kann man sagen, daß das Potential für politischen Radikalismus in seiner rechtsgerichteten Form in Amerika sogar recht groß ist, während für einen breiter angelegten Linksradikalismus die Voraussetzungen fehlen. Was in Amerika zur Linken gezählt wird, das belächeln hartgesottene europäische Linke als liberales Reformieren am Kapitalismus. Eine Philosophie und eine kontinuierliche Tradition der Linken sucht man vergeblich. Selbst linke Bewegungen reflektieren einen amerikanischen Grundzug. Soweit sie existieren, sind sie pragmatisch orientiert und auf aktuelle Probleme bezogen; und sie bemühen sich um relativ konkrete Programme für konkrete soziale Probleme.[149] In der amerikanischen Geschichte sind immer wieder Bewegungen dieser Art aufgetreten, sie haben sich aber niemals wie in Europa in dauerhaft bestehenden Parteien organisiert.[150] Die fehlende Tradition und

149 Zur reformistischen Reaktion auf die Entwicklung des industriellen Kapitalismus zwischen 1880 und 1910 zum Beispiel siehe J. B. Gilbert, *Work without Salvation*, op. cit.

150 Siehe die Beiträge in J. H. M. Laslett und S. M. Lipset (Hg.), *Failure of a Dream: Essays in the History of American Socialism*, op. cit.

einheitsstiftende Philosophie macht sie weit mehr als in Europa zu situationsabhängigen konjunkturellen Erscheinungen. Neue, aktuelle Bewegungen wissen oft kaum etwas von ihren Vorgängern. Zu diesem Ergebnis gelangt David DeLeon in einer Studie zur Geschichte des amerikanischen intellektuellen Radikalismus:

> Anstelle von beidem zu lernen, von angehäufter Weisheit und von den Widersprüchen der Vergangenheit, hat der amerikanische Radikalismus stets in der ewigen Gegenwart kindlicher Unwissenheit gelebt. Seine Sprache ist gewöhnlich der kindliche oder jugendliche Ausdruck einer Gruppe von Annahmen gewesen, die in unsere Gesellschaft eingewurzelt und niemals als eine bewußte Philosophie formuliert worden sind. Manchmal hat dies eine kraftvolle Unmittelbarkeit erlaubt, aber häufiger hindert dies den Radikalismus daran, seinen Platz innerhalb dieser Kultur zu erkennen, indem er sich aus unserem Erbe eine klare und eingeborene Identität wieder aneignet (...) Welcher Aktivist ist Marx' Beispiel gefolgt, zwanzig Jahre im Britischen Museum zu studieren? Doch der amerikanische Radikalismus teilt diesen Mangel mit einer Gesellschaft, die den Aktivismus über das Denken stellt und den Pragmatismus vor die Planung, indem sie dabei alle Tradition aufgibt, die keinen unmittelbaren Nutzen im gegenwärtigen Leben hat.[151] (Übersetzung vom Verfasser)

Nach DeLeons Analyse läßt sich der genuin amerikanische Radikalismus als rechtsorientierter oder linksorientierter liberaler Anarchismus deuten. Das Grundmuster dieser Konzeption ist der Voluntarismus. Die ganze Gesellschaft soll als ein Gefüge voluntaristischer Assoziationen aufgebaut sein. DeLeon umschreibt am Schluß seiner Studie ein solches Gesellschaftmodell mit Begriffen wie »institutionalisierter Individualismus« und »individualistischer Sozialismus« und bringt Sozialismus und Individualismus in einer einfachen Weise zusammen, die dem radikalen liberalen oder sozialistischen Intellektuellen in Europa den Magen verdrehen würde.[152] Die beiden grundlegenden Paradigmen des amerikanischen Denkens sind gemäßigte Formen des Konservatismus und Liberalismus.

Wo Informationen, Meinungen und andere kulturelle Produkte nicht an ausgewählte intellektuelle Gemeinschaften gerichtet, sondern in Massenpublikationen auf einem freien und anonymen Markt verbreitet werden, verdrängt eine Massenkultur mehr und mehr die elitäre, aristokratische hohe Kultur. Über den Erfolg kultureller Erzeugnisse befindet nicht der intellektuelle Kritiker,

151 D. DeLeon, *The American as Anarchist*, op. cit., S. 154.

152 Ebd., S. 134-57.

sondern der Konsum der Massen. Das beobachtet Tocqueville an der amerikanischen Literatur und verallgemeinert dies für demokratische Länder:

In den demokratischen Literaturen wimmelt es von Schriftstellern, die in der Literatur nur ein Gewerbe sehen, und auf wenige große Schriftsteller, die man da sieht, kommen Tausende von Ideenverkäufern.[153]

Heute gilt dieses Urteil Tocquevilles gewiß noch mit weit größerer Berechtigung. Der Hollywoodfilm, das Broadwaymusical und endlose Fernsehserien wie Bonanza, Dallas und Denver-Clan, nicht klassisches oder modernes Theater sind heute die genuin amerikanischen Kulturerzeugnisse. Ihr Publikum sind Konsumenten in Massen, nicht gebildete Schichten. Ihr Wertmesser sind Besucherzahlen und Einschaltquoten, nicht die intellektuelle Theaterkritik.[154] In welchem Maße diese Massenkultur in Amerika herrscht, zeigt sich auch darin, daß zwischen den gebildeten und den weniger gebildeten Schichten kein radikaler Unterschied im Konsum von Massenkultur besteht. Der Universitätsabsolvent sieht nicht viel weniger Unterhaltungsfilme und schaltet das Fernsehen nicht viel weniger zum Konsum von Unterhaltungssendungen ein als der durchschnittliche, weniger gebildete Amerikaner.[155] Erzeugnisse der Massenkultur müssen sich auf einem offenen Markt gegen Konkurrenz durchsetzen und eine möglichst große Zahl von Konsumenten erreichen. Es findet kaum eine Selektion nach kulturellen Qualitätsmaßstäben statt. Kontemplative Erzeugnisse haben nur geringe Marktchancen. Der Durchschnittsgeschmack will Handlung (Action), Spannung, Sensation und Unterhaltung. Die großen Renner sind heute Sensationsfilme wie »King Kong«, »Der weiße Hai« und »E. T.«. Auch in der Literatur verlangt der Markterfolg seinen kulturellen Preis. Angst, Gewalt und Obszönität nehmen einen immer breiteren Raum in literarischen Darstellungen ein. Während dies bei Henry Miller

153 A. de Tocqueville, *Über die Demokratie in Amerika*, op. cit., S. 546.

154 Zur amerikanischen Massenkultur siehe die Beiträge in: B. Rosenberg und D. M. White (Hg.), *Mass Culture*, Glencoe, Ill.: Free Press, 1957; A. Toffler, *The Culture Consumers*, New York: St. Martin's Press, 1964; E. Fawcett und T. Thomas, *Die Amerikaner heute*, München: Scherz, 1984.

155 Zu diesem Ergebnis kommt aufgrund einer empirischen Studie H. L. Wilensky, »Mass Society and Mass Culture: Interdependence or Independence?«, in: *American Sociological Review* 29, 1964, S. 174-96.

noch außergewöhnlich war, ist dies heute bei John Irving eine normale Erscheinung.[156] Die Ausbreitung von Angst, Gewalt und Obszönität in der Massenkultur liegt einfach daran, daß Kunst an expressive Gefühle appelliert, kulturelle Massenerzeugnisse diese Gefühle aber in der am wenigsten kulturell sublimierten Form ansprechen. Es regiert die kurzfristige Entspannung und die ungeschliffene Leidenschaft. Diesen Grundzug sieht schon Tocqueville zu seiner Zeit in der Massenkultur als natürlich gegeben. Über die Konsumenten literarischer Erzeugnisse schreibt er:

Sie verlangen nach leicht faßlicher Schönheit, die rasch zugänglich und jederzeit genießbar ist; sie brauchen vor allem Unerwartetes und Neues. An ein praktisches, umkämpftes, eintöniges Dasein gewöhnt, bedürfen sie heftiger und schneller Erregungen, plötzlicher Erhellungen, glänzender Wahrheiten oder Irrtümer, die sie augenblicklich aus sich herausreißen und sie unvermittelt, wie mit Gewalt, mitten in den Gegenstand hineinführen.[157]

Allerdings darf man nicht übersehen, daß die massenkulturellen Erzeugnisse in Amerika nicht gänzlich ohne kulturelle Qualitätskontrolle bleiben. Dafür sorgen die für Amerika typischen vielfältigen Wettbewerbe um Preise. Die Verleihung des Oskars für den besten Film oder des Tony Awards für das beste neue Musical eines Jahres sind die bekanntesten. Die doppelte Orientierung am Massenerfolg und an kulturellen Maßstäben gewährleistet, daß es in Amerika eine große Zahl kultureller Erzeugnisse gibt, die gleichermaßen auf breiten Zuspruch stoßen wie auch Maßstäben kultureller Sublimation genügen. Zwischen Kunst und Massenkultur herrscht kein scharfer Gegensatz, vielmehr findet sich eine breite Mitte einer künstlerisch anspruchsvollen Massenkultur, weit mehr als in jedem anderen Land der Welt. »Denn sie wissen nicht was sie tun«, »Jenseits von Eden« und »Giganten« mit James Dean in der Hauptrolle waren nicht nur Massenerfolge, sondern auch kulturell-sublimierte Darstellungen menschlicher und gesellschaftlicher Grundproblematiken. Sie sind nur Beispiele für zahllose andere Filme. Ähnliches gilt für die Literatur. Künstlerische Qualität und Massenauflage schließen sich nicht zwangsläufig aus.

Eine besondere Rolle in der Massenkultur spielt der Journalismus. Die Massenmedien sind Träger der Massenkultur. So ist auch zu

156 J. Epstein, »Why John Irving is so Popular«, in: *Dialogue* 60, 1983, 2, S. 38-43.

157 A. de Tocqueville, *Über die Demokratie in Amerika*, op. cit., S. 544.

erwarten, daß journalistische Erzeugnisse die amerikanische Kultur prägen. Auch dafür läßt sich schon Tocqueville als Zeuge nennen:

Die einzigen Schriftsteller, die ich als Amerikaner anerkenne, sind die Journalisten.[158]

Auch in der Presse sieht Tocqueville die typischen Erscheinungen der Massenkultur. Nicht aristokratischer Stil und tiefes Denken sind hier anzutreffen. Die Aktualität bewirkt Oberflächlichkeit auf Kosten von Tiefe. Die Konkurrenz um Leser begünstigt Sensationsdarstellungen bis hin zu Verfälschungen zuungunsten von Sachlichkeit:

Der Geist des Journalisten in Amerika besteht darin, grob, ungeschminkt und kunstlos auf die Leidenschaften einzuwirken, an die er sich richtet, die Grundsätze beiseitezulassen, um die Menschen zu packen; diese bis in ihr privates Leben hinein zu verfolgen und ihre Schwächen und Laster zu enthüllen.[159]

Allerdings ist es gewiß falsch, den heutigen amerikanischen Journalismus als bloßen Sensationsjournalismus abzuqualifizieren. Die Entwicklung seit Tocquevilles Tagen hat auf jeden Fall eine wachsende Professionalisierung des Journalismus hervorgebracht.[160] Die Presse in der ersten Epoche nach der amerikanischen Revolution war vorwiegend eine parteigebundene Presse, die in erster Linie die Position einer Partei im politischen Wettbewerb zu stärken versuchte. Die bekanntesten Beispiele dafür waren die *Gazette of the United States*, die von den Föderalisten Alexander Hamiltons publiziert wurde, und die von Thomas Jeffersons Republikanern herausgegebene *National Gazette*. Jefferson unterstüzte während seiner Präsidentschaft weiterhin die Gründung des *National Intelligencer*, Präsident Andrew Jackson später den *Washington Globe*. Der Leser konnte zwar zwischen unterschiedlichen Parteizeitungen wählen, aber er fand kaum eine par-

158 Ebd., S. 541.
159 Ebd., S. 212.
160 Vgl. zum folgenden J. Q. Wilson, *American Government*, op. cit., S. 230-50; F. L. Mott, *American Journalism, 1690-1960*, New York: Macmillan, 1962; J. C. Alexander, »The Mass News Media in Systemic, Historical, and Comparative Perspective«, in: E. Katz und T. Szecsko (Hg.), *Mass Media & Social Change*, London: Sage, 1981, S. 17-51.

teipolitisch unabhängige Zeitung. Ab der Mitte des 19. Jahrhunderts entwickelte sich eine Massenpresse mit einer weit größeren Leserschaft und mit einer extensiven Nutzung eines Anzeigenteils zur Finanzierung der Zeitung. Hinzu traten technologische Neuerungen wie die Erfindung und Nutzung der telegraphischen Übermittlung von Nachrichten und die Einrichtung von Associated Press im Jahre 1848 als eine unabhängige Vermittlungsstelle für Nachrichten. Um sich eine Vielzahl von Abnehmern zu sichern, war sie zur Neutralität gezwungen. Die Gründung des regierungsamtlichen Verlagsbüros im Jahre 1860 beendete die bis dahin bestehende Regierungsbindung der in Washington erscheinenden Zeitungen. Es bildete sich eine unabhängige Verlegerschaft heraus.

Die Zeitungen waren nun unabhängig von den politischen Parteien, aber in der Regel von der politischen Meinung ihrer Verleger bestimmt, die nun zu einflußreichen politischen Größen werden konnten, wie z.B. Joseph Pulitzer oder William Randolph Hearst. Diese erste wirkliche Massenpresse war besonders durch Sensationsdarstellungen geprägt, um sich im Wettbewerb einen weiten Leserkreis zu sichern. Bezeichnenderweise gab es keine parteipolitische Presse mit intellektuellem Zuschnitt für die unteren Schichten, wie die sozialistische Arbeiterpresse in Europa. Die unteren Schichten wurden nicht mit politisch-programmatischer, sondern mit sensationeller Presse als Leser gewonnen. Eine gegensteuernde Professionalisierung des Journalismus setzte jedoch gegen Ende des 19. Jahrhunderts ein. Daran war in gewisser Weise auch die Verminderung des unbarmherzigen Wettbewerbs und die zumindest regionale Etablierung der erfolgreichen Zeitungen beteiligt. Lesergewinnung durch Sensationen war dadurch weniger erforderlich. Zwischen dem Management und der redaktionellen Leitung der Zeitung trat eine klare Trennung ein. Die wachsende Bildung des Publikums veränderte zunehmend die Lesebedürfnisse.

Die kulturelle Formung der Massenmedien erfolgt wiederum in typisch amerikanischer Weise: durch den Wettbewerb um Kulturpreise. Der bekannteste Preis dieser Art ist der alljährlich verliehene Pulitzer-Preis. Neben dem Sensationsjournalismus existiert demgemäß eine breite Mitte eines Journalismus, der einerseits einen großen Abnehmerkreis findet, andererseits aber auch intellektuellen Standards der Sachlichkeit, Schonungslosigkeit und

analytischen Schärfe und Tiefe entspricht. Seit der Aufdeckung des Watergate-Skandals durch zwei aktive Journalisten hat der sogenannte untersuchende Journalismus immer größere Bedeutung erlangt.[161] Der Journalismus zerfällt nicht vollkommen in einen subtilen Intellektuellenjournalismus und einen flachen Massenjournalismus. Man begegnet hervorragenden Beispielen für Journalismus mit breiter Wirkung in der Öffentlichkeit. Der bekannteste Vertreter dieses amerikanischen Journalismus war Walter Lippmann. Mit der Entwicklung des Radios und noch mehr des Fernsehens zu den allgegenwärtigen Massenmedien sind Journalisten mit die einflußreichsten Persönlichkeiten geworden, die fast alltäglich jeden amerikanischen Haushalt erreichen können. Der gegenwärtig bekannteste politische Fernsehkommentator, Dan Rather von CBS, wird in einer Umfrage an zwölfter Stelle der einflußreichsten Persönlichkeiten der USA genannt.[162]
Der Wettbewerb von Informationen und Meinungen als eine tragende Grundstruktur des amerikanischen Denkens hat seine Basis in der Bedeutung und in der Organisation der Massenmedien. Tocqueville war erstaunt über die Rolle der Presse in der amerikanischen Gesellschaft:

(Die Presse) durchpulst alle Teile des weiten Gebietes mit politischem Leben. Sie ist es, deren immer waches Auge unaufhörlich die verborgenen Triebfedern der Politik aufdeckt und die bekannten Männer zwingt, der Reihe nach vor dem Gericht der öffentlichen Meinung zu erscheinen (...) In den Vereinigten Staaten hat eine Zeitung für sich allein genommen wenig Macht; aber die regelmäßig erscheinende Presse ist, nächst dem Volk, immer noch die erste der Mächte.[163]

Tocqueville meint, daß die einzelne Zeitung wenig Macht besitzt, weil sie stets der Konkurrenz anderer Zeitungen ausgesetzt ist.[164] Der harte Wettbewerb ist auch heute noch ein Merkmal, das auf die Organisation der amerikanischen Massenmedien mehr zutrifft als auf diejenige anderer Länder.[165] Beispielsweise hat sich die Zahl

161 P. H. Weaver, »The New Journalism and the Old-Thoughts after Watergate«, in: *The Public Interest*, Frühjahr 1974, S. 67-88.
162 T. Griffith, »On Top and on Trial«, in: *Time*, 20. Juni 1983, S. 39.
163 A. de Tocqueville, *Über die Demokratie in Amerika*, op. cit., S. 213.
164 Ebd., S. 214.
165 Vgl. zum folgenden J. Q. Wilson, *American Government*, op. cit., S. 237-40.

von Tageszeitungen zwischen 1947 und 1978 kaum verändert. 1947 zählte man 1763, im Jahre 1978 waren es 1756. In Städten über 50000 Einwohnern gibt es heute mehr Tageszeitungen als 1946, nämlich 252 im Vergleich zu 199. In einer Hinsicht ist der Wettbewerb allerdings zurückgegangen. Auf lokalen Märkten haben sich meistens bestimmte Zeitungen mit der Zeit gegen andere durchgesetzt. Während im Jahre 1900 noch 60 Prozent der Städte über lokal konkurrierende Zeitungen verfügten, waren es 1972 nur noch 4 Prozent. In den größten Städten – New York, Chicago, Detroit, Philadelphia, Los Angeles, Washington, Atlanta, Boston – konkurrieren auch heute noch mindestens zwei große Tageszeitungen. Die meisten anderen Städte haben nur noch eine. Jedoch findet man in den großen Metropolisregionen Überschneidungen des Einzugsbereichs mehrerer Tageszeitungen. Einwohner von Manchester in New Hampshire können z. B. den *Manchester Union Leader*, den *Boston Globe* oder den *Boston Herald American* lesen.

Besonders auffallend für jeden Besucher der USA ist die Vielfalt der Radio- und Fernsehstationen, vor allem ihre lokale Dezentralisierung, die man in Europa nicht antrifft. Diese lokale Orientierung der Massenmedien entspricht dem föderalen Aufbau der Gesellschaft und der damit verbundenen primären lokalen Bindung der Konsumenten. Die Dezentralisierung der Medien wird durch eine Regierungsregulation geschützt, die von der Federal Communications Commission entwickelt wurde. Niemand darf mehr als eine AM Radio-, eine FM Radio- und eine Fernsehstation auf einem lokalen Markt besitzen. In den ganzen USA ist es nicht zulässig, daß sich mehr als sieben dieser jeweiligen Stationen in einer Hand befinden. Neben der Konkurrenz auf dem lokalen Markt ist die Konkurrenz zwischen den nationalen Nachrichtenprogrammen ABC, CBS und NBC nicht zu vergessen. Bei den Nachrichtenmagazinen mit nationenweiter Leserschaft streiten sich *Time*, *Newsweek* und *U. S. News & World Report* um die Leserschaft. Eine echte nationale Tagespresse ist nicht vorhanden, allerdings nehmen die *New York Times*, die *Washington Post* und das *Wall Street Journal* eine quasi-nationale Stellung ein, weil sie vor allem in den Regierungsabteilungen Washingtons gelesen werden und ihre Berichte oft von lokalen Medien übernommen werden.

2.4.2 Der wissenschaftliche Wettbewerb

Wettbewerb ist eine dominante Struktur der amerikanischen Gesellschaft. Er kennzeichnet auch die Organisation der *Wissenschaft* in Amerika grundlegend. Das ist schon am Wettstreit der Universitäten um das höchste akademische Prestige zu erkennen. Sie konkurrieren um finanzielle Zuwendungen für Forschungsprojekte und für den Ausbau ihrer wissenschaftlichen Abteilungen, um wissenschaftliche Entdeckungen, fähige Studenten, Mitarbeiter und Professoren. Je mehr von diesen Ressourcen und Leistungen sie anziehen können, um so höher ist ihr Ansehen und um so anziehender wirken sie wiederum auf Geldgeber, Wissenschaftler und Studenten.[166]

Wie offen der Wettbewerb ausgetragen wird, zeigt sich in den regelmäßig erfolgenden offiziellen Einstufungen der Universitäten in einer Rangskala nach verschiedenen Kriterien, z. B. nach der Zahl von Departments mit hochrangigen wissenschaftlichen Leistungen, die allgemeine Anerkennung unter Kollegen genießen, nach der Anzahl verliehener wissenschaftlicher Preise, nach der Anzahl von Graduierten, die erfolgreiche Wissenschaftler geworden sind, oder nach den Geldsummen, die für Forschungsprojekte aufgetrieben wurden. Es gibt eine immer wieder neu ermittelte Rangordnung, wobei die Zugehörigkeit zu den ersten zehn Universitäten eine besondere Prominenz verleiht. Dabei spielt, wie bei aller Marktkonkurrenz, eine große Rolle, daß die Großen immer wieder ihre Marktvorteile in neue Gewinne umsetzen können; deshalb sind in der Regel wenig dramatische Auf- und Abstiege zu verzeichnen. Um die ersten vier Plätze streiten sich Harvard, Chicago, die University of California in Berkeley und Columbia, um die weiteren Plätze vor allem die University of California in Los Angeles (UCLA) als der große Aufsteiger der jüngeren Vergangenheit, Michigan, Princeton, Johns Hopkins, Wisconsin, Cornell, Minnesota und Pennsylvania.

Im Wettkampf der Großen können die kleinen Universitäten und Colleges nicht mithalten und nur durch die besondere Förderung einzelner Ausbildungsgänge und Disziplinen Ansehen gewinnen.

166 Vgl. L. Wilson, *The Academic Man: A Study in the Sociology of a Profession*, New York: Octagon Books, (1942) 1976, S. 157-214; J. Ben-David, *American Higher Education. Directions Old and New*, New York: McGraw Hill, 1972, S. 25-47.

So gelingt es einer Reihe von kleineren Colleges, wie z.B. Amherst in Massachusetts, mit der College-Ausbildung der großen Universitäten gleichzuziehen. Ebenso können die Graduiertenausbildung und die wissenschaftlichen Erfolge einzelner Fachdepartments an weniger berühmten Universitäten im Konzert der Großen mitspielen. Daneben nehmen berühmte Spezialhochschulen, wie das Massachusetts Institute of Technology und das California Institute of Technology, auf ihrem Gebiet eine führende Stellung ein.

Der Wettstreit der Universitäten basiert auf dem Wettbewerb der Fachdepartments. Diese konkurrieren um die Rangplätze in den einzelnen Fachdisziplinen. Diese Rangplätze werden einerseits nach einer durch Umfragen ermittelten kollektiven Einschätzung der wissenschaftlichen Forschungs- und Ausbildungsleistungen ermittelt, andererseits nach erworbenen Geldmitteln für Forschungsprogramme, gewonnenen wissenschaftlichen Preisen, nationalen und internationalen professionellen Funktionen, Publikationen in führenden Fachzeitschriften und erfolgreichen Graduierten gemessen. Dieser ständige Wettstreit mit anderen Departments übt einen gleichbleibenden Druck auf die Praxis der Besetzung von Positionen aus. Die Rekrutierung von weniger qualifizierten Wissenschaftlern aufgrund bloßer persönlicher Bekanntschaft, fachlicher oder ideologischer Übereinstimmung verschlechtert die Konkurrenzfähigkeit eines Departments, so daß es sich bei rationalem Handeln eine solche Praxis der Stellenbesetzung nicht leisten kann.[167]

Die Allgegenwart von Konkurrenz setzt sich im Wettbewerb der einzelnen Wissenschaftler fort.[168] Dieser Wettstreit beginnt schon mit der Bewerbung um einen Studienplatz an einem geschätzten College sowie an einer angesehenen Graduiertenfakultät nach der Collegeausbildung.[169] Die Aufnahme in das College oder in die

167 Da es stets Abweichungen von der reinen Rationalität gibt, finden sich natürlich auch entsprechende Abweichungen vom Kriterium der rein leistungsbezogenen Besetzung von Stellen. Vgl. L. Wilson, *The Academic Man*, op. cit., S. 53-70, 97-112; T. Caplow und R. McGee, *The Academic Marketplace*, New York: Basic Books, 1958.

168 Vgl. dazu L. Wilson, *The Academic Man*, op. cit., S. 15-70; W. Hirsch, *Scientists in American Society*, New York: Random House, 1968, S. 85-114.

169 R. H. Knapp und J. J. Greenbaum, *The Younger American Scholar: His Collegiate Origins*, Chicago: University of Chicago Press, 1953; A. W. Astin,

Graduiertenausbildung einer führenden Universität ist schon ein erstes Eintrittsbillet in den Wettstreit um berufliche Spitzenpositionen. Dem Harvardabsolventen öffnen sich weitaus leichter die Türen der höchsten Chefetagen als dem Absolventen einer kleinen Universität in Texas. Natürlich muß er sich wiederum selbst im Wettbewerb um die besten Zeugnisse an seiner führenden Universität bewährt haben. Der erfolgsuchende Student befindet sich im ständigen Wettbewerb mit seinen Kommilitonen um die besten Bewertungen, um »A-grades« und um die Förderung durch Stipendien, durch Fellowships und Scholarships. Nach seiner Graduierung zum Ph. D. sieht sich der junge Wissenschaftler der Konkurrenz seiner Kollegen ausgesetzt. Um erfolgreich auf der akademischen Leiter vom Instructor über den Assistant Professor und Associate Professor zum Full Professor nach oben zu klettern, muß er sich immer wieder im harten Wettbewerb behaupten. Vor allem werden seine Leistungen ständig gemessen. Und das bedeutet zum einen, daß er in kurzer Frist Erfolge aufweisen muß, und zum anderen, daß er meßbare Erfolge vorzeigen muß; anderenfalls wird er im gnadenlosen Wettbewerb ausgesiebt. »Publish or perish« ist sein Lebensmotto.[170] Er muß publizieren, anderenfalls geht er unter. Und der Weg vom Instructor über den Assistant Professor und Associate Professor bis zum Full Professor ist mit ständigen Überprüfungen seiner wissenschaftlichen Leistungen gepflastert. Dabei wird in erster Linie seine Forschungsproduktivität der Prüfung unterzogen, daneben werden aber auch seine Lehrleistungen, seine Kooperationsfähigkeit und die Übernahme von Aufgaben im Department, in der weiteren Profession

Who Goes Where to College, Chicago: Science Research Associates, 1965; J. A. Davis, *Undergraduate Career Decisions*, Chicago: Aldine, 1965; R. Underhill, »Values and Post-College Career Choices«, in: *American Journal of Sociology* 2, 1966, S. 163-72; A. M. Cartter, *An Assessment of Quality in Graduate Education*, Washington: American Council of Education, 1966.

170 Vgl. F. Reif, »The Competitive World of the Pure Scientist«, in: *Science* 134, Dezember 1961, S. 1957-62; D. J. de Solla Price, *Little Science, Big Science*, Frankfurt: Suhrkamp, (1963) 1974; D. Crane, »Scientists at Major and Minor Universities: A Study of Productivity and Recognition«, in: *American Sociological Review* 30, 1965, S. 699-714; S. Cole und J. R. Cole, »Scientific Output and Recognition: A Study in the Operation of the Reward System in Science«, in: *American Sociological Review* 32, 1967, S. 377-90; H. Zuckerman, »Nobel Laureates in Science: Patterns of Productivity, Collaboration, and Authorship«, in: *American Sociological Review* 32, 1967, S. 391-403.

und in der Öffentlichkeit in die Beurteilung miteinbezogen. Solche offiziellen Überprüfungen der Leistungen des Wissenschaftlers durch seine Kollegen im Department finden mindestens zum jeweiligen Termin statt, zu dem entschieden wird, ob er in die nächst höhere Rangstufe übernommen wird oder ausscheiden muß. Auch das Gehalt und die Forschungsmittel, über die der Full Professor verfügen kann, werden regelmäßig nur in Abhängigkeit von den nachgewiesenen Leistungen erhöht.
Leistungen im Wettbewerb mit anderen vorweisen zu müssen ist in diesem System die alltägliche Erfahrung des amerikanischen Wissenschaftlers. Er ist weit mehr als seine europäischen Kollegen gezwungen, Status zu erwerben und einen erworbenen Status zu sichern.[171] Der europäische Wissenschaftler, der das Mitteilungsblatt der Fachvereinigung seiner amerikanischen Kollegen liest, ist erstaunt, in welcher Ausführlichkeit und Häufigkeit über die Vergabe von akademischen Preisen berichtet wird. Ein Blick in die *Footnotes* der American Sociological Association vermittelt dem Leser den Eindruck, als ob die amerikanischen Kollegen hauptsächlich mit der Verleihung und Annahme von Preisen beschäftigt seien. Jede Nummer dieses sechsmal im Jahr erscheinenden Fachorgans ist voll von Berichten über Preisverleihungen. Der europäische Wissenschaftler, der angesichts dieser Anreize neidvoll auf seine amerikanischen Kollegen blickt, muß dabei natürlich einkalkulieren, daß diese schöne Sache auch ein Ausdruck für die Bedeutung und Härte des Wettbewerbs in der amerikanischen Wissenschaft ist, die der Europäer nicht in gleicher Weise zu spüren bekommt.
Angefangen von der privilegierenden Wirkung des hierarchisch abgestuften Bildungssystems über die Patronage durch den Doktorvater bis zum unkündbaren Beamtenstatus als alleinherrschender Institutsdirektor, hat dem europäischen Professor während seiner gesamten Karriere niemals derselbe harte Wind des Wettbewerbs in das Gesicht geblasen. Dieser wissenschaftliche Wettbewerb wird insbesondere auf Tagungen und in Zeitschriften ausgetragen. Der junge aufstrebende Wissenschaftler muß sein Können nicht einem Doktorvater beweisen, dem er in devoter Haltung dient, sondern auf dem öffentlichen Markt. Er muß Papiere

171 L. Wilson, *The Academic Man*, op. cit., S. 97-112; W. Hirsch, *Scientists in American Society*, op. cit., S. 93-8.

(Papers) auf Tagungen präsentieren und sie erfolgreich in Fachzeitschriften unterbringen. Sein Leben wird durch die öffentliche Diskussion mit Gleichrangigen geprägt, nicht durch das ergebene Lauschen angesichts der unerreichbaren Tiefe des Wissens, das der Doktorvater bei der häuslichen Kaffeerunde im auserwählten privaten Kreise demonstriert. Hier bildet sich der weltoffene, öffentlich durchsetzungsfähige, mitteilsame, flexible und an Marktveränderungen anpassungsfähige Charakter, nicht der zurückgezogene, öffentlichkeitsscheue, tiefsinnige, der seine Erkenntnisse lieber der Nachwelt im großen Werk anvertraut als seiner unmittelbaren Umwelt.[172]

Das Wettbewerbssystem prämiert die schnelle Veröffentlichung wissenschaftlicher Ergebnisse in kleinen Aufsätzen mehr als ihre langsame Ausreifung zu großer Tiefe mit schließlicher Publikation in einem großen Werk. Immanuel Kant, der vor dem Alter von 57 Jahren nichts Folgenreiches veröffentlicht hat, wäre in diesem System längst ausgeschieden gewesen, bevor er zum Abschluß seiner großen Kritiken gelangt wäre.[173] Der Wettbewerb um Veröffentlichungen in Fachzeitschriften wird noch durch den Wettbewerb der Zeitschriften selbst um eine hohe Rangeinstufung unterstrichen.[174] Auch der Rang der Fachzeitschriften wird durch die Messung der Häufigkeit von Zitaten, die von ihren veröffentlichten Aufsätzen erreicht wird, immer wieder öffentlich gemacht. Auch dabei haben die bisher erfolgreichen Zeitschriften Wettbewerbsvorteile, die sie in neue Erfolge ummünzen können.[175] Das

172 Das ist die selektive Wirkung einer hochkompetitiven Umwelt auf die Persönlichkeit des erfolgreichen Wissenschaftlers. Der Wandel von der Studierstube zur Großforschung, den de Solla Price beschrieben hat, ist in Amerika besonders schnell und weit vorangeschritten. Vgl. D. J. de Solla Price, *Little Science, Big Science*, op. cit; W. Hirsch, *Scientists in American Society*, op. cit., S. 20-38.

173 C. J. Friedrich, »The Selection of Professors«, in: *The Atlantic*, Januar 1938, S. 112; zit. in: L. Wilson, *The Academic Man*, op. cit., S. 99.

174 D. Crane, »The Gatekeepers of Science: Some Factors Affecting the Selection of Articles for Scientific Journals« in: *American Sociologist* 2, 1967, S. 195-201; D. J. de Solla Price, »Citation Measures of Hard Science, Soft Science, Technology and Nonscience«, in: C. Nelson und D. Pollock (Hg.), *Communication among Scientists and Engineers*, Lexington, Mass.: Heath, 1970, S. 3-22; *Little Science, Big Science*, op. cit., S. 85-9.

175 Das entspricht dem »Matthäus-Effekt«: R. K. Merton, »The Matthew Effect in Science«, in: *Science* 159, 1968, S. 56-63.

Prestige einer Zeitschrift erhöht die Aufmerksamkeit für ihre Aufsätze, die dadurch häufiger gelesen und zitiert werden und somit das Prestige der Zeitschrift erneut stärken. Natürlich ziehen die führenden Zeitschriften auch erfolgsuchende Wissenschaftler an. Der Wettbewerb um die Veröffentlichung in den Zeitschriften wird wiederum dadurch verstärkt, daß das System der kurzfristigen Messung von Erfolg den Wissenschaftler zur ständigen Abfassung neuer Aufsätze zwingt. Das Angebot an Aufsätzen für die Zeitschriften ist dadurch sehr hoch. Das gilt vor allem für die führenden Zeitschriften, in denen der erfolgsuchende Wissenschaftler die Veröffentlichung seiner Aufsätze anstreben muß.[176]

Patronage, die Förderung junger Wissenschaftler durch wohlwollende Herausgeber, wie man sie in Europa weit mehr findet, hat in diesem System keinen Platz. Dafür sorgt das anonyme System der Begutachtung von Aufsätzen durch Fachspezialisten eines Gebiets, die den Verfasser des Aufsatzes nicht kennen sollen und die auch selbst dem Verfasser unbekannt bleiben.[177] Gewiß ist bei bekannten Autoren die Erkennbarkeit des Verfassers für den Gutachter oft gegeben. Angesichts der großen Überzahl der eingereichten Aufsätze weniger bekannter Autoren fällt dies allerdings nur wenig ins Gewicht. Außerdem bewirkt die Anonymität des Gutachters, daß sich dabei Vorteile und Nachteile für bekannte Autoren wohl die Waage halten. Ihre eingereichten Aufsätze werden wahrscheinlich ebenso oft besonders kritisch wie wohlwollend beurteilt. Man kann auch beobachten, daß bekannte Autoren sogar oft die Einreichung eines Aufsatzes bei einer führenden Zeitschrift scheuen. Sie wollen nicht immer das Risiko einer Ableh-

176 Dem *American Journal of Sociology* wurden z.B. in den vergangenen 5 Jahren (1979-1984) durchschnittlich 400 Manuskripte im Jahr eingereicht. Die Rate der Akzeptanz lag in den beiden ersten Jahren bei 13.6% bzw. 15%, in den letzten drei Jahren bei ca. 8% (interne Mitteilung).

177 Zum Verfahren der Begutachtung wissenschaftlicher Produkte siehe H. Zuckerman und R. K. Merton, »Institutionalization Patterns of Evaluation in Science«, in: R. K. Merton, *The Sociology of Science*, hg. von N. Storer, Chicago: University of Chicago Press, 1973, S. 460-96; S. Cole, L. C. Rubin und J. R. Cole, *Peer Review in the National Science Foundation: Phase I*, Washington, D. C.: National Academy of Sciences, 1978; J. R. Cole und S. Cole, *Peer Review in the National Science Foundation: Phase II*, Washington, D. C.: National Academy of Sciences, 1981; S. Cole, J. R. Cole und G. A. Simon, »Chance and Consensus in Peer Review«, in: *Science* 214, 1981, S. 881-6.

nung eingehen, die ihr Prestige mindert; sie brauchen die Veröffentlichung in einer ranghohen Zeitschrift nicht mehr unbedingt, um ihr Prestige zu steigern; und sie haben oft eine Vielzahl von Veröffentlichungschancen durch Anfragen von Kollegen, die einen Sammelband, eine Spezialnummer oder ein Sonderheft einer Zeitschrift herausgeben. Nimmt man ein Beispiel aus der Soziologie, so fällt auf, daß so einflußreiche amerikanische Soziologen wie Talcott Parsons, Robert K. Merton, Alvin Gouldner, Erving Goffman und Harold Garfinkel nur einen sehr kleinen Anteil ihres Werks in den beiden führenden Fachzeitschriften, im *American Sociological Review* und im *American Journal of Sociology*, veröffentlicht haben.[178]

Man kann an der Veröffentlichungspraxis der genannten Zeitschriften auch erkennen, wie das System der möglichst kurzfristigen Veröffentlichung von wissenschaftlichen Ergebnissen in Aufsatzform einen besonderen Typus der Rationalität prämiert. Das Untersuchungsgebiet muß begrenzt sein. Ein zu breites Feld läßt sich in einem Aufsatz nicht sorgfältig bearbeiten. Aus demselben Grund muß die Fragestellung klar formuliert und umgrenzt sein. Auch da ist kein Ausufern möglich. Die Präsentation konkreter Hypothesen und ihr Test mit klar definiertem empirischem Material erfüllt diese Anforderungen leichter als die Darlegung theoretischer Entwicklungen, die oft entweder zu breit angelegt ist und den Rahmen eines Aufsatzes sprengt oder sich dem Verdikt aussetzt, die Vielfältigkeit der Realität äußerst willkürlich auf nur wenige Aspekte zurückgeschnitten zu haben. Zumindest in einem theoretisch nicht ausgereiften Fach existiert noch keine genügende Kleinarbeitung theoretischer Probleme in kleine Spezialprobleme, die kurz und bündig behandelt werden können, so daß ein Theorieaufsatz in der Regel Fragen von der empirischen Konkretion der Theorie über ihre Verwandtschaft oder Differenz zu anderen Theorien bis zur reinen Erkenntnistheorie aufwirft, die nicht alle im Rahmen eines Aufsatzes befriedigend beantwortet werden können. Diese größere Prämierung von empirischen Arbeiten im Vergleich zu theoretischen durch die Publikationsform von Auf-

178 Die führende Stellung des *American Journal of Sociology* und des *American Sociological Review*, gefolgt von *Social Forces*, haben in einer neueren Untersuchung bestätigt: P. Doreian und T. Farraro, »Structural Equivalence in a Journal Network«, *Reprint, Department of Sociology, University of Pittsburgh*, 1984.

sätzen gilt natürlich nur dort, wo empirische und theoretische Arbeiten um Veröffentlichungschancen in derselben Zeitschrift konkurrieren. So ist es z.B. offensichtlich, daß im *American Sociological Review* empirische Artikel weit bessere Publikationschancen haben. Im *American Journal of Sociology* begegnet man zwar häufiger theoretischen Artikeln, aber auch in dieser Zeitschrift sind die Chancen für theoretische Arbeiten schlechter als für empirische. Wo eine Disziplin eher theoretisch orientiert ist oder wo es Zeitschriften für Theorie gibt, haben wiederum solche Artikel die besten Chancen der Veröffentlichung, die ein begrenztes Problem in klarer und knapper Form bearbeiten. In der Philosophie ist dies z.B. am ehesten im Bereich der Wissenschaftstheorie zu verwirklichen. Ein Bezug zur empirischen Faßbarkeit wird hier auch durch die durchgehend pragmatische Orientierung der amerikanischen Kultur gefördert.

Der harte Wettbewerb und der Zwang, kurzfristige Erfolge auf dem Wissenschaftsmarkt zu erreichen, haben natürlich ihre positiven und negativen Konsequenzen. Es werden Innovationen gefördert. Das Wissen wandelt sich mit enormer Geschwindigkeit, aber nicht immer in klar erkennbaren Fortschritten, weil dazu die theoretische Geordnetheit des Wissens fehlt.[179] Die Wissenschaftler werden zu ungeheurer Produktivität angespornt, nicht immer impliziert dabei aber Quantität auch Qualität, obwohl bei den besten Wissenschaftlern durchaus eine Korrelation zwischen diesen beiden Eigenschaften besteht. Man findet mehr Oberflächliches als Tiefschürfendes. Der Wettbewerbsdruck kann ehrgeizige Wissenschaftler auch zu Manipulationen und Fälschungen von Daten verführen, um stimmige oder originelle Ergebnisse zu erzielen.[180] Diese Gefahr der Abweichung von der wissenschaftli-

179 Aufsätze veralten relativ schnell, d.h. sie werden – von Ausnahmen abgesehen – um so weniger zitiert, je älter sie sind. Vgl. dazu H. Fussler, »Characteristics of the Research Literature used by Chemists and Physicists in the United States«, in: *Library Quarterly* 19, 1949, S. 19-35; 20, 1950, S. 119-143; J. H. Westbrook, »Identifying Significant Research«, in: *Science* 132, 1960, S. 1229-34; D. J. de Solla Price, *Little Science, Big Science*, op. cit., S. 90-3; »Networks of Scientific Papers«, in: *Science* 149, 1965, S. 510-5; H. A. Zuckerman und R. K. Merton, »Age, Aging, and Age Structure in Science«, in: R. K. Merton, *The Sociology of Science*, op. cit., S. 497-559; S. Cole, »The Hierarchy of Sciences?«, in: *American Journal of Sociology* 89, 1983, S. 111-39, ebd., S. 125-8.

180 In der jüngeren Vergangenheit hat z.B. der Fall des jungen aufstrebenden

chen Moral muß durch die gemeinschaftliche Einbindung des Wissenschaftlers gebannt werden.

Dem wissenschaftlichen Wettbewerb korrespondiert die wissenschaftliche Gemeinschaft als kontrollierende Instanz. Man kann darin nach dem Wettbewerb die nächstwichtigste Struktur sehen, welche die Arbeit des amerikanischen Wissenschaftlers bestimmt. Die Einbindung des Wissenschaftlers in Gemeinschaften wird durch eine Reihe von besonderen Merkmalen des amerikanischen Wissenschaftsbetriebes deutlich gemacht.

Es fällt auf, daß die Zahl von veröffentlichten Aufsätzen mit zwei und mehr Autoren von Jahr zu Jahr zunimmt.[181] Das gilt in ganz besonderem Maße für die Veröffentlichungen amerikanischer Wissenschaftler. Sie können eine weit größere Zahl von Publikationen mit Koautoren nachweisen als ihre europäischen Kollegen. Das beweist, daß Teamarbeit für sie selbstverständlicher ist. Sie sind gewohnt, wissenschaftliche Probleme kooperativ mit Kollegen zu lösen.[182] Ein weiteres äußeres Merkmal der Praxis wissenschaftlicher Arbeit, das in diese Richtung weist, ist die typisch amerikanische Zitierweise. Kurze Literaturverweise in Klammern in den Text eingefügt zeigen in der Regel an, daß der Autor positiv an Arbeiten von Kollegen anknüpft. Ausführliche Anmerkungen kommen dagegen ganz selten vor und werden von den Redaktionen der Zeitschriften nicht gern gesehen. In ausführlichen Anmerkungen des deutschen Musters werden oft kritische Kommentare zu Arbeiten in eine Publikation eingefügt, von denen sich der Autor abgrenzt, um sich selbst zu profilieren und um die Einzigar-

Mediziners Dr. John Darsee an der Harvard Universität Aufsehen erregt. Er unterstützte seinen Erfolg im Bereich der Kardiologie mit erfundenen und manipulierten Daten. Dieser Fall der wissenschaftlichen Täuschung steht jedoch nicht allein da. Ähnliche Fälle wurden in jüngster Zeit auch von der Yale, der Cornell und der Boston Universität berichtet. Siehe den Bericht von C. Wallis, »Fraud in a Harvard Lab«, in: *Time*, 28. Februar 1983, S. 41.

181 D. J. de Solla Price, *Little Science, Big Science*, op. cit., S. 98-102; »Collaboration in an Invisible College«, in: *American Psychologist* 21, 1966, S. 1011-8; B. L. Clarke, »Multiple Authorship Trends in Scientific Papers«, in: *Science* 143, 1964, S. 822-4; H. Zuckerman, »Nobel Laureates in Science: Patterns of Productivity, Collaboration, and Authorship«, op. cit.

182 Vgl. dazu A. H. Cottrell, »Scientists: Solo or Concerted?«, in: B. Barber und W. Hirsch (Hg.), *The Sociology of Science*, New York: Free Press, 1962, S. 388-93; L. Kowarski, »Team Work and Individual Work in Research«, in: N. Kaplan (Hg.), *Science and Society*, Chicago: Rand McNally, 1965, S. 247-55.

tigkeit seines Werkes zu unterstreichen. Dagegen stehen individuelle Leistungen im amerikanischen Wissenschaftsbetrieb weniger für sich allein, vielmehr sollen sie Beiträge in einem kooperativen Gesamtzusammenhang darstellen. Die positive Anknüpfung an die Arbeiten anderer ist schon eine Form der Kooperation, die in der Teamarbeit noch verstärkt wird. Natürlich spielt bei der überwiegenden Tendenz der positiven Anknüpfung an andere auch das Motiv eine Rolle, sich im Wettbewerb nicht unnötig Feinde zu schaffen. Bei der Vielzahl von Gelegenheiten, zu denen sich der amerikanische Wissenschaftler dem kollektiven Urteil seiner Kollegen unterwerfen muß, wirkt sich eine unbekümmerte Strategie der kritischen Abgrenzung von anderen negativ auf Karrierechancen aus. Die Statusunsicherheit des amerikanischen Wissenschaftlers läßt ihn ebenso die Akzeptierung durch seine Kollegen suchen, wie dies im allgemeinen auf den statusunsicheren Amerikaner zutrifft.[183]
Ein Indiz ausgeprägter Vergemeinschaftung ist auch die Häufigkeit, in der man in der ersten Fußnote eines Aufsatzes Danksagungen an Kollegen findet, die ihre Kommentare zu früheren Fassungen gegeben haben. Das unterstreicht, in welchem Ausmaß die Kooperation von Kollegen in der wissenschaftlichen Arbeit geschätzt wird. Der Austausch von unveröffentlichten Arbeitspapieren ist ein weitverbreitetes Mittel, Verbindungen zu Kollegen herzustellen und zu erhalten und damit in die wissenschaftliche Gemeinschaft einbezogen zu werden, die von den Spezialisten eines bestimmten Arbeitsgebietes gebildet wird. Diese Vergemeinschaftung wird weiter durch das regelmäßige Zusammentreffen mit diesen Kollegen bei Arbeitstagungen verstärkt.[184] Wissenschaftliche Gemeinschaften dieser Art beruhen auf dem freien Zusammenschluß der führenden Fachleute eines Gebietes mit nicht selten unterschiedlichen theoretischen Ausrichtungen und in der Aufnahme neuer Kollegen aufgrund von Arbeiten, die in diesem Kollegenkreis als qualifizierte Leistungen anerkannt werden. Sie sind pluralistisch zusammengesetzt und sind dadurch ein wich-

183 Siehe die Diskussion der relevanten Literatur in S. M. Lipset, *The First New Nation*, op. cit., S. 115-58.

184 So entstehen »unsichtbare Kollegien«: D. J. de Solla Price, *Little Science, Big Science*, op. cit., S. 74-102; D. Crane, *Invisible Colleges. Diffusion of Knowledge in Scientific Communities*, Chicago: University of Chicago Press, 1972.

tiges Mittel, das den Abkapselungstendenzen einseitiger wissenschaftlicher Schulen entgegenwirkt, die in Amerika weniger den Wissenschaftsbetrieb beherrschen als in Europa.[185] Schon die Größe des amerikanischen Departments sorgt für genügend Pluralismus innerhalb der Gemeinschaft, in die der Wissenschaftler alltäglich eingebunden ist. Das Department selbst ist im Vergleich zum deutschen Universitätsinstitut weit mehr gemeinschaftlich organisiert. Dessen Grundstruktur ist nicht die Autoritätsbeziehung zwischen einem Institutsdirektor und seinen untergebenen Mitarbeitern, sondern die gemeinsame Verantwortung von Gleichgestellten. Es gibt zwar eine Differenzierung der Ränge der Professoren, aber dabei handelt es sich um keine Befehlshierarchie, sondern um Unterschiede des Einkommens und des Prestiges aufgrund bisher erbrachter Leistungen. Auf jeden Fall muß auch der Full Professor die Verantwortung mit einer recht großen Zahl gleichrangiger Kollegen teilen.

Der Pluralismus der wissenschaftlichen Gemeinschaften erleichtert die Herausbildung einer gemeinsamen wissenschaftlichen Ethik über die Grenzen der Schulen hinaus und fördert auf diesem Wege die Bereitschaft, Ergebnisse von Kollegen ernsthaft zu diskutieren, deren theoretischer Ausrichtung man nicht nahesteht. Man findet weniger die in Europa verbreitete Haltung, daß eine Theorie die Bedingungen ihrer Akzeptabilität selbst definiert und damit für Außenseiter unangreifbar, aber eben auch undiskutierbar wird. Die Nachvollziehbarkeit der Gedankenführung und die Formulierung von Hypothesen, die einer empirischen Überprüfung zugänglich sind, bilden die Grundregeln einer solchen allgemein akzeptierten Wissenschaftsethik, deren pragmatistischer Grundzug unverkennbar ist und die von Wissenschaftlern der verschiedensten Richtungen für selbstverständlich gehalten wird.[186]

Bei aller grundsätzlichen Gleichheit und gemeinschaftlicher Ver-

185 Man könnte die offenere »organische« Solidarität der amerikanischen Wissenschaftler der »mechanischen«, deshalb partikularistischen, auf Schulen begrenzten Solidarität der deutschen Wissenschaftler gegenüberstellen. Siehe dazu K. J. Downey, »The Scientific Community: Organic or Mechanical?«, in: *Sociological Quarterly* 10, 1969, S. 438-54.

186 So ergibt auch eine empirische Untersuchung von Mustern des Konsensus anhand von Zitationskonzentrationen und Gutachten zu Forschungsanträgen an die amerikanische National Science Foundation erstaunlicherweise keine

einigung der amerikanischen Wissenschaftler gibt es dennoch eine deutlich sichtbare Differenzierung von Rängen nach Prestige und Einfluß, deutlicher als unter europäischen Wissenschaftlern.[187] Das ist eine natürliche Folge des Wettbewerbs. Wo der Wettbewerb allgegenwärtig ist, werden ständig Belohnungen vergeben, die bei unterschiedlichen Leistungen dann auch unterschiedlich verteilt werden und zu einer Differenzierung in Prestigeränge führen. Man findet in Amerika mehr Professoren als in den europäischen Gesellschaften, aber sie haben nicht alle denselben Rang. Wer dagegen in Europa einmal Professor geworden ist, besitzt einen besonderen Rang, der dann offiziell nur wenig weiter nach Leistung differenziert wird.

Die stärkere Differenzierung von Prestigestufen im amerikanischen Wissenschaftsbetrieb impliziert eine unterschiedliche Verteilung von Einfluß, die scharf von einer unterschiedlichen Verfügung über Macht in einer Autoritätshierarchie abzugrenzen ist. Einfluß haftet nicht festgeschrieben an der Position des Professors, er muß immer wieder neu durch Leistungen erworben werden. Macht ist dagegen fast unveränderlich mit einem Amt in einer Autoritätshierarchie verbunden, unabhängig von den Leistungen des Inhabers. Der amerikanische Professor kann durch Leistungen Einfluß gewinnen, er verfügt aber nicht automatisch aufgrund seines Amtes über eine mit seinem europäischen Kollegen vergleichbare Machtfülle. Wo der Wettbewerb und die gemeinschaftliche Vereinigung von formell Gleichgestellten vorherrschen, spielt die Hierarchie von Autoritätspositionen eine weniger gewichtige Rolle. Der amerikanische Professor hat nicht dieselbe Autoritätsstellung wie sein europäischer Kollege, weder innerhalb der Universität, noch außerhalb in der Gesellschaft. Wissenschaftliche Autorität wird nicht automatisch bestimmten Amtspositionen zugeschrieben.

In der Universität muß der Professor die Autorität mit seinen Kollegen teilen. Es existiert keine Befehlshierarchie, kein Institut mit

signifikanten Unterschiede zwischen der Soziologie und den Naturwissenschaften: S. Cole, »The Hierarchy of Sciences?«, op. cit.

187 L. Wilson, *The Academic Man*, op. cit., S. 157-214; T. Parsons und G. M. Platt, *The American University*, op. cit., S. 103-62; »Decision Making in the Academic System. Influence and Power Exchange«, in: C. E. Kruytbosch und S. L. Messinger (Hg.), *The State of the University: Authority and Change*, Beverly Hills: Sage, 1970, S. 133-80.

einem Direktor an der Spitze und seinen Untergebenen. Schon der in Amerika übliche Gebrauch des Vornamens in der beruflichen Kommunikation läßt Autoritätsverhältnisse nicht aufkommen. Nach der Promotion zum Ph. D. wird dem jungen Kollegen von seinen Professoren die Anrede mit dem Vornamen angeboten. Auch die Interaktion zwischen Professoren und Studenten besitzt vergleichsweise geringe autoritative Züge. Eine devote Haltung von Studenten gegenüber Professoren ist selten zu beobachten. Die Studenten lauschen nicht ehrfürchtig dem Vortrag des Professors, und sie verschweigen nicht ihre Verständnisprobleme aus Furcht vor mißbilligenden Reaktionen. Ihre Verständnisprobleme rechnen sie nicht eigener Unzulänglichkeit zu, sondern der unzureichenden Erklärung des Professors, von dem sie dann eine bessere Erläuterung eines Sachverhalts verlangen. Der Student sieht sich nicht als Empfänger von Anweisungen in einer hierarchischen Organisation, sondern eher als Konsument einer Ware, die er recht teuer bezahlt und deshalb in entsprechender Qualität haben möchte.[188] Die im Vergleich zu europäischen Universitäten weit umfangreichere Verwendung von didaktisch besonders aufbereitetem Lehrmaterial hat darin ihre Ursache. In der deutschen Soziologie sucht man beispielsweise vergebens nach durchgearbeiteten Lehrbüchern, während in Amerika der Markt mit Lehrbüchern nahezu überschwemmt wird. Es fällt auch auf, daß es in Amerika für hochangesehene Soziologen üblich ist, ein Lehrbuch zu verfassen, während dies in Deutschland kaum der Fall ist. Auf jeder Jahrestagung der amerikanischen Soziologen werden didaktische Seminare durchgeführt, auf deutschen Jahrestagungen nie.[189] Natürlich spielt dabei die Einbeziehung der Professoren in das Vorgraduiertenstudium in den amerikanischen Universitäten eine Rolle. Das impliziert, daß didaktisch aufbereitete Lehrbücher von Professoren geschrieben werden und nicht, wie z.B. in

188 Das hat schon Max Weber beobachtet: M. Weber, »Wissenschaft als Beruf«, op.cit., S. 605-6. Als es bei meiner Vorlesung an der UCLA einen Blackout des Stromnetzes gab und wir alle im Dunkeln saßen, fragte die erste Stimme eines Studenten witzelnd: »Do we get back our money?«

189 Siehe nur die neuesten Programme: The American Sociological Association, *Programm. Seventy-Ninth Annual Meeting*, San Antonio, 27.-31. August 1984; Deutsche Gesellschaft für Soziologie, *Soziologie und gesellschaftliche Entwicklung. 22. Deutscher Soziologentag, Programm*, Dortmund, 9.-12. Oktober 1984.

Deutschland, von Gymnasiallehrern für den Unterricht in der Oberstufe des Gymnasiums. Diese Einbeziehung des Professors in die niedrigeren Ebenen des Lernens wirkt ebenfalls der autoritativen Heraushebung seiner Stellung entgegen. Dasselbe gilt für den alltäglichen Umgang mit Studenten. In der Regel sind die Türen in den amerikanischen Departments offen, und die Professoren sind für die Studenten jederzeit zugänglich. Sie müssen sich im allgemeinen nicht bei der Sekretärin für einen Sprechstundentermin anmelden. Schon die offene Tür verringert die Distanz zwischen dem Professor und dem Student und erlaubt eine offenere Kommunikation als die Praxis der verschlossenen Tür, durch die der Student automatisch in ehrfürchtiger Haltung eintritt. Die Tatsache, daß der amerikanische Professor relativ kleine Klassen unterrichtet, erleichtert zusätzlich die ungezwungene Kommunikation.

Auch außerhalb der Universität wird dem amerikanischen Professor weniger Autorität zuerkannt als seinem europäischen Kollegen. In der Prestigeskala der Berufe werden Professoren und Wissenschaftler nicht, wie z.B. in Deutschland, ganz oben eingestuft. Dafür sorgt schon die amerikanische Bevorzugung der praktischen Nützlichkeit vor der intellektuellen Kontemplation. Richter am obersten Gericht der Vereinigten Staaten, Ärzte, der Gouverneur eines Staates und Kabinettsmitglieder der Bundesregierung werden meist höher eingestuft als Professoren.[190] Natürlich ist das Prestige des Professors immer noch recht hoch. Für sein öffentliches Auftreten wichtiger ist aber die Tatsache, daß man ihm nicht in devoter Haltung begegnet. Als Experte tritt der Wissenschaftler nicht als der Herr Professor Doktor Müller in der Öffentlichkeit auf, der eine von ihm gefundene Wahrheit verkündet, sondern als John Miller, der über Ergebnisse seines Faches oder über Resultate seiner Forschungen im Wettstreit mit anderen Kollegen berichtet.

Die wissenschaftliche Wahrheitssuche als solche findet in Amerika vorrangig im Streit der Hypothesen, kooperativ und anwendungsbezogen statt. Die Theorie spielt dagegen eine untergeordnete Rolle. Die große Theorie ist meist das Werk von einzelnen, die ihr Leben der Konstruktion eines abstrakten und konsistenten Theo-

190 Vgl. R. W. Hodge, P. M. Siegel und P. H. Rossi, »Occupational Prestige in the U. S., 1925-63«, in: *American Journal of Sociology* 70, 1964, S. 286-302, ebd., Tabelle 1, S. 290-2.

riegebäudes widmen. Ihre Diskussionspartner sind die großen Klassiker, nicht die Kollegen von nebenan. Der amerikanische Wissenschaftler stellt dagegen konkrete Hypothesen auf, die empirisch überprüft werden und die sich hier und heute im Streit mit konfligierenden Hypothesen bewähren müssen. Die unmittelbare Erfahrung, die jedermann zugänglich ist, nicht der ehrwürdige Weise ist der Richter über die Wahrheit von Hypothesen. Diese Erfahrung wird durch gemeinsam anerkannte Methoden der Überprüfung zu einer gemeinsam anerkannten Basis der Erkenntnis. Als Beispiel kann die Soziologie gelten. Während im kontinentalen Europa die empirische Methodologie noch höchst umstritten ist, hat sie sich in Amerika viel schneller und reibungsloser als verbindlicher Kanon entwickelt. Die amerikanische Soziologie ist von ihrem Ursprung bis heute von empirischen Fragestellungen bestimmt worden.[191] Der Erfolg der Ethnomethodologie hat hier nicht die Rolle der Erfahrung als Überprüfungsinstanz in Frage gestellt, sondern zu einer Wiedergewinnung qualitativer in Ergänzung zu quantitativen Methoden geführt. Quantitative und qualitative Methoden werden meistens nicht in einem Ausschließungsverhältnis, sondern in einem Komplementaritätsverhältnis gesehen. Diese allgemeinere Anerkennung gemeinsamer Regeln erleichtert wiederum die Gestaltung der Wahrheitssuche als kooperative Unternehmung, die auch die Grenzen von theoretischen Orientierungen überschreiten kann. Der Anteil von empirischen Arbeiten in den führenden Fachzeitschriften der Soziologie überwiegt deutlich denjenigen von theoretischen Arbeiten, ebenso der Anteil von kooperativen Arbeiten denjenigen von Einzelarbeiten. Dabei ist zu berücksichtigen, daß empirische Arbeiten häufiger kooperativ durchgeführt werden als theoretische.

Schließlich ist die Anwendungsbezogenheit der wissenschaftlichen Wahrheitssuche schon immer ein Wesensmerkmal der amerikanischen Wissenschaft, wie Tocqueville festgestellt hat:

> In Amerika wird der rein praktische Teil der Wissenschaften wunderbar gepflegt, und man befaßt sich dort sorgfältig mit dem zur Anwendung unmittelbar nötigen theoretischen Teil; hierin bekunden die Amerikaner einen stets klaren, freien, ursprünglichen und fruchtbaren Geist; fast niemand aber wid-

191 Zum Entstehen der amerikanischen Soziologie vgl. L. L. Bernard und J. Bernard, *The Origins of American Sociology*, New York: Crowell, 1943.

met sich in den Vereinigten Staaten dem wesentlich theoretischen und abstrakten Teil menschlichen Wissens.[192]

Diese Anwendungsorientierung der amerikanischen Wissenschaft hat sich seit Tocquevilles Tagen bis in die Mitte dieses Jahrhunderts hinein nur wenig geändert.[193] In den ersten fünfzig Jahren der Vergabe von Nobel-Preisen für wissenschaftliche Leistungen erhielten Wissenschaftler der Vereinigten Staaten 20, Wissenschaftler aus Europa dagegen 119, deutsche Wissenschaftler allein 36 Preise.[194] Geht man davon aus, daß Nobel-Preise vorwiegend für Fortschritte in den Grundlagenwissenschaften verliehen werden, dann zeigt diese Verteilung der Preise die geringere Bedeutung der Grundlagenwissenschaften und damit auch der Theorie im Vergleich zur angewandten Wissenschaft in den Vereinigten Staaten bis zur Mitte dieses Jahrhunderts. Allerdings haben die Vereinigten Staaten in dieser Hinsicht in den drei Jahrzehnten nach dem zweiten Weltkrieg viel Boden gutgemacht. Sie stellen nun häufig jährlich mehr als die Hälfte der Preisträger bei der Verleihung der Nobel-Preise.[195] Allerdings kann man daraus noch keinen Rückschluß auf eine geringere Dominanz der angewandten Wissenschaften ziehen. Grundlagenwissenschaftliche Entdeckungen werden nicht selten in Verbindung mit anwendungsbezogenen Forschungsprojekten gemacht. Schon die Praxis der Finanzierung von Forschungsprojekten bevorzugt die Praxisrelevanz vor

192 A. de Tocqueville, *Über die Demokratie in Amerika*, op. cit., S. 526.

193 Abraham Flexner klagt darüber, daß die Universitäten mit einer riesigen Menge praktischer Kurse, vom Kurs in Haushaltsführung bis zum Kurs in Verkaufsstrategie, aufgebläht worden seien: A. Flexner, *Die Universitäten in Amerika, England, Deutschland*, op. cit., S. 90-126.

194 Neun der ausgezeichneten Amerikaner waren Physiker, dann folgen die Mediziner mit sechs Auszeichnungen. Das Schlußlicht bilden die Chemiker mit fünf Preisen (1907-1949). In: W. Martin, *Verzeichnis der Nobelpreisträger 1901-1984*, München: Saur, 1985, (eigene Auszählung). Siehe auch H. Zuckerman, *Scientific Elites. Nobel Laureates in the United States*, New York: Free Press, 1977.

195 Zwischen 1950 und 1984 erhielten die Amerikaner 65 von 105 Nobelpreisen in den Naturwissenschaften zugesprochen. Davon 23 für Physik, 26 für Medizin und 16 für Chemie. Noch deutlicher ist die Dominanz in den erst 1969 zum ersten Mal mit einem Nobelpreis ausgezeichneten Wirtschaftswissenschaften. Hier erhielten die Amerikaner zwischen 1969 und 1984 neun von 16 möglichen Preisen. In: W. Martin, *Verzeichnis der Nobelpreisträger*, op. cit., (eigene Auszählung).

der reinen Theorie. Der überwiegende Teil von Forschungsprojekten wird durch Mittel der Industrie und der einzel- oder bundesstaatlichen Regierung gefördert. Diese Mittel werden eher an Projekte vergeben, die eine gewisse praktische Verwertbarkeit versprechen. Diese unmittelbare Nützlichkeit ist weniger dominant in Projekten, die von Stiftungen, wie z. B. die Ford, Rockefeller, Carnegie und Mellon Foundations, unterstützt werden. Deren Anteil an der Forschungsförderung kann allerdings denjenigen der Industrie und der Regierungen nicht erreichen.[196] Ganz im Vordergrund steht der ökonomische Nutzen bei dem inzwischen riesigen Umfang von Investitionen in den Forschungszentren der Industrie selbst, seien es Abteilungen der Industriebetriebe oder freie Institute, die industrielle Auftragsforschung durchführen. Dazu zählen auch die Forschungsabteilungen der Bundesregierung, die insbesondere im Bereich der Militärtechnik und der Landwirtschaft aufgebaut wurden. In den größten Forschungszentren wird dabei auch ein gewisser Anteil von Grundlagenforschung betrieben. Insgesamt steht diese Forschung jedoch unter dem Vorzeichen der industriellen Verwertbarkeit und wird von ökonomischen Kosten-Nutzen-Kalkulationen bestimmt. Nachdem die chemische Industrie Deutschlands im 19. Jahrhundert eine Vorreiterfunktion in der industriellen Forschung spielte, hat diese ökonomisch orientierte Forschung in den Vereinigten Staaten im 20. Jahrhundert die Führung in der Welt übernommen.[197] Diese führende Rolle in der angewandten Forschung wird den Vereinigten Staaten heute jedoch von Japan streitig gemacht.

Die im Vergleich zu Europa noch heute bestehende stärkere

196 Zur angewandten Forschung und zur Forschungsförderung in den Vereinigten Staaten siehe B. Barber, *Science and the Social Order*, Westport, Conn.: Greenwood, (1952) 1978, S. 157-90; F. Machlup, *The Production and Distribution of Knowledge in the United States*, Princeton, N. J.: Princeton University Press, 1962; W. Kornhauser, *Scientists in Industry*, Berkeley: University of California Press, 1962; S. Marcson, *Scientists in Government*, New Brunswick, N. J.: Rutgers University Press, 1966; W. Hirsch, *Scientists in American Sociology*, op. cit., S. 51-83, 98-109, 139-64; D. S. Greenberg, *The Politics of Pure Research*, New York: New American Library, 1967.

197 Vgl. D. J. de Solla Price, *Little Science, Big Science*, op. cit., S. 106-8: P. Borscheid, *Naturwissenschaft, Staat und Industrie in Baden (1848-1914)*, Stuttgart: Klett, 1976; A. Schmidt, *Die industrielle Chemie in ihrer Bedeutung im Weltbild*, Berlin: de Gruyter, 1934, vgl. S. 88-113.

Anwendungsbezogenheit der amerikanischen Wissenschaft läßt sich an der Soziologie leicht beispielhaft deutlich machen. Wenn man das Programm einer Jahrestagung der amerikanischen Soziologenvereinigung mit demjenigen der deutschen Soziologengesellschaft vergleicht, dann springt die Aktualität, empirische Ausrichtung und Anwendungsbezogenheit des amerikanischen Programms sofort ins Auge. Themen über Geschlechtsdifferenzierung beherrschen heute die Szene. Sitzungen über Klassiker und über Theorie fristen ein kümmerliches Dasein am Rande. Es ist keine Übertreibung, wenn man sagt, daß sie kaum mehr als 5 Prozent des Programms ausmachen. 1982 wurden von 214 Sitzungen ganze 10 im Index mit der Etikette »Theorie« versehen, 1983 waren es von 230 nur 17, 1984 von 255 nur 16. Dabei ist noch zu bedenken, daß es sich hier oft um eine empirisch konkretisierte Theorie handelt.[198] Die Programme der deutschen Soziologentage stellen das Gegenteil dar. Wissenschaftstheoretische Grundlagendiskussionen, Klassikerinterpretationen und Theorie nehmen eine prominente Stellung ein. Das äußert sich auch in ihrer Anziehungskraft. Während die Veranstaltungen der amerikanischen Theoriesektion auf Jahrestagungen der amerikanischen Soziologen kaum mehr als 60 Interessenten anlocken, wurden einzelne Veranstaltungen der deutschen Theoriesektion auf deutschen Soziologentagen im vergangenen Jahrzehnt teilweise von 1000 Zuhörern besucht. Diese äußerlichen Unterschiede widerspiegeln innere. In Deutschland ist die Soziologie bis heute noch philosophisch inspiriert und durch begriffliche, theoretische und wissenschaftstheoretische Kontroversen geprägt. Die genuin amerikanische Soziologie ist die Soziologie der Chicago-Schule. Es ist eine Soziologie, die mit anwendungsbezogener Feldarbeit begonnen hat und die bis heute diese empirische und anwendungsbezogene Orientierung bei aller weiteren Differenzierung durch die Verfeinerung quantitativer und qualitativer Methoden beibehalten hat. Das Chicagoer Department, das von Praktikern der Sozialarbeit gegründet worden war, ist auch heute die Nummer 1 unter den amerikanischen Soziologiedepartments.[199] Darin kommt die

198 The American Sociological Association, *Program. SeventySeventh Annual Meeting*, San Francisco, 6.-10. September 1982; *Program. Seventy-Eighth Annual Meeting*, Detroit, 31. August – 4. September 1983; *Program. Seventy-Ninth Annual Meeting*, San Antonio, 27.-31. August 1984.

199 Zur Chicago-Schule siehe M. Bulmer, *The Chicago School of Sociology.*

unbestrittene Dominanz der empirischen und anwendungsbezogenen Soziologie in Amerika zum Ausdruck. Selbst ein so eingefleischter Theoretiker wie Talcott Parsons konnte sich dieser empirisch-praktischen Soziologiekultur nicht entziehen. Parsons hat einen großen Teil seiner theoretischen Arbeit in Aufsätzen entwickelt, die konkrete Fragestellungen behandelten, und er hat mehrere Versuche unternommen, seine Theorie in empirischen Projekten anzuwenden.[200] Die im Umkreis von Parsons und Merton aufgebaute Schule des Strukturfunktionalismus hat zu einem weit überwiegenden Teil empirische Arbeiten hervorgebracht und nur sehr wenige Arbeiten zum Status der Theorie selbst. Die Theorie, die Parsons aus Europa nach Amerika mitgebracht hatte, wurde in Amerika in sehr pragmatischer Weise in konkrete empirische Forschungsprogramme umgesetzt. Die klassischen Quellen und die wissenschaftstheoretische Grundperspektive, aus denen Parsons geschöpft hatte, wurden dagegen nur wenig diskutiert. Ähnliches gilt für die Ethnomethodologie, deren Wurzeln in der deutschen Phänomenologie nur wenig problematisiert wurden. Vielmehr hat sich die Ethnomethodologie als ein Forschungsprogramm in Verbindung mit empirischen Projekten entwickelt. Zwischen der deutschen Phänomenologie eines Dilthey und Husserl und den empirisch-praktischen Arbeiten Harold Garfinkels liegen Welten. Zwischen ihnen ist die Phänomenologie von Alfred Schütz zu lokalisieren, der sie von Deutschland nach Amerika gebracht hat.[201]

Was sich in Amerika als Theorie ausgebreitet hat, ist durchgehend empirisch orientierte Theorie, man kann auch sagen: soziologische Theorie im Unterschied zur abstrakteren und weitergreifenden europäischen Gesellschaftstheorie. Diese soziologische Theorie läßt sich als ein Produkt der Interpenetration von europäischer Gesellschaftstheorie und amerikanischem Pragmatismus begreifen.

Der Pragmatismus bringt den Charakter der wissenschaftlichen

Institutionalization, Diversity, and the Rise of Sociological Research, Chicago: University of Chicago Press, 1984.

200 B. Miebach, *Strukturalistische Handlungstheorie. Zum Verhältnis soziologischer Theorie und empirischer Forschung im Werk Talcott Parsons'*, Opladen: Westdeutscher Verlag, 1984.

201 Stellvertretend: H. Garfinkel, *Studies in Ethnomethodology*, Englewood Cliffs, N. J.: Prentice Hall, 1967.

Rationalität in Amerika auf den Begriff. Wie vor allem William James betont hat, ist die Wahrheitsfindung kein einmaliger Akt eines Philosophen, sondern ein nie endender Prozeß. Vor allem ist die Wahrheitsfindung aber eine Sache der unmittelbaren Erfahrung. In der Erfahrung sind Bewußtsein und Erkenntnisgegenstand miteinander unmittelbar vereinigt. Der Prozeß der Wahrheitsfindung erhält eine Richtung durch die Zwecke, die wir im praktischen Handeln verfolgen. Wenn eine Idee das praktische Handeln erfolgreich anleitet, dann ist dies ein Beweis für ihre Wahrheit. Die Geordnetheit der Erkenntnis ergibt sich aus der Überschneidung der Erfahrung des Individuums mit der Welt als solcher und mit der Erfahrung anderer.[202] Diese Frage der Geordnetheit als Frage der Objektivität von Erkenntnis ist von Peirce und später von Mead konsequenter als von James durch die Intersubjektivität der Erfahrung im Kontext einer gemeinsamen Lebenswelt beantwortet worden.[203] Der Common sense einer Gemeinschaft ist die Basis der Intersubjektivität von Erkenntnis und damit der Objektivität im Sinne von verbindlicher Geordnetheit. Eine Rückführung der Möglichkeit von objektiver Erkenntnis auf universelle, transzendentale Kategorien im Sinne Kants, die den Kreis einer Erfahrungsgemeinschaft überschreiten, befindet sich außerhalb der Denkmöglichkeiten der amerikanischen Philosophie. Man sieht somit in der Philosophie die Eigenarten des amerikanischen Denkens repräsentiert: die Betonung von situativer Anpassung (Erfahrung), praktischer Relevanz (Wahrheit als praktischer Erfolg) und Common sense (Objektivität als Intersubjektivität einer Gemeinschaft) und die Unterbelichtung der abstrakten Idee (Objektivität durch transzendentale Kategorien).

Schlußbemerkungen

Rationalität, wie sie in Amerika institutionalisiert ist, bedeutet nicht Abstraktion, nicht Systematisierung, kein umfassendes Denksystem. Ihre Träger sind nicht reine Intellektuelle, keine ein-

202 W. James, *Pragmatism*, op. cit.; *The Meaning of Truth*, New York: Greenwood, (1909) 1968.

203 C. S. Peirce, *Schriften zum Pragmatismus und zum Pragmatizismus*, op. cit.; G. H. Mead, *Selected Writings*, op. cit.

samen Denker. Sie entfaltet sich nicht in der Studierstube und nicht in der raum- und zeitlosen Diskussion mit den kulturellen Heroen von Jahrtausenden. Sie wird nicht autoritativ an ein Laienpublikum verkündet. Die Träger der Rationalität nehmen keine generelle gesellschaftliche Eliteposition ein. Ihre Kompetenz ist sehr spezifisch und muß immer wieder neu gegen Konkurrenz und im Einzelfall dem interessierten Klienten bewiesen werden. Alle diese Merkmale fließen zusammen in den tragenden Medien der Rationalität. Nicht im großen Werk findet Rationalität in Amerika Ausdruck, sondern in Rede, Artikel und Lebensregel. Diese drei Medien der Kommunikation unterscheiden sich vom großen Werk dadurch, daß sie alle weniger auf sich selbst bezogen sind und mehr auf greifbare Adressaten, weniger auf ewige Wahrheit und mehr auf Aktualität. Alle drei haben ihre besonderen Adressaten. Der Redner spricht an verantwortlicher Stelle zu einer Versammlung. Eine praktische Lebenshilfe gibt ein angesehenes Mitglied der Gemeinschaft an die nachfolgende Generation weiter. Ein Artikel wendet sich an Interessenten. Aktuelle Adressaten haben in allen drei Fällen ein gewichtiges Wort mitzusprechen. Rede, Lebensregel und Artikel sind als allgemeine Muster einer jeweils größeren Gruppe von Medien zu verstehen. Die Rede ist in so verschiedenen Formen anzutreffen, wie die Predigt, die Rede in einer Gemeinde- oder Vereinsversammlung, die politische Rede oder das Referat bei einer Tagung. Der Lebensregel begegnet man in religiösen Kompendien oder in säkularen Lebenserinnerungen. Der Artikel gruppiert sich zum wissenschaftlichen Zeitschriftenartikel, aktuellen Zeitungsartikel und Pamphlet, die alle als schriftliche Formen des Disputs gelten können. Der Artikel ist ein Beitrag zu einem Streitgespräch. Alle diese Medien prägen den Charakter der Rationalität in Amerika. Bei aller Pragmatik spielen aber gerade große Ideen eine wesentliche Rolle, eben in ihrer praktischen Anwendung.

Rationalität impliziert in den Vereinigten Staaten auf jeden Fall die Lösung eines spezifischen Problems, das von praktischer Seite gestellt wird. Sie wird ganz wesentlich durch eine Kultur der öffentlichen Rede getragen. Die Rede wird am Kriterium der Relevanz gemessen, der Redner am Kriterium einer spezifischen Kompetenz. Er muß eine dem Zuhörer verständliche Verknüpfung zwischen dem kulturellen Wissen und praktischen Problemen herstellen. Verständlichkeit ist ein wesentlicher Teil dieser Form von Rationalität. Träger dieser Rationalität sind Prediger, Redner in freien Assoziationen, politische Redner, Anwälte im Gerichtsverfahren, wissenschaftliche Referenten. Der fruchtbare Boden für diese in Rede geformte Rationalität ist die Vitalität des öffentlichen Lebens in Amerika.

Das Beispiel der juristischen Profession zeigt, daß die Organisation professioneller Arbeit in den Vereinigten Staaten eine Rationalität formt, die sich in der Austragung von Konflikten zwischen gegensätzlichen Standpunkten, in Erfahrungsbildung, praktischer Problemlösung und Vermittlung von unterschiedlichen Interessen entfaltet. Diese Eigenart professioneller Rationalität wird weiter durch wettbewerbsmäßige Organisation, pluralistische Assoziation und Einfluß aufgrund von Leistungen gestützt.

Lebensregeln, von angesehenen Bürgern formuliert, nehmen einen besonderen Stellenwert in der Gestaltung des amerikanischen Verständnisses von Rationalität ein. Die Lebensregel bringt den Common sense einer relativ homogenen Gemeinschaft zum Ausdruck. Wird die Gesellschaft heterogener, dann schrumpft der Common sense zur Überzeugung einer herrschenden Gruppe, in Amerika zur Mehrheitsüberzeugung, die dann die individualistische Erfolgsmoral tendenziell ideologisiert. Das Ergebnis ist ein gewisser moralischer Partikularismus des American way of life, der sich im mangelnden Verständnis für die Andersheit fremder gesellschaftlicher Gruppen und Länder äußert. Allerdings wäre es falsch, im Common sense der typischen amerikanischen Lebensregeln nur einen einfachen Gemeinschaftspartikularismus, eine Ideologisierung des Gemeinschaftslebens zu sehen. Es sind Regeln für das öffentliche Leben, nicht für den Rückzug in die intime Gruppe. Ihre Formulierung setzt insofern kulturelle Aufgeklärtheit, ökonomische Erfahrung und Teilnahme an der politischen Willensbildung voraus. Insofern sind es durchaus rational reflektierte, ökonomisch adäquate und praktisch relevante Regeln für die Teilnahme am öffentlichen kulturellen, ökonomischen und politischen Leben. Das hebt sie als eine Form der Rationalität aus dem reinen Gemeinschaftspartikularismus heraus.

In der Konsensfindung wird Rationalität zunächst einmal durch den traditionellen, aber pragmatisch, nicht prinzipiell definierten Konservatismus der sogenannten moralischen Mehrheit bestimmt. Die Gegenkraft gegen diesen Konservatismus ist ein ebenso pragmatisch definierter Liberalismus. Eine erste Brechung

erfährt der traditionelle Konservatismus durch die Angleichung konservativer und liberaler Positionen in einer breiten Mitte, durch die Mischung von konservativen und liberalen Haltungen zu verschiedenen Themen und durch die pluralistische Verteilung beider Haltungen auf die verschiedenen gesellschaftlichen Gruppen. Weitere wesentliche liberale Gegengewichte gegen Mehrheitsherrschaft und Konservatismus bilden die Brechung der politischen Autorität im System der Checks and balances, das richtungsweisende charismatische Potential des Präsidenten, die dynamische Öffnung der Konsensbildung durch die Massenmedien und die intellektuelle Generaliserung der Werthaltungen der neuen Mittelschichten durch die Ausbreitung der Schul- und Hochschulbildung.
Das Aufstellen und Testen von Hypothesen, die auf konkrete Situationen bezogen und veränderbar sind, formt die dynamische Komponente des amerikanischen Verständnisses von Rationalität. Wahrheitssuche geschieht im Streitgespräch und im Wettbewerb. Aufsätze, Pamphlete, Zeitungsartikel, Berichte und Kommentare in Radio und Fernsehen sind die entsprechenden Medien der Rationalität. Das Wissen ändert sich mit enormer Geschwindigkeit. Es ist jedoch situationsabhängig und wenig generalisiert, es ist mehr an der Oberfläche der Realität angesiedelt und reicht weniger in die Tiefe. Veränderbare Hypothesen bieten einen unmittelbaren Zugriff auf die Realität, das praktisch notwendige Wissen für den Tag, nicht für die Ewigkeit.
Die Organisation der wissenschaftlichen Arbeit in den Vereinigten Staaten gestaltet Rationalität als Austragung des Streites zwischen Hypothesen, als kooperatives, an Erfahrung und gemeinsamen methodischen Regeln orientiertes Unternehmen und als praktische Anwendung von Hypothesen, überhaupt nicht als einsame denkerische Wahrheitssuche. Diese Eigenschaften sind eingebettet in eine Wissenschaftsorganisation, die auf Wettbewerb, freier Assoziation und Einfluß, auf der Basis von Leistungen anstelle von zugeschriebener Macht, beruht (Diagramme 28 und 29).

Diagramm 28: Formulierung, Institutionalisierung, Anwendung und Erweiterung des Wissens in den USA

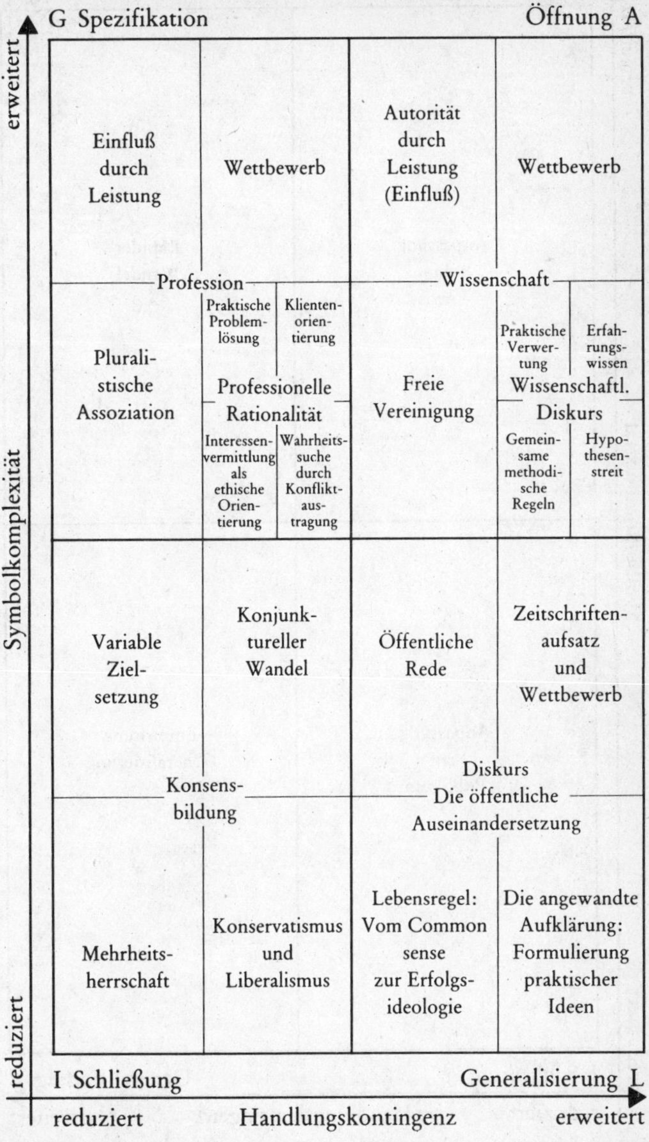

Diagramm 29: Der Rationalismus in den USA

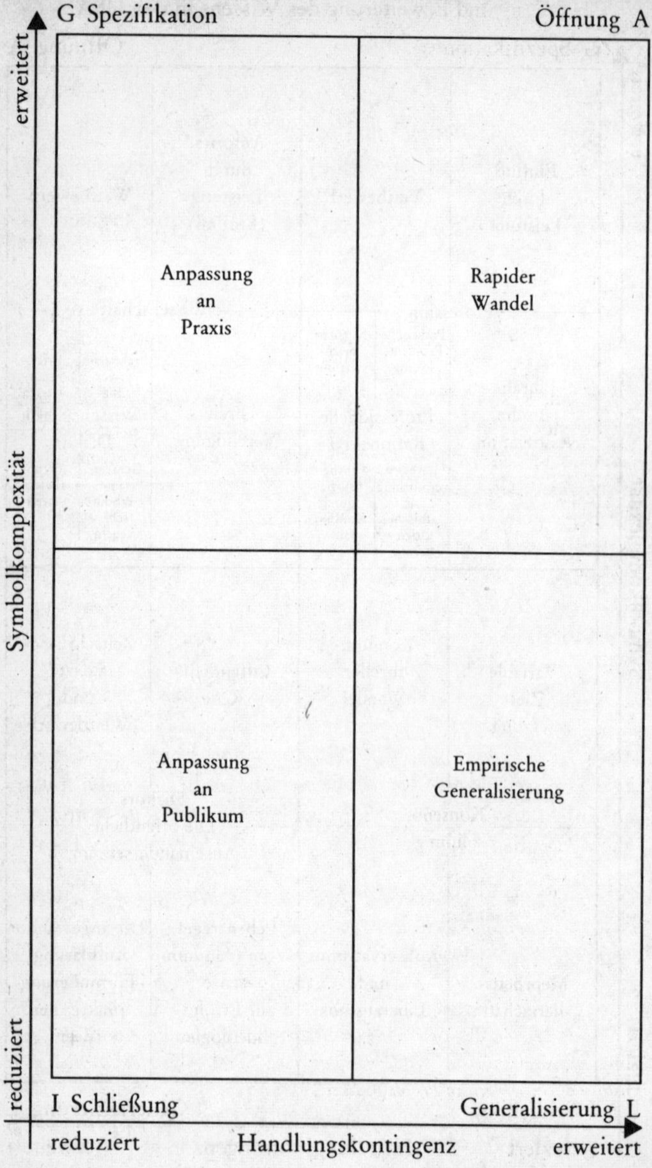

3. Individualismus
Die Freiheit zum individuellen Glück

Vorbemerkungen

Jeder verbindet Amerika zuallererst mit der Idee der Freiheit. Die Pilgerväter suchten sie in Neuengland, die Revolutionäre von 1776 wollten sie gegen die Herrschaft des Mutterlandes bewahren, für alle Einwanderer bedeutet Amerika in erster Linie Freiheit. Die Freiheitsstatue vor der Küste New Yorks war seit ihrer Schenkung durch Frankreich und ihrer Aufstellung im Jahre 1886 für viele Einwanderer die erste symbolische Verheißung für ein freies Leben. Natürlich haben die verschiedenen Generationen und Gruppen von Amerikanern nicht haargenau dieselbe Vorstellung von Freiheit gehabt. Aber es gibt einen Kern der amerikanischen Freiheitsidee, der allen gemeinsam ist. Sie alle meinen eine sehr konkrete und praktische Freiheit, eine Freiheit, die jeder im alltäglichen Leben unmittelbar erfahren kann und deren Sinn ihm nicht erst lange gelehrt werden muß.[204] Die Pilgerväter sind nach Neuengland ausgewandert, um ihren religiösen Glauben ohne politische und kirchliche Verfolgung praktizieren und eine Gesellschaft nach ihren eigenen Vorstellungen aufbauen zu können.[205] Die Revolutionäre von 1776 verlangten eine Garantie der Freiheitsrechte, die sie als Engländer traditionell beanspruchen zu können glaubten.[206] Sie bestanden auf den Rechten, ihre Rechtsfälle vor unabhängige Richter bringen zu können und nicht vor Untergebene des Königs, keine britischen Truppen in ihr Haus einquartieren zu müssen, Handel ohne belastende Beschränkungen treiben zu können und keine Steuern bezahlen zu müssen, die vom britischen Parlament ohne ihre Beteiligung erlassen wurden. Thomas

204 O. Handlin, *The Uprooted: The Epic Story of the Great Migrations That Made the American Character*, New York: Grosset & Dunlop, 1951; *The Americans. A New History of the People of the United States*, Boston: Little, Brown, 1963; *The American People in the Twentieth Century*, Cambridge, Mass.: Harvard University Press, 1966.

205 A. de Tocqueville, *Über die Demokratie in Amerika*, op. cit., S. 48-50; P. Miller, *Errand into the Wilderness*, op. cit.; S. E. Ahlstrom, *A Religious History of the American People*, op. cit., S. 121-259.

206 J. R. Alden, *The American Revolution, 1775-1783*, New York: Harper, 1954; B. Bailyn, *The Ideological Origins of the American Revolution*, op. cit.

Jefferson hat in der Unabhängigkeitserklärung von 1776 nicht weniger als 27 Rechte aufgeführt, die verletzt zu haben er der britischen Regierung vorwarf. Eine achtundzwanzigste Rechtsverletzung, die Zulassung der Sklaverei, mußte er im Interesse des gemeinsamen Vorgehens gegen England streichen.[207] Die späteren Einwanderer erwarteten von Amerika stets das Recht, auf eigene Faust ihr Glück machen zu können. Freiheit ist dementsprechend in Amerika keine philosophisch entwickelte Idee, sondern eine Idee mit eminent praktischer Bedeutung. Man findet weniger eine Theorie als eine Praxis der Freiheit.[208]

Freiheit heißt: sein Glück selbst in die Hand nehmen zu können, in konkreten Handlungssituationen keinen äußeren Beschränkungen unterworfen zu sein, das Handeln frei wählen und nach situativen Gegebenheiten variieren zu können. Der Idealtypus dieser situativen Freiheit ist die Freiheit des Marktes in Verbindung mit der Eigentumsfreiheit und Vertragsfreiheit. Hier kann jeder anbieten, was er will, wie er will und zu welchem Preis er will, und jeder kann nach eigenen Wünschen kaufen. Niemandem werden gesetzliche Restriktionen des Markthandelns und Konsumdiktate aufgezwungen. Es gelten nur die »natürlichen« Gesetze des Marktes. Eine weitere praktische Bedeutung von Freiheit ist der Schutz des Individuums vor staatlicher Willkür, die politische Freiheit. Hier stehen die Rechte des Individuums gegenüber der staatlichen Polizei, Justiz und Verwaltung im Mittelpunkt. Schließlich ist die Freiheit der Vereinigung eine wesentliche praktische Komponente der Freiheit. Jeder kann sich zusammentun mit wem er dies tun

207 J. C. Murray, *We Hold These Truths*, op. cit.; C. L. Becker, *The Declaration of Independence: A Study in the History of Political Ideas*, New York: Vintage, 1958; L. Hartz, *The Liberal Tradition in America*, op. cit.; M. A. Peterson, *Thomas Jefferson and the New Nation: A Biography*, New York: Oxford University Press, 1970.

208 Diesem praktischen Charakter des amerikanischen Freiheitsverständnisses entspricht auch ein sehr ausgeprägtes Gefühl, frei zu sein. Eine zu Anfang der siebziger Jahre durchgeführte Erhebung ermittelte, daß sich 49% der Bevölkerung sehr frei fühlten, 40% fühlten sich genügend frei, 18% fühlten sich nicht sehr frei und 1% fühlte sich überhaupt nicht frei. Auch glücklich fühlen sich die Amerikaner: 1957 hielten sich 36% für sehr glücklich, 54% recht glücklich und 10% nicht allzu glücklich, 1972 waren 26% sehr glücklich, 66% recht glücklich und 8% nicht allzu glücklich. Siehe P. E. Converse und W. L. Rodgers, *The Quality of American Life. Perceptions, Evaluations and Satisfactions*, New York: Russell Sage, 1976, S. 277, 447.

möchte. Vereinigungen von Menschen können zu beliebigen Zwecken frei gebildet werden.

Von den drei genannten praktischen Formen der Freiheit hebt sich die ideelle Freiheit ab. In ihrer extremen Ausprägung ist sie als Freiheit des Menschen von jeglicher äußerer Beherrschung durch Naturnotwendigkeiten oder auch durch politische und gemeinschaftliche Sanktionen zu verstehen. Nach dieser Idee gibt es in den Sphären des Marktes, der Politik und der Gemeinschaft keine Freiheit. Auf dem Markt wird der Mensch durch seine Triebe und durch die Gesetze des Marktes beherrscht, in der Politik durch eigene und fremde Triebe und durch Macht, in der Gemeinschaft durch den Zwang des Kollektivs über das Individuum. Die Freiheit von diesen Restriktionen ist nur für ein vollkommen rationales Wesen möglich, das sich seine Gesetze selbst auferlegt und dabei die Freiheit der anderen Individuen in die Gesetzgebung einbezieht. Diese Freiheit ist nicht in der Welt, sondern nur jenseits der Welt zu finden.[209] Sie impliziert eine Flucht vor der Alltagswelt in einen kontemplativen Mystizismus. Eine solche ideelle Freiheitsvorstellung hat im amerikanischen Denken keinen Platz. Wo in Amerika die kulturelle Freiheit zur Diskussion steht, geht es immer noch um recht praktische Formen der kulturellen Freiheit. Die Freiheit der Religion, der Rede und der Presse ist ein wesentliches Element dieser praktisch relevanten kulturellen Freiheit. Dadurch ist die Garantie für einen kulturellen Pluralismus gegeben. Der Markt der Ideen ist der Ort, an dem sich diese Freiheit entfaltet. Dementsprechend handelt es sich hier um eine kulturelle Form der situativen Freiheit. Die Selbstverantwortung ist eine weitere praktische Gestalt der kulturellen Freiheit. Sie gründet auf der kulturellen Bildung der Persönlichkeit und auf beruflichen Strukturen, in denen selbstverantwortliches Handeln gefordert ist. Die Professionalisierung von Berufsrollen entspricht dem Idealbild der selbstverantwortlich handelnden Persönlichkeit. Selbstdisziplin ist ebenso ein Typus der praktisch orientierten kulturellen Freiheit. Sie entläßt das Individuum aus der unmittelbaren Kontrolle der Gemeinschaft, an deren Stelle die selbständige Kontrolle des Individuums tritt. Das Individuum unterstellt sein Handeln einer eigenen methodischen Kontrolle hinsichtlich der Über-

209 Das ist Kants Verständnis der Freiheit: I. Kant, *Kritik der praktischen Vernunft*, Hamburg: Meiner, (1788) 1967.

einstimmung mit moralischen Normen. Diese methodische Selbstdisziplin des Individuums hat ihre Wurzel im Puritanismus.

Wenn in Amerika von Freiheit die Rede ist, dann sind diese Formen der praktischen Freiheit gemeint, und sie werden mehr im Alltag praktiziert als in der Theorie reflektiert. Natürlich wirkt Freiheit als die große Idee der amerikanischen Gesellschaft, aber eben weniger in Gestalt von Theorien als in der praktischen Realisierung. Die Pilgerväter haben ihre Freiheit der Religionsausübung gegen Staat und Kirche in England durchgesetzt, die Revolutionäre von 1776 haben ihre Freiheit von staatlicher Willkür im Unabhängigkeitskrieg erkämpft. Im Alltag der amerikanischen Gesellschaft sind es immer wieder einzelne Individuen und gesellschaftliche Gruppen, die ihre Freiheitsrechte in gerichtlichen Verfahren zu sichern versuchen. Die Gerichte sind der Platz, auf dem sich die alltägliche Erkämpfung und Durchsetzung konkreter Freiheitsrechte abspielt. Betrachten wir die amerikanische Praktizierung von Freiheit im einzelnen.

3.1 Ökonomische Freiheit: Der Self-made man

Die Gesellschaft der ersten Kolonien in Amerika war eine Gesellschaft von relativ gleichrangigen und unabhängigen Kaufleuten, Handwerkern und Farmern. Fast jedes erwachsene männliche Mitglied der Gesellschaft verfügte über Eigentum und war mit der Herstellung und/oder dem Tausch von Gütern beschäftigt. Die Gesellschaft setzte sich aus Familien von Eigentumsbesitzenden zusammen. Es existierte kaum eine Klassenteilung in Besitzende und Nichtbesitzende wie in Europa. Jeder hatte Besitz, jeder mußte diesen Besitz aber auch durch eigene Arbeit erhalten und vermehren.

> Es gibt in Amerika nicht viele, die sehr reich sind; fast alle Amerikaner müssen deshalb einen Beruf ausüben,[210]

stellt Tocqueville fest. In einer solchen Gesellschaft von unabhän-

210 A. de Tocqueville, *Über die Demokratie in Amerika*, op. cit., S. 60; vgl. R. Berthoff, *An Unsettled People*, op. cit., S. 3-128, insbesondere S. 49-66, 83-95.

gigen Eigentümern, von Warenbesitzern, heißt Freiheit vor allem Freiheit des Eigentums, der Vertragsschließung und des Warenverkehrs.[211] Hier ist die Wurzel des amerikanischen Traums, daß jeder selbst sein Glück machen könne, in dem andere Menschen nicht als Vorgesetzte und auch nicht als Untergebene vorkommen, sondern nur als Geschäftspartner. Freiheit bedeutet hier, sich frei bewegen, Eigentum frei erwerben und wieder veräußern zu können. Die Verfügbarkeit von Land, allein schon für den Besitz eines eigenen Hauses für jede Familie, bildete eine wesentliche materielle Grundlage dieser Gesellschaft von unabhängigen Eigentumsbesitzern. Das reichliche Vorhandensein der materiellen Ressourcen hatte zur Folge, daß die Freiheit der Entfaltung des einen diejenige des anderen kaum einschränkte. Es waren für alle reichlich Platz und Gewinnchancen vorhanden. Die Ideen des freien Wettbewerbs und des Self-made man haben hier ihre materielle Wurzel.[212]

Eng verbunden mit der Wettbewerbsfreiheit sind die Ideen der freien Vertragsschließung und der freien Unternehmung. Wo in Europa der Staat oder eine große nationale Organisation – wie Kirche, Parteien, Verbände – ein Unternehmen führen, sucht man die Führung dieser großen Kollektive in Amerika vergebens. Viel mehr Unternehmungen bleiben der privaten Initiative und der regionalen und lokalen Organisation überlassen. Wo in Europa Staat, Kirche, Parteien und Verbände die soziale Fürsorge, die Krankenversorgung, das Fernsehen, die Bildung, das Verkehrswesen, die Energieversorgung, die Religion, die Kunst organisieren und verwalten, tun dies in Amerika unzählige Unternehmungen, die auf privater Initiative und freier vertraglicher Vereinigung beruhen. Die ersten Kolonien entstanden selbst aus solchen Unternehmungen und freien vertraglichen Zusammenschlüssen. Die Virginia Company und die Massachusetts Bay Company waren Handelsgesellschaften, auf die Initiative und die freie Vereinigung von Interessenten gebaut, und bildeten den Kern der Kolonien von Virginia und Massachusetts.[213] Die Virginia Company setzte sich die Ziele, den wilden Eingeborenen die christliche

211 Vgl. G. Dietze, *Freiheit und Eigentum in der amerikanischen Überlieferung*, Tübingen: Mohr Siebeck, 1976.

212 Siehe hierzu: D. M. Potter, *People of Plenty: Economic Abundance and the American Character*, Chicago: University of Chicago Press, 1954.

213 A. de Tocqueville, *Über die Demokratie in Amerika*, op. cit., S. 32-50;

Zivilisation zu bringen, aufgrund des Bevölkerungswachstums in England neues Land zu nutzen und so das Knappheitsproblem zu lösen und schließlich einen ökonomischen Nutzen aus dem Unternehmen zu ziehen. Die Massachusetts Bay Company, die von John Winthrop angeführt wurde, bezog wohlhabendere, angesehenere und religiös motiviertere Leute ein und verfolgte vor allem das Ziel, eine nach Gottes Geboten geformte Gesellschaft zu errichten, ein neues Jerusalem, eine Stadt auf dem Hügel, für alle Welt als Modell sichtbar. Connecticut und Rhode Island wurden bald darauf ebenso unter der Führung von herausragenden Männern und aufgrund des freien Zusammenschlusses von Menschen gegründet, die sich in Massachusetts nicht frei ansiedeln konnten und keine gleichen Rechte wie der innere Kreis der Heiligen im theokratischen System hatten. Thomas Hooker in Connecticut und Roger Williams in Rhode Island waren die Führer dieser Neugründungen. Private Initiative von unternehmerischen Persönlichkeiten und die freie Vereinigung von Interessenten zum Zwecke der Durchführung einer Unternehmung sind das grundlegende Kennzeichen dieser Koloniegründungen. Gesellschaftliche Probleme, hier die begrenzten ökonomischen und politischen Chancen der neu Eingewanderten, wurden durch die freie Gründung einer Unternehmung gelöst. Diese Art der Lösung gesellschaftlicher Probleme ist bis heute ein Grundzug des amerikanischen Freiheitsverständnisses geblieben. Der Amerikaner startet lieber selbst eine Unternehmung, um die Bewältigung eines Problems in Angriff zu nehmen, oder er schließt sich einer solchen Unternehmung an, als daß er vom Staat solche Initiativen erwartet. Er fürchtet die Kontrolle des Staates im Gefolge der Ausweitung der Staatsausgaben mehr als die Macht freier Unternehmen. Und lieber wird die Ungelöstheit von Problemen in Kauf genommen, wenn sie in privater Unternehmung nicht bewältigt werden können. Private Initiative und freie Unternehmung zur Lösung gesellschaftlicher Probleme hat Tocqueville als ein Wesensmerkmal der amerikanischen Gesellschaft beschrieben:

P. Miller, *Errand into the Wilderness*, op. cit., S. 1-47, 99-152; S. E. Ahlstrom, *A Religious History of the American People*, op. cit., S. 135-99; R. Berthoff, *An Unsettled People*, op. cit., S. 5-20; S. Ratner, J. H. Soltow und R. Sylla, *The Evolution of the American Economy. Growth, Welfare, and Decision Making*, New York: Basic Books, 1979, S. 36-59.

Der Bewohner der Vereinigten Staaten lernt von Geburt an, daß man sich im Kampf gegen die Übel und Hemmnisse des Lebens auf sich selber verlassen muß; er schaut auf die Obrigkeit nur mit einem mißtrauischen und unruhigen Blick, und er wendet sich an ihre Macht nur dann, wenn er es ohne sie nicht machen kann. Das bemerkt man schon in der Schule, wo die Kinder sich bei ihren Spielen den Vorschriften, die sie aufgestellt haben, selber unterziehen, und unter sich die von ihnen selbst festgesetzten Vergehen bestrafen. Der gleiche Geist beherrscht das ganze Tun der Gesellschaft. Ein Hindernis liegt auf der Straße; der Durchgang ist versperrt, der Verkehr steht still; alsbald bilden die Nachbarn eine beratende Gesamtheit; aus dieser Stegreifversammlung entsteht eine ausführende Gewalt, die dem Übel abhilft, bevor irgendeiner der Beteiligten an eine Obrigkeit dächte, die es außerhalb der hier gebildeten gibt.[214]

Nach der Gründung der Kolonien ist die weitere Entwicklung der amerikanischen Gesellschaft wesentlich durch private unternehmerische Initiative bestimmt worden.[215] Selbst ihre Unabhängigkeit verdanken die Amerikaner nicht einer machtvollen nationalen Organisation und Armee, sondern dem improvisierten spontanen Zusammenschluß und dem unternehmerischen Geschick George Washingtons.[216] Die Besiedlung des Kontinents von Osten nach Westen erfolgte nicht nach einem staatlichen Plan und in staatlicher Organisation, sondern in einer Vielzahl privater Unternehmungen.[217] Gegen Ende des 19. Jahrhunderts eroberten dann die großen industriellen Unternehmen das Land. Industrielle Unternehmer, wie John D. Rockefeller, Andrew Carnegie, Andrew Mellon und Henry Ford, repräsentierten nun das amerikanische Unternehmertum.[218] Der Self-made man wird zum Sinnbild des amerikanischen

214 A. de Tocqueville, *Über die Demokratie in Amerika*, op. cit., S. 216-7.

215 Kaufleute übernahmen eine herausragende Rolle: B. Bailyn, *The New England Merchants in the Seventeenth Century*, Cambridge, Mass.: Harvard University Press, 1955.

216 C. P. Nettels, *George Washington and American Independence*, Boston: Little, Brown, 1951; J. T. Flexner, *George Washington and the New Nation*, Boston: Little, Brown, 1970; *Washington, the Indispensable Man*, Boston: Little, Brown, 1974.

217 R. Berthoff, *An Unsettled People*, op. cit., S. 127-47, 303-13; R. A. Billington, *Westward Expansion: A History of the American Frontier*, New York: Macmillan, 4. Aufl., 1974; S. Ratner, J. H. Soltow und R. Sylla, *The Evolution of the American Economy*, op. cit., S. 255-74.

218 R. Berthoff, *An Unsettled People*, op. cit., S. 314-31; R. W. Hidy und M. E. Hidy, *Pioneering in Big Business, 1882-1911*, New York: Harper, 1955; H. C. Livesay, *Andrew Carnegie and the Rise of Big Business*, Boston: Little,

Traumes von Freiheit und Erfolg.[219] Die riesigen Korporationen, die von den industriellen Unternehmern geschaffen wurden, beeinflußten das Leben des Amerikaners weit mehr als die Regierungen auf lokaler, staatlicher und bundesweiter Ebene. Unternehmerische Initiative ist jedoch nicht auf die Industrie beschränkt geblieben. Die großen industriellen Unternehmer haben selbst ihre Initiative auf die Förderung der Wissenschaft, Bildung und Kunst ausgedehnt.[220] Die Entwicklung der Wissenschaft und der Bildung ist durch private Unternehmung vorangetrieben worden. Viele Universitäten, unter ihnen gerade die berühmtesten, werden als private Unternehmungen geführt.[221] In den sechziger und siebziger Jahren dieses Jahrhunderts sind neue gesellschaftliche Probleme der Durchsetzung von Bürgerrechten, von Interessen der älteren Bürger, Schwarzen, Frauen, Steuerzahler und Konsumenten und von öffentlichen Interessen ebenfalls in Gestalt der Gründung von Organisationen durch private unternehmerische Initiative angegangen worden. Ein bekanntes Beispiel dafür ist die Aktivität des Rechtsanwalts Ralph Nader. Er begann mit einer Kampagne für ein Gesetz zur Erhöhung der Sicherheit von Autos. Er wurde weitbekannt und verdiente Geld mit Büchern und mit Vorträgen. Dieses Geld verwendete er, um eine Reihe von Organisationen aufzubauen, die sich der Wahrung eines breiten Spektrums von Interessen widmen. Eine Gruppe, die sich »Public Citizen« nennt, sammelt Geld von einzelnen Bürgern zur Unterstützung der Organisationen. Dazu zählen u. a. folgende Organisationen:[222]

»Congress Watch« ist eine Lobby, die im Kongreß aktiv ist und über die Tätigkeit des Kongresses informiert.

»Critical Mass« vertritt kritische Positionen gegen Atomenergie.

Brown, 1975; S. Ratner, J. H. Soltow und R. Sylla, *The Evolution of the American Economy*, op. cit., S. 275-300.

219 Vgl. J. Wyllie, *The Self-Made Man*, op. cit.; J. G. Cawelti, *Apostles of the Self-Made Man*, op. cit.; M. Curti, *Amerikanisches Geistesleben*, op. cit., S. 857-64.

220 B. C. G. Whitaker, *The Foundations. An Anatomy of Philanthropy and Society*, London: Methuen, 1974.

221 J. Ben-David, *American Higher Education*, op. cit., S. 25-47.

222 *New York Times*, 29. Januar 1978, S. E-3; vgl. die Darstellung in: J. Q. Wilson, *American Government*, op. cit., S. 16-7.

»Public Citizen Litigation Group« führt Rechtsstreitigkeiten im Interesse verschiedener Gruppen durch.
»Tax Reform Research Group« ist als Lobby für Veränderungen der Steuergesetze tätig.
»Health Research Group« unterzieht das System der Gesundheitsfürsorge der kritischen Betrachtung.
Es gibt außerdem zahlreiche lokale »Public Interest Research Groups«, die von College Studenten organisiert werden. Neben den Organisationen Naders finden sich unzählige weitere private Unternehmungen zur Wahrung der verschiedensten Interessen auf lokaler, staatlicher und nationaler Ebene. Dabei können solche Organisationen auch ohne potente Sponsoren und ohne attraktive Anreize für ihre Mitglieder erfolgreich sein. So wurde z.B. 1970 »Common Cause« gegründet, um eine Veränderung der Verfahrensregeln des politischen Prozesses zu erwirken, wie z.B. die Regeln der Wahlkampffinanzierung. Diese Gruppe konnte durch briefliche Werbung zweihunderttausend Mitglieder gewinnen, die bereit sind, jedes Jahr einen Beitrag von 15 $ zu zahlen, ohne daß sie unmittelbar persönliche Gewinne dafür erwarten können. Nader trägt mit seinen verschiedenen Aktivitäten wesentlich zur Durchsetzung moralischer Regulierungen des ökonomischen Handelns bei. Jedes Jahr veröffentlicht er eine Negativliste derjenigen Unternehmen, die gegen Anstand und Moral verstoßen haben, mit entsprechenden Informationen über die Verstöße.[223] Dazu gehört z.B. der Verkauf von Rheumamitteln, obwohl dem Produzenten bekannt war, daß die Einnahme schon Todesfälle verursacht hatte. Genannt wird auch ein Unternehmen, das VietnamVeteranen Entschädigungen verweigert hatte. Die Veteranen leiden an Krankheiten, die von einem im Krieg eingesetzten Entlaubungsmittel der Firma herrühren. Ein Automobilkonzern wird angeprangert, weil er sich der Einführung des Luftsacks als Schutz gegen einen Aufprall widersetzt hatte. Den Unternehmen kann

223 R. Nader, M. Green und J. Seligman, *Constitutionalizing the Corporation: The Case for the Federal Chartering of Giant Corporations*, Washington: Corperate Accountability Research Group, 1976; H. Gorey, *Nader and the Power of Everyman*, New York: Grosset & Dunlop, 1975; B. H. Siegan, *Economic Liberties and the Constitution*, Chicago: University of Chicago Press, 1980; B. H. Siegan (Hg.), *The Interaction of Economics and Law*, Lexington, Mass.: Lexington Books, 1977; M. A. Marks, *The Suing of America*, New York: Seaview, 1981.

die Aufnahme in Naders »Hall of Shame« nicht gleichgültig sein, weil sie sich negativ auf ihr Ansehen auswirkt und damit ihre Marktposition schwächt. Man sieht hier, wie in den Vereinigten Staaten die Durchsetzung einer ökonomischen Moral nicht nur durch staatliche Gesetzgebung, sondern ganz wesentlich in Gestalt von privater Initiative erfolgt.

Unternehmerische Initiativen der geschilderten Art haben in den sechziger und frühen siebziger Jahren aber auch einen wesentlichen Einfluß auf Gesetzgebungen zum Schutze von Konsumenteninteressen und zum Schutz der Umwelt ausgeübt. Es handelt sich hierbei letzten Endes zwar um staatliche Gesetzgebung, ein wesentliches Merkmal des Gesetzgebungsprozesses ist jedoch, daß er weit mehr als anderswo durch eine Vielzahl privater unternehmerischer Initiativen vorangetrieben worden ist. Daneben ist natürlich das Feld privater Initiative zur Lösung gesellschaftlicher Probleme ohne Einbeziehung der staatlichen Gesetzgebung größer als in jedem anderen Land. Diese grundsätzliche Bevorzugung privater Initiative macht sich selbst in Einstellungen zu Problemen bemerkbar, die in Europa die auschließliche Domäne staatlicher Maßnahmen bilden. Kürzlich konnte man in Fernsehberichten über Arbeitslosigkeit in der Bundesrepublik und in den Vereinigten Staaten die unterschiedliche Bereitschaft zu privater Initiative in den beiden Gesellschaften anschaulich studieren. Die in Deutschland interviewten Arbeitslosen beklagten die mangelnde Hilfe des Staates und berichteten, daß sie in ihrem Ort ihr Haus und ihre Angehörigen hätten und deshalb nicht irgendwo anders einen Arbeitsplatz suchen könnten. Ganz anders reagierten interviewte Arbeitlose in den Vereinigten Staaten. Es wurde ein Lager arbeitsloser Amerikaner gezeigt, die mit dem Campingwagen umherzogen, um Arbeit zu finden. Ein arbeitsloser Amerikaner äußerte sich im typisch amerikanischen Optimismus: »Wir werden das Problem der Arbeitslosigkeit schon in den Griff bekommen«. Er sagte »wir« und nicht »der Staat« und schloß damit seine eigene Initiative ein. Ein anderes Beispiel für die Bedeutung privater Initiative und Unternehmung im amerikanischen Leben gaben die ersten rein privat und ohne einen Steuerdollar finanzierten und organisierten Olympischen Spiele in Los Angeles 1984, die von Europäern mit viel Skepsis und Mißtrauen betrachtet wurden.

Im Kontext der Ideen des freien Wettbewerbs und des freien Unternehmertums ist in Amerika nicht so viel Gespür für die

Gefahren entstanden, die sich aus der rigorosen Ausübung der Freiheiten des Eigentums, des Vertragsschlusses und des Warenverkehrs ergeben. Das hat sich vor allem in der rapiden Entfaltung der Industrialisierung und der großen kapitalistischen Korporationen gegen Ende des 19. Jahrhunderts gezeigt.[224] Diese Entwicklung ist von großen Unternehmerpersönlichkeiten im Namen der Wettbewerbsfreiheit und des freien Unternehmertums forciert worden und konnte in ihrer Größenordnung durch das amerikanische Mittel der privaten Initiative lange nicht unter Kontrolle gebracht werden. Die großen Unternehmerpersönlichkeiten sind längst durch die Managementzentralen riesiger multinationaler Konzerne verdrängt worden.[225] Die Konzerne operieren jedoch nach wie vor unter den Ideen des freien Wettbewerbs und des freien Unternehmertums und können sich in der Abwehrhaltung gegen schärfere Kontrollen auf diese Ideen berufen. Die Freiheitsidee hat auf diese Weise zum Aufbau riesiger Organisationen geführt, die durch ihre Entscheidungen das Leben des Amerikaners in weiten Bereichen bestimmten, ohne daß es eine Kontrolle dieser Entscheidungen gab. Mit seinem berühmten Ausspruch, »Was gut für Ford ist, das ist auch gut für die Nation«, hat Henry Ford diese Macht der Konzerne in aller Naivität zum Ausdruck gebracht.[226] Die Entfaltung der Freiheit der Konzerne hat sicherlich den Reichtum der Nation und den allgemeinen Wohlstand des

224 R. Berthoff, *An Unsettled People*, op. cit., S. 314-58.

225 O. E. Williamson, *Corporate Control and Business Behavior*, Englewood Cliffs, N. J.: Prentice Hall, 1970; M. Zeitlin, »Corporate Ownership and Control: The Large Corporation and the Capitalist Class«, in: M. Zeitlin (Hg.), *American Society, Inc. Studies of the Social Structure and the Political Economy of the United States*, Chicago: Rand McNally, (1970) 1977, S. 233-79; T. C. Cochran, *American Business in the Twentieth Century*, Cambridge, Mass.: Harvard University Press, 1972; A. D. Chandler, Jr., *The Visible Hand: The Managerial Revolution in American Business*, Cambridge, Mass.: Harvard University Press, 1977.

226 Auch seine Schriften sind von dieser Einstellung geprägt. Vgl. H. Ford, *Meine Philosophie der Arbeit*, Dresden: Verlag Paul Aretz, 1929, insbesondere S. 65-81 (H. Ford, *My Philosophy of Industry*, New York: Coward-McCann, 1929); *Mein Leben und Werk*, Leipzig, Paul List Verlag, 1923; *Und trotzdem Vorwärts!*, Leipzig: Paul List Verlag, 1930; C. W. Gelderman, *Henry Ford: The Wayward Capitalist*, New York: Dial, 1981; D. L. Lewis, *The Public Image of Henry Ford. An American Folk Hero and His Company*, Detroit: Wayne State University Press, 1976.

Amerikaners außerordentlich gesteigert, gleichzeitig aber auch eine immense Konzentration ökonomischer Entscheidungsmacht mit sich gebracht, die ohne Kontrolle auswucherte. Umweltzerstörung, Raubbau an der Natur, unkontrolliertes Wachstum der Städte mit Verdrängung von intakten Wohnvierteln durch Wolkenkratzer von Banken und Versicherungen, Gefährdung der Gesundheit durch Chemikalien zählen zu den bekannten Folgen, die in anderen Ländern ebenso aufgetreten sind, in Amerika aber lange Zeit aufgrund der herrschenden ökonomischen Deutung der Freiheitsidee als ökonomischer Liberalismus und der Fortschrittsidee als ökonomisches Wachstum in den Ballungszentren der Metropolen zu besonders krassen Auswüchsen gelangt sind.[227]
Allerdings kann man nicht behaupten, in den Vereinigten Staaten hätte die Freiheitskonzeption des alten Liberalismus immer nur den Laissez-faire-Kapitalismus legitimiert und eine Kontrolle der wirtschaftlichen Expansion unmöglich gemacht. Vor allem der Wandel des Liberalismus selbst hat den regulierenden Eingriff der Regierung in den Wirtschaftsablauf zu einem wesentlichen Element liberaler Haltungen werden lassen.[228] Laissez-faire-Konzeptionen der Wirtschaft werden nur noch von extrem konservativen Positionen vertreten. Gemäßigte konservative Einstellungen verlangen lediglich eine Begrenzung der staatlichen Eingriffe in die Wirtschaft. Vor allem in der Nachkriegsentwicklung haben sich hier entscheidende Veränderungen in den Einstellungen vollzogen. Im Jahre 1940 meinten 70% von Befragten in professionellen und leitenden Berufen, und 35% der Befragten in manuellen

227 C. N. Glaab und A. T. Brown, *A History of Urban America*, New York: Macmillan, 1967; J. K. Hadden, L. H. Masotti und C. J. Larson (Hg.), *Metropolis in Crisis. Social and Political Perspectives*, Itasca, Ill.: F. E. Peacock, 1971.

228 Wie langsam sich dieser Wandel vollzogen hat, zeigt auch die Rechtsprechung des obersten Gerichtshofs, vor allem zu Franklin D. Roosevelts New Deal Gesetzgebung. Siehe M. Conant, *The Constitution and Capitalism*, St. Paul: West Publishing Co., 1974; G. Gunther und N. T. Dowling, *Cases and Materials on Individual Rights and Constitutional Law*, op. cit., S. 342-99. Zur Regulierung der Wirtschaft durch Regierung und Gesetzgebung vgl. H. B. Thorelli, *The Federal Antitrust Policy: Origination of an American Tradition*, London: Allen & Unwin, 1954; W. Letwin, *Law and Economic Policy in America*, New York: Random House, 1965; G. Kolko, *The Triumph of Conservatism: A Reinterpretation of American History, 1900-1916*, Glencoe, Ill.: Free Press, 1963; R. H. Wiebe, *Businessmen and Reform: A Study of the Progressive Movement*, Cambridge, Mass.: Harvard University Press, 1962.

Berufen, daß der Staat weniger als zuvor regulierend in die Wirtschaft eingreifen sollte. Im Jahre 1961 hielten nur noch 16 % der Professionellen und 13 % der Handarbeiter die staatlichen Wirtschaftsregulierungen für zu weitgehend.[229]

Folgt man einer Einteilung von James Q. Wilson, dann ergeben sich regulierende staatliche Kontrollen der Wirtschaft aus vier verschiedenen Formen der Durchsetzung einer politischen Maßnahme: Mehrheitspolitik, Interessengruppenpolitik, Klientenpolitik und unternehmerische Politik.[230]

Die Mehrheitspolitik beruht auf einer deutlichen mehrheitlichen Meinung, daß bestimmte politische Maßnahmen erforderlich sind.[231] Dabei hat keine spezifische Zielgruppe und keine besondere Gruppe allein die Kosten der Maßnahme zu tragen. In diese Kategorie der Mehrheitspolitik kann man die schon im Jahre 1890 erfolgte Anti-Trust Gesetzgebung im Sherman Act einordnen, die der Erhaltung des Wettbewerbs diente. Dazu gehören auch die Einrichtung einer Bundeskommission zur Überwachung des Handels im Federal Trade Commission Act sowie das Verbot von Formen des unlauteren Wettbewerbs im Clayton Act, beide im Jahre 1914. Die Durchführung dieser Gesetze in der Realität geschah allerdings nur zaghaft. Im ersten Jahrzehnt wurden z.B. in einem Jahr durchschnittlich nur zwei Verstöße gegen das Anti-Trust Gesetz registriert. Die Beauftragung von fünf Rechtsanwälten mit der Überwachung von Gesetzesverstößen durch den Kongreß auf Betreiben Theodore Roosevelts im Jahre 1904 erhöhte die durchschnittliche jährliche Aufdeckungsquote auf 7. Nachdem Franklin D. Roosevelt 1938 Thurman Arnold zum Vorsitzenden der Anti-Trust Abteilung des Justizdepartments gemacht hatte, stieg die jährliche Durchschnittszahl auf 50. Heute sind über vierhundert Rechtsanwälte in dieser Abteilung mit der Kontrolle der Monopolbildung beauftragt. Zumindest der Aufwand der Kontrolle monopolistischer Praktiken ist in den Vereinigten Staaten der umfangreichste unter allen Industrienationen.

In der Interessengruppenpolitik versucht eine Gruppe, ihr Interesse gegen eine andere Gruppe durchzusetzen.[232] Der Nutzen

229 Diese Daten berichtet aus einer Gallup-Umfrage E. C. Ladd, Jr., *Transformations of the American Party System*, op. cit., S. 109.

230 J. Q. Wilson, *American Government*, op. cit., S. 419-23, 426-37, 590-8.

231 Ebd., S. 419-20, 432-4, 590-2.

232 Ebd., S. 420, 429-32, 592-4.

einer Maßnahme für die eine Gruppe impliziert Kosten für die andere. Entweder gibt es einen Gewinner und einen Verlierer, oder ein Kompromiß führt zu einem gewissen Ausgleich von Gewinnen und Verlusten. Die Auseinandersetzung zwischen Gewerkschaften und Unternehmerverbänden in der Beeinflussung von Gesetzgebungen zur Kontrolle der Wirtschaft entspricht weitgehend dem Typus der Interessengruppenpolitik. Wer hier gewinnt, das hängt von den jeweiligen Mehrheitsverhältnissen im Kongreß ab. In Gesetzgebungen, in denen die Gewerkschaften und Unternehmerverbände im Konflikt standen, hat nicht immer dieselbe Seite den Erfolg davongetragen. In den dreißiger Jahren konnten sich die Gewerkschaften im Zuge von Franklin D. Roosevelts Politik des New Deal durchsetzen. Nach dem zweiten Weltkrieg bis Anfang der sechziger Jahre waren die Unternehmerverbände bei konservativen Kongreßmehrheiten erfolgreicher. Liberale Mehrheiten in den sechziger und siebziger Jahren ließen wiederum die Gewerkschaften eher siegen. Seit Anfang der achtziger Jahre hat sich das Blatt wieder zugunsten der Unternehmer gewendet.

Im Falle der Klientenpolitik gelingt es einer Gruppe, ein Interesse zur Geltung zu bringen, wobei die entsprechende politische Maßnahme die Kosten so weit auf die Bevölkerung verstreut, daß sich kein gezielter Widerstand regt.[233] Regulierende Eingriffe des Staates zum Schutze des Preisverfalls in einer Branche und Subventionen repräsentieren diesen Typ der staatlichen Kontrolle der Wirtschaft. Man findet eine Vielzahl solcher Preisregulierungen und Subventionen, so z. B. in der Milchwirtschaft, im Schiffbau, bis 1978 im Luftverkehr. In vielen Fällen dienen Gesetze der Kontrolle von Täuschung, Pfuschwerk und Sicherheitsrisiken in den verschiedensten Branchen und regulieren dadurch den Zugang zu bestimmten Branchen und Berufen sowie den Wettbewerb.

Unternehmerische Politik ist gefordert, wo eine politische Maßnahme allgemeinen Nutzen verspricht, aber die Kosten einer bestimmten Gruppe, einem bestimmten Industriezweig auferlegt.[234] Hier muß die unorganisierte Mehrheit durch die geschickte Initiative einer unternehmerischen Persönlichkeit mobilisiert werden. Zahlreiche Gesetze zum Schutze von Verbrauchern und zum Schutze der Umwelt wurden in den sechziger und siebziger Jahren

233 Ebd., S. 420-2, 426-9, 594-6.

234 Ebd., S. 422-3, 434-7, 596-8.

durch erfolgreiche unternehmerische Politik im Kongreß verabschiedet. Darunter zählen der Motor Vehicle Air Pollution Control Act von 1965, der National Traffic and Motor Vehicle Safety Act von 1966 und der Clean Air Act von 1970. Sie enthalten schärfere Bestimmungen zur Verbrauchersicherheit und zum Umweltschutz im Autobau. Durch entsprechende Bestimmungen wurde die Ölindustrie durch den Water Quality Improvement Act von 1970 kontrolliert, die Spielzeugindustrie durch den Children Protection and Toy Safety Act von 1969, die pharmazeutische Industrie durch Ergänzungen zum Medikamentengesetz im Jahre 1962, die Poultry Company durch den Wholesome Poultry Act von 1968 und die chemische Industrie durch den Toxic Substance Control Act von 1976.
Ein wesentliches Merkmal der staatlichen Regulierung des Wirtschaftsablaufs und damit der Marktfreiheit und der unternehmerischen Freiheit in den Vereinigten Staaten besteht darin, daß sie in weiten Teilen nicht kollektive Interessen gegen individuelle Freiheit stellt, sondern die individuelle Freiheit gegen die Macht der großen Industrie zu schützen versucht. Das gilt vor allem für die Erhaltung des Wettbewerbs und für Maßnahmen zum Schutze der Konsumenteninteressen und der Umwelt.[235] Die Kontrolle der Entfaltung ökonomischer Freiheit durch staatliche Gesetzgebung und Regulierung ist allerdings nur die politische Komponente der institutionellen Regelung ökonomischer Freiheit.

3.2 Vereinigungsfreiheit: Die Offenheit der sozialen Interaktion

Das komplementäre Gegenstück zur situativen ökonomischen Freiheit ist die Freiheit der Vereinigung. Sie ist genauso wie die situative Freiheit ein von Anfang an bestimmendes Element der amerikanischen Gesellschaft. Die ersten Kolonien beruhen auf freien Vereinigungen. Und wo immer es gemeinsame Interessen und Probleme gibt, bilden die Amerikaner eine entsprechende Vereinigung. Tocqueville war von dieser Bereitschaft zur freien Vereinigung beeindruckt:

235 A. Stone, *Economic Regulation and the Public Interest. The Federal Trade Commission in Theory and Practice*, Ithaca, N. Y.: Cornell University Press, 1977; J. E. Anderson (Hg.), *Economic Regulatory Policies*, Lexington, Mass.: Lexington Books, 1976.

Die Amerikaner jeden Alters, jeden Standes, jeder Geistesrichtung schließen sich fortwährend zusammen. Sie haben nicht nur kaufmännische und gewerbliche Vereine, denen alle angehören, sie haben auch noch unzählige andere Arten: religiöse, sittliche, ernste, oberflächliche, sehr allgemeine und sehr besondere, gewaltige und ganz kleine; die Amerikaner tun sich zusammen, um Feste zu geben, Seminarien zu begründen, Gasthöfe zu bauen, Kirchen zu errichten, Bücher zu verbreiten, Missionare zu den Antipoden zu entsenden; sie errichten auf diese Weise Spitäler, Gefängnisse, Schulen. Handelt es sich schließlich darum, eine Wahrheit zu verkünden oder ein Gefühl mit Hilfe eines großen Beispiels zu fördern, so gründen sie Vereinigungen. Überall, wo man in Frankreich die Regierung und in England einen großen Herrn an der Spitze eines neuen Unternehmens sieht, wird man in den Vereinigten Staaten mit Bestimmtheit eine Vereinigung finden.[236]

Die Freiwilligkeit der Vereinigung der Amerikaner beginnt schon damit, daß sie einer freien religiösen Gemeinschaft angehören, wo die Europäer in eine nationale und eventuell staatlich privilegierte, bürokratisch organisierte Kirche eingeordnet sind.[237] Dabei ist die lokale Autonomie der Gemeinde in der Regel größer als in Europa. Ebenso existieren keine monolithischen, national organisierten Parteien und Verbände. Die großen Parteien sind nicht mehr als ein Wahlkampfzusammenschluß unzähliger regionaler und lokaler Vereinigungen.[238] Darüber hinaus begegnet man einer Vielzahl von Vereinigungen, die das alltägliche Leben des Amerikaners gestalten. Das gilt heute genauso wie zu Tocquevilles Zeiten. Natürlich kann man nicht übersehen, daß die Teilnahme an diesem vielfältigen Vereinsleben nicht gleichmäßig über die Bevölkerung verteilt ist. Sie ist in den gebildeten Schichten weit verbreiteter als in den unteren Schichten.[239]

236 A. de Tocqueville, *Über die Demokratie in Amerika*, op. cit., S. 595.
237 M. Weber, *Religionssoziologie* I, op. cit., S. 207-36; H. R. Niebuhr, *The Social Sources of Denominationalism*, op. cit.; S. Mead, »Denominationalism: The Shape of Protestantism in America«, op. cit.; A. M. Greeley, *The Denominational Society*, op. cit.
238 R. A. Dahl, *Pluralist Democracy in the United States*, op. cit., S. 213-42; J. Q. Wilson, *American Government*, op. cit., S. 132-63.
239 M. Hausknecht, *The Joiners*, op. cit.; G. A. Almond und S. Verba, *The Civic Culture*, op. cit., S. 180-322; N. Babchuk und A. Booth, »Voluntary Association Membership: A Longitudinal Analysis«, op. cit.; H. H. Hyman und C. R. Wright, »Trends in Voluntary Association Memberships of American Adults«, op. cit.; D. H. Smith, »Voluntary Action and Voluntary Groups«, op. cit.

Das amerikanische Leben wird über die formellen Vereinigungen hinaus durch eine Vielzahl von informellen Assoziationen bestimmt. In den Betrieben und Behörden gehen die Angestellten untereinander mehr als in anderen Ländern über die formellen Arbeitsbeziehungen hinaus informell persönlich gefärbte Beziehungen ein, die auch in die Freizeit und die private Sphäre hineinreichen.[240] Der Gebrauch des Vornamens in der wechselseitigen Anrede erleichtert die freie Kommunikation und baut formelle Schranken des sozialen Verkehrs ab. Zwischen persönlichen und formellen Beziehungen wird nicht so scharf getrennt wie in den europäischen Gesellschaften. Geschäftsfreundschaft und persönliche Freundschaft sind nicht so weit voneinander entfernt. Überhaupt wird die Freundschaft nicht als eine Ausschließlichkeitsbeziehung zwischen zwei Personen, sondern als eine persönliche und offene Beziehung zu vielen anderen betrachtet.[241] Nicht die Treue zu einem Freund, sondern die Offenheit für viele Freunde ist hier die Norm.[242] Auch die Ehe muß anderweitige Verpflichtungen in ihrem Recht anerkennen. Sie wird außerdem leichter geschieden als in Europa, wenn die Interessen auseinandergehen.[243]

Zur freien Vereinigung gehört die freie vertragliche Bindung als Grundelement der freien Wahl sozialer Beziehungen. Mit der

240 Die Bedeutung der informellen Beziehungen zwischen den Betriebsmitgliedern, die in den berühmten Untersuchungen der Hawthorne-Werke der Western Electric Company in Chicago zwischen 1927 und 1932 herausgefunden wurde, ist auch als eine spezifisch amerikanische Erscheinung zu betrachten, die in anderen Ländern nicht im gleichen Ausmaß eine Rolle spielt. Siehe E. Mayo, *The Human Problems of an Industrial Civilization*, New York: Viking, (1937) 1960; F. J. Roethlisberger und W. J. Dickson, *Management and the Worker*, Cambridge, Mass.: Harvard University Press, (1939) 1975; G. C. Homans, *Theorie der sozialen Gruppe*, Opladen: Westdeutscher Verlag, 1965, S. 72-163.

241 Zu Freundschaftsbeziehungen vgl. C. S. Fischer, *To Dwell Among Friends. Personal Networks in Town and City*, Chicago: University of Chicago Press, 1982.

242 Das Wohlbefinden wächst mit der Zahl der Freunde. Das berichten aufgrund einer empirischen Studie A. Campbell, P. E. Converse und W. L. Rodgers, *The Quality of American Life*, op. cit., S. 379-80, vgl. auch S. 358-9.

243 Ebd., S. 321-46; zur Ehe als vertraglicher Beziehung vgl. L. J. Weitzman, *The Marriage Contract. Spouses, Lovers, and the Law*, New York: Free Press, 1982.

Freiheit, Verträge einzugehen, ist die Bindung an die einmal geschlossenen Verträge unmittelbar verknüpft. Der individuell ausgehandelte Vertrag besteht in der gegenseitigen Bindung zweier Personen aus freien Stücken. Diese bindende Beziehung zwischen zwei freien Individuen unterscheidet sich grundsätzlich von der autoritativen Beziehung zwischen Über- und Untergeordneten. In Amerika werden viele Angelegenheiten, die in Europa der autoritativen Anordnung einer Behörde unterliegen, durch freie Vertragsvereinbarungen geregelt.[244] Die gegenseitige vertragliche Bindung ist die grundlegende regulative Struktur des amerikanischen Lebens. Das folgt schon aus der geschilderten Häufigkeit, in der die Amerikaner Probleme durch spontane Zusammenschlüsse bewältigen. Die Vielzahl privater Unternehmungen, lokal und staatlich autonomer Behörden, die sich in der Bewältigung öffentlicher Aufgaben zusammentun müssen, ohne in einer klaren administrativen Hierarchie angeordnet zu sein, impliziert in aller Regel die vertragliche Vereinbarung, wo in Kontinentaleuropa die administrative Anordnung vorherrscht. Darin kommt ein viel höheres Maß der Freiheit in der institutionellen Regelung gegenseitiger Beziehungen zum Ausdruck. Zugleich bildet der Vertrag aber auch ein institutionelles Verfahren der Erzeugung gegenseitiger Bindungen zwischen freien Personen. Die Alltäglichkeit der vertraglichen Regelung gegenseitiger Beziehungen trägt erheblich zur allgemeinen Einübung in diese Angelegenheiten bei. Man kann deshalb annehmen, daß der durchschnittliche Amerikaner im Eingehen freier vertraglicher Beziehungen geübter ist als andere. Unzuverlässigkeit führt zu negativen Reaktionen, die der einzelne mit der Zeit zu vermeiden lernt. In diesem Kontext besitzt sicherlich das allgemeine soziale Vertrauen eine Aussagekraft für das Funktionieren freier vertraglicher Regelungen und für die soziale Verwurzelung der vertraglichen Regulierung von sozialen Beziehungen. So haben Almond und Verba in ihrem Vergleich der fünf Nationen der Vereinigten Staaten, Englands, Deutschlands, Italiens und Mexikos herausgefunden, daß die Amerikaner knapp vor den Briten, aber weit vor den Deutschen, Italienern und Mexikanern das meiste Vertrauen in ihre Mitbürger bekunden. Der Behauptung »Den meisten Menschen kann man

244 Studien zu Markt und Vertrag bieten: G. Dworkin, G. Bermant und P. G. Brown (Hg.), *Markets and Morals*, New York: Wiley, 1977.

trauen« stimmten 55% der befragten Amerikaner zu, 49% der Briten, 19% der Deutschen, 7% der Italiener und 30% der Mexikaner. Die starke Behauptung »Die meisten Menschen sind eher geneigt, anderen zu helfen als zuerst an sich selbst zu denken« bejahen 31% der Amerikaner, 28% der Briten, 15% der Deutschen, 5% der Italiener und 15% der Mexikaner.[245] Dieses offensichtlich ausgeprägtere gegenseitige Vertrauen der Amerikaner im Vergleich dieser fünf Nationen ist eine wesentliche Voraussetzung für die extensive Strukturierung der sozialen Beziehungen durch vertragliche Vereinbarungen. Es ist ein Beweis für die Bereitschaft, Verträge mit anderen zu schließen und für die Erwartung, dabei nicht übers Ohr gehauen zu werden. Zugleich kann man annehmen, daß dieses Vertrauen auch wesentlich durch die breitgefächerte Übung in vertraglichen Beziehungen gestützt wird.
Einen gewichtigen Anteil am gegenseitigen Vertrauen der amerikanischen Bürger hat sicherlich auch ihre *assoziative* Beteiligung an den öffentlichen Angelegenheiten. Diese öffentliche Teilnahme vermittelt vor allem öffentliche Tugend und wirkt auf diese Weise dem blinden Egoismus entgegen. Tocqueville meinte, daß die Amerikaner auf diese Weise durch freiheitliche Einrichtungen den Egoismus bekämpfen:

Die freien Einrichtungen, die die Bewohner der Vereinigten Staaten besitzen, und die politischen Rechte, von denen sie einen so regen Gebrauch machen, erinnern jeden Bürger beständig und in unzähligen Formen daran, daß er in Gesellschaft lebt. Sie lenken seinen Geist immerzu auf diesen Gedanken, daß Pflicht wie Vorteil den Menschen gebieten, sich ihren Mitmenschen nützlich zu erweisen; und weil er keinen besonderen Grund sieht, sie zu hassen, insofern er weder jemals ihr Sklave noch ihr Herr ist, neigt sein Herz leicht zum Wohlwollen. Man befaßt sich mit dem öffentlichen Wohl zuerst notgedrungen, dann aus freien Stücken; was Überlegung war, wird Instinkt, und durch stetes Arbeiten für das Wohl seiner Mitbürger nimmt man schließlich die Gewohnheit und die Neigung an, ihnen zu dienen.[246]

So ist die Freiheit der assoziativen Teilnahme an der Entscheidung öffentlicher Angelegenheiten, die sich vor allem auf lokaler Ebene vollzieht, ein wirksames Instrument in der institutionellen Kontrolle der Freiheit des Individuums. Gleichzeitig wird durch die Beteiligung an der öffentlichen Kontrolle der Freiheit eine innere

245 G. A. Almond und S. Verba, *The Civic Culture*, op. cit., S. 267, Tabelle 4.

246 A. de Tocqueville, *Über die Demokratie in Amerika*, op. cit., S. 593-4.

Bindung an das Recht erzeugt. Auch darin sah Tocqueville eine Eigenheit des amerikanischen Lebens:

> Der Mann aus dem Volk hat in Amerika einen hohen Begriff von den politischen Rechten, weil er selber politische Rechte hat; er greift die der anderen nicht an, damit man die seinigen nicht verletze. Und während in Europa der gleiche Mensch selbst die höchste Autorität mißachtet, unterwirft sich der Amerikaner ohne Murren der Gewalt seines geringsten Beamten.[247]

Unter den Formen der Beteiligung am öffentlichen Leben spielt die Teilnahme an Gerichtsverfahren eine herausragende Rolle in den Vereinigten Staaten. Das Gerichtsverfahren ist zugleich das auffälligste Instrument der institutionellen Regelung von Kollisionen zwischen den vermeintlichen Freiheitsrechten einzelner Bürger. Die bedeutsamste institutionelle Kontrolle der situativen Freiheit in den Vereinigten Staaten wurzelt im System des Common Law und in der Verfassung, insbesondere in der Stellung der Gerichte in der Beilegung von Streitigkeiten, die sich aus der Inanspruchnahme von Freiheitsrechten ergeben. Das Rechtssystem ist selbst freiheitlich organisiert. Der einzelne tritt hier keiner übergeordneten Autorität gegenüber, die das über allen stehende staatlich gesetzte Recht verwaltet, sondern er streitet mit einem gleichrangigen Kontrahenten vor einer gemeinsamen schiedsrichterlichen Instanz und im Rahmen der Tradition eines gemeinsamen Rechts um die Anerkennung seines Anspruchs. Einen »claim« auf etwas zu haben, gehört in den Vereinigten Staaten viel mehr zum alltäglichen Sprachgebrauch als im deutschen Alltag das formelle Einklagen eines Rechtsanpruchs. Der »Baggage claim« am Flughafen ist ein Beispiel dafür. In der deutschen Sprache ist das die »Gepäckausgabe«. Was in den Vereinigten Staaten als Recht des Empfängers formuliert wird, das erscheint in Deutschland als eine Leistung einer Dienststelle.
Die Abstimmung der Freiheit des einen mit derjenigen des anderen geschieht in den Vereinigten Staaten nicht durch den über den einzelnen Bürgern stehenden Staat, sondern durch die unmittelbare rechtliche Auseinandersetzung zwischen den Bürgern. Bevor der Amerikaner ein Interesse durch breit angelegte politische Aktionen durchzusetzen unternimmt, versucht er ein entsprechendes Recht gegen vorhandene Verletzungen durch andere Privatpersonen oder öffentliche Amtsträger durchzufechten. Der

247 Ebd., S. 274.

Streit vor dem Gericht gehört zum amerikanischen Alltag.[248] Die Häufigkeit der Darstellung von Gerichtsverhandlungen in amerikanischen Filmen ist ein symbolischer Ausdruck dafür. Das Gerichtsverfahren ist als Streit zwischen gleichberechtigten Opponenten angelegt, nicht nur der Zivilprozeß, sondern in weitem Maße auch der Strafprozeß. Das ist eine freiheitliche Einrichtung, die den einzelnen vor der Übermacht einer übergeordneten Rechtsautorität, sei es die Rechtsgemeinschaft oder der Staat oder die herrschende Mehrheit, schützt. Der Staat diktiert nicht den Freiheitsspielraum der einzelnen Bürger, vielmehr stimmen die Bürger selbst ihren Freiheitsspielraum immer wieder gegenseitig ab. Die Beilegung von Konflikten erfolgt nicht autoritativ durch Entscheidung von oben, sondern assoziativ zwischen gleichrangigen Personen.

3.3 Kulturelle Freiheit: Der angepaßte Individualismus

Die puritanischen Gründer der ersten Kolonien verdammten nichts mehr als die triebhafte Hingabe an das reine Eigeninteresse. Als John Winthrop der zu weiten Ausdehnung seiner Macht angeklagt wurde, erklärte er den Delegierten des General Court, dem er vorstand, seine Auffassung des Wesens der Freiheit.[249] Es gibt nach seinem Verständnis zwei Arten der Freiheit: eine naturhafte und eine zivile. Die naturhafte Freiheit ist nichts anderes als ein wildes Tier, das zu unterwerfen Sinn und Zweck aller Anordnungen Gottes ist. Die zivile Freiheit bedeutet das Recht, gut, gerecht und ehrenhaft zu handeln. Diese Freiheit wird im Gehorsam gegenüber der Autorität ausgeübt. Winthrops theokratischer Magistrat in Boston führte demgemäß auch ein strenges Regiment und kontrollierte die Sitten und Gebräuche in strengster Weise.[250] Diese Kontrolle schloß auch Versuche der Festlegung von Maxi-

248 Vgl. J. Q. Wilson, *American Government*, op. cit., S. 391-5, 400-2.

249 J. K. Hosmer (Hg.), *Winthrop's Journal. »History of New England«, 1630-1649*, New York: Barnes & Noble, 1966, S. 237-9.

250 Ein bekanntes Beispiel dafür ist die Verfolgung von Thomas Morton, der mit seiner Merrymount-Siedlung für Aufruhr gesorgt hatte. Er wurde 1628 und erneut 1630 ausgewiesen und nach einer neuerlichen Rückkehr im Jahre 1644 in Boston ins Gefängnis gesteckt. Siehe hierzu die Sammlung relevanter Texte zu diesem Vorgang und zur Fortsetzung der Spannung zwischen purita-

mallöhnen ein, nicht aber solche von Maximalpreisen. Im allgemeinen wurde auch nur das vollwertige Mitglied der religiösen Gemeinde als vertrauenswürdiger Geschäftspartner erachtet.[251]
Was die Puritaner verlangten, war ein selbstkontrollierter Methodismus der Lebensführung, der sich von keinerlei Gelüsten des Lebens verführen ließ. Dabei hatte man ein abgestuftes Konzept der Disziplin. Die zur inneren Kirche gehörenden Heiligen entsprachen den religiösen Geboten aus innerer Selbstdisziplin, die außerhalb dieses Kreises stehenden Mitglieder der Gesellschaft unterstanden der äußeren, religiös gesteuerten politischen Kontrolle. Die Freiheit des Handelns ist für die puritanischen Heiligen eine innere Freiheit, nämlich die Befreiung von den Verlockungen und Verführungen des Lebens und die strenge Selbstkontrolle in der Befolgung der religiösen Gebote. Freiheit heißt hier moralische Selbstkontrolle.[252] Unter den Komponenten der kulturellen Freiheit bildet die Selbstkontrolle den regelhaften Aspekt eines vollkommen geordneten Handelns. Es ist erst durch Freiheit im Sinne von Selbstkontrolle geordnet. Unfreies Leben äußert sich in dieser Sichtweise im willenlosen Ausgeliefertsein an die äußeren Verlockungen des Lebens, in einem planlosen und unberechenbaren Lebenswandel.[253]
Der strenge puritanische Sittenkodex ist im weiteren Verlauf aus drei Richtungen einem Prozeß der Säkularisierung unterworfen worden, ohne damit gänzlich an Einfluß verloren zu haben: aus den Richtungen der kulturellen Marktfreiheit, der Lehre des Pragmatismus und der Bildung zur Selbstverantwortung.[254]
Die Garantie der religiösen Freiheit hat an die Stelle der dogmatischen Herrschaft des Puritanismus einen wachsenden religiösen und in der weiteren Entwicklung allgemeinen kulturellen Pluralismus treten lassen. Der Marktplatz der Ideen hat die doktrinäre Herrschaft einer privilegierten Kanzel ersetzt. Diese religiös-kul-

nischer Moral und libertären Bewegungen in der weiteren Entwicklung in R. C. Bannister (Hg.), *American Values in Transition*, op. cit., S. 3-67.

251 Siehe hierzu M. Weber, *Religionssoziologie* I, op. cit., S. 208-13.

252 Zu John Winthrops strenger Massachusetts Theokratie vgl. D. B. Rutman, *Winthrop's Boston: Portrait of a Puritan Town*, Chapel Hill: University of North Carolina Press, 1965.

253 M. Weber, *Religionssoziologie* I, op. cit., S. 233-6.

254 Vgl. W. A. Glebsch, *From Sacred to Profane America: The Role of Religion in American History*, op. cit.

turelle Pluralisierung beginnt schon mit der Abspaltung von Thomas Hooker und Roger Williams von John Winthrops Massachusetts-Theokratie. Ihre Gründung von Connecticut bzw. Rhode Island bedeutet zugleich eine Demokratisierung der religiösen und politischen Gemeinde.[255] Ein weiterer Meilenstein in die Richtung des religiösen Pluralismus war William Penns Wirken in Pennsylvania.[256] Schließlich wurde die Trennung von Kirche und Staat und die strikte Garantie der Religionsfreiheit zusammen mit der Freiheit der Rede, der Presse und der Versammlung in der ersten Ergänzung zur Verfassung der Vereinigten Staaten verbrieft.[257] Viel bedeutsamer ist natürlich die Realisierung dieser kulturellen Freiheit. In keinem Land dürfte die Vielfalt religiöser und anderer kultureller Vereinigungen ähnlich groß sein.[258] Nirgendwo sonst können sich die Ideen weniger auf autoritative Verkündung von oben stützen, nirgendwo müssen sie sich mehr auf dem Marktplatz bewähren. Hier heißt »kulturelle Freiheit« für den Amerikaner, nach Belieben religiöse und andere kulturelle Ideen aus dem Angebot eines riesigen Marktes entnehmen zu können. Er kann sich diejenigen Ideen auswählen, die er für sein persönliches Glück braucht. Er kann zwischen den Ideen entscheiden, wie zwischen den 24 Programmen seines Fernsehapparates. Kultur wird auf einem Markt im harten Wettbewerb angeboten. Sie ist eine Ansammlung riesiger Supermärkte in denen man sich nach Belieben bedienen kann. Das führt natürlich nicht selten zu einer Anpassung an den Geschmack des Publikums anstelle einer kulturellen Bildung des Individuums. Der völlig frei wählende Konsument bildet weniger eine stabile Identität aus, als daß er seine Überzeugungen wie die Unterwäsche wechselt. Der Wechsel der Moden ist nicht nur für die Kleidung ein auffallendes Kennzeichen der amerikanischen Gesellschaft. Er charakterisiert auch den

255 P. Miller, *Errand into the Wilderness*, op. cit., S. 16-47; *Roger Williams: His Contribution to the American Tradition*, Indianapolis: Bobbs Merrill, 1953.

256 F. B. Tolles und E. G. Alderfor, *The Witness of William Penn*, New York: Macmillan, 1957.

257 Vgl. A. de Tocqueville, *Über die Demokratie in Amerika*, op. cit., S. 341-8; G. Gunther und N. T. Dowling, *Cases and Materials on Individual Rights in Constitutional Law*, op. cit., S. 766-815; E. A. Smith, *Religious Liberty in the United States*, op. cit.

258 Vgl. W. Herberg, *Protestant, Catholic, Jew*, op. cit.

Wandel von Ideen in Religion, Wissenschaft, Kunst, Politik und Gemeinschaftsleben. Es ist in diesem Kontext kein Zufall, daß man in den Vereinigten Staaten die am wenigsten ausgeprägten und stabilen Identifikationen mit politischen Parteien findet und die Programme der Parteien selbst am wenigsten trennscharf identifiziert werden können.[259] Kulturelle Marktfreiheit kann eine atemberaubende Beschleunigung des kulturellen Wandels erzeugen. Ideen, die heute gefragt sind, können morgen schon Ladenhüter sein. Es gilt der Grundsatz »Nichts ist älter als die Zeitung von gestern«.

Eine weitere säkularisierende Wirkung auf die puritanische Selbstkontrolle übte die pragmatische Tugendlehre aus, wie sie im 18. Jahrhundert in idealtypischer Form von Benjamin Franklin gelehrt wurde und später im 19. und 20. Jahrhundert in sublimierter Form in der Philosophie des Pragmatismus zum Ausdruck kommt. An die Stelle der religiös motivierten Selbstkontrolle tritt nun die Verbindung von öffentlicher Tugend und wohlverstandenem Eigennutz, die im Geschäftsverkehr selbst durch Erfahrung eingeübt wird.[260] Es ist im Laufe der weiteren Entwicklung nicht bei der engen puritanischen Bindung der ökonomischen Moral an die religiöse Moral geblieben. Vor allem standen die strengen puritanischen Sitten nicht notwendigerweise nur in einem positiven Zusammenhang mit ökonomischer Geschäftssittlichkeit. Regelmäßiger Kirchgang und Akzeptierung der puritanischen Dogmatik sind keine alleinige Garantie für Redlichkeit und Verläßlichkeit im Geschäftsverkehr. In extremer Form führen sie zur Ablehnung des Geschäftslebens überhaupt und damit zur Gefährdung der ökonomischen Versorgung. Vor allem ist Strenggläubigkeit nicht ausreichend, um Regelungen für die differenzierten Anforderungen des ökonomischen Verkehrs zu geben. Ein anderes Problem besteht darin, daß die strenge puritanische Moral zwar für die auserwählten Heiligen wirksam ist, nicht aber für den weniger religiösen Durchschnittsmenschen. Das hat Benjamin Franklin klar erkannt, als er sich wegen der mangelnden Beziehung der kirchlichen Moralpredigten zum öffentlichen Leben langweilte, die sein Pfarrer in Philadelphias Christ Church hielt. Wie Franklin betonte, war eine Moral für das Alltagsleben mit differenzierten

259 J. Q. Wilson, *American Government*, op. cit., S. 159-62.

260 A. de Tocqueville, *Über die Demokratie in Amerika*, op. cit., S. 610-6.

Bestimmungen erforderlich, und das schloß vor allem Regeln für das ökonomische Handeln ein. Zu diesem Zweck stellte er seinen Katalog von 13 Regeln auf: Kontrolle des Genusses, Schweigen wo Reden keinen Nutzen für sich selbst oder andere bringt, Geordnetheit der Geschäfte, Entschiedenheit der Durchführung von Plänen, Sparsamkeit im Gebrauch der verfügbaren Mittel, Strebsamkeit ohne jeglichen Müßiggang, Zuverlässigkeit und Ehrlichkeit, Gerechtigkeit, Mäßigung und Vermeidung von Extremen, Sauberkeit, Ruhe, Meidung von Aufputschmitteln und zuletzt Demut.[261] Das Einhalten dieser Tugenden ist zugleich nützlich. Franklin empfiehlt sie auch als den Weg zum Wohlstand.[262] Man kann diese Moral aber keineswegs als reine Zweckmoral abtun. Es ist eine Morallehre, die den Gebrauch der ökonomischen Freiheit unmittelbar zu regulieren beabsichtigt, ohne dabei auf transzendentale Kategorien rekurrieren zu müssen. Die Absteckung des Rahmens der Freiheit appelliert an das Eigeninteresse des Individuums. Tocqueville meinte in diesem Sinne, daß die Amerikaner den reinen Egoismus auf diese Weise durch eine Lehre vom wohlverstandenen Eigennutz bekämpfen und bezog diese Annahme gerade auf die Diesseitigkeit, in der die religiöse Lehre gepredigt werde:

> Die amerikanischen Prediger aber wenden sich immer wieder der Erde zu, und sie können nur mit großer Anstrengung ihre Blicke davon wegziehen. Um ihre Hörer besser zu packen, legen sie ihnen täglich dar, wie die religiösen Glaubenslehren die Freiheit und die öffentliche Ordnung fördern, und wenn man ihnen zuhört, ist es oft schwer zu wissen, ob das Hauptziel der Religion darin besteht, die ewige Glückseligkeit im Jenseits oder das Wohlergehen im Diesseits zu erwirken.[263]

Tocqueville berichtet hier offensichtlich über kirchliche Predigten, die unter dem Einfluß der Lehre des Arminius standen, die im Gegensatz zur calvinistischen Prädestinationslehre von der Möglichkeit der positiven Beeinflussung Gottes durch gute Werke des

261 B. Franklin, *Sein Leben von ihm selbst erzählt*, op. cit., S. 97-100 (91-5).

262 B. Franklin, »The Way to Wealth«, »Advice to a Young Tradesman, 1748«, beide in: *The Autobiography. Selections from his Writings*, op. cit., S. 216-26, 232-4.

263 A. de Tocqueville, *Über die Demokratie in Amerika*, op. cit., S. 616. Das bestätigt heute noch mehr jeder Besuch eines Gottesdienstes in einer amerikanischen Kirche.

Menschen ausging und die sich in Amerika stark ausbreitete.[264] Um die Aktualität von Tocquevilles Beobachtung zu erkennen, braucht man heute nur eine der zahlreichen Übertragungen von Gottesdiensten im amerikanischen Fernsehen einzuschalten. »Tue, was rechtens und gut ist, und es wird dir von anderen in gleicher Weise entgolten«, ist die häufigste Botschaft, die man dabei zu hören bekommt. Die Lehre von der Nützlichkeit der Moral überspannt in Amerika die anderswo völlig getrennten Sphären der Wirtschaft, Religion und Philosophie. Man findet sie in der genannten Arminischen Version der religiösen Ethik, in der Geschäftsethik erfolgreicher Geschäftsmänner wie Andrew Carnegie, der Strebsamkeit, Rechtschaffenheit und die Meidung von Alkohol, Spekulation und Geldverleihen außer zur Hilfe in Notlagen lehrt,[265] und auch in der einzigen eigenständigen Philosophie, die Amerika hervorgebracht hat, in der Philosophie des Pragmatismus. John Dewey lehrt, daß die Moral keine Sache apriorischer Prinzipien sei, sondern eine Sache des individuellen experimentellen Lernens und des Gebrauchs der individuellen Intelligenz. Dabei wird in Deweys Augen die Entfaltung der moralischen Haltungen des Individuums gerade durch die vielfältigen Beziehungen gefördert, die es im ausgedehnten Geschäftsverkehr mit anderen eingeht. Dewey kritisiert die Trennung von Moral und Geschäft in der griechischen Antike und hebt in Anknüpfung an Adam Smith ihre enge Verbindung in der Gegenwart hervor:

Die industrielle Bewegung, der Nachkomme der Wissenschaft, setzte diese wieder in ihre zentrale Position in der Moral ein. Als Adam Smith die ökonomische Aktivität zur bewegenden Quelle der unablässigen Anstrengung des Menschen machte, von der Wiege bis zum Grab, um sein Los zu verbessern, beschrieb er diesen Wandel. Und als er die Sympathie zur zentralen Quelle der bewußten moralischen Bestrebungen des Menschen machte, beschrieb er die Wirkung, die der zunehmende Verkehr der Menschen vor allem im Gefolge des Handels in der Durchbrechung von Mißtrauen und Neid und in der Befreiung der freundlicheren Impulse des Menschen hatte.[266]

(Übersetzung vom Verfasser)

264 P. Miller, *Errand into the Wilderness*, op. cit., S. 78, 84; *The New England Mind. The Seventeenth Century*, op. cit., S. 367-73, 379, 387-93, 403-4, 413-4; S. M. Lipset, *The First New Nation*, op. cit., S. 161-3.

265 A. Carnegie, »The Road to Business Success: A Talk to Young Men«, op. cit.

266 J. Dewey, »Intelligence and Morals«, in: *The Middle Works, 1899-1924*,

In ganz ähnlicher Weise sieht auch Deweys Schüler George Herbert Mead das Entstehen einer universalistischen moralischen Haltung des Individuums durch das gesteigerte Ausmaß begünstigt, in dem die Ausdehnung des Geschäftsverkehrs die Individuen in sozialen Interaktionen zusammenbringt.[267] Dem im kontinentaleuropäischen moralischen Apriorismus geschulten Intellektuellen mag diese amerikanische Konzeption einer moralischen Bindung der ökonomischen Freiheit im Prozeß des Geschäftsverkehrs selbst als eine Naivität erscheinen. Allerdings übersieht er dabei, daß dem moralischen Apriorismus angesichts der Realität des Wirtschaftslebens nur die Alternative zwischen Rückzug und Umsturz bleibt, der amerikanische moralische Pragmatismus dagegen den Verzicht auf die reine Idee durch die praktische Verbindung von Moral und situativer Freiheit in einem schrittweisen experimentellen Prozeß kompensiert.
Schließlich hat die immense Ausdehnung des Bildungssystems sowohl in der Länge der Ausbildungszeiten als auch in der Breite der einbezogenen Bevölkerung eine säkularisierende Wirkung auf das puritanische Konzept der Selbstkontrolle ausgeübt. Nicht das dumpfe Ausführen religiöser Gebote steht hier im Mittelpunkt der Erziehung, sondern das selbstverantwortliche Handeln im Lichte eines viel breiteren und reflektierteren kulturellen Wissens. Inzwischen absolvieren 80% einer Alterskohorte die zwölfjährige Highschool und nahezu 50% eine zusätzliche zwei, drei- oder vierjährige Collegeausbildung. Wie hoch und unterschiedlich die Qualität dieser Ausbildung auch sein mag, so ist nicht zu leugnen, daß kein Land eine so weitgehende Einbeziehung der Bevölkerung in die Vermittlung kulturellen Wissens aufweisen kann wie die Vereinigten Staaten. Das kann nicht ohne Konsequenzen auf den Charakter der praktizierten Freiheit sein. Die relativ lange Ausbildung vermittelt eine relativ hohe Selbständigkeit des reflektierten Urteils, zumindest dort, wo sie erfolgreich ist. Das vermittelt Unabhängigkeit von Beeinflussungen und die Wahrung der eigenen Freiheit gegen die Bevormundung durch andere. Zugleich ist damit auch die Fähigkeit verbun-

Bd. 4, hg. von J. A. Boydston, London: Feffer & Simons, 1977, S. 31-49, ebd., S. 38-9.

267 G. H. Mead, *Geist, Identität und Gesellschaft*, Frankfurt: Suhrkamp, (1934) 1978, S. 305-6, 329-30, 335-46.

den, die Grenzen der eigenen Freiheit selbst abstecken zu können, jenseits derer sie die Freiheit der Mitmenschen gefährdet. Selbstverantwortung ist der Typus der Freiheit, der hier praktiziert wird. Diese Selbstverantwortung impliziert die selbständige Reflexion der Richtigkeit moralischer Normen, unabhängig von der Kontrolle durch die religiös-ethische Gemeinschaft, die reflektierte Entscheidung zwischen den vielfältigen Alternativen auf dem Ideenmarkt und die urteilsfähige Anwendung allgemeiner moralischer Prinzipien, um in konkreten Situationen konkrete Entscheidungen zu treffen.[268]

Zwischen Eigennutz und moralischem Handeln wird im amerikanischen Verständnis kein fundamentaler Gegensatz gesehen, im Gegenteil sie werden oft als sich gegenseitig ergänzende Seiten des Handelns aufgefaßt. Vom einzelnen wird von frühester Jugend an sein eigener Beitrag zum gesellschaftlichen Wohl erwartet, und er darf dafür wiederum die entsprechende Belohnung erwarten, auf jeden Fall in Gestalt von Zuneigung und Schätzung durch die anderen. Nicht zufällig werden in der Schule für soziale Aktivitäten Punkte vergeben. Das Individuum lernt, sich bei anderen beliebt zu machen, und wird dafür auch belohnt. »To volunteer«, eine freiwillige Leistung zu einer Sache zu erbringen, ist eine allgegenwärtige Einrichtung des amerikanischen Alltags.[269] Im Deutschen findet sich dafür typischerweise kein unmittelbar korrespondierender Begriff. Diese freiwillige Leistung bleibt aber keineswegs unentgolten; sie wird durch die Aufmerksamkeit, Zuneigung und Schätzung der anderen entlohnt. Ihre Verweigerung stößt auf Geringschätzung.

Dieses Zusammenspiel von Eigennutz und sozialer Teilnahme bildet den Kern des amerikanischen Verständnisses von Individualität.[270] Niemand kommt deshalb auf die Idee, das Angebot von

268 T. Parsons und W. White, »The Link between Character and Society«, op. cit.; T. Parsons und G. M. Platt, *The American University*, op. cit., S. 163-224; O. Handlin und M. F. Handlin, *The American College and American Culture: Socialization as a Function of Higher Education*, op. cit.

269 Siehe hierzu D. L. Sills, *The Volunteers*, Glencoe, Ill.: Free Press, 1957.

270 Zur Analyse der Widersprüche und der Leistungen dieser Verbindung von Individualismus und sozialer Teilnahme siehe R. N. Bellah, R. Madsen, W. M. Sullivan, A. Swidler und S. Tipton, *Habits of the Heart. Individualism and Commitment in American Life*, Berkeley: University of California Press, 1985.

Leistungen für andere in der Erwartung entsprechender Gegenleistungen für moralisch bedenklich zu halten. Als die Amerikaner die Olympischen Spiele in Los Angeles 1984 von Coca Cola, ABC und vielen anderen privaten Unternehmen finanzieren ließen und eine Meile Fackellauf für 3000 Dollar verkauften und die Sponsoren davon auch durch Werbung profitieren wollten, rümpften die Europäer die Nase darüber. Für sie war es ein Sakrileg, eine große Idee meistbietend zu verkaufen. Sie lassen dafür lieber den Staat mit riesigen Summen an Steuergeldern aufkommen. Die Amerikaner halten diese Art der Finanzierung von Großveranstaltungen eher für unsozial, weil sie mittelbar jeden, auch den Uninteressierten und den einfachen Mann zur Unterstützung zwingt. Deshalb haben sich auch die Bürger von Los Angeles dagegen erfolgreich gewehrt. Die nicht gerade billigen Eintrittskarten haben sie allerdings in Scharen gekauft, weil dafür jeder Interessierte etwas geboten bekam. Für die Amerikaner war die private Finanzierung der Olympischen Spiele eines unter zahllosen Beispielen für das ergänzende Verhältnis von Eigennutz und sozialen Leistungen: Die Olympier hatten die Spiele, die Unternehmen profitierten von der Werbung, ihre Angestellten von den steigenden Verkaufszahlen, die Bürger von zusätzlichen Arbeitsplätzen und der Staat von wachsenden Steuereinnahmen aus der neuen wirtschaftlichen Prosperität, die Sportler von den Einnahmen und der Breitensport vom verkauften Fackellauf. Für eine Kantsche Pflichtethik hat es da natürlich keinen Platz. Im Gegenteil, ihr Anspruch wird eher für unmenschlich gehalten; und wer sich auf sie beruft, weckt eher Mißtrauen. Marktbeziehungen werden nicht als an sich amoralisch eingestuft. Auf dem Markt darf nur derjenige Leistungen von anderen erwarten, der selbst Leistungen für andere erbringt. Gerade die Abweichung von diesem Modell von Leistung und Gegenleistung, z. B. durch die übermäßige Ausdehnung staatlicher Wohlfahrtsleistungen, wird als moralisch unzulässig empfunden. Man befürchtet stets, daß dabei auch eine Menge Parasitentum, Leistungsannahme ohne Gegenleistung ermöglicht wird.[271]

Ein Begriff der Selbstverwirklichung, der über die Gesellschaft hinausweist oder sich von ihr zurückzieht, läßt sich in diesem

271 Vgl. J. H. Grossman, *Achievers Make Things Happen*, Northbrook, Ill.: Whitehall, 1971.

Kontext nicht formulieren. Beides wäre unmoralisch und würde gerade als egoistisch eingestuft. Das Individuum verwirklicht sich selbst in seinen persönlichen Beiträgen zum gesellschaftlichen Leben, im Kindergarten, in der Schule, bei der Arbeit und bei der Cocktailparty. Eine eigene Persönlichkeit bildet das Individuum in dem Maße aus, in dem es von den anderen in seinen persönlichen Beiträgen wahrgenommen, identifiziert und belohnt wird. Das eigene Selbst im Alltagsleben vorteilhaft zu präsentieren, ist sowohl erforderlich, um erfolgreich zu sein, als auch ein früh gewecktes Bedürfnis des Individuums. Zum richtigen Zeitpunkt am richtigen öffentlichen Platz zu erscheinen, im richtigen Augenblick das Richtige zu sagen, keine Gelegenheit zu versäumen, ist für das Individuum wichtig, und die anderen profitieren davon. Wer schweigt, tut auch nichts für die anderen; wer sich von den Orten der Betriebsamkeit fernhält, hat auch nicht die Schätzung der anderen verdient. Die Cocktailparty ist nicht einfach belangloser Zeitvertreib, sondern ein zentraler Ort des Austausches von Leistungen und Belohnungen und ein Ort der Selbstverwirklichung des Individuums. Es muß teilnehmen und will es auch aus seinem innersten Bedürfnis heraus. Das Resultat ist ein *angepaßter Individualismus*, der sich in der Gesellschaft und nicht außerhalb ihrer oder gegen sie verwirklicht.[272]

272 Ansonsten verschiedene soziologische Theorien wie die Austauschtheorie, die Konflikttheorie, der dramaturgische Ansatz, die Ethnomethodologie und der symbolische Interaktionismus konvergieren in diesem Konzept des angepaßten Individualismus. Siehe beispielsweise G. C. Homans, *Social Behavior. Its Elementary Forms*, London: Routledge & Kegan Paul, 1961; L. Coser, *The Functions of Social Conflict*, New York: Free Press, 1956; *Continuities in the Study of Social Conflict*, New York: Free Press, 1967; R. Collins, *Conflict Sociology. Toward an Explanatory Science*, New York: Academic Press, 1975; E. Goffman, *The Presentation of Self in Everyday Life*, Harmondsworth: Penguin Books, (1959) 1971; H. Garfinkel, *Studies in Ethnomethodology*, op. cit.; H. Blumer, *Symbolic Interactionism*, Englewood Cliffs, N. J.: Prentice Hall, 1969.

3.4 Politische Freiheit: Der Schutz vor der Willkür des Staates

Die politische Freiheit des Amerikaners beginnt mit dem Recht, an der Festlegung der Gesetze, die ihn binden, selbst teilzunehmen, keine von einer ihm übergeordneten, seiner Kontrolle nicht zugänglichen Macht erlassenen Gesetze akzeptieren zu müssen. Dieses Recht der politischen Teilnahme besitzen inzwischen auch andere Nationen, aber nirgendwo wird es schon so lange und in so vielfältiger Form praktiziert wie in den Vereinigten Staaten. Schon in den ersten Kolonien war die Teilnahme des Bürgers an den öffentlichen Angelegenheiten ein wesentliches Element des politischen Entscheidungsprozesses. Die Verhältnisse waren überschaubar. Politik bedeutete die Erledigung gemeinsamer Angelegenheiten in der Gemeinde. Es herrschte nicht, wie zur selben Zeit (im 17. Jahrhundert) in den Ländern Europas, ein Oberherr über die Gemeinde. Die Gemeinde war selbständig. Es fanden sich kaum Angelegenheiten, in denen von außen in die Gemeinde hineinregiert wurde. Jedes Vollmitglied der Gemeinde verstand genügend von den jeweils anstehenden Problemen, um selbst ein Wort mitreden zu können. Das bedeutet natürlich nicht, daß tatsächlich jeder mitentschieden hat. Im strengen Massachusetts waren nur die religiös qualifizierten männlichen Erwachsenen auch mitspracheberechtigte Mitglieder der religiösen und politischen Gemeinde. In Connecticut und in Rhode Island wurde die Vollmitgliedschaft auf alle männlichen Erwachsenen ausgedehnt. Die Gemeinde bildete das Zentrum im Leben des Amerikaners. In der Gemeinde wurde alles demokratisch entschieden und durchgeführt. Es gab keine festen Beamten, aber eine Vielzahl von Positionen, die in relativ kurzen Abständen, oft jährlich, besetzt wurden. Als hauptsächliches Entscheidungsorgan diente kein repräsentativer Gemeinderat, sondern die Gemeindeversammlung aller Bürger. Auf diese Weise entstand eine lange Tradition der Autonomie der amerikanischen Gemeinde und der Teilnahme des Bürgers an den Gemeindeangelegenheiten. »Freiheit« hieß hier zweierlei: einmal die weitgehende Unabhängigkeit der Gemeinde von einer übergeordneten Zentralgewalt, zum anderen die Selbstbestimmung des einzelnen durch die Teilnahme am politischen Entscheidungsprozeß. Der einzelne ist nur solchen Gesetzen unterworfen, an deren Ausarbeitung er selbst mitgewirkt hat. Diese Bedeutung der Gemeinde in der demokratischen Ordnung ist in der Verfassung der Vereinigten Staaten festgeschrieben worden. Sie ist das tragende Element des föderalen Aufbaus der Gesellschaft und des damit verbundenen Verständisses von Freiheit und demokratischer Regierung. In keiner anderen Industrienation trifft man eine vergleichbare Dezentralisierung des politischen Systems und dementsprechende Unabhängigkeit der Gemeinde an:

> Das Volk ist in der Gemeinde wie überall die Quelle der sozialen Befugnisse, aber nirgends übt es seine Macht unmittelbarer aus. In Amerika ist das Volk ein Herr, dem man bis zu den äußersten Grenzen des möglichen entgegenkommen mußte,[273]

stellt Tocqueville fest. Hier kommt eine zu Europa gänzlich verschiedene Auffassung von Demokratie zum Ausdruck, die weit mehr der Freiheitsidee verpflichtet ist. Die demokratische Ordnung soll die Freiheit des Individuums schützen, indem die kleinsten Einheiten so viel Selbständigkeit wie möglich erhalten und die größeren Einheiten nur so viel Macht wie nötig.[274] Was der Entscheidungsfreiheit des Individuums überlassen bleiben kann, wird dem Individuum belassen. Erst dort, wo seine Freiheit diejenige anderer Individuen beeinträchtigen kann und wo es selbst andere braucht, tritt die nächst größere Einheit auf den Plan, die Gemeinde. Hier soll es zusammen mit anderen gemeinsame Angelegenheiten regeln. Wo die Gemeindefreiheit diejenige von anderen Gemeinden tangiert oder wo mehrere Gemeinden aufeinander angewiesen sind, müssen die Angelegenheiten auf der Ebene des Kreises (County) eine Regelung erfahren. Danach kommt der Staat, dann erst der Bund. Es ist diese größere Autonomie der Gemeinden als in jeder anderen Industrienation, die das Muster der politischen Teilnahme in den Vereinigten Staaten bestimmt. Während die Partizipation an nationalen Wahlen in der Regel niedriger ausfällt als in anderen westlichen Demokratien, ist die aktive Beteiligung an der Bewältigung kommunaler Angelegenheiten viel ausgeprägter. Die Amerikaner beteiligen sich häufiger aktiv an Vereinigungen und informellen Zusammenschlüssen, auch an freien Gruppen zur aktiven Unterstützung von Kandida-

273 A. de Tocqueville, *Über die Demokratie in Amerika*, op. cit., S. 69, vgl. weiter S. 67-110.

274 Vgl. R. A. Dahl und E. R. Tufte, *Size and Democracy*, op. cit.

ten für politische Positionen als die Bürger anderer Länder.[275] Die Zahl von Wahlämtern ist nirgendwo so hoch wie in den Vereinigten Staaten. Wo in anderen Ländern Positionen durch die verwaltungsinterne Ernennung von Beamten besetzt werden, geschieht dies in den Vereinigten Staaten durch öffentliche Wahlen. Von der Leitung der Elektrizitätsversorgung bis zum Leiter eines Schuldistrikts werden Positionen durch Wahl vergeben.[276] Politische Beteiligung findet in den kleinen Einheiten in aktiver Form statt und beschränkt sich nicht auf den Wahlgang bei nationalen Parlamentswahlen. Wo die Bürger anderer Länder sich bei konkreten Anliegen individuell an die Verwaltung wenden, schließen sie sich in den Vereinigten Staaten zu spontanen Bürgerinitiativen zusammen. Natürlich sind nicht alle aktiv. Es bestehen deutliche Unterschiede der Beteiligung zwischen sozialen Schichten und Gruppen. Gerade die relative Aufwendigkeit der Teilnahme und der Grad der Informiertheit, der dabei gefordert ist, läßt die gebildeten Schichten ungleich häufiger aktiv werden als die unteren Schichten.[277] Die weit größere Heterogenität der Bevölkerung heute macht die Beteiligung auch viel mehr zu einer konflikthaften Auseinandersetzung zwischen verschiedenen Gruppen. Politische Teilnahme entspricht längst nicht mehr Tocquevilles Bild der Versammlung einer einheitlichen Bürgerschaft in Neuengland.[278] In den großen Städten schließt Kommunalpolitik ebenso einen harten Kampf zwischen den verschiedensten Interessengruppen ein und wird mit denselben Methoden betrieben wie auf nationaler Ebene. Gerade hier stoßen die verschiedenen Interessen so hart und unmittelbar aufeinander, daß sich die Politik oft schwieriger gestaltet als auf nationaler Ebene. Die Bürgermeister sind oft die umstrittensten Politiker im Lande.[279] Die Unabhängigkeit der Gemeinden ist weiterhin gerade in den vergangenen zwei Jahrzehnten erheblichen Einschränkungen von zwei Seiten unterworfen worden. Die Zuwendungen des Bundes an die Einzelstaaten

275 Siehe die in Anmerkung 239 genannte Literatur.

276 R. A. Dahl, *Pluralist Democracy in the United States*, op. cit., S. 171-202; J. Q. Wilson, *American Government*, op. cit., S. 164-203.

277 G. A. Almond und S. Verba, *The Civic Culture*, op. cit., S. 180-213; S. Verba und N. H. Nie, *Participation in America*, op. cit., S.334-44.

278 A. J. Vidich und J. Bensman, *Small Town in Mass Society: Class, Power, and Religion in a Rural Community*, op. cit.

279 J. Q. Wilson, *American Government*, op. cit., S. 72.

und Gemeinden stiegen zwischen 1950 und 1979 von 2.253 Millionen Dollar auf 85.020 Millionen. Die Beteiligung des Bundes an lokalen und staatlichen Ausgaben nahm in dieser Zeit von 10.4 % auf 26.2 % zu.[280] Bei der Vergabe dieser Mittel kann der Bund Richtlinien erlassen, an die sich die Einzelstaaten und Gemeinden halten müssen. Ein ganz anderer Einfluß des Bundes auf die Gemeinden folgt aus der zugenommenen Inanspruchnahme der Bundesgerichte durch die Bürger, um gegen Maßnahmen der staatlichen und lokalen Verwaltungen vorzugehen.[281] Die Bundesgerichte verbieten diesen Verwaltungen immer mehr Maßnahmen, die einen Verstoß gegen Verfassungsgrundsätze bedeuten. Trotz dieser Veränderungen der lokalen Politik im Vergleich zu Tocquevilles Beobachtungszeitraum kann man nicht behaupten, daß die politische Teilnahme auf Gemeindeebene bedeutungslos geworden sei. Dagegen spricht die Tatsache, daß nach wie vor die lokale Politik das Interesse und die Aktivität des Bürgers in den Vereinigten Staaten im Vergleich zu anderen Industrienationen weitaus mehr in Anspruch nimmt. Die Frage ist allerdings, ob der Trend zur Dominanz der nationalen Politik gestoppt werden kann.

Den Gründern der amerikanischen Verfassung war bei aller Freiheitssicherung, die mit der unmittelbaren Teilnahme des einzelnen verbunden ist, wenn er selbst über die Gesetze seines Handelns mitbestimmt, klar, daß Demokratie im Sinne von Volksherrschaft an sich keine Garantie der individuellen Freiheit gewährt, im Gegenteil zu einer großen Gefahr für diese werden kann, wenn sie zur rücksichtslosen Mehrheitsherrschaft ausartet. Nichts fürchteten sie mehr als diese Beseitigung von Freiheit durch Demokratie.[282] Ihre Lösung war die Begrenzung der staatlichen Gewalt gegenüber dem Individuum überhaupt. Was von den Individuen ohne gegenseitige Gefährdung der Freiheit und im freien Zusammenschluß getan werden kann, soll den Individuen überlassen bleiben. Angelegenheiten, die in Europa der Staat erledigt, werden in den Vereinigten Staaten von den Individuen und von freien Vereinigungen in eigener Regie bewältigt. Die nächste Sicherung gegen die Mehrheitsherrschaft ist der föderale Aufbau des Systems

280 Ebd., S. 54.

281 Ebd., S. 63-4, 387-90.

282 Davon zeugt die Diskussion in den Federalist Papers: A. Hamilton, J. Madison und J. Jay, *The Federalist Papers*, op. cit.

und die geschilderte Garantie der lokalen Autonomie. Wo diese Vorkehrungen nicht mehr ausreichen und wo Mehrheitsbeschlüsse auf lokaler, staatlicher, vor allem aber auf nationaler Ebene im Kongreß erforderlich sind, sollte es Gegenkräfte geben. Solche Gegenkräfte gegen die Mehrheitsherrschaft bilden die Kontrollfunktion der Justiz und das Veto-Recht des Präsidenten. Sie sind als fundamentale Elemente der Freiheitssicherung von Individuen und Minderheiten gegen die Herrschaft der Mehrheit zu verstehen. Es war diese Garantie der individuellen Freiheit, in deren Interesse die Gründerväter die republikanische einer rein demokratischen Verfassung vorzogen.[283]
Tocqueville betont die besondere Rolle der richterlichen Gewalt im System der Checks and balances:

> Ausgerüstet mit dem Recht, Gesetze verfassungswidrig zu erklären, mischt sich der amerikanische Gerichtsbeamte ständig in die politischen Angelegenheiten.[284]

Seitdem das Recht der Gerichte, die Übereinstimmung von Gesetzen mit der Verfassung zu prüfen von John Marshall im Fall *Marbury versus Madison* (1803) begründet wurde,[285] haben Gerichte in vielen Bereichen regulierend eingegriffen, indem sie bestehende Gesetze als verfassungswidrig oder verfassungskonform deklariert haben.[286] Sie haben verlangt, daß die föderale Energiekommission die Preise für Naturgas reguliert, welches im zwischenstaatlichen Handel geliefert wird. Sie haben entschieden, welche Regeln Untersuchungen der Polizei leiten sollen. Sie haben Kinder auf verschiedene Schulen verteilt, um rassisch gemischte Schulen zu erhalten. Sie haben Staaten daran gehindert, bestimmte Wirtschaftszweige innerhalb ihrer Grenzen zu kontrollieren. Sie haben das Ministerium für Gesundheit, Erziehung und Wohlfahrt angewiesen, wie es sein Büro für Bürgerrechte zu führen hat. Sie haben

283 C. H. Pritchett, *The American Constitution*, op. cit., S. 366-486; W. P. Adams, *Republikanische Verfassung und bürgerliche Freiheit. Die Verfassungen und politischen Ideen der amerikanischen Revolution*, Neuwied: Luchterhand, 1973.
284 A. de Tocqueville, *Über die Demokratie in Amerika*, op. cit., S. 310.
285 1 Cranch (5 U. S.) 137 (1803).
286 C. H. Pritchett, *The American Constitution*, op. cit., S. 134-55; G. Gunther und N. T. Dowling, *Cases and Materials on Individual Rights and Constitutional Law*, op. cit., S. 1-198.

Schwarzen den Status des amerikanischen Bürgers abgesprochen (im *Dred Scott* Fall 1857)[287] und später wieder zuerkannt. Sie haben detaillierte Standards für die Führung von Gefängnissen und Krankenhäusern aufgestellt. Sie haben von manchen Gemeinden verlangt, aus Gründen des Umweltschutzes weniger Straßen zu bauen, von anderen haben sie gefordert, mehr zu bauen, weil sie von den Menschen benötigt wurden. Sie haben Festlegungen getroffen, wieviel Gehalt an Lehrer zu zahlen ist. Sie haben bestimmt, welche Tests für die Einstellung von Feuerwehrmännern angemessen sind. Vor kurzer Zeit hat das oberste Gericht die Praxis des Kongresses, Entscheidungen der exekutiven Verwaltung aufzuheben, die sich aus der administrativen Spezifikation von Gesetzen ergeben, als verfassungswidrig erklärt.[288]
In der Entwicklung der Aufgaben der Gerichte kann man drei Abschnitte unterscheiden. Von 1787 bis 1865 dominierten die Fragen der Rechte der Bundesregierung und der Sklaverei, von 1865 bis 1937 die Anstrengungen zur Kontrolle der Wirtschaft durch Regierungsregulierungen, von 1937 bis zur Gegenwart die Probleme der persönlichen Freiheit und der sozialen Gleichheit.
Die Gerichte bilden ein hauptsächliches Gegengewicht gegen die Mehrheitsherrschaft. Diese Rolle haben sie jedoch nicht immer so gespielt, daß sie stets gegen die herrschende Meinung entschieden hätten. Vielmehr sind sie lange und in vielen Fällen durchaus mit dem Mehrheitsstrom geschwommen. Das hat sich allerdings anfangs der fünfziger Jahre mit der Aktivität des von Earl Warren geleiteten obersten Gerichts und mit der Nutzung der Gerichte durch die Bürgerrechtsbewegung grundlegend geändert. Die Gerichte haben gegen die öffentliche Mehrheitsmeinung bahnbrechende liberale Entscheidungen für die Durchsetzung der bürgerlichen Freiheitsrechte und für die Herstellung von sozialer Gleichheit durch rassische Desegregation getroffen. Zwischen 1961 und 1975 sind gerichtlich registrierte Bürgerrechtsfälle von 296 auf 10392 Fälle gestiegen, Petitionen für Insassen von Staatsgefängnissen von 1020 auf 14260, Fälle der sozialen Sicherheit von 537 auf 5846. Zwischen 1941 und 1975 hat sich die Zahl von Fällen, in denen die Bundesregierung als Klägerin oder als Beklagte auftritt, nahezu umgedreht. Im Jahre 1941 war die Bundesregierung zu ca.

287 Scott v. Sanford, 19 Howard (60 U. S.) 393 (1857).
288 K. Andersen, »An Epic Court Decision«, *Time*, 4. Juli 1983, S. 32-4.

88 % Klägerin, im Jahre 1975 war sie zu ca. 60 % Beklagte.[289] In der sprunghaft gestiegenen Zahl der gerichtlich registrierten Bürgerrechtsfälle, Petitionen von Gefängnisinsassen, Fälle von sozialer Sicherheit und in der außerordentlich gewachsenen Zahl der Anklagen gegen die Bundesregierung kommt der enorme Anstieg des Gebrauchs von Rechtsmitteln durch einzelne Bürger und durch Minderheiten gegen die Mehrheitsherrschaft in der Gesetzgebung zum Ausdruck. Hier ist eine grundlegende Gegenkraft gegen die autoritative Durchsetzung der vorherrschenden Mehrheitsmeinung.

Ein weiteres wesentliches Gegengewicht gegen die Mehrheitsherrschaft ist das Veto-Recht des Präsidenten. Jedes Gesetz, das im Kongreß verabschiedet wurde, kann dadurch zu Fall gebracht werden. Der Präsident kann dieses Recht in zwei Formen ausüben. Er kann ein Gesetz innerhalb zehn Tagen nach Verabschiedung mit seinem schriftlichen Veto an den Kongreß zurückleiten. In diesem Fall kann das Veto des Präsidenten durch eine Zweidrittelmehrheit im Repräsentantenhaus und im Senat überboten werden. Eine zweite Form des Vetos ergibt sich, wenn der Präsident ein Gesetz nicht innerhalb zehn Tagen unterzeichnet und die zweite Legislaturperiode des Kongresses innerhalb dieser Zeit endet. In diesem Fall hat der Kongreß keine Möglichkeit mehr, das Gesetz dennoch durchzusetzen. Von George Washington bis Gerald Ford haben Präsidenten auf diese Weise 2355 Vetos gegen Gesetze des Kongresses eingebracht und lediglich 90, d. h. weniger als 4 %, wurden wiederum durch eine Zweidrittelmehrheit des Kongresses übertroffen. In den meisten Fällen konnte ein Gesetz entweder gar nicht oder nur nach Revision in Kraft treten. Von den bisherigen Präsidenten hat Franklin D. Roosevelt am häufigsten Gebrauch von seinem Veto-Recht gemacht, insgesamt in 633 Fällen. Cleveland, Truman und Eisenhower folgen ihm mit deutlichem Abstand.[290]

Der Präsident der Vereinigten Staaten ist kein Premierminister, dessen Regierung automatisch durch eine Kongreßmehrheit getragen wird. Der Präsident wird nicht vom Parlament gewählt, sondern über Wahlmännergremien durch das Volk. Dem Präsidenten steht nicht selten eine Mehrheit der gegnerischen Partei im Senat

289 J. Q. Wilson, *American Government*, op. cit., S. 402-3.
290 Ebd., S. 334.

und/oder im Repräsentantenhaus gegenüber. Von den acht Präsidenten seit Ende des zweiten Weltkriegs hatten es nicht weniger als fünf zumindest zeitweise mit einer gegnerischen Mehrheit in mindestens einem der beiden Häuser zu tun: Harry S. Truman (1947-48), Dwight D. Eisenhower (1955-60), Richard M. Nixon (1969-74), Gerald Ford (1974-76) und Ronald Reagan (1981-82).[291] Das bedeutet, daß der Kongreß kein einfaches Vollzugsorgan der Gesetzespläne der Regierung ist und häufig als eine mächtige Gegenkraft gegen die Regierung wirkt. Die Vielzahl der Ausschüsse des Kongresses halten die Regierungspolitik unter einer ständigen, unabhängigen Kontrolle. Die Offenheit und Schonungslosigkeit, in welcher der Watergate-Skandal von Kommissionen des Kongresses untersucht wurde, ist wesentlich auf diese Unabhängigkeit des Kongresses von der Regierung zurückzuführen. Richard M. Nixon konnte nur noch durch Rücktritt seiner Absetzung (Impeachment) entgehen.

Die Freiheit der Religion, Rede, Presse und Versammlung von staatlicher Kontrolle sind weitere wesentliche Elemente der politischen Freiheit. Sie werden in der ersten Ergänzung zur Verfassung der Vereinigten Staaten garantiert. Die Handhabung dieser Rechte in der Praxis zeigt, daß es zwar immer wieder – vor allem in Krisenzeiten – Versuche gegeben hat, vor allem Rechte der Rede- und Pressefreiheit einzuschränken, aber sobald ruhigere Zeiten eingekehrt waren, entweder entsprechende Gesetze wieder außer Kraft gesetzt wurden oder die gerichtliche Urteilspraxis zu einer zunehmend liberalen Position der möglichst geringen Einschränkung dieser Rechte tendierte.[292] Die erste Kontroverse begann 1798 auf dem Höhepunkt des Konflikts mit Frankreich; dieser wurde während des englisch-französischen Krieges durch die Gefangennahme amerikanischer Handelsschiffe durch Frankreich ausgelöst; die Schiffe waren auf dem Wege nach England. Die amerikanische Presse war hier zwischen der Unterstützung Englands und Frankreichs gespalten. Auf jeden Fall gab es eine Unterstützung Frankreichs durch liberale Positionen, die mit den Anhängern Jeffersons die Freiheitsidee der französischen Revolution unterstütz-

291 Ebd., S. 635, Anhang, S. 11.

292 C. H. Pritchett, *The American Constitution*, op. cit., S. 382-469; G. Gunther und N. T. Dowling, *Cases and Materials on Individual Rights in Constitutional Law*, op. cit., S. 467-765; eine zusammenfassende Darstellung bietet J. Q. Wilson, *American Government*, op. cit., S. 495-502.

ten und deshalb mehr für Frankreich eintraten. Die Föderalisten unter Präsident John Adams und seinem Außenminister Alexander Hamilton versuchten die Presse durch ein Gesetz zu kontrollieren, das jede öffentliche Diffamierung des Präsidenten, des Kongresses oder der Regierung durch falsche, skandalöse und übelwollende Berichterstattung bei Strafe untersagte. Dieses Gesetz wurde drei Jahre später, am ersten Tag der Präsidentschaft Jeffersons, am 3. März 1801, wieder außer Kraft gesetzt. Erneut wurde ein ähnliches Gesetz zwei Monate nach Amerikas Eingreifen in den ersten Weltkrieg, im Juni 1917, vom Kongreß verabschiedet. Es sollte jeden Versuch unterbinden, in öffentlicher Rede die Widersetzung gegen Pflichten, Aufständigkeit und Illoyalität zu initiieren und zu Verrat, Rebellion und Widerstand gegen Gesetze aufzurufen. 1918 wurde dieses Gesetz auf jede Veröffentlichung dieses Inhalts ausgedehnt. Nach Beendigung des Krieges wurden unter Führung von Generalbundesanwalt A. Mitchell Palmer Wohnungen von Mitgliedern radikaler politischer Gruppen, darunter viele Ausländer, und von Gewerkschaftsführern durchsucht. Einige wurden aufgrund des Gesetzes gegen aufrührerische Rede und Schrift verhaftet. Die Linie der Interpretation des Gesetzes legte das oberste Bundesgericht fest. Im Falle des verurteilten Sozialisten Charles T. Schenck bestimmte Richter Oliver Wendell Holmes für das einhellig urteilende Gericht, daß nur Reden und Schriften, die unmittelbar eine illegale Handlung verursachen, durch das Gesetz verboten werden, aber nicht solche, welche die Regierung kritisieren. Die Verurteilung Schencks wurde nach diesem Kriterium aufrechterhalten.[293] Sechs Monate später traten die Richter Holmes und Louis Brandeis im Falle von Jacob Abrams in einem Minderheitenvotum von zwei gegen sieben Stimmen dafür ein, daß eine klare und gegenwärtige Gefahr einer illegalen Handlung vorliegen müsse, damit das Gesetz anwendbar sei.[294] In den zwanziger Jahren stützte das Bundesgericht die meisten Verurteilungen von Gerichten der Staaten und des Bundes.[295] Ein neues Gesetz wurde im Jahre 1940 angesichts der von Nazi-Deutschland drohenden Gefahr eingeführt. Aller-

293 Schenck v. United States, 249 U. S. 47 (1919).

294 Abrams v. United States, 250 U. S. 616 (1919); vgl. G. Gunther und N. T. Dowling, *Cases and Materials on Individual Rights in Constitutional Law*, op. cit., S. 473-86.

295 Ebd., S. 491-511.

dings wurde nun enger definiert, welche Art der Rede und Schrift nicht erlaubt sei. Im Smith Act wurde jeder Aufruf zum gewaltsamen Umsturz der Regierung untersagt.[296] In großem Umfang angewendet wurde dieses Gesetz jedoch erst zu Beginn der fünfziger Jahre, während der von Senator Joseph McCarthy aus Wisconsin veranstalteten Kampagne gegen angebliche Kommunisten in öffentlichen Ämtern. Im Zuge dieser Kampagne wurde der Smith Act noch durch zwei Gesetze zur Kontrolle von Kommunisten ergänzt. Der Internal Security Act von 1950 verlangte die öffentliche Registrierung von Organisationen der kommunistischen Partei und die öffentliche Bekanntgabe ihrer Mitgliederlisten und schloß Mitglieder der kommunistischen Partei aus dem öffentlichen Dienst des Bundes aus. Der Communist Control Act von 1954 erklärte die kommunistische Partei als Teil einer Konspiration zum Umsturz der Regierung der Vereinigten Staaten und entzog ihr die politischen Parteien zustehenden Rechte. In der Anwendung folgte das oberste Bundesgericht dem Kriterium der klaren und gegenwärtigen Gefahr aus einer Rede oder Schrift.[297] Anfangs wurden die meisten Verurteilungen von Gerichten im obersten Gericht bestätigt, in den sechziger Jahren änderte sich jedoch die Haltung des obersten Gerichts im Sinne einer engeren Auslegung der Gesetze und einer weiteren Garantie der Rechte der freien Rede und Presse. Die Protestwelle, die den Vietnamkrieg begleitete, forderte keine härtere Auslegung gesetzlicher Restriktionen und keine neuen Gesetze heraus.[298] In den siebziger Jahren gab es eher um die Welle der Pornographie Kontroversen.[299] Trotz des konservativen Widerstandes sind jedoch die Bestimmungen für Verbote so restriktiv und im Sinne der freien Rede und Schrift gestaltet, daß der existierende Markt in Literatur und Film kaum den Eindruck einer strengen staatlichen Kontrolle erweckt. Insgesamt haben alle Versuche der staatlichen Beschränkung der Rechte der freien Rede, Schrift und Versammlung in der anschließenden Auslegung durch die Gerichte langfristig immer

296 Ebd., S. 511-32.

297 Ebd., S. 532-39.

298 Ebd., S. 540-54; M. Shapiro und D. S. Hobbs, *American Constitutional Law*, op. cit., S. 395-485.

299 G. Gunther und N. T. Dowling, *Cases and Materials on Individual Rights in Constitutional Law*, op. cit., S. 643-92; M. Shapiro und D. S. Hobbs, *American Constitutional Law*, op. cit., S. 570-600.

schärfere Einengungen der Interpretation dieser Gesetze veranlaßt. Die Entscheidungspraxis des obersten Gerichts ist im Verlaufe der rechtlichen Entwicklung von folgenden Kriterien ausgegangen:[300]

(1) Das Recht der freien Meinungsäußerung nimmt eine bevorzugte Position gegenüber anderen Rechten, z.B. des Eigentums, ein.

(2) Präventive Beschränkungen der Freiheit der Meinungsäußerung durch Zensur werden gänzlich zurückgewiesen.

(3) Bestrafungen von Meinungsäußerungen sind nur erlaubt, wenn sie klar und unmittelbar eine ungesetzliche Handlung herbeiführen.

(4) Beschränkungen der Meinungsäußerung, z.B. bei der Festlegung des Ortes von Demonstrationen, müssen einer strikten Neutralität in bezug auf den Inhalt von Meinungen folgen.

(5) Gesetze und Maßnahmen zur Regelung der Meinungsäußerung müssen äußerst präzise Festlegungen treffen, z.B. über die Definition von Obszönität oder den Ort und Weg von Demonstrationen.

(6) Wenn die Ausübung des Rechts der freien Meinungsäußerung ein anderes Recht beeinträchtigt, z.B. das Recht der geschützten Privatsphäre, muß das am wenigsten einschneidende Mittel gewählt werden, das einen Kompromiß zustande bringt.

Die Freiheit von Presse, Rundfunk und Fernsehen, die sich auf das Recht der freien Meinungsäußerung und dessen strikte Handhabung stützen kann, ist ein Grundpfeiler der Kontrolle der Regierung. Die Unabhängigkeit dieser Medien ist kaum irgendwo größer als in den Vereinigten Staaten. Die Gesetze gegen Subversion und Obszönität haben kaum die Unabhängigkeit der Massenmedien wirklich eingeschränkt. Auch der Schutz der Privatsphäre des Individuums gegen Veröffentlichungen seines Namens bedeutet in der Regel keine einschneidende Restriktion der Pressefreiheit. Die Regierung hat demgemäß nur sehr eng definierte Rechte, Veröffentlichungen zu verhindern. Das gilt sogar für Geheimakten. Im Jahre 1971 wies z.B. das oberste Bundesgericht ein Verbot der Bundesregierung für die New York Times zurück, die geheimen Pentagon-Papiere zu veröffentlichen. Der Watergate-Skandal ist

300 C. H. Pritchett, *The American Constitution*, op. cit., S. 383-96; J. Q. Wilson, *American Government*, op. cit., S. 502.

von der Presse aufgedeckt und von den Massenmedien zu einem Tribunal gegen Präsident Nixon gemacht worden. Presse, Rundfunk und Fernsehen sind auf der Basis der Rechte der freien Rede und Schrift unvergleichlich machtvolle Instrumente in der öffentlichen Überwachung der Regierung. Die Hartnäckigkeit, Unerschrockenheit und Präzision, mit der amerikanische Journalisten Politiker zur Rede stellen, ist beispielhaft in der Welt.

Die politische Freiheit des Individuums bleibt unvollständig, wenn es nicht gegen die Willkür des Staates in der Ausführung der Staatsaufgaben und in der Anwendung der Gesetze durch Justiz, Verwaltung und Polizei geschützt wird. Die Furcht vor den Übergriffen des Staates hatten die Gründer der amerikanischen Verfassung nach der erkämpften Unabhängigkeit von England noch klar vor Augen. Die der Verfassung hinzugefügte Bill of Rights ist voll von Schutzbestimmungen gegen staatliche Willkür:

Ergänzung 2 gewährt das Recht, Waffen zu tragen. Das heißt, daß das Individuum selbst für seine Sicherheit sorgen kann und dazu nicht der staatlichen Hilfe und damit auch Kontrolle bedarf. Dieses Recht ist in der Gesellschaft selbständiger Eigentumsbesitzer verwurzelt, in der jeder Bürger die Waffe in der Hand des Staates mehr ablehnte als die Waffe in der Hand des Nachbarn. Heute sprechen die Verhältnisse sicherlich gegen diese Auffassung, aber das Recht des Waffenbesitzes scheint ideologisch so fest verankert zu sein, daß alle Versuche, es abzuschaffen, bislang gescheitert sind.[301]

Ergänzung 3 schließt die private Einquartierung von Truppen in Friedenszeiten aus.

Ergänzung 4 verbietet unbegründete Durchsuchungen und Gefangennahmen.

Ergänzung 5 verlangt den Befehl eines großen Gerichts für Ermittlungen gegen eine Person bei schweren Verbrechen; es untersagt die zweimalige Anklage wegen ein und desselben Verbrechens, die gerichtliche Verwendung der unfreiwilligen Selbstbezichtigung eines Verbrechens, den Verlust von Leben, Freiheit oder Eigentum ohne gerechtes Gerichtsverfahren.

Ergänzung 6 garantiert das Recht eines schnellen, öffentlichen und unparteilichen Gerichtsverfahrens mit Anwälten der Verteidigung und das Recht des Kreuzverhörs von Zeugen.

301 J. D. Wright, P. H. Rossi und K. Daly, *Under the Gun. Weapons, Crime, and Violence in America*, New York: Aldine, 1983.

Ergänzung 7 fordert Gerichtsverfahren in Zivilrechtssachen, wo der Streitwert 20 Dollar überschreitet.
Ergänzung 8 unterbindet exzessive Kautionsforderungen und Geldstrafen sowie grausame und ungewöhnliche Strafen.
Entscheidende Bedeutung bei der Anwendung auf Gesetze und Maßnahmen der Einzelstaaten hat die im Jahre 1868 ratifizierte 14. Ergänzung. In bezug auf die Freiheit des einzelnen Bürgers gegen staatliche Willkür unterwirft sie alle Maßnahmen der Einzelstaaten den Prinzipien des gerechten Gerichtsverfahrens und des gleichen Schutzes durch das Recht und erklärt alle einzelstaatlichen Gesetze als nichtig, welche die Bürger der Vereinigten Staaten ihrer Privilegien und Immunitäten berauben. Im Jahre 1961 wurde auch der Schutz gegen unbegründete Durchsuchungen und Verhaftungen in die 14. Ergänzung einbezogen und dadurch auf die Maßnahmen der Einzelstaaten anwendbar gemacht.[302]
Eine der vielen Besonderheiten des amerikanischen Regierungssystems ist die Art und Weise, in der die individuelle Freiheit durch die gerichtliche Kontrolle von Verwaltungsentscheidungen geschützt wird. Zur Bewältigung von Konflikten werden in den Vereinigten Staaten in der Regel besondere Regulierungsbehörden eingerichtet. Seit der ersten dieser Regulierungskommissionen, der Interstate Commerce Commission, die im Jahre 1887 zur Kontrolle kapitalistischer Macht gegründet wurde, hat sich die Zahl solcher Behörden ständig erweitert. Die ganze Bundesverwaltung besteht aus einer Vielzahl solcher Kommissionen. Diese Kommissionen erhalten nur einen sehr allgemeinen gesetzlichen Auftrag vom Kongreß. Sie können schrittweise Regelungen ihres Problems suchen, im Wege von Einzelfallentscheidungen, die nach wechselnden Situationen verändert werden können. Vor allem müssen sie die Regelungen unter Information und Anhörung der Betroffenen ausarbeiten. Hier werden also Konflikte situativ und durchaus unterschiedlich geregelt. Die Freiheit der einzelnen wird nicht durch allgemeines Gesetz aufeinander abgestimmt, sondern im Einzelfall unter ihrer Beteiligung koordiniert. Die gerichtliche Kontrolle hat einen darauf abgestimmten Charakter. Ein im Konfliktfall angerufenes Gericht, das über die Rechtmäßigkeit einer Verwaltungsentscheidung urteilen soll, entschei-

302 C. H. Pritchett, *The American Constitution*, op. cit., S. 488-553; G. Gunther und N. T. Dowling, *Cases and Materials on Individual Rights in Constitutional Law*, op. cit., S. 199-341.

det nicht über die inhaltliche Richtigkeit der Entscheidung, sondern allein über die *Fairneß* des Verfahrens. Eine eigene Beweisaufnahme des Gerichts ist hier überflüssig. Die Eigenschaften und Konsequenzen dieses Systems sind klar: Es ist flexibel und stimmt die Freiheiten der Individuen situativ von Fall zu Fall ab, und es bevorteilt natürlich diejenigen, die sich eine intensive Beteiligung am Verfahren entweder selbst oder durch Repräsentanten leisten können.[303]

Die Interpretation der politischen Freiheitsrechte für den Fall polizeilicher Ermittlungen und Festnahmen ist in den sechziger Jahren durch Entscheidungen des obersten Bundesgerichts unter Earl Warren, oft gegen empörte konservative Kritik in der Öffentlichkeit, erheblich ausgeweitet und präzisiert worden. Es wurde definiert, was unter einem gerechten Verfahren zu verstehen sei. Dazu gehören Rechte auf Verteidigung durch einen Rechtsanwalt, Rechte von Gefängnisinsassen, Beschränkungen der polizeilichen Ermittlung und der Verhängung der Todesstrafe.[304] Besonders folgenreich war der Fall von Ernesto A. Miranda im Jahre 1966.[305] Er war in Arizona wegen der Entführung und Vergewaltigung einer jungen Frau verurteilt worden. Seiner Revision wurde durch das oberste Bundesgericht stattgegeben, weil er nach Ansicht des Gerichts durch ein unfreiwilliges Geständnis des Verbrechens überführt worden war. Er hatte nach zwei Stunden Verhör ein schriftlich abgefaßtes Geständnis unterzeichnet. Zwei Jahre zuvor hatte das oberste Bundesgericht den Ausschluß der unfreiwilligen Selbstbezichtigung der 5. Verfassungsergänzung schon in den Anwendungsbereich der 14. Ergänzung einbezogen und somit auf das Recht von Einzelstaaten angewendet. Hier war nun die Frage, unter welchen Bedingungen ein Geständnis als freiwillig bzw. unfreiwillig zu gelten habe. Das Gericht definierte präzise die Freiwilligkeit eines Geständnisses, die dann gegeben sei, wenn der Beschuldigte zuvor offiziell und in schriftlicher Form über alle seine Rechte informiert worden ist und wenn er durch seine

303 Siehe hierzu F. Scharpf, *Die politischen Kosten des Rechtsstaats*, Tübingen: Mohr Siebeck, 1970, S. 14-38.

304 G. Gunther und N. T. Dowling, *Cases and Materials on Individual Rights in Constitutional Law*, op. cit., S. 258-341; M. Shapiro und D. S. Hobbs, *American Constitutional Law*, op. cit., S. 329-63; eine Zusammenfassung gibt J. Q. Wilson, *American Government*, op. cit., S. 502-7.

305 Miranda v. Arizona, 384 U. S. 436 (1966).

Unterschrift bestätigt, bestimmte Rechte, wie das Recht zu schweigen und nur im Beisein eines Rechtsanwalts verhört zu werden, nicht in Anspruch nehmen zu wollen. Jedem Beschuldigten muß seitdem in allen Staaten eine Karte vorgelegt werden, auf der er über seine Rechte informiert wird – die sogenannten Miranda-Regeln –, und er muß schriftlich bestätigen, ob er auf die Rechte des Schweigens und der Hinzuziehung eines Anwalts verzichtet.[306] Die Miranda-Regeln enthalten folgende Hinweise für die Beschuldigten:

(1) Ihr Recht zu schweigen.
(2) Die Verwendbarkeit ihrer Aussagen vor Gericht.
(3) Ihr Recht, einen Rechtsanwalt vorher zu Rate zu ziehen und einen Rechtsanwalt im Verhör dabeizuhaben.
(4) Ihr Recht, einen Rechtsanwalt auf Staatskosten zugeteilt zu bekommen, wenn sie nicht selbst die Kosten aufbringen können.
(5) Ihr Recht, Aussagen zu jeder Zeit zu beenden.

Ernesto A. Miranda wurde später aufgrund der Zeugenaussage einer Freundin, der er das Verbrechen gestanden hatte, rechtskräftig verurteilt. Neun Jahre später wurde er entlassen. Vier Jahre danach wurde er während eines Streites in einer Bar getötet. Dem Hauptverdächtigten präsentierte die Polizei vor dem Verhör die Miranda-Regeln.

An dem Miranda-Fall ist zu sehen, wie die Entscheidungspraxis des obersten Gerichts schrittweise die Interpretation der Freiheitsrechte des Individuums gegenüber staatlicher Willkür präzisiert und deren konkrete Bedeutung festlegt. Dabei folgt das Gericht einer Logik der Ausschöpfung des Interpretationsspielraumes der Grundsätze. In Anwendung der 14. Verfassungsergänzung werden immer mehr andere Prinzipien der Bundesverfassung auf Gesetze und Maßnahmen der Einzelstaaten bezogen. Die Anforderungen, den allgemeinen Prinzipien zu genügen, werden zahlreicher und präziser bestimmt. Als freiwillig gilt ein Geständnis nur, wenn ganz bestimmte Regeln beim Verhör eingehalten wurden und der Beschuldigte genauestens in schriftlicher Form über seine Rechte informiert worden ist. Das Ansteigen der Kri-

306 G. Gunther und N. T. Dowling, *Cases and Materials on Individual Rights in Constitutional Law*, op. cit., S. 276-95.

minalität hat konservative Proteste gegen diese Entscheidungen des obersten Gerichts mobilisiert. Aber auch das oberste Gericht unter Warren Burger hat bisher keine Trendwende in diesem Bereich der Rechtsprechung vollzogen.[307] Es ist darin eine Eigenlogik der Interpretation des vollen Bedeutungsgehalts allgemeiner Prinzipien zu erkennen, die sich dank der Unabhängigkeit der Justiz auch gegen den Druck der gerade herrschenden Meinung durchsetzen kann. Diese Unabhängigkeit der Justiz ist ein Eckpfeiler in der Sicherung der politischen Freiheit des Individuums gegen Willkürmaßnahmen des Staates. Ihre herausragende, in keinem anderen Land ähnlich bedeutsame Rolle in der amerikanischen Gesellschaft ist ein Garantieschein für die politische Freiheit als Schutz gegen staatliche Willkür, die anderswo kaum in vergleichbarem Ausmaß erreicht wird. Allerdings heißt das nicht, daß staatliche Kontrolle in den Vereinigten Staaten nicht sichtbar sei. Angesichts der Kriminalitätswelle ist sie sogar offensichtlicher als in manchen anderen Ländern geworden. In den großen Städten sieht man in jedem Ladengeschäft und in jeder Empfangshalle von Banken, Versicherungen, Hotels und großen Wohnhäusern Polizisten oder private Sicherheitskräfte wachen. Bei nächtlichen Spaziergängen kann es passieren, daß man von einer Polizeistreife angehalten und nach dem Weg und Zweck des Gangs gefragt und gegebenenfalls wegen Herumstreifens dem Richter vorgeführt wird. Das sind die entsprechenden gesetzlichen Gegenmaßnahmen, die für Recht und Ordnung sorgen sollen und natürlich eine Gefahr für die Freiheit des Individuums gegen staatliche Willkür darstellen. Hier ist die soziale Ordnung in den großen Städten so weit zusammengebrochen, daß sie mehr und mehr durch äußerliche polizeiliche Kontrolle ersetzt werden mußte. Wenn in den großen Städten die soziale Ordnung nicht wiederhergestellt werden kann, droht der Schutz der individuellen Freiheit vor staatlicher Willkür im staatlichen Schutz des Individuums gegen die Willkür des Menschen unterzugehen.

307 M. Shapiro und D. S. Hobbs, *American Constitutional Law*, op. cit., S. 607-39.

Die Freiheit, seines eigenen Glückes Schmied zu sein, ist der Kern des amerikanischen Traums. Diese *situative ökonomische Freiheit* setzt sich aus den Ideen der Eigentums-, Markt- und Wettbewerbsfreiheit des Selfmade-man, der Vertragsfreiheit und der Unternehmensfreiheit zusammen. Sie wurzelte in einer Gesellschaft selbständiger Eigentumsbesitzer und diente auch der Legitimation der Auswüchse des gegen Ende des 19. Jahrhunderts entstehenden Kapitalismus der großen Korporationen. Dieser Kapitalismus wurde aber im Verlaufe dieses Jahrhunderts im Zuge einer Umdeutung der Idee des Liberalismus mehr und mehr als Gefahr für die individuelle Freiheit gesehen und zum Gegenstand kontrollierender gesetzlicher Maßnahmen gemacht.

Die *Vereinigungsfreiheit* ist nicht nur in der Verfassung der Vereinigten Staaten verbrieft, sie geht bis in die Gründung der ersten Kolonien zurück und ist eine der auffälligsten Erscheinungen des alltäglichen Lebens. Ihr Grundelement ist der Pluralismus der Vereinigungen, der durch die Komponenten der freien vertraglichen Bindung, der assoziativen Bildung einer gemeinsamen Kultur, einer öffentlichen Tugend, und der assoziativen Regelung von Konflikten in Gerichtsverfahren ergänzt wird.

Die Praxis *kultureller Freiheit* hat in Amerika in der puritanischen Idee der Selbstkontrolle ihren Anfang. Diese Idee ist durch Säkularisierungsprozesse aus drei Richtungen zu einem breiteren Konzept der kulturellen Freiheit erweitert worden. Die Garantie der kulturellen Freiheit hat den kulturellen Pluralismus hervorgebracht, der amerikanische Pragmatismus die Verbindung von Eigennutz und öffentlicher Tugend und die Ausdehnung des Bildungssystems die Selbstverantwortung. Sie alle sind wesentliche, sich gegenseitig kontrollierende und dynamisierende Elemente eines komplexen Musters der kulturellen Freiheit. Individualität und Teilnahme am gesellschaftlichen Leben ergänzen sich zu einem situativ angepaßten Individualismus.

Politische Freiheit beginnt in Amerika mit der Selbständigkeit der kleinen Einheiten. Was in individueller Regie getan werden kann, bleibt dem Individuum oder individuellen Zusammenschlüssen überlassen. Die nächst höhere Einheit ist die Gemeinde, deren Unabhängigkeit und demokratische Ordnung die Freiheit durch Begrenzung des Hineinregierens der Staaten und des Bundes und durch die aktive Teilnahme des Individuums sichert. Allerdings ist diese Teilnahme heute in den großen Städten kaum noch wie in der Idylle der alten Neuenglandgemeinden realisierbar, sie ist aber dennoch umfangreicher als in anderen Industrienationen. Eine weitere Gefahr für die Autonomie der Gemeinde ergibt sich aus der Ausdehnung von finanziellen Zuwendungen durch den Bund und aus der bundesgerichtlichen Kontrolle der Gemeindeverwaltungen. Wo die Staaten und der Bund die Politik bestimmen, bilden die gerichtliche Kontrolle von Gesetzgebung und Gesetzesausführung sowie das Vetorecht des Präsidenten grundlegende Elemente des Schutzes der Freiheit von Individuen und Minderheiten gegen die Mehrheitsherrschaft. Die Freiheit der Meinungsäußerung findet in der Unabhängigkeit von Presse, Rundfunk und Fernsehen eine mächtige Konkretisierung als Kontrolle der Regierung. Der Schutz gegen die Willkür des Staates ist vielfach in den Bill of Rights der Verfassung verankert und vor allem in den sechziger Jahren durch die Interpretation des obersten Bundesgerichts ausgeweitet und präzisiert worden. Allerdings sind die Kriminalitätswelle und die darauf reagierende Ausdehnung polizeilicher Kontrollen ernste Gefahren für die Sicherung der Freiheit des Individuums gegen staatliche Willkür (Diagramm 30).

4. Universalismus: Die Gleichheit der Chancen

Vorbemerkungen

Die Vereinigten Staaten sind im Vergleich zu den europäischen Gesellschaften in vielfacher Hinsicht weit egalitärer. Dennoch ist die Armut der untersten Bevölkerungsgruppen viel offensichtlicher als in den entwickelten Industrienationen Europas. Das hängt unmittelbar mit dem völlig unterschiedlichen Verständnis von Gleichheit zusammen. Die Amerikaner wollen die Gleichheit der Startchancen in einem gesellschaftlichen Rennen, das die mehr oder weniger Erfolgreichen auch mehr oder weniger belohnen soll. Sie tun alles, um die Gleichheit der Chancen zu verbessern, und nur ganz widerwillig etwas für diejenigen, die dennoch im Wettbewerb auf der Strecke geblieben sind. Leistung soll honoriert werden; Wohlfahrt ist ein möglichst klein zu haltendes Übel.

Diagramm 30: Der Individualismus in den USA

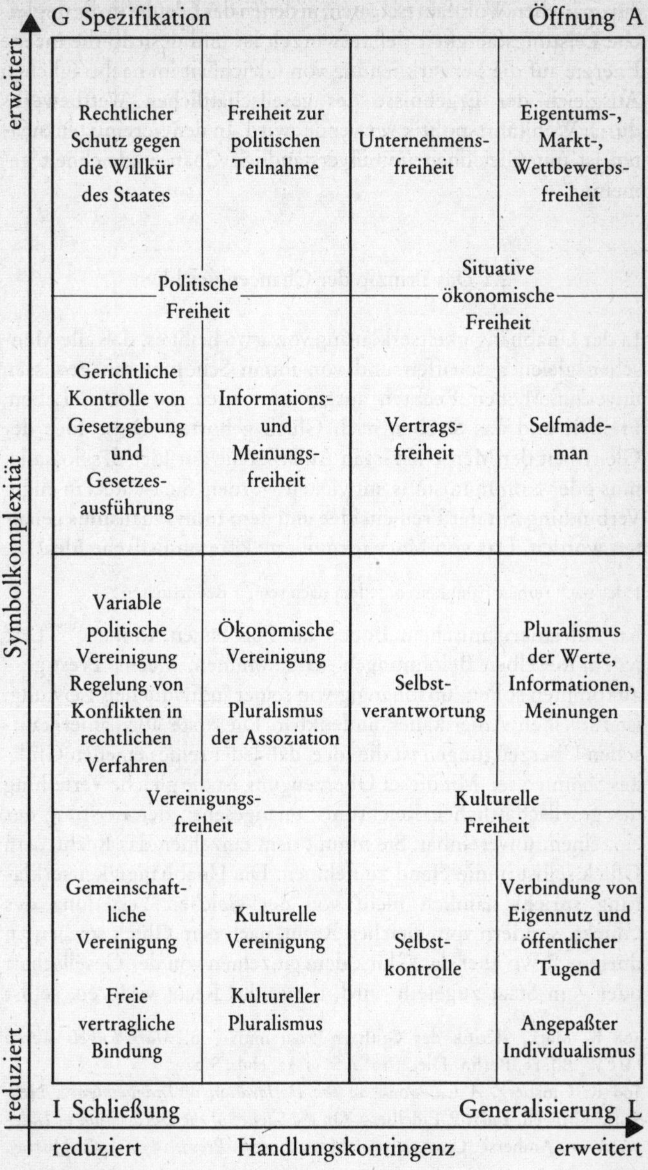

Das unterscheidet die Vereinigten Staaten grundsätzlich von den europäischen Wohlfahrtsstaaten, in denen der Glaube in die ungleiche Leistungsfähigkeit tief verwurzelt ist und deshalb die meiste Energie auf die Verwirklichung von Gleichheit im nachträglichen Ausgleich der Ergebnisse des gesellschaftlichen Wettbewerbs durch Wohlfahrtspolitik verwendet wird. In den Vereinigten Staaten ist mit Gleichheit unmißverständlich Chancengleichheit gemeint.

4.1 Das Prinzip der Chancengleichheit

In der Unabhängigkeitserklärung von 1776 heißt es, daß alle Menschen gleich geschaffen und von ihrem Schöpfer mit gewissen unveräußerlichen Rechten ausgestattet seien, zu denen Leben, Freiheit und das Streben nach Glück gehörten. Diese Idee der Gleichheit der Menschen ist in Amerika nie zur Idee des Sozialismus oder Kommunismus entwickelt worden. Sie ist stets in enger Verbindung mit der Freiheitsidee und dem Individualismus gehalten worden. Das von Marx formulierte kommunistische Ideal

Jeder nach seinen Fähigkeiten, jedem nach seinen Bedürfnissen

hat auf amerikanischem Boden nie Fuß fassen können.[308] Daß jedem dieselben Belohnungen – Einkommen, Macht, Prestige – zukommen sollen, unabhängig von seiner individuellen Leistung, ist für einen Amerikaner undenkbar. Die erste aller amerikanischen Überzeugungen ist die Idee, daß jeder seines eigenen Glükkes Schmied sei. Mit dieser Überzeugung ist die gleiche Verteilung des gesellschaftlichen Reichtums, unangesehen der Leistung des einzelnen, unvereinbar. Sie nimmt dem einzelnen das Recht, sein Glück selbst in die Hand zu nehmen. Die Unabhängigkeitserklärung spricht nämlich nicht von der gleichen Verteilung des Glücks, sondern vom gleichen Recht, nach dem Glück streben zu dürfen.[309] Wo aber das Glück dem einzelnen von der Gesellschaft oder vom Staat zugeteilt wird, hat er das Recht verloren, selbst

308 K. Marx, »Kritik des Gothaer Programms«, in: *Marx-Engels Werke (MEW)* Bd. 19, Berlin: Dietz, 1962, S. 11-32, ebd., S. 21.

309 R. Ginsberg, *A Casebook on the Declaration of Independence*, New York: Crowell, 1967; P. Eidelberg, *On the Silence of the Declaration of Independence*, Amherst: University of Massachusetts Press, 1976; J. C. Murray,

sein Glück zu suchen und mit mehr Strebsamkeit auch mehr Glück zu erreichen. Gleichheit dieses Rechts heißt, daß niemand am selbständigen Streben nach Glück gehindert werden darf. Zunächst bedeutete dies lediglich, daß es keine Gesetze geben darf, die einzelne oder bestimmte Gruppen von dem Streben nach Glück ausschließen. Damit war vor allem gemeint, daß niemandem der Zugang zum Markt durch staatliche Privilegien für andere versperrt werden dürfe. Gleichheit der Marktchancen wurde demgemäß eher erwartet, wenn sich der Staat aus dem wirtschaftlichen Wettbewerb heraushält, als wenn er in diesen durch Vergabe von Privilegien eingreift. Das Streben nach Glück wurde hauptsächlich als Streben nach Eigentum verstanden. So sprach man in der Regel auch von den drei Rechten auf Leben, Freiheit und Eigentum.

Die Gleichheit in bezug auf Freiheit besagte, daß jeder dieselben Freiheitsrechte besaß, die er wiederum mehr oder weniger extensiv nutzen konnte. Die Freiheit der Meinungsäußerung soll jeder haben. Nicht jeder nimmt aber in gleicher Weise an der öffentlichen Diskussion teil und nicht jede Meinung wird als gleich richtig eingestuft. Dasselbe gilt für die Freiheit der Vergemeinschaftung. Niemand darf von vornherein de jure der Zugang zu Gemeinschaften, wie z. B. zu Vereinen, Religionsgemeinschaften, akademischen Gemeinschaften, politischen Gemeinden, verwehrt werden. Das impliziert jedoch nicht, daß jeder de facto in diesen Gemeinschaften Mitglied wird. Die Mitgliedschaft muß nur an Qualifikationen gebunden werden, die jeder erwerben kann. Jeder hat darüber hinaus auch das Recht der politischen Teilnahme, aber nicht jeder beteiligt sich tatsächlich am politischen Entscheidungsprozeß und nicht jeder verfügt dabei über denselben Einfluß. Es darf nur keine vorgängige Ausschließung von einzelnen oder Gruppen geben.

Die Gleichheit des Rechtes auf Leben bedeutet auch nicht, daß grundsätzlich niemand das Leben verlieren darf. In der fünften Ergänzung zur Verfassung wird garantiert, daß niemand ohne gerechten Prozeß (due process of law) Leben, Freiheit und Eigentum einbüßen dürfe. »Gleichheit der Garantie des Lebens« heißt hier demgemäß, daß z. B. die Todesstrafe nicht willkürlich gegen

We Hold These Truths, op. cit.; C. L. Becker, *The Declaration of Independence*, op. cit.

einzelne ohne Gleichbehandlung eines jeden und sicherlich auch nur bei Schwerverbrechen verhängt werden darf. Weiterhin schließt gleiches Recht auf Leben ein, daß jedem derselbe polizeiliche Schutz gegen Verbrechen zusteht und Gleichbehandlung bei Einziehung zum Kriegsdienst zugesichert ist. Wie sicher der einzelne sein Leben in diesem Rahmen macht, ob er sich mehr oder weniger gegen Krankheit oder Unfall schützt, bleibt seiner individuellen Entscheidung überlassen. Eine Einheitskrankenkasse und eine einheitliche Sicherheit in der Fortbewegung mit Automobilen wird schon als ein Eingriff in das Recht des individuellen Strebens nach Glück empfunden. Auch Leben und Freiheit sollen nur in dem Sinne für jeden in gleicher Weise garantiert werden, daß jeder das Recht hat, nach Erhaltung des Lebens und nach Freiheit zu streben und keine vorgängigen staatlichen Maßnahmen und Gesetze Ungleichheiten für die Verfolgung dieser Ziele schaffen dürfen.

Gleichheit wird also als Gleichheit der Chancen auf Leben, Freiheit, Eigentum und Glück interpretiert, auf keinen Fall als tatsächliche Gleichheit der Verteilung von Lebensdauer, Freiheitsspielraum, Eigentum und Glück.[310] Vom Staat wird erwartet, daß er den Individuen in ihrem Streben nach diesen Gütern nicht im Wege steht und einzelne nicht gegenüber anderen privilegiert, aber nicht, daß er die Güter gleich verteilt. Ein solcher Eingriff käme dem Entzug des Rechtes auf *individuelles* Streben nach Lebensdauer, Freiheit, Eigentum und Glück gleich. Sogar das Prinzip der Chancengleichheit würde verletzt. Bei einer gleichen Verteilung der Güter auf alle, unabhängig von Streben und Leistungen, würde dem einzelnen die Chance genommen, durch mehr Leistungen mehr Güter zu seinem Glück zu erlangen. Die Leistungen der einzelnen würden nicht gleich, sondern ungleich entlohnt. Diejenigen, welche mehr Leistung einbringen, würden gegenüber den weniger Leistenden benachteiligt.

Bei dieser radikal individualistischen Auffassung von Chancengleichheit muß man natürlich berücksichtigen, von welchem Gesellschaftsbild dabei ausgegangen wird. Es ist ein Bild der

310 Die Idee des Sozialismus hat niemals Erfolg gehabt: J. H. M. Laslett und S. M. Lipset (Hg.), *Failure of a Dream? Essays in the History of American Socialism*, Berkeley: University of California Press, 1974; S. M. Lipset, *Opportunity and Welfare in the First New Nation*, Washington, D. C.: American Enterprise Institute for Public Policy Research, 1974.

Gesellschaft als einer Vereinigung unabhängiger Eigentumsbesitzer, zwischen denen keine grundsätzlichen Ungleichheiten der Chancen bestehen, im Wettbewerb um die Vermehrung des Eigentums mitzuhalten.[311] Es gab keine sehr Reichen und keine sehr Armen. Die Unterschiede des Einkommens und Eigentums hielten sich so weit in Grenzen, daß keine gegensätzlichen Klassen von Privilegierten und Benachteiligten existierten. Natürlich waren die einen erfolgreicher und die anderen weniger erfolgreich, aber Erfolg und Mißerfolg waren rein individuelle Schicksale, niemals eine kollektive Erfahrung abgegrenzter Stände, Klassen oder Schichten. Wer selbst nicht am Wettbewerb um den Erfolg teilnehmen konnte oder durfte, war in der Familie aufgehoben: Frauen, Kinder, Alte, Kranke, Schwächliche und natürlich die Sklaven. Die ganze Philosophie der Chancengleichheit galt nur für die ökonomisch selbständigen männlichen Vollbürger. Der Ausschluß der Sklaven aus den Bürgerrechten war zwar ein Menetekel im Fleische der neuen Gesellschaft und auch von Anfang an Gegenstand der Kritik und des schlechten Gewissens von Liberalen wie Jefferson und Madison, störte aber das durchschnittlich geltende Bild der Chancengleichheit nicht, weil sie, wie Frauen, Kinder, Alte und Kranke, auch unter der Obhut des wettbewerbsfähigen Familienvorstandes standen.

In diesem Kontext wurde ein Konzept der Chancengleichheit geboren, das den Staat nur negativ einbezog. Er durfte nicht durch Privilegierung in den Wettbewerb der an sich gleichen Vollbürger eingreifen. Unter Gleichen hätte er gerade dadurch nur Ungleichheit erzeugt. Chancengleichheit wurde durch gleiches Recht der Teilnahme am gesellschaftlichen Wettbewerb für die männlichen Vollbürger gewährt. Niemand wäre in diesem Kontext auf die Idee gekommen, daß der Staat die Aufgabe hätte, positiv, durch aktives Eingreifen, die Bedingungen der Chancengleichheit zu schaffen und denjenigen zu helfen, die mit geringeren Mitteln und Fähigkeiten ausgestattet an den Start gehen. Diese liberalistische Philosophie der Chancengleichheit ist bis heute ein wesentliches Element des amerikanischen Denkens geblieben und bildet den Kern einer zähen konservativen Haltung gegen staatliche Maßnahmen, die auf eine aktive Herstellung von Chancengleichheit hinwirken sollen. Während die heutigen Liberalen für eine solche

311 Siehe hierzu R. Berthoff, *An Unsettled People*, op. cit., S. 49-66, 83-95.

Politik der aktiven Herstellung von Chancengleichheit, vor allem durch eine entsprechende Bildungspolitik, eintreten, sehen die Konservativen hier die Gefahr der Zerstörung von individueller Freiheit, Selbstverantwortung und Initiative durch staatliche Bevormundung und Kontrolle. Dabei haben sich die Bedingungen der Chancengleichheit im Verlaufe der gesellschaftlichen Entwicklung gegenüber den ursprünglichen Verhältnissen grundlegend geändert. In dieser Entwicklung hat sich auch ein entsprechender Wandel in der Einschätzung der Rolle des Staates in der Herstellung von Chancengleichheit vollzogen. Dem Staat ist mehr und mehr die Aufgabe zugedacht worden, aktiv Chancengleichheit herzustellen.[312] Heute ist dies eine Grundüberzeugung liberaler Positionen, während die Konservativen das Eingreifen des Staates nicht grundsätzlich ablehnen, aber auf ein geringeres Maß beschränken wollen. Das bedeutet allerdings keineswegs eine Hinwendung zur völligen kollektiven Herstellung von Gleichheit. Selbst die Industrialisierung und der Pluralismus rassischer, ethnischer und religiöser Gruppen haben Erfolg und Mißerfolg zumindest in der herrschenden öffentlichen Meinung nicht zu einer einheitlichen kollektiven Erfahrung gemacht. Erfolg und Mißerfolg werden nach wie vor als individuelles Schicksal gedeutet. Und bei aller Zustimmung zu staatlichen Programmen, die auf die Herstellung von Chancengleichheit abzielen, wird dies in erster Linie als Unterstützung für einzelne verstanden, um ihre Chancen zu verbessern, weniger als eine kollektive Angleichung der Güterverteilung. Bei aller Befürwortung einer aktiven Rolle des Staates in der Herstellung von Chancengleichheit, soll sich diese Rolle vorwiegend auf die Angleichung der Startbedingungen im gesellschaftlichen Rennen nach Erfolg beschränken und keineswegs eine kollektive Nivellierung der Güterverteilung herbeiführen. Das gilt für die Garantie von gemeinschaftlicher, ökonomischer, politischer und kultureller Gleichheit in gleicher Weise.

Gemeinschaftliche Gleichheit heißt, daß sich jeder mit jedem vergemeinschaften kann, jeder mit jedem auf gleicher Stufe in soziale Beziehungen treten kann, keine exklusiven Gemeinschaften bestehen, in die nur wenige, gar nur durch Geburt, Eingang finden, keine Hierarchie von Ständen mit unterschiedlichen Rechten existiert. Als Chancengleichheit verstanden, ist damit gemeint, daß nieman-

312 Ebd., S. 332-58.

dem de jure der Zugang zu Vergemeinschaftungen versperrt werden darf, aber nicht, daß jeder auch de facto überall und zu jedem Gemeinschaftsbeziehungen aufnehmen kann. Offenheit von sozialen Beziehungen und Mitgliedschaften in Vereinigungen besagt nicht, daß jeder ohne Qualifikation eintreten kann. Die Qualifikationskriterien müssen jedoch so definiert werden, daß niemand durch Geburt ausgeschlossen wird. Nicht jeder kann Mitglied des Rechtsanwaltsvereins werden, aber jeder, der die entsprechende berufliche Qualifikation erworben hat. Im einzelnen impliziert soziale Chancengleichheit die Gewährung gleicher Chancen der Vergemeinschaftung mit anderen, der Aufnahme alltäglicher sozialer Beziehungen, der Entfaltung eines Lebensstils und der Begegnung auf öffentlichen Plätzen wie z.B. Restaurant, Marktplatz, Sportveranstaltung, Theater.

Ökonomische Gleichheit bedeutet, daß jeder am materiellen Reichtum der Gesellschaft teilhat und keine exklusiven Abgrenzungen ökonomischer Chancen existieren. Als Chancengleichheit begriffen, kommt es hier darauf an, daß jeder das Rennen um den ökonomischen Erfolg aufnehmen kann und niemand davon de jure ferngehalten wird. Vor allem die staatliche Garantie ökonomischer Privilegien wird hier untersagt. Nicht unter diesen Begriff der ökonomischen Chancengleichheit fällt die tatsächlich gleiche Verteilung der materiellen Güter. Jeder kann am Wettbewerb auf dem Markt teilnehmen, nicht jeder muß aber denselben Erfolg davontragen. Im einzelnen gehören zur ökonomischen Chancengleichheit die gleiche Belohnung gleicher Leistungen, gleiche Chancen des Zugangs zu Berufen und des Erwerbs von beruflichen Qualifikationen und der Ausgleich von Nachteilen durch Versicherungen und Sozialleistungen.

Politische Gleichheit ist als Gleichheit in der Selektion und Anwendung kollektiver Entscheidungen zu fassen. Niemand wird ausgeschlossen und niemand wird privilegiert. Als Chancengleichheit konzipiert, geht es hier um die Offenheit der Ausübung politischer Autorität für alle, nicht um die tatsächlich gleiche Verteilung politischer Entscheidungsbefugnisse. Im einzelnen umfaßt die politische Chancengleichheit die gleichen Chancen, am politischen Entscheidungsprozeß teilnehmen zu können und in der Diskussion politischer Themen Gehör zu finden, gleiches Recht und gleiche Anwendung des Rechts für alle sowie gleiche Behandlung durch Verwaltung und Polizei.

Kulturelle Gleichheit ist als Gleichheit der Partizipation an den kulturellen Diskursen der Gesellschaft zu interpretieren. Chancengleichheit meint hier die gleiche Chance für alle, im kulturellen Diskurs mitreden zu können, nicht aber, daß jedes Argument gleich gültig ist. Im einzelnen enthält die kulturelle Chancengleichheit gleiche Chancen des Eingreifens in intellektuelle Diskussionen, des Zugangs zu Bildungsinstitutionen, des Erwerbs von schulischer Ausbildung und der Ausübung professioneller Rollen.

In allen diesen Dimensionen der Gleichheit hat Amerika einen gewaltigen Entwicklungsprozeß durchlaufen. Er beginnt mit einer anfänglichen sozialen Gleichheit in Neuengland, der aber schon eine erhebliche Ungleichheit in den Südstaaten gegenübersteht. Die Industrialisierung, die Diskriminierung der Schwarzen und anderer Minderheiten und die Einwanderung völlig verschiedener Gruppen führen zu einer Gesellschaft mit erheblichen Ungleichheiten, die im Widerspruch zur Gleichheitsidee steht. Gegen diesen Trend des Auseinanderlaufens von Idee und Wirklichkeit ist die Umstellung des Liberalismus gerichtet. Die negative Definition von Chancengleichheit als Heraushalten des Staates aus dem freien Wettbewerb macht der Zuweisung einer aktiven Rolle des Staates in der Herstellung von Chancengleichheit Platz.

4.2 Die Idee der Gleichheit und die gesellschaftliche Ungleichheit

In Amerika haben die Neuenglandstaaten von Anfang an am ehesten ein Bild der sozialen Gleichheit abgegeben, natürlich nur, wenn man die religiös qualifizierten männlichen Vollbürger zählt. Vor allem in der Anfangszeit von Massachusetts wurde jedoch eine scharfe Trennungslinie zwischen den religiös Qualifizierten und den religiös nicht Qualifizierten gezogen. Diese Unterscheidung ist aber mehr und mehr fallengelassen worden. In Connecticut und Rhode Island wurden alle männlichen Erwachsenen in die religiöse und politische Gemeinschaft einbezogen. Die Vollbürger dieser Gesellschaft waren Farmer, Kaufleute, Rechtsanwälte, Ärzte oder Priester, alle relativ gut gestellt und unabhängig.[313]

313 Ebd., S. 49-66, 83-95.

Diese Gesellschaft von gleichrangigen Bürgern mit gleichen Rechten unterschied sich grundsätzlich von den damaligen europäischen Gesellschaften mit ihrer Differenzierung in Stände, Klassen und Schichten, die ganz unterschiedliche Rechte und ein eigenes Bewußtsein einer Schicksalsgemeinschaft hatten. Diese soziale Gleichheit war eines der ersten Merkmale, die Tocqueville an den Neuenglandstaaten auffiel:

Die Auswanderer, die sich an den Küstengebieten Neuenglands ansiedelten, gehörten alle den wohlhabenden Schichten des Mutterlandes an. Ihr Zusammensein auf amerikanischem Boden zeigte von Anfang an das eigenartige Bild einer Gesellschaft, in der sich weder Adlige noch Gemeine und sozusagen weder Arme noch Reiche vorfanden.[314]

Vor allem waren die Mitglieder dieser Gesellschaft alle Puritaner. Dieses religiöse Band und das gemeinsame Bewußtsein, für die Idee einer religiös geordneten Gesellschaft zu leben, stärkte in ganz besonderer Weise die gegenseitige Anerkennung als sozial Gleiche.

Die grundsätzliche Gleichheit hat auch Thomas Jefferson als eine wesentliche Voraussetzung für die Funktionsfähigkeit der politischen Verfassung der Vereinigten Staaten betrachtet.[315] Er sah die individuelle Wahrnehmung der gleichen Rechte am ehesten in einer Gesellschaft unabhängiger Farmer aufgehoben. Von der Entwicklung größerer Manufakturen hielt er zunächst nichts, weil sie eine Klasse abhängiger Lohnarbeiter schaffen, die nicht selbständig ihre Rechte in Anspruch nehmen können. Später mußte er jedoch zugestehen, daß die Vereinigten Staaten im Interesse der wirtschaftlichen Stärke auf ein solches System nicht verzichten können.

Bei näherer Betrachtung war die soziale Gleichheit auch in der Anfangszeit vorwiegend auf die Nordstaaten beschränkt. Und man muß das Unrecht außer acht lassen, das den Indianern angetan wurde. Die Einwanderer der Südstaaten hatten einen anderen Charakter. Schon in Virginia hat das Siedlungsunternehmen in erster Linie ökonomische Gründe gehabt, was wiederum nicht

314 A. de Tocqueville, *Über die Demokratie in Amerika*, op. cit., S. 37.

315 T. Jefferson, »Notes on Virginia«, in: W. Thorp, M. Curti und C. Baker, *American Issues*, op. cit., S. 127-32; *The Complete Jefferson*, hg. von S. K. Padover, New York: Duell, Sloan & Pearce, 1943; *The Writings of Thomas Jefferson*, Washington, D. C.: Jefferson Memorial Association, 1905.

heißen soll, daß religiöse Motive zumindest bei einem Teil der Siedler überhaupt keine Rolle gespielt hätten. Die Einführung der Sklaverei, nachdem ein erstes holländisches Schiff im Jahre 1620 zwanzig Neger an die Ufer des James-Flusses gebracht hatte, und die Herausbildung großer Plantagenbetriebe schufen im Süden eine andere Gesellschaft. Hier galt die Gleichheit nur für eine relativ kleine Führungsschicht der großen Plantagenbesitzer, die aristokratische Verhältnisse zu imitieren versuchten. Auf jeden Fall hat sich im Süden eine klare Differenzierung von oben und unten herauskristallisiert, die Ungleichheit zu einem allgegenwärtigen Merkmal der Gesellschaft und zu einem kollektiv erfahrenen Phänomen gemacht hat. Wo im Norden soziale Beziehungen zwischen grundsätzlich gleichen Bürgern bestanden, herrschten im Süden paternalistisch-autoritäre Beziehungen zwischen Führern und Untergebenen.[316] Diese gegensätzliche Strukturierung der sozialen Beziehungen ist noch heute bei einem Vergleich von Norden und Süden beobachtbar, und er zeigt sich in allen Sphären, in der Beziehung zwischen Plantagenbesitzern oder industriellen Führern und Lohnabhängigen, zwischen Politikern und ihrem Wahlvolk, Lehrern und Schülern. Dieser Gegensatz war in Verbindung mit den industriellen Interessen des Nordens und den plantagenwirtschaftlichen Interessen des Südens die Basis für den Bürgerkrieg, der von 1861 bis 1865 das Land vor eine schwere Zerreißprobe stellte. Noch heute ist dies ein grundsätzlicher Gegensatz, der vor allem im Zuge der Desegregationspolitik des obersten Bundesgerichts und des Kongresses seit Ende der fünfziger Jahre wieder offen ausgebrochen ist, bis hin zum offenen Widerstand von Südstaatengouverneuren, wie George Wallace von Alabama, gegen Desegregationsentscheidungen des obersten

316 A. de Tocqueville, *Über die Demokratie in Amerika*, op. cit., S. 35-6; R. Berthoff, *An Unsettled People*, op. cit., S. 15, 52-61, 93-5; J. Dollard, *Caste and Class in a Southern Town*, Garden City, N. Y.: Doubleday, (1937) 1957; W. F. Graven, *The Southern Colonies in the Seventeenth Century, 1607-1689*, Baton Rouge: Louisiana State University Press, 1949; L. C. Gray, *History of Agriculture in the Southern United States to 1860*, Gloucester, Mass.: Peter Smith, 1958; E. S. Morgan, *American Slavery, American Freedom: The Ordeal of Colonial Virginia*, New York: Norton, 1975; S. Ratner, J. H. Soltow und R. Sylla, *The Evolution of the American Economy*, op. cit., S. 43-52; R. E. McGill, *The South and the Southerner*, Boston: Little, Brown, 1963.

Bundesgerichts.[317] Heute sind es nicht nur die Schwarzen, die im Süden, wo es nur geht, auch gegen die offizielle Politik der Bundesregierung und der Bundesgerichte, sozial ausgeschlossen bleiben und zumindest auf informellem Wege als Bürger zweiter Klasse behandelt werden, sondern auch die in zunehmendem Maße eingeströmten und täglich neu hinzukommenden Einwanderer aus Lateinamerika, vorwiegend aus dem benachbarten Mexiko.

Soziale Gleichheit ist also noch heute vorwiegend eine Idee des Nordens, während im Süden kollektive Ungleichheit weit sichtbarer ist und von der herrschenden öffentlichen Meinung der Privilegierten auch zu bewahren versucht wird. Die ganze Politik der Durchsetzung der Bürgerrechte und auch die gesamte Wohlfahrtspolitik der sechziger und siebziger Jahre ist von den Demokraten mehr als gegen die Republikaner vor allem gegen den erbitterten Widerstand ihrer eigenen Repräsentanten aus dem Süden, die grundsätzlich mit »Nein« stimmten, durchgefochten worden.[318] Dieser Gegensatz zwischen dem Norden und Süden ist demnach immer noch eine stets gegenwärtige Gefahr für den Zusammenhalt der gesellschaftlichen Gemeinschaft. Es scheint nicht abwegig, daß viele Südstaatler der herrschenden Schicht noch heute, über hundert Jahre nach dem Bürgerkrieg, die Mitgliedschaft im Bund mehr als ein unveränderliches Faktum hinnehmen, als daß sie sich positiv mit allen wesentlichen Grundsätzen der Verfassung identifizieren.

Auch die Entwicklung im Norden hat allerdings die Gesellschaft der gleichrangigen Eigentumsbesitzer grundlegend verändert. Schon zur Zeit der Gründung der Vereinigten Staaten gab es durchaus Unterschiede zwischen Farmern und Kapitalbesitzern, d.h. Kaufleuten und Bankiers. Allerdings ist es gewiß übertrieben, aus ihren nicht völlig gleichen Interessen, wie es Charles A. Beard versucht hat, die inhaltliche Prägung der amerikanischen Verfassung, und zwar im Sinne der Kapitalbesitzer, abzuleiten.[319] Diese These läßt sich kaum durch Fakten bestätigen, schon gar

317 J. Q. Wilson, *American Government*, op. cit., S. 517-8; F. M. Wilhoit, *The Politics of Massive Resistance*, New York: George Braziller, 1973.

318 J. Q. Wilson, *American Government*, op. cit., S. 526-30.

319 C. A. Beard, *Eine ökonomische Interpretation der amerikanischen Verfassung*, Frankfurt: Suhrkamp, (1913) 1974.

nicht durch die Interessen der beteiligten Verfassungsgründer.[320] Wirklich einschneidende Veränderungen haben sich im Zuge der Entwicklung des industriellen Kapitalismus der Korporationen und der weiteren Revolutionierung von Technologie, Kommunikation und Dienstleistungen ergeben, vor allem aber auch durch den Zustrom der Einwanderergruppen, mit völlig unterschiedlicher rassischer, ethnischer und religiöser Herkunft. Dieser Einwandererstrom erreichte in den Jahrzehnten um die Jahrhundertwende einen Höhepunkt, bis 1924 jährliche Einwanderungsquoten für die einzelnen Gruppen festgelegt wurden. Inzwischen hat vor allem im Süden und Westen der Zustrom von Einwanderern aus Lateinamerika und Südostasien dramatisch zugenommen. Was heute die Vereinigten Staaten kennzeichnet, ist eine Vielzahl völlig unterschiedlicher rassischer, ethnischer, religiöser und sozio-ökonomischer Gruppen, der gerade Gegensatz zur ursprünglichen sozialen Einheitlichkeit der Neuenglandstaaten. Eastside und Westside, Harlem, Little Italy und Chinatown sind heute verschiedene Welten in Manhattan. Hinzu kommen die Viertel der Puerto Ricaner, der neu hinzugekommenen Einwanderer aus Südostasien und Lateinamerika, die hier allerdings weniger vertreten sind als im Süden und Westen. Los Angeles droht heute an der Vielzahl der eingewanderten rassischen, ethnischen, religiösen und sozio-ökonomischen Schichten zu zerbersten.[321]

Was heißt unter diesen Bedingungen noch soziale Gleichheit? Sicherlich nicht mehr, daß alle in denselben Verhältnissen leben und sich jeder mit jedem vergemeinschaftet. Einen krasseren Gegensatz als zwischen Harlem und der angrenzenden vornehmen Upper Eastside Manhattans findet man nur noch in Latein-

320 Vgl. R. E. Brown, *Charles Beard and the Constitution: A Critical Analysis of »An Economic Interpretation of the Constitution«*, Princeton, N. Y.: Princeton University Press, 1956; J. Q. Wilson, *American Government*, op. cit., S. 37-40.

321 Siehe hierzu N. Glazer und D. P. Moynihan, *Beyond the Melting Pot*, Cambridge, Mass.: M. I. T. Press, (1963) 1970; M. M. Gordon, *Assimilation in American Life. The Role of Race, Religion, and National Origins*, New York: Oxford University Press, 1964; C. H. Mindel und R. W. Habenstein (Hg.), *Ethnic Families in America*, New York: Elsevier, 1976; J. H. Turner, *Societal Stratification*, New York: Columbia University Press, 1984; J. H. Turner, R. Singleton und D. Musick, *Oppression: A Socio-History of Black-White Relations in America*, Chicago: Nelson-Hall, 1984.

amerika. Die verschiedenen Gruppen leben in ihren Vierteln praktisch in einem Getto. Gibt es da noch Vergemeinschaftung zwischen gleichrangigen Bürgern? Gewiß nicht, höchstens momentan im gleichen flüchtigen Konsum eines Hamburgers bei Mc Donald's, Burger King oder Howard Johnson's. Dies ist allerdings keine Kommensalität, sondern ein Ergebnis der amerikanischen Umstellung des Essens auf Massenkonsum. Kommensalität wird beim Dinner im französischen, chinesischen, italienischen, griechischen oder deutschen Restaurant gepflegt. Da ist man jedoch unter sich.

Ist im amerikanischen Schmelztiegel eine qualitativ neue amerikanische gesellschaftliche Gemeinschaft mit einer eigenen Identität entstanden, haben sich die neuen Einwanderergruppen an den herrschenden Angloamerikanismus angeglichen, oder besteht die Gesellschaft aus einer Vielzahl relativ getrennt nebeneinanderlebender rassischer, ethnischer, religiöser und sozio-ökonomischer Gruppen?[322] Diese Frage ist zumindest tendenziell zugunsten der Alternative des Pluralismus koexistierender Gruppen zu beantworten. Das Gefälle der Lebensverhältnisse zwischen den Gruppen ist groß. Dabei stellten neben den Schwarzen[323] die jeweils neu eingewanderten Gruppen ökonomisch die untersten Schichten: zuerst die katholischen Iren, dann die katholischen Süd- und Osteuropäer, vor allem Italiener und Polen, dann die Asiaten, die Puerto Ricaner und schließlich die Mexikaner und anderen Gruppen aus Lateinamerika. Die Deutschen und Juden bildeten in dieser Einwanderungshierarchie Ausnahmen. Sie haben sich vor allem über den ökonomischen Erfolg und durch Bildung assimiliert. Vor allem die Juden sind überproportional in den gebildetsten Schichten vertreten. Die Inklusion in die gesellschaftliche Gemeinschaft ist hier durch die Übernahme der amerikanischen Grundwerte, vor allem durch erfolgreiches Leistungsstreben erleichert worden. Von den anderen Gruppen haben am ehesten noch die katholischen Iren Eingang in die angloamerikanisch

322 Vgl. dazu die Sammlung von literarischen, journalistischen, politischen und soziologischen Stellungnahmen zu diesem Thema in R. C. Bannister, *American Values in Transition*, op. cit., S. 125-83.

323 Zur schwarzen Bevölkerung siehe L. Rainwater (Hg.), *Soul*, New York: Aldine, 1970; T. F. Pettigrew (Hg.), *Racial Discrimination in the United States*, New York: Harper & Row, 1975; W. McCord, J. Howard, B. Friedberg und E. Harwood, *Life Styles in the Black Ghetto*, New York: Norton, 1969.

dominierte gesellschaftliche Gemeinschaft gefunden. Das gilt in geringerem Maße auch für die ebenfalls katholischen Italiener, aber keineswegs für die Chicanos.[324] Zwischen der katholischen Kirche des Nordens und derjenigen des Südens besteht ein großer Unterschied. Während sie im Norden durchaus eine geachtete gesellschaftliche Stellung erreicht hat und auch angesehene Familien, wie die Kennedys, den Katholizismus repräsentieren, ist die Kirche im Süden in einem ähnlich desolaten Zustand wie die hispanischen Schichten, die sie vertritt.

Soziale Ungleichheit wird unter diesen Bedingungen durchaus zu einer kollektiven Erfahrung, sie wird allerdings dadurch gebrochen, daß es innerhalb der ethnischen und religiösen Gruppen wiederum eine deutliche sozio-ökonomische Schichtung gibt, und zwar um so mehr, je mehr Einwanderergenerationen eine Gruppe umfaßt. Aufgrund des sprunghaften Anschwellens der Einwanderung aus Lateinamerika und aufgrund ihrer regionalen Konzentration im Süden und Westen bilden die hispanischen Gruppen heute die am deutlichsten abgegrenzte und in sich homogene Gruppe von Unterprivilegierten.[325] Sie haben noch keine Zeit gehabt, um die zweite oder dritte Generation in die Schulen und Hochschulen zu schicken, so stellen sie in einer Gesellschaft, in der keine großangelegte kollektive Fürsorge für einen Ausgleich sorgt und in welcher der Wettbewerb um den ökonomischen Erfolg alles bedeutet, unausweichlich ein Heer von Armen, die oft unterhalb des Existenzminimums leben. Amerika bietet heute das Bild einer Gesellschaft der Ungleichheit, das in radikalem Gegensatz zu den Ursprüngen in Neuengland steht.[326]

324 Vgl. E. Navarro, *The Chicano Community*, New York: Council on Social Work Education, 1971.

325 Zu den Puerto Ricanern vgl. K. Wagenheim und O. Jiminez de Wagenheim (Hg.), *The Puerto Ricans – A Documentary History*, New York: Praeger, 1973; zu den Mexikanern vgl. L. Grebler, J. W. Moore und R. C. Guzin, *The Mexican-American People: The Nation's Second Largest Minority*, New York: Free Press, 1970; S. Steiner, *La Raza. The Mexican Americans*, New York: Harper & Row, 1970.

326 Zur sozialen Ungleichheit in den Vereinigten Staaten vgl. insgesamt: G. Myrdal, *The American Dilemma*, New York: Harper, 1944; J. A. Kahl, *The American Class Structure*, New York: Holt, Rinehart and Winston, (1953) 1967; J. S. Coleman, *Equality of Educational Opportunity*, U. S. Office of Education, Washington, D. C.: US Government Printing Office, 1966; P. M. Blau und O. D. Duncan, *The American Occupational Structure*, New York:

Die Differenzierung des *Einkommens* ist im Vergleich zu anderen Industrienationen groß. Zu den untersten Einkommensgruppen und Berufen zählen überwiegend besonders benachteiligte Minderheiten, die Schwarzen, die Puerto Ricaner, Mexikaner und anderen hispanischen Gruppen.[327] Innerhalb desselben Berufs verdienen die Angehörigen dieser Minderheiten durchschnittlich weniger als ihre weißen Kollegen. Trotz einheitlichem Bildungssystem herrscht eine starke Differenzierung beruflicher Qualifikationen vor, schon deshalb, weil die Qualität der vermittelten Ausbildung sehr unterschiedlich verteilt ist. Die benachteiligten Minderheiten erwerben die schlechtesten Qualifikationen. Die soziale Sicherung ist vergleichsweise wenig entwickelt. Wer krank, erwerbsunfähig, arbeitslos wird oder aus Altersgründen aus dem Erwerbsleben austritt, gehört zu den Ärmsten. Auch hier sind die benachteiligten Minderheiten von allen am schlechtesten dran.

Im Felde der *Politik* ist die existierende Ungleichheit nicht weniger eklatant. Politische Teilnahme ist mehr eine Sache der individuellen Initiative und des freien Zusammenschlusses, weniger eine Sache der Fürsorge durch große, organisierte Parteien. Die unterschiedliche Qualifikation zur Teilnahme aufgrund von Unterschieden der Ausbildung und des Einkommens macht sich demgemäß besonders auffallend bemerkbar. Die politische Partizipation ist in der Hand der gebildeten Schichten.[328] Ähnliches gilt für die Beteiligung an der Diskussion politischer Themen in den Massenmedien, die deutlich durch die gebildeten angloamerikanischen Schichten beherrscht wird. Die formale Gleichheit vor dem Gesetz wird nicht selten, vor allem im Süden, durch informelle Ungleichheiten der Bewertung von Rechtsfällen und Straftaten

Wiley, 1967; C. Jencks et al., *Inequality: A Reassessment of the Effects of Family and Schooling in America*, New York: Basic Books, 1972; R. Collins, *The Credential Society. An Historical Sociology of Education and Stratification*, New York: Academic Press, 1979; M. Zeitlin (Hg.), *American Society, Inc.*, op. cit.

327 R. L. Kaufmann, »A Structural Decomposition of Black-White Earnings Differentials«, in: *American Journal of Sociology* 89, 1983, S. 585-611; C. W. Reimers, »Sources of the Family Income Differentials among Hispanics, Blacks, and White Non-Hispanics«, in: *American Journal of Sociology* 89, 1984, S. 889-903.

328 G. A. Almond und S. Verba, *The Civic Culture*, op. cit., S. 202-13; S. Verba und N. H. Nie, *Participation in America*, op. cit., S. 286-98, 334-44.

und der Zumessung von Strafen unterlaufen. Dieselbe Spannung zwischen formaler Gleichheit und informeller Ungleichheit findet sich in der Behandlung durch Verwaltung und Polizei. Wer es als Schwarzer, Puerto Ricaner oder Chicano mit der Polizei zu tun bekommt, stößt eher auf Mißtrauen und Unfreundlichkeit als Weiße.[329]

In *kultureller* Hinsicht äußert sich Ungleichheit sogleich in der angloamerikanischen Beherrschung der kulturellen Diskussion in Religion, Moraltheorie, Kunst und Wissenschaft. Die anderen rassischen und ethnischen Gruppen nehmen hier eine extreme Randposition ein. Von einem kulturellen Schmelztiegel ist hier nichts zu bemerken. Der Zugang zu den höheren Bildungsinstitutionen war lange Zeit extrem ungleich verteilt. Die vermittelte Ausbildung weist beträchtliche Qualitätsunterschiede auf. Die unteren Gruppen und Schichten besuchen überdurchschnittlich auch die schlechteren Highschools, Colleges und Universitäten. Die professionellen Berufe sind lange Zeit angloamerikanisch beherrscht worden, soweit Angehörige der benachteiligten Minderheiten Zugang gefunden haben, stellen sie häufiger die unteren Kategorien eines professionellen Berufes. Hier zeichnet sich jetzt ein Trend ab, daß die asiatischen Gruppen besonders erfolgreich auftreten und weit überproportional Spitzenleistungen in Schulen und Universitäten erbringen.[330]

In der *Vergemeinschaftung* hat sich eine starke vertikale Differenzierung des Sozialprestiges vor allem der rassischen und ethnischen Gruppen herausgebildet. Die Puerto Ricaner, die Mexikaner, die anderen hispanischen Minderheiten und die Schwarzen

329 Die Ungleichheit vor dem Gesetz ergibt sich schon aufgrund der ungleichen Verteilung der Chancen zur Inanspruchnahme von Rechtsmitteln. Siehe dazu L. Mayhew, *Law and Equal Opportunity*, op. cit.; vgl. weiter A. Cicourel, *The Social Organization of Justice*, New York: Wiley, 1968; L. E. Cohen und J. R. Kluegel, »Determinants of Juvenile Court Dispositions: Ascriptive and Achieved Factors in Two Metropolitan Courts«, in: *American Sociological Review* 43, 1978, S. 162-76; R. M. Terry, »Discrimination in the Handling of Juvenile Offenders«, in: *Journal of Research in Crime and Delinquency* 4, 1967, S. 218-30; T. B. Thornberry, »Race, Socio-Economic Status and Sentencing in the Juvenile Justice System«, in: *Journal of Criminal Law and Criminology* 64, 1973, S. 90-8; »Sentencing Disparities in the Juvenile Justic System«, in: *Journal of Criminal Law and Criminology* 70, 1979, S. 164-71.

330 Vgl. R. Collins, *The Credential Society*, op. cit.

bilden die untersten Gruppen. Über ihnen stehen die Asiaten und Italiener; die Anlgoamerikaner dominieren in der Prestigeskala. Zwischen diesen Gruppen bestehen relativ scharfe soziale Barrieren. Man heiratet innerhalb der eigenen Gruppe und schließt auch nur in diesem Umkreis Bekanntschaften und Freundschaften. Auch Vereine und religiöse Gemeinschaften sind ethnisch überwiegend homogen zusammengesetzt. Und man wohnt im eigenen Viertel unter sich. Für einen Schwarzen aus Harlem ist die angrenzende Upper East Side Manhattans in gemeinschaftlicher Hinsicht weiter entfernt als der Mond. Auf öffentlichen Plätzen herrschte im Süden bis in die sechziger Jahre eine scharfe Rassentrennung. Aber auch ohne offizielle Politik der Rassentrennung findet eine deutliche gemeinschaftliche Verteilung der rassischen und ethnischen Gruppen auf unterschiedliche öffentliche Plätze statt: auf verschiedene Wohnviertel, Hotels, Restaurants, Theater und Kinos. Der Lebensstil der rassischen und ethnischen Gruppen weist große Unterschiede auf; das gilt z. B. für die Wohnverhältnisse, die Eßgewohnheiten und Familienverhältnisse. Zwischen dem Lebensstil der gutsituierten angloamerikanischen Familie und den desolaten Lebensverhältnissen der unteren Gruppen klafft eine riesige Diskrepanz. Sie gehören verschiedenen Welten an, eine soziale Beziehung auf gemeinsamer Basis ist undenkbar.[331]

Es wäre allerdings eine pharisäische Haltung, aus europäischer Sicht in moralisierender Weise auf den krassen Gegensatz zwischen dem Reichtum einer Mehrheit und der Armut einer Minderheit und auf dessen Widerspruch zur großen Gleichheitsidee in der amerikanischen Gesellschaft zu zeigen. Keine europäische Gesellschaft hat jemals einen vergleichbaren Zustrom von heterogenen Einwanderergruppen verkraften müssen. Gegenwärtig wandern jährlich über eine Million Menschen in die Vereinigten Staaten ein.[332] Dabei werden die Verhältnisse noch dadurch verschärft, daß die meisten Einwanderer aus den ärmsten Ländern kommen und sich ohne jegliche berufliche Qualifikation in einer Gesellschaft zurechtfinden müssen, in der es hauptsächlich Nachfrage nach qualifizierter Arbeit gibt.

331 Siehe hierzu R. P. Coleman und L. Rainwater, *Social Standing in America. New Dimensions of Class*, London: Routledge & Kegan Paul, 1979.

332 K. Anderson, »The New Ellis Island«, in: *Time*, 13. Juni 1983, S. 10-7.

Man darf nicht übersehen, welche Gegenkräfte auch unter den geschilderten schwierigen Bedingungen im Sinne der Realisierung von sozialer Chancengleichheit wirken und welche Anstrengungen in dieser Richtung unternommen wurden. Als Gegenkräfte muß man die lange vorherrschende wirtschaftliche Prosperität sehen und die Gemeinsamkeit der Erfolgssuche, ebenso die egalitären Umgangsformen in der alltäglichen Kommunikation, die formale Einheitlichkeit des Bildungssystems bei gleichzeitiger föderaler Ordnung.

Der *wirtschaftliche Reichtum* der Vereinigten Staaten hat es möglich gemacht, daß die meisten Ungleichheiten nicht als Gegensatz zwischen einer reichen Minderheit und einer armen Mehrheit, z.B. als Gegensatz zwischen reichen Kapitalisten und armen Arbeitern, auftreten, sondern als eine Diskrepanz zwischen einer gutsituierten Mehrheit und einer armen Minderheit.[333] Dieser fundamentale Unterschied zu den üblichen Theorien von Klassenungleichheiten muß zunächst einmal schlicht zur Kenntnis genommen werden. Innerhalb der wohlausgestatteten Mehrheit wirkt der allgemeine Wohlstand als der große Gleichmacher und äußert sich in der gleichen Teilnahme am Massenkonsum. Das Streben nach Erfolg ist die gemeinsame Philosophie, die Umsetzung des Erfolgs in Konsum die gemeinsame Praxis. Alle Familien haben ihr Einfamilienhaus in der Vorstadt, ihre zwei Wagen, ihren Farbfernseher, ihre Geschirrspülmaschine und ihre Gefriertruhe. Alle statten sich reichlich mit der neuesten Mode aus, tragen Blue jeans, essen Hamburger bei Mc Donald's, Burger King oder Howard Johnson's, sehen E. T. und Dallas und nehmen ihre drei Wochen Ferien in Florida. Hier ist eine Nivellierung des Lebensstils als Massenkonsum eingetreten, die in Europa in diesem Ausmaß noch längst nicht erreicht ist. Der Facharbeiter bei Ford und die Kochhilfe in der Kantine verfügen zusammen über ein Familieneinkommen, mit dem sie sich alle durchschnittlich denkbaren Wünsche erfüllen können. Der Universitätsprofessor und der Zeitungsverkäufer an der Ecke teilen in gehörigem Ausmaß diesen Lebensstil und sind einander weit mehr gleich als ihre Kollegen in Europa.

333 Siehe dazu D. Potter, *People of Plenty*, op. cit.

Neben der Angleichung des Lebensstils durch den Massenkonsum ist es für den Stil der *alltäglichen Kommunikation* kennzeichnend, daß Unterschiede zwischen oben und unten nicht hervorgekehrt werden. Außerhalb ihrer beruflichen Sphäre gelten die hochrangigsten Professionellen als Bürger wie jeder andere. Man sieht das im alltäglichen Umgang. Der Zeitungsverkäufer nimmt gegenüber dem Professor, der die New York Times bei ihm kauft, keine devote Haltung ein, schon gar nicht, wenn er mehr Geld macht als der Professor. Aber auch innerhalb der beruflichen Sphäre werden Rangunterschiede nicht automatisch in die Umgangsformen übersetzt. Der Verkaufsassistent begegnet dem Verkaufsleiter ohne Untergebenheitshaltung, der Verkaufsleiter dem Assistenten ohne autoritative Haltung. Diese Gleichheit im alltäglichen Umgang wird durch die allgemein übliche Verwendung des Vornamens in der Kommunikation über alle Rangstufen hinweg unterstrichen.[334] Wo das manchmal zu unangenehmen Situationen führt, wenn der Rangunterschied für den Kleineren doch zu groß ist, wird die Peinlichkeit eher durch Vermeidung der direkten Anrede umgangen. So meidet der Student lieber die direkte Anrede, als daß er seinen Professor als Professor Miller anredet. Der gewichtigste Faktor der sozialen Angleichung ist jedoch die breite Anlage des *Bildungssystems*, das nahezu alle Amerikaner zwölf Jahre durch die Highschool schickt und noch etwa die Hälfte eines Jahrgangs für weitere 2 bis 4 Jahre in das College, ohne jede formelle vertikale Differenzierung des Bildungssystems. Bildungsunterschiede spielen dementsprechend als soziale Barrieren im Vergleich zu Europa eine geringere Rolle. Dennoch kann man die Einheitlichkeit des Bildungssystems nicht vollkommen wörtlich nehmen. Zwischen einer Highschool in Harlem und in der Upper East Side von Manhattan können größere Qualitätsunterschiede bestehen als zwischen der Hauptschule und dem Gymnasium in Köln-Nippes. Ebenso existieren riesige Unterschiede in der Qualität von Colleges und Universitäten. Der angloamerikanische Absolvent der Harvard Law School vergemeinschaftet sich nicht schon aufgrund der formal gleichen Ausbildung mit seinem mexikanisch-amerikanischen Kollegen einer wenig angesehenen Law School in Texas. Die formale Einheitlichkeit des Bildungssystems kann aufgrund der informellen vertikalen Differenzierung soziale

334 Vgl. R. Collins, *The Credential Society*, op. cit., S. 90-130.

Unterschiede nicht so ohne weiteres einebnen, da die Kinder der unteren Gruppen und Schichten in überwiegender Zahl auch die schlechteren Schulen, Colleges und Universitäten besuchen.
Die Dezentralisierung des *politischen Systems*, insbesondere die Autonomie der Gemeinden wirkt der politischen Differenzierung in eine Führungselite und eine geführte Masse entgegen. Es finden sich im Vergleich zu Europa vielfältigere Möglichkeiten der politischen Teilnahme. Das macht die politische Beteiligung zwar nicht zu einer Sache aller Gruppen, aber eben doch zu einer Sache einer viel größeren Zahl von Bürgern, die auf diese Weise auch ein gemeinsames Bewußtsein entwickeln, aktive Bürger mit gleichen Rechten zu sein.[335]
Vor allem aber gibt es ein *Bewußtsein der Illegitimität* ungleicher Verteilungen von Chancen. Das hat vor allem zu einer aktiven staatlichen Politik zur Herstellung von Chancengleichheit geführt, die von den Liberalen vorangetrieben wird und von den Konservativen nicht verdrängt, allenfalls gebremst werden kann.[336] Heute werden von der überwiegenden Mehrheit der Bevölkerung Maßnahmen zur Sicherung von Chancengleichheit in allen Bereichen unterstützt, und zwar dann, wenn sie ausdrücklich auf die Verbesserung der Qualifikationen abzielen, die der einzelne dann im Wettbewerb einsetzen kann, aber nicht, wenn sie eine kollektive Umverteilung von Einkommen ohne Zusammenhang zu Leistungen implizieren.[337]
Der amerikanische Individualismus, der sich gegen eine Umverteilung von Einkommen ohne Bezug zu individuellen Leistungen und gegen eine staatliche Fürsorge anstelle von individueller Verantwortlichkeit sperrt, erklärt auf ideologischer Ebene, warum es in den Vereinigten Staaten bis 1935 gedauert hat, bis unter dem Eindruck der ersten großen wirtschaftlichen Depression unter Führung von Franklin D. Roosevelt mit seiner Politik des New Deal das erste umfassende und wirksame Sozialgesetz eingeführt wurde.[338] Der Social Security Act von 1935 enthielt zwei Pro-

335 R. A. Dahl, *Pluralist Democracy in the United States*, op. cit., S. 171-202.
336 Vgl. R. M. Burkey, *Ethnic and Racial Groups. The Dynamics of Dominance*, Menlo Park, Cal.: Cummings, 1978; J. Slawson, *Unequal Americans. Practices and Politics of Intergroup Relations*, Westport, Conn.: Greenwood Press, 1979.
337 Vgl. J. Q. Wilson, *American Government*, op. cit., S. 478.
338 Zur Entwicklung der sozialen Wohlfahrt und der Sozialarbeit in den Ver-

gramme: eine Renten- und eine Arbeitslosenversicherung, in welche die Versicherten Mitgliedsbeiträge einzahlen müssen, sowie eine staatliche Unterstützung für Alte, Blinde, später auch Invalide und für bedürftige Familien mit abhängigen Kindern ohne Beitragszahlungen.[339] Eine Erweiterung der Sozialgesetzgebung wurde 1964 und 1965 von Lyndon B. Johnson und der liberalen Mehrheit des Kongresses vorgenommen. Der Kampf gegen die Armut sollte durch den Economic Opportunity Act von 1964 verstärkt werden. Es wurden staatliche Hilfen für Trainingsprogramme vergeben, die auf eine Verbesserung der beruflichen Qualifikation abzielten. Es wurden folgende Programme unterstützt:[340]

(1) Ausbildungsprogramme für arbeitslose Jugendliche, (2) Englischunterricht für Erwachsene, die des Englischen nicht mächtig sind, (3) Nachbarschaftsprogramme, um Jugendlichen Arbeitserfahrung zu vermitteln, (4) Werkstudentenprogramme, um die Teilzeitarbeit von College-Studenten aus bedürftigen Familien zu ermöglichen, (5) Aktionsprogramme, um Bewohnern armer Viertel die Beteiligung an der Planung und Ausführung von Dienstleistungen zu ihrem Nutzen zu gewähren.

Ein weiteres Sozialgesetz wurde 1965 mit dem Medicare Act verabschiedet, nach dem die Krankenversorgung der Alten und Armen aus dem Haushalt der Bundesregierung bezahlt wird. Der Zuwachs der Sozialleistungen macht sich im Bundeshaushalt deutlich bemerkbar. Die Sozialausgaben sind zwischen 1950 und 1976 von 10.5 Milliarden Dollar auf 198.3 Milliarden gestiegen, von 26.2 % der Bundesausgaben auf 56 %, von 4 % des Sozialprodukts auf 12.3 %.[341] Trotz dieses gewaltigen Anstiegs der Sozialausgaben, bleiben die Vereinigten Staaten sicherlich auch heute noch deutlich hinter den in dieser Hinsicht führenden europäischen

einigten Staaten siehe J. Leiby, *A History of Social Welfare and Social Work in the United States*, New York: Columbia University Press, 1978, S. 217-44.

339 F. F. Piven und R. A. Cloward, *Regulierung der Armut. Die Politik der öffentlichen Wohlfahrt*, Frankfurt: Suhrkamp, 1977, S.161-6.

340 Vgl. J. L. Sundquist (Hg.), *On Fighting Poverty: Perspectives from Experience*, New York: Basic Books, 1969; R. Plotnik und F. Skidmore, *Progress Against Poverty: A Review of the 1964-1974 Decade*, New York: Academic Press, 1975; J. Slawson, *Unequal Americans*, op. cit., S. 129-78.

341 J. Q. Wilson, *American Government*, op. cit., S. 480; U. S. Bureau of the Census, *Statistical Abstract of the United States*, 1978, S. 327.

Ländern zurück.[342] Vor allem die herrschende öffentliche Meinung favorisiert nach wie vor die gezielte Unterstützung zur Herstellung von Chancengleichheit, wendet sich aber gegen kollektive Umverteilungen von Einkommen. Bei einer Umfrage im Jahre 1976 meinten zwar 94 %, daß niemand hungern sollte, der Sozialleistungen benötigt, aber 89 % sagten, daß zu viele Wohlfahrtsempfänger arbeiten könnten, und 64 % äußerten, daß die Kriterien der Vergabe von Sozialleistungen nicht streng genug seien.[343]

Die Resistenz der Amerikaner gegen eine kollektive Herstellung von sozialer Gleichheit zeigt sich auch in den geringen Chancen, die der Sozialismus auf der politischen Bühne hatte. Anläufe sozialistischer Parteien sind relativ schnell im Sand des amerikanischen Individualismus steckengeblieben. Und soweit sozialistische Ideen formuliert wurden, haben sie nie ernsthaft eine kollektive Nivellierung der Güterverteilung verlangt, sondern stets nur eine aktive Unterstützung derjenigen, die mit geringeren Chancen an den Start des Rennens um Erfolg gehen, eine aktive Herstellung von wirklicher Chancengleichheit.[344] Dasselbe gilt für die Politik der Gewerkschaften. Die amerikanischen Gewerkschaften haben nie für eine sozialistische Umgestaltung des Wirtschaftssystems gekämpft, dennoch gehören sie zu den härtesten auf der Welt, wenn es um die Durchsetzung der Interessen ihrer Mitglieder geht. Diese Interessen beziehen sich jedoch nicht auf kollektive Gleichverteilungen von Einkommen, sondern auf die Erzielung der bestmöglichen Löhne für relativ begrenzte Arbeitergruppen mit homogenen Interessen. Es gibt eine sehr starke Differenzierung der Gewerkschaften nach Branchen und Arbeitsspezialisierungen, die den jeweiligen Interessen kleiner Gruppen, aber nicht der ganzen Arbeiterschaft verpflichtet sind. Die Gewerkschaften sind demgemäß nichts anderes als ein Instrument des Arbeiters, um seine Chancen im harten Wettbewerb um Löhne besser durchsetzen zu können, und nichts ande-

342 Zur Armut in Amerika vgl. L. Thurow, *Poverty and Discrimination*, Washington, D. C.: Brookings, 1969; L. Beeghley, *Living Poorly in America*, New York: Praeger, 1983.

343 J. Q. Wilson, *American Government*, op. cit., S. 478.

344 Vgl. S. M. Lipset, *Opportunity and Welfare in The First New Nation*, op. cit.; D. DeLeon, *The American as Anarchist*, op. cit.; J. B. Gilbert, *Work without Salvation*, op. cit.

res erwartet der Arbeiter von ihnen. Nicht die Angleichung der Löhne ist das Resultat dieser Gewerkschaftspolitik, sondern gerade eine relativ weitgespannte Differenzierung. Sie wahren die Chancen einer Arbeitergruppe nicht nur gegen die Unternehmen, sondern auch gegen die Konkurrenz anderer Arbeitergruppen.[345]

4.4 Auf dem Wege zu mehr Gleichheit

Das Hauptgebiet der *Politik gegen soziale Ungleichheit* ist seit den fünfziger Jahren die Bürgerrechtspolitik, die von der Bürgerrechtsbewegung forciert und durch bahnbrechende Entscheidungen im obersten Bundesgericht sowie durch grundlegende Bürgerrechtsgesetze im Kongreß vorangetrieben wurde. Der Weg der amerikanischen Gesellschaft ist gepflastert mit der Unterdrükkung von Minderheiten und anderen sozialen Gruppen: die Indianer, die Schwarzen, die Puerto Ricaner, die hispanischen Amerikaner, die Frauen. Paradigmatischer Fall und bislang hauptsächlicher Gegenstand der Bürgerrechtspolitk sind die Schwarzen.[346] Erst die 1868 hinzugefügte 14. Ergänzung zur Verfassung hat die schwarzen Ex-Sklaven zu Bürgern der Vereinigten Staaten gemacht. Dieselbe Verfassungsergänzung untersagte jedem Staat, Bürger ihrer Privilegien und Immunitäten, der rechtlichen Gleichheit und der Rechte auf Leben, Freiheit und Eigentum ohne gerechtes gerichtliches Verfahren zu berauben. Die 15. Verfassungsergänzung von 1870 verbot die Verweigerung des Wahlrechts aufgrund von Rasse, Farbe oder früherem Sklavenstatus, die 19. Ergänzung von 1920 aufgrund des Geschlechts. Das implizierte jedoch noch lange nicht die Beendigung der Praxis der Rassentrennung und Rassendiskriminierung. Allerdings sollte vor allem der 14. Verfassungsergänzung im weiteren Verlauf für die Bürgerrechtsentscheidungen des obersten Bundesgerichts eine

345 S. M. Lipset, *The First New Nation*, op. cit., S. 170-204.

346 Zur Bewegung gegen die Sklaverei vgl. L. Filler, *The Crusade Against Slavery, 1830-1860*, New York: Harper & Row, 1960; W. E. B. Du Bois (Hg.), *John Brown*, New York: International Publishers, (1909) 1967; *Black Reconstruction in America*, Cleveland und New York: World Publishing Company, (1935) 1968; P. I. Rose (Hg.), *Slavery and Its Aftermath*, New York: Atherton, 1970.

entscheidende Rolle zukommen. Sie bildete ein Potential, das bei einer entsprechenden Logik der rationalen Argumentation eine strengere Implementierung der Bürgerrechte erzwang. Dieser Denkprozeß dauert nun über hundert Jahre und hat erst seit den fünfziger Jahren dieses Jahrhunderts zu entscheidenden Schritten geführt.[347] Die Frage war, was unter die Privilegien und Immunitäten und unter die rechtliche Gleichheit der Individuen subsumiert, wie eng oder weit die Bedeutung dieser Begriffe gefaßt wurde. Lange Zeit wurden die Begriffe sehr eng ausgelegt, und damit wurden in verschiedenen Entscheidungen des obersten Bundesgerichts sogenannte Jim Crow-Gesetze der Rassentrennung und -diskriminierung als verfassungskonform zugelassen. 1873, in den Schlachthausfällen, in denen keine Rechte von Schwarzen zur Diskussion standen, wurden die »Privilegien und Immunitäten« aufs engste, bis zum Nullpunkt, interpretiert.[348] In den Bürgerrechtsfällen, die zehn Jahre später anstanden, erklärte das oberste Bundesgericht ein Gesetz des Kongresses als verfassungswidrig, das Rassendiskriminierung in öffentlichen Einrichtungen, wie Hotels und Beförderungsmitteln, verbot, weil die 14. Verfassungsergänzung nur auf Einrichtungen der Staaten, nicht aber auf private Einrichtungen anzuwenden sei.[349] 1896, in *Plessy v. Ferguson* beurteilte das oberste Bundesgericht getrennte, aber gleiche öffentliche Leistungen (facilities), hier getrennte Wagen für Schwarze und Weiße in der Eisenbahn, als verfassungskonform.[350] Drei Jahre später wurden getrennte Schulen als verfassungskonform gewertet; in *Cumming v. Richmond County Board of Education* wurde sogar für zulässig gehalten, daß in einem Schuldistrikt nur eine Highschool für Weiße, nicht aber für

347 M. Shapiro und D. S. Hobbs, *American Constitutional Law*, op. cit., S. 310-28, 539-69; C. H. Pritchett, *The American Constitution*, op. cit., S. 593-630; G. Gunther und N. T. Dowling, *Cases and Materials on Individual Rights in Constitutional Law*, op. cit., S. 400-66, 816-978; M. Berger, *Equality by Statute. The Revolution in Civil Rights*, Garden City, N. Y.: Doubleday, 1967; J. Q. Wilson, *American Government*, op. cit., S. 508-39.

348 16 Wallace 36 (1873); vgl. G. Gunther und N. T. Dowling, *Cases and Materials on Individual Rights in Constitutional Law*, op. cit., S. 203-13.

349 109 U. S. 3 (1883); vgl. G. Gunther und N. T. Dowling, *Cases and Materials on Individual Rights in Constitutional Law*, op. cit., S. 878-88.

350 Plessy v. Ferguson, 163 U. S. 537 (1896).

Schwarze bestand. Die Schwarzen wurden auf Privatschulen verwiesen.[351]

Im Jahre 1909 wurde die National Association for the Advancement of Colored People (NAACP) von einer kleinen Gruppe Schwarzer und Weißer im Anschluß an einen Anti-Schwarzen Krawall gegründet. W. E. B. Du Bois gab die Zeitschrift *The Crisis* heraus, die auf die Unterdrückung der Schwarzen aufmerksam machte. Die Organisation versuchte als Lobby auf den Kongreß einzuwirken, vor allem aber durch paradigmatische Rechtsklagen die Entscheidungspraxis der Gerichte zu verändern. Ab Mitte der dreißiger Jahre wurden die ersten Erfolge errungen. Der erste Fall, *Missouri ex rel. Gaines v. Canada*, wurde im Jahre 1938 vom obersten Bundesgericht entschieden.[352] Lloyd Gaines graduierte im Jahre 1935 an der schwarzen Lincoln Universität in Missouri und wollte sich an einer Rechtsschule einschreiben. Da es in Missouri keine schwarze Rechtsschule gab, beantragte er die Zulassung zur weißen Rechtsschule der University of Missouri, die seinen Antrag mit der Maßgabe ablehnte, für alle Extrakosten aufzukommen, die Gaines aus dem Besuch einer außerhalb Missouri gelegenen Rechtsschule entstehen würden. Das oberste Bundesgericht erzwang die Zulassung von Gaines auf der Basis der »Gleich, aber getrennt«-Regel, d. h., getrennte Schulen für Weiße und Schwarze waren zulässig, sie mußten aber gleich erreichbar sein. In einem ähnlichen Fall richtete die University of Oklahoma zehn Jahre später eine eigene Rechtsabteilung mit drei Professoren für eine schwarze Studentin ein, in *Sipuel v. Board of Regents of the University of Oklahoma* (1948).[353] Zwei Jahre danach untersagte das oberste Bundesgericht diese Praxis mit dem Argument, daß solche Miniabteilungen keine gleiche Qualität der Lehre garantieren, in *Sweatt v. Painter* (1950)[354] und *Mc Laurin v. Oklahoma State Regents for Higher Education* (1950).[355] In den fünfziger Jahren wurde durch das liberale Bundesgericht unter Earl Warren eine

351 Cumming v. Richmond County Board of Education, 175 U. S. 528 (1899).

352 Missouri ex rel. Gaines v. Canada, 305 U. S. 337 (1938).

353 Sipuel v. Board of Regents of the University of Oklahoma, 332 U. S. 631 (1948).

354 Sweatt v. Painter, 339 U. S. 629 (1950).

355 McLaurin v. Oklahoma State Regents for Higher Education, 339 U. S. 637 (1950).

neue Phase der Bürgerrechtsentscheidungen eingeleitet. Der entscheidende Fall war *Brown v. Board of Education of Topeka.*[356] Der Schwarze Oliver Brown wollte seine Tochter Linda in eine weiße Schule in Topeka, Kansas, schicken. Die Schule wies ihn mit dem Hinweis zurück, daß eine schwarze Schule in seinem Distrikt dieselben Möglichkeiten biete und bekam zunächst durch Gerichtsentscheid auf der Basis der »Gleich, aber getrennt«-Regel recht. Das oberste Bundesgericht entschied jedoch in einem bahnbrechenden einstimmigen Urteil am 17. Mai 1954 anders. Es erklärte getrennte Schulen als an sich ungleich, da sie eine benachteiligende Wirkung auf das farbige Kind ausübten, ein Gefühl der Inferiorität hinsichtlich seines Status in der Gemeinschaft erzeugten und Herz sowie Geist in einer Weise erfaßten, die kaum noch rückgängig gemacht werden könne. Damit war die vorher gültige »Gleich, aber getrennt«-Regel aus dem *Plessy v. Ferguson* -Fall abgeschafft worden. Jegliche Trennung von Schulen war verfassungswidrig. Das Urteil rief einen erbitterten und lange andauernden Widerstand im Süden hervor. Mehrfach mußten Bundestruppen die Zulassung schwarzer Studenten in weißen Universitäten des Südens erzwingen, sogar gegen die Nationalgarde von Einzelstaaten, so in Little Rock, Arkansas, im Jahre 1957. Im Jahre 1964 besuchten erst zwei Prozent der schwarzen Schulkinder in den elf Südstaaten der alten Konföderation gemischte Schulen mit Weißen, die meisten davon in Virginia und Texas. Bis 1970 wurde der Widerstand jedoch durchbrochen. In 97 % der 2700 Schuldistrikte der Südstaaten war die Rassentrennung im Jahr 1970 aufgehoben. Es gab jedoch innerhalb der Distrikte noch getrennte Schulen, aber nur noch 14 % schwarze Schulkinder gingen in rein schwarze Schulen. Heute gibt es im Norden mehr getrennte Schulen als im Süden, weil die Trennung im Norden nicht de jure, sondern de facto durch die rassische Homogenität von Wohnvierteln erfolgte.[357]

Die weitere Entwicklung in den sechziger und siebziger Jahren führte von der Desegregation zur Integration, d. h. die Bundesge-

356 Brown v. Board of Education of Topeka, 347 U. S. 483 (1954) und Brown v. Board of Education of Topeka, 349 U. S. 294 (1955); vgl. hierzu R. Kluger, *Simple Justice. The History of Brown v. Board of Education and Black America's Struggle for Equality*, New York: Vintage, 1975.

357 Diese Zahlen berichtet J. Q. Wilson, *American Government*, op. cit., S. 518.

richte verlangten in mehr und mehr Fällen eine tatsächliche Mischung der Rassen in den Schulen, die bloße freie Wahl der Schule für alle genügte nicht mehr. Auch das oberste Bundesgericht unter Warren Burger schloß sich dieser Praxis der Rechtsentscheidung an. Das bedeutete, daß die Schulbehörden eine vollkommene rassische Mischung anzustreben hatten und zu diesem Zweck Kinder mit dem Schulbus aus ihren Wohnvierteln in andere Stadtteile transportieren mußten.[358] Viele Kinder konnten nicht mehr die nächstgelegene Schule besuchen. Dieses Schulbussystem stieß auf erbitterte Kritik der meisten betroffenen Eltern und ist noch heute höchst umstritten, wird aber auf Anweisung der Gerichte im Interesse der Herstellung eines einheitlichen Schulsystems weiter praktiziert. Man kann hierin die logische Konsequenz einer Politik der Herstellung von Chancengleichheit erkennen. Bis in die dreißiger Jahre hinein sahen die Gerichte in der Rassentrennung keine Verletzung des Gleichheitsprinzips in bezug auf die 14. Verfassungsergänzung, wenn die gleichen Chancen in getrennten Einrichtungen angeboten wurden, wobei man dabei noch sehr großzügig beim Vergleich der Einrichtungen verfuhr. Ende der dreißiger Jahre wurde darauf geachtet, daß jedem Schwarzen dieselbe Ausbildung wie Weißen offenstand. Die Qualitätsgleichheit der Ausbildung wurde Ende der vierziger Jahre gefordert. Anfang der fünfziger Jahre wurde jede Rassentrennung als eine Minderung der Chancengleichheit betrachtet, in den sechziger und siebziger Jahren galt dann die aktive Integration als Voraussetzung wirklicher Chancengleichheit. Während den Regierungen der Staaten und den Gemeinden lange Zeit eine Politik der Verhinderung von Chancengleichheit erlaubt wurde, müssen sie heute aktiv Chancengleichheit herstellen.

Die Ausdehnung der Bürgerrechte im Interesse der Erweiterung der Chancengleichheit ist jedoch nicht auf die Gerichte beschränkt geblieben. In den sechziger und siebziger Jahren übernahm der Kongreß eine aktive Rolle in der Bürgerrechtspolitik. Während die Gerichte ihre Entscheidungspraxis anfangs, und in der Frage des Schulbussystems noch heute, gegen eine konservative Mehrheit der öffentlichen Meinung allein durch die konsequente inter-

358 Siehe hierzu S. John und N. Hoyt, *School Desegregation: Outcomes for Children*, New York: Wiley, 1975; J. B. Sheeham, *The Boston School Integration Dispute. Social Change and Legal Maneuvers*, New York: Columbia University Press, 1984.

pretative Ausschöpfung der Verfassung durchsetzten, benötigte der Kongreß einen Umschwung der öffentlichen Meinung zugunsten einer liberalen Mehrheit.

Zu diesem Umschwung der öffentlichen Meinung hat die Bürgerrechtsbewegung beigetragen, die sich Mitte bis Ende der fünfziger Jahre in Memphis formierte.[359] Sie setzt am 5. Dezember 1958 mit einem einjährigen Boykott eines Busunternehmens in Montgomery, Alabama, durch Schwarze ein, während dessen sich Martin Luther King Jr. als Führer profiliert. In den sechziger Jahren werden Sit-ins, Demonstrationen, Protestmärsche und Boykotts gegen öffentliche Einrichtungen durchgeführt, die Rassendiskriminierung praktizieren. In Birmingham, Alabama, werden im April 1963 Demonstrationen von der Polizei mit Gewalt zurückgedrängt und zerstreut. Am 28. August 1963 nehmen 250 000 Schwarze und Weiße an einem Marsch nach Washington teil. Im Juni 1964 werden drei Bürgerrechtler in Neshoba County, Mississippi, ermordet. Von Januar bis März 1965 finden unter Führung von Martin Luther King Jr. Protestmärsche in Selma, Alabama, statt, die von der Polizei zum Teil mit Gewalt aufgelöst werden. In den Sommern 1966 und 1967 breiten sich in vielen Städten gewaltsame Demonstrationen und Krawalle aus. Am 4. April 1968 wird Martin Luther King Jr. in Memphis, Tennessee, erschossen.

In der Bürgerrechtsbewegung schlossen sich die schwarzen Führer verschiedener Gruppen zusammen, so Roy Wilkins von der NAACP, Whitney Young von der Urban League und Martin Luther King Jr. von der Southern Christian Leadership Conference. Sie verbanden sich mit liberalen und gemäßigten weißen Gruppen. Eine militantere Position nahmen das Student Nonviolent Coordinating Committee (SNCC), der Congress of Racial Equality (CORE) und die Black Panther Party ein. Keiner der schwarzen Führer initiierte die gewaltsamen Krawalle zwischen 1964 und 1968, dennoch trugen wohl auch diese Aktionen zu einem allgemeinen Umschwung der weißen öffentlichen Meinung für die Integration der Schwarzen bei, und wenn es manchen nur

359 J. Q. Wilson, *American Government*, op. cit., S. 21-30; T. R. Dye, *The Politics of Equality*, Indianapolis: Bobbs Merrill, 1971; J. A. Geschwender (Hg.), *The Black Revolt. The Civil Rights Movement, Ghetto Uprisings, and Separatism*, Englewood Cliffs, N. J.: Prentice Hall, 1971; W. H. Chafe, *Civilities and Civil Rights. Greensboro, North Carolina, and the Black Struggle for Freedom*, New York: Oxford University Press, 1981.

darum ging, durch Entgegenkommen wieder Ruhe und Ordnung herzustellen. Zwischen 1963 und 1976 nahm unter den Weißen die Befürwortung der Integration der Schwarzen deutlich zu. 1963 traten ca. 60 % für gemeinsame Schulen ein, 1970 waren es ca. 75 %, 1972 ca. 85 %, 1976 ca. 80 %. Das Absinken dieser Einstellung zwischen 1972 und 1976 ist wohl auf das kontroverse Schulbussystem zurückzuführen. Einen schwarzen Freund in der Familie wollten 1963 ca. 50 % tolerieren, 1970 ca. 65 %, 1972 ca. 70 %, 1976 ca. 72 %. Gegen die Abweisung von Schwarzen in weißen Nachbarschaften traten 1963 ca. 45 % ein, 1970 ca. 50 %, 1972 ca. 55 %, 1976 ca. 60 %. Gesetze gegen die Heirat zwischen Schwarzen und Weißen lehnten 1963 ca. 35 % ab, 1970 ca. 50 %, 1972 ca. 60 %, 1976 ca. 70 %. Am wenigsten wurden integrationistische Antworten auf die These gegeben, daß sich Schwarze nicht vordrängen sollten, wo sie nicht gewünscht sind. 1963 stimmten ca. 25 % gegen diese These, 1970 ca. 18 %, 1972 ca. 23 %, 1976 ca. 26 %.[360]

In diesem Kontext der Bürgerrechtsbewegung und des Wandels der weißen öffentlichen Meinung wurde in den sechziger Jahren im Kongreß die Bürgerrechtspolitik aktiviert.[361] Im Jahre 1957 wurde gesetzlich verboten, die Teilnahme von Personen an Bundeswahlen zu verhindern. Es wurde eine Bürgerrechtskommission gegründet. 1960 wurde der Bundesanwalt ermächtigt, Beobachter einzusetzen, um zu ermitteln, wo Schwarze von der Ausübung des Wahlrechts ausgeschlossen wurden. Den entscheidenden Durchbruch brachte der Civil Rights Act, der 1964 aufgrund der Initiative von Lyndon B. Johnson im Kongreß verabschiedet wurde. Er unterband die im Süden gängige Praxis, Schwarze durch Sprachtests von Wahlen fernzuhalten. Jegliche Diskriminierung aufgrund von Rasse, Hautfarbe, Religion oder nationaler Herkunft in Restaurants, Hotels, Imbißstuben, Tankstellen, Kinos, Sportstadien, Arenen und Unterkunftshäusern mit mehr als fünf Räumen wurde untersagt, ebenso die Diskriminierung

360 D. G. Taylor, P. B. Sheatsly und A. M. Greeley, »Attitudes Toward Racial Integration«, in: *Scientific American* 238, Juni 1978, S. 30-7.

361 Siehe insgesamt zur Entwicklung der Bürgerrechtspolitik des Kongresses und ihrer Rückwirkung auf die Rechtsprechung G. Gunther und N. T. Dowling, *Cases and Materials on Individual Rights in Constitutional Law*, op. cit., S. 871-978; C. F. Abernathy, *Civil Rights. Cases and Materials*, St. Paul, Minn.: West Publishing Co., 1980, S. 432-648.

aufgrund von Rasse, Hautfarbe, Religion, nationaler Herkunft oder Geschlecht bei der Einstellung, Entlassung oder Bezahlung von Angestellten in Betrieben mit mehr als 25 Angestellten. Der Bundesanwalt wurde beauftragt, Klagen zu erheben, um die Desegregation in Schulen voranzutreiben. Ein Schulbussystem zur Herstellung von rassischem Gleichgewicht wurde nicht angeordnet. Finanzielle Hilfen des Bundes dürfen an keine Stellen vergeben werden, die Diskriminierung praktizieren. Im Jahre 1965 wurden Wahlprüfer eingeführt, die überall auf der Ebene des Bundes, der Einzelstaaten und Gemeinden nach diskriminatorischen Praktiken suchen sollten, wo weniger als 50% der Wahlberechtigten in Wählerverzeichnissen registriert waren. 1968 wurde Diskriminierung bei Verkauf oder Vermietung von Wohnungen und Häusern verboten, wenn die Abwicklung von einem Makler getätigt wird.

Die Konsequenzen der Bürgerrechtsgesetze waren beträchtlich. Die politische Teilnahme von Schwarzen stieg erheblich. Beispielsweise waren in den elf Südstaaten im Jahre 1960 nur 30% der wahlberechtigten Schwarzen im Wählerverzeichnis eingetragen, 1971 waren es 58%. Die politischen Repräsentanten im Süden mußten sich auf ihre schwarzen Wähler einstellen. So stimmte 1957 noch kein Demokrat der Südstaaten für das neue Wahlrechtsgesetz, die Erweiterung eines Wahlrechtsgesetzes von 1965 im Jahre 1970 erhielt dagegen die Stimmen von 34 von insgesamt 89 Südstaaten-Demokraten. Die Zahl schwarzer Repräsentanten nahm enorm zu. Zwischen 1970 und 1978 wuchs die Zahl von Schwarzen im Kongreß und in den Einzelstaatenparlamenten von 182 aus 316, in Stadt- und Kreisämtern von 715 auf 2595, in Richter- und Sheriffsämtern von 213 auf 454, in Schulbehörden von 362 auf 1138.[362]

Durch Programme der sogenannten affirmativen Aktion wurden in zunehmendem Maße Schwarze und Mitglieder anderer Minderheiten bei der Rekrutierung in Colleges, Universitäten, öffentliche und private Dienststellen gefördert.[363] Dieses Programm hat Kontroversen über die Frage veranlaßt, ob Minderheiten bevorzugt behandelt werden sollen oder ob sie für vergangene Diskriminierung kompensiert werden sollen, indem ihre Chancen im allge-

362 Diese Zahlen berichtet J. Q. Wilson, *American Government*, op. cit., S. 529-30.

363 C. F. Abernathy, *Civil Rights. Cases and Materials*, op. cit., S. 442-586.

meinen Wettbewerb verbessert werden. Die Verbesserung der Chancen von benachteiligten Minderheiten durch affirmative Aktion umfaßt Programme der folgenden Art:

(1) Anstrengungen, qualifizierte oder qualifizierbare Mitglieder benachteiligter Minderheiten bei der Besetzung offener Stellen zu rekrutieren. Ausdrückliche Suche nach potentiellen Interessenten.
(2) Trainingsprogramme zur Verbesserung der beruflichen Qualifikation.
(3) Prüfung von Tests hinsichtlich ihrer kulturellen Neutralität.
(4) Kontinuierliche Prüfung der Anforderungen eines Berufs, um Benachteiligungen durch unzutreffende Qualifikationsbestimmungen zu vermeiden.
(5) Bei Bewerbungen besondere Beachtung derjenigen Mitglieder von Minderheiten, die gleiche Qualifikationen wie ihre nicht benachteiligten Mitbewerber vorweisen können.

In der Praxis hat das Programm der affirmativen Aktion häufig zur vorgängigen Festlegung von Quoten für bestimmte Minderheiten bei der Aufnahme von Studenten in Colleges und Universitäten und bei der Besetzung von Stellen geführt. Diese Praxis ist jedoch auf zunehmende Kritik gestoßen. Sie wird auch von der öffentlichen Meinung nicht unterstützt. Nach einer Gallup-Umfrage traten 77 % der Weißen für Trainingsprogramme zur Verbesserung der Chancen von Schwarzen ein, aber 82 % lehnten die bevorzugte Behandlung gleichqualifizierter Schwarzer bei Beförderungen ab. Gegen die Bevorzugung von Schwarzen bei Stellenbesetzungen waren 1974 bei den Weißen 96 %, bei den Schwarzen 83 %. Im Jahre 1977 sprachen sich 83 % gegen die bevorzugte Behandlung von Frauen und Minderheiten bei der Aufnahme in Colleges und bei Stellenbesetzungen aus. Bei einer Befragung im Jahre 1976 wurde die Frage gestellt, ob die Befragten zustimmen, daß einige große Betriebe das Programm der affirmativen Aktion ausführten und dabei manchmal die Mitglieder von Minderheiten bevorzugt werden müßten. 51 % waren dagegen, 35 % dafür, Schwarze zu 58 % dafür und zu 28 % dagegen.[364] Diese Ergebnisse von Meinungsumfragen zeigen deutlich, daß die überwiegende Mehrheit

364 Diese Ergebnisse berichtet J. Q. Wilson, *American Government*, op. cit., S. 532.

der Amerikaner Programme zur Herstellung von Chancengleichheit befürwortet, aber streng gegen die Bevorzugung benachteiligter Minderheiten opponiert, wenn dabei das Kriterium der Belohnung nach individuellen Leistungen verletzt wird.
Eine Gleichheit der Verteilung von materiellen und immateriellen Gütern, unangesehen der individuellen Leistungen, wird mit Ausnahme der Mindestfürsorge für Kranke, Schwache und Bedürftige abgewiesen. Dagegen wird die aktive Herbeiführung von Chancengleichheit als fundamentale Aufgabe der Gesellschaft erkannt. In dieser Richtung hat schließlich auch das oberste Bundesgericht in einem mit Spannung erwarteten Urteil zu *Regents of the University of California v. Bakke* am 28. Juni 1978 entschieden.[365]
Allan Bakke, ein 38jähriger Ingenieur, hatte die Zulassung zum Studium an der Medizinschule der University of California in Davis beantragt und war abgelehnt worden. Bakke klagte daraufhin vor Gericht, daß die Verfahrensweise der Medizinschule verfassungswidrig sei und das Prinzip der Chancengleichheit verletze (14. Verfassungsergänzung), weil 16 Studienplätze im voraus für Minderheitenbewerber reserviert worden waren und dafür Bewerber akzeptiert wurden, die geringere Qualifikationen als Bakke aufwiesen. Das oberste Gericht von Kalifornien entsprach der Klage Bakkes und ordnete seine Zulassung zum Medizinstudium an der University of California an. Die Universität legte Revision ein. Das oberste Bundesgericht bestätigte jedoch das Urteil des kalifornischen Gerichts mit fünf gegen vier Stimmen. Die Mehrheitsgruppe, Richter Stevens, Rehnquist, Stewart und Vorsitzender Richter Burger, sah in dem Verfahren der Medizinschule vor allem eine Verletzung des Civil Rights Acts von 1964, nach dem keiner Person aufgrund von Rasse, Hautfarbe oder nationaler Herkunft der Zugang zu einer Einrichtung verwehrt werden darf, die finanzielle Hilfen des Bundes erhält. Die Medizinschule empfing solche Hilfen. Richter Powell folgte dieser Gruppe, weil ein explizites Quotensystem eine Verletzung der 14. Verfassungsergänzung sei, die gleichen Schutz durch das Recht verlangt. Allerdings hielt er die Einbeziehung von Rassenzugehö-

365 Regents of the University of California v. Bakke, 98 S. Ct. 2733 (1978); vgl. M. Shapiro und D. S. Hobbs, *American Constitutional Law*, op. cit., S. 752-66; C. F. Abernathy, *Civil Rights*, op. cit., S. 421-3, 559-65, 585-6, 647-8; A. P. Sindler, *Bakke, DeFunis, and Minority Admissions*, New York: Longman, 1978.

rigkeit als ein Kriterium unter einer Reihe von Kriterien generell für zulässig. Die Minderheitsgruppe, Richter Brennan, Blackmun, Marshall und White, argumentierte, daß ein Quotensystem zur Wiedergutmachung früherer Diskriminierung nach der Verfassung und nach dem Civil Rights Act von 1964 erlaubt sei. Das gespaltene Urteil des obersten Bundesgerichts gibt exakt die verbindliche Linie der heutigen Bürgerrechtspolitik wieder: aktive Realisierung von Chancengleichheit durch Trainingsprogramme, auch durch besondere Berücksichtigung von bislang benachteiligten Gruppen, als Kompensation für vergangene Diskriminierung, aber keine vollkommene kollektive Verteilung von Gütern durch vorgängige Quotenfestlegungen. Eine kollektive Determination der Güterverteilung durch Quotensysteme wird als umgekehrte Diskriminierung derjenigen betrachtet, denen aufgrund der Zugehörigkeit zu bislang bevorteilten Gruppen der Zugang zu Studium, Beruf und Belohnungen versperrt wird, obwohl sie die dafür erforderlichen Leistungen und Qualifikationen mehr als andere erbracht haben.[366] Diskriminierung soll nicht durch eine umgekehrte Diskriminierung aufgehoben werden, die auch durch die Verfassung untersagt wird. Es soll alles für die Gleichheit von Chancen getan werden, die dann jeder individuell wahrzunehmen hat, aber alles unterlassen werden, was zu einer Gleichheit der Güterverteilung führt, ungeachtet der erbrachten individuellen Leistungen.

Diese Herstellung von Chancengleichheit ist in den vergangenen zwei Jahrzehnten in den Vereinigten Staaten mit einer Vehemenz verfolgt worden, die immer wieder auf konservativen Widerstand gestoßen und auch im Quotensystem über den Bezugsrahmen der amerikanischen Grundüberzeugungen hinausgeschossen ist, zu der es aber in anderen westlichen Industrieländern keine vergleichbaren Entwicklungen gegeben hat. Die Zulassungszahlen von Mitgliedern benachteiligter Gruppen an den Colleges und Universitäten sind in diesem Zeitraum enorm gestiegen. Eine entsprechende Entwicklung zeigt auch ein Vergleich der Einkommen an. Während im Jahre 1950 die Schwarzen im Durchschnitt nur 50 % der Löhne und Gehälter von Weißen erreichten, waren es 1973 immerhin 73 %. Bei den schwarzen Frauen ist der Anstieg

366 N. Glazer, *Affirmative Discrimination: Ethnic Inequality and Public Policy*, New York: Basic Books, 1975; B. R. Grass (Hg.), *Reverse Discrimination*, Buffalo, N. Y.: Prometheus Books, 1977.

noch eklatanter, von 40% im Jahre 1950 auf 97% im Jahre 1975. Das Problem heute ist weniger die Situation der Schwarzen insgesamt, sondern die Situation bestimmter schwarzer Gruppen, vornehmlich von Jugendlichen aus zerrütteten Familien. Schwarze Absolventen eines fünfjährigen Colleges verdienten 94% der Gehälter ihrer weißen Kollegen im Jahre 1977, aber 38% der schwarzen Jugendlichen waren in demselben Jahr arbeitslos.[367]

Bei aller Betrachtung der Entwicklung von Gleichheit in den Vereinigten Staaten darf man die Frauen nicht vergessen.[368] Kein anderes Industrieland kann eine ähnlich aktive, breitangelegte und historisch verwurzelte Frauenbewegung vorweisen. Während anderswo die Frauenbewegung hauptsächlich auf Intellektuellenschichten beschränkt blieb, hat die amerikanische Frauenbewegung viel breitere Schichten und Frauengruppen, einschließlich der Hausfrauen erfaßt. Die amerikanische Frau, vor allem die Hausfrau, ist weit mehr in das öffentliche Leben einbezogen als die europäische Frau. Das ergibt sich schon aus der geringeren Trennung von privater und öffentlicher Sphäre. Daß den Frauen auch in den Vereinigten Staaten erst recht spät, im Jahre 1920, das Wahlrecht in der 19. Verfassungsergänzung gewährt wurde, ist eher eine Ausnahme dieser Regel. Mitte der siebziger Jahre dieses Jahrhunderts hat die Frauenbewegung das Hauptaugenmerk der Politik der Chancengleichheit auf sich gezogen und hat ebenfalls im Zuge des Programms der affirmativen Aktion Erfolge verbuchen können. Insgesamt fällt die viel größere Selbstverständlichkeit auf, mit der Frauen berufliche Positionen einnehmen, die in Europa Männern vorbehalten sind.

367 Diese Zahlen berichtet J. Q. Wilson, *American Government*, op. cit., S. 537.

368 Vgl. A. Kraditor, *The Ideas of the Woman Suffrage Movement, 1890-1920*, New York: Columbia University Press, 1965; E. Flexner, *A Century of Struggle*, New York: Atheneum, 1968; C. Stazs (Stoll), *Female and Male: Socialization, Social Roles, and Social Structure*, Dubuque, Iowa: William C. Brown, 1978; A. Theodore (Hg.), *The Professional Woman*, Cambridge, Mass.: Schenkman, 1971; D. J. Treiman und H. I. Hartmann (Hg.), *Women, Work and Wages: Equal Pay for Jobs of Equal Value*, Washington, D. C.: National Academy Press, 1981; N. E. McGlen und K. O'Connor, *Women's Rights. The Struggle for Equality in the Nineteenth and Twentieth Century*, New York: Praeger, 1983.

Der Anteil von Frauen in wissenschaftlichen und leitenden industriellen und öffentlichen Positionen ist viel höher als in den europäischen Industrieländern.

Schlußbemerkungen

Das Prinzip der Chancengleichheit als genuin amerikanische Version des Gleichheitsprinzips muß in enger Verbindung mit den anderen modernen Wertprinzipien gesehen werden, mit Freiheit, Aktivismus und Rationalität. Ein Beispiel aus dem Alltag der Wissenschaft mag das abschließend verdeutlichen. Die Sektionen für Theorie der deutschen und amerikanischen Soziologengesellschaften waren im Jahre 1982 übereingekommen, eine gemeinsame Konferenz durchzuführen. Als die deutsche Sektion Mittel bei der Deutschen Forschungsgemeinschaft beantragen wollte, wurde ihr beschieden, daß der Antrag eine vollständige Liste der Teilnehmer mit Referatsthemen und detailliert aufgeschlüsselten Reisekosten enthalten müsse. Die deutsche Sektion konnte relativ schnell in einer Vorstandssitzung ihre Referenten benennen. Aus den Vereinigten Staaten kam die Antwort, eine Nennung der Referenten sei erst auf der Basis einer öffentlichen Bekanntmachung in der nächsten öffentlichen Sektionssitzung und im Sektionsmitteilungsblatt sowie nach einer Bewerbungsfrist für potentielle Referenten von ca. drei Monaten möglich. Während in der Bundesrepublik autoritativ auf der Basis des allgemeinen Status potentieller Referenten entschieden wurde, folgte das amerikanische Verfahren einem strengen Prinzip der Chancengleichheit in Verbindung mit Freiheit, Aktivismus und Rationalismus. *Jedem* soll die gleiche Möglichkeit der Bewerbung gegeben sein; jeder soll individuell aufgrund der konkret in einem vorgelegten Referat erbrachten Leistung Erfolg erzielen können; Belohnungen werden streng nach jetzt erbrachten aktiven Beiträgen zum verlangten Thema, nicht für einen allgemeinen Status eines Referenten vergeben; die Auswahl der Referate erfolgt nach rationalen Qualitätskriterien, nicht nach der Bekanntheit des Referenten. Es steht auf einem anderen Blatt, ob die Praxis so streng gehandhabt wird, wie es die Theorie vorschreibt, aber allein schon die Existenz der Theorie übt einen gewissen Druck auf die Praxis aus (Diagramm 31).

Diagramm 31: Der Universalismus in den USA

Symbolkomplexität (vertikal): erweitert (oben) – reduziert (unten)

G Spezifikation			Öffnung A
Gleiche Chancen der Behandlung durch Verwaltung und Polizei	Gleiche Chancen der politischen Teilnahme	Gleiche Chancen des Zugangs zu Berufen	Gleiche Belohnung für gleiche Leistungen
Politische Chancengleichheit		Ökonomische Chancengleichheit	
Gleiche Chancen in der Rechtsprechung	Gleiche Chancen in der Diskussion politischer Themen	Ausgleich von Nachteilen durch Sozialversicherung	Gleiche Chancen des Zugangs zu beruflichen Qualifikationen
Gleiche Chancen der Teilnahme am öffentlichen Leben	Gleiche Chancen der Aufnahme alltäglicher sozialer Beziehungen	Gleiche Chancen in der Ausübung professioneller Rollen	Gleiche Chancen des Erwerbs schulischer Ausbildung
Gemeinschaftliche Chancengleichheit		Kulturelle Chancengleichheit	
Citizenship Gleiche Chancen der Vergemeinschaftung	Gleiche Chancen der Entfaltung eines Lebensstils	Gleiche Chancen des Zugangs zu Bildungsinstitutionen	Gleiche Chancen des Eingreifens in kulturelle Diskussionen
I Schließung			Generalisierung L

reduziert – Handlungskontingenz – erweitert

Zusammenfassung

Die Institutionalisierung des kulturellen Codes der Moderne ist in den Vereinigten Staaten von Amerika durch eine Reihe von Faktoren bestimmt worden, die den modernen Werten einen typisch amerikanischen Stempel aufgedrückt haben. Die interne Logik der Entfaltung des Wertmusters wird durch die außerordentliche Praxisbezogenheit jeder intellektuellen Beschäftigung geprägt. Es gibt demgemäß keine radikalen intellektuellen Ausformulierungen des modernen Wertmusters. Rationalität erscheint in der Gestalt des Pragmatismus, Freiheit als institutionalisierte Freiheit, Gleichheit als Chancengleichheit, Aktivismus als normativ gesteuerte Beherrschung der Welt. Das heißt aber nicht, daß keine Spannung zwischen Idee und Wirklichkeit existieren würde. Zwischen beiden besteht nur keine unüberbrückbare Distanz, sondern eine kontinuierliche Interpenetration. Die Amerikaner haben die großen europäischen Ideen des Puritanismus und der Aufklärung stets als praktische Anleitungen zum Handeln, nicht als Gegenstand der kontemplativen Verfeinerung betrachtet. Ideen werden praktiziert, nicht lange theoretisch begründet. Diese pragmatische Bestimmung der internen Logik der Wertmusterentwicklung findet einen ganz besonderen Ausdruck in der herausragenden Stellung der Rechtsprechung für die Interpretation der in der Verfassung formulierten amerikanischen Grundüberzeugungen. Im einzelnen werden die Grundwerte des Aktivismus, des Rationalismus, der individuellen Freiheit und der universellen Gleichheit durch die besondere Praxis und die Strukturen der amerikanischen Gesellschaft konkretisiert.

Das Zentrum der praktischen Orientierung bildet der Aktivismus. Amerika ist eine große Unternehmung, die mit dem Auftrag Gottes an die Puritaner beginnt, eine neue Gesellschaft nach seinen Geboten als Stadt auf dem Hügel, als Vorbild für die ganze Welt zu errichten. Dies ist jedoch eine Unternehmung, die sich aus einer Vielzahl privater Initiativen und freier Zusammenschlüsse von Individuen zusammensetzt. Es ist eine individualistische Konzeption des Aktivismus, die nicht nur den korporierten Kapitalismus legitimiert, sondern auch als Motivation für private Initiativen zur Kontrolle der Wirtschaft dient. Henry Ford und Ralph Nader sind gleichermaßen Repräsentanten des individualistischen Aktivismus in Amerika. Es ist außerdem kein rein zweckrationaler Aktivismus, sondern ein Aktivismus, der von den großen amerikanischen Ideen geleitet ist. Durch die Verwurzelung im Covenant der Puritaner mit Gott und untereinander und durch die aktive Rolle der Gerichte in der Konkretisierung der Verfassung und des Common Law ergibt sich eine verbindliche Definition der normativen Steuerung des Aktivismus. Hier liegt aber auch eine Gefahr des moralischen Partikularismus. Die außerordentliche Vielfalt und Offenheit des Zusammenschließens zu Bewegungen geben dem Aktivismus eine besondere Wandelbarkeit und Dynamik.

Die Bevorzugung der Praxis vor der Theorie kennzeichnet das amerikanische Verständnis von Rationalität. Es ist eine pragmatisch gewendete Rationalität. Ihre Erscheinungsform ist nicht die ewige Wahrheit im großen Werk, sondern die öffentliche Rede und die professionelle Lösung eines Problems, die Lebensregel und der Common sense der Gemeinschaft, der Artikel und die angewandte Wissenschaft. Daraus folgt eine durchgehende praktische Relevanz des Denkens, aber auch eine Gefahr der Verengung des Common sense zum moralischen Partikularismus der herrschenden öffentlichen Meinung, der professionellen Problemlösung zur Herrschaft der Technologie und der Unterwerfung der Wissenschaft unter Kriterien der ökonomischen Nutzenkalkulation.

Man findet weniger eine Theorie als eine Praxis der Freiheit, eine sehr konkrete Auffassung von den besonderen Freiheiten des Individuums. »Jeder ist seines eigenen Glückes Schmied« ist der Grundsatz der situativen Freiheit, die vor allem als Freiheit des Marktes, des Wettbewerbs, der Vertragsschließung und der privaten Unternehmung in Verbindung mit dem Konzept des Selfmade man aufgefaßt wird. Die gemeinschaftliche Freiheit basiert auf der Freiheit der Vereinigung, die mit den Komponenten der freien vertraglichen Bindung, der freien Bildung eines öffentlichen Geistes und der kontinuierlichen Abstimmung der Freiheitssphären der einzelnen im gerichtlichen Streit verknüpft ist. Die politische Freiheit wurzelt in den Rechten der einzelnen Bürger gegenüber dem Staat. Ihre wesentlichen Merkmale sind die lokale Autonomie in der föderalen Ordnung, das System der Checks and balances, die Freiheit der Meinungsäußerung und die Freiheit gegenüber staatlicher Willkür. Die kulturelle Freiheit ist vor dem Hintergrund des puritanischen Konzepts der Selbstkontrolle zu sehen, das jedoch in der weiteren gesellschaftlichen Entwicklung durch die pragmatische Tugendlehre, durch die kulturelle Marktfreiheit und die breitangelegte Bildung zur Selbstverantwortung säkularisiert wurde. Das Resultat daraus ist ein angepaßter Individualismus.

Die amerikanische Idee der Gleichheit zieht die Chancengleichheit der Individuen jeder Gleichheit aufgrund kollektiver Güterverteilung vor. Eine kollektive Gleichverteilung der Güter würde dem amerikanischen Individualismus widersprechen. Diese Auffassung der Chancengleichheit wurde in der Ausgangslage Neuenglands begründet, wo es weder Reiche noch Arme gab und jeder arbeiten mußte. Daß jeder seine Chancen haben sollte, bedeutete hier das Heraushalten des Staates, der keine Privilegien verteilen durfte. Chancengleichheit hieß, daß jeder am ökonomischen Erwerb, am politischen Entscheidungsprozeß, an der Vergemeinschaftung und am kulturellen Diskurs mit gleichen Chancen teilnehmen konnte. Das galt jedoch nur für die Vollbürger. Das Bild einer Gesellschaft der Gleichen stimmt schon nicht mehr, wenn man die Stellung der Indianer, der Sklaven und auch der Frauen mit einbezieht; es gilt überhaupt nicht für den Süden, wo von Anfang an die Ungleichheit eine Grundstruktur des Lebens darstellte. Die industrielle Entwicklung und die Einwandererströme haben schließlich eine Gesellschaft hervorgebracht, in der die Realität längst nicht mehr mit der Gleichheitsidee übereinstimmte. Das forderte schließlich eine aktive Herstellung von Chancengleichheit heraus. Es dauerte jedoch bis in die fünfziger Jahre dieses Jahrhunderts bis durch bahnbrechende Urteile der Rechtsprechung des obersten Bundesgerichts und bis in die sechziger Jahre bis durch die Bürgerrechtsgesetzgebung des Kongresses und im Anschluß an diese Entwicklung durch das Programm der affirmativen Aktion die aktive Herstellung von Chancengleichheit als eine permanente Aufgabe betrachtet wurde. Den Höhepunkt dieser Entwicklung stellt die Kontroverse zwischen der amerikanischen Idee der Chancengleichheit und einer kollektiven Gleichverteilung von materiellen und immateriellen Gütern dar, die in der Diskussion über das Quotensystem entbrannt ist.

Auf einen Nenner gebracht, kann man sagen, daß in Amerika die Idee der Moderne viel mehr praktiziert, als daß über sie theoretisch reflektiert wird. Das bringt den Vorzug einer außerordentlich breitangelegten Durchdringung der Gesellschaft durch die modernen Ideen mit sich, während die rational konstruierte Einheit zwischen den Sphären und die radikale Ausformulierung der Ideen als Gegenpol zur Realität weniger ausgeprägt ist. Integration wird durch die Vielfalt pragmatischer Verbindungen hergestellt. Der Pragmatismus ist der allgegenwärtige Kitt, der das Ganze zusammenhält (Diagramme 32a, 32b und 32c).

Diagramm 32a: USA: Das Handlungssystem

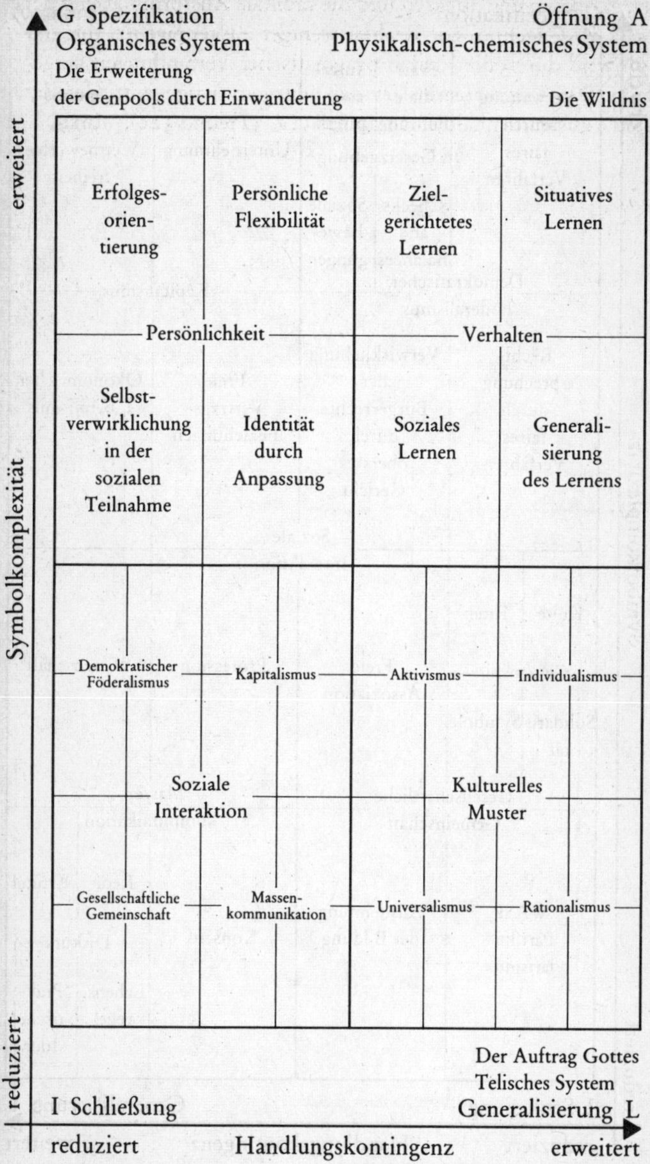

Diagramm 32 b: USA: Das soziale System

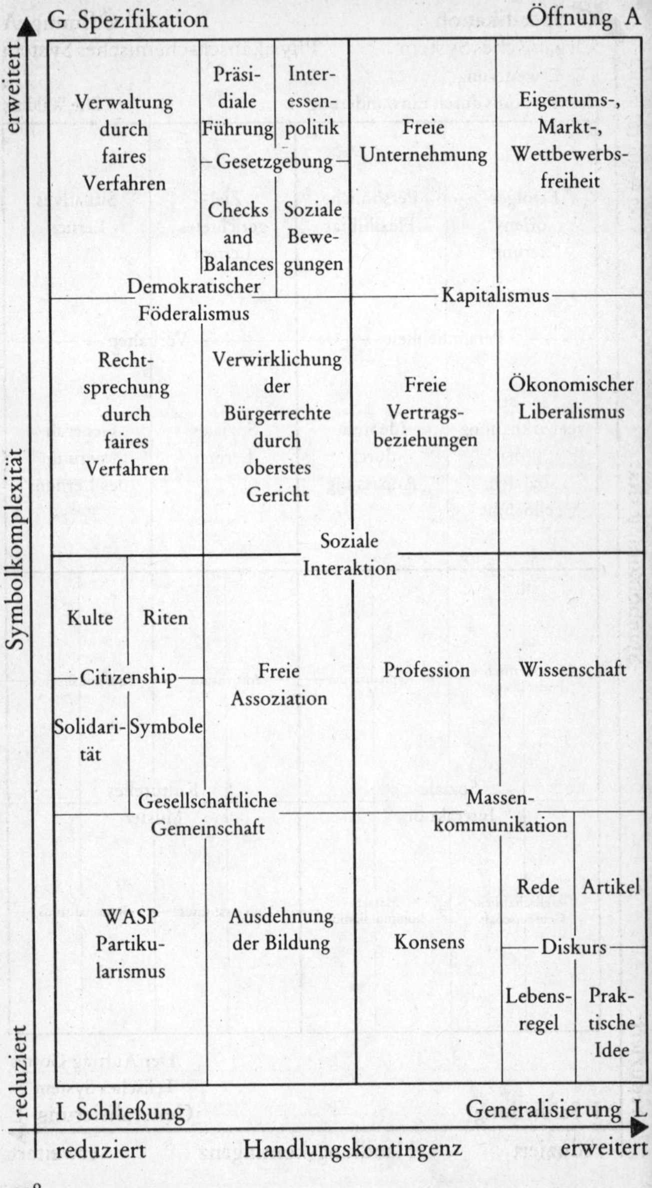

Diagramm 32 c: USA: Das politische System

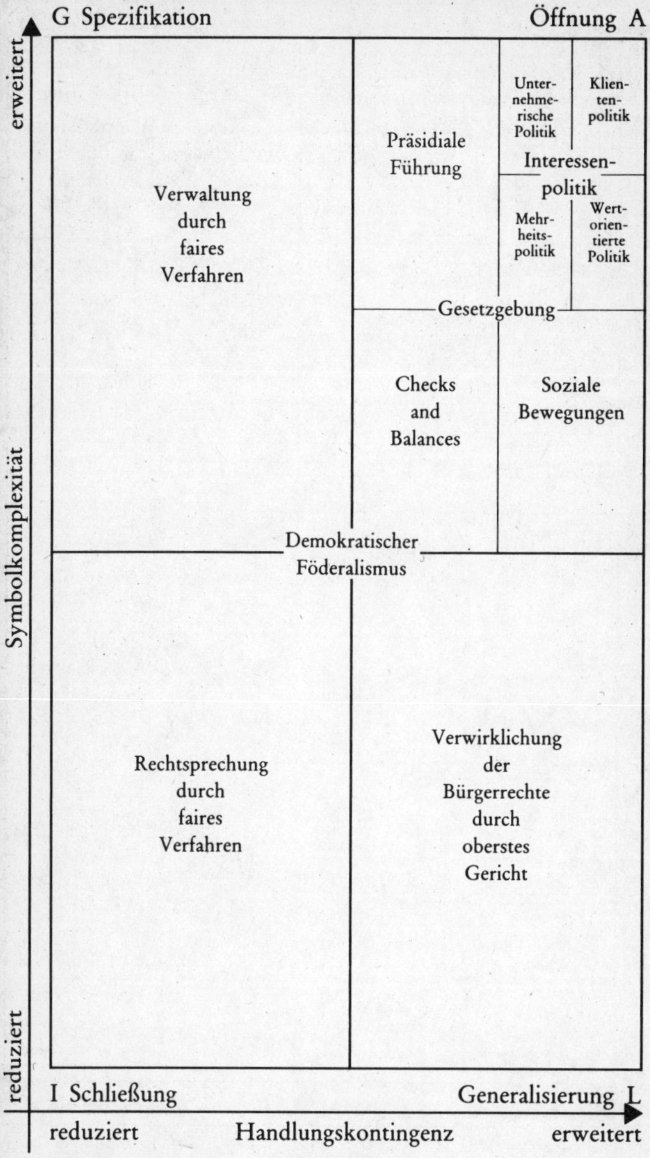

Schlußbetrachtung: Die Ordnung der Moderne

Die soweit erfolgte Untersuchung zur Evolution und Institutionalisierung des kulturellen Codes der modernen Gesellschaften möchte ich mit einer theoretischen Schlußbetrachtung abschließen. Ich möchte das Potential einer komplexen und kontingenten, voluntaristischen Ordnung, das in der modernen Kultur enthalten ist und in einzelnen Gesellschaften ganz unterschiedlich aktualisiert wurde, in ein theoretisches Modell fassen.[1]

Einseitige Formen der sozialen Ordnung beruhen auf der Dominanz der Strukturen eines Handlungsfeldes im Handlungsraum. Eine zufällige Ordnung ergibt sich aus Interessenkonstellationen (A), eine Zwangsordnung aus eindeutigen Machtstrukturen (G), eine konformistische Ordnung aus der Bindung an die Normen einer Gemeinschaft (I), eine ideelle Ordnung aus allgemeinen Begründungsverfahren (L). Von diesen einseitigen Ordnungen unterscheidet sich eine komplexe und kontingente Ordnung dadurch, daß sie alle extremen Formen der Ordnungsbildung in ein zusammenhängendes System zu integrieren versteht. Soweit die Kultur den Rationalismus, Aktivismus, Individualismus und Universalismus gleichgewichtig ausprägt und miteinander vernetzt, besitzt sie das Potential einer solchen voluntaristischen Ordnung. Alle konkreten Gesellschaften stellen – wie wir gesehen haben – nur mehr oder weniger gelungene Annäherungen an dieses ideale Modell dar. In jeder Gesellschaft gibt es Dominanzen bestimmter Komponenten über die anderen, die dann die ihre eigene Aktualisierung der modernen Kultur bedingen.

Das ideale Modell einer voluntaristischen Ordnung basiert auf einem integrierten Satz von Regeln: Universelle Ideen werden in rationalen Diskursen begründet (L). Traditionale Normen sind in der Lebenswelt einer Gemeinschaft verwurzelt (I). Positive Gesetze gehen aus Entscheidungsverfahren hervor (G). Situative Regelungen resultieren aus situativ wandelbaren Interessen, die auf Märkten artikuliert werden (A).[2]

1 Siehe dazu R. Münch, *Theorie des Handelns*, op. cit.; *Die Struktur der Moderne*, op. cit.

2 R. Münch, *Theorie des Handelns*, op. cit., S. 618-36; *Die Struktur der Moderne*, op. cit., S. 617-29.

L. *Universelle Normen* dienen als Maßstäbe der Rechtfertigung konkreter Normen. Sie sind das Ergebnis rationaler Diskurse und formen die allgemeine und anhaltende Identität einer sozialen Ordnung. Der rationale Diskurs gründet auf der allgemeinen Regel, daß jede Norm ernsthafter Kritik durch Argumente standhalten muß, um als gültig anerkannt zu werden. In Kantschen Begriffen versuchen diese Argumente aufzuzeigen, daß die Anwendung von Normen zu Widersprüchen und Konflikten in der sozialen Ordnung führt. Die Funktion von Normen ist die Ordnungsstiftung für das soziale Handeln. Erfüllen sie diese Funktion nicht, sind sie ebenso falsifiziert wie kognitive Aussagen zurückgewiesen werden, die es versäumen, Einheit in der Mannigfaltigkeit von sinnlichen Wahrnehmungen zu stiften. Widersprüche und Konflikte in der sozialen Ordnung, die aus der korrekten Anwendung eines Systems von Normen auf konkretes soziales Handeln entstehen, sind falsifizierende Instanzen für das Normensystem. Rationale Diskurse fußen auf der unbegrenzten Einführung von neuen Testfällen für Normen (Öffnung) und auf der Anforderung, daß konkrete Normen unter universelle Normen logisch subsumiert werden müssen (Generalisierung). Im Unterschied zu den Funktionen der Öffnung und Generalisierung des Handlungsspielraums, die von diesen Strukturen ausgefüllt werden, spielen die Funktionen der Schließung und Spezifikation des Handlungsspielraums durch die traditionalen Normen einer Gemeinschaft (Schließung) und die konkrete Konsensfindung im Verfahren an einem bestimmten Ort und zu einer bestimmten Zeit (Spezifikation) in rationalen Diskursen eine sekundäre Rolle.

Konkrete Sozialordnungen in konkreten historischen Situationen müssen ständig der rationalen Kritik im Lichte universeller Normen ausgesetzt werden, um kontinuierlich veränderbar zu sein und in dieser Hinsicht einen voluntaristischen Charakter zu besitzen. Wandel in diesem Sinn hat eine allgemeine Richtung: Konkrete Ordnungen nähern sich der Universalität durch die Interpenetration mit dem rationalen Diskurs, aber sie werden niemals mit den universellen Normen identisch und behalten stets ihre Partikularität. Das gilt um so mehr, je mehr zwischen beiden Seiten ein Verhältnis der gegenseitigen Durchdringung besteht, anstelle von einseitiger intellektueller Kritik der konkreten Sozialordnung oder einseitiger Beherrschung des intellektuellen Lebens durch gemeinschaftlichen Zwang. Die unabhängige Existenz beider Seiten ist gefordert, anderenfalls herrscht die kulturelle und gesellschaftliche Stagnation vor; und nur auf diese Weise können konkrete Gesellschaften eine besondere Identität in einer universellen Kultur bewahren.

Rationale Diskurse und damit der Prozeß der Universalisierung von Normen setzen eine intellektuelle Kultur voraus, die unabhängig ist von Commitments zu partikularen Gemeinschaften, Mächten und auch Gesellschaften. Die intellektuelle Kultur muß internationale, globale Ausmaße annehmen. Je mehr die intellektuelle Kultur diese Unabhängigkeit erreicht, um so mehr übt sie eine universalisierende Wirkung auf die Kultur aus und um so mehr bringt sie eine Weltkultur hervor, die als kritischer Maßstab jeder partikularen Lebenswelt und jedes positiven Gesetzes konkret existierender Gesellschaften dient. Der internationale, globale Charakter des intellektuellen Diskurses impliziert das weltweite Infragestellen von Praktiken einer jeden einzelnen Gesellschaft, die universell gültigen Normen widersprechen. Keine Gesellschaft kann vor der weltweiten Öffentlichkeit der intellektuellen Kultur, die von Institutionen wie Amnesty International repräsentiert wird, Praktiken *als gerechtfertigt* aufrechterhalten, welche die Menschenrechte verletzen. Das heißt nicht, daß die globale intellektuelle Kritik unmenschlicher Praktiken in einzelnen Gesellschaften unmittelbar politisch effektiv ist. In diesem Fall würde der intellektuelle Diskurs mit der politischen Durchsetzung von Maßnahmen zusammenfallen und seine Unabhängigkeit verlieren. Erforderlich ist jedoch die Verknüpfung des intellektuellen Diskurses mit partikularen gesellschaftlichen Lebenswelten und mit politischen Entscheidungsverfahren. Amnesty International ist eine solche Institution, die universelle Normen in die Lebenswelt und politische Praxis partikularer Gesellschaften einführt.

I. Die universelle Gültigkeit von Normen macht sie für die Individuen noch nicht verbindlich. Universelle Normen schreiben für konkrete Situationen keine präzise definierten Handlungsweisen vor. Sie lassen einen relativ weiten Spielraum für ihre Interpretation und Transformation in konkrete Regeln offen. Jeder kann sich eine große Zahl alternativer Interpretationen und Konkretisierungen von universellen Normen vorstellen. Der Spielraum der Interpretation dieser Normen muß eingeengt werden, wenn konkrete Normen, die unter die allgemeinen subsumiert werden, für das Individuum selbstverständlich und verbindlich, d.h. ohne jede denkbare Alternative, sein sollen. Diese Einengung der Vorstellungskraft des Individuums ist die Funktion der traditional geltenden und konsensuell getragenen *Lebenswelt einer Gemeinschaft*. In dem Maße, in dem sich Individuen an die Gemeinschaft gebunden fühlen, ist ihr Vorstellungshorizont auf die gemeinsame Lebenswelt begrenzt. Diese Lebenswelt hat im Vergleich zu den universellen Normen stets einen partikularen und historisch-konkreten Charakter. Sie setzt sich aus normativ bindenden Sinnkonstruktionen, Normen, Expressionen und Kognitionen zusammen, die einen konkreten Charakter haben und dem Handeln definitive Vorschriften geben. Im Idealfall besteht eine ein-eindeutige Beziehung zwischen Symbolen der Lebenswelt und entsprechendem Handeln.

G. Weder universelle Normen noch gemeinsame Normen einer Lebenswelt leiten das Handeln präzise an, wo es auf spezifische Ziele gerichtet ist und die Grenzen der Lebenswelt überschreitet. In diesem Fall muß das Handeln von Regeln gesteuert werden, die genaue Wege vorschreiben und die nur Selektionen aus mehreren Alternativen darstellen, wobei die Alternativen alle unter den Bezugsrahmen der universellen Normen subsumiert werden können. Dieses Handlungsfeld wird vom Konflikt zwischen den Alternativen beherrscht, einem Konflikt, der durch bindende Entscheidungen beigelegt werden muß. Formale Verfahren der Entscheidungsfindung erfüllen die Funktion der Spezifizierung des Handelns durch die Bindung von Akteuren an *positive Gesetze*, obwohl sich eine Vielzahl von Alternativen denken lassen. Dafür werden Herrschaftsordnungen benötigt, die bestimmte Positionen mit dem Recht ausstatten, bindende Entscheidungen zu treffen. Legitime Macht ist das spezifische Medium, das die Inhaber von Herrschaftspositionen befähigt, Entscheidungen im Falle des Konflikts zwischen Alternativen durchzusetzen.

A. Soweit soziale Ordnungen entsprechend dem situativen Wandel von Interessen, Zielen, Bindungswünschen und Ideen veränderbar sein und für *situative Regelungen* offen sein sollen, müssen Märkte für Interessen, Entscheidungen, Vereinigungen und Ideen vorhanden sein. In diesem Kontext ist eine große Zahl von Interessen, Entscheidungen, Vereinigungen und Ideen denkbar und jedes Element von ihnen kann auf die verschiedensten Arten von Handlungen bezogen werden. Es gibt z.B. keine Beschränkungen für die Wahl von Vereinigungen und ebenso keine Grenzen für die Interessen von Individuen, denen die Vereinigung mit anderen dienen kann. Märkte üben eine dynamisierende Wirkung auf institutionelle Normen aus und verändern sie von Situation zu Situation, aber ohne Beibehalten einer bestimmten Richtung. Die grundlegenden Medien der Interaktion auf Märkten sind Anreize, um Güter und Dienste bereitzustellen und auszutauschen, zu denen auch Ideen, Vereinigungen und Entscheidungen gehören. Man braucht auch einen Markt für Normen. In diesem Fall erwerben Individuen nach eigenen Interessen die Mitgliedschaft in Vereinigungen, die wiederum ihr Alltagshandeln normativ anleiten. Es existiert ein Markt für Vereinigungen. Die Nachbarschaft, der Arbeitsplatz, Freunde, religiöse, politische und intellektuelle Vereinigungen zu wählen, heißt, sich für Normen des Alltagshandelns nach Interessen und Anreizen zu entscheiden. Ein anderer Markt ist der Markt für politische Entscheidungen. Hier konkurrieren Parteien um die Unterstützung der Öffentlichkeit für bestimmte Entscheidungen. Intellektuelle befinden sich im Wettbewerb auf dem Ideenmarkt, um Unterstützung zu gewinnen, die sich in Publikationschancen, Forschungsmitteln, Einschreibungen von Studenten in Universitätsabteilungen und dgl. äußert.

Zwischen diesen soweit charakterisierten vier Typen von Regeln müssen Systeme vermitteln, die ihre Interpenetration sichern:

L-I. Rationale Diskurse müssen mit der gemeinsamen Lebenswelt partikularer gesellschaftlicher Gemeinschaften durch *konsensbildende Diskurse* verknüpft werden. Die immer weitere Ausbreitung der höheren Bildung setzt die traditionale Lebenswelt stets weitergehend der Rationalität intellektueller Diskurse aus und bricht dadurch ihren Partikularismus. Die Einbindung intellektueller Meinungsführer in das praktische Leben und in die Massenbildung – z. B. im amerikanischen College – bindet den intellektuellen Diskurs zumindest ein wenig an den Common sense und begrenzt das rationale Hinterfragen von Normen. Die Einbeziehung von Professoren in die College-Ausbildung erfüllt z. B. diese Funktion. Die Trennung der intellektuellen Kultur vom gewöhnlichem Leben, die scharfe Differenzierung von höherer Bildung und Massenbildung und die Trennung von Forschung, intellektuellem Leben und Lehre stehen der Verflechtung von rationalen Diskursen und gemeinsamer Lebenswelt entgegen.

L-G. Die Verklammerung von rationalen Diskursen und autoritativer Entscheidung verlangt *entscheidungsbildende Diskurse*. In diesem Verfahren müssen Entscheidungen logisch unter universelle Normen subsumiert werden, um ihre rationale Rechtfertigung zu gewährleisten. Die Kontingenz des Handelns, die durch universelle Normen offengelassen wird, findet eine Reduktion in Verfahren der Konsensbildung in konkreten historischen Situationen. Verfassungsgerichte – wie das oberste Gericht der Vereinigten Staaten – übernehmen diese Aufgabe der Vermittlung zwischen rationalen Diskursen und autoritativen Entscheidungen. Die Interpretation der Verfassung durch das oberste Gericht ist eine historisch relativ geltende Selektion aus einer größeren Zahl von Alternativen. In diesem Sinne definiert die Interpretation einen historisch konkreten und spezifischen Konsensus, der eine geringere Reichweite hat als der Konsensus über die Verfassung selbst. Es sind sogar Mehrheitsentscheidungen möglich. Der Zwang zur Begründung von Urteilen und die Veröffentlichung abweichender Meinungen unterscheidet die Entscheidung des Gerichts von der rein politischen Mehrheitsentscheidung. Nur wenn das Gericht Unabhängigkeit wahrt und zugleich in praktische Entscheidungen involviert bleibt, kann es wirklich rationale Diskurse und politische Entscheidungen miteinander verflechten.

L-A. Die Vernetzung rationaler Diskurse mit Märkten für Ideen, Vereinigungen, Entscheidungen und Interessen erfordert *einheitsstiftende Diskurse*. Die Vielfalt normativer Regulierungen, die auf dem Markt artikuliert werden, muß in einen gemeinsamen Bezugsrahmen und in ein konsistentes System von Normen integriert werden. Diese Konsistenz wird permanent durch die unbegrenzte Artikulation von möglichen Normen in Frage gestellt, die zu Veränderungen im normativen Bezugsrahmen führen, um eine neue interne Konsistenz zu erlangen. Soweit Intellektuelle in Alltagsfragen der situativen Regulierung des Verhaltens durch Normen eingebunden sind, können sich rationaler Diskurs und praktische Verhaltensregulierung gegenseitig durchdringen. Das bedeutet z. B., daß die Verhaltensregulierungen von Vereinigungen hinsichtlich ihrer Konsistenz mit universellen Normen von Intellektuellen und gewöhnlichen Leuten gemeinsam diskutiert werden müssen. Die theologischen Kompendien der puritanischen religiösen Vereinigungen, wie sie Max Weber am Beispiel Richard Baxters studierte, bilden genau diese Zone der Interpenetration von universellen Normen und praktisch-situativen Bedürfnissen. Hier ist die Assoziation von rationalem Diskurs und praktischen Bedürfnissen nicht in der Hand von reinen Intellektuellen, die nur die wechselseitige Entfremdung von reiner Religiosität und praktischen Bedürfnissen hervorbringen würden. Einheitsstiftende Diskurse müssen Intellektuelle und gewöhnliche Leute vereinigen. Das ist um so eher möglich, je mehr das intellektuelle Leben dezentralisiert und mit dem ebenso dezentralisierten Leben der Pluralität von Vereinigungen verknüpft ist. Der Pluralismus von Vereinigungen, wie er das amerikanische Leben charakterisiert, ist ein breites Experimentierfeld für normative Systeme.

G-I. Autoritative Entscheidungsbildung und die Lebenswelt der gesellschaftlichen Gemeinschaft werden im *Rechtssystem* assoziiert. In der Rechtsprechung werden Entscheidungen, die auf spezifische Ziele gerichtet sind und aus einer Vielzahl von Alternativen ausgewählt werden, in bindendes Recht transformiert, indem sie nach ihren Kriterien geformt werden, nach den Kriterien der Berechenbarkeit, Konsistenz, formalen Richtigkeit und Gerechtigkeit. Das aus der Rechtsprechung hervorgehende Recht bildet eine sekundäre Tradition zwischen der gemeinsamen Lebenswelt und den positiven Gesetzen. Es kontrolliert die politische Entscheidung durch die Einengung des Spektrums ihrer Möglichkeiten nach den Regeln der Rechtsprechung. Nur was den Anforderungen einer berechenbaren und geregelten Rechtsprechung entspricht, kann bindendes Recht werden. Die Rechtsprechung spezifiziert die Gerechtigkeitsvorstellungen der Lebenswelt zu konkretem Recht und selegiert dabei spezifische Interpretationen der Gerechtigkeit als verpflichtende Deutungen. Während das Common Law in paradigmatischer Weise zwischen den gemeinsamen Normen der Lebenswelt und dem positiv gesatzten Recht vermittelt, ist das Kodifikationsrecht nicht in einer gemeinsamen Tradition verankert und weit mehr eine Verbindungsstelle zwischen der intellektuellen Kultur und der politischen Autorität. Eine praktisch orientierte Profession, wie das in der Tradition des angelsächsischen Common Law der Fall ist, kann ganz anders als die theoretisch gebildete Profession im kontinentalen Kodifikationsrecht für die Interpenetration von Lebenswelt und kollektiver Entscheidungsbildung durch das Recht sorgen.

G-A. *Soziale Bewegungen* und ihre charismatischen Führer bringen die Pluralität normativer Regulierungen, die auf den Märkten artikuliert werden, in die kollektiv bindende Selektion von Normen in Entscheidungsverfahren ein. Sie sammeln divergierende Interessen und stoßen sie in eine bestimmte Richtung im Entscheidungsprozeß. Der Entscheidung über spezifische, positiv zu satzende Normen wird dadurch der Pluralität von Interessen geöffnet, umgekehrt wird diese Vielfalt in spezifische Programme für die Entscheidungsbildung übersetzt. In den Vereinigten Staaten ist es für neue soziale Bewegungen leichter als in den europäischen Gesellschaften, Interessen zu sammeln und sie in kollektive Entscheidungsprozesse einzubeziehen, allerdings bleibt ihre Reichweite oft auf die lokale Ebene beschränkt. In Europa ist die kollektive Entscheidungsbildung fest in der Hand von bürokratisch und nationenweit organisierten, relativ einheitlichen Parteien. Soziale Bewegungen bleiben deshalb weit mehr als in den Vereinigten Staaten reine Protestbewegungen ohne Gefühl der Inklusion und dem politischen System entfremdet.

I-A. Die *Ordnung des Pluralismus* ist das vermittelnde Glied zwischen der Pluralität von Interessen, die auf dem Markt artikuliert werden, und der traditionalen Lebenswelt der gesellschaftlichen Gemeinschaft. Die Freiwilligkeit der Mitgliedschaft in Vereinigungen und die Freiheit der Vereinigungen in der Regulierung des Handelns ihrer Mitglieder müssen als bindende Normen institutionalisiert sein. Zugleich müssen die Grenzen dieser Freiheit durch gemeinsame Normen bestimmt werden. Individuen können keine Vereinigungen bilden und Vereinigungen ihren Mitgliedern keine Verhaltensregulierungen auferlegen, die gemeinsamen Normen widersprechen. Keine Verletzung der Normen der gesellschaftlichen Gemeinschaft ist erlaubt. Der Föderalismus ist eine grundlegende Institution, die vor allem in den Vereinigten Staaten die gegenseitige Durchdringung von gemeinschaftlicher Lebenswelt und Marktpluralismus fördert. Pluralistische Ordnungen dieser Art regulieren auf der einen Seite den Marktpluralismus und tragen auf der anderen Seite die Pluralität von normativen Ideen und Experimenten in die engeren Grenzen der gemeinschaftlichen Lebenswelt hinein; sie unterwerfen die Tradition dem situativen Wandel von Interessen und Innovationen.

Eine soziale Ordnung, die auf die geschilderte Weise universelle Ideen, partikulare lebensweltliche Normen, positiv gesetztes Recht und situative Regulierungen entfaltet und durch vermittelnde Glieder in einem System integriert, verbindet die langfristige Wahrung von Identität mit dem verbindlichen Charakter konkreter Normen, der Durchsetzbarkeit in spezifischen Entscheidungen und der Veränderbarkeit nach dem Wandel von Situationen. Es ist eine komplexe und kontingente, eine voluntaristische Ordnung. Die Gesellschaften, die ich hier im einzelnen untersucht habe und im nächsten Band noch untersuchen werde, nähern sich diesem idealen Modell nur mehr oder weniger und mit den ihnen eigenen Einseitigkeiten. Sie alle sind aus der Sicht der Entwicklungs*logik* zwar auf dem Wege einer Annäherung an das ideale Modell, aus dem Blickwinkel der Entwicklungs*dynamik* finden sie aber stets eine partikulare Gestaltung dieses Weges. Auf diese Weise stellen sie in ihrer Partikularität ein Potential der Vielfalt der Interpretation der okzidentalen Kultur dar, das unverzichtbar ist, wenn die Kultur der Moderne ihre Vitalität bewahren will. Das ideale Modell kann niemals konkret existieren, weil es ein abstraktes Prinzip verkörpert. Jede Konkretisierung abstrakter Prinzipien ist aber auf die eigenen Beiträge der Entwicklungsdynamik angewiesen. Die Kultur der Moderne lebt von der Partikularität der gesellschaftlichen Kulturen. Und diese gesellschaftlichen Kulturen haben alle ihren eigenen Charakter, der sie für den Betrachter erst interessant, anziehend, lebens- und liebenswert macht. Die Interpenetration von kultureller Universalität und gesellschaftlicher Partikularität ist gerade ein wesentliches Element der Dynamik der Moderne. Der lebensweltliche Partikularismus ist ein unabdingbarer Bestandteil der Kultur der Moderne soweit er sich nicht verselbständigt und mit dem Universalismus der modernen Kultur im Austausch verflochten bleibt (Diagramm 33).

Diagramm 33: Die Ordnung der Moderne

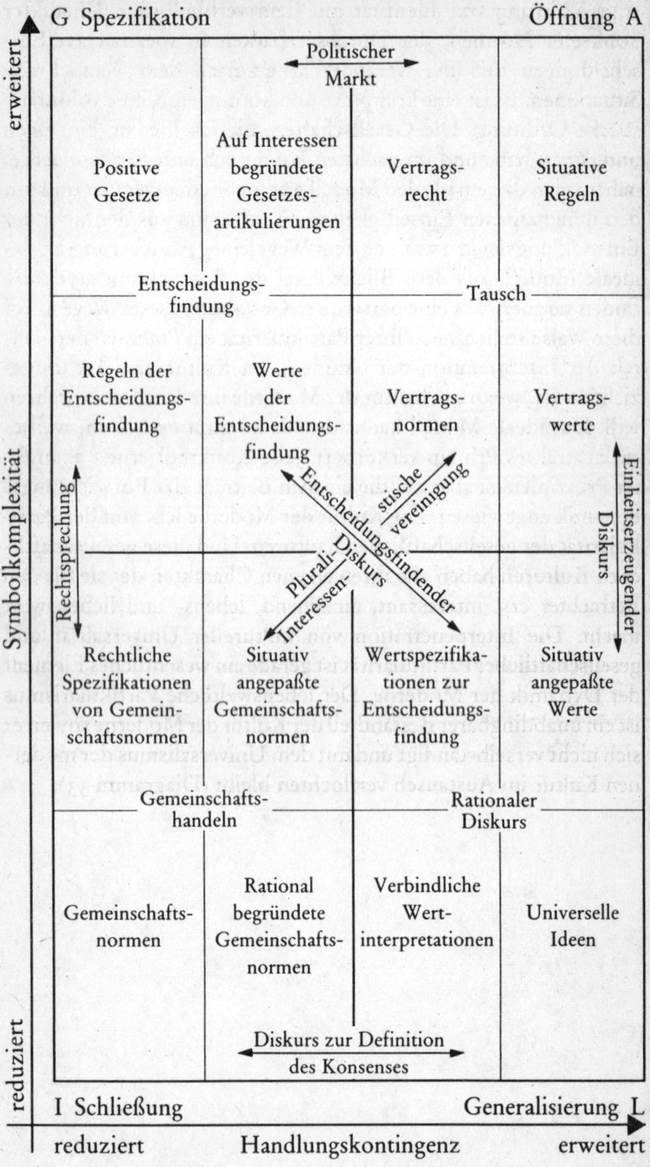

Literaturverzeichnis

Abel-Smith, B. und R. Stevens, *Lawyers and the Courts. A Sociological Study of the English Legal System 1750-1965*, London: Heinemann, 1970.

Abernathy, C. F., *Civil Rights, Cases and Materials*, St. Paul, Minnesota: West Publishing Co., 1980.

Abraham, H. J., *Freedom and the Court: Civil Rights and Liberties in the United States*, 3. Auflg., New York: Oxford University Press, 1977.

Abrams, P., *The Origins of British Sociology: 1834-1914*, Chicago: University of Chicago Press, 1968.

Abrams, P., Deem, R., Finch, J. und P. Rock (Hg.), *Practice and Progress: British Sociology 1950-1980*, London: Allen & Unwin, 1981.

Adams, R. G., *Political Ideas of the American Revolution*, New York: Barnes & Noble, 1958.

Adams, W. P., *Republikanische Verfassung und bürgerliche Freiheit. Die Verfassungen und politischen Ideen der amerikanischen Revolution*, Neuwied: Luchterhand, 1973.

Ahlstrom, S. E., *A Religious History of the American People*, New Haven: Yale University Press, 1973.

Albright, W. F., *From the Stone Age to Christianity*, Garden City, New York.: Doubleday (Anchor), 2. Auflg., 1957.

Alden, J. R., *The American Revolution, 1775-1783*, New York: Harper, 1954.

Alexander, J. C., »The Mass News Media in Systematic, Historical, and Comparative Perspective«, in: E. Katz und T. Szecsko (Hg.), *Mass Media & Social Change*, London: Sage, 1981, S. 17-51.

– *Theoretical Logic in Sociology*, 4 Bde., Berkeley und Los Angeles: University of California Press, 1982/1983.

Alford, R. R., *Party and Society. The Anglo-American Democracies*, Westport, Connecticut: Greenwood, (1963) 1977.

Almond, G. und S. Verba, *The Civic Culture. Political Attitudes and Democracy in Five Nations*, Princeton, New Jersey: Princeton University Press, 1963.

– (Hg.), *The Civic Culture Revisited*, Boston: Little, Brown, 1980.

The American Sociological Association, *Program. Seventy-Ninth Annual Meeting*, San Antonio, 27.-31. August 1984.

The American Sociological Association, *Program. Seventy-Eigth Annual Meeting*, Detroit, 31. August-4. September 1983.

The American Sociological Association, *Program. Seventy-Seventh Annual Meeting*, San Francisco, 6.-10. September 1982.

Andersen, J. E. (Hg.), *Economic Regulatory Policies*, Lexington, Mass.: Lexington Books, 1976.

Andersen, K., »An Epic Court Decision«, in: *Time*, 4. Juli 1983, S. 32-4.
– »The New Ellis Island«, in: *Time*, 13. Juni 1983, S. 10-7.
Ashby, E., *Any Person, Any Study: An Essay on Higher Education in the United States*, New York: McGraw Hill, 1971.
Astin, A. M., *Four Critical Years: Effects of College on Beliefs, Attitudes, and Knowledge*, San Francisco: Jossey Bass, 1978.
– *Who Goes Where to College*, Chicago: Science Research Associates, 1965.
Auerbach, J. S., *Unequal Justice: Lawyers and Social Change in Modern America*, New York: Oxford University Press, 1976.
Babchuk, N. und A. Booth, »Voluntary Association Membership: A Longitudial Analysis«, in: *American Sociological Review* 34, 1969, S. 31-45.
Bagehot, W., *The English Constitution*, London: Fontana, (1867, 1872) 1963.
Bailyn, B., *The New England Merchants in the Seventeenth Century*, Cambridge, Mass.: Harvard University Press, 1955.
– *The Ideological Origins of the American Revolution*, Cambridge, Mass.: Harvard University Press, 1967.
Bannister, R. C. (Hg.), *American Values in Transition*, New York: Harcourt, Brace, Janovich, 1972.
Barber, B., *Science and the Social Order*, Westport, Connecticut: Greenwood, (1952) 1978.
Barber, B. und W. Hirsch (Hg.), *The Sociology of Science*, New York: Free Press, 1962.
Beard, C. A., *Eine ökonomische Interpretation der amerikanischen Verfassung*, Frankfurt: Suhrkamp, (1913) 1974.
Becker, G. L., *The Declaration of Independence: A Study in the History of Political Ideas*, New York: Vintage, 1958.
Bedell, G. C., Sandon, L., Jr. und C. T. Wellborn, *Religion in America*, New York: Macmillan, 1975.
Beeghley, L., *Living Poorly in America*, New York: Praeger. 1983.
Beer, S., *Modern British Politics*, London: Faber und Faber, 1969.
Bell, D., *The Coming of Post-Industrial Society*, New York: Basic Books, 1973.
– *The Cultural Contradictions of Capitalism*, New York: Basic Books, 1976.
– (Hg.), *The Radical Right*, Garden City, New York: Doubleday, 1964.
Bellah, R. N., *Beyond Belief: Essays on Religion in a Post-Traditional World*, New York: Harper & Row, 1970.
– *The Broken Covenant: American Civil Religion in Time of Trial*, New York: Seabury Press, 1975.
– »Civil Religion in America«, in: *Beyond Belief, Essays on Religion in a Post-Traditional World*, New York: Harper & Row, 1970, S. 168-89.

– »Religion and Polity in America«, in: *Andower Newton Quarterly* 15, 1974, S. 107-23.
– »Religious Evolution«, in: *Beyond Belief: Essays on Religion in a Post-Traditional World*, New York: Harper & Row, 1970, S. 20-50.
Bellah, R. N. und P. E. Hammond, *Varieties of Civil Religion*, San Francisco: Harper & Row, 1980.
Bellah, R. N., Madsen, R., Sullivan, N. M., Swidler, A. und S. Tipton, *Habits of the Heart. Individualism and Commitment in American Life*, Berkeley: University of California Press, 1985.
Ben-David, J., *American Higher Education. Direction Old and New*, New York: McGraw Hill, 1972.
– *The Scientist's Role in Society. A Comparative Study*, Englewood Cliffs, New Jersey: Prentice Hall, 1971.
Ben-David, J. und A. Zloczower, »Universities and Academic Systems in Modern Societies«, in: *Archieves Europeénes de Sociologie* 3, 1962, S. 45-84.
Bendix, R., *Max Weber. An Intellectual Portrait*, Garden City, New York: Doubleday (Anchor), 1962, S. 200-56.
– *Nationbuilding and Citizenship. Studies of Our Changing Social Order*, New York: Wiley, 1964.
Berger, M., *Equality by Statute. The Revolution in Civil Rights*, Garden City, New York: Doubleday, 1967.
Berger, P. L., *Kirche ohne Auftrag. Am Beispiel Amerikas*, Stuttgart: Kreuz-Verlag, 1962.
– *The Sacred Canopy*, Garden City, New York: Doubleday, 1969.
Bernard, J., *The Origins of American Sociology*, New York: Crowell, 1943.
Bernstein, C. und B. Woodward, *All the President's Men*, New York: Warner Paperback Library, 1975.
Berthoff, R., *An Unsettled People: Social Order and Disorder in American History*, New York: Harper & Row, 1971.
Billigton, R. A., *America's Frontier Heritage*, Albuquerque: University of New Mexico Press, (1963) 1974.
– *Westward Expansion: A History of the American Frontier*, New York: Macmillan, 4. Auflg., 1974.
Bishop, T. J. M. und R. Wilkinson, *Winchester and the Public School Elite*, London: Faber und Faber, 1968.
Blackburn, R. und A. Cockburn (Hg.), *The Incompatibles: Trade Union Military and Consensus Politics*, Harmondsworth: Penguin Books, 1967.
Blau, J. L., *Men and Movements in American Philosophy*, Englewood Cliffs, New Jersey: Prentice Hall, 1952.
Blau, P. M. und O. D. Duncan, *The American Occupational Structure*, New York: Wiley, 1967.
Blaustein, A. P. und C. O. Porter, *The American Lawyer. A Summary of the Survey of the Legal Professions*, Chicago: University of Chicago Press, 1954.

Bloch, E., *Thomas Münzer als Theologe der Revolution*, Frankfurt: Suhrkamp, (1921) 1963.
Bloch, R., *Visionary Republic. Millenial Themes in American Thought, 1756-1800*, Cambridge: Cambridge University Press, 1986.
Blumer, H., *Symbolic Interactionism*, Englewood Cliffs, New Jersey: Prentice Hall, 1969.
Bocock, R., *Ritual in Industrial Society. A Sociological Analysis of Ritualism in Modern England*, London: Allan & Unwin, 1974.
Borscheid, P., *Naturwissenschaft, Staat und Industrie in Baden (1848-1914)*, Stuttgart: Klett, 1976.
Briggs, A., *Victorian People*, Chicago: University of Chicago Press, 1954.
Brint, S., »›New-Class‹ and Cumulative Trend Explanations of the Liberal Political Attitudes of Professionals«, in: *American Journal of Sociology* 90, 1984, S. 30-71.
Brooks, H. et al., »Some Issues of Technology«, in: *Daedalus*, 1980, S. 1-24.
– »Technology Tomorrow«, in: *Dialogue* 54, 1981, 4, S. 38-48.
Brown, R. E., *Charles Beard and the Constitution: A Critical Analysis of »An Economic Interpretation of the Constitution«*, Princeton, New York: Princeton University Press, 1956.
Buckley, W. F., Jr., *Up from Liberalism*, New York: Hillman, 1961.
Bulmer, M., *The Chicago School of Sociology. Institutionalization, Diversity, and the Rise of Sociological Research*, Chicago: University of Chicago Press, 1984.
Bultmann, R., *Das Urchristentum*, Zürich: Artemis, 1949.
Burkey, R. N., *Ethnic and Racial Groups. The Dynamics of Dominance*, Menlo Park, Kalifornien: Cummings, 1978.
Butler, D. und D. Stokes, *Political Change in Britain: The Evolution of Electorial Choice*, London: Macmillan, 2. Auflg., 1974.
Caplow, T., Bahr, H. H., Chadwick, B. A., Hill, R. und M. H. Williamson, *Middletown Families: Fifty Years of Change and Continuity*, Minneapolis: University of Minnesota Press, 1982.
Caplow, T. und R. McGee, *The Academic Marketplace*, New York: Basic Books, 1958.
Cardwell, D. S. L., *The Organization of Science in England*, London: Heineman, 1957.
Carnegie, A., *Autobiography of Andrew Carnegie*, Boston und New York: Houghton Mifflin, 1920.
– *The Gospel of Wealth and Other Timely Essays*, New York: Century, 1900.
– »The Road to Business Success: A Talk to Young Men«, in: W. Thorp, M. Curti und C. Baker (Hg.), *American Issues*, Chicago: Lippincott, 1941, S. 728-31.
Caroll, P. N., *Puritanism and the Wilderness*, New York: Columbia University Press, 1969.

Carpenter, L. R., »Corporatism in Britain«, in: *Journal of Contemporary History* 11, 1976, S. 3-25.

Cartter, A. M., *An Assessment of Quality in Graduate Education*, Washington: American Council of Education, 1966.

Cater, D., *The Fourth Branch of Government*, Boston: Houghton Mifflin, 1959.

Cawelti, J. G., *Apostles of the Self-Made Man*, Chicago: University of Chicago Press, 1965.

Cecil, H., *The English Judge*, London: Stevens & Sons, 1970.

Chandler, A. D., Jr., *The Visible Hand: The Managerial Revolution in American Business*, Cambridge, Mass.: Harvard University Press, 1977.

Charlot, M., »The Ideological Distance Between the Two Major Parties in Britain«, in: *European Journal of Political Research* 3, 1976, S. 178-88.

Chase, H. W., *Federal Judges. The Appointing Process*, Minneapolis: University of Minnesota Press, 1972.

Chafe, W. H., *Civilities and Civil Rights. Greensboro, North Carolina, and the Black Struggle for Freedom*, New York: Oxford University Press, 1981.

Cicourel, A., *The Social Organization of Justice*, New York: Wiley, 1968.

Clagett, M. (Hg.), *Critical Problems in the History of Science*, Madison: University of Wisconsin Press, 1959.

Clark, T. D., *Frontier America*, New York: Charles Scribner's Sons, 1959.

Clarke, B. L., »Multiple Authorship Trends in Scientific Papers«, in: *Science* 143, 1964, S. 822-4.

Cochran, T. C., *American Business in the Twentieth Century*, Cambridge, Mass.: Harvard University Press, 1972.

Cohen, L. E. und J. R. Kluegel, »Determinants of Juvenile Court Dispositions: Ascriptive and Achieved Factors in Two Metropolitan Courts«, in: *American Sociological Review* 43, 1978, S. 162-76.

Cole, S., »The Hierarchy of Sciences?«, in: *American Journal of Sociology* 89, 1983, S. 111-39.

Cole, J. R. und S., *Peer Review in the National Science Foundation: Phase II*, Washington, D. C.: National Academy of Sciences, 1978.

– »Scientific Output and Recognition: A Study in the Operation of the Reward System in Science«, in: *American Sociological Review* 32, 1967, S. 377-90.

Cole, S., Cole, J. R. und G. A. Simon, »Change and Consenus in Peer Review«, in: *Science* 214, 1981, S. 881-6.

Cole, S., Rubin, L. C. und J. R. Cole, *Peer Review in the National Science Foundation: Phase I*, Washington, D. C.: National Academy of Sciences, 1978.

Coleman, J. S., *Equality of Educational Opportunity*, U. S. Office of Education, Washington, D. C.: US Government Printing Office, 1966.

Coleman, R. P. und Rainwater, L., *Social Standing in America. New Dimensions of Class*, London: Routledge & Kegan Paul, 1979.

Collins, R., *Conflict Sociology. Toward an Explanatory Science*, New York: Academic Press, 1975.
– *The Credential Society. An Historical Sociology of Education and Stratification*, New York: Academic Press, 1979.
Conat, M., *The Constitution and Capitalism*, St. Paul: West Publishing Co., 1974.
Conrad, C., *God's New Israel: Religious Interpretations of American Destiny*, New Jersey: Prentice Hall, 1971.
Cornwall, E. E., *Presidential Leadership of Public Opinion*, Bloomington: Indiana University Press, 1965.
Coser, L., *Continuities in the Study of Social Conflict*, New York: Free Press, 1967.
– *The Functions of Social Conflict*, New York: Free Press, 1956.
– *Men of Ideas*, New York: Free Press, 1970.
Coser, L. A. und I. Howe (Hg.), *The New Conservatives*, New York: Quadrangle, 1974.
Cottrell, A. H., »Scientists: Solo or Concerted?«, in: B. Barber und W. Hirsch (Hg.), *The Sociology of Science*, New York: Free Press, 1962, S. 388-93.
Crane, D., »The Gatekeepers of Science: Some Factors Affecting the Selections of Articles for Scientific Journals«, in: *American Sociologist* 2, 1967, S. 195-201.
– *Invisible Colleges. Diffusion of Knowledge in Scientific Communities*, Chicago: University of Chicago Press, 1972.
– »Scientists at Major and Minor Universities: A Study of Productivity and Recognition«, in: *American Sociological Review* 30, 1965, S. 699-714.
Current, R. N., *Speaking of Abraham Lincoln*, Urbana und Chicago: University of Illinois Press, 1983.
Curti, M., *Amerikanisches Geistesleben. Von den Anfängen bis zur Gegenwart*, Stuttgart: Klett, 1947.
Dahl, R. A., »The American Oppositions. Affirmation and Denial«, in: R. A. Dahl (Hg.), *Political Oppositions in Western Democracies*, New Haven: Yale University Press, 1966, S. 34-69.
– *Pluralist Democracy in the United States. Conflict and Consent*, Chicago: Rand McNally, 1967.
– (Hg.), *Political Oppositions in Western Democracies*, New Haven und London: Yale University Press, 1966.
Dahl, R. A. und E. R. Tufte, *Size and Democracy*, Stanford: University Press, 1973.
Dahrendorf, R., *Gesellschaft und Demokratie in Deutschland*, München: Deutscher Taschenbuch Verlag, 1971.
– »Ein Krieg aller gegen alle?«, in: *Die Zeit*, 16. Februar 1979, Nr. 8, S. 10.
Davies, D. B., *The Fear of Conspiracy: Images of Unamerican Subversion from the Revolution to the Present*, Ithaca: Cornell University Press, 1971.
Davies, J. A., *Undergraduate Career Decisions*, Chicago: Aldine, 1965.

Davies, W. T. (Hg.), *Bradford's History of Plymouth Plantation, 1606-1646*, New York: Charles Scribner's Sons, 1923.
Deleon, D., *The American as Anarchist. Reflections on Indigenous Radicalism*, Baltimore: Johns Hopkins University Press, 1978.
Denton, G., Forsyth, M. und M. Lennan, *Economic Planning and Policies in Britain, France and Germany*, London: Allen & Unwin, 1968.
Deutsche Gesellschaft für Soziologie, *Soziologie und gesellschaftliche Entwicklung. 22. Deutscher Soziologentag, Programm*, Dortmund, 9.-12. Oktober, 1984.
Dewey, J., *The Essential Writings*, hg. von D. Sidorsky, New York: Harper & Row, 1977.
– »Intelligence and Morals«, in: *The Middle Works, 1899-1924*, Bd. 4, hg. von J. A. Boydston, London: Feffer & Simons, 1977, S. 31-49.
Dietze, G., *Freiheit und Eigentum in der amerikanischen Überlieferung*, Tübingen: Mohr Siebeck, 1976.
Dollard, J., *Caste and Class in a Southern Town*, Garden City, New York: Doubleday, (1937) 1957.
Doreian, P. und T. Farraro, »Structural Equivalance in a Journal Network«, *Reprint, Department of Sociology, University of Pittsburgh*, 1984.
Downey, K. J., »The Scientific Community: Organic or Mechanical?«, in: *Sociological Quarterly* 10, 1969, S. 438-54.
Du Bois, W. E. B. (Hg.), *John Brown*, New York: International Publishers, (1909) 1967.
– *Black Reconstructions in America*, Cleveland and New York: World Publishing Company, (1935) 1968.
Dumond, D. L., *The Antislavery Origins of the Civil War in the United States*, Ann Arbor: University of Michigan Press, 1959.
Durkheim, E., *The Elementary Forms of the Religious Life*, Glencoe, Illinois: Free Press, (1912) 1954 (*Die elementaren Formen des religiösen Lebens*, Frankfurt: Suhrkamp, 1981).
– *Soziologie und Philosophie*, Frankfurt: Suhrkamp, (1924) 1976.
– *Über die Teilung der sozialen Arbeit*, Frankfurt: Suhrkamp, (1893) 1977.
Dworkin, G., Bermant, G. und P. G. Brown (Hg.), *Markets and Morals*, New York: Wiley, 1977.
Dye, T. R., *The Politics of Equality*, Indianapolis: Bobbs Merrill, 1971.
Eckstein, H., *A Theory of Stable Democracy*, Princeton: Center of International Studies, 1961.
Eder, K., *Geschichte als Lernprozeß. Zur Pathogenese politischer Modernität in Deutschland*, Frankfurt: Suhrkamp, 1985.
Ehrhard, A., *Der Katholizismus und das 20. Jahrhundert*, Stuttgart 1902.
Eidelberg, P., *On the Silence of the Declaration of Independence*, Armherst: University of Massachusetts Press, 1976.
– *The Philosophy of the American Constitution*, New York: Free Press, 1968.

Eister, A. W. (Hg.), *Changing Perspectives in the Scientific Study of Religion*, New York: Wiley, 1974.

Eldridge, I., *Recent British Sociology*, Atlantic Highlands, New Jersey: Humanities Press, 1980.

Epstein, J., »Why John Irving is so Popular«, in: *Dialogue* 60, 1983, 2, S. 38-43.

Erikson, R. S. und N. R. Luttberg, *American Public Opinion: Its Origins, Content, and Impact*, New York: Wiley, 1973.

Farber, M. L., »English and Americans: Values in the Socialization Process«, in: *Journal of Psychology* 36, 1953, S. 243-50.

Fawcett, E. und T. Thomas, *Die Amerikaner heute*, München: Scherz, 1984.

Fetscher, I., *Großbritannien. Gesellschaft – Staat – Ideologie*, Frankfurt: Athenäum, 1972.

Field, F., *Unequal Britain. A Report on the Cycle of Inequality*, London: Arrow Books, 1974.

Filler, L., *The Crusade Against Slavery, 1830-1860*, New York: Harper & Row, 1960.

Fischer, C. S., *To Dwell Among Friends. Personal Networks in Town and City*, Chicago: University of Chicago Press, 1982.

Flexner, A., *Die Universitäten in Amerika, England, Deutschland*, Berlin: Springer, 1932.

Flexner, E., *A Century of Struggle*, New York: Athenäum, 1968.

Flexner, J. T., *George Washington and the New Nation*, Boston: Little, Brown, 1970.

– *Washington, the Indispensable Man*, Boston: Little, Brown, 1974.

Flora, P., *Modernisierungsforschung. Zur empirischen Analyse der gesellschaftlichen Entwicklung*, Opladen: Westdeutscher Verlag, 1974.

Folger, J. K., Astin, H. S. und A. E. Bayer, *Human Resources and Higher Education: Staff Report of the Commission of Human Resources and Advanced Education*, New York: Russel Sage, 1970.

Ford, H., *Mein Leben und Werk*, Leipzig: Paul List Verlag, 1923.

– *Meine Philosophie der Arbeit*, Dresden: Verlag Paul Aretz, 1929.

– *Und trotzdem Vorwärts!*, Leipzig: Paul List Verlag, 1930.

Fowler, R. B., *Believing Skeptics. American Political Intellectuals, 1945-1964*, Westport, Connecticut: Greenwood Press, 1978.

Frankfort, H., *Kingship and the Gods*, Chicago: University of Chicago Press, 1948.

Franklin, B., *Sein Leben von ihm selbst erzählt*, Berlin: Henssel Verlag, 1946 (*The Autobiography. Selections from His Writings*, hg. von H. S. Commager, New York: Random House, 1944).

Free, L. und H. Cantrill, *The Political Beliefs of Americans*, New York: Simon und Schuster, 1968.

Friedrich, C. J., »The Selection of Professors«, in: *The Atlantic*, Januar 1938, S. 112.

Funston, R., *A Vital National Seminar. The Supreme Court in American Political Life*, Palo Alto: Mayfield, 1978.

Fussler, H., »Characteristics of the Research Literature Used by Chemists and Physicists in the United States«, in: *Library Quarterly* 19, 1949, S. 19-35; 20, 1950, S. 199-43.

Galbraith, J. K. und G. Gilder, »A Conversation on Economics«, in: *Dialogue* 60, 1983, S. 61-4.

Garfinkel, H., *Studies in Ethnomethodology*, Englewood Cliffs, New Jersey: Prentice Hall, 1967.

Gasper, L., *The Fundamentalist Movement*, Den Haag: Mouton, 1963.

Gelderman, C. W., *Henry Ford: The Waywork Capitalist*, New York: Dial, 1981.

Gerhig, G., »American Civil Religion: An Assessment«, in: *Society for the Scientific Study of Religion Monograph Series*, Nr. 3, 1979.

Geschwender, J. A. (Hg.), *The Black Revolt. The Civil Rights Movement, Ghetto Uprisings, and Separatism*, Englewood Cliffs, New Jersey: Prentice Hall, 1971.

Giesen, B., *Makrosoziologie*, Hamburg: Hofmann und Campe, 1980.

Gilbert, J. B., *Work Without Salvation. America's Intellectuals and Industrial Alienation, 1880-1910*, Baltimore: John Hopkins University Press, 1977.

Ginsberg, R., *A Casebook on the Declaration of Independence*, New York: Crowell, 1967.

Glaab, G. N. und A. T. Brown, *A History of Urban America*, New York: Macmillan, 1967.

Glass, D. (Hg.), *Social Mobility in Britain*, London: Routledge & Kegan Paul, 1954.

Glazer, N., *Affirmative Discrimination: Ethnic Inequality and Public Policy*, New York: Basic Books, 1975.

Glazer, N. und D. P. Moynihan, *Beyond the Melting Pot*, Cambridge, Mass.: M. I. T. Press, (1963) 1970.

Glebsch, W. A., *From Sacred to Profane America: The Role of Religion in American History*, New York: Harper & Row, 1968.

Glock, C. Y. und P. E. Hammond (Hg.), *Beyond the Classics: Essays in the Scientific Study of Religion*, New York: Harper & Row, 1973.

Goffman, E., *The Presentation of Self in Everyday Life*, Harmondsworth: Penguin Books, (1959) 1971.

Goldthorpe, J., *Social Mobility and Class Structure in Modern Britain*, Oxford: Clarendon Press, 1980.

Goldthorpe, J., Lockwood, D., Bechhofer, F. und J. Platt, *Der »wohlhabende« Arbeiter in England*, 3 Bde., München: Goldmann, (1968) 1970.

Gordon, M. M., *Assimilation in American Life. The Role of Race, Religion, and National Origins*, New York: Oxford University Press, 1964.

Gorey, M., *Nader and the Power of Everyman*, New York: Grosset & Dunlop, 1975.

Grant, C. S., *Democracy in the Connecticut Frontier Town of Kent*, New York: Columbia University Press, 1961.

Grass, B. R. (Hg.), *Reverse Discrimination*, Buffalo, New York: Prometheus Books, 1977.

Graven, W. F., *The Southern Colonies in the Seventeenth Century, 1607-1689*, Baton Rouge: Louisiana State University Press, 1949.

Gray, L. C., *History of Agriculture in the Southern United States to 1860*, Gloucester, Mass.: Peter Smith, 1958.

Grebler, L., Moore, J. W. und R. C. Guzin, *The Mexican-American People: The Nation's Second Largest Minority*, New York: Free Press, 1970.

Greeley, A. M., *Why Can't They Be Like Us? America's White Ethnic Groups*, New York: E. P. Dutton, 1971.

– *The Denominational Society: A Sociological Approach to Religion in America*, Glenview, Illinois: Scott, Foresman, 1972.

Greenberg, D. S., *The Politics of Pure Research*, New York: New American Library, 1967.

Griffith, T., »On Top and on Trial«, in: *Time*, 20. Juni 1983.

Grossman, J. H., *Achievers Make Things Happen*, Northbrook, Illinois: Whitehall, 1971.

Gunther, G. und N. T. Dowling, *Cases and Materials on Individual Rights in Constitutional Law*, Mineola, New York: The Foundation Press, 1970.

Guttman, W. L., *The British Political Elite*, London: McGibbon & Kee, 1963.

Habermas, J., *Theorie des kommunikativen Handelns*, 2 Bde., Frankfurt: Suhrkamp, 1981.

Hadden, J. K., Masotti, L. M. und C. J. Larson (Hg.), *Metropolis in Crisis. Social and Political Perspectives*, Itasca, Illinois: F. E. Peacock, 1971.

Halsey, A. H., *Change in British Society*, Oxford: Oxford University Press, 1978.

– (Hg.), *Trends in British Society Since 1900. A Guide to the Changing Social Structure of Britain*, London: Macmillan, 1972.

Halsey, A. H. und M. A. Trow, *The British Academics*, London: Faber und Faber, 1971.

Hamilton, A., Madison, J. und J. Jay, *The Federalist Papers*, hg. von C. Rossiter, New York: Mentor, (1787/88) 1961.

Hammond, P. E., »Pluralism and Law in the Formation of American Civil Religion«, in. R. N. Bellah und P. E. Hammond (Hg.), *Varieties of Civil Religion*, San Francisco: Harper & Row, 1980, S. 138-63.

– »Religious Pluralism and Durkheims Integration Thesis«, in: A. W. Eister (Hg.), *Changing Perspectives in the Scientific Study of Religion*, New York: Wiley, 1974, S. 115-42.

Hampden-Turner, C., *Gentlemen and Tradesmen. The Values of Economic Catastroph*, London: Routledge & Kegan Paul, 1983.

Handler, J. F., *The Lawyer and His Community. The Practicing Bar in a*

Middle-Sized City, Madison, Wisconsin: University of Wisconsin Press, 1967.
Handlin, O., *The American. A New History of the People of the United States*, Boston: Little, Brown, 1963.
– *The American People in the Twentieth Century*, Cambridge, Mass.: Harvard University Press, 1966.
– »Opportunity in America: A Historical Look«, in: *Dialogue* 60, 1983, 2, S. 61-4.
– *The Uprooted: The Epic Story of the Great Migrations That Made the American Character*, New York: Grosset & Dunlop, 1951.
Handlin, O. und M. F., *The American College and American Culture: Socialization as a Function of Higher Education*, New York: McGraw Hill, 1970.
Harnack, A. von, *Die Mission und Ausbreitung des Christentums in den ersten drei Jahrhunderten*, Leipzig: Hinrichs, 1902.
Harris, W., *Competition and the Corporate Society*, London: Methuen, 1972.
Hartley, H. (Hg.), *The Royal Society. Its Origins and Founders*, London: The Royal Society, 1960.
Hartz, L., *The Liberal Tradition in America*, New York: Harcourt, Brace and World, 1955.
Hausknecht, M., *The Joiners*, New York: Bedminster, 1962.
Hay, J. R., *The Development of the British Welfare State 1880-1975*, London: Arnold, 1978.
Hecker, A.-P., *Die Ausbildung des englischen Juristen*. Diss. Jur., Marburg, 1973.
Heclo, M. und A. Wildavsky, *The Private Government of Public Money*, London: Macmillan, 1974.
Heimert, A., *Religion and the American Mind. From the Great Awakening to the Revolution*, Cambridge, Mass.: Harvard University Press, 1966.
Heinz, J. P. und E. O. Laumann, *Chicago Lawyers. The Social Structure of the Bar*, New York: Russel Sage, 1982.
Helton, T. (Hg.), *The Renaissance. A Reconsideration of the Theories and Interpretations of the Age*, Madison: University of Wisconsin Press, 1961.
Henry, J., *Culture against Man*, New York: Random House (Vintage Books), 1965.
Herberg, W., *Protestant, Catholic, Jew. An Essay in American Religious Sociology*, Garden City, New York: Doubleday, (1955) 1960.
Hess, S., *Organizing the Presidency*, Washington: Brookings, 1976.
Heyman, H. H. und C. R. Wright, »Trends in Voluntary Association Memberships of American Adults: Replication Based on Secondary Analysis of National Sample Surveys«, in: *American Sociological Review* 36, 1971, S. 191-206.
Hidy, R. W. und M. E., *Pioneering in Big Business, 1882-1911*, New York: Harper, 1955.

Hill, C., *Intellectual Origins of the English Revolution*, Oxford: Clarendon Press, 1965.
Hirsch, W., *Scientists in American Society*, New York: Random House, 1968.
Hobbes, T., *Leviathan*, in: *Collected English Works of Thomas Hobbes*, hg. von W. Molesworth, Bd. 3, Aalen: Scientia, (1651) 1966.
Hodge, R. W., Siegel, P. M. und P. H. Rossi, »Occupational Prestige in the U.S., 1925-63«, in: *American Journal of Sociology* 70, 1964, S. 286-302.
Hofstadter, R., *Anti-intellectualism in American Life*, New York: Alfred Knopf, 1963.
Hohenberg, J., *The Professional Journalist*, New York: Holt, Rinehart and Winston, 4. Auflg., 1978.
Homans, G. C., *Social Behavior. Its Elementary Forms*, London: Routledge & Kegan Paul, 1961.
Hopkins, E., *A Social History of the English Working Classes 1815-1945*, London: Arnold, 1979.
Horovitz, I. L., *Ideology and Utopia in the United States 1956-1976*, New York: Oxford University Press, 1977.
Horowitz, R. H. (Hg.), *The Moral Foundations of the American Republic*, Charlottesville: University of Virginia Press, 1977.
Hosner, J. K. (Hg.), *Winthrop's Journal. »History of New England«, 1630-1649*, New York: Barnes & Noble, 1966.
Huber, R. M., *The American Idea of Success*, New York: McGraw Hill, 1971.
Hudson, W., *Nationalism and Religion in America*, New York: Harper & Row, 1970.
Hume, D., *Enquiries Concerning the Human Understanding and Concerning the Principles of Morals*, hg. von L. A. Selby-Bigge, Oxford: Clarendon Press, (1748/51) 1966.
Jackson, D. D., *Judges*, New York: Atheneum, 1974.
Jackson, J. A. (Hg.), *Social Stratification*, London: Cambridge University Press, 1968.
Jacob, H., *Justice in America. Courts, Lawyers, and the Judicial Process*, Boston: Little, Brown, 1965.
Jaeger, W., *Early Christianity and Greek Paideia*, Cambridge: Harvard University Press, 1961.
James, W., *The Meaning of Truth*, New York: Greenwood, (1909) 1968.
– *Pragmatism: A New Name for Some Old Ways of Thinking*, New York: Longmans, Green and Co., 1907.
Jencks, C. und D. Riesman, *The Academic Revolution*, Garden City, New York: Doubleday, 1969.
Jencks, C. et al., *Inequality: A Reassessment of the Effect of Family and Schooling in America*, New York: Basic Books, 1972.
Jessop, B., *Traditionalism, Conservatism and British Political Culture*, London: Allen & Unwin, 1974.

Johannsen, R. W. (Hg.), *The Lincoln-Douglas Debates of 1858*, New York: Oxford University Press, 1965.

John, S. und N. Hoyt, *School Desegregation. Outcomes for Children*, New York: Wiley, 1975.

Johnson, H. M. (Hg.), *Religious Change and Continuity*, San Francisco: Jossey Bass, 1979.

Jordan, B., *Freedom and the Welfare State*, London: Routledge & Kegan Paul, 1976.

Kadushin, C., *The American Intellectual Elite*, Boston: Little, Brown, 1975.

Kahl, J. A., *The American Class Structure*, New York: Holt, Rinehart and Winston, (1953) 1967.

Kant, I., *Kritik der praktischen Vernunft*, in: *Werke in sechs Bänden*, Bd. IV, hg. von W. Weischedel, Frankfurt: Insel, (1788) 1956.

Kaplan, N. (Hg.), *Science and Society*, Chicago: Rand McNally, 1965.

Katz, E. und T. Szecsko (Hg.), *Mass Media and Social Change*, London: Sage, 1981.

Kaufmann, R. L., »A Structural Decomposition of Black-White Earnings Differentials«, in: *American Journal of Sociology* 89, 1983, S. 585-611.

Kavanagh, D., »The Deferential English: A Comperative Critique«, in: *Government and Opposition* VI, 1971, S. 333-60.

– »Political Culture in Great Britain: The Decline of the Civic Culture«, in: G. A. Almond und S. Verba (Hg.), *The Civic Culture Revisited*, Boston: Little, Brown, 1980, S. 124-76.

Kelf-Cohen, R., *Twenty Years of Nationalization*, London: Macmillan, 1969.

Kelsall, R. K., *Higher Civil Servants in Britain. From 1870 to the Present Day*, London: Routledge & Kegan Paul, 1955.

– »Recruitment to the Higher Civil Service: How Has the Pattern Changed?«, in: P. Stanworth und A. Giddens (Hg.), *Elites and Power in British Society*, Cambridge: Cambridge University Press, 1974, S. 170-84.

Kent, R. A., *A History of British Empirical Sociology*, London: Gower Press, 1981.

Key, V. O., *Public Opinion and American Democracy*, New York: Alfred Knopf, 1967.

Kluger, R., *Simple Justice*, New York: Random House, 1977.

– *Simple Justice. The History of Brown v. Board of Education and Black America's Struggle for Equality*, New York: Vintage, 1975.

Knapp, R. H. und J. J. Greenbaum, *The Younger American Scholar: His Collegiate Origins*, Chicago: University of Chicago Press, 1953.

Knowles, D., *The Evolution of Medieval Thought*, London: Longmans, 1962.

Kolko, G., *The Triumph of Conservatism: A Reinterpretation of American History, 1900-1916*, Glencoe, Illinois: Free Press, 1963.

Kowarski, L., »Team Work and Individual Work in Research«, in: N. Kaplan (Hg.), *Science and Society*, Chicago: Rand McNally, 1965, S. 247-55.
Koyré, A., *Newtonian Studies*, Chicago: University of Chicago Press, 1968.
Kraditor, A., *The Ideas of the Woman Suffrage Movement, 1890-1920*, New York: Columbia University Press, 1965.
Kristol, I., »The Crisis of Economic Theory«, in: *Dialogue* 52, 1981, 2, S. 5-8, 63-9.
Kornhauser, W., *Scientists in Industry*, Berkeley: University of California Press, 1962.
Kruytbosch, C. E. und S. L. Messinger (Hg.), *The State of the University: Authority and Change*, Beverly Hills: Sage, 1970.
Ladd, E. C., Jr., »The Democrats Have Their Own Two-Party-System«, in: *Fortune*, Oktober 1977, S. 212-26.
– *Transformations of the American Party System*, New York: Norton, 2. Auflg., 1978.
– »The Unmaking of the Republican Party«, in: *Fortune*, September 1977, s. 91-102.
Ladd, E. C., Jr. und S. M. Lipset, *The Divided Academy. Professors and Politics*, New York: McGraw Hill, 1975.
Laslett, J. M. M. und S. M. Lipset (Hg.), *Failure of a Dream? Essays in the History of American Socialism*, Berkeley: University of California Press, 1974 (rev. Auflg., 1984).
Leiby, J., *A History of Social Welfare and Social Work in the United States*, New York: Columbia University Press, 1978.
Lejeune, A., *The Gentlemen's Clubs of London*, London: Macdonald & Janes, 1979.
Letwin, W., *Law and Economic Policy in America*, New York: Random House, 1965.
Leuchtenberg, W. E., *Franklin D. Roosevelt and the New Deal*, New York: Harper & Row, 1963.
Lewis, D. L., *The Public Image of Henry Ford. An American Folk Hero and His Company*, Detroit: Wayne State University Press, 1976.
Lidz, V. M., »Secularization, Ethical Life and Religion in Modern Societies«, in: H. M. Johnson (Hg.), *Religious Change and Continuity*, San Francisco: Jossey Bass 1979, S. 191-217 (*Sociological Inquiry* 49, 1979, Nr. 2-3).
Liebman, R. G. und R. Wuthrow, *The Christian Right. Mobilization and Legitimation*, New York: Aldine, 1983.
Lincoln, A., »Adress Delivered at the Dedication of the Cemetery at Gettysburg«, in: *The Collected Works of Abraham Lincoln*, hg. R. P. Basler, New Brunswick, New Jersey: Rutgers University Press, 1953, Bd. VII.
Lippman, W., *Public Opinion*, New York: Macmillan, (1922) 1960.
Lipset, S. M., *The First New Nation*, New York: Norton, (1963) 1979.
– *Opportunity and Welfare in the First New Nation*, Washington, D. C.: American Enterprise Institute for Public Policy Research, 1974.

– *Political Man. The Social Bases of Politics*, Garden City, New York: Doubleday, 1963.
Lipset, S. M. und E. C. Ladd, Jr., »Anatomy of a Decade«, in: *Dialogue* 50, 1980, 4, S. 2-7.
Lipset, S. M. und E. Raab, *The Politics of Unreason. Right-Wing Extremism in America, 1790-1970*, London: Heinemann, 1971.
Little, D., *Religion, Order, and Law. A Study in Pre-Revolutionary England*, Oxford: Basil Blackwell, 1969.
Livesay, H. C., *Andrew Carnegie and the Rise of Big Business*, Boston: Little, Brown, 1975.
Llewellyn, K. N., *The Common Law Tradition. Deciding Appeals*, Boston: Little, Brown, 1966.
Locke, J., *Zwei Abhandlungen über die Regierung*, hg. und eingeleitet von W. Euchner, Frankfurt: Europäische Verlagsanstalt, (1690) 1967.
Long, E., *The American Dream and the Popular Novel*, London: Routledge, 1985.
Lüthy, H., »Variationen über ein Thema von Max Weber«, in: C. Seyfarth und W. M. Sprondel (Hg.), *Seminar: Religion und gesellschaftliche Entwicklung. Studien zur Protestantismus-Kapitalismus-These Max Webers*, Frankfurt: Suhrkamp, 1973, S. 99-122.
Luhmann, N., »Gesellschaft«, in: *Soziologische Aufklärung*, Bd. 1, Opladen: Westdeutscher Verlag, 1970, S. 137-53.
– *Gesellschaftsstruktur und Semantik*, 2 Bde., Frankfurt: Suhrkamp, 1980.
Lynd, R. S. und H. M., *Middletown. A Study in American Culture*, New York: Harcourt, Brace, Janovich, (1929) 1956.
– *Middletown in Transition: A Study in Cultural Conflicts*, New York: Harcourt, Brace, (1937) 1963.
Lynn, K., *The Dream of Success. A Study of the Modern American Imagination*, Westport, Connecticut: Greenwood, (1955) 1972.
Machlup, F., *The Production and Distribution of Knowledge in the United States*, Princeton, New Jersey: Princeton University Press, 1962.
Macfarlane, A., *The Origins of English Individualism*, Oxford: Blackwell, 1978.
MacKenzie, W. J. M., »Models of English Politics«, in: R. Rose (Hg.), *Studies in British Politics*, London: Macmillan, 1976, S. 5-15.
Marcson, S., *Scientists in Government*, New Brunswick, New Jersey: Rutgers University Press, 1966.
Marden, G. M., *Fundamentalism and American Culture. The Shaping of Twentieth Century Evangelicalism*, New York: Oxford University Press, 1982.
Marks, M. A., *The Suing of America*, New York: Seaview, 1981.
Marshall, T. H., *Class, Citizenship and Social Development*, Garden City, New York: Doubleday, 1964.
Martin, D., »England«, in: H. Mol (Hg.), *Western Religion*, Den Haag: Mouton, 1973.

– *A Sociology of English Religion*, London: S. C. M. Press, 1967.
Martin, W., *Verzeichnis der Nobelpreisträger 1901-1984*, München: Saur, 1985.
Marx, K., »Kritik des Gothaer Programms«, in: *Marx-Engels Werke*, Bd. 19, Berlin: Dietz, 1962, S. 11-32.
– »Zur Kritik der Hegelschen Rechtsphilosophie. Kritik des Hegelschen Staatsrechts«, in: *Marx-Engels Werke*, Bd. 1, Berlin: Dietz, 1956, S. 201-33.
– *Das Kapital*, Bd. 1, in: *Marx-Engels Werke*, Bd. 23, Berlin: Dietz, 1970.
Mayhew, L., *Law and Equal Opportunity*, Cambridge, Mass.: Harvard University Press, 1968.
Mayhew, L. und A. J. Reiss, Jr., »The Social Organization of Legal Contacts«, in: *American Sociological Review* 34, 1969, S. 309-18.
Maynard, D. N., *Inside Plea Bargaining. The Language of Negotiation*, New York: Plenum, 1984.
Mayo, E., *The Human Problems of an Industrial Civilization*, New York: Viking, (1937) 1960.
McClosky, R. G., *The American Supreme Court*, Chicago: University of Chicago Press, 1960.
McClosky, H. und A. Brill, *Dimensions of Tolerance. What Americans Believe About Civil Liberties*, New York: Russel Sage, 1983.
McCord, W., Howard, J., Friedberg, B. und E. Harwood, *Life Styles in the Black Ghetto*, New York: Norton, 1969.
McGill, R. E., *The South and the Southerner*, Boston: Little, Brown, 1963.
McGlen, N. E. und K. O'Connor, *Women's Rights. The Struggle for Equality in the Nineteenth and Twentieth Century*, New York: Praeger, 1983.
McGrath, E., »Confucian Work Ethic«, in: *Time*, 28. März 1983, S. 36.
McKenzie, R. T., *Politische Parteien in England. Die Machtverteilung in der Konservativen und in der Labourpartei*, Köln und Opladen: Westdeutscher Verlag, (1955) 1961.
McLauchlan, W. P., *American Legal Processes*, New York: Wiley, 1977.
McLoughlin, W. G., *Modern Rivivalism: Charles Grandison Finney to Billy Graham*, New York: Ronald Press, 1959.
– *Revivals, Awakenings, and Reform. An Essay on Religion and Social Change in America 1607-1977*, Chicago: University of Chicago Press, 1978.
Mead, G. H., *Geist, Identität und Gesellschaft*, Frankfurt: Suhrkamp, (1934) 1968.
– *Selected Writings*, hg. von A. J. Reck, Indianapolis: Bobbs Merrill, 1964.
Mead, S., »Denominationalism: The Shape of Protestantism in America«, in: *Church History XXIII*, Dezember, 1954.
Megarry, R. E., *Lawyer and Litigant in England*, London: Stevens & Sons, 1962.
Merton, R. K., »The Matthew Effect in Science«, in: *Science* 159, 1968, S. 56-63.

– *Science, Technology and Society in Seventeenth Century England*, New York: Howard Fertig, (1938) 1970.
– *The Sociology of Science*, hg. von N. Storer, Chicago: University of Chicago Press, 1973.
Meyer, D., *The Positive Thinkers. A Study of the American Quest for Health, Wealth and Personal Power from Mary Baker Eddy to Norman Vincent Peale*, Garden City, New York: Doubleday, 1965.
Michels, R., *Zur Soziologie des Parteiwesens in der modernen Demokratie*, Stuttgart: Kröner, (1910) 1970.
Mickelson, S., *The Electric Mirror*, New York: Dodd, Mead and Co., 1972.
Midwinter, E., *Schools in Society. The Evolution of English Education*, London: Batsford, 1980.
Miebach, B., *Strukturalistische Handlungstheorie. Zum Verhältnis soziologischer Theorie und empirischer Forschung im Werk Talcott Parsons'*, Opladen: Westdeutscher Verlag, 1984.
Mill, J. S., *On Liberty*, London: Watts, (1859) 1929.
Miller, P., *Errand into the Wilderness*, Cambridge, Mass.: Harvard University Press, 1956.
– *Jonathan Edwards*, New York: William Sloan Associates, 1949.
– *The Legal Mind in America*, Garden City, New York: Doubleday, 1962.
– *The Life of the Mind in America*, New York: Harcourt, Brace and World, 1965.
– *The New England Mind. From Colony to Province*, Cambridge, Mass.: Harvard University Press, 1953.
– *The New England Mind. The Seventeenth Century*, Cambridge, Mass.: Harvard University Press, 1954.
– *Roger Williams: His Contribution to the American Tradition*, Indianapolis: Bobbs Merrill, 1953.
Mindel, C. H. und R. W. Habenstein (Hg.), *Ethnic Families in America*, New York: Elsevier, 1976.
Mingay, G. E., *The Century*, London: Longmans, 1976.
Minow, N. N. et al., *Presidential Television*, New York: Basic Book, 1973.
Mol, H. (Hg.), *Western Religion*, Den Haag: Mouton, 1973.
Moore, B., *Soziale Ursprünge von Diktatur und Demokratie*, Frankfurt: Suhrkamp, 1969.
Moore, D. C., *The Politics of Deference*, Hassocks: Harvester, 1976.
Morgan, E. S., *American Slavery, American Freedom: The Ordeal of Colonial Virginia*, New York: Norton, 1975.
Moscati, S., *Ancient Semitic Civilization*, New York: Putnam, 1957.
Mott, F. L., *American Journalism, 1690-1960*, New York: Macmillan, 1962.
Mountford, J., *British Universities*, London: Oxford Univers. Press, 1966.
Münch, R., *Basale Soziologie: Soziologie der Politik*, Opladen: Westdeutscher Verlag, 1982.
– *Die Struktur der Moderne. Grundmuster und differentielle Gestaltung des*

institutionellen Aufbaus der modernen Gesellschaften, Frankfurt: Suhrkamp, 1984.
– *Theorie des Handelns. Zur Rekonstruktion der Beiträge von Talcott Parsons, Emile Durkheim und Max Weber*, Frankfurt: Suhrkamp, 1982.
Murray, J. C., *We Hold These Truths*, Garden City, New York: Doubleday, 1964.
Myrdal, G., *The American Dilemma*, New York: Harper, 1944.
Nader, R., Green, M. und J. Seligman, *Constitutionalizing the Corporation: The Case for the Federal Chartering of Giant Corporations*, Washington: Corporate Accountability Research Group, 1976.
Nakano, H., »›Conservatism‹ as a Political Ideology in Contemporary America«, in: *Kwansei Gankuin University Annual Studies*, Vol. XXX, S. 95-108.
Nash, G. H., *The Conservative Intellectual Movement in America*, New York: Basic Books, 1976.
Navarro, E., *The Chicano Community*, New York: Council on Social Work Education, 1971.
Nelson, B., *The Idea of Usury. From Tribal Brotherhood to Universal Otherhood*, Chicago: University of Chicago Press, (1949) 1969.
– *Der Ursprung der Moderne*, Frankfurt: Suhrkamp, 1976.
– »Weber's Protestant Ethic. Its Origins, Wanderings and Foreseeable Futures«, in: C. Y. Glock und P. E. Hammond (Hg.), *Beyond the Classics: Essays in the Scientific Study of Religion*, New York: Harper & Row, 1973, S. 71-130.
Nelson, C. und D. Pollock (Hg.), *Communication Among Scientists and Engineers*, Lexington, Massachusetts: Heath, 1970.
Nettels, C. P., *George Washington and American Independence*, Boston: Little, Brown, 1951.
Neustadt, R. E., *Presidential Power. The Politics of Leadership*, New York: Wiley, 1960.
Newson, J. und E., *The Family and Its Future*, London: J. A. Churchill, 1970.
– *Patterns of Infant Care*, Harmondsworth: Penguin Books, 1965.
Niebuhr, H. R., *The Kingdom of God in America*, New York: Harper & Row, 1937.
– *The Social Sources of Denominationalism*, New York: Henry Holt & Co., 1929.
Nimmo, D., *Political Communiation and Public Opinion in America*, Santa Monica: Goodyear Publishing Co., 1978.
Nordlinger, E. A., *The Working-Class Tories*, London: McGibbon & Kee, 1967.
Oates, S. B., *With Malice Toward None. The Life of Abraham Lincoln*, New York: Harper & Row, 1977.
Ornstein, M., *The Role of Scientific Societies in the Seventeenth Century*, Chicago: University of Chicago Press, 1938.

Orwell, G., *The English People*, London: Collins, 1947.
Parish, P. J., *The American Civil War*, London: Methuen, 1975.
Parkin, F., »Working Class Conservatives«, in: *British Journal of Sociology* 18, 1967, S. 278-90.
Parsons, T., *Action Theory and the Human Condition*, New York: Free Press, 1978.
– »Belief, Unbelief, and Disbelief«, in: *Action Theory and the Human Condition*, New York: Free Press, 1978, S. 233-63.
– »Christianity«, in: *Action Theory and the Human Condition*, New York: Free Press, 1978, S. 173-212.
– »Christianity and Modern Industrial Society«, in: *Sociological Theory and Modern Society*, New York: Free Press, 1967, S. 391-5.
– »Comparative Studies and Evolutionary Change«, in: *Social Systems and the Evolution of Action Theory*, New York: Free Press, 1977, S. 279-320.
– »The ›Intellectual‹: A Social Role Category«, in: P. Rieff (Hg.), *On Intellectuals*, Garden City, New York: Doubleday, 1969, S. 3-24.
– »Democracy and Social Structure in Pre-Nazi Germany«, in: *Politics and Social Structure*, New York: Free Press, 1969, S. 65-81.
– »Durkheim on Religion Revisited: Another Look at ›The Elementary Forms of Religious Life‹«, in: *Action Theory and the Human Condition*, New York: Free Press, 1978, S. 213-32.
– »Equality and Inequality in Modern Society, or Social Stratification Revisited«, in: *Social Systems and the Evolution of Action Theory*, New York: Free Press, 1977, S. 321-80.
– »Full Citizenship for the Negro American?«, in: *Sociological Theory and Modern Society*, New York: Free Press, 1967, S. 422-65.
– »On the Concept of Influence«, in: *Politics and Social Structure*, New York: Free Press, 1969, S. 405-38.
– »Introduction to Max Weber's ‹The Sociology of Religion›«, in: *Sociological Theory and Modern Society*, New York: Free Press, 1967, S. 43-8.
– »A Paradigm of the Human Condition«, in: *Action Theory and the Human Condition*, New York: Free Press, 1978, S. 352-433.
– *Politics and Social Structure*, New York: Free Press, 1969.
– »Religion in Postindustrial America: The Problem of Secularization«, in: *Action Theory and the Human Condition*, New York: Free Press, 1978, S. 300-21.
– *Social Structure and Personality*, New York: Free Press, 1964.
– *Sociological Theory and Modern Society*, New York: Free Press, 1967.
– *Societies. Evolutionary and Comparative Perspectives*, Englewood Cliffs: Prentice Hall, 1966.
– »Some Problems of General Theory in Sociology«, in: *Social Systems and the Evolution of Action Theory*, New York: Free Press, 1977, S. 229-69.
– »Some Theoretical Considerations on the Nature and Trends of Change of

Ethnicity«, in: *Social Systems and the Evolution of Action Theory*, New York: Free Press, 1977, S. 381-404.
– *Social Systems and the Evolution of Action Theory*, New York, 1977.
– *The Structure of Social Action*, New York: Free Press, (1937) 1968.
Parsons, T. und G. M. Platt, *The American University*, New York: Free Press, 1973.
– »Decision Making in the Academic System. Influence and Power Exchange«, in: C. E. Kruytbosch und S. L. Messinger (Hg.), *The State of the University: Authority and Change*, Beverly Hills: Sage, 1970, S. 133-80.
Parsons, T. und W. White, »The Link Between Character and Society«, in: ders., *Social Structure and Personality*, New York: Free Press, 1964, S. 183-235.
Peirce, C. S., *Collected Papers*, hg. von C. Hawthorne und P. Weiss, Cambridge, Massachusetts: Belknap, 1974.
Pelling, M. M., *A History of British Trade Unionism*, Harmondworth: Penguin Books, 1963.
Perley, S., *The History of Salem, Massachusetts*, 3 Bde., Salem, Massachusetts: Sidney Perley, 1924.
Perry, R. B., *Amerikanische Ideale (Puritanismus und Demokratie)*, 2 Bde., Nürnberg: Hanser, 1947.
Petersen, M. A., *Thomas Jefferson and the New Nation: A Biography*, New York: Oxford University Press, 1970.
Peterson, R. E. et al., *Lifelong Learning in America*, San Francisco: Jossey Bass, 1979.
Pettigrew, T. F., (Hg.), *Racial Discrimination in the United States*, New York: Harper & Row, 1975.
Petty, W., *The Economic Writings of Sir William Petty*, hg. von C. H. Hull, Cambridge, (o. Verl.), 1899.
Pirenne, H., *Sozial- und Wirtschaftsgeschichte Europas im Mittelalter*, München: Francke, 2. Auflg., 1971.
Piven, F. F. und R. A. Cloward, *Regulierung oder Armut. Die Politik der öffentlichen Wohlfahrt*, Frankfurt: Suhrkamp, 1977.
Plessner, H., *Die verspätete Nation*, Stuttgart: Kohlhammer, 1959.
Plotnik, R. und F. Skidmore, *Progress Against Poverty: A Review of the 1964-1974 Decade*, New York: Academic Press, 1975.
Plucknett, T. F. T., *A Concise History of the Common Law*, Boston: Little, Brown, 1956.
Potter, A., »Great Britain: Opposition With a Capital ›O‹«, in: R. A. Dahl (Hg.), *Political Opposition in Western Democracies*, New Haven und London: Yale University Press, 1966, S. 3-33.
Potter, D. M., *People of Plenty: Economic Abundance and the American Character*, Chicago: University of Chicago Press, 1954.
Pound, R., *The Spirit of the Common Law*, Francetown, N. H.: Marshall Jones, 1921.

Pritchett, C. H., *The American Constitution*, New York: McGraw Hill, 1959.
Putnam, R., *The Beliefs of Politicians*, New Haven: Yale University Press, 1973.
Pye, L. W. und S. Verba, *Political Culture and Political Development*, Princeton, New Jersey: Princeton University Press, 1965.
Rad, G. v., *Theologie des alten Testaments*, Bd. 1 und 2, München: Kaiser, 1957 und 1960.
– (Hg.), *Soul*, New York: Aldine, 1970.
Rapoport, A. und A. M. Chammah, *Prisoner's Dilemma: A Study in Conflict and Cooperation*, Ann Arbor, Mich.: University of Michigan Press, 1965.
Ratner, S., Soltow, J. H. und R. Sylla, *The Evolution of the American Economy. Growth, Welfare, and Decision Making*, New York: Basic Books, 1979, S. 36-59.
Reeves, R., *Eine nordamerikanische Reise*, Frankfurt: Ullstein, 1984.
Reid, G. L. und K. Allen, *Nationalized Industries*, Harmondsworth: Penguin Books, 1973.
Reid, J., *Social Class Differences in Britain. A Source Book*, London: Open Books, 1978.
Reif, F., »The Competetive World of the Pure Scientist«, in: *Science* 134, Dezember 1961, S. 1957-62.
Reimers, G. W., »Source of the Family Income Differentials among Hispanics, Black, and White Non-Hispanics«, in: *American Journal of Sociology* 89, 1984, S. 889-903.
Renier, G. J., *The English: Are They Human?*, New York: Roy Publishers, 1952.
Ricardo, D., *Grundsätze der Volkswirtschaft und Besteuerung*, hg. von H. Waentig, Jena: Fischer, 1905.
Richey, R. E. und D. G. Jones (Hg.), *American Civil Religion*, New York: Harper & Row, 1974.
Rieff, P. (Hg.), *On Intellectuals*, New York: Doubleday, 1969.
Riesman, D., *The Lonely Crowd*, New Haven: Yale University Press, 1950.
Robertson, D., *A Theory of Party Competition*, London: Wiley, 1976.
Robertson, J. M., *The Meaning of Liberalism*, London: Kennikat Press, (1925) 1971.
Robertson, J. O., *American Myth, American Reality*, New York: Hill & Wang, 1980.
Robertson, R., »Considerations from Within the American Context on the Significance of Church-State Tension«, in: *Sociological Analysis* 42, 1981, S. 193-208.
Robson, W. A., *Nationalized Industry and Public Ownership*, London: Allen & Unwin, 1960.

Roderick, G. W. und M. D. Stephens, *Scientific and Technical Education in Nineteenth-Century England*, Newton Abbot: David & Charles, 1972.

Rodgers, W. C., *The Quality of American Life. Perceptions, Evaluations and Satisfactions*, New York: Russel Sage, 1976.

Roethlisberger, F. J. und W. J. Dickson, *Management and the Worker*, Cambridge, Massachusetts: Harvard University Press, (1939) 1975.

Rose, P. I. (Hg.), *Slavery and Its Aftermath*, New York: Atherton, 1970.

Rose, R., »Class and Party Divisions: Britain as a Test Case«, in: *Sociology* II, 1968, S. 129-62.

– »England: The Traditionally Modern Political Culture«, in: L. Pye und S. Verba (Hg.), *Political Culture and Political Development*, Princeton: Princeton University Press, 1965, S. 83-129.

– (Hg.), *Studies in British Politics*, London: Macmillan, 1976.

Rose, R. und D. Kavanagh, »The Monarchy in Political Culture«, in: *Comparative Politics* 7, 1976, S. 548-76.

Rosenberg, B. und D. M. White (Hg.), *Mass Culture*, Glencoe, Ill.: Free Press, 1957.

Rothblatt, S., *Tradition and Change in English Liberal Education. An Essay in History and Culture*, London: Faber und Faber, 1976.

Rueschemeyer, D., *Lawyers and Their Society. A Comparative Study of the Legal Profession in Germany and in the United States*, Cambridge, Massachusetts: Harvard University Press, 1973.

Runciman, W. G., *Relative Deprivation and Social Inequality in Twentieth-Century England*, Berkeley: University of California Press, 1966.

Rutman, D. B., *Winthrop's Boston: Portrait of a Puritan Town*, Chapel Hill: University of North Carolina Press, 1965.

Sampson, A., *Wer regiert England? Anatomie einer Führungsschicht*, München: Piper, 1963.

Sanburg, C., *Abraham Lincoln*, 4 Bde., New York: Harcourt, Brace, 1939.

Santillana, G. de, »The Role of Art in the Scientific Renaissance«, in: M. Clagett (Hg.), *Critical Problems in the History of Science*, Madison: University of Wisconsin Press, 1959, S. 33-65.

Scharpf, F., *Die politischen Kosten des Rechtsstaats*, Tübingen: Mohr Siebeck, 1970.

Scherer, R. P. (Hg.), *American Denominational Organization. A Sociological View*, Pasadena, Cal.: William Carey, 1980.

Schluchter, W., *Die Entwicklung des okzidentalen Rationalismus*, Tübingen: Mohr Siebeck, 1979.

– »Die Paradoxie der Rationalisierung. Zum Verhältnis von ›Ethik‹ und ›Welt‹ bei Max Weber«, in: *Zeitschrift für Soziologie* 5, 1976, S. 256-84.

Schmid, M., *Theorie sozialen Wandels*, Opladen: Westdeutscher Verlag, 1982.

Schmidt, A., *Die industrielle Chemie in ihrer Bedeutung im Weltbild*, Berlin: de Gruyter, 1934.

Schumann, K. F., *Der Handel mit Gerechtigkeit*, Frankfurt: Suhrkamp, 1977.
Scott, J., *The Upper Classes. Property and Privilege in Britain*, London: Macmillan, 1982.
Seyfarth, C. und W. M. Sprondel (Hg.), *Seminar: Religion und gesellschaftliche Entwicklung. Studien zur Protestantismus-Kapitalismus-These Max Webers*, Frankfurt: Suhrkamp, 1973.
Shapiro, M. und D. S. Hobbs, *American Constitutional Law. Cases and Analyses*, Cambridge, Massachusetts: Winthrop Publishers, 1978.
Sheeham, J. B., *The Boston School Integration Dispute. Social Change and Legal Maneuvres*, New York: Columbia University Press, 1984.
Shibutani, T., *Improvised News*, Indianapolis: Bobbs Merrill, 1966.
Shils, E. A., *Center and Periphery*, Chicago: University of Chicago Press, 1975.
– »Deference«, in: J. A. Jackson (Hg.), *Social Stratification*, London: Cambridge University Press, 1968, S. 104-32.
– *»The Intellectuals and the Powers« and other Essays*, Chicago: University of Chicago Press, 1972.
– *The Torment of Secrecy*, Glencoe, Ill.: Free Press, 1956.
Shils, E. A. und M. Young, »The Meaning of the Coronation«, in: E. A. Shils, *Center and Periphery*, Chicago: Univers. of Chicago Press, 1975, S. 135-52.
Siegan, B. H., *Economic Liberties and the Constitution*, Chicago: University of Chicago Press, 1980.
– (Hg.), *The Interaction of Economics and Law*, Lexington, Massachusetts: Lexington Books, 1977.
Sigal, L. V., *Reporters and Officials: The Organization and Policies of Newsmaking*, Lexington, Massachusetts: D. C. Heath, 1973.
Sigelschiffer, S., *The American Conscience. The Drama of the Lincoln-Douglas Debates*, New York: Horizon, 1973.
Sills, D. L., *The Volunteers*, Glencoe, Ill.: Free Press, 1957.
Sindler, A. P., *Bakke, DeFunies, and Minority Admissions*, New York: Longmans, 1978.
Slawson, J., *Unequal Americans. Practices and Politics of Intergroup Relations*, Westport, Connecticut: Greenwood Press, 1979.
Smigel, E. O., *The Wallstreet Lawyer*, New York: Free Press, 1964.
Smith, A., *The Wealth of Nations*, New York: Modern Library, (1776) 1937.
– *The Theory of Moral Sentiments*, New York: Bohn, (1759) 1966.
Smith, C. E. und A. Freedman, *Voluntary Associations: Perspective on the Literature*, Cambridge, Massachusetts: Harvard University Press, 1972.
Smith, D. H., »Voluntary Action and Voluntary Groups«, in: *Annual Review of Sociology* 1, 1975, S. 247-70.
Smith, E. A. (Hg.), *The Religion of the Republic*, Philadelphia: Fortress Press, 1971.

– *Religious Liberty in the United States: The Development of Church-State Thought Since the Revolutionary Era*, Philadelphia: Fortress Press, 1972.
Smith, J. E., *The Spirit of American Philosophy*, Englewood Cliffs, New Jersey: Prentice Hall, 1952.
Solla Price, D. J. de, »Citation Measures of Hard Science, Soft Science, Technology and Nonscience«, in: C. Nelson und D. Pollock (Hg.), *Communication Among Scientists and Engineers*, Lexington, Mass.: Heath, 1970, S. 3-22.
– »Collaboration in an Invisible College«, in: *American Psychologist* 21, 1966, S. 1011-8.
– *Little Science, Big Science*, Frankfurt: Suhrkamp, (1963) 1974.
Sorenson, T. C., *Kennedy*, New York: Harper & Row, 1965.
Stanworth, P. und A. Giddens (Hg.), *Elites and Power in British Society*, Cambridge: Cambridge University Press, 1974.
Stazs, C., *Female and Male: Socialization, Social Roles, and Social Structure*, Dubuque, Iowa: William C. Brown, 1978.
Stehr, N. und R. König, *Wissenschaftssoziologie*, Sonderheft 18 der *Kölner Zeitschrift für Soziologie und Sozialpsychologie*, Köln und Opladen: Westdeutscher Verlag, 1975.
Stein, E., *Der Mensch in der pluralistischen Demokratie. Die Freiheitsrechte in Großbritannien*, Frankfurt: Europäische Verlagsanstalt, 1964.
Steinfels, P., *The Neoconservatives. The Men Who Are Changing America's Politics*, New York: Simon und Schuster, 1979.
Steiner, S., *La Raza. The Mexican Americans*, New York: Harper & Row, 1970.
Stimson, D., *Scientists and Amateurs. A History of the Royal Society*, New York: Abelard-Schwan, 1948.
Stone, E., *Economic Regulation and the Public Interest. The Federal Trade Commission in Theory and Practice*, Ithaca, New York: Cornell University Press, 1977.
Stone, L. (Hg.), *Social Change and Revolution in England*, London: Longmans, 1965.
Stouffer, S. A., *Communism, Confirmity and Civil Liberties*, Garden City, New York: Doubleday, 1955.
Street, H., *Freedom, the Individual and the Law*, Harmondsworth: Penguin Books, 1973.
Sundquist, J. L., (Hg.), *On Fighting Poverty: Perspectives from Experience*, New York: Basic Books, 1969.
Sweezy, P. M., *Theorie der kapitalistischen Entwicklung*, Frankfurt: Suhrkamp, 1970.
Taub, R. P. und D. I.(Hg.), *American Society in Tocquevilles Time and Today*, Chicago: Rand McNally, 1974.
Taylor, D. G., Sheatsly, P. B. und A. M. Greeley, »Attitudes Toward Racial Integration«, in: *Scientific American* 238, Juni 1978, S. 30-7.

Tawney, R. H., *The Agrarian Problem in the Sixteenth Century*, London: Longmans Green, 1917.
– *Equality*, London: Unwin, (1931, 1938, 1952) 1972.
– *Religion and the Rise of Capitalism. A Historical Study*, Gloucester, Massachusetts: Murray, (1926) 1962.
– »The Rise of the Century«, in: L. Stone, (Hg.), *Social Change and Revolution in England*, London: Longmans, 1965, S. 6-18.
Tenbruck, F. H., »Der Fortschritt der Wissenschaft als Trivialisierungsprozeß«, in: N. Stehr und R. König (Hg.), *Wissenschaftssoziologie* , Sonderheft 18 der *Kölner Zeitschrift für Soziologie und Sozialpsychologie*, Köln und Opladen: Westdeutscher Verlag, 1975, S. 19-47.
– »Max Weber and the Sociology of Science: A Case Reopened«, in: *Zeitschrift für Soziologie* 3, 1974, S. 312-20.
– »Das Werk Max Webers«, in: *Kölner Zeitschrift für Soziologie und Sozialpsychologie* 27, 1975, S. 663-702.
Terry, R. M., »Discrimination in the Handling of Juvenile Offenders«, in: *Journal of Research in Crime and Delinquency* 4, 1967, S. 218-30.
Theodore, A. (Hg.), *The Professional Woman*, Cambridge, Massachusetts: Schenkman, 1971.
Thompson, E. P., *The Making of the English Working Class*, Harmondsworth: Penguin Books, 1963.
Thorelli, M. B., *The Federal Antitrust Policy: Origination of an American Tradition*, London: Allen & Unwin, 1954.
Thornberry, T. B., »Race, Socio-Economic Status and Sentencing in Juvenile Justice System«, in: *Journal of Criminal Law and Criminology* 64, 1973, S. 90-8.
– »Sentencing Disparities in the Juvenile Justice System«, in: *Journal of Criminal Law and Criminology* 70, 1979, S. 164-71.
Thorp, W., Curti, M. und C. Baker (Hg.), *American Issues*, Chicago: Lippincott, 1941.
Thurow, L., *Poverty and Discrimination*, Wash. D. C.: Brookings, 1969.
Tiryakian, E. A., »Neither Marx Nor Durkheim ... Perhaps Weber«, in: *American Journal of Sociology* 81, 1975, S. 1-33.
– »Puritan America in the Modern World: Mission Impossible?«, in: *Sociological Analysis* 43, 1983, S. 351-67.
Tocqueville, A. de, *Der alte Staat und die Revolution*, Reinbek bei Hamburg: Rowohlt, (1856) 1969.
– *Über die Demokratie in Amerika*, München: Deutscher Taschenbuch Verlag, (1835/40) 1976.
– *Journeys to England and Ireland*, New Haven, Connecticut: Yale University Press, 1958.
Toffler, A., *The Culture Consumers*, New York: St. Martins Press, 1964.
Tolles, F. B. und E. G. Alderfor, *The Witness of William Penn*, New York: Macmillan, 1957.

Topitsch, E., »Vom göttlichen Wesen. Zur Kritik der Geistmetaphysik«, in: *Gottwerdung und Revolution. Beiträge zur Weltanschauungsanalyse und Ideologiekritik*, Pullach bei München: Verlag Dokumentation, 1973, S. 39-134.
– *Gottwerdung und Revolution. Beiträge zur Weltanschauungsanalyse und Ideologiekritik*, Pullach bei München: Verlag Dokumentation, 1973.
– *Vom Ursprung und Ende der Metaphysik*, Berlin: Springer, 1958.
Treiman, D. J. und H. J. Hartmann (Hg.), *Women, Work and Wages: Equal Pay for Jobs of Equal Value*, Washington, D. C.: National Academy Press, 1981.
Treiman, D. J. und K. Terell, »The Process of Status Attainment in the United States of Great Britain«, in: *American Journal of Sociology* 81, 1975, S. 563-83.
Troeltsch, E., *Die Soziallehren der christlichen Kirchen und Gruppen*, Tübingen: Mohr Siebeck, (1912) 1922, S. 252-358.
Trow, M., »Reflections on the Transition from Mass to Universal Higher Education«, in: *Daedalus* 99, 1970, S. 1-42.
Toulmin, S., *An Examination of the Place of Reason in Ethics*, Cambridge: Cambridge University Press, 1970.
– *The Uses of Argument*, Cambridge: Cambridge University Press, 1958.
Tunstall, J., *Journalists at Work*, Beverly Hills: Sage Publications, 1971.
Turner, J. H., *Societal Stratification*, New York: Columbia University Press, 1984.
Turner, J. H., Singleton, R. und D. Musick, *Oppression: A Socio-History of Black-White Relations in America*, Chicago: Nelson-Hall, 1984.
Turner, R. M., »Modes of Social Ascent Through Education: Sponsored and Contest Mobility and the School System«, in: *American Sociological Review* 25, 1960, S. 855-67.
Underhill, R., »Values and Post-College Carreer Choices«, in: *American Journal of Sociology* 2, 1966, S. 163-72.
United States, Congressional Record House, 15. März 1965, S. 4924.
Urry, J. und J. Wakeford (Hg.), *Power in Britain*, London: Heineman, 1973.
U. S. Bureau of the Census, *Statistical Abstract of the United States*, 1978.
U. S. President, *The Presidents. Their Inaugural Addresses*, Chicago: Whitehall, 1968.
Vaughan, A. T., *New England Frontier: Puritans and Indians 1620-1675*, Boston: Little, Brown, 1965.
Verba, S., »Germany: The Remaking of Political Culture«, in: L. W. Pye und S. Verba, *Political Culture and Political Development*, Princeton, New Jersey: Princeton University Press, 1965, S. 130-70.
Verba, S. und N. H. Nie, *Participation in America. Political Democracy and Social Equality*, New York: Harper & Row, 1972.
Vidich, A. J. und J. Bensman, *Small Town in Mass Society: Class, Power, and*

Religion in a Rural Community, Princeton: Princeton University Press, 1968.

Voegelin, E., *Israel and Revelation*, New Orleans: Lousiana State University Press, 1956.

Wagenheim, K. und O. Jiminez de Wagenheim (Hg.), *The Puerto Ricans – A Documentary History*, New York: Praeger, 1973.

Wall, J. F., *Andrew Carnegie*, New York: Oxford University Press, 1970.

Wallis, C., »Fraud in a Harvard Lab«, in: *Time*, 28. 2. 1983, S. 41.

Wattenberg, B., »A Conversation With Michael Novak and Robert Lekachman«, in: *Dialogue* 60, 1983, 2, S. 65-9.

Weaver, P. H., »The New Journalism and the Old-Thought after Watergate«, in: *The Public Interest*, Frühjahr 1974, S. 67-88.

Weber, M., *Gesammelte Aufsätze zur Religionssoziologie*, Bd. I, Tübingen: Mohr Siebeck, (1920) 1972.

– *Gesammelte Aufsätze zur Religionssoziologie*, Bd. II, Tübingen: Mohr Siebeck, (1921) 1972.

– *Gesammelte Aufsätze zur Religionssoziologie*, Bd. III, Tübingen: Mohr Siebeck, (1921) 1971.

– *Gesammelte Aufsätze zur Wissenschaftslehre*, Tübingen: Mohr Siebeck, 4. Auflg., 1973.

– *Gesammelte politische Schriften*, Tübingen: Mohr Siebeck, 3. Auflg., 1971.

– »Politik als Beruf«, in: *Gesammelte politische Schriften*, Tübingen: Mohr Siebeck, 3. Auflg., 1971, S. 505-60.

– *Wirtschaftsgeschichte. Aus den nachgelassenen Vorlesungen*, hg. von S. Hellmann und M. Palyi, München: Duncker & Humblot, 1924.

– *Wirtschaft und Gesellschaft*, Tübingen: Mohr Siebeck, (1922) 1980.

– »Wissenschaft als Beruf«, in: *Gesammelte Aufsätze zur Wissenschaftslehre*, Tübingen: Mohr Siebeck, 4. Auflg., 1973, S. 593-613.

Webster, C. M., *Town Meeting Country*, New York: Duell, Sloan & Pearce, 1945.

Weinberg, I., *The English Public Schools*, New York: Atherton Press, 1967.

Weiss, R., *The American Myth of Success. From Horatio Alger to Norman Vincent Peale*, New York: Basic Books, 1969.

Weitzmann, L. J., *The Marriage Contract. Spouses, Lovers, and the Law*, New York: Free Press, 1982.

Westbrook, J. H., »Identifying Significant Research«, in: *Science* 132, 1960, S. 1229-34.

– »Networks of Scientific Papers«, in: *Science* 149, 1965, S. 510-9.

Westergaard, J. und M. Resler, *Class and a Capitalist Society. A Study of Contemporary Britain*, London: Heinemann, 1975.

Whitaker, B. C. G., *The Foundations. An Anatomy of Philanthropy and Society*, London: Methuen, 1974.

Wiebe, R. H., *Businessman and Reform: A Study of the Progressive Movement*, Cambridge, Massachusetts: Harvard University Press, 1962.

Wilensky, H. L., »Mass Society and Mass Culture: Interdependence or Independence«, in: *American Sociological Review* 29, 1964, S. 174-96.
Williamson, O. E., *Corporate Control and Business Behavior*, Englewood Cliffs, New Jersey: Prentice Hall, 1970.
Wilhoit, F. N., *The Politics of Massive Resistance*, New York: George Braziller, 1973.
Wilson, J. Q., *American Government. Institutions and Policies*, Lexington, Massachusetts: D. G. Heath, 1980.
Wilson, L., *The Academic Man: A Study in the Sociology of a Profession*, New York: Octagon Books, (1942) 1976.
Whittemore, R. C., *The Makers of the American Mind*, New York: William Morrow, 1964.
Winthrop, J., *Winthrop Papers*, Vol. II, (The Massachusetts Historical Society, 1931), New York: Russel & Russel, 1968.
Wright, B., »Franklin's Legacy to the Gilded Age«, in: *Virginia Quarterly Review* 22, 1946, S. 268-79.
Wright, J. D., Rossi, P. H. und K. Daly, *Under the Gun. Weapons, Crime, and Violence in America*, New York: Aldine, 1983.
Wright, J. S., *Lincoln and the Politics of Slavery*, Reno, Nev.: University of Nevada Press, 1970.
Wyllie, J., *The Self-Made Man in America: The Myth of Rags to Riches*, New Brunswick, New Jersey: Rutgers University Press, 1954.
Zander, M., *Lawyers and the Public Interest. A Study in Restrictive Practices*, London: Weidenfeld and Nicolson, 1968.
Zaretzky, I. I. und M. P. Leone (Hg.), *Religious Movements in Contemporary America*, Princeton, New Jersey: Princeton University Press, 1974.
Zeitlin, M., »Corporate Ownership and Control: The Large Corporation and the Capitalist Class«, in: M. Zeitlin (Hg.), *American Society, Inc. Studies of the Social Structure and the Political Economy of the United States*, Chicago: Rand McNally, (1970) 1977, S. 233-79.
Zuckermann, H., *Scientific Elites. Nobel Laureates in the United States*, New York: Free Press, 1977.
– »Nobel Laureates in Science: Patterns of Productivity, Collaboration, and Authorship«, in: *American Sociologcal Review* 32, 1967, S. 391-403.
Zuckermann, H. und R. K. Merton, »Age, Aging, and Age Structure in Science«, in: R. K. Merton, *The Sociology of Science*, hg. von N. Storer, Chicago: University of Chicago Press, 1973, S. 497-559.

206/1/8.92

206/2/8.92

suhrkamp taschenbücher wissenschaft
Rechtswissenschaft

208/1/8.92

208/2/8.92